鹿河镇志

《鹿河镇志》编纂委员会　编

苏州新闻出版集团
古吴轩出版社

图书在版编目（CIP）数据

鹿河镇志 /《鹿河镇志》编纂委员会编. -- 苏州：古吴轩出版社，2023.9
ISBN 978-7-5546-2179-0

Ⅰ. ①鹿… Ⅱ. ①鹿… Ⅲ. ①乡镇－地方志－太仓 Ⅳ. ①K295.35

中国国家版本馆CIP数据核字（2023）第158589号

责任编辑：周　娇
责任校对：李爱华
责任照排：吴　静

书　　名：鹿河镇志
编　　者：《鹿河镇志》编纂委员会
出版发行：苏州新闻出版集团
古吴轩出版社
地址：苏州市八达街118号苏州新闻大厦30F
电话：0512-65233679　　邮编：215123
出 版 人：王乐飞
印　　刷：苏州市越洋印刷有限公司
开　　本：889mm×1194mm　1/16
印　　张：33.75　　插页：28
字　　数：861千字
版　　次：2023年9月第1版
印　　次：2023年9月第1次印刷
书　　号：ISBN 978-7-5546-2179-0
定　　价：160.00元

《鹿河镇志》编纂委员会

2022 年 2 月

名 誉 主 任： 李天一

主 任 委 员： 张　杰

副主任委员： 周志强　张　震　周陆彦　杨佳倩　王艳飞

委　　　员： 潘　亮　张振阳　倪雪荣　徐　晴　史凤娟
潘锦球　赵静宜　蔡永平

执 行 编 辑： 蔡永平

资料（档案）提供： 史凤娟　张丽秋　黄　匡　高　龙
夏肇中

审定单位

太仓市史志办公室

太仓市璜泾镇人民政府

1966年鹿河公社分划后区域示意图

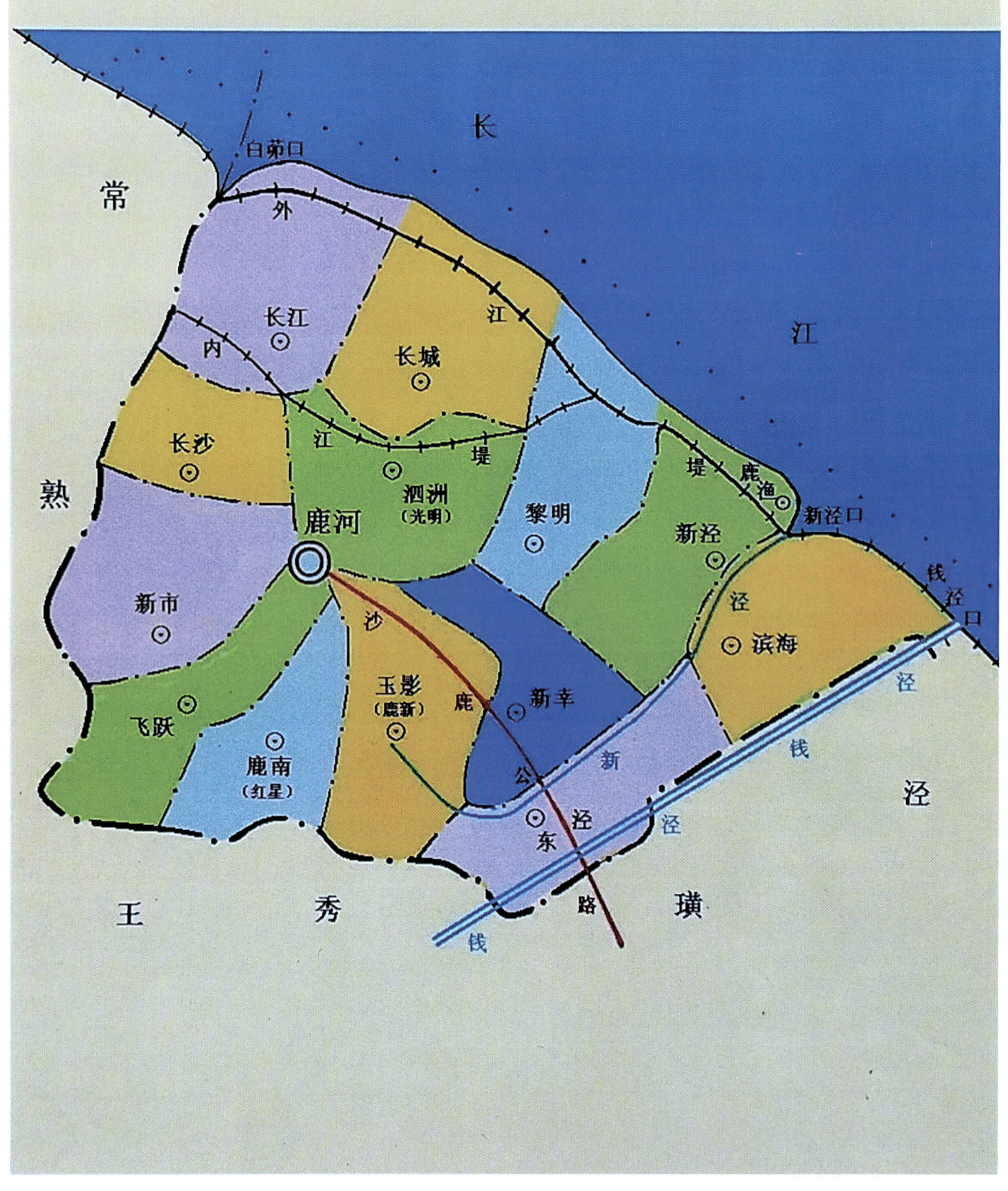

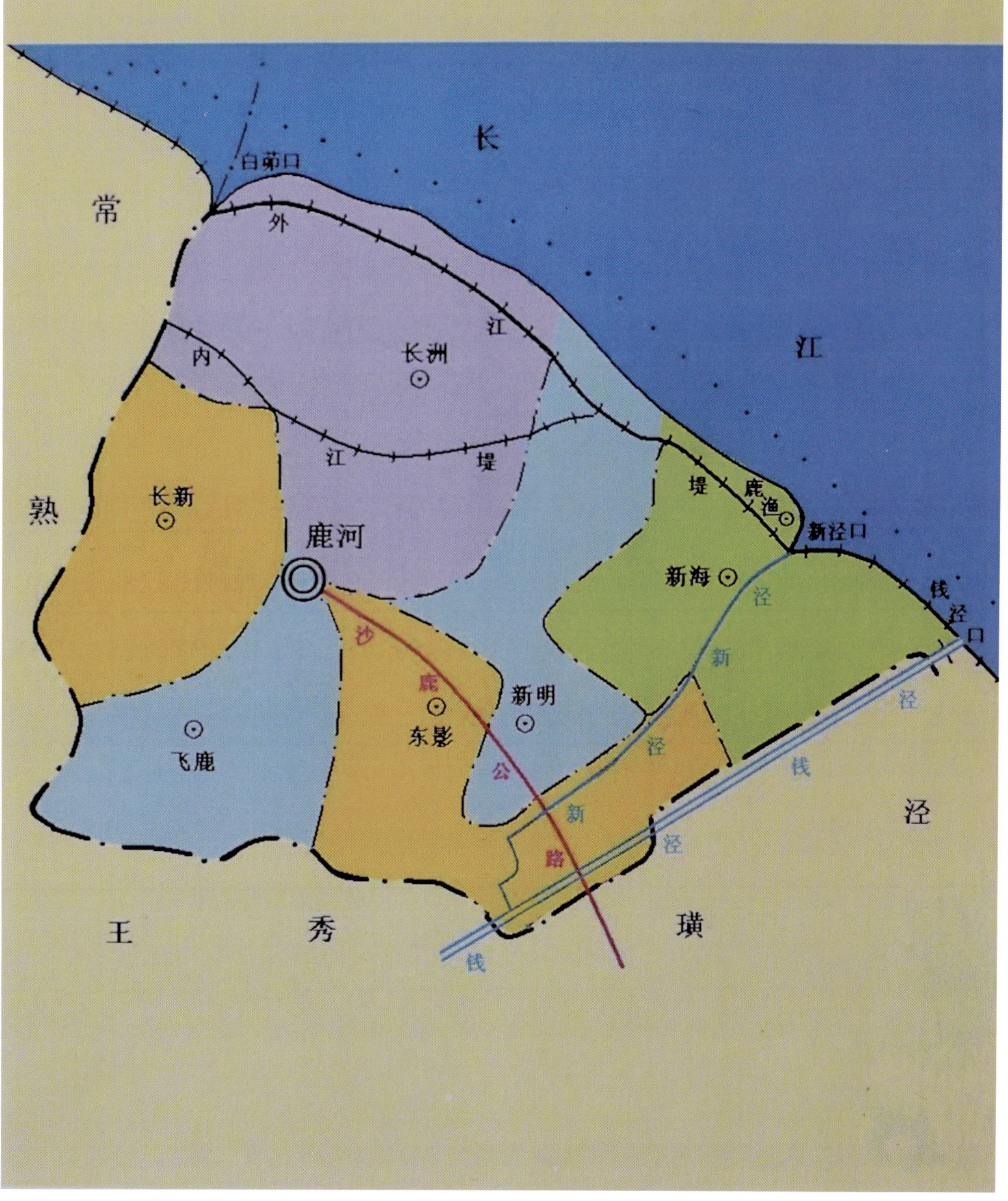

1999年鹿河镇并村后区域示意图

鹿河镇区新貌（2018年摄）

江南花苑（2018年摄）

景栊湾（2018年摄）

雅鹿村党群服务中心（2022年摄）

新海村党群服务中心（2022年摄）

雅鹿村雅鹿花园（2022年摄）

新明村新鹿花园（2019年摄）

新农村田园风貌（2022年摄）

老村庄改造——高家堰（2009年摄）

2010年新建的鹿北公路（2017年摄）

江边生态湿地
（2022年摄）

江边风光
（2009年摄）

江边码头（2016年摄）

江苏雅鹿集团有限公司（2006年摄）

雅鹿集团生产厂区（2007年摄）

2002年，雅鹿商标获评中国驰名商标

江苏申久化纤有限公司（2004年摄）

加弹车间（2017年摄）

织造车间（2017年摄）

华伦皮塑（苏州）有限公司（2019年摄）

华伦皮塑生产线（2010年摄）

华伦皮塑样品室（2009年摄）

2009年3月28日，伟建实业（苏州）有限公司一期工程开工典礼举行（2009年摄）

太仓市春翔针织有限公司（2001年摄）

针织大圆机（2020年摄）

苏州荣文库柏照明系统股份有限公司灯具生产流水线（2022年摄）

太仓济丰包装纸业有限公司生产车间（2021年摄）

自动化纸制品生产线（2021年摄）

钜亚汽车零部件科技（太仓）有限公司生产车间（2022年摄）

苏州双友汽车零部件有限公司生产车间（2021年摄）

太仓市鹿艺红木家具厂（2020年摄）

太仓市鹿艺红木家具厂产品陈列室（2020年摄）

长洲村泗洲农场
（2017年摄）

新明村粮食丰产方（2006年摄）

新海村水稻工厂化育秧（2009年摄）

雅鹿村雅丰农场（2021年摄）

大棚蔬菜（一）（2010年摄）

大棚蔬菜（二）（2020年摄）

西兰花种植基地（2008年摄）

团菜种植基地（2009年摄）

甜玉米种植基地（2009年摄）

稻鸭生态种养（2021年摄）

水稻机插秧（2017年摄）

水稻收割机械化（2017年摄）

植保机械化（2016年8月摄）

农作物秸秆打包机械化（2021年摄）

雅鹿村自动化碾米机（2022年摄）

喜米包装（2016年摄）

新海村五谷杂粮包装上市（2014年摄）

小番茄采摘（2022年摄）

出口蔬菜初加工（2011年3月摄）

农产品直销中心（2021年摄）

鹿河农贸市场（2020年摄）

鹿河农贸市场摊位（2010年摄）

钱泾水闸（2018年摄）

新泾闸（2018年摄）

圣像寺门楼（2022年摄）

古江堤（2022年摄）

位于新鹿路西端的古银杏，相传树龄近900年（2018年摄）

序

鹿河镇原是太仓北部地区政治、经济、文化中心，2003年在区划调整中并入璜泾镇。鹿河虽已撤销建制，但在这块土地上留下的历史文化值得后人鉴赏。为留迹存史，垂鉴后世，璜泾镇人民政府根据市委办、政府办关于编纂新一轮乡镇志的通知精神，专设编志办公室，聘请编志工作人员，有意为鹿河留下文史墨迹。现在各方人员努力下，《鹿河镇志》几经易稿，反复修改，即将成书出版，这是文化积淀、文明传承的一项重要成果，值得庆贺。

鹿河地处长江入海口南岸，自古是锦绣江南一块宜耕宜居宝地。在数千年历史长河中，先辈们在这里农耕开发，捕捞营生，育养生息，为推动社会文明进步创造了不可磨灭的功绩。自辛亥革命后，这里传播进步思想，点燃革命火种。抗日战争时期，太仓县抗日民主政府在鹿河成立，英勇的鹿河人民不畏艰险，敢于斗争，留下了许多可歌可泣的英勇事迹。中华人民共和国成立后，勤劳智慧的鹿河人民克服困难，艰苦奋斗，积极投身于社会主义革命和建设的伟大实践，取得了令人瞩目的巨大成就。改革开放以来，鹿河人民抢抓机遇，奋力拼搏，全力推动经济社会加快发展，在鹿河这片25平方千米的土地上创下了一个又一个奇迹，使鹿河成为太仓北部地区工业经济大镇、农业高产名镇、农民致富强镇，全镇人民向着全面建设高水平小康社会、基本实现现代化的目标迈进。

修编地方志书，有传承历史文明，"扬先前之经验、明后人之事理"之功效。这部《鹿河镇志》以历史唯物辩证的观点，主要记述了鹿河建置区划、自然环境和经济社会发展的历史与现状，全书内容比较丰富，语言精简朴实，是一部全面了解鹿河的工具书、地情书。相信《鹿河镇志》将在促进今后社会文明进步中显现其史料价值。

地方志编纂工作是一项系统工程。《鹿河镇志》的修编，始终得到上级史志部门的指导，许多热心人士提供了众多的史料，出版社又反复校核，本书是修志人员辛勤笔耕的产物，也是集体智慧的结晶。在此，谨向付出辛勤劳动的修志人员和关心、支持修志工作的社会各界人士表示衷心感谢。

过去的鹿河镇，如今是璜泾镇的辖地，管理区建制。根据璜泾镇发展战略目标，鹿河将重点发展工业。鹿河管理区处在璜泾镇北部，故有"北强工业"之功能定位。我们坚信，鹿河人民将上下同心，通力合作，继续谱写更加辉煌的篇章，创造更加美好的未来。

中共璜泾镇委员会书记　李天一

璜泾镇人民政府镇长　张　杰

2022年12月

凡　例

一、本志坚持以马克思列宁主义、毛泽东思想、邓小平理论、“三个代表”重要思想、科学发展观、习近平新时代中国特色社会主义思想为指导，遵循辩证唯物主义和历史唯物主义观点，按照详今略古的编志要求，实事求是地全面记述鹿河镇的时代变迁和发展历程，突出时代特征和地方特色，力求思想性、科学性和资料性的统一，以发挥志书存史、资政、教化功能。

二、本志主要记述中华人民共和国成立后鹿河发展的历史，部分史情不定上限，尽量追溯至事物发端。鉴于2003年8月鹿河镇整建制并入璜泾镇，故史情和各类统计数据下限止于2002年，部分内容酌情下延。大事记及干部人事变动止于2003年。为全面系统反映鹿河镇、鹿河管理区的发展变化，本志卷首照片拍摄延至2022年。人物传记、简介、表录止于2017年。本志记述的地域范围以各个时期鹿河行政区划为准。

三、本志按照“横向不缺项，纵向不断线”的编志要求，采用述、记、志、传、图、表、录等形式，设立篇、章、节、目等层次。全志分18篇，有70章226节327目，共86.1万字。志文用记叙体，表随文设。本志在各篇首设无题序，以方便读者知晓概要，起到导读作用。

四、本志所记人物以“生不立传”为原则，主要收录鹿河籍及与鹿河关系密切且有较大贡献和影响的人物。对近现代已故人物给予立传记载，排列先后以卒年为序；对当代在世人物予以简介或列表入志，排列先后以出生年月为序，其中表录劳动模范以国家级、省级、市级为序，评模级别相同的按劳模称号授予时间先后排列。

五、本志纪年方法，民国以前的用朝代纪年，括注公元纪年；民国时期用民国纪年，括注公元纪年；中华人民共和国成立后用公元纪年。文中出现的“现”“现在”或“今”“如今”，指2019年初本志撰稿起至2020年本志脱稿。年代前未注明世纪，均为20世纪。

六、本志所涉的“省”“市”，未指明名称的，均指江苏省、太仓市。鹿河镇及辖区内的村、组建制，在各个时期有不同称谓，镇先后称“乡”“公社”“乡”“镇”，村、组曾称生产大队和生产队（通常称“小队”，简称“队”），本志在叙述中均按当时称谓记载。其他历史地名、机构名称也用当时称谓，其后有更名的，根据需要括注说明。对频繁使用的名称首次用全称，其后用简称。

七、本志文字标点、数字数据、计量单位等，均按国家规范要求书写。有关统计数据，以统计部门提供的为主，统计部门缺项的，由主管部门或所在单位提供。对各单位、各部门提供数据出现差异的，均通过考查核实后采用。志中出现的资金数额，凡未注明币种的，均为人民币。

八、本志资料主要来源于有关专著、档案史料、单位资料及社会调查等。人物资料大多由本人或亲属提供，部分在史料中挖掘整理。资料记载不一的，经比对考证后使用。

目　录

第三篇　人　口

第四篇　村镇建设

第五篇　交通　邮电　广电

第六篇　农　业

第七篇　工　业

第八篇　商贸　服务业

第九篇　财税　工商　金融　保险

第十篇　党政　社团

第十一篇　红色传承

第十二篇　治安　司法　军事

第十三篇　民　政

第十四篇　劳动　社保

第十五篇　文化　教育

第十六篇　卫生　体育

第十七篇　民俗　宗教　方言

第十八篇　人　物

附　录

综述

鹿河镇位于太仓北部，地理坐标为北纬31°40′，东经121°03′。东依璜泾镇，西邻常熟市，南连王秀管理区，北枕长江黄金水道，与崇明岛隔江相望。全镇总面积25.22平方千米，其中，陆地面积23.38平方千米，水域面积1.84平方千米。境域陆地东西最大直线距离7.5千米，南北最大直线距离5.3千米，东北宽西南窄，呈扇形。全境地势平坦，略有倾斜，西部地区稍高，东部地区略低。地面高程以吴淞零点为基准，一般为4.98米。

鹿河古时为沿江濒海村落，人烟稀少。春秋战国时期属吴地。秦灭楚后，属长江下游江南一带的会稽郡。汉代时为吴郡吴县南沙乡。三国时人丁渐兴，出现集市，形成集镇。在以后的历史演变中，鹿河辖地归属多次变化。至清宣统元年（1909），太仓州西北部设昭文县，鹿河属苏州府昭文县。辛亥革命后，改隶江苏都督府太仓县。民国18年（1929），鹿河建制为镇，属太仓县璜泾区。

中华人民共和国成立后，鹿河建制设乡，先后经过了小乡、中乡、大乡的区划变化。1957年7月鹿河成为大乡后，直隶太仓县。1958年9月，鹿河成立人民公社。1966年10月，南部10个大队划归新成立的王秀公社。区划变动后，辖区内设玉影、东泾、滨海、新泾、黎明、泗洲（原光明）、长城、长江、新市、飞跃、鹿南（原红星）、新幸、长沙等生产大队13个，渔业大队1个。1983年7月，恢复鹿河乡建制，农业生产大队改称村，生产小队改称村民小组。1993年1月，鹿河撤乡建镇。1999年10月，实施村区划调整，全镇13个村合并为东影、新明、新海、长洲、长新、飞鹿等6个村。2002年末，镇下辖6个村和1个市镇社区，户籍总人口15779人，另有常住1年以上的外来人口3127人。

2003年8月，在太仓市区划调整中，鹿河镇建制撤销，并入璜泾镇，设鹿河管理区。

一

鹿河属于革命老区，富有革命斗争传统。

明清时代，沿江一带常有倭寇海匪出没，暴力抢夺财物，鹿河人民奋力抵御。民国时期，农民自发组织起来，开展反帝、反封建斗争。民国20年（1931），农作物遭水灾歉收，地方封建权贵勾结地主增加地租，农民生计困难。为反抗荒年增租，鹿河青年农民王潮、高怀等人发起抗租斗争，后参与抗租集会的农民达1000余人。抗租农民在请愿途中曾遭武装镇压，是为“典当桥血案”，但请愿的农民不畏强势，坚持抗租斗争，最终取得胜利。民国26年（1937），日军侵占鹿河，百姓受尽凌辱。面对凶残的日军，鹿河人民不畏艰险、敢于斗争，积极投身抗日救亡运动，有的青年农民参军参战，许多红色群众为抗日部队运送军粮、筹集军费、掩护战士、抬送伤员、传递情报、站岗放哨。民国30年（1941）2月，太仓县抗日民主政府在鹿河乡唐家宅基成立。之后，鹿河一带成了中共地下组织和抗日武装力量活动的重要区域，鹿河人民为中共东路特委和中共苏常太工委开辟抗日游击区做出了贡献。

抗日战争胜利后，国民党接收鹿河，开征苛捐杂税，强行抽拉壮丁，暴力欺压百姓。鹿河人民在中共地下组织的领导下，采取多种形式，开展抗丁、抗租、抗暴斗争。民国37年（1948），鹿河仁人志士、红色群众积极开展秘密活动，迎接解放。1949年4月，中国人民解放军打响渡江战役，国民党军警惊慌失措，于4月23日逃离鹿河。鹿河解放后，鹿河人民积极参加剿匪肃特斗争。1951年春，鹿河民兵在江边巡逻时发现并协助上级机关抓获匪特7人。民兵班长屈小茂在剿匪肃特斗争中有功，被授予“全国民兵模范”称号，曾出席全国民兵大会，在天安门广场接受毛主席等中央领导检阅。在抗美援朝运动中，鹿河青年积极报名应征，1951年3月、5月、8月和1953年1月，先后有4批共85人参加中国人民志愿军，其中方振明、孙祖云、李绍良在朝鲜战场上光荣牺牲。鹿河建有革命烈士陵园，埋葬着在抗美援朝战斗中牺牲的革命烈士，烈士陵园成为青少年革命传统教育基地。

在历次革命斗争中，一大批鹿河优秀儿女为革命做出了重要贡献，鹿河不愧是一块富有光荣革命传统的红色土地。自中华人民共和国成立以来，鹿河人民发扬光荣传统，传承革命精神，激发出不怕艰难困苦、勇于拼搏创业的干劲，积极投身社会主义革命和建设的伟大实践。改革开放以来，全镇人民高奏发展主旋律，开启振兴鹿河新征程，全力推动全镇经济社会加快发展，向着全面建设高水平小康社会、基本实现现代化的目标迈进，并取得了一个又一个丰硕成果。

二

鹿河自然条件优越，为农业高产地区。

境内地势平坦，土地肥沃，四季分明，光照充足，河道纵横交错，宜于水稻、三麦、棉花、油菜和各类蔬菜及杂粮等农作物生长。但在中华人民共和国成立前，农业生产力水平低下，耕作技术落后，农作物产量低而不稳。土地绝大部分被地主占有，农民生活困苦。

中华人民共和国成立后，废除封建土地私有制，通过土地改革把土地分给贫苦农民。鹿河人民公社成立后，组织农民加固江堤，兴修水利，增强抗灾能力；利用冬春农闲季节平整土地，变荒地为良田；调整作物布局，改进栽培方法，推广优良品种，加强作物田间管理。通过一系列措施，全公社农作物产量不断提高。

20世纪70年代，针对农作物用肥紧缺的困难，各生产队大搞罱泥积肥，组织农船到上海、苏州城区等地装运大粪、氨水、垃圾等，以解决当时化肥需求量大和供应不足的矛盾。为提高水稻总产，大面积种植双季稻。1976年，全公社种植双季稻面积8181亩，是70年代种得最多的一年。在作物栽培上，重视选优品种、精耕细作、抗涝防渍、防病治虫等生产管理，确保农作物丰产丰收。尤其是长城大队，其棉花生产享有盛名，高产经验在太仓乃至全省推广。

1978年中共十一届三中全会后，农村开始推行多种形式的生产责任制。1983年深化农业经营机制改革，实行家庭联产承包责任制，极大地调动了广大农民的生产积极性，促进了农村生产力的提高。此后，在发展粮、棉、油生产的同时，鼓励农民开展多种经营，发展副业生产，增加农民收入。1986年，全乡农业总产值1357万元，农民人均收入908元。1990年，全乡农业总产值1677万元，农民人均收入1194元。

1990年以后，进一步优化农业种植结构，大力发展高产、优质、高效农业，农业经济效益得到提高。实施土地流转，将原来农户家庭承包的土地逐步向村办农场或种田大户转移，发展农业适度规模经营，提高农业专业化、产业化水平和组织化程度。健全农业服务体系，提高服务水平。通过推行各项兴农惠农措施，促进农业经济效益不断提高。1995年，全镇农业总产值6100万元，农民人均收入4200元。

1996年秋播规划期间，对农村承包土地进行全面调整，1998年又对农户承包土地进行确权，给予颁发确权证书。2000年起，镇党委、镇政府坚持把“三农”工作放在突出位置，投入大量资金，配套农田基础设施，实施高标准农田建设。同时，创新工作举措，提升农业发展水平，努力实现农业增效、农民增收的目标。2002年，全镇水稻种植面积11589亩，单产578公斤，总产6698.44吨；小麦种植面积6617亩，单产249公斤，总产1647.63吨；棉花种植面积2806亩，单产58公斤，总产162.75吨；油菜种植面积2918亩，单产159公斤，总产463.96吨。是年，全镇农业总产值11655万元，农民人均收入6207元。

三

鹿河大力开发工业，跃居工业经济大镇行列。

民国时期，鹿河农民从事农业，境内基本上没有工厂。中华人民共和国成立前夕，集镇上仅有数家油坊、染坊、酒坊及数家铁铺、方木、圆木和专做独轮车的工场，都是私人经营的手工小作坊。1956年，对私营手工业进行社会主义改造，成立木业社、铁业社、缝纫社，组建为集体工业。1958年鹿河人民公社成立后，工业开始起步，先后办起农具、针织、造船、农机、小砖窑等10余家工厂，主要为农业生产和农民生活服务。三年困难时期，以前办的工厂大多关停。1964年起，社办工业先后恢复造船、农机等老厂，创办编织、水泥制品等新厂。1970年，全公社有社办企业7家，拥有职工928人，工业产值287万元，利润22万元。

70年代中期起，在积极创办社办工业的同时，队（大队，下同）办工业也开始发展。至70年代末，全公社已形成毛纺、服装、针织、纬编、弹染、化工、汽修、塑料、胶木、炼油、竹器、编结、五金、钢丝绳、砖瓦、水泥制品等众多工业门类，能生产250余种产品，有的产品还销往国外。

进入80年代，乡（公社）党委认真贯彻对外开放、对内搞活政策，引导广大干部职工确立“无工不富、无农不稳、无商不活”的观念，不断解放思想，勇于改革创新，拓宽思路，放开手脚，大办社队工业，培育了服装、化纺、毛纺、毛皮、化工等数家骨干企业。尤其是太仓西式服装厂，自1986年注册“雅鹿”商标、更名为太仓雅鹿服装厂后，企业加速发展，成为鹿河工业经济支柱企业。1990年，全乡有乡（村）办企业50家，拥有职工6078人，实现工业产值9695万元。

1992年后，乡（镇）党委、乡（镇）政府高奏“抓住机遇、加快发展”主旋律，树立“立足新起点，实现新跨越”“争先进标兵，扛先进红旗，当发展排头兵”的信心，带领全镇广大干部群众全力推动工业经济加快发展，很快形成了雅鹿、康鹿、银鹿等一批骨干企业。尤其是雅鹿服装厂（江苏雅鹿集团有限公司前身），不断发展壮大，成为鹿河规模型企业中的“旗舰”企业。

1996年起，全面深化企业经营机制改革，整体推进镇办企业、村办企业转制工作。1998年，形成东泾、玉影2个私营工业小区，全镇个体私营企业实现产值2.32亿元，利税753万元。此后，全镇工业企业所有制发生变化，境内转制的企业和新发展的企业为民营企业。

2002年12月，鹿河镇成功引进历史上最大的工业项目——江苏申久化纤有限公司，后该企业成为太仓市化纤行业龙头企业。是年，全镇有民营工业企业216家，职工5791人，实现工业产值15.51亿元，销售收入14.9亿元，利税总额1.1亿元，利润总额6045万元，固定资产原值6.48亿元。

四

鹿河文化底蕴深厚，文教事业不断发展。

鹿河历史悠久，古迹众多，文脉绵延。境内曾有泗洲殿、三元堂、荷花池和草庵桥、磨刀桥、酒库桥、聪明桥、中弄桥、关王桥、太平桥、香花桥、涌金桥等古殿、古堂、古池、古桥。这些文化胜迹，虽现今大多已不复存在，但每处遗迹都有一段记录鹿河岁月变迁的历史故事，民间也传颂着古时劳动人民创造文明进步、向往美好生活的佳话。

文广设施不断完善。1958年鹿河人民公社成立后，建立文化广电机构，先后成立文化站、文化中心、广播站、电影队，建造影剧院、图书馆等。鹿河文化中心开辟图书阅览室、乒乓球室、棋牌室、放像室、茶室等文化活动场所。公社电影队除在影剧院（大礼堂）放映外，还经常下乡巡回放映，年放映场次最多达400余场。鹿河广播站发展有线广播，20世纪七八十年代达到广播线路村村通、广播喇叭户户响的建设标准。文化广电机构的建立健全和设施的完善，丰富了广大群众的文化生活。

民间文化生活丰富多彩。民国时期，民间有昆曲班、丝竹社，吹拉弹唱艺人众多。中华人民共和国成立初期，鹿河广大文艺爱好者以各种形式配合党的中心工作，发挥宣传动员作用。七八十年代，文化站组建文艺宣传队，每年自编自导文艺节目，经常下乡巡回演出。90年代，鹿河文化娱乐活动广泛开展。1996年，鹿河镇获评江苏省群众文化先进镇。2000年起，鹿河群众文化呈文艺团队多、节庆场面大、艺术品位高的特点，在全镇上下营造了积极向上、健康文明的文化氛围。

教育事业不断发展。中华人民共和国成立前，鹿河教育事业落后，农家子弟因贫穷无钱读书，绝大多数成为文盲或半文盲。中华人民共和国成立后，鹿河普及小学教育，发展中学教育，同时开展业余教育，办好幼儿教育。六七十年代，镇上设有完全小学，农村各大队办有初级小学或完全小学，全公社小学生入学率每年均在95%以上。开展中学教育，镇上办有鹿河初级中学，农村有新泾中学、光明中学、东泾中学等。70年代，鹿河初级中学开设高中部，成为一所完全中学，10年间培养了近千名高中毕业生，先后有59人考取大中专院校。80年代起，政府投入大量资金，迁建扩建学校，改善办学条件。同时，调整学校布局，整合教育资源，有序做好农村中小学的撤并工作。1986年起，全镇（乡）普及九年制义务教育，每年中小学生入学率保持在99%以上。1989年春，易地重建的鹿河中心小学启用。1993年秋，鹿河文灿幼儿园（原鹿河中心小学幼儿园）新园落成。1995年2月，新建鹿河中学整校搬迁。2002年，鹿河境内有学校4所，即鹿河中学，设10个班，学生469人；鹿河中心小学，设19个班，学生924人；鹿河文灿幼儿园，设9个班，在园幼儿302人；鹿河成人教育中心校，为负责成人学历进修提升和各类专业技术培训的机构。

五

鹿河加快集镇建设，基础设施功能放大。

镇区面积不断拓展。中华人民共和国成立前，鹿河镇上街道狭窄，路面凹凸不平。街道两侧房屋以平房为主，普遍低矮陈旧。市政设施功能低下，街区无完整的下水道排水系统，若遇暴雨，街道积水严重，给居民生活带来不便。五六十年代，由于经济困难，财力不足，集镇建设以修缮为主，老街区基本上保留旧貌。改革开放后，政府开始投入大量资金，加快集镇建设步伐。至90年代末，镇区改造了钟灵街、中弄街、东街、西街、涌北街等街区，拓宽延伸了新鹿路、玉影路、灵影路、鹿长路等道路，镇区面积从50年代的0.3平方千米拓展至1平方千米，建成区规划面积为1.8平方千米。镇区沿路沿街单位行政用房、商业街市门店等房屋建筑基本铺满，基础设施配套完善，集镇功能放大，发展环境优化。1997年，鹿河以6头鹿凌空飞腾为形体，建成鹿河标志性工程——鹿河镇镇标。同年10月，鹿河镇通过苏州市新型小城镇验收，获评苏州市新型小城镇。

农村道路交通大为改善。五六十年代，境内农村道路都是泥路小道，交通极不方便。70年代，为适应拖拉机和其他机动车辆通行需要，把农村主干道进行加宽筑高，部分道路铺筑砂石路面；把石桥、木桥、竹桥改为钢筋混凝土平桥。90年代，进一步加快农村道路及桥梁提档改造工程。至2002年，境内道路交通四通八达。太仓县道沙鹿公路为境内公交客运线路，是出入鹿河的主要通道。境内有鹿长路、雅沙路、雅飞路、明海路、内江堤路、钱泾塘路等镇级道路8条，总长19.52千米；村级道路45条，总长23.5千米。全镇道路硬化率达95%，村民出行基本不踏泥路，机动车辆可通达各家各户。

供电能力不断增强。1974年，鹿河高压电力路线通电，结束境内无高压输电线路的历史。之后，随着经济社会的加快发展，不断配套变电设施，提档改造农村电网，增强供电能力，提高供电质量。2002年，鹿河境内有35千伏变电站1座，设主变1套，容量8000千伏安，输出10千伏线路4条，线路总长25千米；设配电变压器55台，总容量5670千伏安，输出低压线路总长205千米，满足全镇工农业生产和居民生活用电的需要。全镇用电量达9428万千瓦·时。

农村改水工程加快推进。1983年，鹿河开始筹建自来水供水工程。1984年，中弄街、新鹿路管道沿线住户首先用上深井水源自来水。1985年后，管道向东街、西街、北弄街等街区延伸，老镇区供水覆盖面逐步扩大。1987年，管道向新镇区延伸，至1989年，镇区居民普遍用上了自来水。1990年起，政府加快实施农村改水工程，各村自来水管道向偏远、零星的农户延伸，至2002年，全镇自来水入户率达98%，年供水量达163万吨。

邮政电信事业不断发展。中华人民共和国成立前，境内邮电事业落后，百姓邮寄物件、通信联系极不方便。中华人民共和国成立后，邮电机构及设施逐步配套完善，业务量逐步提升。改革开放后，邮电事业得到快速发展。1990年后，邮政除办理民信递送、包裹邮递、报刊发行、款项汇兑等传统业务外，还涉足金融，经营邮政储蓄业务，代理保险业务，开设险种10余种。电信呈现代通信业态，过去手摇人工转接电话被自动电话替代，固定电话向手持移动电话发展。2000年后，电信宽带进入居民家庭，互联网普及。

六

鹿河发展民生事业，社会保障惠及百姓。

医疗卫生提升群众健康水平。中华人民共和国成立前，鹿河缺医少药，医疗卫生条件极差，缺乏疾病防控措施，居民健康得不到保障。中华人民共和国成立后，医疗卫生机构建立健全，1951年，把民间中医组织起来，成立鹿河联合诊所，后改称鹿河卫生院。1969年，在各村（大队）建卫生室，培养赤脚医生，形成农村医疗卫生网络。同年起，创办农村合作医疗，增强群众抗风险能力。20世纪70年代后，鹿河卫生院添置医疗设备，培训医技人员，医疗技术不断提高，外科能施行胃、胆囊、疝气、阑尾炎、甲状腺、静脉曲张、卵巢囊肿、子宫肌瘤等治疗手术，妇产科能施行上环、取环、引产、人流等计划生育四项小手术。疾病防控工作扎实开展，各种传染病均得到有效控制和及时诊治，未出现急性传染病致人死亡事件。90年代，镇政府进一步重视医疗卫生硬件建设和软件管理。1991年，易地重建鹿河卫生院；1995年，建立镇家庭保健服务所（简称“家保所”），后又新建了家保所大楼；1996年，鹿河卫生院创建“爱婴医院”达标。2000年，镇家保所达到省甲级标准。鹿河镇获评全国计划生育工作先进乡镇。

爱国卫生促进人居环境改善。中华人民共和国成立前，集镇上基本没有公共卫生设施，农村卫生状况极差。中华人民共和国成立后，组织发动群众开展爱国卫生运动，改变农村环境卫生面貌。60年代，发动各家各户大搞室内外卫生，开展除“四害”［老鼠、臭虫（后为蟑螂）、苍蝇、蚊子］活动。70年代，成立鹿河公社爱国卫生运动委员会（简称“爱卫会”），牵头协调全公社的环境卫生、行业卫生、食品卫生、治害灭病、卫生宣传等工作。80年代中期起，围绕“2000年人人享有初级卫生保健”目标任务，发动各单位和广大群众，人人参与爱国卫生运动，促进卫生保健工作上管理、求实效。90年代，以创建卫生镇工作为抓手，以治理环境“三乱”（乱搭建、乱贴画、乱停放）为重点，全面开展环境综合整治，完善卫生基础设施，实施绿化、美化、亮化工程。2000年起，以农村“三清”（清洁村庄、清洁家园、清洁河道）工作为抓手，进一步推进农村环境建设。2002年，鹿河镇被命名为江苏省卫生镇。

社会保障为群众造福谋利。长期以来，镇（公社、乡）党委、政府根据改革、发展、稳定的要求，全面落实并不断完善养老保障、医疗保障、困难群体生活保障、劳动就业保障、社会治安保障等各项工作，为人民群众营造安居乐业的社会环境。改革开放以来，鹿河劳动力就业率一直是太仓市最高的乡镇之一。2002年，全镇从事二、三产业的就业人口达9592人，农民人均收入增至6207元。全社会消费水平大幅提高，农村家庭中彩电、冰箱、空调等家用电器普及使用，摩托车、电瓶车、家庭小轿车成为人们的代步工具，全镇居民群众尽享改革开放成果，小康生活越来越美好。

回顾过去，勤劳智慧的鹿河人民艰苦奋斗，开拓创业，取得了令人瞩目的巨大成就。2003年后的鹿河，属管理区建制，为璜泾镇辖地。如今，鹿河管理区人民正与璜泾全镇人民一起，上下同心，通力合作，谱写着更加辉煌的篇章，向着全面建设高水平小康社会、基本实现现代化的目标迈进。

大事记

秦—清

秦王嬴政二十三年(前224)

长江下游一带置会稽郡,鹿河属会稽郡。

西汉汉景帝元年(前156)

常熟境设虞乡,鹿河属会稽郡吴县虞乡。

东汉永建四年(129)

会稽郡分设吴郡,鹿河属吴郡吴县南沙乡。

三国时期(220—280)

一陆姓贵族兴建庄园“陆家府”,开凿通江航道“陆河浦”。

西晋太康四年(283)

改属吴郡海虞县。

西晋建兴二年(314)

经地方官吏奏准,位于六尺沟塘南岸的佛教寺庙正式定名为“圣像寺”。

东晋咸康七年(341)

属晋陵郡南沙县。

南朝齐永泰元年(498)

归晋陵郡海阳县。

南朝梁大同六年(540)

隶属信义郡常熟县。

南宋嘉泰四年(1204)

当地人崔七朝奉舍宅重建泗洲殿。

明弘治十年(1497)

建太仓州,鹿河划归太仓州西乡,为26都。

清雍正二年（1724）

鹿河直隶太仓州。

清乾隆十五年（1750）

朝中内阁中书、宗人府主事孙梦逵力主修堤，奏准后得款加固海塘。

清光绪元年（1875）

修筑海塘时开挖外随塘河。

清光绪二十九年（1903）

镇上有识人士唐聘贤，借用镇西崇福道院数间余屋为校舍，创办鹿河小学堂。

清宣统元年（1909）

太仓州西北部设昭文县，鹿河属苏州府昭文县。

清宣统三年（1911）

州、县合并，鹿河隶属江苏都督府太仓州。

中华民国

民国元年（1912）

鹿河隶属于州、县正式合并后的太仓县。

民国9年（1920）

鹿河小学堂迁移至位于中弄街北首西侧的城隍庙。

民国18年（1929）

行政区划改为区、乡、镇建制，鹿河为镇，属太仓县璜泾区。

民国20年（1931）

贫苦农民开展抗租斗争，遭武装警察及保安队镇压，造成典当桥血案。

民国24年(1935)

建立基层组织,推行保甲制度。

民国26年(1937)

9月10日 新市(今长新村)一带遭日机轰炸,农民2人被炸身亡。

10月12日 2架日机轰炸鹿河西大街,致居民11人死亡。

11月13日 日军在长江抢(锵)脚塘口登陆,江边村民和镇上群众在逃难途中,遭日军枪杀7人。

民国30年(1941)

2月5日 太仓县抗日民主政府在鹿河唐家宅基成立。

7月9日 日伪"清乡",妇女干部潘映雪及时报信,帮助民抗战士安全转移。

民国35年(1946)

在并乡并镇后,鹿河设8个保109个甲。

1949

4月23日 鹿河境内国民党军警于下午全部逃离,太仓县军管会派员到鹿河接管。

5月中旬 吕式福、刘祥宣奉上级命令到鹿河开展地方工作,组织农民运粮支前。

5月 鹿河为乡建制。

7月24日 鹿河遭受前所未有的大风、暴雨袭击,房屋倒塌126间,淹死耕牛(水牛)2条,2名70余岁老人(夫妇俩)溺水身亡。农作物受淹,损失惨重。

9月 鹿河中心国民小学校改称为鹿河中心小学。

9月 鹿河镇上设邮政代办所,从事收发信件、邮包寄递业务。

中华人民共和国

1949年

11月 璜泾区在鹿河设璜泾区粮库鹿河分库。

12月 鹿河境内全部废除保甲制度。

1950年

1月 成立鹿河乡(小乡)人民政府,隶属于太仓县璜泾区,下辖13个村。乡长吕式福,农会主任刘祥宣，民兵中队长陈天球。

3月 组织民工修筑长江江堤。采取以工代赈的办法，给予每个民工每天1.25公斤大米。至6月结束。

4月 建立鹿河供销合作社，设在东街公房内，下设百货、棉布、日用什货、染坊、肥料、粮食等门市部，夏晓任供销社主任。

5月 开展和平签名运动。

12月 鹿河乡进驻土改工作队，由7人组成，队长季慰南。

是年 设立鹿河税务组，隶属县税务局璜泾税务所领导，配有征收人员3人，负责人王驰。

1951年

1月20日 开始进行阶级教育，组织农民斗争地主，没收地主财产，评定阶级成分，至2月26日暂告段落。

1月 鹿河地区开展镇压反革命运动，逮捕地主、反革命分子9人，其中镇压反动地主5人、反革命分子2人。

1月 建立鹿河乡妇女联合会，唐巧任主任。

2月 鹿河乡设共青团支部委员会，姚德明任书记。

3月 成立鹿河联合工会，隶属太仓县总工会领导。工会设于东大街乡政府内。入会的有工业、手工业、商业等单位的职工60余人，由支金悟任联合工会第一任主席。

是年春 新泾乡民兵班长屈小茂带领民兵在新泾口夜间巡逻时，发现并配合上级剿匪肃特机关抓获匪特7人。

7月31日 鹿河乡隆重举行颁发土地证仪式，宣布旧契约作废，并烧毁。全乡共颁发土地证732张。

是年 鹿河青年积极报名应征，参加中国人民志愿军，先后于3月、5月、8月（加上1953年1月）分4批共85人奔赴抗美援朝、保家卫国前线。

是年 成立鹿河工商业联合会，马文瑞任主任。

是年 建立鹿河乡农民协会，陈一鸣任主任。

1952年

3月 屈小茂因擒获匪特有功，被授予“全国民兵模范”称号，获荣誉奖章1枚。

9月 璜泾区万欧乡的新团村、常熟县吴市区长沙乡的新民村和泗洲乡同时划归鹿河乡。

10月 屈小茂参加全国民兵代表大会，在天安门广场受到毛主席等中央领导检阅。

是年秋 为培养农村工作骨干，选送入党积极分子分别到太仓和常熟集训一个多月。

是年 坚持自愿的原则，以劳动互助组的形式，把农民组织起来，发展农业生产。

1953年

2月 开展取缔“反动一贯道”运动。

4月 鹿河乡召开信用社代表大会,成立利农信用合作社,选举产生理事会、监事会,理事会主任由王永泉担任。

7月 水稻遭受稻苞虫严重危害,用“二二三”乳剂喷洒,治虫效果显著,此为鹿河历史上第一次使用农药治虫。

11月 新中村(当时的小村)何世互助组获得小麦高产,受到江苏省人民政府嘉奖。

是年 实行粮食统购统销,粮食由国家粮食部门经营。

1954年

1月 鹿河乡等各小乡召开第一届人民代表大会第一次会议,选举产生各乡人民委员会。选举沈祥元为鹿河乡乡长,陆春林为新泾乡乡长,何耀明为泗洲乡乡长,何林为长沙乡乡长。

1月 实行食油计划供应。

9月 鹿河乡从常年互助组中选拔基础较好的高桥村倪春林互助组,试办第一个初级农业生产合作社。

11月中旬 部署粮食统购统销工作。

12月 农村各地兴办农民业余夜校(亦称“民校”)。

1955年

3月 贯彻实行义务兵役制。

5月 在鹿河中弄街设立鹿河粮食购销站,负责鹿河境内的粮食统购统销及粮食、种子调拨供应工作。

8月 市镇居民粮食定量供应,开始使用粮票。

9月中旬 开展第二次镇压反革命运动。

9月 棉布开始实行统购统销。

9月 掀起农业生产合作化高潮,全乡建成初级社16个,入社农户375户,人口1370人。

10月 镇上的手工业者组织起来,成立木业社、铁业社、缝纫社。

是年 实行粮食定产、定购、定销(简称“三定”)到户政策。

1956年

2月 设立中共鹿河乡总支部委员会,朱阿和任党总支书记。

3月 太仓县进行并区并乡。鹿河、新泾、泗洲等3个小乡合并成一个中乡,称鹿河乡,成立鹿河乡人民委员会,隶属璜泾区,乡长沈祥元,副乡长陆春林、何耀明,民兵中队长马纪昌,妇女主任包凤莲。

3月 鹿河乡首先由鹿星初级农业生产合作社并升为鹿星高级农业生产合作社。入社农户

387户，划分11个小队。

5月 基本完成对私营商业的社会主义改造，集镇上私营商户走上合作化道路，分别组成合作商店和合作小组。

8月1日 境内遭暴雨侵袭，大风持续3天，农作物严重受灾。

10月 全乡进入初级农业生产合作社（简称“初级社”）并升高级农业生产合作社（简称“高级社”）的办社高潮。至此，先后建立鹿星、长城、金星、红旗、新光5个高级社。

12月 召开鹿河乡第二届人民代表大会第一次会议。成立鹿河乡人民委员会，选举沈祥元为鹿河乡乡长。

是年 鹿星高级社购买全乡第一台机动抽水机，首先使用机械灌溉。

1957年

3月 完成外江堤修筑工程（靠近长江的堤称“外江堤”，亦称“主江堤”），起于黎明大队9队，讫于白茆口，全长4.1千米。

7月25日 太仓县撤区并乡，鹿河并为大乡，成立乡人民委员会，乡长李家杰。辖19个高级社，257个生产队。

8月 组建中共鹿河乡委员会，包秉勋任党委书记。

8月 鹿河粮食购销站改名为鹿河粮食中心站，下设伍胥分站，业务上属璜泾区粮管所管理。

11月23日 组织学习讨论《农业发展纲要四十条》，推动农业生产和建设掀起新高潮。

是年 全乡基本完成农业的社会主义改造。

是年 高桥初级社（后为玉影大队2队）开始试种双季稻。

是年 粮食统购不再以农户结算，转为向农业生产合作社集体计购。

1958年

2月下旬 全面开始农村整风运动。

3月上旬 乡党委响应常熟23个乡党委的倡议，提出“三麦赶水稻，水稻翻一番”的粮食增产目标。

6月中旬 全民学习“鼓足干劲，力争上游，多快好省地建设社会主义”的社会主义建设总路线。

9月5日 下午2时至8时，遭台风暴雨袭击，境内桥、堰大部分被淹，台风吹倒房屋12间，吹坏51间，吹倒畜禽棚舍无数，农作物受害严重。

9月8日 在鹿河镇北操场召开万人大会，庆祝飞跃人民公社成立（公社成立时称“飞跃”，后复名“鹿河”），李家杰任公社社长。

9月10日 公社开办第一所半工半读红专学校，入校学生100人。

9月 由县卫生科统一调配医务力量，在鹿河建办民办医院。公社社长李家杰兼任院长，方国平主管业务。

10月 创办鹿河初级中学。初办时,附设在鹿河中心小学内,有教师3人、学生55人。

10月 粮食管理机构以公社辖区建所,鹿河粮食中心站改称为鹿河公社粮管所。

10月 公社设立工业科,主要负责管理社办工业。

10月 公社在新泾口成立渔业大队,从事长江捕捞和渔业生产。

12月 建立农机水利站,工作人员4人,负责人孙三囡。

是年 成立鹿河文化站,设专职干部1人。

是年 开展"除四害""大炼钢铁"和开办农村公共食堂运动。

1959年

1月5日 公社举办整社骨干培训班,为期3天,共培训骨干156人。

1月9日 成立鹿河公社财贸科、鹿河公社供销部、鹿河公社信用社。

2月13—15日 召开中共鹿河公社第一次党员代表大会,会议地点在鹿河中弄桥粮库,出席代表37人,列席代表211人。会议选举包秉勋为书记。

5月14—24日 召开鹿河公社第三届人民代表大会第一次会议,会议地点在沙溪镇永安旅社。会议总结纠正在人民公社建设发展中存在的问题,提出"1959年更好更全面发展、巩固建设好人民公社"的目标任务。会议选举李家杰为公社管理委员会社长。

5月22日 召开中共鹿河公社第二次党员代表大会,会议地点在沙溪镇永安弄。这次会议是在太仓县召开北片6个公社三级干部会议期间举行的。上午由县委书记袁锡志向6个公社的党员干部做工作报告,下午以公社为单位召开会议。在鹿河会议上,党委书记包秉勋做工作报告。会议提出"解决权力下放""彻底清理算账(1958年的经济账)""巩固发展好人民公社"工作任务,并做出"进一步密切干群关系,增强干部团结"的决议。会议选举包秉勋为书记,选举浦昌荣为监委会书记。

6月 常熟县东张乡的长沙小乡全部划入太仓县鹿河乡。

8月1日 启用中共鹿河公社委员会新印章,原中共鹿河乡委员会旧印章作废。

8月21日 支边组织人事工作结束(从7月28日发动至8月21日结束,历时25天),全公社共选送79人赴新疆,支援新疆建设。

是年 公社建立专业船运轮队,负责人周绍岐。

1960年

1月21日 召开中共鹿河公社第三次党员代表大会,会议地点在鹿河中弄桥粮库。会议审议并通过包秉勋代表公社党委做的工作报告,提出1960年及今后三年的主要工作任务。会议选举包秉勋为书记。

8月 鹿河中心小学与中学分设,成立鹿河初级中学,中学校址迁移至元宝泾。

是年 调整大队、生产队设置,全公社共设23个大队,308个生产队。

是年 太仓县航管局设太(仓)鹿(河)班客轮航线。

是年 因受自然灾害和“共产风”、浮夸风影响，粮食严重减产，群众口粮不足，有些人患浮肿病，干部群众提出“低标准、瓜菜代”口号，以期自力更生克服困难。

1961年

年初 传达县委扩大会议精神，学习贯彻中央“十二条”文件（中共中央《关于农村人民公社当前政策问题的紧急指示信》），开始纠正“一平二调”（贫富拉平平均分配，无偿调走生产队和社员财物）和干部中的浮夸风、生产瞎指挥风，停办农村公共食堂。

3月16日 鹿河市镇各单位开展“新三反”（反对官僚主义、反对命令主义、反对违法乱纪）运动。

4月4日 开始对“一平二调”算账退赔政策落实情况进行检查。

6月15日 开始在滨海大队开展肃反、审干、社会镇反试点工作。

6月 阴雨连绵，三麦、油菜严重受灾。

9月17日 召开鹿河公社第四届人民代表大会（全公社党员、生产队队长一起参加）。会议宣传贯彻人民公社工作条例和上级有关整风精神。会议选举李家杰为公社管理委员会社长。

12月 贯彻《农村人民公社工作条例（草案）》，公社实行三级（公社、大队、生产队）所有、队（生产队）为基础的管理体制，并在白荡大队进行生产队核算试点工作。

1962年

1月13日 鹿河供销社召开第三届社员代表大会，出席社员代表138名，选举产生理事会、监事会，选举出席县供销社社员代表大会代表11名。全供销社时有社员6184人，股金17434元。

2月10日 公社召开各条战线先进单位、劳动模范代表大会，会期两天半。

3月 鹿河民办医院更名为公社医院，承担全公社医疗、预防、保健任务。

5月 成立鹿河公社灌溉联营站，负责各大队抽水机的调用、维修等工作。

8月 公社添置机动消防设备，成立义务消防队。

10月22日 学习贯彻中共八届十中全会精神，号召广大党员和群众鼓足干劲，努力增产节约，夺取农业丰收。

11月 紧急动员，开展副霍乱防疫工作，突击注射预防针，注射人数占总人口的95%。

是年 鹿河民间牙医开办“鹿河傅泽棣牙科诊所”。

1963年

5月8—10日 召开鹿河公社第五届人民代表大会第一次会议，出席代表316人。会议号召全社人民开展增产节约运动，集中全力支援农业，争取农业丰收，努力完成和超额完成1963年各项目标任务。会议选举浦昌荣为公社管理委员会社长，选举邹明道为公社监察委员会主任。

7月 根据上级通知，鹿河初级中学停办。

12月28日 公社召开急性血吸虫病防治工作会议，通报急性患者525人的发病及救治情况，提出今后防治工作意见。

是年 公社船运轮队并入沙溪运输队。

是年 加强治安保卫工作，全年侦破治安案件39起，查处案犯21人。

1964年

4月2日 公社党委书记包秉勋调往双凤公社任党委书记，林乐斌到鹿河公社任党委书记。

9月 恢复鹿河农业中学，设在鹿河初级中学。

9月 建办新泾初级中学。

10月 全公社农村各大队普遍开办耕读小学，实行半耕半读，加快农村扫盲进度。

是年 公社重组船运轮队，负责人孙三囡。

1965年

5月25日 铁业社1名工人在操作砂轮时，因砂轮突然爆裂，被碎片砸中头部，当即死亡。

8月 各大队开始举办政治夜校，组织学员学习思想政治理论和农业生产技术。

9月 成立鹿河公社广播放大站，开始发展农村广播事业。

是年 建成沙鹿公路鹿河段桥梁友谊桥、东泾桥、陈家湾桥。

是年 渔业大队添置渔船装备，具有海洋捕捞能力。

1966年

1月7—9日 公社召开首届贫下中农代表大会，出席代表273人。会上，苏州地委副书记、太仓社教鹿河分团团长王敬先做关于当前形势和今后任务的报告，林乐斌代表公社党委做工作报告。会议选举产生鹿河公社贫下中农协会（简称“贫协”）委员会委员27人，由公社党委副书记陆维善兼任贫协主席。

1月7日 召开鹿河公社第三次妇女代表大会，出席代表106人。会议选举产生公社妇女委员会委员11人，由龚华珍任主任。

1月7日 召开共青团鹿河公社第五次团员代表大会，选举产生公社团委委员11人，由戴湘麒任书记。

3月12—13日 召开中共鹿河公社第四次党员代表大会，会议地点在鹿河镇北街大礼堂。会议提出第三个五年计划和1966年的重点工作以及加强党的建设的主要任务。会议选举林乐斌为书记，选举陆维善为监察委员会书记。

3月15—17日 召开鹿河公社第六届人民代表大会第一次会议，出席代表242人，列席代表412人。会议号召全社干部群众把农业放在首位，发扬大寨精神，掀起比、学、赶、帮、超热潮，为完成1966年各项工作任务而努力。会议选举浦昌荣为公社管理委员会社长，选举陆维善为公社监察委员会主任。

3月 公社成立农技站，各大队设立农科队进行农业科学技术研究，培育优良品种。

9月 陆维善任公社社长。

10月25日 鹿（河）太（仓）线公共汽车通车。

10月 鹿河辖区南部的伍胥、建华、建民、草庙、杨漕、南港、白荡、孙桥、孟河、包桥等10个大队划归新成立的王秀公社。

12月31日 成立鹿河公社贫下中农革命委员会。

1967年

3月18日 成立“鹿河公社革命生产领导班子”，由公社人武部部长行使部分党政职权。

8月 改变历史上的土葬习俗，推行火葬。

9月 农村各大队、市镇各单位全部建立“革命生产领导小组”，替代党支部和行政组织，主持日常工作。

9月 各大队开办的耕读小学与全日制小学合并。

12月27日 召开全公社三级干部大会，部署冬季农业生产。

是年 鹿南大队副业组首先派人到太仓县水产养殖场学习育蚌技术，鹿河开始河蚌育珠生产。

1968年

4月24日 召开鹿河公社第七届人民代表大会，部署全公社抓革命、促生产、促战备工作。

4月 林乐斌任公社革委会主任。

9月 贫下中农毛泽东思想宣传队进驻鹿中、鹿小，领导和管理学校。

9月 鹿河农业中学停办，专设全日制鹿河初级中学。

11月 疏浚筑直新泾，其中实地开挖1.17千米，共挖土16.8万立方米，拓浚后河道排灌功能增强。

是年 公社在长江边新泾大队境内开办编织厂，就地利用芦苇、杞柳等资源发展编织业。

1969年

1月26日 鹿河地区进驻军宣队。

3月 在公社革命委员会内设立党的核心小组，行使公社党委职权，林乐斌任核心小组组长。

3月10日 各大队全面开始整党工作。

3月16日 公社成立整党领导小组，组长林乐斌。

3月 农村各大队先后成立“大队革命委员会”。

12月18日 太仓县武装独立团鹿河公社武装独立连成立。

是年 疏浚关王塘，工程土方总量27.3万立方米，当年疏浚完成土方18万立方米。

是年 全公社掀起学习洪泾大队高潮。

1970年

2月22日 公社召开活学活用毛主席著作积极分子代表大会。

9月29日 召开中共鹿河公社第五次党员代表大会（全公社党员参加，实际上是党员大会），会议地点在东泾大礼堂。

9月 建成新泾节制闸，属3级水工建筑物。同时，建成新泾闸桥。

是年底 全公社开展“农业学大寨”运动。

1971年

4月 开展婚龄青年和育龄妇女底数调查，全面推行计划生育工作。

6月10日 公社重新组建共青团委员会，新团委设委员7人，戴湘麒任书记。

11月8日 公社落实1971—1975年粮食“三定”（定产、定购、定销）任务。

12月 中学改为春季招生。

12月 境内水上运输业务及安全航运归太仓船舶管理所设于沙溪的签证点管理。

1972年

2月3日 公社党委在农村大队、市镇各单位党支部委员中进行整党动员。

3月 全公社开始发展蘑菇生产，以此作为多种经营主要项目实现增收。

4月28日 公社党委书记林乐斌在县三干会上做题为“反骄破满鼓干劲，誓夺粮棉双超纲”的交流发言。

10月29日 召开鹿河公社第四次妇女代表大会，出席代表405人。会议选举刘福珍为公社妇联主任。

是年 长沙大队办起公社内第一个百头生猪养殖场。

1973年

3月 全公社开展未婚青年调查，并做好晚婚晚育宣传工作，明确规定男年满25周岁、女年满23周岁初婚为晚婚，并发放计划生育证，凭证怀孕、生育。

5月 开始推广棉花苗床育苗、营养钵移栽技术，提高棉花产量。

11月20日 县生产指挥组同意鹿河公社结合培修江堤，拓浚白茆口至新泾的外随塘河，全长5.73千米。

12月8日 公社召开学华西三级干部大会。

是年冬 全面实施堤防修筑工程，完成土方10.7万立方米；长江大队新开小塘，完成土方2.5万立方米。

1974年

3月 公社成立计划生育宣传队，到各大队巡回宣讲。

5月5日 公社召开第三届贫下中农代表大会(第二届在“文化大革命”中期召开,无记录),出席代表405人。会议主要任务是发动贫下中农开展大学习、大批判。会议选举产生公社第三届贫协委员会委员17人,由孙炳元兼任主席。此后贫协活动逐渐停止,贫协组织不再存在。

6月4日 下午2时许,长城、长江2个大队和临近的一些生产队突遭狂风暴雨及冰雹袭击,落雹时间2—3分钟,农作物严重受损。

6月7日 鹿河高压电力线路通电,有6个大队首批通电。

11月 疏浚内随塘河,完成土方42万立方米。疏浚后,改善了沿江生产队的通航和排灌条件。

12月 新开光明塘,全长1500米,完成土方9万立方米,沿江大队通航条件得到改善。

是年 成立鹿河交通管理站,负责人支阿昌。

1975年

3月21日 建立鹿河中学党支部。

5月 全公社购买丰收35型中型拖拉机12台,从此农田耕翻基本实现机械化。

6月 鹿河公社工业办公室成立,承担工业企业管理职能。

8月 公社党委书记林乐斌调离鹿河。

8月 陆维善任公社革委会主任。

10月 建成加工厂桥,位于雅沙路长新村境内,跨吴家泾。

10月 陆维善任公社党委书记。

1976年

1月 推广麦田化肥深施,提高肥效。

春 县组织民工疏浚钱泾塘(县级河道),从钱泾口起到东泾10队止,全长4000米,完成土方50万立方米,挖废土地面积48亩。

4月12日 县在鹿河公社召开棉花生产现场会。

4月20日 成立公社电影队。

4月 成立鹿河公社贫下中农管理商业委员会,各大队成立贫管商业小组,对供销社、合作商店及农村商店实行管理。1977年贫管商业活动停止。

6月 公社副业办公室改称鹿河公社多种经营办公室。

7月底至9月初 唐山大地震后,全公社开展群众性防震减灾工作,搭建较多简易防震棚。

9月9日 中共中央主席、中央军委主席毛泽东逝世,公社在大礼堂设灵堂,供群众前往吊唁,沉痛哀悼。18日,在公社大操场安置电视机,收看北京天安门“伟大的领袖和导师毛泽东主席追悼大会”电视转播实况。当时电视机极少,前来观看的群众很多,现场很拥挤。

是年 长江大队有6个生产队办百头养猪场。

是年冬 实施钱泾拓浚工程,鹿河段挖土50万立方米,拓浚后,通航及泄洪能力提升。

1977年

3月 成立鹿河公社爱国卫生运动委员会，牵头协调全公社的环境卫生、行业卫生、食品卫生、治害灭病、卫生宣传等工作。

5月 实施针织企业资源整合，组建鹿河公社针织厂。

6月 建成钱泾节制闸，属3级水工建筑物，设计最大过闸流量为每秒66立方米。同时建成钱泾闸桥。

8月 公社组织晚婚晚育、计划生育先进人物到各大队开展计划生育宣讲活动。

10月 长沙大队开挖中心河，建成新开河桥，可通行中型拖拉机。

12月26日 成立鹿河公社电力管理站（简称"用电站"），负责人孙三囡。

12月 建成鹿河公社种畜场。

是年冬 修筑白茆口海塘，完成石方工程4200立方米；修筑长城大队宋家宅段海塘，完成石方工程2000立方米。

是年冬 新开涟浦塘，总长1900米，土方总量15.6万立方米，当年开挖1200米，完成土方9.9万立方米。

1978年

3月 公社党委书记陆维善在县农业大会上做题为"下定决心赶乐亭，农业工业齐跃进"的交流发言。

4月15日 经县革命委员会批复同意，鹿河公社在白茆口建造钢船厂。

4月 鹿河服装厂产品商标经县工商局核准定名为"喜鹊"牌。

8月 新泾大队建办新泾钢丝绳厂。

9月 苏州地委办公室工作通讯发表题为"切实改进作风，密切联系群众"的文章，介绍鹿河公社长城大队党支部先进事迹。

11月 建成糖坊桥，位于鹿南路飞鹿村境内，跨鱼池河。

是年 公社机关开通境内首部传真机。

1979年

1月 鹿河公社党委召开会议，传达贯彻中共十一届三中全会精神，要求工作重点转移到以经济建设为中心上来，切实把全公社经济搞上去。

2月 苏州地区行政公署农业局介绍鹿河公社长城大队1978年夺取粮棉双高产的主要经验。

9月 鹿河公社长城大队党支部在苏州地委农村工作会议上做题为"把生产搞上去，让社员富起来"的发言。

10月 鹿河公社档案室被评为苏州地区先进集体。

12月 筑成泥结砂石公路2条：鹿长路，从镇区劳动桥起，沿光明塘，至长城大队，长1513米，路面宽5米；钱泾塘路，从友谊桥起，沿钱泾塘，至钱泾口，长3000米，路面宽7米。

是年　省委办公厅《江苏通讯》发表题为“太仓县鹿河公社计划生育搞得好，农业生产发展快”的文章。

1980年

1月4日　召开鹿河公社第五次妇女代表大会，出席代表232人。会议突出强调，响应国家号召，带头实行计划生育。会议选举包桂珍为妇联主任。

2月4—6日　鹿河公社先进代表15人出席全省农业先进单位和劳动模范授奖大会。鹿河公社、长城大队、鹿河信用社获评先进集体，受到省人民政府嘉奖；长城大队党支部书记高协丰被授予省劳动模范称号。

3月31日　公社党委研究决定成立公社经营管理组，负责人楼仁生。

5月3—5日　召开中共鹿河公社第六次党员代表大会，会议地点在公社大礼堂，出席代表152人，列席代表7人。会议总结1976年以来全社政治经济面貌所发生的变化，强调加强和改善党的领导，提出更好地实现工作重点转移、同心同德把经济建设搞上去的目标任务。会议选举产生第六届公社党委，陆维善任书记。

5月　开展地名普查工作。为避免县内同名，把鹿新、光明、红星大队分别更名为玉影、泗洲、鹿南大队。

6月10—20日　提前入梅，连续阴雨，造成夏收严重受损。

8月9日　发生一起食物中毒事故，送医院救治44人，后康复出院。

10月7日　公社党委书记陆维善调离鹿河，陆春林任公社党委书记，兼任公社革委会主任。

10月18—19日　召开共青团鹿河公社第六次代表大会，会议地点在公社大礼堂，应到代表188人，实到代表158人。夏林祥代表上届团委做工作报告。会议选举产生第六届公社团委，夏林祥任书记。

10月　鹿河公社收集编制1958—1980年的统计资料。

是年　长城套闸建成，长城、长江2个大队的水利及通航条件得到改善。

1981年

5月　对镇区东街、西街、中弄街等老街进行改造。

6月　滨海、新泾、新幸3个大队联办新海染色厂。

9月1日　凌晨1时，遭特大潮汛和14号强台风袭击，公社造船厂厂区被淹，沿江大队16个生产队农作物受灾严重。

9月27—29日　召开鹿河公社第八届人民代表大会第一次会议，出席代表78人，列席代表128人。会议要求，全社人民同心同德搞好生产，推动农、副、工三业一齐上，为建设社会主义新鹿河而奋斗。会议选举产生公社管理委员会组成人员11人，高小华任公社管委会主任。会议还表决通过人民陪审员和调解委员会组成人员。

12月　鹿河公社财政管理所成立。

是年 农村生产队改变评工记分的平均主义分配方式，社员分配不再封顶加盖，而是多产多分、多产多吃。

1982年

4月 公社成立汽车运输队，承接单位和个人货运业务。

5月 成立鹿河公社村镇建设办公室，负责规划建设与管理。

6月 鹿河邮电所改称鹿河邮电支局。

9月 滨海、新泾、新幸3个大队和其他有关单位联办的鹿河毛线厂投产。

10月 成立公社专职治安联防队。

12月25日 召开鹿河公社科学技术协会成立大会，出席科协会员163人。顾振昌做题为“同心同德，刻苦攻关，努力开创鹿河公社科技工作新局面”的工作报告。会议通过《鹿河公社科学技术协会章程》，选举顾振昌为科协主席。

12月26—27日 召开鹿河公社第八届人民代表大会第二次会议，会议地点在公社大礼堂，出席代表70人。会议听取和审议高小华做的《鹿河公社管理委员会工作报告》，顾振昌做的《鹿河公社1982年财政决算和1983年财政预算（草案）的报告》，朱惠明做的《鹿河公社市镇建设规划意见的报告》，并就上述3个报告通过相应决议。

是年 完成第三次全国人口普查，共普查登记人口16616人，其中0~15周岁人口3544人，16~65周岁11593人，66周岁及以上1479人。

1983年

1月 鹿河公社基干民兵营被苏州地委授予1982年民兵工作“三落实”先进单位。

5月19日 中午12时35分，遭受冰雹袭击，黎明、新泾、泗洲、长城、长江等5个大队受灾，夏粮、油菜籽损失严重，有的民房瓦片、玻璃被击坏。

7月20—21日 召开鹿河公社经济联合委员会成立大会，选举朱惠明为经联会主任。

7月26—27日 召开鹿河公社第八届人民代表大会第三次会议，出席代表67人。会议听取和审议高小华做的《鹿河公社管理委员会工作报告》，并通过相应决议。根据上级关于政社分设体制改革的决定，成立鹿河乡人民政府，选举高小华为乡长。

7月30—31日 召开中共鹿河乡第七次代表大会，出席代表140人，列席代表22人。会议听取和审议陆春林做的《认清形势，振奋精神，立志改革，努力把我乡两个文明建设推向前进》工作报告，并通过相应决议。会议选举陆春林为乡党委书记。

7月 进行体制改革，实行政社分开，公社管委会改称乡政府，公社党委改称乡党委，增设主管经济工作的领导机构，称鹿河公社经济联合委员会（简称“经联会”）。

8月4—24日 进行大队体制改革，以原大队范围设村，建村民委员会，属村民自治组织；大队党支部改称村党支部；生产大队属经济组织，改为经济合作社。村民委员会和经济合作社在村党支部领导下开展工作。

9月6日 鹿河服装厂聘请上海人立服装店2位技术人员，开始生产西服，成为全县第一家生产西服的工厂。

9月17—18日 召开共青团鹿河乡第七次代表大会，选举产生第七届乡团委，孙锦明为书记。

11月21日 鹿河乡个体劳动者协会第一次会员代表会议召开，会议通过《鹿河乡个体劳动者协会章程（试行）》。

12月 县政府批复同意建造鹿河敬老院，占地面积1680平方米。

12月 全乡基本完成“人分口粮田、劳分责任田”工作，农村实行家庭联产承包责任制。

1984年

5月12—13日 召开鹿河乡第九届人民代表大会第一次会议，出席代表78人。会议听取和审议高小华做的《鹿河乡人民政府工作报告》，高良宝做的《鹿河乡1983年财政决算和1984年财政预算（草案）的报告》，并就上述2个报告通过相应决议。会议选举高小华为乡长。

5月21日 深夜11时37分，黄海发生5.8级地震，鹿河受余波影响，有震感，未造成损失。

7月31日 6号台风侵袭，最大风力10级。受其影响，棉花倒伏严重，江岸水位猛涨，全乡干部群众奋力抗灾。

8月18日 乡党委书记陆春林调离鹿河，高小华任鹿河乡党委书记。

9月28日 乡敬老院建成，首批“五保”老人13人入住，下午举行入院仪式。

10月23日 召开鹿河乡妇女第六次代表大会，选举产生鹿河乡第六届妇女联合会，戈凤英为主任。

11月13日 下午召开太仓县公安局鹿河派出所成立大会。蒋宝林任派出所副所长，主持工作。

11月30日 乡党校成立，配专职干部1人，组织实施全乡党员教育工作。

1985年

1月23日 上海《解放日报》的《城镇新貌》专栏，发表县广播站记者宋祖荫《横机欢唱，鹿河兴旺》的文章，报道鹿河乡家庭横机针织业发展兴旺、农民增收致富的情况。

1月25日 召开全乡三级干部创亿元乡誓师大会。全体乡机关干部，村、厂领导班子成员和市镇企事业单位负责人出席大会。乡党委书记高小华做动员，经联会主任朱惠明做创亿元乡可行性情况分析报告并布置具体工作。

3月8—9日 召开鹿河乡第九届人民代表大会第二次会议，出席代表69人。会议听取和审议高小华做的《鹿河乡人民政府工作报告》，高良宝做的《鹿河乡1984年财政决算和1985年财政预算（草案）的报告》，并就上述2个报告通过相应决议。会议选举周绍裘为乡长。

5月24日 新华社记者到鹿河采访农业、副业、工业生产情况，对鹿河调整种植业结构、发展苎麻生产进行专题调研。

9月8日 县长张宗民一行在鹿河乡慰问教师，庆祝全国第一个教师节。乡党委书记高小华、乡长周绍裘等陪同慰问。两级领导决定，搬迁鹿河中心小学。

9月10日 召开庆祝全国第一个教师节大会，乡党委书记高小华做报告，会上表彰了张振亚等有30年教龄的老教师17人。

是年 建成光明套闸桥，位于内江堤路长洲村境内，跨光明塘。

1986年

3月 鹿河小学易地重建，新校址位于玉影路18号（玉影村1组境内），首期征地0.98公顷。

4月15日 成立鹿河乡文化体育爱好者协会，会长朱惠林。

4月16日 召开鹿河乡第九届人民代表大会第三次会议，出席代表60人。会议听取和审议周绍裘做的《鹿河乡人民政府工作报告》，高良宝做的《鹿河乡1985年财政决算和1986年财政预算（草案）的报告》，并就上述2个报告通过相应决议。

4月17日 成立鹿河乡政协工作小组。

5月29日 省体委体育先进县验收团在鹿河乡验收体育工作。

6月28日 太仓西服厂向国家工商局申请注册的“雅鹿”牌商标获准注册，太仓西服厂改称雅鹿服装厂。

11月4日 中央人民广播电台在乡镇企业专题节目中播报了太仓县化纤纺织厂精神文明建设的事迹。

11月25—27日 鹿河毛纺厂举办呢料优惠展销会，销售额超10万元。

11月 自来水管理从村镇建设办公室分离，单独成立鹿河自来水厂作为负责管理全公社供水工作的专门机构。

1987年

4月18—19日 召开鹿河乡第十届人民代表大会第一次会议，出席代表46人。会议听取和审议周绍裘做的《鹿河乡人民政府工作报告》，高良宝做的《鹿河乡1986年财政决算和1987年财政预算（草案）的报告》，并就上述2个报告通过相应决议。会议选举周绍裘为乡长。

6月19日 鹿河乡专职消防队成立。

7月15日 县委保密委员会到鹿河安装传真机，从此鹿河有了便捷高效的传真通信。

8月29日 太仓县鹿河化工厂生产的羟盐产品通过鉴定，被列为省级新产品。

10月5日 雅鹿服装厂同上海人立服装商店联合试制的呢夹克衫——飞龙衫，投放市场后赢得消费者青睐。此后，雅鹿服装厂也由原来的加工型企业逐步转化为自产自销型企业。

10月29日 鹿河化工厂生产的叔丁胺产品被评为苏州市优质产品。

12月5日 鹿河渔业社5101船渔民在长江鹿鸣泾口救起四川涪陵地区粮食局粮船落水船员9人。

1988年

1月21—22日 召开中共鹿河乡第八次代表大会，出席代表94人，列席代表24人。会议听取和审议高小华做的《进一步深化改革，稳定发展经济，沿着十三大指引的道路胜利前进》的工作报告，并通过相应决议。会议选举高小华为乡党委书记，选举顾凤歧为乡纪委书记。

3月29日 鹿河乡妇女第七次代表大会召开，选举产生乡第七届妇女联合会，刘丽萍为主任。

4月20—21日 召开鹿河乡第十届人民代表大会第二次会议，出席代表46人。会议听取和审议周绍裘做的《鹿河乡人民政府工作报告》，高良宝做的《鹿河乡1987年财政决算和1988年财政预算（草案）的报告》，并就上述2个报告通过相应决议。

5月27日 鹿河乡举行400门自动交换机开通典礼，实现电话自动化。

6月10日 新鹿（街道）居民委员会成立，选举邵菊生为居委会主任。

7月14日 夜11时，鹿河遭受大风暴雨袭击，建筑物受损，农作物受灾，经济损失约40万元。

10月14日 共青团鹿河乡第八次代表大会召开，选举产生第八届乡团委，邵惠锋为书记。

10月18日 鹿河乡思想政治工作研究会成立，高小华为名誉会长，顾凤歧为会长。

11月1日 鹿河客车厂（不包括原机修车间）承包给上海旅游客车二厂，更名为上海旅游客车厂太仓分厂。

1989年

4月25日 召开鹿河乡第十届人民代表大会第三次会议，出席代表38人。会议听取和审议周绍裘做的《鹿河乡人民政府工作报告》，高良宝做的《鹿河乡1988年财政决算和1989年财政预算（草案）的报告》，并就上述2个报告通过相应决议。

5月 加强农村建筑行业管理，检查农房建筑质量，整改安全隐患。同时，整顿农村工匠队伍，提高组织化程度，确保安全施工。

7月 鹿河乡党委、乡政府决定，将4月23日定为鹿河乡解放纪念日。

8月3—4日 受13号台风影响，连降暴雨，长城村境内江堤部分堤顶被毁，全乡棉花大部分倒伏，造成严重损失。

10月 编制《鹿河集镇建设总体规划》。

11月 市镇居民普遍用上深井自来水。

12月 鹿河小学第二幢教学大楼竣工，小学生全部进入新校读书。

12月 进行县、乡人大代表换届选举，鹿河乡选举产生县人大代表8人、乡人大代表56人。

1990年

1月1日 开始使用邮政编码，鹿河乡邮政编码是215428。

2月10日 凌晨1时57分，直塘、沙溪、归庄和常熟支塘、何市交界处发生5.1级地震。鹿河有较强震感，部分房屋出现裂缝，无人员伤亡。

2月16日 鹿河乡在太仓率先被苏州市供电局命名为用电标准乡。

3月8—9日 召开鹿河乡第十一届人民代表大会第一次会议，出席代表55人。会议听取和审议周绍裘做的《鹿河乡人民政府工作报告》，高良宝做的《鹿河乡1989年财政预算执行情况和

1990年财政预算（草案）的报告》，并就上述2个报告通过相应决议。会议选举朱惠明为乡长。

4月14日 经国家工商局批准，鹿河化工厂与香港商侨医药公司合资的鹿河乡第一个合资企业——苏州侨太医药原料有限公司成立。注册资本70万美元，合营期限至2000年。

6月21日 乡党委书记高小华调离鹿河，高阳任鹿河乡党委书记。

8月7日 太仓雅鹿服装厂在1990年度国家纺织工业部召开的苎麻产品开发会上获苎麻产品开发创新一等奖。

9月4日 召开基干民兵营点检大会，宣布高阳任鹿河乡基干民兵营教导员，周瑞明任营长，并任命各连连长及指导员。

9月5日 鹿河毛纺厂腈纶绒线在苏州市乡镇工业纺织产品评比中获总分第一名。

11月20日 举行镇区新鹿路（西段）验收通车仪式。

11月27日 召开鹿河乡个体劳动者协会第三次代表大会，选举刘克明为会长。

11月29日 召开鹿河乡残疾人联合会成立大会，选举陆志远为会长。

是年 在省服装行业和服装产品评比中，雅鹿服装厂被省纺工厅评为1990年度产品开发先进集体；生产的仿毛人革夹克套装、印格嵌线夹克衫被省纺工厅评为仿毛新产品一等奖，麻涤男式夹克被评为苎麻纺织产品一等奖。

1991年

1月29—30日 召开鹿河乡第十一届人民代表大会第二次会议，出席代表50人。会议听取和审议高良宝做的《鹿河乡人民政府工作报告》，陆敏琪做的《鹿河乡1990年财政预算执行情况和1991年财政预算（草案）的报告》，周绍裘做的《鹿河乡人民代表大会主席团工作报告》，并就上述3个报告通过相应决议。会议选举顾凤岐为乡长。

2月2—3日 召开中共鹿河乡第九次代表大会，出席代表88人，列席代表15人。会议听取和审议高阳做的《发扬拼搏精神，加快经济建设步伐，为贯彻落实十三届七中全会的各项任务而努力奋斗》的工作报告，顾凤岐做的《纪委工作报告》，并就上述2个报告通过相应决议。会议选举高阳为书记，选举周振昌为纪委书记。会上，还选举产生出席中共太仓县第八次代表大会代表11人。

3月9日 鹿河化纺厂举行FK6-700高速纺项目剪彩仪式。项目总投资400万元。

3月26日 召开共青团鹿河乡第九次代表大会，选举产生第九届乡团委委员7人，李锦清为书记。

4月8日 举行鹿河烈士陵园揭幕仪式。烈士陵园将原来分散在各有关村的孙祖云、方正明、李绍良、陈全福、朱同、朱林等6位烈士的遗骨集中落葬，重设墓碑。

4月13日 鹿河文化站通过县文化局等单位的万册图书室验收。

4月28日 召开鹿河乡科学技术协会第三次代表大会。

5月1日 位于振鹿商场对面、鹿长路东侧的新农贸市场正式开业。

5月26日 鹿河乡电力站3.5万伏变压站通过验收并正式通电运行。

6月1日 鹿河飞鸿书画院邀请上海画院陈世中等12位画家、书法家到鹿河进行书画创作。

6月29日 鹿河造船厂制造的第一对TS-807渔船下水。

6月 持续1个多月降雨，特别是月底多次暴雨，工农业生产受到严重损失。

8月13日 乡党委、乡政府召开村民委员会换届选举动员会，明确换届选举的目的、意义和操作程序，并确定8月26日为统一选举日。

9月28日 召开鹿河乡农工商总公司成立大会。选举高阳为农工商总公司董事长，孙炳元为总经理。

10月 鹿河卫生院重建开工，新址位于泗洲村12组，占地0.67公顷。

11月2日 省、苏州市党建工作考察团在鹿河乡检查党建工作，重点检查雅鹿服装厂、鹿河麻纺厂、鹿河化工厂、鹿河毛皮总厂等4个党支部的党建工作。

11月24日 举行首届鹿河乡农民运动会，全乡各村、各单位均组团参加比赛。

12月25日 鹿河乡妇女第八次代表大会召开，选举产生乡妇联第八届执行委员会，刘丽萍为主席。

12月26日 雅鹿服装厂厂长顾振华以全国服装行业唯一特邀代表身份出席纺织部召开的全国纺织工业厅长会议，并在会上做经验介绍，受到与会领导的称赞。会议期间举办雅鹿服装展，展览雅鹿服装系列新品。纺织部部长吴文英带领与会人员参观雅鹿服装展。

12月 鹿河乡在1991年度太仓县“五杯”竞赛中，获农业丰收杯银杯奖。

1992年

2月23—24日 乡党委举办社会主义思想教育骨干培训班，部署全乡社会主义思想教育活动，重点开展“坚持社会主义信念”“深化农村改革”和“农村精神文明建设”等3个专题培训。

2月29日 召开鹿河乡第十一届人民代表大会第三次会议，出席代表53人。会议听取和审议顾凤岐做的《鹿河乡人民政府工作报告》，黄乃做的《鹿河乡1991年财政预算执行情况和1992年财政预算（草案）的报告》，周绍裘做的《鹿河乡人民代表大会主席团工作报告》，并就上述3个报告通过相应决议。

3月2日 召开鹿河乡社会主义思想教育动员大会，部署全乡教育工作。

3月22日 苏州市妇女“双学双比”（学文化、学技术，比成绩、比贡献）现场会在鹿河乡召开，各县妇联主任参加会议。会议期间，与会人员冒雨参观新幸村的棉花营养钵育苗制钵现场。

3月 鹿河乡开展“二五”普法教育骨干培训。

4月17日 县四套班子在鹿河乡召开外向型经济会议。会上，表扬鹿河乡创办“三资企业”（中外合资经营企业、中外合作经营企业、外商独资经营企业）在全县率先超10家，并向鹿河乡颁发“发展外向型经济先进单位”奖旗。

4月20日 乡党委、乡政府召开工业经济首季开门红总结表彰大会，乡办厂车间主任以上、各村村办厂厂长以上干部参加会议。会议要求全乡干部职工“实干兴业更上一层楼，奋力拼搏再攀新高峰”“争当排头兵，力争夺冠军”，为振兴鹿河工业经济做出新贡献。

4月30日 乡政府召开全乡机关工作人员会议，乡长顾凤岐传达县三级干部会议精神。会议主要传达县三干会提出学习鹿河精神、鹿河速度后，提出的鹿河“更要迈大步、更上一层楼”的工作目标和任务。

5月9日 国家计划生育委员会主任彭珮云、省计生委主任周海珍到鹿河考察调研人口和经济工作，苏州市人大常委会副主任曹兴福、苏州市计生委主任邵永华陪同调研。

5月 鹿河乡电话用户452户全部进入国际电话直拨网，成为江苏省继板桥乡之后第二个国际电话乡。

6月9日 苏州市电视台到鹿河拍摄发展外向型经济电视纪录片。

6月24日 江苏省委原书记江渭清到鹿河视察，参观太仓雅鹿服装厂，并为鹿河飞鸿书画院题字。

6月 鹿河乡泗洲小学迁建教育用房，投资15万元，建筑面积500平方米。

7月 鹿河中心校建造教学实验用房，投资98万元，建筑面积2500平方米。

8月15日 乡召开机关干部会，宣传购买市镇户口相关政策。

8月 鹿河乡撤并飞跃、黎明2所初小；停办新泾小学四年级，保留一至三年级。

10月 省财政厅授予鹿河乡财政所省级文明财政所称号。

11月6日 中国银行鹿河办事处成立并正式开业。

11月10日 省体改委批准成立太仓县第一家省级乡镇企业集团——江苏雅鹿企业集团。

11月20日 建设银行鹿河办事处正式开业。

11月22日 举行鹿河邮电大楼奠基仪式。

12月 县武术协会鹿河乡分会成立。

是年 鹿河乡在太仓县“六杯一兵”竞赛活动中，获工业经济“振兴杯”和外向型经济“创汇杯”，并获太仓县“排头兵乡镇”荣誉称号。被评为苏州市外向型经济明星乡镇。

1993年

1月5日 鹿河乡进行县、乡两级人大代表换届选举工作，划分为4个大选区和24个小选区，共选出县人大代表8名、乡人大代表57名。

1月5日 幼儿园易地重建举行奠基仪式。新建的幼儿园，由台湾游文雄先生捐款80万元、香港商侨实业有限公司倪朝灿先生捐资50万元。为感谢两位先生捐资助学的善举，幼儿园更名为鹿河文灿幼儿园。

1月6日 县人民政府〔1993〕6号文件批准鹿河撤乡建镇，实行镇管村、企事业单位的体制，原区域范围不变。

1月 鹿河镇新幸村卫生室被评为苏州市示范村卫生室。

2月16—17日 召开鹿河镇第十二届人民代表大会第一次会议，出席代表57人。会议听取和审议顾凤岐做的《鹿河镇人民政府工作报告》，黄乃做的《鹿河镇1992年财政预算执行情况和1993年财政预算（草案）的报告》，周绍裘做的《鹿河镇人民代表大会主席团工作报告》，并就上述3个报告通过相应决议。会议选举顾凤岐为镇长。

2月 鹿河镇与加拿大AEON公司签订合资经营炼油项目意向书。项目总投资额达1.8亿美元。

3月10日 县委、县政府召开1992年度“杯兵”竞赛、先进科技人员表彰大会，授予鹿河镇乡镇“六杯一兵”竞赛排头兵称号。

4月17日 国家计划生育委员会规划统计局局长张二力到鹿河了解经济发展及计划生育工作情况，并到东泾村视察计划生育信息管理情况，查看计划生育台账。市计生委主任刘安如陪同视察。

5月12日 鹿河镇在1992年江苏省乡镇综合实力评估中位列全省第八。

5月14—19日 在中国纺织协会、中国服装总公司、中国服装设计中心联合举办的中国·世界服装服饰博览会上，雅鹿公司参赛展示的夹克衫获博览会金奖，T恤衫获博览会银奖，“雅鹿”商标获评中国驰名商标。

6月5日 中日联合计划生育培训班成员林木了司及夫人等4人到鹿河视察，参观鹿河卫生院，副市长郑银林陪同视察。

6月23日 中央统战部副部长刘延东到鹿河视察，市委副书记端木逸汶陪同视察。

6月 鹿河农业科技大楼竣工并启用。

6月 鹿河镇投资44.5万元建设的第一座20中型泵站——东幸排灌站被苏州市评为农田水利建设工程二等奖。

6月 鹿河镇中心幼儿园项目竣工，建筑面积2130平方米，总投资155万元。

8月12日 晚上6时至7时45分，鹿河地区遭受特大暴雨和雷击侵袭，近2小时降雨142毫米，7户农户、4个集体单位遭雷击，经济损失达150万元。

8月24日 鹿河镇党委召开深化改革工作会议，要求各村成立农工商实业公司，各企业逐步推行股份合作制、中外合资、风险抵押承包、租赁或拍卖等形式的经济责任制。

10月9日 罗马尼亚图尔洽县政府代表团一行8人到鹿河考察，参观雅鹿集团。

10月15日 参加苏州市委宣传部召开的加强基层党校工作经验交流会的代表到鹿河参观党校兴办经济实体工作情况。

11月28日 外方独资的苏州江辉船舶工程有限公司在鹿河镇举行奠基仪式。

12月28日 江苏雅鹿实业股份有限公司挂牌仪式暨首届股东大会在鹿河镇雅鹿服装厂举行。

1994年

1月10日 鹿河镇卫生院何燕萍被评为苏州市初级卫生保健先进工作者。

1月11日 镇党委书记高阳调离鹿河，顾风歧任鹿河镇党委书记。

1月19日 张家港市委书记秦振华带领部委办局及乡镇主要领导100余人，参观雅鹿集团及工业小区。

2月20—21日 召开中共鹿河镇第十次代表大会，出席代表120人。大会听取和审议顾风歧做的《继续发扬鹿河精神，努力推进全镇经济建设和各项工作再上新台阶》的工作报告，周振昌做的《纪委工作报告》，并就上述2个报告通过相应决议。大会选举产生中共鹿河镇第十届委员会，顾凤岐为书记；选举产生中共鹿河镇纪律检查委员会，周振昌为书记。

2月26日 鹿河镇在全市开展的“六杯一兵”考核竞赛中获“1993年度排头兵”、1993年度文明镇荣誉称号。同时，获农业丰收杯金杯奖、工业振兴杯金杯奖、出口创汇杯金杯奖、新风杯银杯奖。新泾村被评为太仓市十佳明星村，雅鹿服装厂被评为太仓市十佳先进企业。

3月7日 召开共青团鹿河镇第十次代表大会，选举产生第十届镇团委，黄建刚为书记。

3月19日 召开鹿河镇妇女第九次代表大会，选举产生第九届镇妇联执行委员会，丁瑞华为主席。

3月28日 召开鹿河镇第十二届人民代表大会第二次会议，出席代表52人。会议听取和审议陆峰做的《鹿河镇人民政府工作报告》，黄乃做的《鹿河镇1993年财政预算执行情况和1994年财政预算（草案）的报告》，周绍裘做的《鹿河镇人民代表大会主席团工作报告》，并就上述3个报告通过相应决议。会议选举陆峰为镇长。

4月28日 鹿河镇党委、镇政府召开深化改革工作会议。党委书记顾凤歧讲话，提出要以股份合作制和内部经营机制转换为重点，深化工业企业改革，促进鹿河工业经济持续、快速、健康发展。

5月18日 鹿河汽车站竣工并投入运行。

5月19日 省妇联主席柏苏宁一行参观雅鹿服装厂，了解外来人口管理情况。

5月26日 交通部部长黄镇东在鹿河视察工业小区。太仓市市长范正清陪同参观。

6月27日 《苏州日报》刊登题为“雅鹿奔向辉煌”的文章，介绍江苏雅鹿实业股份有限公司董事长顾振华的事迹。

7月1日 鹿河镇党委召开庆祝中国共产党成立73周年大会。大会表彰优秀共产党员59人、优秀党务工作者8人、先进党支部12个。

8月23—25日 全镇各村开展村民委员会换届选举工作。

9月 鹿河建设管理综合办公大楼开工建设，总投资80万元。

10月17日 全镇各村党支部开展换届选举工作。

10月19日 下午1时30分，毛皮总厂后整理车间一女工在清理废毛时，被张力辊挤压头部死亡。

是年 雅鹿品牌获评经贸部中国公认名牌，获国内贸易部颁发的“金桥奖”。

1995年

2月19日 镇政府召开农业工作会议。总结回顾1994年农业工作，对1995年的农业工作提出任务要求。会议表彰1994年度农业工作先进集体和个人。

2月28日 召开鹿河镇第十二届人民代表大会第三次会议，出席代表47人。会议听取和审议陆峰做的《鹿河镇人民政府工作报告》，曹永明做的《鹿河镇1994年财政预算执行情况和1995年财政预算（草案）的报告》，周绍裘做的《鹿河镇人民代表大会主席团工作报告》，并就上述3个报告通过相应决议。

2月 鹿河中学新校竣工并投入使用。学校占地3.93公顷，投资近千万元。

3月1日 镇党委召开事业单位定编干部会议，传达国家实行公务员制度考核工作的意见。同时成立镇考核领导小组。

3月18日 在全市工业经济工作会议上，雅鹿实业股份有限公司、鹿河毛皮总厂、鹿河工艺纬编厂、鹿河精毛纺总厂、太仓第八棉纺厂、新泾村、新幸村被授予太仓市百强企业（村）称号。

8月27日 下午3时5分，长江造船厂一男性冷作工人从8米高的船台上摔下，经抢救无效死亡。

10月20日 全国妇联书记处书记华福周到鹿河参观棉花“三八”丰产方，听取镇妇联开展“双学双比”“巾帼建功”活动情况汇报。

12月15日 省地质矿产厅到鹿河尝试开采浅层天然气，沉井施工获得成功，在全省属首创。

12月25日 鹿河镇领导班子调整，陆峰任党委书记，邱震德任镇长，夏锦良任农工商总公司总经理。

1996年

1月 鹿河镇被省科学技术委员会评为江苏省科技工作先进镇。

2月5—6日 召开鹿河镇第十三届人民代表大会第一次会议，出席代表51人。会议听取和审议俞瑞亚做的《鹿河镇人民政府工作报告》，曹永明做的《鹿河镇1995年财政预算执行情况和1996年财政预算（草案）的报告》，孙炳元做的《鹿河镇人民代表大会主席团工作报告》，金云明做的《鹿河镇市镇规划报告》，并就上述4个报告通过相应决议。会议选举邱震德为镇长。

3月 鹿河镇被省文化厅评为江苏省群众文化先进镇。

6月28日 镇党委召开庆祝中国共产党成立75周年暨表彰大会。镇党委书记陆峰做纪念讲话，副书记周永兴做学习十四届五中全会精神党课辅导讲座。大会表彰先进党支部6个、优秀党务工作者7人、优秀共产党员60人、党员示范户42户。

6月 滨海村1组妇女朱阿巧成为鹿河首位百周岁寿星。

7月10日 苏州市农业现场会在鹿河镇召开，苏州市副市长王振明及苏州下属各市（县）分管农业的副市（县）长、农业局局长等70余人出席会议。会议期间，与会人员现场参观鹿河镇千亩丰产方、棉花百亩中心方。

7月25日 苏州市“双学双比”现场会在鹿河镇召开，苏州市人大常委会副主任陈金科、苏州市政府副秘书长王健荣、苏州市妇联副主席朱英等出席会议。太仓市副市长戴锦明、鹿河镇副镇长俞瑞亚分别汇报开展“双学双比”竞赛活动情况。

7月 太仓市政府批复同意鹿河镇总体规划。

10月24日 日本国部邮便局局长真家左千夫一行17人到鹿河镇考察寄生虫防治和使用玫瑰卡情况。国家计生委外事处处长丁小明陪同考察。

11月9日 夜9时56分，长江口以东、南黄海海域发生6.1级地震，鹿河有震感，但未发生异常情况，群众生活秩序正常。

是年 实施中美合作电气化工程，农村电网采用美国产变压器等先进设备。

1997年

2月17—18日　召开中共鹿河镇第十一次代表大会，出席代表120人，列席代表19人。会议听取和审议陆峰做的《抓住机遇，发挥优势，同心同德，奋斗拼搏，为在本世纪末实现基本现代化而努力奋斗》的工作报告，李振扬做的《纪委工作报告》，并就上述2个报告通过相应决议。会议选举陆峰为书记，选举李振扬为纪委书记。

2月27日　召开鹿河镇第十三届人民代表大会第二次会议，出席代表40人。会议听取和审议邱震德做的《鹿河镇人民政府工作报告》，曹永明做的《鹿河镇1996年财政预算执行情况和1997年财政预算（草案）的报告》，孙炳元做的《鹿河镇人民代表大会主席团工作报告》，并就上述3个报告通过相应决议。

2月28日　华能公司所属龙泉制药有限公司收购太仓医药原料厂签字仪式在娄东宾馆举行。龙泉制药有限公司董事长林源、鹿河镇党委书记陆峰出席签字仪式。华能集团苏州分公司与鹿河镇成片开发临江工业区意向书同时签约。

3月18日　镇党委、镇政府召开创建苏州市级卫生镇动员大会。镇长邱震德做动员报告，镇党委书记陆峰做创建讲话。镇政府与各责任单位签订责任书。

3月20日　召开共青团鹿河镇第十一次代表大会，选举产生第十一届镇团委，黄建刚为书记。

4月2日　召开鹿河镇妇女第十次代表大会，选举产生第十届镇妇联执行委员会，丁瑞华为主席。

5月18日　中国华源雅鹿国际服装城奠基典礼隆重举行。上海华源企业发展有限公司董事长周玉成、太仓市委书记徐建明等分别致辞。

8月19日　凌晨，11号强台风来袭，风力10级以上，潮位达6.47米，伴有大暴雨，涟浦外圩、船厂外圩等堤段损毁，长城涵洞处决口2米余宽，船厂厂区被淹，损失严重。

8月21日　副省长姜永荣到鹿河视察检查11号强台风侵袭后的受灾情况，对做好抗台防汛工作提出要求。太仓市委书记徐建明、副书记朱亦芳、副市长戴锦明等领导陪同视察。

8月　在沙鹿公路与镇区玉影路、新鹿路、灵影路交会处，以6头鹿昂首踊腾的造型，建成鹿河镇镇标。

10月6日　市委组织部在鹿河镇召开镇级领导民主评议及后备干部民主推荐工作会议。市委组织部部长金世明在会上做动员。镇机关助理员以上干部、村支部书记、镇办厂厂长和书记、市镇各单位负责人等参加会议。

10月　鹿河镇通过苏州市新型小城镇验收，获苏州市新型小城镇荣誉称号。

11月18日　镇党委、镇政府召开创建苏州市卫生镇迎检动员大会。镇政府与村、厂、市镇各单位签订创建责任书。

12月11—12日　苏州市卫生检查团一行8人到鹿河镇进行创建苏州市卫生镇检查验收。检查组认为鹿河镇已达到《江苏省卫生镇标准》基本要求，建议苏州市爱卫会命名鹿河镇为苏州市卫生镇。

12月25—26日　省教育现代化检查验收组到鹿河镇进行创建江苏省教育现代化先进镇达

标验收。检查组认为鹿河镇基本达到江苏省教育现代化先进镇标准。

1998年

2月26日　召开鹿河镇第十三届人民代表大会第三次会议，会议地点在雅鹿职工之家，出席代表45人。会议听取和审议邱震德做的《鹿河镇人民政府工作报告》，曹永明做的《鹿河镇1997年财政预算执行情况和1998年财政预算（草案）的报告》，高海洋做的《鹿河镇1997年农民负担决算和1998年农民负担预算（草案）的报告》，李卫光做的《鹿河镇农村现代化规划报告》，孙炳元做的《鹿河镇人民代表大会主席团工作报告》，并就上述5个报告通过相应决议。会议还审议了《鹿河镇市镇管理实施细则》。

3月26日　鹿河镇科学技术协会第四次代表大会在鹿河供电营业所召开。

5月24日　交通部部长黄镇东视察雅鹿集团，太仓市委书记徐建明陪同视察。

6月18日　鹿河镇工会第二次代表大会在雅鹿职工之家召开。

9月26日　举行鹿河镇家庭保健服务所落成典礼。苏州市计生委主任邵永华、太仓市委副书记申建华、镇党委书记陆峰为家保所落成剪彩。

9月　鹿河镇党校被省委宣传部评为江苏省先进基层党校。

10月16日　苏州市市长陈德铭到鹿河视察棉花丰产方和棉花收购工作，考察雅鹿集团。

12月16日　镇机关档案室经上级验收考评，以综合得分98分晋升为苏州市一级档案室。

12月27日　长城村被命名为江苏省卫生村。

12月29日　太仓市老区开放促进会、太仓市扶贫开发协会鹿河分会成立大会在鹿河供电营业所三楼会议室召开，选举马士文为分会会长。

1999年

1月18日　雅鹿集团高级成衣产业中心正式投产。该中心投资2000万元，建筑面积5800平方米，全套引进世界先进的意大利高级电脑西装流水线和瑞士智能化电脑吊挂系统设备，年生产西装12万件（套）、休闲服50万件。

1月28—29日　召开鹿河镇第十四届人民代表大会第一次会议，会议地点在镇家保所，出席代表51人。会议听取和审议邱震德做的《鹿河镇人民政府工作报告》，施小怡做的《鹿河镇1998年财政预算执行情况和1999年财政预算（草案）的报告》，孙炳元做的《鹿河镇人民代表大会主席团工作报告》，并就上述3个报告通过相应决议。会议选举孙炳元为镇人大主席，邱震德为镇长。

1月28日　雅鹿集团营销总部迁至上海。

3月15日　太仓市20强企业董事长（总经理）座谈会在雅鹿集团召开，市领导徐建明、杨根林、陆春云等参加会议。

4月　雅鹿集团董事长顾振华获全国总工会颁发的全国五一劳动奖章。

6月26—30日　连降暴雨，农田受淹，农作物严重受灾。

9月9日　举行太仓世华有机农业园区揭牌典礼暨项目开工仪式。

10月 实施村区划调整，全镇13个村合并为6个村。

12月 全镇自来水管道实现村村通，入户率达95%。

2000年

1月25日 召开鹿河镇第十四届人民代表大会第二次会议，出席代表49人。会议听取和审议邱震德做的《鹿河镇人民政府工作报告》，施小怡做的《鹿河镇1999年财政预算执行情况和2000年财政预算（草案）的报告》，孙炳元做的《鹿河镇人民代表大会主席团工作报告》，并就上述3个报告通过相应决议。会议还审议并通过了《鹿河镇第十四届人民代表大会关于推进依法治镇的决议》。

3月16日 共青团鹿河镇第十二次代表大会召开，选举产生第十二届镇团委，黄建刚为书记。

4月 雅鹿集团董事长顾振华获评全国劳动模范。

6月30日 镇党委组织镇四套班子成员及调研员，各村书记、主任，镇农口部门负责人，前往昆山市石浦镇、吴县市西山镇及未来农村大世界参观学习。

8月15日 江苏新雅鹿集团与湖北省秭归县政府签订投资兴建三峡服饰有限责任公司意向协议书，并在秭归县开发区举行项目开工奠基仪式。

8月18日 召开鹿河镇第十四届人民代表大会第三次会议，会议地点在镇家保所二楼会议室，出席代表39人。会议认真总结镇政府上半年工作情况，部署安排下半年工作任务。会议选举陆峰为镇人大主席。

10月 雅鹿集团董事长顾振华被评为全国乡镇企业十佳先进人物，赴北京参加颁奖会，先后受到全国人大常委会副委员长费孝通和全国政协副主席周铁农单独会见。

12月14日 市冬春水利建设现场会在鹿河镇召开，与会人员参观鹿河冬春水利建设现场。

2001年

1月10日 镇党委召开学习贯彻“三个代表”重要思想动员大会。市委常委、宣传部部长宋建中出席。

2月14日 市委书记程惠明到鹿河考察指导工作。镇党委书记陆峰、镇长邱震德陪同考察。

3月16日 召开鹿河镇第十四届人民代表大会第四次会议，出席代表50人。会议听取和审议邱震德做的《鹿河镇人民政府工作报告》，施小怡做的《鹿河镇2000年财政预算执行情况和2001年财政预算（草案）的报告》，李振扬做的《鹿河镇人民代表大会主席团工作报告》，并就上述3个报告通过相应决议。

4月8日 全国人大常委会副委员长费孝通视察江苏新雅鹿集团有限公司，并题词：以创新取胜，塑世界名牌。

5月21日 召开鹿河镇妇女第十一次代表大会，选举产生第十一届镇妇联执行委员会，丁瑞华为主席。

5月23日 召开中共鹿河镇党员代表大会，选举产生出席中共太仓市第十次代表大会代表

9人。

6月3—5日 由雅鹿集团赞助冠名的“雅鹿杯”国际女子排球四强赛在太仓体育馆举行。

10月8日 全国政协副主席经叔平到雅鹿集团考察。同日，镇长邱震德调离鹿河，马士文任代镇长，主持政府工作。

12月17—18日 召开中共鹿河镇第十二次代表大会，会议地点在镇政府三楼会议室，出席代表106人，列席代表18人。会议听取和审议陆峰做的《坚定实践“三个代表”，为富民强镇，全面推进鹿河现代化建设而努力奋斗》的报告，徐振勋做的《纪委工作报告》，并就上述2个报告通过相应决议。会议选举陆峰为书记。

12月18日 新雅鹿集团工业园正式投入生产。

12月 鹿河镇党校被江苏省委宣传部、组织部评为江苏省先进基层党校。

2002年

1月7—8日 召开鹿河镇第十五届人民代表大会第一次会议，出席代表51人。会议听取和审议马士文做的《鹿河镇人民政府工作报告》，李振扬做的《鹿河镇人民代表大会主席团工作报告》，施小怡做的《鹿河镇2001年财政预算执行情况和2002年财政预算（草案）的报告》，并就上述3个报告通过相应决议。会议选举蔡永平为镇人大主席，马士文为镇长。

1月11日 召开共青团鹿河镇第十三次代表大会，选举产生第十三届镇团委，黄建刚为书记。

1月14日 市委副书记、市长浦荣皋到长洲村参加学习“三个代表”党员民主生活会。

3月12日 “雅鹿”商标被国家工商总局认定为中国驰名商标。

4月8日 市政府召开“雅鹿”商标——中国驰名商标新闻发布会。

7月23日 市委副书记金世明、市人大常委会主任朱亦芳等市领导到鹿河考察。

8月7日 镇党委书记陆峰调离鹿河，周健慧任鹿河镇党委书记。

9月4日 镇党委书记周健慧、镇长马士文等赴南京参加雅鹿服装节。

10月10日 镇党委、镇政府召开创建省级卫生镇动员大会。党委书记、镇长在会上做动员和部署，并与各村、各单位签订创建责任书。

11月12日 全市冬春水利建设现场会在鹿河召开。

11月23日 江苏省卫生镇检查组到鹿河验收，认定镇创建省级卫生镇和东影村、新明村创建省级卫生村合格。

12月17日 山西省阳泉市领导到雅鹿集团考察。

12月18日 鹿河镇与上海埃力生（集团）有限公司在太仓花园酒店签订26万吨喷丝项目合同。

2003年

3月8日 召开鹿河镇第十五届人民代表大会第二次会议，出席代表45人。会议听取和审议马士文做的《鹿河镇人民政府工作报告》，蔡永平做的《鹿河镇人民代表大会主席团工作报告》，施小怡做的《鹿河镇2002年财政预算执行情况和2003年财政预算（草案）的报告》，并就上述3个报告通过相应决议。会上，还审议了《关于鹿河镇集贸市场易址新建的意见》和《关于创建“国家级卫生镇”的意见》。

4月29日 鹿河镇非典型肺炎防治工作指挥部成立，镇长马士文任总指挥。5月3日，改由镇党委书记周健慧任总指挥。各村、各单位也相继成立领导小组，开展防治非典工作。

5月7日 镇政府转发《关于落实苏州市政府〈关于公共娱乐场所暂停营业的通告〉的通知》，并分头出动，落实通知精神，要求全镇各歌舞娱乐场所、网吧、电子游戏厅、录像放映厅、影院等一律暂停营业。

5月28日 镇政府印发《关于在农村开展以“清洁村庄、清洁河道、清洁家园”为主要内容的环境卫生整治工作的实施意见》，在全镇范围内开展农村“三清”工作。

7月 鹿河农科教结合示范基地被评为苏州市级农科教结合示范基地。

8月15日 镇党委召开两级干部大会，宣读太仓市政府8月12日太政发〔2003〕96号文件，撤销鹿河镇镇级建制，并入璜泾镇。

第一篇 建置区划

鹿河镇位于太仓北部，长江下游入海口南岸。历史上建置隶属多次变更，曾是虞乡、长沙乡、双凤乡等辖地，并随之隶属于吴县、常熟县等。明代太仓设州后，鹿河南境属太仓州，西北境仍隶常熟县。民国18年（1929）行政区划调整，鹿河设镇，隶太仓县。

中华人民共和国成立后，鹿河行政体制和区划范围又多次变化。1950年1月设小乡，1956年与邻近小乡合并为中乡，1957年又合并成大乡，1958年建人民公社，1966年南部的10个大队划归新成立的王秀人民公社，1983年鹿河设乡，1993年撤乡建镇。2002年，鹿河镇辖区面积25.22平方千米。镇下辖6个村和1个市镇社区。镇政府驻新鹿路与中灵街路口，电话区号0512，邮政编码215428。距太仓市人民政府33.5千米。

2003年8月，鹿河镇并入璜泾镇，撤销鹿河镇建制，设璜泾镇鹿河管理区。

第一章　建　置

第一节　建置隶属

鹿河镇地处长江下游南岸，夏商时期就有先祖在此劳作、生息。

春秋战国时期属吴地。公元前222年，秦灭楚后，长江下游江南一带置会稽郡，鹿河属会稽郡。

西汉汉景帝元年（前156），常熟境设虞乡，鹿河属会稽郡吴县虞乡。

东汉永建四年（129），会稽郡浙江以西另设吴郡，郡辖地吴县增设南沙乡，鹿河隶属于吴郡吴县南沙乡。此后，鹿河一直随南沙乡，隶属关系多次变更。三国（220—280）时期属东吴吴郡吴县。西晋太康四年（283）改属吴郡海虞县（分吴县所建）。东晋咸和元年（326）又属吴国（由吴王改吴郡为吴国）吴县。

东晋咸和六年（331），扬州（州治在南京）海虞县增设双凤乡，鹿河为双凤乡辖地。此后，鹿河随双凤乡隶属关系调整而变更。东晋咸康七年（341）属晋陵郡南沙县。南齐永泰元年（498）归晋陵郡海阳县。南朝梁大同六年（540）隶属信义郡常熟县（原南沙县）。以后至元代及明朝前期，鹿河一直属双凤乡，隶属于常熟县（州）。

明弘治十年（1497），建立太仓州，鹿河南境隶属太仓州，西北境属常熟县。清雍正二年（1724），常熟东部分出设昭文县，鹿河西北境属昭文县，隶属苏州府。咸丰十年（1860），太平军攻占苏州，成立苏福省，鹿河南境随太仓州、西北境随昭文县同隶天朝苏福省。同治元年（1862），太平军退，次年，鹿河建制恢复。

民国元年（1912），撤昭文县，并入常熟县，鹿河西北境又归属常熟县。民国18年（1929），施行县组织法，行政区划改为区、乡、镇建制，鹿河设置为镇，属太仓县璜泾区。

1949年5月太仓解放后，鹿河为乡建制。1950年1月，鹿河乡人民政府成立，鹿河仍为太仓县璜泾区辖地。1957年7月，太仓县撤区并乡，璜泾区建制撤销，鹿河乡直隶太仓县。此后至2003年8月鹿河镇与璜泾镇合并，鹿河一直隶属于太仓县（市）。

第二节 镇名由来

鹿河历史悠久，汉时就有沿江村落，三国时期渐成集市，兴建街区，形成集镇。鹿河地名，过去称谓不一，原称陆家河市，简称“陆河”。旧时，民间有陆河滩、陆河浦、陆河港、六河镇之称谓。

后汉时期，江南吴郡有一陆姓官僚大族，其族人在朝廷世有高位，前后有二相五侯，将军十余人。三国时期，他们的宗族支系分布于沿江一带，“僮仆成军，闭门为市，牛羊掩原隰，田池布千里”。在陆家河市，陆姓贵族建有庄园，史称陆家府。庄园三面环水，宅屋成群，有护庄河，设吊桥。庄内有演兵场、洗马池（亦称羁马池）、荷花池等设施，规模甚大。陆家广有良田，还擅长经营，通过海运，从东北贩来大量马匹，从中牟利。为运输方便，陆家开凿了一条直通长江的航道——陆河浦（又名陆家河、陆家港、陆坞），南接陆拆沟（现称六尺沟），北入长江。陆家在陆河畔设立交易市场交易运回的马匹，市场称马市。马市兴起，人来人往，其他商业也随之兴旺，便成集镇。陆河也由三国时期开凿的陆河浦而得名。当时的集镇为南北走向，从陆家府东首的泗洲殿往南，经圣像寺、将相桥、磨刀桥，延伸至蚂蚁墩。元末，集镇遭兵火被毁。明弘治年间（1488—1505）复建于现址。

清光绪年间（1875—1908），“陆河”曾被简写成“六河”，有现存锡制救火龙镌“光绪廿八年六河里人置”字样为鉴。民国初，陆河始定鹿河名。“陆河”为何改成“鹿河”，无确切记载，但民间有一种说法：清末民初，陆河地方文人绘有陆河图案，图中有梅花鹿，鹿身朝南微侧，头向东方，立于水深临膝的河中。此图案曾被鹿河小学镌上“鹿河小学”字样，制作成金属质、三角形校徽让学生佩戴。因梅花鹿性合群，惹人喜爱。而“陆”和“鹿”恰好谐音，于是，人们就把“陆河”改成“鹿河”，一直沿用至今。但这只是传说，更名为鹿河的真正原因、究竟是否与梅花鹿有关，有待深考。

第二章　区划演变

第一节　明清时代

明弘治十年（1497），鹿河为太仓州西乡26都。清代，鹿河仍设都。清末，奉行城乡自治，太仓州县划分后，鹿河设乡。辖区范围：东以钱泾塘为界，与璜泾毗邻；西以黄浜河、北以葫芦浜和“界牌”为界，与昭文县（常熟）相连；南与长安乡（王秀镇的湘里村、长浜村、王秀村一带）接壤。

第二节　民国时期

辛亥革命后，鹿河沿袭清末区划。民国24年（1935），乡镇以下基层建立群众自治组织，推行保甲制度。民国34年（1945），鹿河仍按保甲设置。民国35年（1946）10月，在太仓并乡并镇时，鹿河设8个保109个甲。次年3月，重新核户口、编保甲，鹿河调整为15个保206个甲。东部地区为第一保至第六保，市镇东半镇为第七保、西半镇为第八保，南部地区的伍胥、孟河、包桥、建华、建民、草庙、杨漕一带分别为第九保至第十五保。此区划沿至1949年中华人民共和国成立之前。

第三节　中华人民共和国成立后

1949年12月，鹿河境内废除保甲制度。1950年1月，成立鹿河乡人民政府，当时称小乡，亦称新乡，下辖13个村，31个生产队。全乡辖区面积5.45平方千米。东接万欧乡、新泾乡，南连杨漕乡、伍胥乡，西与常熟县吴市区长沙乡接壤，北与常熟县吴市区泗洲乡相邻。东西长4千米，南北长2.5千米。

1952年秋，璜泾区万欧乡新团村与常熟县吴市区长沙乡新民村和泗洲全乡6个村同时划归鹿河乡。1956年春，在太仓县进行并区并乡期间，鹿河乡与新泾乡、泗洲乡合并，成立鹿河乡人民委员会，当时称中乡。全乡辖区面积16.65平方千米。东靠璜泾区利民乡，南和伍胥乡接壤，西与常熟县吴市区东张乡毗邻，北至长江。东西长5千米，南北长5.5千米。

1957年，在太仓县撤区并乡期间，鹿河乡、伍胥乡与利民乡的新民高级社合并，合并后组建的鹿河乡为大乡，共有19个高级社，257个生产队。辖区面积37.8平方千米。东靠璜泾乡，南与常熟县何市乡、太仓县归庄乡接壤，西至界河与常熟县东张乡毗邻，北临长江。全境东西长5.5千米，南北长9千米。

1958年，鹿河乡召开万人大会，成立太仓县飞跃人民公社（后复名鹿河人民公社）。在公社成立时，常熟县东张乡3个高级社（原吴市区长沙小乡的郑家、毛桥两村及诸巷村部分地域成立的东胜13社、15社、17社）划归鹿河。同年将全公社22个高级社合并为11个农业生产大队。至此，鹿河公社辖区由土地改革时的8个小乡84个村305个生产队组成。

1959年4月，因原大队范围过大，全公社调整为20个农业生产大队，231个生产队。1960年区划调整时，又重新划成23个农业生产大队，308个农业生产队。此时的鹿河公社，辖区面积43.62平方千米，东靠璜泾公社，南接太仓归庄公社和常熟何市公社，西以长寿庙和沙营庙为界与常熟东张公社毗邻，北临长江。全境东西长7.5千米，南北长9千米。

1966年10月，太仓县实施公社区划调整，将鹿河公社南部的伍胥、建华、建民、草庙、杨漕、南港、白荡、孙桥、孟河、包桥等10个大队划归新成立的王秀公社。鹿河公社设玉影、东泾、滨海、新泾、黎明、泗洲、长城、长江、新市、飞跃、鹿南（原红星）、新幸、长沙等农业生产大队13个，渔业大队1个，生产队135个。1980—1983年，有关农业生产大队又先后对生产队进行了小范围调整。

1983年7月体制改革，取消公社称谓，恢复鹿河乡，农业生产大队改称村民委员会，生产队改称村民小组。1993年1月6日，太仓县人民政府批准鹿河撤乡建镇（太政发〔1993〕6号文件）。

1999年10月，实施村区划调整，全镇13个村合并为6个村，分别为：玉影与东泾合并，取名东影村（从两村村名中各取一字，下同）；黎明与新幸合并，取名新明村；滨海与新泾合并，取名新海村；泗洲与长城、长江合并，取名长洲村；新市与长沙合并，取名长新村；飞跃与鹿南合并，取名飞鹿村。

2002年末，镇辖6个村和1个市镇社区，有村民小组147个。全镇辖区面积25.22平方千米。

资料链接：

表1-1　1958年鹿河公社辖区涉及土改时的小乡、村、生产队一览

小乡名称	村名	生产队个数
鹿河乡	涌北、涌南、如意、养鱼、市南、新中、长桥、玉影、中灵、高桥、中心、团结	31
泗洲乡	李家、孙家、海城、新农、郑家、陆家、芦花、长江、东新、东泾、联合	51
新泾乡	双林、公平、新桥、夏家、李家、新民、高堰、江边、弘毅、江民、安乐、新平、新亚	48
万欧乡	新团、新平、新农、新幸、新行	17
长沙乡	光荣、蒋桥、毛桥、光明、新农	28
杨漕乡	东泾、魏家、解放、光明、荷花、合同、合意、太平、同心、苏家、新农、界河	39

续表

小乡名称	村名	生产队个数
伍胥乡	解放、民新、孟河、永久、包桥、塔桥、新南、吴家、兴隆、泾塘、高家、新行、新团、新民、团结	53
勇和乡	孙桥、胜利、民主、太平、新民、新利、红花、新荣、光荣、自由、陆园	38

表 1-2　1964 年 9 月鹿河公社农业生产大队、生产队一览

大队		生产队编序及队名								
编序	名称	1 队	2 队	3 队	4 队	5 队	6 队	7 队	8 队	9 队
1	玉影	玉影	高桥	南京	丁家巷	毛鱼池	唐家	长鱼池	吴家	红旗
2	东泾	毛桥	永丰	蒋桥	东泾	安乐	荷花	新平	中心	新丰
3	滨海	大桥	江民	弘毅	孙河	江边	钱泾	彭湖	包巷	张泾
4	新泾	新桥	侯桥	屈家	大桥	夏家	野泾	抢脚	江边	草庙
5	黎明	先锋	和合	荷花	高堰	跃进	杨堰	桥龙	角嘴	孟泾
6	泗洲	北弄桥	施家巷	长田岸	彭家巷	秦家桥	顾家巷	草鞋浜	杨家湾	陆家府
7	长城	东风	长浜	荷花	球边	洋台	周泾	船仓	涟浦	牛桥
8	长江	新兴	新民	新华	新连	新光	新龙	新丰	—	新建
9	新市	先锋	东胜	幸福	长寿	前进	永兴	新兴	毛桥	中心
10	飞跃	涌南	后圩西 后圩东	前圩	倪家桥南 倪家桥北	龚家湾	刘家泾	缪家桥	新桥	包家湾
11	红星	市南	养鱼	红旗	胜利	新中	新丰	东风	李家	曹浜
12	建民	跃进	荷花	建民	杨北	杨南	同心	合意	仓河浜	陶堰
13	杨漕	白圩	南湾	河绍	界河	新农	新建	中心	黄娄	里湾
14	南港	张家湾	孙巷	红旗	马头巷	赵巷	庙湾	石元宝	庙桥	新毛
15	白荡	星光	星农	星和	光荣	荷花	陆园	北巷	跃进	清水
16	孙桥	盛家巷	孙桥	徐家湾	胜利	民主	范家港	太平	南港	红花
17	孟河	张家	周家	民新	王家	袁庄	解放	高家	永久	杨家
18	包桥	袁家堰	二王桥	陆家湾	杨子浜	管家巷	岸家桥	戴家湾	方家	史家湾
19	伍胥	伍胥	泾塘	俞桥	史家湾	新民	许家	张桥	吴桥	先进
20	建华	高桥	天潭	水渠	新民	横塘	中心	新团	刘桥	石后
21	新幸	新民	东方	孙家巷	包家桥	新亚	新泾	光明	李家巷	长春
22	长沙	宋桥	奚家	诸家	陈家	吴家	姜家	马家	顾家	蔡家
23	草庙	魏家	叶家	庙北	胡家	庙湾	庙南	解放	徐家	毛家

大队		生产队编序及队名								
编序	名称	10 队	11 队	12 队	13 队	14 队	15 队	16 队	17 队	18 队
1	玉影	恩浜	王家湾	沈家	陈家巷	陈家湾	中灵	新生	—	—
2	东泾	新民	建新	大浜	金星	东风	新农	—	—	—
3	滨海	王竹	洋台	—	—	—	—	—	—	—
4	新泾	红思	马桥	杨堰	永丰	新丰	陈巷	庙桥	公平	—
5	黎明	牛桥	东新	江边	海城	城河	东泾	—	—	—
6	泗洲	城圩	李家巷	涌北	泗洲	—	—	—	—	—
7	长城	大湾	海城	长胜	杨泾	横港	—	—	—	—

续表

大队		生产队编序及队名								
编序	名称	10队	11队	12队	13队	14队	15队	16队	17队	18队
8	长江	新生	—	—	—	—	—	—	—	—
9	新市	胜利	蒋桥	团结	光荣	建新	秦家圩	—	—	—
10	飞跃	陈家港	汤家	木行桥	倪家湾	—	—	—	—	—
11	红星	唐家	长桥	黄沙	南浜	—	—	—	—	—
12	建民	高家桥	竹家浜	莳泾南	莳泾北	飞跃	光明	新拆队	小桥巷	红旗
13	杨漕	干河	北港	—	—	—	—	—	—	—
14	南港	新利	东风	姚巷	—	—	—	—	—	—
15	白荡	红旗	自由	胜利	—	—	—	—	—	—
16	孙桥	新花	王家湾	陈家湾	朱家巷	—	—	—	—	—
17	孟河	莳家	兴隆	陈家	季港	唐港	—	—	—	—
18	包桥	陶浜	塔桥	倪家湾	—	—	—	—	—	—
19	伍胥	於家桥	翻身	杨家	周家	新行	光荣	—	—	—
20	建华	团结	西塘	东塘	—	—	—	—	—	—
21	新幸	新团	新联	侯家桥	西刘巷	—	—	—	—	—
22	长沙	—	—	—	—	—	—	—	—	—
23	草庙	百桥	龚家	杨家	东泾	施家	—	—	—	—

注：(1)全公社共设306个生产队，其中飞跃大队第2生产队又分后圩东和后圩西2个队，第4生产队又分倪家桥南和倪家桥北2个队，故全公社实为308个生产队；(2)长江大队第8生产队并队后，大队未重新编队，故8队空缺。

表1-3　1999—2002年鹿河镇各村村民小组排序对应

村名	村民小组(个)	排序对应
东影	22	1~12组(原玉影村)　13~22组(原东泾村)
新明	23	1~11组(原黎明村)　12~23组(原新幸村)
新海	23	1~10组(原滨海村)　11~23组(原新泾村)
长洲	33	1~13组(原泗洲村)　14~25组(原长城村)　26~33组(原长江村)
长新	22	1~15组(原新市村)　16~22组(原长沙村)
飞鹿	24	1~11组(原飞跃村)　12~24组(原鹿南村)

注：此排序至2002年未变。

第三章　村　社区

第一节　建制村

1999年10月村区划调整后共设6个村，有147个村民小组，至2002年无变化。

一、东影村

1999年10月，玉影村、东泾村合并，村名从两村村名中各取一字称东影村。位于鹿河镇区东南部。东依钱泾塘、接原滨海村，西靠镇区，南邻飞鹿村、原王秀伍胥村，北靠新明村。东西直线距离（指最大直线距离，下同）3.1千米，南北直线距离2.5千米。辖区面积3.95平方千米。村民委员会驻15组（原东泾村3组），距离镇政府2.4千米（指直线距离，下同）。

境内338省道（现346国道）、沙鹿公路横贯东西，另有钱泾塘路、伍鹿路等主干道。主要河道有钱泾、关王塘、老木行塘、玉影中心河、老新泾塘、沙家泾等。友谊桥、东泾桥、陈家湾桥等为辖区内主要公路桥梁。

2000年前后，村级经济以化纤加弹为主，还有棉纺、针织、船舶舾装等，初步形成鹿河联影工业小区。尤其是化纤加弹业初具规模，拥有33H高速纺机6台、700型以上高速加弹车21台、818型加弹车32台。境内农户电话普及率和自来水入户率均达100%，有线电视入户率达80%。

2002年，全村有22个村民小组，595户，2060人。耕地面积245.07公顷。工业企业75个。实现地区生产总值1.24亿元，工农业总产值4.08亿元（其中工业产值3.94亿元，销售收入3.72亿元，利税总额3247万元），粮食总产量1612吨，农民人均纯收入6941元。

1999—2003年村党总支（支部）书记：袁葵明（1999.10—2002.12）、高国球（2002.12—2003.8）。村委会主任：周孟良（1999.10—2002.12）、邱建清［2002.12—2003.8（村党总支副书记，具体负责村委会工作）］。

二、新明村

1999年10月，黎明村、新幸村合并，称新明村。位于鹿河镇区东部，东靠新海村，南邻东影村，西接镇区，北依长江。东西直线距离1.63千米，南北直线距离3.05千米。辖区面积4.4平方千米。村民委员会驻15组（原新幸村4组），距离镇政府2.08千米。

村境南部沙鹿公路为交通要道，北部主江堤路为沿江防汛抗洪重要通道，中东部明海路为北往新泾口、连通新海村的主干道。主要河道有内随塘河、关王塘、小江塘、大东泾、牛桥塘、孟家泾等。

2000年前后，村级经济以毛纺、染色等行业为主。化纤加弹业兴起后，初步形成新明加弹小区。2002年末，江苏申久化纤有限公司化纤项目进驻。农业以种植水稻、小麦为主，建有水稻丰产方。经济作物以无公害露地蔬菜为主，扩大种植规模，发展优质高效农业，增加农民收入。

2002年，全村有23个村民小组，504户，1712人。耕地面积217.33公顷。工业企业45个。实现地区生产总值6057万元，工农业总产值1.99亿元（其中工业产值1.86亿元，销售收入1.73亿元，利税总额1537万元），粮食总产量1506吨，农民人均纯收入5958元。

1999—2003年村党支部书记：刘惠光（1999.10—2002.12）、丁瑞华（2002.12—2003.8）。村委会主任：包锦元（1999.10—2003.8）。

三、新海村

1999年10月，滨海村与新泾村合并，称新海村。位于鹿河镇区东部，东南部至钱泾塘与璜泾镇新联村交界，东北部濒临长江，西南部、西北部与新明村接壤。东西直线距离3.13千米，南北直线距离1.63千米。辖区面积3.35平方千米。村民委员会驻19组（原新泾村9组），距离镇政府2.53千米。

境内钱泾塘路、明海路、滨海路为主要出入道路，北部主江堤路承担沿江防汛抗洪功能。主要河道有钱泾、新泾、内随塘河、外随塘河、抢脚塘、老新泾塘、屈家泾等。有滨海套闸桥、新泾闸桥、庙桥等主要桥梁20余座。

境内原工业企业主要以印染、纺织、钢丝绳等行业为主。2000年后发展起来的民营企业大多为化纤加弹企业。农业生产以种植水稻、小麦为主，无公害特色农产品有黑米、糯米等。经济作物种植面积扩大，建有大面积西兰花种植基地。重视农田基本建设、农技农机推广应用，农业生产水平和效益逐年提高。

2002年，全村有23个村民小组，467户，1697人。耕地面积227.4公顷。工业企业26个。实现地区生产总值4414万元，工农业总产值1.45亿元（其中工业产值1.37亿元，销售收入1.29亿元，利税总额1126万元），粮食总产量1710吨，农民人均纯收入5526元。

1999—2003年村党总支（支部）书记朱建良（1999.10—2003.8），村委会主任陆洪昌（1999.10—2003.8）。

四、长洲村

1999年10月，泗洲村、长城村、长江村合并，称长洲村。位于镇区北部，东邻新明村，南与镇区相连，西与常熟市东张镇接壤，北枕长江。东西直线距离3.6千米，南北直线距离2.88千米，辖区面积5.55平方千米。村民委员会驻22组（原长城村9组），距离镇政府2.08千米。

境内主要道路有鹿长路、主江堤路、内江堤路、江长路等。主要河道有外随塘河、内随塘河、关王塘、光明塘、连浦塘、陶泾、芦花港等。村级主要河道有8条，总长10.05千米；生产河道16条，总长7.11千米。有光明桥、江堤桥、随塘河桥、泗洲桥等主要桥梁17座。

1999年，拥有鹿河搪瓷厂、兴江纸箱厂、东方化工厂、长江红木家具厂等一批私营企业。2000年后，农业生产组织化、专业化、产业化程度提高，农作物以水稻、小麦为主，蔬菜、瓜果、苗木种植均得到发展。虹泰花木基地面积大、种植品种多，成为全镇最大的花木基地。村社会事业加快发展，人民生活水平不断提高，家家通了自来水，户户用上液化气，电话、有线电视普及每户。

2002年，全村有33个村民小组，852户，2832人。耕地面积324.33公顷。工业企业43个。实现地区生产总值7201万元，工农业总产值2.36亿元（其中工业产值2.26亿元，销售收入2.13亿元，利税总额1862万元），粮食总产量1635吨，农民人均纯收入6875元。

获得荣誉：1999年，被中共苏州市委员会、苏州市人民政府评为加强农村基层组织建设、加快农村现代化建设示范村；2000年，被苏州市精神文明建设委员会评为文明村；2002年2月，被苏州市全国九亿农民健康教育行动领导小组评为苏州市先进村。

1999—2003年村党总支（支部）书记：俞建国（1999.10—2003.3）、陆秀珍（2003.3—2003.8）。村委会主任：陆秀珍（1999.10—2003.3）、高振球［2003.3—2003.8（主持村委会工作）］。

五、长新村

1999年10月，新市村、长沙村合并，称长新村。位于鹿河镇区西部，东南部与飞鹿村相邻，东北部与长洲村接壤，西南部、西北部与常熟交界。东西直线距离1.75千米，南北直线距离3.75千米。辖区面积4.1平方千米。村民委员会驻21组（原长沙村6组），距离镇政府1.25千米。

境内长新路等为村级主要道路。主要河道有涟浦塘、西关王塘、张青桥塘、横江、恩泾等。有吴家泾桥、涟浦4号桥、横江桥、夏家桥、新市桥、倪家泾桥等大小桥梁20余座。

2000年前后，村级工业主要以加弹、高亨精机、毛绒制品、五金加工等行业为主。农业主要种植水稻、小麦等粮食作物，同时注重发展优质高效农业，蔬菜种植面积扩大、品种增多，生产专业化、商品化程度提高，种植的西兰花、白花菜、甜玉米、小松菜等优质农产品落实订单销售，年销售各类蔬菜1000余吨，净增收入90余万元。村级经济发展促进了各项社会事业建设，境内主干道硬化，电话、自来水入户率100%，率先实现有线电视村。2002年，村获评苏州市文明村，村党支部被评为太仓市“五好”党支部。

2002年，全村有22个村民小组，531户，1705人。耕地面积272.33公顷。工业企业16个。实现地区生产总值4460万元，工农业总产值1.46亿元（其中工业产值1.34亿元，销售收入1.29亿元，利税总额1104万元），粮食总产量1737吨，农民人均纯收入6118元。

1999—2003年村党支部书记、村委会主任姜四宝，由1名副书记和1名副主任分别分管和具体负责村委会日常工作。

六、飞鹿村

1999年10月，飞跃村、鹿南村合并，称飞鹿村。位于镇区南部，东邻东影村，南与原王秀镇交界，西靠长新村，北接镇区。东西直线距离2.6千米，南北直线距离2.5千米。辖区面积3.25平方千米。村民委员会驻6组（原飞跃村6组），距离镇政府1.8千米。

境内雅飞路、中弄街(路)、鹿玉路为通达镇区的交通要道。主要河道有老木行塘、孔泾庙塘、王泥桥塘、如意桥塘等。有倪家泾桥、王二桥等大小桥梁20余座。

2000年前后,境内民营经济主要以化纤、针织、电脑绣花为主。农业主要种植水稻、小麦等粮食作物,同时注重发展优质高效农业,蔬菜、瓜果等经济作物种植面积扩大,农业收益提高。

2002年,全村有24个村民小组,565户,1765人。耕地面积187.6公顷。工业企业11个。实现地区生产总值2121万元,工农业总产值6966万元(其中工业产值5780万元,销售收入5462万元,利税总额477万元),粮食总产量1247吨,农民人均纯收入5822元。

1999—2003年村党支部书记:崔建国(1999.10—2001.1)、周祖兴(2001.1—2003.8)。村委会主任:周祖兴(1999.10—2001.5)、孙小毅[2001.5—2003.8(主持村委会工作)]。

第二节　撤并村

1999年10月,对村进行区划调整,全镇调整为6个村,原13个村撤销建制。本节记述撤并村涉及村界,均用并村前村名。

一、玉影村

因村内原有玉影山而得名。位于镇区东南部,东邻东泾村,南连鹿南村,西接镇区,北与新幸村为界。东西直线距离1.85千米,南北直线距离2.66千米。辖区面积2.2平方千米。村域内有高桥湾、倪家桥、南泾、陈家巷、王塘泾等自然村落。村民委员会驻10组,距离镇政府0.58千米。1998年,辖12个村民小组,总人口1353人,其中劳动力705人。耕地面积122.6公顷。

20世纪50年代初的小乡时期,为璜泾区鹿河乡的5个村12个生产队和璜泾区万欧乡的1个村4个生产队,分别为鹿河乡玉影村的玉影生产队,中灵村的中灵、陈家湾生产队,高桥村的高桥生产队,中心村的唐家、长鱼池、吴家、恩浜、红旗生产队,团结村的南京、沈家、丁家巷生产队;万欧乡新团村的毛鱼池、王家湾、陈家巷、新生生产队。1957年,成立玉影高级社。1958年9月,称玉影大队。1966—1976年,更名为鹿新大队,成立鹿新大队革命委员会,生产队称革命领导小组。1980年地名普查时,恢复玉影大队原名。1981年10月,恢复生产大队、生产队称谓。1983年8月,大队改称村,同时成立经济合作社,生产队改称村民小组。

60年代,办玉影砖瓦厂。70年代,创办玉影塑料厂、鹿新搪瓷厂等。90年代中后期起发展个私企业(下村同)。1998年末,村实现地区生产总值960万元,工农业总产值1511万元,粮食总产量838吨,工业总产值1268万元,利润21万元,工业固定资产原值38万元,农民人均纯收入4393元。

1999年10月,与东泾村合并,组成东影村。

1958—1999年历任村(大队)党支部书记(负责人):陆春林(1958.10—1975.5)、朱永兴(1975.5—1978.1)、袁仁明(1978.1—1983.3)、王耀球(1983.3—1987.11)、孙文元(1987.11—

1991.4）、高国球（1991.4—1993.6）、王耀球（1993.6—1996.11）、周孟良（1996.11—1999.10）。

1958—1999年历任村主任［大队长（革委会主任）、负责人］：倪春林（1958.9—1969.2）、陆春林（1969.2—1975.5）、朱永兴（1975.5—1978.1）、袁仁明（1978.1—1979.4）、王耀球（1979.4—1983.3）、孙文元（1983.3—1986.10）、王仁华（1986.10—1992.11）、周孟良（1992.11—1996.11）、李祖根（1996.11—1999.10）。

注：（1）1958年9月至1983年7月设大队，称大队长，其中1969年2月至1979年4月大队成立革委会（各大队革委会存在时间稍有差异），大队负责人为革委会主任（由书记兼任）；（2）1983年7月至1999年10月设村，为村民自治组织，负责人称村委会主任；（3）村主任任职中含未换届选任但实际主持工作的时间，或实际已调离岗位但因未到届职务仍保留的时间；（4）干部任免发文时间与少数干部实际到任或离任时间稍有差异；（5）上述4条注释所述情况在以下各村相同，不再重复加“注”。

二、东泾村

因村内有东泾河而得名。位于镇区东南部，东至钱泾塘与璜泾镇交界，南连王秀镇伍胥村，西与玉影村、新幸村接壤，北与滨海村相接。东西直线距离2.25千米，南北直线距离1.17千米。辖区面积1.75平方千米。村域内有横浜、许家鱼池、友谊桥、张家湾等自然村落。村民委员会驻3组，距离镇政府2.4千米。1998年，辖10个村民小组，总人口1014人，其中劳动力525人。耕地面积114.87公顷。

20世纪50年代初的小乡时期，为璜泾区新泾乡的1个村4个生产队和璜泾区万欧乡的4个村11个生产队，分别为新泾乡安乐村的安乐、荷花、金星、东风生产队，万欧乡新平村的东泾、新平、中心生产队，新农村的永丰、蒋桥、新农生产队，新民村的新丰、新民、建新、大浜生产队，新幸村的毛桥生产队。1957年，一部分生产队属新民高级社，另一部分为金星高级社。1958年9月，改称东泾大队。1969年3月，成立东泾大队革命委员会，生产队称革命领导小组。1981年10月，恢复生产大队、生产队称谓。1983年8月，大队改称村，同时成立经济合作社，生产队改称村民小组。

60年代后期，办东泾砖瓦厂。70年代，创办东泾预制场、东泾五金厂，与飞跃大队联办东跃针织厂。80年代初，办东泾加弹厂。1998年末，村实现地区生产总值2400万元，工农业总产值4878万元，粮食总产量886吨，工业总产值4665万元，利润71万元，工业固定资产原值231万元，农民人均纯收入4423元。

1999年10月，与玉影村合并，组成东影村。

1959—1999年历任村（大队）党支部书记（负责人）：张阿金（1958.10—1969.9）、张昌林（1969.9—1975.5）、张阿金（1975.5—1983.9）、王洪元（1983.9—1993.11）、袁葵明（1993.11—1999.10）。

1959—1999年历任村主任［大队长（革委会主任）、负责人］：支阿昌（1959.5—1969.3）、张昌林（1969.3—1975.5）、张阿金（1975.5—1979.4）、倪祖林（1979.4—1987.3）、邱雪球（1987.3—1988.2）、丁瑞华（1988.2—1991.3）、包耀宗（1991.3—1999.10）。

三、滨海村

因地处长江之滨而得名。位于镇区东部，东临钱泾塘与璜泾镇相交，南接东泾村，西邻新泾村，北濒长江。东西直线距离1.75千米，南北直线距离1.3千米。辖区面积1.25平方千米。村域内有俞家宅基、孙河浜、张泾梢、王家泾、包家巷等自然村落。村民委员会驻2组，距离镇政府3.23千米。1998年，辖10个村民小组，总人口854人，其中劳动力436个。耕地面积93.4公顷。

20世纪50年代初的小乡时期，为璜泾区新泾乡的4个村11个生产队，分别为江边村的孙河、江边、包巷生产队，弘毅村的弘毅、钱泾、洋台生产队，江民村的大桥、江民、彭湖、张泾生产队，安乐村的王竹生产队。1957年，成立金星高级社。1958年9月，改称滨海大队。1970年8月，成立滨海大队革命委员会，生产队称革命领导小组。1981年10月，恢复生产大队、生产队称谓。1983年8月，大队改称村，同时成立经济合作社，生产队改称村民小组。

70年代，办滨海服装厂、滨海量具厂、滨海塑料厂。80年代，创办滨海针织厂，与新泾村、新幸村联办新海染色厂、鹿河毛线厂。1998年末，村实现地区生产总值460万元，工农业总产值350万元，粮食总产量678吨，工业总产值146万元，工业固定资产原值121万元，农民人均纯收入4636元。

1999年10月，与新泾村合并，组成新海村。

1959—1999年历任村（大队）党支部书记（负责人）：张仁男（1959.5—1976.12）、张小宝（1976.12—1984.8）、朱连昌（1984.8—1991.10）、张宝荣（1991.10—1994.10）、黄锦良（1994.10—1999.10）。

1958—1999年历任村主任［大队长（革委会主任）、负责人］：陆林祥（1958.10—1959.5）、胡三男（1959.5—1962.11）、黄云昌（1962.11—1970.8）、张仁男（1970.8—1976.12）、张小宝（1976.12—1979.4）、朱连昌（1979.4—1984.8）、朱耀明（1984.8—1992.9）、黄锦良（1992.9—1996.4）、张绍明（1996.4—1999.10）。

四、新泾村

因村内有新泾河而得名。位于镇区东部，东邻滨海村，南连新幸村，西接黎明村，北枕长江。东西直线距离1.5千米，南北直线距离1.3千米。辖区面积2.1平方千米。村域内有庙桥、夏家巷、张家巷、杨家堰、陆家小堰、蔡家巷等自然村落。村民委员会驻9组，距离镇政府2.53千米。1998年，辖13个村民小组，总人口1164人，其中劳动力611个。耕地面积128.33公顷。

20世纪50年代初的小乡时期，为璜泾区新泾乡的5个村17个生产队，分别为双林村的抢脚、江边、草庙、红思生产队，公平村的马桥、杨堰、庙桥、公平生产队，新桥村的新桥、永丰、新丰、陈巷生产队，夏家村的屈家、大桥、夏家、野泾生产队，李家村的侯桥生产队。1957年，成立新建高级社。1959年5月，在区划调整时组成新泾大队。1969年8月，成立新泾大队革命委员会，生产队称革命领导小组。1981年10月，恢复生产大队、生产队称谓。1983年8月，大队改称村，同时成立经济合作社，生产队改称村民小组。

70年代，办新泾编织厂、新泾钢丝绳厂。80年代初，创办新泾袜厂，与滨海村、新幸村联办新海染色厂等。1993年12月，因党员人数多，为加强村党组织建设，村党支部设置调整，组建村党总支。1998年末，村实现地区生产总值720万元，工农业总产值566万元，粮食总产量1029吨，工业总产值320万元，工业固定资产原值184万元，农民人均纯收入4485元。

1999年10月，与滨海村合并，组成新海村。

1959—1999年历任村（大队）党总支（支部）书记（负责人）：陆章兴（1959.5—1961.3）、包仁勋（1961.3—1961.7）、陆林祥（1961.7—1969.8）、屈小茂（1969.8—1977.9）、徐晋成（1977.9—1981.8）、陆婉娣（1981.8—1984.10）、陆阿坤（1984.10—1990.10）、薛惠忠（1990.10—1996.7）、夏惠忠［1996.3—1997.6（其中1996.3—1996.7为党总支副书记，主持工作）］、陆阿坤［1997.6—1998.12（兼）］、朱建良（1998.12—1999.10）。

1959—1999年历任村主任［大队长（革委会主任）、负责人］：夏小宝（1959.5—1961.9）、陆章兴（1961.9—1966.3）、屈小茂（1966.3—1977.9）、徐晋成（1977.9—1978.11）、陆婉娣（1978.11—1981.8）、陆阿坤（1981.8—1983.7）、薛惠忠（1983.7—1986.7）、朱建良（1986.7—1991.8）、陆永良（1991.8—1996.3）、陆洪昌（1996.3—1999.10）。

注：1993年12月至1999年10月为党总支书记。

五、黎明村

为表达迎接黎明曙光的意思而命名。位于镇区东北部，东邻新泾村，南接新幸村，西连泗洲村，北濒长江。东西直线距离1.9千米，南北直线距离1.58千米。辖区面积2.4平方千米。村域内有角嘴、夏家巷、大东泾、高家堰、侯家宅基、孙家宅基、殷家天潭等自然村落。村民委员会驻3组，距离镇政府1.5千米。1998年，辖11个村民小组，总人口1179人，其中劳动力602个。耕地面积107.13公顷。

20世纪50年代初的小乡时期，为常熟吴市区泗洲乡的3个村11个生产队和璜泾区新泾乡的1个村4个生产队，分别为泗洲乡东新村的牛桥、东新、江边、海城生产队，东泾村的城河、东泾生产队，联合村的跃进、杨堰、桥龙、角嘴、孟泾生产队，新泾乡高堰村的先锋、和合、荷花、高堰生产队。1957年，成立黎明高级社。1958年9月起，称黎明大队。1969年2月，成立黎明大队革命委员会，生产队称革命领导小组。1981年10月，恢复生产大队、生产队称谓。1983年8月，大队改称村，同时成立经济合作社，生产队改称村民小组。

70年代，办黎明粉丝厂、黎明针织厂、黎明加弹厂等。1998年末，村实现地区生产总值510万元，工农业总产值226万元，粮食总产量674吨，工业总产值1万元，工业固定资产原值256万元，农民人均纯收入4561元。

1999年10月，与新幸村合并，组成新明村。

1959—1999年历任村（大队）党支部书记（负责人）：王元（1959.5—1966.3）、吴岳祥（1966.3—1976.9）、王兴（1976.10—1981.12）、朱春（1981.12—1989.12）、侯炳荣（1989.12—1992.1）、周耀明（1992.1—1994.7）、张耀良（1994.7—1999.10）。

1958—1999年历任村主任［大队长（革委会主任）、负责人］：屈小茂（1958.10—1959.5）、朱五弟（1959.5—1969.2）、吴岳祥（1969.2—1976.9）、王兴（1976.10—1979.4）、朱春（1979.4—1981.12）、孙云葵（1981.12—1983.7）、侯炳荣（1983.7—1988.5）、陆炳元（1988.5—1997.9）、朱炳华（1997.9—1999.10）。

六、泗洲村

因村内有泗洲殿而得名。位于镇区北部，东邻黎明村，南接镇区，西连长沙村，北与长城村接壤。东西直线距离1.25千米，南北直线距离1.58千米。辖区面积1.65平方千米。村域内有陆家府、施家巷、李家巷、草鞋浜、北施家巷、北桥、杨家湾等自然村落。村民委员会驻5组，距离镇政府1.25千米。1998年，辖13个村民小组，总人口1201人，其中劳动力634个。耕地面积78.2公顷。

20世纪50年代初的小乡时期，为常熟吴市区泗洲乡的3个村11个生产队和璜泾区鹿河乡的1个村2个生产队，分别为泗洲乡李家村的施家巷、长田岸、彭家巷、秦家桥、陆家府、城圩、李家巷、泗洲生产队，孙家村的顾家巷、杨家湾生产队，海城村的草鞋浜生产队，鹿河乡涌北村的北弄桥、涌北生产队。1957年成立泗洲高级社。1958年9月，称泗洲大队。1966—1976年，改称光明大队。1969年2月，成立光明大队革命委员会，生产队称革命领导小组。1980年地名普查时，恢复泗洲大队原名。1981年10月，恢复生产大队、生产队称谓。1982年，复名为泗洲大队。1983年8月，大队改称村，同时成立经济合作社，生产队改称村民小组。

80年代初，办泗洲针织厂。1998年末，村实现地区生产总值610万元，工农业总产值629万元，粮食总产量578吨，工业总产值440万元，利润10万元，工业固定资产原值373万元，农民人均纯收入4575元。

1999年10月，与长城村、长江村合并，组成长洲村。

1958—1999年历任村（大队）党支部书记（负责人）：马纪昌（1958.10—1975.2）、赵祖林（1975.2—1979.11）、王济荣（1979.11—1983.8）、何元（1983.9—1987.11）、赵炳奎（1987.11—1991.11）、朱建良（1991.11—1992.8）、孙兆林（1992.8—1997.3）、胡国琪（1997.3—1999.10）。

1958—1999年历任村主任［大队长（革委会主任）、负责人］：何炳堂（1958.10—1969.2）、朱振明（1969.2—1973.10）、马纪昌（1973.10—1975.2）、赵祖林（1975.2—1979.4）、邵永林（1979.4—1981.6）、何元（1981.6—1983.10）、唐莲英（1983.10—1986.1）、赵炳奎（1986.1—1988.3）、何福元（1988.3—1993.2）、孙锦元（1993.2—1999.10）。

七、长城村

因村内建的防汛堤岸形似长城而得名。位于镇区北部，东邻黎明村，南接泗洲村，西靠长江村，北临长江。东西直线距离1.75千米，南北直线距离1.65千米。辖区面积1.8平方千米。村域内有王家泾、王家梢、马家宅、周家泾、长城巷、芦花湾、黄家巷、林家巷、大湾、长城新村等自然村落。村民委员会驻9组，距离镇政府2.08千米。1998年，辖12个村民小组，总人口1250人，其中劳动力642个。耕地面积110.13公顷。

20世纪50年代初的小乡时期，为常熟吴市区泗洲乡的3个村14个生产队，分别为芦花村的东风、长浜、荷花、球边生产队，海城村的洋台、周泾、大湾、海城生产队，长江村的船仓、涟浦、牛桥、长胜、杨泾、横港生产队。1957年，成立长城高级社。1958年9月，称长城大队。1969年2月，成立长城大队革命委员会，生产队称革命领导小组。1981年10月，恢复生产大队、生产队称谓。1983年8月，大队改称村，同时成立经济合作社，生产队改称村民小组。

70年代，长城大队棉花高产栽培技术在太仓乃至全省有着重大影响，1979年，被江苏省政府评为棉花生产先进单位。70年代，办长城搪瓷厂、长城针织厂。80年代初，创办长城染色厂。长城搪瓷厂后改称鹿河搪瓷厂，是村办骨干企业。1998年末，村实现地区生产总值2610万元，工农业总产值3992万元，粮食总产量751吨，工业总产值3758万元，利润105万元，工业固定资产原值204万元，农民人均纯收入4294元。

1999年10月，与泗洲村、长江村合并，组成长洲村。

1959—1999年历任村（大队）党支部书记（负责人）：王传生（1959.5—1966.10）、吕仁和（1966.10—1971.8）、高协丰（1971.8—1981.5）、季洪兴（1981.5—1990.11）、宋锦虎（1990.11—1991.4）、高海洋（1991.4—1997.12）、俞建国（1997.12—1999.10）。

1959—1999年历任村主任［大队长（革委会主任）、负责人］：吕仁和（1959.5—1966.10）、黄祥贤（1966.10—1969.2）、吕仁和（1969.2—1971.8）、高协丰（1971.8—1979.4）、黄祥贤（1979.4—1981.10）、俞瑞亚（1981.10—1983.5）、吴国良（1983.5—1985.12）、宋锦虎（1985.12—1990.10）、张耀明（1990.11—1991.10）、孙兆林（1991.10—1992.8）、陆秀珍（1992.8—1999.10）。

八、长江村

因村紧靠长江而得名。位于镇区北部，东邻长城村，南靠长沙村，西至常熟界，北临长江。东西直线距离2千米，南北直线距离1.4千米。辖区面积2.1平方千米。村域内有戴家巷、吕家巷、支家巷、范家圩、曾家巷、陆家巷等自然村落。村民委员会驻8组，距离镇政府2.25千米。1998年，辖8个村民小组，总人口1057人，其中劳动力547个。耕地面积91.6公顷。

20世纪50年代初的小乡时期，为常熟吴市区泗洲乡的2个村9个生产队，分别为郑家村的新兴、新光、新龙、新丰生产队，陆家村的新民、新华、新连、新建、新生生产队。1957年，属东胜高级13社。1958年9月，改称长江大队。1969年2月，成立长江大队革命委员会，生产队称革命领导小组。1981年10月，恢复生产大队、生产队称谓。1983年8月，大队改称村，同时成立经济合作社，生产队改称村民小组。

70年代，办长江五金厂；80年代，创办长江染色厂。1998年末，村实现地区生产总值520万元，工农业总产值630万元，粮食总产量621吨，工业总产值463万元，工业固定资产原值250万元，农民人均纯收入4346元。

1999年10月，与泗洲村、长城村合并，组成长洲村。

1958—1999年历任村（大队）党支部书记（负责人）：田关权（1958.10—1966.2）、高伍男

（1966.2—1969.9）、朱惠明（1969.9—1977.9）、田炳祥（1977.9—1985.4）、吕惠元（1985.4—1993.3）、范振球（1993.3—1994.5）、李锦清（1994.5—1996.12）、吕惠元（1996.12—1999.10）。

1959—1999年历任村主任［大队长（革委会主任）、负责人］：陆关兴（1959.5—1966.2）、高伍男（1966.2—1969.2）、朱惠明（1969.2—1977.9）、田炳祥（1977.9—1979.4）、王仁良（1979.4—1984.9）、黄振祥（1984.9—1988.1）、范振球（1988.2—1992.7）、钱建荣（1992.8—1998.9）、朱惠中（1998.9—1999.10）。

九、新市村

因村内有新市街而得名。位于镇区西部，东与飞鹿村相邻，南部、西部与常熟接壤，北与长沙村为界。东西直线距离1.9千米，南北直线距离2.1千米。辖区面积2.8平方千米。村域内有马蹄潭、侯家巷、长寿庙、新市、蒋家弄、秦家圩等自然村落。村民委员会驻8组，距离镇政府1.48千米。1998年，辖15个村民小组，总人口1494人，其中劳动力739个。耕地面积167.07公顷。

20世纪50年代初的小乡时期，为常熟吴市区长沙乡的3个村15个生产队，分别为光荣村的幸福、团结、光荣生产队，蒋桥村的先锋、东胜、中心、蒋桥生产队，毛桥村的长寿、前进、永兴、新兴、毛桥、胜利、建新、秦家圩生产队。1957年，属东胜高级17社。1959年5月，在区划调整时组成新市大队。1969年2月，成立新市大队革命委员会，生产队称革命领导小组。1981年10月，恢复生产大队、生产队称谓。1983年8月，大队改称村，同时成立经济合作社，生产队改称村民小组。

70年代，办新市胶木厂。80年代初，创办新市针织厂。1998年末，村实现地区生产总值690万元，工农业总产值578万元，粮食总产量918吨，工业总产值238万元，利润8万元，工业固定资产原值24万元，农民人均纯收入4293元。

1999年10月，与长沙村合并，组成长新村。

1959—1999年历任村（大队）党支部书记（负责人）：毛培江（1959.5—1966.2）、孙关乾（1966.2—1968.11）、毛祖坤（1968.11—1976.4）、周卫国（1976.4—1978.6）、张丁明（1978.6—1986.2）、王耀明（1986.2—1999.10）。

1959—1999年历任村主任［大队长（革委会主任）、负责人］：包仁勋（1959.6—1960.7）、徐海（1960.7—1969.2）、毛祖坤（1969.2—1976.4）、周卫国（1976.4—1978.6）、龚文元（1978.6—1979.10）、王连中（1979.10—1982.5）、王国中（1982.5—1983.7）、周月芬（1983.7—1986.2）、瞿弟宝（1986.2—1999.10）。

十、飞跃村

人民公社成立时，村民期望飞跃式发展，故取名飞跃大队，后称飞跃村。位于镇区南部，东依鹿南村，南与王秀镇建民村接壤，西至常熟界，北接新市村。东西直线距离1千米，南北直线距离2.25千米。辖区面积1.75平方千米。村域内有周家圩、倪家湾、成家巷、龚家湾、张家湾、包家湾、陈家巷、唐家宅基等自然村落。村民委员会驻6组，距离镇政府1.8千米。1998年，辖11个村民小组，总人口1222人，其中劳动力665个。耕地面积102.93公顷。

20世纪50年代初的小乡时期，为璜泾区鹿河乡的2个村4个生产队和常熟吴市区长沙乡的2个村11个生产队，分别为鹿河乡涌南村的涌南生产队，如意村的后圩西、后圩东、前圩生产队，长沙乡光明村的倪家桥南、倪家桥北、龚家湾、刘家泾、缪家桥、新桥生产队，新农村的包家湾、陈家巷、汤家、木行桥、倪家湾生产队。1957年，成立新民高级社。1958年9月，改称飞跃大队。1969年2月，成立飞跃大队革命委员会，生产队称革命领导小组。1981年10月，恢复生产大队、生产队称谓。1983年8月，大队改称村，同时成立经济合作社，生产队改称村民小组。

60年代末，办飞跃五金厂。70年代末，与东泾大队联办东跃针织厂。80年代初，创办飞跃加弹厂。1998年末，村实现地区生产总值580万元，工农业总产值657万元，粮食总产量755吨，工业总产值438万元，工业固定资产原值230万元，农民人均纯收入4495元。

1999年10月，与鹿南村合并，组成飞鹿村。

1958—1999年历任村（大队）党支部书记（负责人）：邵菊生（1958.10—1975.5）、俞荣生（1975.5—1984.10）、成国良（1984.10—1991.9）、崔建国（1991.9—1999.10）。

1959—1999年历任村主任［大队长（革委会主任）、负责人］：周大坤（1959.5—1966.7）、缪贵福（1966.7—1969.2）、邵菊生（1969.2—1975.5）、张关（1975.5—1977.9）、包祖良（1977.9—1981.6）、周关昌（1981.6—1983.8）、成国良（1983.8—1984.10）、包祖良（1984.10—1991.1）、成国良（1991.1—1993.2）、许国良（1993.2—1999.10）。

十一、鹿南村

位于鹿河镇区南部，故名鹿南村。东邻玉影村，南靠王秀镇伍胥村，西连飞跃村，北接镇区。东西直线距离0.65千米，南北直线距离2.5千米。辖区面积1.5平方千米。村域内有市南、何家湾、张祥浜、苏家泾、东行埭、石家湾、曹家浜、孙家湾、李家湾、王二桥、许家鱼池、糖坊桥、九泾浜等自然村落。村民委员会驻5组，距离镇政府1.55千米。1998年，辖13个村民小组，总人口1053人，其中劳动力542个。耕地面积83.47公顷。

20世纪50年代初的小乡时期，为璜泾区鹿河乡的5个村13个生产队，分别为养鱼村的养鱼生产队，市南村的市南生产队，如意村的如意生产队，新中村的胜利、新中、新丰、东风、李家、南浜生产队，长桥村的曹浜、唐家、长桥、黄沙生产队。1957年，成立红星高级社。1959年5月，在区划调整时组成红星大队。1969年2月，成立红星大队革命委员会，生产队称革命领导小组。1980年地名普查时，更名为鹿南大队。1981年10月，恢复生产大队、生产队称谓。1983年8月，大队改称村，同时成立经济合作社，生产队改称村民小组。

70年代，办鹿南预制场。80年代，创办红星漂染厂。1998年末，村实现地区生产总值450万元，工农业总产值214万元，粮食总产量558吨，工业总产值51万元，工业固定资产原值4万元，农民人均纯收入4459元。

1999年10月，与飞跃村合并，组成飞鹿村。

1959—1999年历任村（大队）党支部书记（负责人）：孙和男（1959.5—1960.1）、陈元（1960.1—1974.12）、周惠昌（1974.12—1976.7）、李永泉（1976.8—1984.12）、苏炳兴（1984.12—

1987.11)、孙卫东(1987.11—1990.8)、许仲林(1990.8—1992.7)、孙惠明(1992.7—1993.12)、张卫国(1993.12—1995.9)、俞建国(1995.9—1997.12)、孙小毅(1997.12—1999.10)。

1959—1999年历任村主任[大队长(革委会主任)、负责人]:黄燕谋(1959.5—1969.2)、陈元(1969.2—1974.12)、周惠昌(1974.12—1976.7)、李永泉(1976.8—1979.4)、仇锦明(1979.4—1983.7)、苏炳兴(1983.7—1984.12)、李丁立(1984.12—1987.11)、王妹英(1987.11—1991.10)、孙卫东(1991.10—1992.8)、黄耀平(1992.8—1993.11)、陆振清(1993.11—1994.9)、孙小毅(1994.9—1999.3)、唐永元(1999.3—1999.10)。

十二、新幸村

以向往幸福生活之意取名。位于镇区东部,东南部与东泾村为界,东北部与新泾村相邻,西南部与玉影村相连,西北部与黎明村接壤。东西直线距离1.15千米,南北直线距离1.5千米。辖区面积2平方千米。村域内有夏家巷、欧万桥、李家巷、东塘、西刘巷等自然村落。村民委员会驻4组,距离镇政府2.08千米。1998年,辖12个村民小组,总人口982人,其中劳动力498个。耕地面积104.73公顷。

20世纪50年代初的小乡时期,为璜泾区新泾乡的5个村13个生产队,分别为新民村的新民、东方、孙家巷生产队,李家村的李家巷生产队,高堰村的长春、新团、新联生产队,新平村的包家桥、光明、侯家桥生产队,新亚村的新亚、新泾、西刘巷生产队。1957年,成立新幸高级社。1958年初,高级社分开,大部分生产队归属玉影高级社(后来的玉影大队),小部分生产队归属新建高级社(后来的新泾大队)。1961年7月,原新幸所属的生产队归并,组成新幸大队。1969年3月,成立新幸大队革命委员会,生产队称革命领导小组。1981年10月,恢复生产大队、生产队称谓。1983年8月,大队改称村,同时成立经济合作社,生产队改称村民小组。

70年代,办新幸加弹厂、新幸针织厂;80年代初,与滨海村、新泾村联办新海染色厂和鹿河毛线厂。1998年末,村实现地区生产总值990万元,工农业总产值2713万元,粮食总产量778吨,工业总产值2513万元,利润66万元,工业固定资产原值605万元,农民人均纯收入4497元。

1999年10月,与黎明村合并,组成新明村。

1961—1999年历任村(大队)党支部书记(负责人):包仁勋(1961.8—1971.8)、刘仲林(1971.8—1975.2)、刘永康(1975.2—1987.4)、包仁球(1987.4—1991.5)、夏锦良(1991.5—1995.1)、李德威(1995.1—1997.12)、刘惠光(1997.12—1999.10)。

1961—1999年历任村主任[大队长(革委会主任)、负责人]:李绍明(1961.7—1962.6)、苏允贤(1962.6—1966.3)、刘仲林(1966.3—1969.3)、包仁勋(1969.3—1971.8)、刘仲林(1971.8—1975.2)、刘永康(1975.2—1979.4)、严耀明(1979.4—1983.7)、周允明(1983.7—1987.9)、包锦元(1987.9—1999.10)。

十三、长沙村

因村内有长寿庙、沙营庙,各取一字而得名。位于镇区西北部,东邻泗洲村,南接新市村,西至常熟界，北连长江村。东西直线距离1.5千米，南北直线距离0.9千米。辖区面积1.3平方千米。村域内有顾家巷、褚家巷、姜家湾、陈家角、陆石桥、宋家桥、吴家宅等自然村落。村民委员会驻6组，距离镇政府1.25千米。1998年，辖7个村民小组，总人口741人，其中劳动力363个。耕地面积85.07公顷。

20世纪50年代初的小乡时期，为常熟吴市区泗洲乡的1个村7个生产队和长沙乡的1个村2个生产队，分别为泗洲乡新农村的宋桥、奚家、吴家、姜家、马家、顾家、蔡家生产队，长沙乡光荣村的褚家、陈家生产队。1957年，属东胜高级社。1958年9月，改称长沙大队。1969年3月，成立长沙大队革命委员会，生产队称革命领导小组。1981年10月，恢复生产大队、生产队称谓。1983年8月，大队改称村，同时成立经济合作社，生产队改称村民小组。

70年代，办长沙胶木厂。1998年末，村实现地区生产总值780万元，工农业总产值1425万元，粮食总产量566吨，工业总产值1264万元，利润8万元，工业固定资产原值213万元，农民人均纯收入4524元。

1999年10月，与新市村合并，组成长新村。

1959—1999年历任村（大队）党支部书记（负责人）：孙洪德（1959.5—1975.12）、吴振明（1975.12—1987.9）、顾云章（1987.9—1992.7）、范洪兴（1992.7—1995.9）、周惠国（1995.9—1996.11）、姜四宝（1996.11—1999.10）。

1959—1999年历任村主任［大队长（革委会主任）、负责人］：高坤（1959.5—1969.3）、孙洪德（1969.3—1975.12）、吴振明（1975.12—1979.4）、顾云章（1979.4—1987.11）、何建良（1987.11—1991.4）、范洪兴（1991.4—1992.8）、吴永良（1992.8—1999.10）。

十四、渔业大队

1958年前，长江捕捞分为由附近高级社集体捕捞及社员个体捕捞。1958年10月，公社于新泾口成立渔业大队。渔业大队有职工36人，负责人班祖荣。

1980年地名普查时，渔业大队起名鹿渔大队。1982年，有职工120人。1983年后，大队成立经济合作社，除从事江海捕捞外，还创办队办企业矽钢片厂，生产矽钢片冲件。1985年，大队党支部书记夏瑞斌，经济合作社社长吕永岐。1998年后，由于江海捕捞成本提高，经济效益下降，渔业社歇业，大队撤销，渔民改行。（渔业大队捕捞生产情况详见第六篇第五章第二节第一目“江海捕捞”）

第三节　划出村

1966年10月，鹿河公社南部的10个大队划归新成立的王秀公社，此后至2002年，鹿河区划无变动。

表 1-4　1966 年鹿河公社划出大队基本情况

大队名称	大队编序	生产队数（个）	户数（户）	人口（人）	辖区面积（平方千米）	耕地面积（公顷）
孙桥	16	13	342	1245	2.40	167.20
白荡	15	12	316	1128	1.90	146.47
孟河	17	14	293	989	1.80	125.16
包桥	18	12	308	1059	1.65	129.33
建华	20	12	249	849	1.20	92.07
伍胥	19	15	353	1200	2.50	168.40
杨漕	13	11	2017	796	1.25	99.25
草庙	23	14	253	860	1.40	107.73
南港	14	12	337	1208	2.20	146.53
建民	12	18	409	1510	2.10	163.79
合计	—	133	4877	10844	18.40	1345.93

第四节　自然村落

自然村落，指农村村民在长期的生产生活中人口聚居，形成相对独立的宅群。2002年，境内有自然村落79个，其中东影村9个、新明村6个、新海村11个、长洲村23个、长新村9个、飞鹿村21个。

表 1-5　2002 年鹿河镇境内自然村落一览

村落所在村	村落名称	地名由来	所在组别	户数（户）	人数（人）
东影村	高桥湾	“湾”指河流弯曲的地方，此地原有一座高拱桥，故名高桥湾	2	25	108
	倪家桥	因境内有桥梁倪家桥，村落以桥命名，故名倪家桥	2、4	5	19
	南泾	因境内有河流南泾，村落以河命名，故名南泾	3	20	137
	王塘泾	因境内有河流王塘泾，村落以河命名，故名王塘泾	3、4	40	184
	陈家巷	居住的是陈姓人家，故名陈家巷	6	26	135
	许家鱼池	因境内有许家鱼池，村落以河命名，故名许家鱼池	13	20	96
	横浜	因境内有河流横浜，村落以河命名，故名横浜	14、15	15	61
	友谊桥	因境内有桥梁友谊桥，村落以桥命名，故名友谊桥	20	15	68
	张家湾	张姓村民居住在河湾处，故名张家湾	21	18	86
新明村	侯家宅基	侯姓村民的聚居地，故名侯家宅基	1	40	189
	孙家宅基	孙姓村民的聚居地，故名孙家宅基	2	20	97
	高家堰	“堰”为拦截河流的土坝，高姓人家居住在土坝处，故名高家堰	3	65	337
	角嘴	因东西流向的六尺沟塘和南北流向的孟家泾交汇于此，形成角嘴状，故名角嘴	6、7	20	85

续表

村落所在村	村落名称	地名由来	所在组别	户数（户）	人数（人）
新海村	殷家天潭	在深潭旁，殷氏聚居成村，深潭为天潭，故名殷家天潭	7	20	98
	夏家巷	居住的是夏姓人家，故名夏家巷	10、11	30	151
	俞家宅基	俞姓村民的聚居地，故名俞家宅基	3	12	62
	孙河浜	因境内有河流孙河浜，村落以河命名，故名孙河浜	4、5	21	93
	王家泾	因境内有河流王家泾，村落以河命名，故名王家泾	7	10	51
	包家巷	居住的是包姓人家，故名包家巷	8	12	69
	张泾梢	因境内有河流张泾梢，村落以河命名，故名张泾梢	9	10	51
	夏家巷	居住的是夏姓人家，故名夏家巷	13	13	69
	蔡家巷	居住的是蔡姓人家，故名蔡家巷	15	5	36
	张家巷	居住的是张姓人家，故名张家巷	16	12	68
	杨家堰	因境内有桥梁杨家堰，村落以桥命名，故名杨家堰	20	5	35
	陆家小堰	陆姓人家居住在土坝处，故名陆家小堰	23	13	69
	庙桥	因境内有桥梁庙桥，村落以桥命名，故名庙桥	23	11	62
长洲村	北桥	因境内有桥梁北弄桥，村落以桥命名，故名北桥	1	39	196
	施家巷	居住的是施姓人家，故名施家巷	2	23	82
	李家巷	居住的是李姓人家，故名李家巷	3	25	89
	草鞋浜	因境内河浜形似草鞋，村落以此命名，故名草鞋浜	7	21	102
	杨家湾	此处是明朝一杨姓承事郎的居住地，且在河湾处，故名杨家湾	8、13	26	133
	陆家府	古代有陆姓人家居住于此，为一大户人家，故名陆家府	9	23	143
	北施家巷	居住的是施姓人家，加以方位词，以示区别，故名北施家巷	10	20	101
	芦花湾	因境内古时候该地段芦苇较多，故名芦花湾	14、15	35	181
	王家泾	因境内有河流王家泾，村落以河命名，故名王家泾	15	32	151
	王家梢	因境内小河流是王家泾的支流，故名王家梢	16	29	142
	马家宅	马姓村民的聚居地，故名马家宅	16	24	117
	周家泾	因境内有河流周家泾，村落以河命名，故名周家泾	17	22	105
	黄家巷	居住的是黄姓人家，故名黄家巷	18、19	45	214
	林家巷	居住的是林姓人家，故名林家巷	20	27	124
	大湾	位于辖区河道的大转弯处，以此得名，故名大湾	21	38	189
	长城巷	位于原长城村中心区域，农宅较多，连成一线，故名长城巷	22	27	131
	长城新村	20世纪70年代初期建造，是当时长城大队第一批新建楼房，故名长城新村	24	11	53
	戴家巷	居住的是戴姓人家，故名戴家巷	28	29	138
	吕家巷	居住的是吕姓人家，故名吕家巷	29	33	171
	支家巷	居住的是支姓人家，故名支家巷	30	33	169
	范家圩	“圩”是江边低洼地区周围防水的堤，地势较高，四周河流围绕，该居民点范姓居多，故名范家圩	31	15	77
	曾家巷	居住的是曾姓人家，故名曾家巷	32	17	92
	陆家巷	居住的是陆姓人家，故名陆家巷	33	20	103

续表

村落所在村	村落名称	地名由来	所在组别	户数（户）	人数（人）
长新村	马蹄潭	因境内有河流马蹄潭，村落以河命名，故名马蹄潭	3、11	41	165
	侯家巷	居住的是侯姓人家，故名侯家巷	4	12	56
	宋家桥	境内有桥梁宋家桥，村落以桥命名，故名宋家桥	16	40	202
	顾家巷	居住的是顾姓人家，故名顾家巷	17	31	142
	褚家巷	居住的是褚姓人家，故名褚家巷	18	25	102
	陈家角	该处居住着陈姓人家，村落分布的形状是三角形的，故名陈家角	19	23	99
	陆石桥	境内有桥梁陆石桥，村落以桥命名，故名陆石桥	19	6	29
	吴家宅	吴姓村民的聚居地，故名吴家宅	20	30	139
	姜家湾	姜姓村民居住在河湾处，故名姜家湾	21	18	78
飞鹿村	周家圩	很早以前是低洼地，周姓农户围绕着这片地耕种，故名周家圩	2、3、11	75	316
	龚家湾	龚姓村民居住在河湾处，故名龚家湾	5	6	33
	张家巷	居住的是张姓人家，故名张家巷	5	21	101
	成家巷	居住的是成姓人家，故名成家巷	6	19	86
	唐家宅基	唐姓村民的聚居地，故名唐家宅基	7	32	141
	倪家湾	倪姓村民居住在河湾处，故名倪家湾	8	15	81
	包家湾	包姓村民居住在河湾处，故名包家湾	9	22	109
	陈家巷	居住的是陈姓人家，故名陈家巷	10	12	68
	糖坊桥	境内有桥梁糖坊桥，村落以桥命名，故名糖坊桥	12、13	70	282
	许家鱼池	境内有河流许家鱼池，村落以河命名，故名许家鱼池	13	15	68
	市南	位于鹿河的南面，故名市南	13	80	282
	何家湾	何姓村民居住在河湾处，故名何家湾	14、15	39	180
	孙家湾	孙姓村民居住在河湾处，故名孙家湾	17	14	78
	王二桥	境内有桥梁王二桥，村落以桥命名，故名王二桥	17	15	73
	东行埭	行埭为太仓本地方言，因位于原鹿南村村委会东面，故名东行埭	18	17	73
	李家湾	李姓村民居住在河湾处，故名李家湾	19	22	132
	曹家浜	境内有河流曹家浜，村落以河命名，故名曹家浜	20	16	75
	苏家泾	因境内有河流苏家泾，村落以河命名，故名苏家泾	22	27	100
	张祥浜	因境内有河流张祥浜，村落以河命名，故名张祥浜	23	21	107
	九泾浜	境内有河流九泾浜，村落以河命名，故名九泾浜	23	20	95
	石家湾	石姓村民居住在河湾处，故名石家湾	24	11	60

第五节　社　区

1988年6月，鹿河在市镇建立居民自治组织，取名新鹿居民委员会。居委会驻鹿河中灵街1号。辖区面积0.62平方千米，管理区域面积1平方千米。户籍人口844人。居委会主任由邵菊生兼任。

辖区内主要道路有新鹿路、玉影路、灵影路、鹿长路等。主要街道有中灵街、中弄街、东街、西街、涌北街等。

1990年后，居委会主要为居民群众开展户籍变动、民事调解、关爱慰问等服务工作。1993年2月，配居委会专职干部，由成国良担任居委会主任，专职从事居委工作。同年5月，居委会党员与镇机关党员老干部联建居委会党支部，由高龙任书记。2000年，开始使用“社区”称谓，居委会改称新鹿社区居民委员会。之后，社区服务管理功能拓展，不断加强法治宣传、政策咨询、劳动就业、社会保障、文明创建、健康保健、青少年校外教育、矛盾纠纷调解等方面的工作。2001年，发动居民群众参与卫生镇创建活动，社区的卫生环境、交通秩序、市容面貌得到进一步改观。2002年6月，新鹿社区居委会单独建立党支部，由成国良任书记，兼居委会主任。

2002年末，社区设5个居民小组，户籍户数1621户，户籍人口4008人。

第二篇 自然环境

鹿河镇位于北纬31°40′,东经121°03′。属长江三角洲冲积平原,境内地势平坦,土地肥沃,雨量充沛,光照充足,河道众多,有着优越的地理环境和气候条件,宜于粮食作物种植和淡水养殖,属典型的江南鱼米之乡。

20世纪70年代前,境内基本上没有工业污染,生态环境保持良好。70年代起,乡镇企业开始发展,工业污染随之出现。于是,政府环保管理部门加强环保宣传,督促企业兴建环保设施,严格执行环保审批制度,对设施简陋、工艺落后的小微企业实施关停。数十年来,通过抓好环境治理工作,全镇生态环境得到有效保护。

第一章　地貌　土壤

第一节　地　貌

鹿河地处太仓北部，濒临长江入海口。古时全境为东海海滩，长江挟带泥沙沉积，至秦汉时期逐渐成为宜居适耕的陆地。

境内地质结构稳固，深层岩浆活动贫乏，发生破坏性地震的可能性不大。地层主要为第四纪时期（地质史）形成的浮土覆盖层。地表的地耐力欠强，历次工程地质勘探资料显示，一般为每平方米10吨左右。

全境地势总体平坦，但略有倾斜，西部地区稍高，东部地区略低。地面高程以吴淞零点为基准，一般为4.98米。西部最高处在长新村4组（原新市村4组），达6.7米；东部最低处在新明村12组（原新幸村1组），为4.2米。

鹿河境内无山多水，河流纵横交错。沿江江堤自钱泾口至白茆口，总长7.3千米，横贯东北部全境。境内水陆总面积25.22平方千米。其中陆地面积23.38平方千米，占水陆总面积的92.71%；水域面积1.84平方千米，占7.29%。

第二节　土　壤

鹿河系沿江平原，由长江泥沙冲积而成，土壤均为沙性。1983年土壤普查，共查全境耕地总面积2.08万亩（涉农耕地面积，单位用亩，下同），主要分沙夹垅、垅夹沙、小粉沙夹垅、沙土、垅泥等五种土类（以下记述的是1983年土壤普查情况，故土壤分布所涉村均用原村名及村民小组组别）：

沙夹垅　为境内主要土类，分布最广，面积最大。该土沙黏适中，保水保肥，肥力较高，种植稻、麦、棉皆宜，发棵性较好，早发不早衰。土壤分布自老新泾经关王塘向西至长沙、新市等村，再由张青桥向南至倪家桥一带，涉及10个村，共有面积9721.1亩，占全境耕地总面积的46.74%。

垅夹沙　为境内主要土类，分布地域及面积仅次于沙夹垅。该土稍黏，耕性较好，保水保肥，肥力较高，种植稻、麦、棉皆宜，发棵性较好，早发不早衰。土壤分布于滨海、新泾、东泾、新幸、玉影、飞跃、鹿南等7个村，共有面积8300.3亩，占全境耕地总面积的39.91%。

小粉沙夹垅　沙性重，粉沙含量高，易淀浆板结。肥力中等偏下，发棵性尚好，稻、麦、棉均宜种植。土壤分布自北向南，从长江村的外圩开始，向南沿陶泾过长江村至新市村14组，涉及3个村，共有面积1817.1亩，占全境耕地总面积的8.74%。

沙土　沙粒含量高，耕性差，适耕期短。易淀浆板结，漏水漏肥，发棵性一般，有夜潮现象，播种麦、棉优于水稻。土壤分布于周家大圩处，自钱泾塘至长江村5组一带，涉及5个村，共有面积481.5亩，占全境耕地总面积的2.31%。

垅泥　土质较黏，平时硬、湿时烂，耕作少方便。肥力较高，但不易早发，可稻棉轮作。土壤仅在滨海村有分布，主要在5组、9组、中心塘河水闸处及随塘河沿岸等地，共有面积480亩，占全境耕地总面积的2.3%。

表2-1　1983年鹿河乡各类土壤分布及面积情况

单位：亩

分布村	土壤类别				
	沙夹垅	垅夹沙	小粉沙夹垅	沙土	垅泥
玉影	197.7	1700.3	—	—	—
东泾	—	1623	—	—	—
滨海	—	706.6	—	16.4	480
新泾	803.2	834.7	—	146.1	—
黎明	1793.8	—	—	30.2	—
泗洲	1542	—	—	—	—
长城	1431	—	—	172.7	—
长江	445.1	—	854.8	116.1	—
新市	1657.4	—	595.6	—	—
飞跃	94.3	1425.6	—	—	—
鹿南	—	1248	—	—	—
新幸	927.3	762.1	—	—	—
长沙	829.3	—	366.7	—	—
合计	9721.1	8300.3	1817.1	481.5	480

第二章　气　候

第一节　气候特征

鹿河属北亚热带南部湿润气候区，四季分明。全年雨水充沛，日照充分，植物生长季节长，气候条件优越。

一、春季

连续5天滑动平均气温在10℃以上进入春季，一般自4月1日开始，至6月16日结束，为期77天。春季气温逐渐回升，但处于季风交替时期，气候多变，冷空气活动频繁，忽冷忽暖。阴雨天气偏多，有时连续阴雨。少数年份晚霜冻、冰雹、龙卷风等灾害性天气也会在这段时期出现。

二、夏季

连续5天滑动平均气温在22℃以上进入夏季，一般自6月17日开始，至9月16日结束，为期92天。6月中旬以后，由于冷暖空气交锋，进入梅雨季节，7月中旬梅雨结束，天气晴热。降水主要为阵雨或雷雨，如发生大量降水，必是有冷空气南下。如果太平洋亚热带高压强度大，控制长江流域一带，就会出现连续无雨的干旱天气。每年7—9月，西北太平洋台风活动进入盛期，即有大风暴雨出现，有时还会导致局部地区发生龙卷风、冰雹，造成自然灾害。

三、秋季

连续5天滑动平均气温在22℃以下进入秋季，一般自9月17日开始，至11月18日结束，为期63天，秋季是四季中最短的一季，属夏、冬两季的过渡性季节。进入秋季，太平洋亚热带高压没完全撤退，因此天气比较稳定，常有万里无云、秋高气爽的天气。但也有一些年份，秋分前后，夏季风尚未南移，冬季风频频南下，冷暖气流交锋，出现秋雨连绵的现象。

四、冬季

连续5天滑动平均气温在10℃以下进入冬季，一般自11月19日开始，至次年3月31日结束，为期133天，是四季中最长、最冷、最干燥的一季。冬季受北方冷高压控制，气候呈周期性变化，骤寒与回暖、晴与阴交替出现。一般以少雨寒冷天气为主。当北方有强冷空气南下时，会出现6~8级的西北或偏北大风，气温骤降，最低气温下降至4℃以下时，会出现寒潮，但从20世纪60年代以来，冬季气候变暖，严重冰冻天气很少出现。

第二节　气象要素

一、气温

鹿河为海洋性气候，年平均气温15.8℃，最低年14.7℃（1969、1980年），最高年17.4℃（1998年）。冬季以1月最冷，月平均气温3.4℃；夏季以7月最热，月平均气温27.9℃。年较差24.5℃。气温最低的一天为1977年1月31日，为-11.5℃；气温最高为1998年8月11日和15日，均为38℃。

春季温度回升较快，至2月底，日平均气温一般上升到5℃以上，越冬作物开始生长。4月初，日平均气温上升至10℃以上，立夏过后上升至20℃，作物处在生长发育期。7月初到9月初，日平均气温为25℃。秋季，由于临近海洋，降温较同纬度内陆地区缓慢，一般日平均气温稳定在12℃左右。在立冬前后，冷空气逐渐加强，冬至过后，日平均气温下降到3℃以下。

二、日照

按鹿河所处的纬度，全年可照时数4426小时，实际年日照时数平均为1936小时，占可照时数的43.7%。夏季日照时数最多，其次是秋季，再次是春季，冬季最少。日照时数年际变化较大，最多年2280小时（1978年），最少年1687小时（1970年），年际差593小时。每年7月、8月是日照最充足的时期，月平均时数均达210小时以上；1月、2月日照时间最少，月平均时数均在120小时左右。

三、降水

年平均雨量1095毫米。年际降水量变化较大，丰水最多年达1564毫米（1960年），枯水最少年为619毫米（1978年），年际差945毫米。降水最多的一天是1960年8月4日，日雨量229.6毫米。降水连续时间最长的是1973年8月27日到9月9日，连续降水14天，降水量87.2毫米；无降水日连续时间最长的是1974年11月9日到1975年1月13日，连续无降水66天。

月际降水与多数作物需水要求基本一致，每年4月起雨水逐渐增多，6—9月是作物用水最多时期，年平均总降水量接近500毫米，占全年降水量的46%。10月后，水稻、棉花进入成熟阶段，雨水锐减，直到次年2月，月降水量一般都在50毫米以下。

四、风

鹿河处于长江口，深受季风影响。冬季多干冷的西北风，夏季多湿热的东南风。全年以东南风最多，其次为西北风，西南风最少。年平均风速3.3米每秒，最大年4.2米每秒（1969年），最小年

2.3米每秒（1999年）。以3月、4月为大，分别为3.7米每秒和3.6米每秒；9月、10月最小，均为2.8米每秒。风速最大的一天为1977年9月11日，西北风20米每秒，瞬时风速29米每秒。

五、雷暴

雷暴大多出现在春、夏两季。年平均雷暴日为30天，最多年45天（1987年），最少年16天（2001年）。初雷一般出现在3月，终止一般在9月，初雷至终雷日数200天左右。最早年初雷日期是1997年1月1日，最晚年终止日期是1979年12月21日。

六、霜

年平均霜日数48.5天，最多年76天（1962—1963年度），最少年24天（1968—1969年度）。霜期主要集中在冬季和初春，一般初霜出现在10月下旬，终霜在次年3月下旬。平均间隔134.3天，最短间隔97天，最长间隔177天。最早初霜日为1979年10月22日，最迟初霜日为1980年12月4日；最早终霜日为1977年3月5日，最迟终霜日为1962年4月19日。鹿河初霜、终霜年际变化较大。

七、雪

年平均降雪日数为5.5天，最多雪日13天（1968—1969年度）。初雪一般在12月中旬出现，最早初雪日为1999年11月27日；终雪一般在次年2月下旬，最晚终雪日为1987年4月11日。每次降雪，雪量不大，有时无积雪，积雪一般厚度在数厘米，极少年份达10厘米。1984年1月17日有过一场大雪，连续降雪2天，最大积雪厚度达16厘米，实属罕见。

八、雾

年平均雾日数为33天，最多年为1979年，达68天；最少年为1995年，仅有13天。雾天在12月最多，月平均为5.2天；7月最少，月平均为2.2天。

九、相对湿度

年平均相对湿度为79%，8月、9月最大，均为84%；12月、1月最小，均为76%。常年空气较为湿润，遇雨日、雾日，相对湿度达100%；干燥日期不多，相对湿度最小的一天是1968年3月2日，仅为7%。

第三节　气象灾害

对鹿河影响较大的气象灾害主要有台风、洪涝、干旱、冰雹、雷击等。至2002年，受灾严重、有资料记录的有以下灾情。

1949年7月24日，受强台风影响，宋家桥的圩堤豁口，潮水涌进圩内，很多桥、堰被淹，镇上十字弄街口积水严重。长城大队房屋倒塌126间，淹死耕牛2条，大水冲走农户农具、木料无数。一陆姓农户的3间草房浮在潮水中，被大风刮着在水中漂过一条河，夫妻俩驮着一双儿女攀在房梁上，随草房漂流了几百米，碰到塍头（老海塘）搁住，才死里逃生。一对70多岁的陆姓夫妇，被大潮淹没，夺去了生命。圩外的农作物被淹，损失严重。

1952年的秋种季节，连续3个月无雨，播种的三麦50%未出苗，只好用补种和移苗补缺的办法弥补。由于严重干旱，三麦大幅减产。有人说："开出门来白地，麦收石二。"

1956年8月1日，遭台风暴雨侵袭，鹿南大队11队薛文龙家一棵高约1.7米的榉树被吹倒；周根兴、孙金全两家的4间瓦房和3间草房坍塌。大风持续刮了3天，水稻受害250亩，其中倒伏200亩，水淹棉田80亩。事后，有人编了一首顺口溜描述当时状况："大树连根起，小树着天飞，牛车盘吹到田沟里，玉米叶吹得像百脚旗。"

1958年9月5日下午2时至8时，台风大雨侵袭，沿江风力11级，堤内风力9级，风向东北到西北，雨量80毫米，桥、堰大部分被淹。吹倒农户住房12间，吹坏51间；吹倒畜棚10间，吹坏107间。全乡庄稼严重倒伏962亩，中度倒伏670亩，轻度倒伏879亩，农作物受害严重，造成减产。

1961年6月1日起的半个月中，阴雨连绵。当时正值夏收关键时期，麦子、油菜籽都出芽发烂。据统计，全公社烂掉麦子120吨、油菜籽25吨。

1974年6月4日下午2时许，沿江的长城、长江2个大队和临近的一些生产队突遭冰雹袭击。落雹前后，狂风暴雨，加重了灾情。落雹时间持续2~3分钟，雹粒大的似樟脑丸，小的像黄豆。据老农反映，像这样的雹灾，有生以来还是第一次见。这次雹灾，造成长城大队300亩未收割的小麦减产3000公斤；棉花更受其害，全大队680余亩棉花几乎全部受灾，大部分田块棉苗断头20%~30%，严重的达40%以上。

1980年6月10—20日，提前入梅，10日上午8时开始下雨，11日转阴，12日下午3时又下雨，至20日雨停。持续阴雨造成夏收严重受损。

1981年9月1日凌晨1时，遭特大潮汛和14号强台风袭击，长江潮位达到历史最高峰，高出新泾水闸门0.82米，公社造船厂的新圈圩被潮水冲垮，厂区被淹，造成经济损失1万余元。沿江的新泾、黎明、长城、长江4个大队的16个生产队在江边大圩外种植的水稻310亩、棉花360亩，因江边外侧小圩被冲垮3500米而遭到水淹，损失极大。

1983年5月19日中午12时35分，黎明、新泾、泗洲、长城、长江等5个大队遭受冰雹袭击，棉花受灾面积1746亩，其中918亩全被打光；水稻受灾面积356亩；即将到手的夏粮、油菜籽损失严重；有的民房瓦片、玻璃被击坏。此次落雹，造成农业经济损失21.4万元。

1988年7月14日夜11时，鹿河遭受大风暴雨袭击，倒坍建筑阳棚13间、瓦房1间、猪舍10间、围墙500米，棉花落铃严重，种植的苎麻被折断，造成经济损失40万元。

1989年8月3—4日，受13号台风影响，鹿河连降暴雨，长城村境内小江堤部分堤顶被毁，全乡4500亩棉花大部分倒伏，造成严重损失。

1991年6月，持续1个多月降雨，特别是6月30日至7月2日连降暴雨，造成洪涝灾害，估计全乡小麦减产89吨，减收31万元；油菜籽减收28万元；受淹棉花500亩、水稻1000亩；工业损失30万元。

1993年8月12日傍晚6时至7时45分，遭受特大暴雨和雷击侵袭，近2个小时降雨142毫米，内河水位暴涨，滩头洼地普遍受淹，农作物受损严重。有7户农户、4个集体单位遭雷击，经济损失达150万元。

1996年8月1日遭8号台风、1997年8月18日遭11号台风袭击，并伴有大暴雨，导致民房、厂房、棚舍受损。

1997年8月19日凌晨，11号强台风侵袭，风力10级以上，潮位达6.47米，伴有大暴雨，涟浦外圩、船厂外圩等堤段损毁，长城涵洞处决口2米余宽，船厂厂区被淹，造成严重损失。

1999年6月26—30日，连降暴雨，降雨量达366毫米，农田受淹，农宅进水，造成较大经济损失。

2001年6月22—24日遭2号台风“飞燕”、同年7月6日遭4号台风“尤特”、2002年遭“威马逊”和“森拉克”台风袭击，台风的风力普遍达9级，长江口风力达10~11级，有时超12级，同时连降大暴雨，导致海塘工程、电力及通信设施受损，农田受淹、作物倒伏，造成严重经济损失。

第四节　地质灾害

鹿河所处地理位置属少震、弱震地区。从民国元年（1912）至2002年的90年中，波及鹿河的有感地震共15次，其中1990年2月10日1时57分，太仓与常熟交界处发生5.1级地震，鹿河震感较强，震前传出闷雷声响，震时房屋颤抖，门窗作响，室内悬挂物晃动。这次地震，致使结构差的房屋出现墙体裂缝，但无人员伤亡。除此次地震略有受灾外，其他14次地震均受边缘影响，有震感，无灾情。

第三章　水　文

境内水系，合计118条，总长124.45千米（不含河浜）。其中，市级河道3条，总长19.13千米；镇级河道9条，总长22.81千米；村级河道106条，总长82.51千米。6个村共有河浜253条，水域总面积108.15公顷。

第一节　水　系

一、市级河道

钱泾　属通江河道，东起长江钱泾口，西至王秀红旗浜，全长8.8千米，其中鹿河段长4.42千米，属与璜泾镇的界河。原河道弯曲，河宽20米。1976年实施拓浚，11月26日开工，12月20日竣工，鹿河段挖土50万立方米。拓浚后，河面宽30~35米，河底宽8米，河底高程为零，钱泾闸下游800米坡比为1∶3，其余为1∶2.5。鹿河境内的主要支流有外随塘河、内随塘河、关王塘等。

新泾　属通江河道，西起累沟，东至长江新泾口，全长3.4千米，河宽15米。原河道弯曲，泥沙淤积，濒临废弃，曾多次疏浚。1968年11月，对河道进行全面整治，疏浚筑直，向西经随塘河与涟浦塘汇流，向南延伸与关王塘连通，其中实地开挖1.17千米，于1969年10月竣工，共挖土16.8万立方米。拓浚后，河面宽30~32米，河底宽6~7米，河底高程0.5米，坡比1∶2~1∶2.5。主要支流有随塘河、关王塘等。

外随塘河　属沿江主要河道，位于长江江堤南侧，东西走向，东起钱泾口，西至常熟界，全长6.93千米。河面宽7米，河底宽4米，河底高程为零，坡比1∶2。此河为清光绪元年（1875）修筑海塘时挖土形成，贯通新泾塘、抢脚塘、大东泾、黎明塘、光明塘、涟浦塘等河道，形成河网。20世纪50年代、70年代，为加固海塘，多次对河道进行拓浚，挖土培堤。

二、镇级河道

关王塘　东西走向，东起钱泾，西至涟浦塘，全长4.25千米，河宽30米，其中光明塘至涟浦塘河段称西关王塘，长1.25千米，宽27米。流经原东泾、玉影、泗洲、新市等村。20世纪50年代河道狭窄淤浅，不能通航。1969年拓浚加宽，1977年春进行重浚整治，为辖区内东西向主要河道。

光明塘　位于原泗洲村中部，南北走向，南起关王塘，北至外随塘河，全长2.38千米，河宽23米。河道与关王塘汇流，南接老木行塘。

老木行塘 南北走向，南起王泥桥塘，北至关王塘，连接光明塘，全长1.5千米，河宽23米。位于原玉影村西部、鹿南村东部，是两村的主要河道。

涟浦塘 南北走向，南起张青桥塘，北至外随塘河，全长3.2千米，河宽24米。流经原长江、长沙、新市等村，是境内西北部的主要河道。

张青桥塘 东西走向，东接如意桥塘，西至湖漕塘，全长1.64千米，河宽20米。横贯原新市村中部。

如意桥塘 位于原飞跃村中部，东西走向，东与王泥桥塘相接，西与张青桥塘相连，全长0.5千米，河宽20米。

王泥桥塘 位于原鹿南村中部，东西走向，东起中心河，西接如意桥塘，全长0.84千米，河宽20米。

孔泾庙塘 南北走向，南起横塘，北至王泥桥塘，全长1.5千米，河宽22米。位于原飞跃村东部、鹿南村西部，是两村南部边界的主要河道。

内随塘河 东西走向，东起钱泾口，西至常熟界，全长7千米，其中原新泾、黎明村境内河段1.66千米与外随塘河重叠（此段亦称外随塘河），河宽21米。河道紧贴长江内江堤南侧，是沿江地区的重要生态景观河道。

三、村级河道

2002年末，境内有村级河道106条，总长度82.51千米，与通江河道和其他河流构成水网，主要承担调节内河水位和农田排灌等功能，其中河道相对较长、河面较宽的有22条，总长度30.27千米。另有河浜253条，水域总面积108.15公顷，具有蓄水、灌溉和水产养殖等功能，其中水域面积相对较大的河浜有16条，面积21.33公顷。

表2-2 2002年鹿河镇村级主要河道一览

所在村	河道名称	长度（千米）	所在村	河道名称	长度（千米）
东影村	玉影中心河	1.20	长洲村	新开河	1.00
	沙家泾	1.55		芦花港	1.25
	老新泾塘	1.40		陶泾	1.40
新明村	恩浜	1.00		顾家小塘	1.50
	小江塘	1.27	长新村	横江	1.10
	六尺沟	1.27		新开河	1.00
新海村	大泾	1.01		小新泾	1.55
	老新泾塘	1.42		鸡脚浜	1.50
	袁家泾	1.70		恩泾	1.00
	屈家泾	1.50	飞鹿村	刘家泾	2.50
	抢脚塘	1.45		倪家泾	1.70

表 2-3　2002 年鹿河镇各村河浜统计

所在村	条数（条）	水域面积（公顷）	其中相对较大河浜		
			名称	水域面积(公顷)	说明
东影村	41	19.33	毛家鱼池	1.00	养鱼高产浜
			王藏泾	1.47	养鱼高产浜
			大浜	1.00	—
新明村	38	12.43	王家龙	1.50	—
			张河泾	1.24	—
新海村	52	23.60	孙家浜	2.04	—
			曹家套子	1.13	—
			蒋家泾	1.29	—
长洲村	53	22.60	周家泾	1.03	—
			陶泾	1.51	—
长新村	40	12.13	长寿庙塘	1.56	—
			吴家浜	1.03	—
飞鹿村	29	18.06	许家鱼池	1.40	—
			大横浜	1.13	—
			曹家浜	1.70	产著名的四角红菱
			沧河浜	1.30	养鱼高产浜

第二节　水　位

一、长江潮位

据境内钱泾闸、新泾闸与太仓沿江各闸水文资料分析，一年中受长江潮汛影响，冬季较小，春季较大，秋季最甚。1949—2002年，历年高潮位平均4.83米（基准：吴淞零点，下同），低潮位平均0.94米。最高潮位6.46米，出现在1981年9月1日；最低潮位0.45米，出现在1990年12月1日。

二、内河水位

全境内河水位由钱泾闸、新泾闸控制，由于濒临长江，即使遇到大暴雨，内河水位升高，也能在短时间内泄洪，使水位降到正常范围。据1956—2002年内河水文资料分析，全境内河历年平均水位2.89米，9月最高，为3.47米；2月最低，为2.41米，差值1.06米。最高水位5.57米，出现在1993年9月19日；最低水位0.67米，也出现在1993年，为2月8日。

第四章　植物　动物

第一节　植　物

一、农作物类

粮油作物　主要有粳稻、糯稻、小麦、元麦、大麦、油菜、玉米、黄豆、赤豆、绿豆、花生、芝麻等。20世纪80年代后期起，除粳稻、小麦大面积种植外，其他粮油作物种植逐年减少，目前只有农户零星种植，留作自用，一般不出售。

经济作物　主要有棉花、西瓜、香瓜、草莓、菱角、茭白、大蒜、莲藕、荸荠等。

蔬菜　主要有大白菜（又称黄芽菜）、小白菜、卷心菜、毛豆、塌棵菜、青菜、雪里蕻、菠菜、松花菜、结球甘蓝、金花菜（俗称“草头”）、韭菜、蕹菜、紫角叶、葱、白萝卜、胡萝卜、芋艿、藕、丝瓜、黄瓜、冬瓜、南瓜、芥瓜、苦瓜、莴苣、毛豆（大豆）、四季豆、豇豆、扁豆、蚕豆、豌豆、茄子、辣椒、芹菜、水芹菜、茼蒿、西葫芦、马铃薯、红薯、蘑菇、香菇、平菇、金针菇、茨菰、竹笋等。

二、树木类

主要有泡桐、梧桐、红枫、青枫、苦楝、合欢、刺槐、紫荆、银荆、樱花、海棠、红梅、绿梅、悬铃木（法国梧桐）、香樟、桑、刺榆、榉树、榆树、杨柳、落叶松、马尾松、雪松、杉木、水杉、龙柏、翠柏、广玉兰、白玉兰、冬青、黄杨、雀舌黄杨、棕榈等。

果树主要有桃、橘、梨、柿子、枇杷、银杏、枣子、石榴、葡萄、枸橼（香橼）等。

三、竹类

主要有燕竹、篾竹、哺鸡竹、山竹、象竹等。过去大多数农家栽于宅后，20世纪90年代后，种植面积逐年减少，现在只有零星栽种。

四、花卉类

主要有月季、玫瑰、蔷薇、野菊花、木樨（桂花）、凤仙等品种。随着单位和家庭美化环境意识的增强，20世纪80年代后，引种的观赏花卉品种逐渐增多，有木本花卉、草本花卉、宿根花卉、球根花卉、多浆花卉、水生花卉等。如牡丹、碧桃、腊梅、紫薇、丁香、紫藤等落叶木本花卉；山茶、茶梅、杜鹃、桂花、米兰、茉莉、白兰、金橘、含笑、扶桑、夹竹桃、栀子、苏铁、橡皮树、罗汉松、五针松等常绿木本花卉；金盏菊、鸡冠花、凤仙花、牵牛花、一串红、翠菊等草木花卉；菊花、兰花、天竺葵、芍药、文竹、君子兰等宿根花卉；水仙、朱顶红、美人蕉、仙客来、郁金香等球根类花卉；仙人掌等多浆花卉和荷花、睡莲等水生花卉。

五、药材类

主要有艾草、青蒿、野菊花、三七草、天名精（狗屎粘）、蒲公英、栝楼（瓜蒌）、葫芦（药葫芦）、忍冬（金银花）、接骨草、车前草、枸杞、桔梗、藿香、薄荷、荆芥、留兰香、海州常山（臭桐）、马鞭草、菟丝子（豆寄生）、紫苏（狗屎黄金草）、女贞、蓖麻、何首乌、野木香根、鱼腥草、韭、葱、葫（蒜）、麦门冬、莎草（香附子）、白茅（茅草）、合子草、积雪草、马齿苋、铁扫帚、紫堇、飘拂草等。

六、杂草类

主要有野艾蒿、鬼针草、苦菜、兰草、加拿大一枝黄花、空心莲子草（水花生）、半边莲、野苋、地肤、水绵（青苔）、猪殃殃、葎草（割人藤）、旋花、水芹、鹅肠草、野豌头、紫云英（红花草）、瓦楞草、观音柳、水浮莲、凤眼莲（水葫芦）、咸草、鸭舌草、席草、蒯草、鹅观草、蟋蟀草、知风草、鸭嘴草、芒草、狗尾草、狼尾草、牛鞭草、凤尾草、蜈蚣草、水蜈蚣、燕麦（摇铃麦）、看麦娘、芦苇、野茭白、松藻、水师（面条草）、稗、萍（田字草）等。

第二节 动　物

一、饲养动物

主要有猪、羊、兔、猫、狗、鸡、鸭、鹅、鸽子、鹌鹑、牛、马、骡等。其中马、骡很少饲养，20世纪60年代后绝迹。牛主要用于拉犁耕田、戽水灌溉，70年代后，随着农机的推广，耕牛逐年减少，现已绝迹。

二、野生动物

境内野生动物有4个类别，分属13纲，共250余个品种，日常生产生活中能见的品种主要有：

（一）脊椎类

鱼纲　内河养殖或野生的水产品主要有青鱼、草鱼、鲤鱼、黄鲢、白鲢、鲈鱼、鳊鱼、鲫鱼、塘鳢鱼、鳑鲏鱼、鳗鲤、黄鳝、玉郎季等。长江水产品主要有鲥鱼、鲚鱼（凤尾鱼）、河豚、鮠鱼（白鲒）、白鲟、刀鱼、面鱼、中华鲟等。

两栖纲　主要有蟾蜍、青蛙、虎纹蛙、沼蛙、雨蛙、牛蛙等。

爬行纲　主要有乌龟、鳖、赤链蛇、水赤链、青梢蛇、秤星蛇、蝮蛇、水蛇、蜥蜴（四脚蛇）、壁虎等。

鸟纲　主要有麻雀、黄雀、喜鹊、乌鸦、黄腾、斑鸠、杜鹃（布谷鸟）、鹧鸪、雉（野鸡）、野鸽、麦鸡、鸮（猫头鹰）、燕子、啄木鸟、白鹭、黄鹂、画眉、白头翁、伯劳、八哥、鱼狗（偷鱼鸟）、翠鸟、稻鸡、凫（野鸭）、鸢（老鹰）等。

哺乳纲　主要有野兔、鼠（家鼠）、田鼠、仓鼠、豚鼠（天竺鼠）、野猫、黄鼬（黄鼠狼）、刺猬、松鼠、蝙蝠、白鳍豚等。

（二）节肢类

多足纲　主要有蜈蚣（百脚）、蓑衣虫等。

甲壳纲　主要有青虾、白虾、米虾、罗氏沼虾、克氏螯虾（龙虾）、河蟹、蟛蜞等。

蛛形纲　主要有圆蛛、蟏蛸（喜蛛）、壁钱（壁喜蛛）、蜱、螨、蝎等。

昆虫纲　主要有蝗虫、蚱蜢、纺织娘、蟋蟀、油葫芦、蝼蛄、蜜蜂、胡蜂、黄蜂、蝉（知了）、螳螂、蜻蜓、天牛、豆蟓、苍蝇、蚊子、蟑螂、跳蚤、地鳖虫、萤火虫、蚂蚁、蝴蝶、蛴象、瓢虫、桑蚕、螟虫、稻飞虱、稻蓟马、棉铃虫、红铃虫、刺毛虫、松毛虫、金龟子（蛴螬）、小地老虎等。

（三）软体类

腹足纲　主要有蜗牛、田螺、螺蛳、蛞蝓等。

瓣鳃纲　主要有河蚌、帆蚌（三角蚌）、蚬、蛤等。

（四）环节类

毛足纲　主要有蚯蚓、沙蚕等。

蛭纲　主要有水蛭、蚂蟥等。

第五章　环境保护

第一节　环境污染

20世纪60年代及以前，境内以农业生产为主，仅有数家作坊式小工业，基本上没有工业污染物排放。农村河水清澈，百姓直接用河水淘米、洗菜、煮饭。农民因农业生产需要，个个生产队罱泥积肥，条条河道淤泥罱净，水草捞除，故河道整洁，每到盛夏酷暑，在河中游泳者随处可见。

70年代，开始兴办社队工业，“三废”（废气、废渣、废水）排放开始出现，主要为砖瓦厂的烟尘，染色厂的污水排放。80年代，乡镇企业加快发展，且规模不断扩大，“三废”排放量增多，特别是化工、印染企业的“三废”排放，造成局部环境污染。据1988年乡环保办调查，全乡有污水排放企业24家，日污水排放量200吨，全年排放6万吨以上。进入90年代后，在经济社会迅速发展的同时，各种污染物也随之增多，且污染源趋于多样化。90年代末，全镇有各类工业企业160余家，有些企业特别是个别化工、印染企业，废水治理不到位，造成工业废水流入河道，河水发黑发臭，曾发生多次死鱼、死蚌、死鸭事件。有的化工企业在生产过程中，一时疏忽，操作不当，致使化工气体泄漏，气味刺鼻，影响人们日常生活，曾多次引发矛盾纠纷。全镇有燃煤企业20余家，工厂燃煤每天排放粉尘废气和含二氧化硫、二氧化氮的气体，这些废气阴雨天不易散发，造成大气环境污染。除工业废水废气外，对水环境和大气环境造成污染的还有养殖污水、肥药污水、洗涤用品污水和机动车尾气、农作物秸秆焚烧烟气等。对这些环境污染问题，政府越来越重视，采取相应措施加以治理。

第二节　污染治理

20世纪70年代以前，工业污染物甚少，不足以影响环境。之后，随着乡镇企业的发展，污染源增多，开始重视环保工作。70年代末，先在工业公司配1名安全环保员，负责企业的“三废”治理工作。80年代初，乡政府成立环境保护办公室，履行环保职能。之后，加强环保宣传工作，每年开展各种形式的宣传活动，增强全民环保意识。每年加强督查，开展综合治理工作。1988年，先对排污总量较大的鹿河化工厂落实治理设施，企业投资20余万元建造废水回收池，5月动工，11月投入使用，收到良好治理效果。后又指导鹿河毛纺厂、鹿河电镀厂等企业完善治理设施，增加环保投入，对废水进行综合处理。由于重点企业落实了治理措施，工厂废水导致水环境污染的问题得到缓解。

1990年，乡政府环保办配置1名专职环保助理，加强环保工作。是年起，抓好项目审批关，执行项目“三同时”制度，即对一切有污染物排放的新建、改建和扩建项目，其防治污染的设施必须与主体工程同时设计、同时施工、同时投产使用。同年，对设施简陋、工艺落后、污水治理不达标的2个村办染色厂实施关停。

1992年，为便于环保治理，调整工业布局，使化工行业、印染行业、轻纺行业分别相对集中，将鹿河电镀厂迁出镇区，对小化工项目限制发展。同时关停规模小、设施差的小印染厂、小砖瓦厂等企业3家和染整车间1个。同年，投资5万元，实施鹿河卫生院病菌废水治理工程。投资8万元，实施新谊毛纺厂、鹿河漂染厂印染废水综合治理工程，治理效果得到提升。

1994年，进一步加强环保工作的组织领导，镇政府明确1名领导主抓环保工作，各企业落实1名副厂长具体负责环保工作；同时调整充实企业“三废”治理员队伍，并加强培训，提高业务水平。

1996年，开展污染源排查工作，排查出化工、电镀、染色、洗毛等行业的重点企业11家，然后针对不同情况，分别从组织领导、人员配备、设施完善、治理实效、数据监测、达标排放等方面落实措施，环保工作得到规范，收到良好治理效果。同年，督促和指导企业做好排污申报登记工作，为促进申报登记有效落实，于3月6日邀请太仓市环保局科技人员到鹿河上课，向法定代表人宣传环境保护法、环保知识及排污申报登记工作的要求及具体操作方法。事后，全镇有56个单位进行了申报登记。

1998年，督促振新印染厂、鹿河漂染厂、长新化工厂等企业限期完成污水治理设施的新建、改造及调试工作，指导企业完善治理机制，坚持达标排放。

1999年，强化环保责任考核，镇长与20个重点企业签订环保责任书，明确工作目标和治理要求。2000年，太仓市新谊毛纺厂、太仓市康鹿精毛纺总厂、太仓市染整厂、东方化工厂、振新印染厂、长新化工厂等6家企业共投资111.8万元，改造完善污水治理设施，包括生化处理和水膜除尘以及安装流量计、黑匣子、专线电话等监控设备。

2001年，进一步加大生态环境建设力度和环保治理投入，全镇共投入资金1543.2万元，其中，村镇环境基础设施建设191.7万元，绿化美化工程166.7万元，工业污染治理846.7万元（废水治理153万元，废气治理41.7万元，搬迁、关闭污染企业等其他治理投资652万元），环境管理服务费用338.1万元。

2002年，继续加大环境治理力度，全镇共投入资金1400余万元，用于企业污水、废气治理，垃圾集中处置，绿化美化工程，河道清淤整治等。通过采取有效的治理措施，全镇“三废”排放得到有效控制，河道环境、大气质量得到改善。

第三篇 人口

1950—1966年，鹿河行政区划多次变化，辖区内人口数因区划调整而机械变动，且变动幅度较大。1966—2002年区划未变，人口数相对稳定，绝大多数年份的户籍总人口保持在16000人左右。

1950—2002年，辖区内人口女性多于男性。据1982年、1990年、2000年人口普查，辖区内少儿人口占总人口比例在下降，老年人比例在上升。随着人民生活水平的提高，人口平均期望寿命逐步延长，其中女性平均期望寿命高于男性。辖区内不识和初识字、小学文化程度的人口占比在下降，初中、高中（中专）及以上文化程度的人口数量在上升。辖区内人口职业呈第一产业向第二产业、第三产业转移的趋势。

20世纪70年代初，开始实行计划生育，控制人口增长。据1969—2002年人口自然增长统计，鹿河人口自然增长率呈下降趋势，其中有12个年份出现负增长。在开展计划生育工作中，鹿河在加强宣传教育、动员晚婚晚育、推行少生优生、强化服务管理等方面始终走在前列，成为计划生育工作先进典型。1976—1982年，鹿河公社连续7年被评为江苏省计划生育工作先进集体，公社计划生育专职干部、分管领导和党委书记曾先后出席江苏省计划生育工作先进集体和先进工作者表彰大会。1979年，中共江苏省委办公厅主办的期刊《江苏通讯》发表题为“太仓县鹿河公社计划生育搞得好，农业生产发展快”的文章。1986年，被国家计生委评为全国计划生育工作先进集体。1990年，被评为苏州市计划生育模范集体。

第一章　人口状况

第一节　人口变动

一、机械变动

人口机械变动，主要指区划调整后辖区内人口变动和每年人口迁入迁出变动。

1950年，鹿河为小乡建制，户籍人口2907人。之后，由小乡过渡到中乡，1957年又调整为大乡，辖区范围扩大，人口增加，年末有户籍人口20332人。1958年成立人民公社时，辖区再次变大，1959年户籍人口增至23644人。之后至1965年的6年间，鹿河区划未变，户籍人口保持在23000人左右。1966年，太仓县对公社设置进行调整，将原属鹿河的10个大队划归新成立的王秀公社，鹿河公社辖区变小，人口减少，年末户籍人口14765人。之后，鹿河人口相对稳定。

辖区内人口迁入迁出变动情况，1958年以前未见统计资料。1958—2002年的45年间，共迁入人口5567人，迁出人口5951人，机械变动减少384人，其主要原因为婚入婚出、上山下乡知识青年上调、学生升学外出就读、复退军人安置、有关人员落实政策等。

自1966年鹿河区划调整，至2002年，绝大多数年份的户籍总人口保持在16000人左右。

表3-1　1950—2002年鹿河镇户籍总人口统计（选年）

年份	总户数（户）	总人口（人）		
			农业人口（人）	非农人口（人）
1950	787	2907	2535	372
1953	1024	3598	3213	385
1956	2707	9318	9013	305
1959	6405	23644	22546	1098
1964	7223	24647	23931	716
1966	4081	14765	14253	512
1970	4279	15825	15308	517
1975	4606	16457	15922	535
1980	4717	16368	15757	611
1982	4790	16616	15930	686
1985	4807	16560	15858	702
1986	4699	16663	15972	691

续表

年份	总户数（户）	总人口（人）		
			农业人口（人）	非农人口（人）
1987	4569	16669	15956	713
1988	4532	16710	15866	844
1989	4521	16701	15833	868
1990	4452	16692	15805	887
1991	4311	16667	15782	885
1992	4285	16703	15346	1357
1993	4302	16696	15266	1430
1994	4245	16662	15114	1548
1995	5357	16578	14982	1596
1996	5317	16545	14845	1700
1997	4663	16457	14660	1797
1998	4696	16360	14483	1877
1999	4691	16172	14049	2123
2000	5423	16057	12451	3606
2001	5668	15886	11891	3995
2002	5676	15779	11771	4008

注：1985年前选年统计，之后每年统计。

二、自然变动

人口自然变动，主要指因人口出生或死亡而发生的变动。

1958年以前，鹿河区划多次调整，且变动较大，人口自然增长情况资料缺失，故人口自然变动情况无从统计。

1958年鹿河成立人民公社起至2002年，全镇（公社、乡）共出生9377人，死亡6835人，人口自然变动增加2542人（1958—1966年人口出生死亡统计中，未包括1966年划给王秀公社的10个大队）。45年间，出生人数最多的是1963年，共出生479人，出生率为33.4‰；出生人数最少的是2001年，共出生73人，出生率为4.57‰。死亡人数最多的是1959年，共死亡274人，死亡率为20.1‰；死亡人数最少的是1976年，死亡人数为116人，人口死亡率为7.06‰。人口自然增长最多的是1963年，增加人数300人，自然增长率为20.9‰；最少的是2001年，减少人数70人，自然增长率为-4.38‰。

20世纪70年代起，加强计划生育工作，人口增长得到控制，自然增长率降低。尤其是1975年起，绝大多数年份人口自然增长率控制在5‰以下，1995—2002年，连续8年出现负增长。1969—2002年的34年间，全镇人口自然变动增加1377人。

表 3-2　1969—2002 年鹿河镇户籍人口自然变动统计

年份	年平均人口数（人）	出生		死亡		自然增长	
		人数（人）	出生率	人数（人）	死亡率	人数（人）	自然增长率
1969	15439	316	20.47‰	118	7.64‰	198	12.82‰
1970	15632	309	19.77‰	124	7.93‰	185	11.83‰
1971	15421	292	18.94‰	127	8.24‰	165	10.70‰
1972	15512	223	14.38‰	120	7.74‰	103	6.64‰
1973	16107	258	16.02‰	117	7.26‰	141	8.75‰
1974	16289	304	18.66‰	127	7.80‰	177	10.87‰
1975	16415	211	12.85‰	141	8.59‰	70	4.26‰
1976	16435	106	6.45‰	116	7.06‰	−10	−0.61‰
1977	16399	130	7.93‰	134	8.17‰	−4	−0.24‰
1978	16387	166	10.13‰	130	7.93‰	36	2.20‰
1979	16366	170	10.39‰	133	8.13‰	37	2.26‰
1980	16356	109	6.66‰	125	7.64‰	−16	−0.98‰
1981	16456	247	15.01‰	131	7.96‰	116	7.05‰
1982	16536	228	13.79‰	117	7.08‰	111	6.71‰
1983	16640	212	12.74‰	133	7.99‰	79	4.75‰
1984	16568	186	11.23‰	137	8.27‰	49	2.96‰
1985	16540	201	12.15‰	152	9.19‰	49	2.96‰
1986	16612	234	14.09‰	121	7.28‰	113	6.80‰
1987	16665	171	10.26‰	160	9.60‰	11	0.66‰
1988	16690	185	11.08‰	138	8.27‰	47	2.82‰
1989	16706	150	8.98‰	127	7.60‰	23	1.38‰
1990	16697	144	8.62‰	141	8.44‰	3	0.18‰
1991	16659	141	8.46‰	139	8.34‰	2	0.12‰
1992	16685	174	10.43‰	170	10.19‰	4	0.24‰
1993	16700	143	8.56‰	156	9.34‰	−13	−0.78‰
1994	16679	168	10.07‰	149	8.93‰	19	1.14‰
1995	16620	125	7.52‰	160	9.63‰	−35	−2.11‰
1996	16562	122	7.37‰	141	8.51‰	−19	−1.15‰
1997	16501	130	7.88‰	132	8.00‰	−2	−0.12‰
1998	16409	124	7.56‰	145	8.84‰	−21	−1.28‰
1999	16266	92	5.66‰	149	9.16‰	−57	−3.50‰
2000	16115	92	5.71‰	161	9.99‰	−69	−4.28‰
2001	15972	73	4.57‰	143	8.95‰	−70	−4.38‰
2002	15833	81	5.12‰	126	7.96‰	−45	−2.84‰
合计	—	6017	—	4640	—	1377	—

注：年平均人口数是指上年末和当年末人口数的平均值。

三、人口流动

20世纪50—70年代，农村劳动力在户籍地生产生活，人口流动极少。80年代起，随着乡镇企业的发展，外来务工人员到鹿河就业，常住人口逐年增加。1990年，常住鹿河1年以上、户口在外地（太仓以外）的人口有331人。1995年增至1020人。1996年起，境内民营企业加快发展，工业及三产服务业的劳动力需求量增大，外来务工人员增多。1998年，共登记暂住人口3100人，发放暂住证2860人。2000年后，许多民营工业企业形成规模，用工需求量继续攀升，吸引了大量外来务工人员进厂就业。同时，先期到鹿河的打工者，有了稳定的经济收入和居住条件，就携家带口到鹿河居住生活，故外来流动人口不断增多。2002年，鹿河境内常住1年以上的外来人口3127人。

另，因鹿河工业企业多，三产服务业发展快，劳动力就业门路广，故鹿河劳动力离开家乡、外出务工的较少。改革开放以前，每年在外务工的人员不足百人。之后，有所增加。2002年，全镇在太仓市以外常住1年以上的务工、经商人员有326人。

第二节　人口分布

民国时期，人口分布于各个自然村落。中华人民共和国成立后，鹿河设乡（小乡），下以自然村落设村（属小村），人口分布于13个村。1958年建立人民公社，下设农业生产大队，人口分布于各个农业生产大队。1964年，据第二次全国人口普查统计，全公社有人口24647人，人口分布于23个农业生产大队。1966年，公社区划调整，鹿河辖区变小，人口减少至14765人，分布于13个农业生产大队。1983年，实施体制改革，公社恢复乡称谓，大队改称村。1985年，据鹿河乡年鉴记载，全乡有人口16560人，分布于13个村及市镇镇区。1999年，实施村区划调整，村建制减少，合并为6个村。2002年，全镇总人口15779人，分布于东影、新海、新明、长洲、长新、飞鹿等6个村和1个市镇社区（新鹿社区）。

表3-3　1964年鹿河公社户籍人口分布情况

序号	大队名称	人口（人）	序号	大队名称	人口（人）
1	玉影	1368	11	红星	1024
2	东泾	941	12	建民	1510
3	滨海	829	13	杨漕	796
4	新泾	1149	14	南港	1208
5	黎明	1127	15	白荡	1128
6	泗洲	1054	16	孙桥	1245
7	长城	1149	17	孟河	989
8	长江	940	18	包桥	1059
9	新市	1411	19	伍胥	1200
10	飞跃	1149	20	建华	849

续表

序号	大队名称	人口(人)	序号	大队名称	人口(人)
21	新幸	924	23	草庙	860
22	长沙	738	合计		24647

表 3-4　1966 年鹿河公社户籍人口分布情况

序号	大队名称	人口(人)	序号	大队名称	人口(人)
1	玉影	1498	8	长江	983
2	东泾	995	9	新市	1472
3	滨海	865	10	飞跃	1227
4	新泾	1238	11	红星	1115
5	黎明	1225	12	新幸	972
6	泗洲	1168	13	长沙	781
7	长城	1226	合计		14765

表 3-5　1985 年鹿河乡户籍人口分布情况

村名	人口(人)	村名	人口(人)	村名	人口(人)
玉影	1568	泗洲	1241	鹿南	1200
东泾	1128	长城	1366	新幸	1044
滨海	947	长江	1131	长沙	827
新泾	1244	新市	1571	市镇镇区	702
黎明	1270	飞跃	1321	合计	16560

表 3-6　2002 年鹿河镇户籍人口分布情况

村(社区)名	人口(人)	村(社区)名	人口(人)	村(社区)名	人口(人)
东影	2060	长洲	2832	新鹿社区	4008
新明	1712	长新	1705	合计	15779
新海	1697	飞鹿	1765		

注：上述列表中的人口为户籍登记人数。改革开放后，由于农村劳动力进厂务工或经商办企业，或在城镇购房居住，而户口仍在原籍登记，出现户籍地与居住地不一致的“人户分离”现象，故人口分布在村、社区内的人数与实际居住人数会存在差异。

第三节　人口密度

1950年，鹿河属小乡，辖区面积5.45平方千米，全乡户籍人口2907人，人口密度为每平方千米533人。1956年合并成中乡，辖区面积16.65平方千米，户籍人口9318人，人口密度为每平方千米560人。1957年再次并乡，合并为大乡，辖区面积37.8平方千米，户籍人口20332人，人口密度为每平方千米538人。1958年成立人民公社后，辖区面积扩大至43.62平方千米，1959年全公社户籍人口23644人，人口密度为每平方千米542人。1966年，分划10个大队归属王秀公社后，辖区面积25.22平方千米，户籍人口14765人，人口密度为每平方千米585人。之后至2002年，鹿河辖区未变，每年人口密度保持在每平方千米650人左右。2002年人口密度为每平方千米626人。

表3-7　2002年鹿河镇各村（社区）户籍人口密度情况

村（社区）	辖区面积（平方千米）	人口（人）	密度（人/平方千米）
东影	3.95	2060	522
新明	4.40	1712	389
新海	3.35	1697	507
长洲	5.55	2832	510
长新	4.10	1705	416
飞鹿	3.25	1765	543
新鹿社区	0.62	4008	6465

注：因存在户籍地与居住地不一致的“人户分离”现象，故上述列表中各村（社区）的人口密度与实际居住的人口密度会有一定差异。

第二章　人口构成

第一节　性　别

1950—2002年，鹿河镇（公社、乡）户籍人口每年男性均少于女性，这与女性比男性寿命长有关。从本节列表所选19个年份男女性别统计，男女性别比（女=100）平均为92.77，其中1950年是男性人口比例最高的年份，男女性别比为99.52；1956年是男性人口比例最低的年份，男女性别比为82.67。

表3-8　1950—2002年鹿河镇（公社、乡）户籍人口性别情况（选年）

年份	人数（人）		性别比（女=100）
	男	女	
1950	1450	1457	99.52
1953	1710	1888	90.57
1956	4217	5101	82.67
1959	11444	12200	93.80
1962	11485	12174	94.34
1965	12012	12673	94.78
1968	7187	7640	94.07
1971	7452	7950	93.74
1974	7913	8460	93.53
1977	7905	8462	93.42
1980	7895	8473	93.18
1983	7995	8621	92.74
1986	8015	8648	92.68
1989	8027	8674	92.54
1992	7996	8707	91.83
1995	7961	8617	92.39
1998	7864	8496	92.56
2000	7718	8339	92.55
2002	7553	8226	91.82

第二节 年 龄

一、分段年龄

境内人口年龄段情况，1982年以前未见统计资料。1982年第三次、1990年第四次、2000年第五次全国人口普查资料显示，境内少儿人口占总人口的比例在下降，老年人口占总人口的比例在上升。1982—2000年的19年中，少儿人口占总人口的比例下降了8.6%，老年人口占比上升了5.36%。

表 3-9 鹿河镇（公社、乡）人口分年龄段统计

1982 年人口普查			1990 年人口普查			2000 年人口普查		
年龄分段（周岁）	人数（人）	占总人口	年龄分段（周岁）	人数（人）	占总人口	年龄分段（周岁）	人数（人）	占总人口
0~15	3544	21.33%	0~14	2367	14.18%	0~14	2225	12.73%
16~65	11593	69.77%	15~64	12387	74.21%	15~64	12765	73.01%
66及以上	1479	8.90%	65及以上	1938	11.61%	65及上	2494	14.26%
合计	16616	—	合计	16692	—	合计	17484	—

注：1982年人口普查，少儿人口统计至15周岁，老年人口从66周岁算起；1990年人口普查，少儿人口统计至14周岁，老年人口从65周岁算起；2000年人口数为常住人口数。

二、期望寿命

中华人民共和国成立后，随着人民生活水平的提高和医疗卫生条件的改善，全镇人口平均期望寿命逐渐延长。1966年，人口平均期望寿命为63.68周岁，其中男性为60.09周岁，女性为66.98周岁。90周岁以上高龄老人有2人，均为女性。

1976年，人口平均期望寿命为69.01周岁，其中男性为67.11周岁，女性为71.7周岁。90周岁以上高龄老人有4人，其中男性2人、女性2人。男性年龄最大的为93周岁，女性年龄最大的为98周岁。

1982年，人口平均期望寿命为68.5周岁，其中男性为65.74周岁，女性为72.8周岁。90周岁以上高龄老人有5人，均为女性。1982年比1976年人口平均期望寿命略低，与农业劳动辛苦、人易衰老有关。

1990年，人口平均期望寿命为76.36周岁，其中男性为73.92周岁，女性为79.76周岁。90周岁以上高龄老人有28人，其中男性4人、女性24人。1996年6月，滨海村1组（现新海村1组）朱阿巧（女，1896年6月生，1996年11月亡），为鹿河首位百周岁寿星。

2002年，人口平均期望寿命为81.75周岁，其中男性为78.87周岁，女性为84.95周岁。

第三节　文化程度

民国时期，境内人口大多未受文化教育，成年人普遍为文盲、半文盲。据中华人民共和国成立初统计，成年人文盲率达88%以上。中华人民共和国成立后，学龄儿童入学率逐年提高，成年人进夜校扫盲班补习，境内识字人口数量逐步增多。据1964年第二次人口普查统计，成年人中初识字及小学以上文化程度的人口达60%。之后，境内教育事业加快发展，全镇人口文化素质不断提高。据1982年、1990年、2000年人口普查统计，在6周岁及以上人口（下称“应识人口”）中，初中及以上文化程度的人口占比上升，不识和初识字、小学文化程度的人口占比下降。1982—2000年的19年中，全镇不识和初识字的人口占应识人口的比例下降了25.91%，小学文化程度的人口占应识人口的比例下降了8.49%，初中文化程度的人口占应识人口的比例上升了24.23%，高中（中专）文化程度的人口占应识人口的比例上升了8.54%，大学专科及以上文化程度的人口占应识人口的比例上升了1.63%。

表3-10　1982年、1990年、2000年鹿河镇（公社、乡）人口文化程度情况

文化程度	1982年		1990年		2000年	
	人口数（人）	占总人口	人口数（人）	占总人口	人口数（人）	占总人口
6周岁及以上人口	15643	—	15658	—	16771	—
不识(初识字)	5154	32.95%	4242	27.09%	1181	7.04%
小学	6610	42.26%	6100	38.96%	5662	33.76%
初中	2970	18.99%	4104	26.21%	7249	43.22%
高中(中专)	894	5.72%	1164	7.43%	2390	14.25%
大专及以上	15	0.10%	48	0.31%	289	1.72%

第四节　职　业

20世纪50—60年代，境内劳动力大多从事第一产业，从事第二、第三产业的很少。70年代起，开始兴办社队工业，农业劳动力逐步向工业转移。据1982年人口普查，全公社职业人口总数12093人，其中从事第一产业的6783人，占职业人口总数的56.09%；第二产业的4579人，占37.86%；第三产业的731人，占6.05%。

80年代，境内乡镇工业加快发展，大量吸纳农村劳动力务工。同时，三产服务业兴起，就业人数增加。据1990年人口普查，全乡职业人口总数12556人，其中从事第一产业的4828人，占职业人口总数的38.45%；第二产业的6684人，占53.23%；第三产业的1044人，占8.32%。

90年代，境内乡镇工业持续发展，尤其是90年代后期起，民营企业加快发展，同时带动三产服

务业发展，二产、三产就业人员继续增加。据2000年人口普查，全乡职业人口总数12982人，其中从事第一产业的4557人，占职业人口总数的35.1%；第二产业的6897人，占53.13%；第三产业的1528人，占11.77%。

2002年末，全乡职业人口总数14117人，其中从事第一产业的4525人，占职业人口总数的32.05%；第二产业的7919人，占56.1%；第三产业的1673人，占11.85%。

第五节 民族 姓氏

鹿河人口历来均为汉族，仅在1990年第四次全国人口普查时，在常住人口中有土家族3人。2000年第五次全国人口普查，鹿河常住人口17484人全部为汉族人口。

20世纪50—70年代的30年间，境内常住人口的姓氏基本没有变化。80年代起，随着人口的流动，姓氏有了变化。2000年人口普查，全镇常住人口5898户，共有姓氏165个，比1982年人口普查时新增了23个。在所有姓氏中，200户以上的有4个姓氏，100~200户的有7个姓氏，50~100户的有12个姓氏，10~50户的有39个姓氏，10户以下的有103个姓氏。其中王姓最多，为大姓，有336户。

需要说明的是：2000年常住人口5898户17484人，其中包含外来流动人口（指常住鹿河1年以上），故常住人口户数、人数多于户籍人口户数及人数。

表3-11 2000年鹿河镇10户及以上姓氏统计

姓氏	户数	姓氏	户数	姓氏	户数	姓氏	户数
王	336	施	62	蒋	35	姚	19
张	261	刘	61	侯	33	褚	15
周	231	包	58	龚	32	崔	14
孙	225	倪	58	杨	32	胡	14
朱	190	何	57	霍	29	屈	14
陆	159	曹	52	许	29	支	14
陈	158	袁	50	蔡	26	付	13
夏	122	俞	48	丁	25	谢	13
吴	114	唐	45	毛	25	钟	13
李	113	钱	42	戴	24	樊	12
高	112	赵	41	薛	24	宋	12
黄	89	吕	40	邵	23	苏	12
顾	83	秦	39	汤	21	金	11
徐	78	田	38	林	19	缪	10
沈	73	瞿	36	邱	19		
马	68	范	36	严	19		

2000年，鹿河镇姓氏户数在10户以下的有：仇、楼、董、方、冯、姜、任、沙、史、陶、奚、殷、管、肖、叶、班、成、郏、茅、汪、邹、查、柴、狄、费、葛、郭、季、郦、时、魏、于、程、房、梁、盛、文、闻、伍、曾、郑、祝、艾、白、黛、窦、傅、韩、纪、江、孔、柳、卢、孟、聂、余、章、仲、庄、柏、卜、淡、邓、杜、福、庚、耿、归、桂、贺、洪、华、贾、景、兰、凌、鲁、闵、沐、欧、潘、庞、裴、彭、齐、乔、冉、舒、佘、谈、万、韦、翁、邬、武、邢、晏、尹、应、雍、尤、郁、卓。

第三章　人口控制

第一节　宣传教育

20世纪70年代以前，还未全面开始宣传计划生育。70年代起，开始控制人口增长，实行晚婚晚育和计划生育。1971年，鹿河公社开展计划生育工作调查，摸清婚龄青年和育龄妇女以及落实节育措施的底数，做好控制人口增长规划。同时，做到边调查，边宣传晚婚晚育、计划生育的重要意义。

1974年前后，全公社宣传计划生育逢会必讲，并利用黑板报、画廊、有线广播等宣传阵地，大力宣传计划生育的好处，表扬带头晚恋、晚婚和自觉计划生育的先进典型。此外，公社文艺宣传队自编宣传计划生育的文艺节目，深入田头、工厂演出，使计划生育工作深入人心，家喻户晓。

1977年，公社组建计划生育宣讲队伍，组织晚婚晚育、计划生育先进人物到各大队群众中宣讲，谈自身的体会，用社会上晚婚晚育好处多、早婚多育自己苦的事实教育大家。通过宣传引导，收到了良好的宣传效果。

1979年，鹿河成为苏州地区农村计划生育工作的先进典型。是年9月，公社党委、管委会以“我们是怎样抓好计划生育工作的”为题，撰写会议交流材料，在苏州地委召开的农村工作会议上印发给与会人员。

1980年9月，《中共中央关于控制我国人口增长问题致全体共产党员、共青团员的公开信》（以下简称《公开信》）发表后，全公社掀起了宣传《公开信》的热潮，少生优生的观念更加深入人心，一对夫妇只生一个孩子逐渐变为广大育龄夫妇的自觉行动。1983年前后，鹿河每年召开未婚青年和家属座谈会，进行晚恋晚婚教育。每年春节举行晚婚青年集体结婚仪式，党委领导亲自主持婚礼，亲手给晚婚青年戴光荣花。每年召开已生一个子女的育龄夫妇大会，大力宣传一对夫妇只生一个孩子的好处。

1987年4月，邀请南京人口管理干部学院教授到鹿河讲课，传授人口与计划生育理论，全乡基层干部和计划生育指导员90余人接受教育。1988年，加大宣传力度，普及避孕节育、优生优育知识。乡广播站自办节目从每周1次宣讲，增加到每天有计划生育的宣传内容。乡文化站刊出宣传计划生育的画廊3期、黑板报4期。1989年，宣讲活动深入学校，对鹿河中学初中生242人进行人口与计划生育基础理论培训，同时讲解青春期卫生知识，让学生学会青春期自我保健。

1990年，开展纪念《公开信》发表10周年系列活动，乡先后召开人口理论培训会、计生干部座谈会、先进典型表彰会，举行画廊板报展评活动、电影电视专题放映活动、上街宣传咨询活动、五六年级小学生给家长写信活动等。1991—1993年，重点宣传贯彻《江苏省计划生育条例》，先后印发宣讲材料4000余份；举办各类培训班12期，受教育1000余人次。

1992年5月9日，全国计划生育研讨会在鹿河召开，时任国家计划生育委员会主任、党组书记彭珮云到鹿河参加会议，江苏省计生委领导和苏州市、太仓市政府有关领导及计生委负责人陪同调研。会议对鹿河计划生育工作所取得的成绩予以充分肯定。会后，鹿河以此为契机，宣传贯彻会议精神，进一步把计划生育各项工作落到实处。

1995年，在初中毕业生中进行国情国策教育，普及生理卫生知识，开展青春期教育。1997年，对18周岁以上未婚青年进行计划生育政策法规教育，举办培训班2期，113人参训。在初中女学生中开展青春期卫生咨询活动，170余人次得到咨询服务。1997年，镇先后举办婚前教育、孕妇教育、哺乳期教育培训班7期，参训330人。

1999年，把未婚青年、婚育夫妇、村厂计生干部作为计划生育培训教育的重点对象，全镇共举办人口理论、优生优育、计划生育政策法规等各类培训班13期，参加培训897人次。2000年，把计划生育宣传教育覆盖到外来务工人员，在流动人口中宣传贯彻外来流动人口计划生育工作管理办法。2001年，发放致外来育龄人员一封信1000余份，外来育龄人员自觉计划生育的意识得到增强。

2002年，镇党委、镇政府以《中华人民共和国人口与计划生育法》颁布施行和《公开信》发表22周年为契机，把9月列为计划生育宣传月，组织了形式多样、丰富多彩的宣传活动，营造了浓烈的宣传氛围，将计划生育国策教育普及全镇，使之更加深入人心。

第二节　晚婚晚育

20世纪50年代初，国家法定结婚年龄为男20周岁、女18周岁，但在群众中存在“早养儿子早得福”的封建传统意识，故鹿河青年男女早婚早育的现象较为普遍，有的青年夫妇男不足20周岁、女不足18周岁就结婚生子，做到晚婚晚育的夫妇不多。

70年代初，政府提倡晚婚晚育，但受封建传统思想的影响，社会上早婚早育的现象依然存在。1973年，全公社18周岁以上未婚青年有1580人，其中已找对象的有1102人，占69.75%。同年，做好晚婚晚育宣传工作，明确规定男年满25周岁、女年满23周岁初婚为晚婚，并发放计划生育证，凭证怀孕、生育。是年起，加大计划生育宣传和政策执行力度，并辅之相应的制约措施，晚婚晚育的青年夫妇逐年增多。1977年，全公社未婚青年有2120人定了晚恋、晚婚计划，自觉做到晚婚晚育和计划生育。是年，全公社青年晚婚率达98.55%。

1981年，新《婚姻法》施行后，继续鼓励晚婚晚育，但考虑到有些农村家庭的特殊情况，故对部分达结婚年龄但未到晚婚年龄的青年，准予办理结婚登记手续。其结婚后，仍需执行计划生育政策。

1982年，为有效落实晚婚措施，对已找对象、已达法定婚龄、未满晚婚年龄的男女青年，由村与其签订晚婚合同，以后一律凭晚婚合同和婚前健康检查表到公社办理结婚登记手续。在此后的5年中，全公社青年晚婚率每年保持在95%以上。

1987年后，仍提倡晚婚晚育，但未作强调执行，青年晚婚率开始下降，1990年降至65%。1991年后，晚婚晚育只是鼓励，不作具体要求，基本上由婚龄青年自行考虑决定，故每年的青年晚婚率大幅下降，1994年跌至13.91%。1995—2002年，青年晚婚率在16%~33%，有降有升，2002年，全镇青年晚婚率为28.99%。

第三节　少生优生

1971年起，鹿河公社按照上级关于“结婚晚一点、胎次稀一点、生的少一点、培养好一点”的精神，开始抓好计划生育工作。但由于社会上存在“重男轻女”“儿女双全”“早过门、早生子”等封建残余思想青年中还是存在早恋、早婚、早育现象，影响计划生育的正常开展。

1975年，公社党委为贯彻上级计划生育会议精神，组建计划生育宣传队，到东泾大队试点做好计划生育宣传、调查摸底以及措施落实等工作，以取得经验在面上推广。同年，公社召开计划生育工作会议，动员广大未婚青年和育龄夫妇自觉做到晚婚晚育和计划生育，坚决杜绝非婚怀孕和无计划生育。会后，各村、各单位迅速传达会议精神，并做好计划生育调查资料上报等相关基础工作。同时，对不符合生育条件、无计划怀孕的对象，组织有关人员上门，耐心细致地做好计划生育说服教育工作。

1976年起，注重正面教育，大力宣传“党员干部带头计划生育”“团员青年自愿只生一个孩子”的先进典型，表扬社会上夫妻相互鼓励、父母督促子女、妻子说服丈夫、媳妇劝导公婆，坚持实行计划生育的事迹。通过树立典型、表彰先进，全公社上下“晚婚光荣、计划生育光荣”蔚然成风。1976—1978年，全公社人口出生率平均为8.17‰，比1975年下降了4.68‰；自然增长率平均为0.51‰，比1975年下降了3.75‰。每年的计划生育率均在99%以上，节育率在90%以上。3年间，公社、大队两级干部本人及子女中没有出现早恋、早婚和无计划生育现象。

1978年10月，中共中央和国务院提出一对夫妇最好生一个，最多生两个的要求。1979年，公社提倡“一对夫妇只生一个孩子”，并对坚持生一个孩子、已领取独生子女证的做出相应的奖励规定。同年，全公社23对生育一胎的青年夫妇向太仓全县青年夫妇发出“坚决不生第二胎”的倡议。

1980年，公社党委组织广大共产党员和共青团员认真学习贯彻《中共中央关于控制我国人口增长问题致全体共产党员、共青团员的公开信》，动员广大党团员为群众做表率、树榜样，带头响应国家号召，坚持做到每对夫妇只生育一个孩子。与此同时，为把计划生育工作重点由“晚、稀、少”转到鼓励“一对夫妇终身只生育一个孩子”上，公社党委制定《关于执行晚婚、实行计划生育若干问题的规定》，采取有奖有罚、以奖为主的办法，对决定终身只生育一个孩子的给予奖励，对不执行计划生育的予以相应处罚。通过经济及其他奖惩措施，有力地推动了计划生育工作的顺利开展。

1981年起，继续实行“优先安排一胎、严格控制二胎、坚决杜绝三胎”的政策，全公社除个别夫妇被特殊照顾安排二胎外，其他全部安排一胎。至1989年，全公社累计已有生育一孩的夫妇2088对，其中有1984对夫妇领取了独生子女证，领证率95.02%。1990年起，根据计划生育政策，安排二胎开始增多，独生子女证领证率逐年降低。

1993年起，在控制人口增长的同时，切实抓好优生优育工作，利用镇人口学校、村人口分校阵地，开展各类培训班，普及避孕节育、孕期保健、母乳喂养知识。1995年，在婚育妇女中普及围产期保健知识，播放电教片《来到人间》，进行优生优育指导。

1996年起，加强流动人口计划生育管理，通过检查外来人口务工证、暂住证、计划生育节育措施落实证，督促管理外来人口计划生育工作。更新添置微机设备，及时变更育龄妇女管理信息，做好结婚登记账、安排生育账、避孕药具发放账、独生子女花名册等，并利用信息提高计划生育管理的科学性、可行性和有效性。落实“谁用工、谁负责”责任制，镇计生办公室同招收录用外来务工人员的单位及私房出租户签订计划生育合同，扩大计划生育齐抓共管覆盖面。

1999年起，继续重视优生优育工作，通过发放《育龄妇女知识读本》、走村入户指导、家庭保健服务、组织健康体检等途径，大力普及生殖保健、避孕节育、母乳喂养知识，全镇广大育龄妇女应知应会知晓率进一步提高。为执行禁止近亲结婚、遗传病患者不能结婚的规定，坚持做好婚前健康检查、孕妇定期检查和住院分娩等工作，新生婴儿健康得到保障。

2000年后，独生子女陆续进入婚育年龄，申请二胎的夫妇增多，独生子女夫妇减少，独生子女领证率下降。2002年，全镇21对生育一孩的夫妇，仅有7对领取了独生子女证，领证率33.33%。

自1979年提倡“一对夫妇只生一个孩子”起至2002年，全镇生育一个孩子的夫妇累计3549对，领取独生子女证夫妇累计2816对，领证率79.35%。

表3-12　1981—2002年鹿河镇领取独生子女证统计

年份	生育一孩夫妇对数	领取独生子女证夫妇对数	领证率	年份	生育一孩夫妇对数	领取独生子女证夫妇对数	领证率
1981	222	214	96.40%	1992	138	99	71.74%
1982	123	122	99.19%	1993	128	84	65.63%
1983	121	120	99.17%	1994	228	114	50.00%
1984	49	49	100.00%	1995	161	81	50.31%
1985	129	127	98.45%	1996	144	68	47.22%
1986	190	186	97.89%	1997	108	47	43.52%
1987	121	117	96.69%	1998	83	36	43.37%
1988	137	129	94.16%	1999	122	53	43.44%
1989	111	101	90.99%	2000	50	20	40.00%
1990	121	105	86.78%	2001	17	6	35.29%
1991	140	112	80.00%	2002	21	7	33.33%

第四节　避孕节育

20世纪50年代中期起，一些多子女夫妇，本着自愿的原则，采取输精管、输卵管结扎手术避孕，但施行的人数较少。60年代，推行多种节育措施，有结扎、针剂和药物等，但宣传力度不大，采取节育措施的人数还是不多。

1973年，推广长效口服避孕药，因该药服用方便、效果好，故被广泛采用，全公社服药避孕的人数增多。是年，全公社48周岁以下的已婚育龄妇女有3072人，其中应落实节育措施2847人，实际节育1851人，节育率65.02%。在已落实节育措施的育龄妇女中，口服避孕药的有866人，占已落实节育措施育龄妇女总数的46.79%。

1975年，广泛开展计划生育宣教活动，避孕节育知识得到全面普及，推广的节育措施种类多样，长效可靠，适合不同育龄人群，节育人数不断增多。是年，全公社已婚育龄妇女应落实节育措施3044人，实际节育2386人，节育率78.38%。1978年，节育人数增至2583人，节育率升至86.12%。

1979年，发挥基层妇女干部和计划生育指导员的作用，做到送药上门，推介节育知识。由于管理服务到位，不仅育龄妇女节育率提高，而且动员男性节育也取得较好成效。至1982年，全公社已婚育龄夫妇落实节育措施的有3241人，其中男性183人。

1983年，建立计划生育台账，并及时变更信息，随时掌握育龄夫妇避孕节育情况。1985年起，注重对产妇分娩后的随访工作，并要求她们遵照医嘱，选择并落实节育措施。1988年，乡卫生院实施新的科研项目，对产妇进行产后上环。是年，实施产后42天上环94人，产后70天上环8人，产后上环人数占全年产妇人数的82.26%。

1990年，在新泾村试点，村与服药者36人签订计划生育合同，以增强村管理人员的责任性和服药者的自觉性，全村服药者避孕无失败。1991年，对全乡使用药具的育龄夫妇建立花名册和随访卡，做到每月与育龄妇女随访见面1次，信息登记1次，药具发放1次，通过细化管理，全乡育龄夫妇节育措施落实率和有效率进一步提高。

1995年，利用新成立的家庭保健服务所阵地开展妇女病普查，受检1410人。同时，针对有些育龄妇女上环避孕失败的情况，实施B超环透检查，共检查1915人。检查后，对掉环13人、环位下移24人及时采取补环、换环措施，对绝经半年以上27人进行取环。

1996年后，加强外来人口计划生育管理，对外来育龄妇女进行节育措施落实证验证检查，共检查71人，其中发现1人无节育措施，事后进行了落实。

1997—2002年，每年对育龄妇女进行信息变更登记，普及生殖健康知识，开展妇女健康体检，强化节育服务指导，全镇每年已婚育龄妇女的节育率一直保持在95%以上。2002年，全镇已婚育龄妇女3223人，应落实节育措施3107人，实际节育3018人，节育率97.14%。

表3-13　1980—2002年鹿河镇育龄妇女节育情况统计

年份	育龄妇女（人）	已婚育龄妇女（人）	应节育（人）	实际节育（人）	节育率	节育措施类别			
						结扎（人）	节育器（人）	避孕药具（人）	其他（人）
1980	4356	3264	3017	2877	95.36%	410	1409	933	125
1981	4369	3265	3064	2919	95.27%	432	1328	1064	95
1982	4432	3301	3135	3058	97.54%	434	1490	1065	69
1983	4426	3312	3187	3114	97.71%	438	1495	1125	56
1984	4413	3295	3079	3008	97.69%	422	1380	1143	63
1985	4387	3292	3098	3056	98.64%	401	1446	1127	82
1986	4434	3375	3165	3129	98.86%	382	1707	986	54
1987	4436	3381	3187	3138	98.46%	371	1756	962	49
1988	4447	3392	3174	3114	98.11%	367	1832	883	32
1989	4424	3356	3123	3084	98.75%	358	1843	858	25
1990	4438	3382	3127	3126	99.97%	347	1964	774	41
1991	4435	3367	3181	3141	98.74%	342	2029	725	45
1992	4439	3372	3195	3106	97.21%	335	2061	674	36
1993	4423	3385	3176	3108	97.86%	326	2139	622	21
1994	4428	3357	3112	3034	97.49%	322	2129	560	23
1995	4411	3351	3114	3000	96.34%	320	2125	508	47
1996	4397	3378	3162	3039	96.11%	304	2189	501	45
1997	4368	3349	3113	2997	96.27%	301	2212	442	42
1998	4334	3354	3128	2982	95.33%	271	2230	441	40
1999	4290	3312	3138	3033	96.65%	249	2259	488	37
2000	4265	3306	3112	3015	96.88%	224	2275	489	27
2001	4228	3287	3064	2991	97.62%	198	2229	544	20
2002	4181	3223	3107	3018	97.14%	175	2126	699	18

第五节　管理机构

20世纪50年代，人口出生问题未引起全社会重视，也无控制措施。60年代，开始重视计划生育，控制人口增长，但农村还未建立健全计划生育管理机构和工作网络。

进入70年代，公社党委宣传委员主管计划生育工作，另配备1名计划生育宣传员，具体负责计划生育宣传、节育知识普及和对非婚同居、非婚怀孕者进行教育劝阻等工作。

1973年，公社成立计划生育领导小组，在公社党委的领导下，牵头负责和协调全公社的计划生育工作。1974年，公社成立计划生育办公室，配备计划生育专职干部。1975年2月，先在东泾大队建立村计划生育领导小组，之后，各大队均建立相应的组织。1976年，公社计划生育办公室专职干部改称计划生育助理员。

1980年，调整充实公社计划生育领导小组，明确公社、大队计划生育工作分管领导，配强计划生育办公室干部力量，明确农村各大队妇女主任具体负责计划生育工作，各生产队由妇女队长担任计划生育指导员并负责药具发放。

1983年，在乡工业公司配备计划生育专职干部，具体负责工业系统的计划生育工作。1987年，建立企业计划生育领导小组16个，配备企业妇女主任兼计划生育指导员13人。1989年，企业计划生育指导员配备到车间班组。是年末，全乡有村、企事业单位计划生育指导员212人。

1990年，成立鹿河乡计划生育协会和村级协会13个，发展乡、村两级协会会员367人。计划生育协会成立后，协助政府抓好计划生育宣传教育，开展调查研究，提出建议意见，发挥社团作用，为促进全镇计划生育工作献计出力。1992年，创办鹿河乡人口学校，承担全乡人口与计划生育工作的教育培训。1993年，利用镇、村两级计划生育协会换届的契机，新组建企业协会2个，全镇基层协会增至15个，协会会员发展至678人。

1995年，成立鹿河镇家庭保健服务所，与镇卫生院资源共享，开展服务工作。同时，全镇13个村有12个成立了家庭保健服务室（与村卫生室合用）。

1996年，成立由公安派出所、综合治理办公室、工商管理所、计划生育办公室等有关单位负责人组成的外来人口计划生育协调小组，协调管理外来人口计划生育工作，

1997年后，镇、村办集体企业转制为民营企业，镇计划生育领导小组及办公室及时与企业沟通，继续在企业中配好妇女干部和计划生育指导员，对一些规模小、员工少的企业，明确计划生育工作属地管理，由企业驻地所在村负责。

1998年起，根据村区划调整、民营企业发展、事业单位机构改革等情况，镇计划生育领导小组及时对基层计划生育工作队伍进行调整充实，以确保全镇计划生育工作顺利开展。2002年，全镇有镇、村及企事业单位专（兼）职计划生育干部33人、计划生育指导员247人。

第四篇 村镇建设

民国时期，鹿河镇上房屋简陋，街道狭窄，基础设施差。农村草房居多，道路泥泞，交通极不方便。中华人民共和国成立后，有重点地对房屋建筑和基础设施进行改造和建设，但限于镇村财力不足，村镇以修缮为主，建设事业发展缓慢。改革开放后，乡镇企业崛起，带动了村镇建设加快发展。

20世纪80年代起，镇上楼房建筑增多，基础设施不断完善。农村平房翻建楼房，农民居住条件得到改善。农村道路拓宽，路面开始硬化，桥梁大多翻建，告别有的桥梁只通人力车、不通机动车的历史，农村交通条件得到改善。

90年代，镇区向东拓展，建成区面积扩大。新筑新鹿路，开辟灵影路，拓宽玉影路，延伸鹿长路，4条道路成为镇区主要出入通道和商业街道。

90年代中期起，全面实施农村电网改造工程，满足全镇工农业生产和居民生活用电所需。逐步对镇区道路和农村道路进行提档改造，水泥混凝土或沥青道路增多。加快延伸农村自来水管道，实现自来水供水村村通。实施绿化亮化美化工程，镇区生态环境大大改善。1997年建成鹿河镇镇标。同年10月，鹿河镇通过苏州市新型小城镇验收，获苏州市新型小城镇荣誉称号。

进入21世纪后，继续加大投入，推进村镇建设。至2002年，境内住宅建设、街坊改造、道路提档、桥梁修建、供电供水、绿化亮化等工作成效显著，镇容镇貌大为改观。

第一章　集镇建设

第一节　房屋建筑

20世纪50—60年代，鹿河老街区房屋建筑大多陈旧，以平房为主，也有少数两层楼房。70年代，老街区沿街门市有所拓展。

进入80年代，随着经济社会发展需要，开始重视集镇建设，镇区多处出现新的房屋建筑。至1986年，鹿河工业物资经理部、供销社、卫生院、信用社、邮电局、影剧院等一批建筑楼幢落成。1988年，鹿河供销社投资51.5万元兴建鹿河振鹿商场，楼高3层，占地面积933平方米，建筑面积1300平方米，配建仓库用房180平方米。同年，鹿河交通管理所投资32万元，建成1幢3层办公楼，建筑面积912平方米。1989年，在太仓县城建局的帮助指导下，编制《鹿河集镇建设总体规划》，并经县政府审核批准。同年，农业银行鹿河营业所投资60万元，建成营业办公大楼1200平方米。鹿河工商管理所投资18万元，建成工商办公综合楼380平方米。

1990年起，启动新镇区建设。1992年，重新修订《鹿河集镇建设总体规划》，并严格按照规划，加快推进集镇建设。至1995年，一批房屋（楼群）先后落成启用。镇政府筹资200万元，建成鹿河卫生院，占地面积7792平方米，建筑面积3432平方米。鹿河粮管所投资66万元，建成1幢3层粮贸综合大楼，占地面积900平方米，建筑面积1230平方米。建设银行鹿河办事处投资150万元，建成1幢4层金融大楼和1幢2层职工宿舍楼，占地面积1427平方米，总建筑面积2400平方米。鹿河水利站投资90万元，建成1幢4层综合楼，占地面积800平方米，建筑面积1530平方米。鹿河邮电支局投资446万元，建成1幢主体4层、局部5层的邮电大楼，占地面积2780平方米，建筑面积4224平方米，另建辅房350平方米。中国银行鹿河办事处投资180万元，建成1幢主体4层、局部5层的营业大楼，占地面积1327平方米，建筑面积2200平方米。镇政府投资120万元，建成机关宿舍大楼，占地面积1240平方米，建筑面积2800平方米。鹿河村镇建设办公室、土地管理所和建筑公司共同投资120万元，建成市建综合楼，占地面积533平方米，建筑面积1600平方米；投资170万元，开发灵影路商业街，建成主体2层、局部3层的小商品门市商住楼群，占地面积2400平方米，建筑面积3600平方米。玉影村筹资150万元，建成玉影实业公司大楼，建筑面积2000平方米。镇政府投资42.2万元，新建地处新鹿路的鹿河农贸市场，建筑面积1880平方米。

1997年，镇政府筹资200余万元，实施玉影路饮食一条街建设工程，建筑面积3600平方米。同年，将灵影路鹿河农贸市场扩建为2000平方米，新建灵影路商住楼1.5万平方米。1999年，投资

150万元，建成建材市场配套商住楼，建筑面积3000平方米。同年，玉影村分两期实施商住楼建设工程。一期投资65万元，建筑面积1300平方米；二期投资40万元，建筑面积800平方米。2000年后，又有多处街面商住楼落成启用。

从1990年加快推进集镇建设至2002年的13年间，镇区新建造的房屋建筑面积近10万平方米，沿路沿街门市建筑基本铺满，房屋楼层开始升高，集镇面貌大为改观。

第二节 基础设施

20世纪50—60年代，鹿河镇上街道狭窄，主要街道有：小东街，长70米，宽3.5米；东街，长135米，东段宽3.5米，西段宽3米；西街，长140米，宽3米；中弄街，长110米，宽3米；北弄街，长140米，宽3米。街道大多为碎石路面，极少数路段为砖砌（铺）路面。镇区无完整的下水道排水系统，若遇暴雨，街道积水严重，给居民生活带来不便。

70年代，对局部老街区道路进行修缮，补平积水低潭，疏通排水阴沟，镇区排涝功能有所改善。1974年后，鹿河有了高压供电及变电设施，开始在街区安装路灯（钨丝白炽灯）。虽白炽灯亮度不够，但夜间道路有照明，方便居民出行。1977年起，在镇区植树增绿，道路、工厂（单位）绿化面积扩大。1980年后，对老镇区东街、西街、中弄街等老街进行延伸拓展，同时埋设下水管道，增设窨井。对桥梁实施改造，增强荷载能力。

90年代初，加快推进新镇区建设，提升基础设施功能，至1995年，先后建成6条新道路，其中东西向道路4条，南北向2条。东西向道路分别为：新鹿路，东起鹿河镇标大转盘，西至雅鹿集团大门口，长600米，宽10米，混凝土路面，是连通鹿河老镇区与新镇区的中心道路；灵影路，东起鹿河镇标大转盘，西至灵影桥，长300米，宽10米，混凝土路面；健康路，东起鹿长路，西至中弄街，长200米，宽9米，混凝土路面；沙鹿公路镇区段（属改造拓宽路段），东起陈家湾桥，西至鹿河镇标大转盘，长250米，宽50米，混凝土路面，双向4车道，中间建隔离带，两侧设人行道，两边栽绿化带，是出入鹿河东大门的主要通道。南北向道路分别为：玉影路，南起圣像寺，北至鹿河镇标大转盘，长400米，宽32米，混凝土路面，中间设3米宽绿化隔离带，道路东侧建宽10米绿化风光带；鹿长路，南起镇区新鹿路，北至随塘河桥，长2700米，宽10米，沥青路面，两侧人行道宽2米，两边绿化带宽2米。鹿长路南段1000米为镇区道路，是镇区南北向的中心道路。在拓展镇区道路的同时，新建及改造桥梁6座，分别为：位于沙鹿公路镇区段东端的陈家湾桥，跨径10米，宽18米，为箱涵平桥；位于鹿长路跨关王塘的劳动桥，跨径23米，宽10米；位于新鹿路跨老木行塘的新鹿桥，跨径12.5米，宽9米；位于灵影路跨老木行塘的灵影桥，跨径15米，宽9米；位于健康路跨光明塘的健康桥，跨径22米，宽10米；位于中弄街北端的中弄桥，跨径7米，宽6米。

1995年后，更加重视镇区道路改造提档和给排水工程修建完善及绿化亮化美化等建设。1996年，投资100万元，实施沙鹿公路镇区段（镇标至陈家湾桥）人行道、绿化、路灯及给排水工程。

1997年，镇区道路加层浇筑沥青路面2.8万平方米、混凝土路面4300平方米，铺设彩色人行道道板5000平方米。1999年，实施镇区亮化工程，新安装路灯1.2千米。2000年，镇政府投资50万元，建成玉影路开放式小游园。同年，实施镇区畅流工程，疏浚河道（河段）2条，埋设下水管道600米。2002年，在创建江苏省卫生镇期间，对集镇基础设施进行提档改造：老街道碎石路面和镇村接合部砂石路面全部浇筑为混凝土路面；对部分压碎破损的混凝土路面进行修复并加层，浇筑沥青路面8000平方米；新安装路灯900米；镇区种植绿篱10千米，铺设草坪8000平方米，栽种行道树、景点树4000棵，镇区人均公共绿化面积5.3平方米。

第三节　鹿河镇标

1997年8月，在镇区沙鹿公路与玉影路、新鹿路、灵影路交会处建成鹿河镇标志性工程——鹿河镇镇标。镇标由鹿群造型、长方形墙墩、大转盘及绿化草坪等组成。大转盘直径30米，中间砌筑墙墩。墙墩南北长5.1米，东西宽2.6米，高5米，用深红色大理石贴面。墙墩上面矗立6头鹿，用不锈钢铸成，鹿身朝南，前后排开，前鹿与后鹿凌空飞腾。鹿群昂首腾蹄，象征着勤劳智慧的鹿河人民勇于改革创新和拼搏创业，向着富民强镇的目标阔步前进。

第二章　农村建设

第一节　农房建设

民国时期，境内农民住房较为简陋，大多用5根桁条（圆木或毛竹）建造，俗称“五路头”房屋。多数农户家境贫寒，只能盖草房，木竹做柱梁、竹芦当壁墙、屋顶盖稻草。草房由草竹匠人建造。少数富庶人家才有条件盖砖木结构的瓦房。

20世纪50年代初，贫困农民分得土地，生活条件有了好转，开始将草房翻建为瓦房，但居住草房的农民还是较多。

60年代，农民省吃俭用，积蓄大多用于改善住房条件，草房翻瓦房的农户逐年增多，至60年代末，绝大多数农户盖了瓦房。

70年代，农村出现将“五路头”翻建为“七路头”房屋的“造房热”，农民住房向宽敞、明亮、适用发展，翻建的新房普遍为“七路头”并设走廊，屋檐高3米以上，进深6米以上，间宽4米以上。一般一宅为五间平房，中间为客厅，间宽最大；两侧为卧室和储藏室，间宽比客厅稍小。

80年代初，曾对境内农民住房变化情况进行调查，选择泗洲大队第四生产队、长城大队第五生产队、鹿南大队第五生产队作为调查点。据对3个生产队调查，1946—1982年，农户居住的草房从1946年的131间减少至1982年的3间，瓦房由100间增至240间，人均住房面积由15平方米增至28平方米。

表4-1　1946—1982年鹿河公社农户住房情况选点选年调查

年份	人口（人）	楼房		瓦房		草房		人均住房面积（平方米）
		间数（间）	面积（平方米）	间数（间）	面积（平方米）	间数（间）	面积（平方米）	
1946	230	—	—	100	1538	131	2025	15
1956	255	—	—	184	2988	89	1350	17
1966	280	—	—	261	4430	59	920	19
1976	303	42	1460	316	5930	11	165	25
1982	334	158	4740	240	4710	3	45	28

注：调查点为泗洲大队第四生产队、长城大队第五生产队、鹿南大队第五生产队。

1980年前后，有些农民为改善居住条件，拆除平瓦房，翻建新楼房，至1982年，全公社新建楼房102户。尤其是1983年农村实行家庭联产承包责任制后，农民就业门路广泛，经济收入增加，翻建新楼房有了条件，农村又出现平瓦房翻建新楼房的“造房热”。新建的楼房普遍为四上四下，少数为三上三下或三上四下，个别人口多的家庭也有五上五下。至1994年，全乡建造楼房的农户累计3295户，有92%的农户住楼房。1995年起，农民建房追求结构牢、房型美、实用性强，早期建楼房的农户，开始拆除旧楼房，翻建别墅式新楼房。

1998年7月起，开展农房产权登记发证工作，镇成立领导小组，下设专门办公室，抽调工作人员6人。为使工作顺利开展，先对各村村主任、主办会计进行业务培训，后又在长城村召开现场会，进一步明确登记发证的业务要求。接着，通过申报登记、审核证件、实地测量、绘图填表、房产发证和图、证、册立卷归档等程序，实施登记发证工作。至年底，全镇13个村3567户农户房屋全部登记在册，完成发证2425户，占应发证农户的68%。1999年开展发证扫尾工作，至3月，除特殊遗留问题待处理外，其余全部完成。

2000年后，农村翻建楼房户开始增多。至2002年，全镇建造楼房的农户累计有3616户，其中旧楼房翻建新楼房的78户，有99.2%的农户住楼房。农民人均住房面积56平方米。对农民住房变化，民间有“50年代住草房，60年代住瓦房，70年代住瓦房加走廊，80年代住楼房，90年代农宅盖洋房”之说。

表4-2　1980—2002年鹿河镇农户建造楼房统计

年份	建造楼房（户）	年份	建造楼房（户）	年份	建造楼房（户）
1980	229	1988	303	1996	51
1981	158	1989	230	1997	49
1982	197	1990	107	1998	57
1983	365	1991	121	1999	55
1984	379	1992	105	2000	14
1985	347	1993	77	2001	21
1986	315	1994	63	2002	9
1987	299	1995	65	合计	3616

注：表中每年建造的楼房数指平房翻建楼房数；1980年建造楼房户数229户为当年及以前累计数。

第二节　道路建设

本节所述道路，指鹿河集镇通往各村、村通往各村民小组以及区域之间相互连接的镇级、村级道路。

20世纪50—60年代，境内道路为泥路，只有靠近市镇的部分路段铺筑砂石路。遇到雨天，道路泥泞，很难行走，且绝大部分道路狭窄，机动车辆难以通行。

70年代初，农业生产队普遍配有人力拖车，有的生产队出现手扶拖拉机运输车，为方便车辆运输，各大队、生产队开始加宽农村道路。至1975年，农村共筑宽道路22条，总长15千米，修筑的道路宽度普遍在2米以上。

1976年起，各大队中型拖拉机增多，有些大队还购置中型拖拉机运输车，有的社队企业也开始拥有载重卡车和面包车。为使农村道路适应机动车辆行驶需要，公社、大队开始修筑路基高、路面宽的道路。1979年，筑成市镇通往长城大队的主干道（现名鹿长路），南起镇区劳动桥，沿光明塘向北延伸至长城大队，长1.51千米，路面宽5米，砂石路面。同年，筑成连通东泾大队与滨海大队的钱泾塘路，东起滨海大队钱泾口，沿钱泾塘向西南方向至东泾大队友谊桥，长2.79千米，宽6米，砂石路面。至1980年，全公社有农村道路28条，总长20千米。市镇通往各大队的道路路宽普遍在4米以上，大队至各生产队的一般在2.5米左右。

1980年开始，对农村道路进行提档改造，主要是拓宽延伸、路面硬化、路边绿化。至1985年，在原有基础上，新筑农村道路11条，长6.5千米；完成路面硬化12条，面积3万平方米；在路旁种植行道树，绿化道路25条，总长22千米，道路大多绿树成荫。

1986年起，加快实施农村道路硬化工程，至1990年，全乡路面硬化22条，大多为砂石路面，部分路段铺筑水泥混凝土路面，道路硬化率达56%。

1991年起，各村采取“村拨一点、企业捐一点、向上争取一点”的办法，积极筹措资金，用于农村道路修筑工程。是年，长沙村自筹资金铺筑长沙路，砂石路面，路长655米，宽5米，建2座涵洞及挡土墙。1994年，各村自筹资金硬化村级道路，全镇铺筑砂石路6千米，面积1.5万平方米。至1995年，各村村委会至各村民小组的道路硬化率达80%。

1996年起，农村私家货运小车和轿车逐步增多，农村道路向农户延伸，至1999年，全镇农户小型机动车辆通达率达70%。2000年后，出现“上级拨款筑路、企业捐助筑路、农户出资筑路”的良好局面，农村道路建设进一步加快。

2002年，鹿河境内共筑有镇级道路8条，总长19.52千米；村级道路45条，总长23.5千米，其中村级主干道6条，总长6.5千米。全镇道路硬化率达95%，村民出行基本不踏泥路。农户小型机动车辆通达率达80%。

表4-3　2002年鹿河镇镇级道路、村级主干道一览

道路名称	路长（千米）	路宽（米）	路面情况	道路类别	所在村（区域）
鹿长路	2.70	10.00	混凝土路面	镇级道路	镇区、新明村、长洲村
雅沙路	2.60	4.50	混凝土路面	镇级道路	镇区、长新村
雅飞路	3.53	4.50	混凝土路面	镇级道路	镇区、飞鹿村
钱泾塘路	2.79	6.00	混凝土路面	镇级道路	东影村、新海村
明海路	3.36	4.60	混凝土路面	镇级道路	新明村、新海村
鹿明路	0.84	4.00—8.00	混凝土路面	镇级道路	新明村
江长路	1.23	4.00	混凝土路面	镇级道路	长洲村
内江堤路	2.47	5.00	混凝土路面	镇级道路	长洲村
鹿南路	1.28	4.00	混凝土路面	村级道路	镇区、飞鹿村

续表

道路名称	路长（千米）	路宽（米）	路面情况	道路类别	所在村（区域）
伍鹿路（鹿河段）	1.30	4.00	混凝土路面	村级道路	东影村
新明北路	0.75	6.00	混凝土路面	村级道路	新明村
滨海路	1.54	4.00	混凝土路面	村级道路	新海村
泗洲路	0.93	4.00	混凝土路面	村级道路	长洲村
长新路	0.70	3.50	混凝土路面	村级道路	长新村

第三节　桥梁建设

一、县道桥梁

1966年9月，县道沙鹿公路鹿河段筑成，沙鹿公路全线通车。之后，鹿河段桥梁因道路拓宽而多次翻建。2002年，境内有县道1条（沙鹿公路），鹿河段桥梁3座。

友谊桥　位于璜泾、鹿河两镇交界处，表示桥南北两地村民友好，故名友谊桥。桥北为东影村，桥南为璜泾镇新联村，跨钱泾塘。1965年建成，1997年重建。桥长38米，宽18米。荷载汽-20、挂-100，上部板梁结构，下部桩柱式墩台，钢筋混凝土构造。

东泾桥　位于东影村境内，跨东泾河，故名东泾桥。1965年建成，1997年重建。桥长16米，宽20米。荷载汽-20、挂-100，上部板梁结构，下部重力式桥台，钢筋混凝土构造。

陈家湾桥　位于东影村陈家湾边，故名陈家湾桥。跨中心河。1965年建成，1993年翻建，1997年重建。桥长10米，宽18米。荷载汽-20、挂-100，钢筋混凝土箱涵构造。

二、镇村道桥梁

20世纪50—60年代，境内农村桥梁比较简陋，以人行农桥居多，俗称“种田桥”。桥载重量有限，大多架木桥，有的用石块、石条垒成，有的地方无钱修桥，只能用泥土垒堰，或一头筑堰，另一头留豁口，上面架木桥，有的甚至用毛竹架竹桥。

70年代，农村有了拖拉机，为便于拖拉机运输和农田机械耕作，逐步对农桥进行翻建，但限于资金不足，建桥较少，仅在农村主干道上建拖拉机桥，有些农田主通道上建的桥梁还是荷载不足，有些桥梁用水泥混凝土做桩柱、横梁，水泥预制板铺面，只能限人力拖车通行。

80年代，水上船只运输逐步消失，对桥梁高度标准降低。为便于通行，农村大部分水泥混凝土拱桥改建为平桥。90年代，境内装载货车和私家轿车增多，多次延伸拓宽农村道路，对机动车辆无法通行的桥梁进行改建或重建。至2002年，境内有镇村主干道桥梁17座（不含镇区桥梁）。（镇区桥梁详见本篇第一章第二节“基础设施”）

关王塘桥　位于钱泾塘路东影村境内，跨关王塘，故名关王塘桥。1984年建成，后重建。长30米，宽16米，高3.5米，最大载重量50吨，钢筋混凝土拱桥。

东泾桥　位于伍鹿路东影村境内，跨东泾河，故名东泾桥（与沙鹿公路东泾桥重名）。2002年建成。桥长17.6米，跨径8米，桥面全宽6.6米、净宽6米，最大载重量10吨，钢筋混凝土平桥。

新幸桥　位于明海路新明村境内，跨关王塘。桥以村名命名，故名新幸桥。2002年建成。桥长34.3米，跨径20.3米，桥面全宽6.2米、净宽5.5米，最大载重量15吨，钢筋混凝土平桥。

小侯家桥　位于明海路新明村境内，跨横江。桥建于侯家宅基自然村落附近，故名小侯家桥。1985年建成，后重建。桥长11.6米，跨径6米，桥面全宽8.6米、净宽8米，最大载重量10吨，钢筋混凝土平桥。

庙桥　位于明海路新海村境内，跨老新泾河。桥建于北草庙附近，故名庙桥。1985年建成，后重建。桥长17.3米，跨径14.3米，桥面全宽6.2米、净宽5米，最大载重量10吨，钢筋混凝土平桥。

水闸桥　位于明海路新海村境内，跨随塘河。桥建于新泾水闸附近，桥因水闸得名，故名水闸桥。1980年建成，后重建。桥长18.2米，跨径13米，桥面全宽5.6米、净宽5米，最大载重量10吨，钢筋混凝土平桥。

西泾桥　位于滨海路新海村境内，跨西泾河，故名西泾桥。1985年建成。桥长10.5米，跨径6.5米，桥面全宽3米、净宽2.8米，最大载重量10吨，钢筋混凝土平桥。

滨海套闸桥　位于钱泾塘路新海村境内，跨王家泾。为调节水位、利于农田排灌，建水闸桥，桥与控制王家泾水位的套闸一体建造，故名滨海套闸桥。1980年建成。桥长14米，宽5米，最大载重量10吨，钢筋混凝土平桥。

新泾闸桥　位于主江堤路新海村境内，跨新泾河。桥与控制新泾河水位的节制闸一体建造，故名新泾闸桥。1970年建成，1999年重建。桥长24米，跨径14米，桥面全宽6.3米、净宽5.8米，最大载重量15吨，钢筋混凝土平桥。

钱泾闸桥　位于主江堤路新海村境内，跨钱泾塘。桥与控制钱泾塘水位的节制闸一体建造，故名钱泾闸桥。1977年建成，1999年重建。桥长10米，跨径8米，桥面全宽6.3米、净宽5.8米，最大载重量15吨，钢筋混凝土平桥。

江堤桥　位于鹿长路长洲村境内，跨外随塘河。桥处在长江江堤，故名江堤桥。1990年建成，后重建。桥长36米，跨径22米，桥面全宽11米、净宽10米，最大载重量10吨，钢筋混凝土平桥。

光明桥　位于鹿长路长洲村境内，跨内随塘河。桥建于光明塘附近，故名光明桥。1990年建成。桥长27米，跨径19米，桥面全宽11.8米、净宽9.5米，最大载重量10吨，钢筋混凝土平桥。

光明套闸桥　位于内江堤路长洲村境内，跨光明塘。桥与控制光明塘内河水位的套闸一体建造，故名光明套闸桥。1985年建成，后重建。桥长13.6米，跨径10米，桥面全宽5.7米、净宽5米，最大载重量10吨，钢筋混凝土平桥。

加工厂桥　位于雅沙路长新村境内，跨吴家泾。桥建于原长沙村粮饲加工厂附近，故名加工厂桥。1975年建成，后多次修建。桥长8米，跨径5米，桥面全宽3.1米、净宽2.6米，最大载重量5吨，钢筋混凝土平桥。

新开河桥　位于雅沙路长新村境内，跨新开河，故名新开河桥。1977年原长沙大队新开挖中心河后，建成可通行中型拖拉机的拱桥，后重建。桥长13米，跨径8米，桥面全宽4.5米、净宽4米，最大载重量10吨，钢筋混凝土平桥。

糖坊桥　位于鹿南路飞鹿村境内，跨鱼池河，桥以糖坊老地名命名。（不知何故，现写成“塘坊桥”）1978年建成，后重建。桥长23米，跨径6米，桥面全宽5.6米、净宽5米，最大载重量10吨，钢筋混凝土平桥。

如意桥　位于雅飞路飞鹿村境内，跨张青桥塘。桥建于如意村自然村落附近，故名如意桥。1995年建成，后重建。桥长26.6米，跨径17.2米，桥面全宽6.1米、净宽5.5米，最大载重量10吨，钢筋混凝土平桥。

第三章　供电　供水

第一节　供　电

1974年以前，境内未通高压电力线路，市镇照明用电和工厂动力用电均用自发电。1974年后，实施办电工程，公社成立办电领导小组，负责筹集资金，调运材料，检查电力线路架设进度和安全质量，做好接通高压电力线路前期准备工作。

1974年6月7日，鹿河高压电力线路通电，首批通电的有鹿新（后改称玉影）、东泾、光明、长城、红星（后改称鹿南）、新幸等6个大队，共设6台配电变压器。第二批通电的有7个大队，共设12台配电变压器，其中，1975年5月24日，黎明、长江大队通电；同年5月26日，滨海、新泾大队通电；5月27日，新市、飞跃、长沙大队通电。至此，镇区和全公社13个大队高压电力线路全线接通，经全公社18台配电变压器变电后，低压线路通往各用电单位和农村各农户。整个通电工程，全公社总投资50余万元。1974年通电后，因电力供应有限，经常出现断电，必须用电的单位均配备自发电设备。

1977年12月26日，鹿河公社电力管理站成立，为公社用电管理部门。1980年前后，全公社各单位自发电机组有65台（套）。对此，公社用电站加强自发电供电管理，对自发电设备逐台检查，经太仓县供电局验收合格后，签发自发电许可证，使自发电和电力网的供电转换装置达到规范要求，符合县供电局颁发的自发电管理办法的规定。

1983年后，随着乡镇企业和居民生活用电量的增加，农村电网随之扩大。1985年，全乡高压电力线路总长20.4千米，电杆252根；低压电力线路总长161.37千米，电杆3580根。全乡共有配电变压器39台，总容量3337千伏安，其中镇区（包括乡办企业）有变压器16台，总容量1755千伏安。各村有配电变压器（包括村办企业）23台，总容量1582千伏安。

1986年后，逐步对农村低压电网进行改造，淘汰支撑力和拉力较差的，尤其是“石条绑木棍”的电杆，全部换上7米长的水泥混凝土电杆，淘汰16平方毫米的裸铝线，换上25平方毫米及以上的电线，从而提高了供电质量，改变了以前有些线路“线电压不足380伏、相电压不足220伏”“电压不稳，不利电机启动和照明日光灯启不亮”的现象。

1990年后，随着用电需求量的扩大，全乡电网不断拓展，配电变压器增加，许多供电线路再次得到更新改造。1995年10月，鹿河35千伏变电站建成，站址位于新明村1组，占地837平方米。变电站建成后，供电运营正常，输送能力增强，除线路维修需临时停电外，其他时间基本上能保持经常性供电，各单位的自发电设备因此逐步淘汰。

1996年后，由于民营企业不断发展和家用电器快速普及，对供电量和供电质量有了更高的要求，于是供电部门投入大量资金，又一次对农村电网进行提档改造。是年，实施中美合作电气化工程，农村电网采用美国产变压器等先进设备，首先完成长城、长江2个村农网电气化改造。

1997年12月，鹿河镇电力管理站改称太仓市供电局鹿河供电营业所，隶属太仓市供电局管理，专营电力经营，兼营电力设备安装、维修和校验电能表等业务，是集生产、经营、管理于一体的镇级电力企业。1998年起，农网改造全面铺开。1999年是农村电网集中改造年，全镇共投入改造资金780万元，组织专业施工人员40余人，从2月份开始，争时间、抢速度、抓质量、保安全，对全镇第二批11个村同步实施电网改造工程，通过10个月的辛苦努力，至年底全面完成改造任务。改造后，农村电网高压线路和配电变压器增加，低压线路输送距离缩短，导线换粗增质，线路损耗减少，电网供电可靠率和电压合格率得到进一步提升。

2000年，实施鹿河35千伏变电站增容技术改造，改造后满足全镇工农业生产和居民生活用电所需。2002年，鹿河境内有35千伏变电站1座，设主变1套，容量8000千伏安，输出10千伏线路4条，线路总长25千米。设配电变压器55台，总容量5670千伏安，输出低压线路总长205千米，全镇全社会用电量9428万千瓦·时。

第二节　供　水

1983年，鹿河开始筹建自来水供水工程。当时由公社村镇建设办公室负责筹建，先在中弄街、新鹿路埋设铸铁管道，首批建成管线长300米。由公社财政出资，在老镇区中弄街西侧打一口深井，作为供水水源。1984年，中弄街、新鹿路管道沿线住户首先用上自来水。1985年后，管道向东街、西街、北弄街等街区延伸，老镇区供水覆盖面逐步扩大。1987年，管道向新镇区拓展，至1989年，镇区居民普遍用上了自来水。

1990年，针对农村河道水质下降，农民仍普遍饮用浅井水，有的甚至还在取用河水的情况，乡政府开始实施农村改水工程，采取“农户出资一点、厂村集资一点、财政贴资一点、申请贷款一点”的办法，筹措改水资金。先行改水的有新幸村、新泾村，后各村全面铺开，至1993年，全镇13个村均建有深井1口，自来水入户率达60%。1994年后，各村自来水管道向偏远地的零星农户延伸，至1996年，农村自来水入户率达85%。1997年起，由于用户增多，普遍存在水压不足、用水受限的情况，各村对部分管线进行改造，加粗管道，提高供水能力。至1999年，全镇自来水管道实现全覆盖，入户率达95%。

2000年起，启动长江水源自来水引水工程，做好衔接准备工作，对部分供水能力差的管线进行改造。2002年，做好农村改水扫尾工作。是年，全镇自来水入户率达98%，年供水量达163万吨。同年，实施长江水源自来水引水管道埋设工程，至年末，管道通至鹿河，开通长江水源自来水准备工作基本就绪。

第四章　建筑业

第一节　建筑队伍

一、建筑企业

境内建筑企业有1个，即鹿河建筑公司，于1985年8月2日成立，其前身是鹿河公社建筑队。公司位于沙鹿公路旁原玉影村10组境内，占地面积1000平方米，建有办公用房和仓库等其他用房10余间，建筑面积250平方米，另有建筑设备和建筑材料堆场600平方米。有建筑工人20人。公司主要承建境内各类公共建筑、企业厂房以及农村民房。

1992年，沙鹿公路拓宽，公司动迁易址，搬至沙鹿公路旁原玉影村8组境内，占地3300平方米，建办公、仓库等平房30间，建筑面积800平方米。拥有搅拌机、振动机、打磨机、卷扬机、塔吊井架等施工机械设备20余台（套），并配有施工所需的脚手架和模板用材。

1992—1993年，公司承建大量村镇建设工程，总施工建筑面积1.6万平方米，施工总价为600余万元，其中较大工程有雅鹿服装厂职工之家、农业公司大楼、麻纺总厂食堂、太仓第八棉纺厂食堂、东泾小学、光明小学、鹿河矽钢片厂冲件车间、泗洲化工厂车间、鹿河汽车站等。所有承建的工程，经县质监站验收，全部为合格工程。

1995年，公司与镇建设管理所、土地管理所共同投资120万元，建成村镇建设综合楼，位于镇区灵影路东端、大转盘北侧，占地面积533平方米，楼高3层，建筑面积1600平方米。

1996年后，个体建筑队参与建筑市场竞争，公司业务量减少。2000年，鹿河建筑公司歇业。历任建筑公司经理（负责人）：高球、仇锦明、吴庭曙。

二、个体建筑队

中华人民共和国成立前至20世纪50年代，鹿河地区农村房屋由个体工匠修建，未成立个体建筑队。农村修建房屋的工匠主要有木匠、泥瓦匠、草作匠等，他们有的是世代相传，有的是以师带徒，境内有200余人。如塍外张家木匠帮都为张姓族人，几代传承，有10余人。因50年代农村房屋以修缮为主，用工量少，农村工匠比较松散，一般都是受房东之托，由师傅带徒弟“出门”（当地俗称，意为出去打工）。

60—70年代，农村草房翻瓦房、旧房翻新房逐年增多，单个或数个工匠出去打工适应不了用工需求，于是农村工匠开始结伙，由地域相近、相互熟悉的工匠组成一个匠人帮，每个帮有一个匠人公认、技术较好的作头师傅（负责人），由作头师傅接洽打工事宜，安排人员，组织施工。70年代末，鹿河公社有工匠公认、出门打工较多的作头师傅22人，修建房屋的工匠230人。其中草作匠因农村草房改瓦房而逐渐淘汰乃至消失。

80年代，农村进入平房翻楼房高峰期，对施工质量和安全有了更高的要求。为便于组织施工和管理，农村工匠组织由过去松散型逐步向紧密型转变，匠人帮由作头师傅牵头组建个体建筑队，内部有木工、泥瓦工、钢筋工等。80年代末，全乡有通过培训、领取相关证书的个体建筑队15个，共有各工种工匠250人。

90年代起，农村翻建楼房进入扫尾阶段，适合个体建筑队施工的工程量减少，个体建筑队随之减少。1995年，全镇有领取相关证书的个体建筑队10个，有工匠170余人，许多工匠改行，从事其他职业。

1996年后，随着民营经济的加快发展，除厂房外，其他建筑也不断增多，个体建筑队又发展壮大，且分工开始细化，有房屋修建、彩钢棚搭建、道路桥梁修筑和建筑安装以及土石方施工等。至2002年，全镇有通过培训、领取相关证书的个体建筑队18个，其中外来个体建筑队3个，共有各工种工匠270人。

第二节　建筑施工

20世纪50—70年代，农村建房无施工机械设备。泥瓦工砌墙用泥土加水，人工搅拌后，用泥刀垒砖粘叠。木工使用锯子、斧子、凿子、推刨、牵钻等传统手动工具。锯较大木料、树料，用弧形宽带锯条：将材料用三脚架固定后，由两人拉牵，将材料锯断或锯成板材。修建草房，由草作匠作业，使用作刀、削刀等工具。

80年代起建造楼房，房屋结构改进。墙体不再是单墙，用黏土八五砖两侧一扁或三侧一扁砌成包墙（俗称“空兜墙”）。房屋圈梁大多用2~3根6毫米钢筋埋设，水泥砂浆砌成。楼面用水泥混凝土空心楼板。屋面用圆木、椽子搭建，铺设黏土望砖和黏土小瓦。集体单位建造高大的厂房和公共事业用房，大多墙体实砌，水泥混凝土现浇立柱和圈梁，但钢筋混凝土框架结构和现浇楼板的房屋较少。建造农房，匠人还是使用传统的手动工具，建筑材料普遍人工挑运和人工接转传运，少数工场安装卷扬机吊运。集体建房，需用大量水泥混凝土，才使用搅拌机、振动机等机械操作施工。

90年代建房，讲究结构牢、具有抗震能力，建筑施工方式有较大改进。房屋基础开挖夯沟，现浇承重地梁。墙体用水泥灰沙实砌，圈梁用钢筋混凝土现浇。尤其是旧楼房翻建新楼房的农户，普遍采用现浇钢筋混凝土楼面。建筑施工模板采用木板封堵，方块木条钉搭固定，杉木支撑。屋面不再使用黏土望砖、黏土小瓦，在圆木桁条上不用椽子，直接用木板搭铺，然后用油毛毡铺设，再钉挂瓦条，最后用琉璃瓦铺盖屋面。

2000年后，旧楼房翻建新楼房，地梁、构造柱、走廊立柱、腰箍、楼板等都是钢筋混凝土构造，有的建房户建成混凝土框架屋面，农户建房钢筋用量大增。至2002年，全镇近80户农户旧楼房翻建新楼房，每宅楼房建筑面积在280平方米左右，需用黏土八五红砖11万块、混凝土90立方米、钢筋14吨。建筑施工普遍使用电动设备，承建的施工队均备有搅拌机、振动机、打磨机、钢筋弯曲机、卷扬机、塔吊等。木工手动工具淘汰，普遍使用电锯、电刨等，作业效率大大提高。

第三节　建筑安装

20世纪50—60年代，农宅房屋和集体单位建房一般都是石灰粉墙、泥地地面，基本上不用水泥混凝土，也无建筑安装。

70—80年代，内外墙体用石灰或水泥抹粉，石灰水刷白。经济条件较好的人家，室内用纤维板或三夹板吊顶，地面用水泥预制板铺设，或浇成磨石地面。室内照明使用白炽灯，电器安装较为简单，电路明线拉布，瓷夹板固定电线，出灯处采用悬吊式安装，上端用圆木或人字木及吊线盒悬吊灯头线，下端接吊灯头和白炽灯泡，普遍使用拉线开关。80年代中期后，有了绝缘性能较好的护套线，电线有的采用明线拉布，用薄质铝片轧头固定，有的将护套线直接抹刷在墙内。亮熄灯具使用面板开关，拉线开关逐步淘汰。至80年代末，农村房屋除有照明电器安装外，基本上无其他室内装潢。

90年代起，建筑安装门类增多，分工逐步细化，主要有门窗、给排水、照明电器、空调、有线电视等。门窗安装大多发包给门窗个体户。给排水管道有的由镇自来水厂施工队安装，有的发包给个体水暖从业人员安装。民房的照明电器安装大多由农村电工承接施工，公共事业建筑工程的电器安装一般由建筑企业自行承担，也有少数外接承包。空调由专业人员安装。电话、有线电视分别由镇电信支局和镇广播电视站架线通达，室内弱电电线一般由电工埋设并安装面板插座。

进入21世纪后，随着经济社会的加快发展，居民追求美观、舒适的居住条件，装饰装潢业兴起。外墙装饰，因以前用马赛克、条形砖贴面，墙体容易渗水及脱落，故逐步改用单块面积稍大的外墙瓷砖，其大多为坚固耐用、容易清洗、抗水、耐磨的釉面砖。有些公共事业单位和企业办公大楼也用铝合金扣板、幕墙玻璃等装饰。室内装饰，墙面大多用面漆打底、涂料粉白，少数居民家中的墙面用壁纸、墙布、护墙板等装饰。地面大多用大理石、地砖、地板铺贴，也有用地毯铺设。屋顶四周阴角用带花纹的石膏线条粘贴，或用三夹板装饰成阴角线。天幔用杉木方料做成骨架，用纸面板凹凸形吊顶，具有立体感，并附有多种图案和线条，天幔四周装有筒灯，内则凹壁处配有灯带，中间安装吸顶灯或吊灯。

2000—2002年，鹿河翻建新楼房农户40余户，新建和修缮公共事业用房10余个单位，均进行外墙装饰和室内装潢，房屋建筑呈时尚化、个性化、多样化。

第四节 建筑管理

20世纪80年代以前，农村建房由泥瓦工、木工等个体工匠施工，以工匠自主管理和房主监督为主。

80年代初，公社村镇建设办公室（简称“村建办”）成立后，开始对农村建房实施管理。1983年起，农户翻建楼房进入高峰期，每年建房户达300户以上。为确保建房安全和质量，村建办每月组织人员到建房工地现场检查，对不符合安全质量要求的事项，当场要求整改。1986年5月，开展安全施工大检查，先后检查建房户70余户，重点检查房屋基础地耐、墙体垒砌质量、楼板吊装施工、脚手架固定、电线拉接安全等情况。检查后，对发现的安全隐患，立即采取措施消除，并将检查情况及时通报给正在施工的其他建房户，督促其落实防范措施，确保安全施工。

1989年，加强农村建筑市场管理，乡政府明确各村村主任为农房建设管理小组组长。村建办会同村主任对全乡的个体建筑队进行调查摸底，逐一登记，然后对农村工匠队伍进行整顿，把全乡原有30个个体建筑队撤并为18个，提高农村工匠组织程度，便于实施管理。同年，村建办会同个体建筑队负责人，排摸在建筑管理中出现的新情况、新问题，并提出措施，落实整改。年内培训工匠85人次；检查农房建筑210户，其中拆除面积超标户1户，整改存在质量问题的建房户4户。

1992年，对农村个体工匠进行培训，考查合格后，核发个体工匠证书。是年，18人（个体建筑队负责人）领取证书，具备农宅建房资格，许可承接施工。1994年，对持有个体工匠证书的建筑队负责人进行培训，帮助他们提高管理水平，抓好施工安全质量。同时，对个体建筑队负责人进行评比，对建房质量好、工匠公认、建房户满意的个体建筑队负责人给予表扬奖励。同年，对3个外来建筑施工队，督促其到村建办办理相关手续，符合条件的核发证书，准予承接工程。

1996年，针对建筑队伍松散复杂、建筑施工偷工减料、建筑承包高额要价等问题，鹿河镇建设管理所（简称“建管所”）及时对建筑市场予以整顿。在集体建筑工程管理上做出规定：凡承包集体建筑500平方米以上的工程，施工队必须持有营业执照，工程承包后不得转包，工程结算必须经审计部门审核后方可认定。在农房建设管理中，对个体工匠加强技术、安全培训，经培训合格，给予核发证书，持证者方可承建农房。是年，核发个体建筑队证照20张，清退不合格个体建筑队5个。

1998年起，严格规范建设项目报建及招投标工作，按照“公平、公开、公正”的原则，对新开工的建筑工程全面实施招投标，规范竞争行为，控制造价，缩短工期，提高工程质量。是年，有6个工程项目招投标，中标标的总额350万元，每个工程造价均未超过预算。

1999年起，与工匠负责人和外来施工单位签订施工合同，确保安全生产，做到文明施工。2001年，镇建管所会同政府有关部门，对全年的建设项目进行立项报批，同时按照有关要求核发建设项目选址意见书和施工许可证。

2002年，根据施工业绩、筹资能力及技术人员和装备情况，对建筑企业和个体建筑施工队进行综合考核，并实行动态管理，对不具备资质、缺乏施工条件的建筑工程队取消投标资格。

第五章　管理机构

第一节　建设管理所

1982年，为适应村镇建设需要，成立鹿河公社村镇建设办公室。办公地点设在公社院内，有负责人1人、工作人员2人。主要负责集镇的规划、建设和管理，农村主干道和重点桥梁的修筑，为农民建房办理报批手续（后由乡土地管理所负责）等。

1992年，村建办迁移至新鹿路原玉影村1组境内（农行鹿河支行对面），与鹿河交通管理所合用1幢新建的办公楼，楼高3层，建筑面积600平方米。办公室分设市镇建设、土地管理、建筑管理和市镇公房管理及白蚁防治等机构，工作上有统有分，统筹兼顾，相互配合，协调运转。1993年，随着建设管理任务加重，办公室管理人员增至12人，大多为从村、企业抽调上来的基层干部，适应村镇建设与管理工作。

1995年1月，村建办撤销，成立鹿河镇建设管理所，主要职能为宣传执行上级有关建设管理的法律、法规和规范性文件，组织并参与村镇规划的编制、论证、报批及实施规划建设项目的相关手续，负责各类市政、绿化等设施的日常维护管理，协助查处建筑、市政、安装、拆房等方面的违法违章行为等。同年，建管所入驻与建筑公司、土地管理所共建的村镇建设综合楼。该楼位于镇区灵影路东端、大转盘北侧，占地面积533平方米，楼高3层，建筑面积1600平方米，共投资120万元。

1996年5月，实施体制改革，建设管理与土地管理职能分设，由建管所和土管所分别履行。1999年3月，建管所办公场所再次易址，单独搬入新建的办公大楼。大楼位于沙鹿公路陈家湾桥路段、原玉影村10组境内，楼高3层，建筑面积1000平方米。2003年8月，鹿河镇建管所随镇区划调整并入璜泾镇建管所。

1982—2003年历任鹿河镇建管所所长（村建办主任）：薛文俊（1982.5—1986.11）、夏锦良（1986.11—1990.3）、季洪兴（1990.3—1992.8）、钟坤元（1992.8—1996.5）、王耀球（1996.5—2003.8）。

第二节　供电营业所

1976年10月，鹿河公社筹建管电机构，当时与镇农机管理站合署办公，人员分工明确，分别管理农机和发展电力事业。1977年12月26日，鹿河公社电力管理站正式成立，属公社集体性质的管电机构，业务受太仓县供电局管理。站址位于中弄街，办公用房为平房4间，建筑面积100平方米，有职工3人。

1980年后，随着电力事业的发展，电力管理人员人数增加。1983年，用电站职工增至10人。全乡电工技术人员有174人，其中，用电站电工8人、乡办企业电工31人、村电工26人、村办企业电工13人、生产队电工96人。1991年，用电站被江苏省电力局评为优质服务优秀电力站。1992年，用电站从中弄街迁移至鹿长路新明村1组境内，新建办公楼、食堂及辅房，建筑面积850平方米。

1997年12月，鹿河镇电力管理站更名为太仓市供电局鹿河供电营业所（简称"供电所"），隶属太仓市供电局管理，专营电力经营，兼营电力设备安装、维修和校验电能表等业务，行使电力管理职能，是集生产、经营、管理于一体的镇级电力企业。

2002年，供电所机构名称未变，全所有职工56人，农村电工15人。

1977—2003年，历任供电所所长（用电站站长、负责人）：孙三囡（1977.12—1979.1）、秦山（1979.2—1988.10）、高锦华（1988.10—2003.8）。

第三节　自来水厂

20世纪80年代初，鹿河自来水供水工程筹建，由村建办负责实施。1986年，供水工作从村建办分离，单独成立的鹿河自来水厂为负责管理全乡自来水供水工作的专业机构。自来水厂位于老镇区中弄街，占地400平方米，地块涉及泗洲村12组和玉影村12组。有仓库、值班用房3间50平方米，职工3人。90年代初，在中弄街西侧沿街建造办公和营业用房，楼高2层，四上四下共8间，建筑面积280平方米；建造其他辅房120平方米。

自1986年建厂起，鹿河农村改水工程不断推进，自来水供水能力逐年提高，至2002年，全镇自来水入户率达98%。

1986—2003年，鹿河自来水厂先后由唐莲英（1986.11—1996.3）、何福元（1996.4—2003.8）任厂长。

第五篇 交通 邮电 广电

中华人民共和国成立前，鹿河陆运不便，以水运为主。境内曾有水运航班，但运载能力弱，且时停时航，极不稳定。中华人民共和国成立后，政府整治航道，兴建公路，交通事业不断发展。1966年，鹿河境内开通公交客运线路。20世纪70年代，农村主要依靠拖拉机、农船运货。80年代，镇、村办企业卡车、面包车增多，逐步替代拖拉机、农船运输。90年代，境内道路延伸，路面拓宽硬化，客运、货运以陆运为主，水运基本消失。2002年，境内交通主干道纵横交错，四通八达，机动车可直接通达各村民小组。

1949年，鹿河镇上设邮政代办所，负责收发信件、售发邮票等邮政业务。1959年，邮政、电信合一，成立鹿河公社邮电所。之后，邮电业务量随经济社会发展而逐年扩大，鹿河邮电所改称鹿河邮电支局。1998年9月，邮政、电信实行分业经营，分设邮政、电信机构。2002年，邮政业务主要有信函包裹邮递、邮政储蓄、报刊发行、特快专递、汇兑、保险兼业代理等。电信方面，境内有电信公司、移动公司、联通公司网络覆盖，手机、宽带全面普及，满足客户需要。

1958年，鹿河公社成立后开始发展农村有线广播。1970年后，广播线路覆盖各生产队，广播喇叭普及到农户，村口和田头还安装高音喇叭。公社广播站除转播太仓县广播站节目外，还自办节目，编播当地新闻及其他节目。1989年起，农村有线广播开始向有线电视发展。此后，有线广播逐渐被有线电视取代。2002年，全镇开通有线电视用户1020户，能收看中央台、江苏台、苏州台、上海台等22套节目。

第一章　交　通

第一节　交通路桥

一、道路

中华人民共和国成立后，境内的交通主干道经历了从人行泥路到泥结碎石及混凝土硬化且逐步拓宽的过程。至2002年，境内有县道沙鹿公路1条（公交客运线路），鹿河段长3.6千米；镇级道路8条，总长19.52千米；村级主干道6条，总长6.5千米。（详见第四篇第二章第二节“道路建设”）

二、桥梁

20世纪50—60年代，境内跨河桥梁大多较窄，载重量有限，机动车辆无法通行。70年代，重点对交通主干道上的桥梁进行翻建，使之可通行中型拖拉机。80年代，便于船只通航的拱桥大多翻建为方便车辆通行的平桥。90年代，翻建的桥梁大多为钢筋混凝土结构，可通行载重汽车。2002年，境内有县道桥梁3座，镇、村交通主干道重点桥梁17座（不含镇区桥梁）。（详见第四篇第二章第三节“桥梁建设”）

第二节　交通运输

一、公交客运

1966年以前，境内无公交客运线路或车辆。1966年10月，太仓县道沙鹿公路全线竣工并通车。此后，境内有公交客运线路1条，始发于太仓汽车站，终点为鹿河汽车站。鹿河段境内设站点5个，即友谊桥、东泾桥、新幸村、陈家湾桥、鹿河汽车站。公交车辆始发时间随季节更替略有变化，一般首班时间为早晨6时，末班时间为晚上6时30分。日发班次随地方经济社会发展、客运需求量增大而逐步增多。2002年，鹿河境内公交客运线路仍为沙鹿公路1条，日发班次36班，年运送旅客58万人次。

二、陆路货运

20世纪50—60年代，境内道路大多为泥路小道，且小桥窄堰，交通落后，运输困难，运输工具简陋。陆运以木制手推独轮车为主，极少数单位有自行车。自行车除供代步外，还作运输工具，可运送少量货物。

70年代起，乡村道路逐步加宽，陆路货运条件得到改善。1972年，农村各生产队除普遍拥有人力拖车外，有的生产队还购置手扶拖拉机运输车。1978年，有的大队添置中型拖拉机运输车，有的社队企业添置载重汽车和载客面包车。之后，农村道路开始逐步拓宽，道路货运能力不断增强。1982年4月，公社成立汽车运输队，承接货运业务。是年，全公社共有手扶拖拉机运输车27辆、中型拖拉机运输车4辆、载重汽车9辆、载客面包车1辆、人力胶轮拖车137辆、自行车3875辆。这些机动或非机动车辆，成为陆上交通运输工具。

1983年后，乡镇企业加快发展，货物运输量增加，企业载重卡车增多。1985年，全乡有不同类型的汽车37辆，总载重104.5吨。1990年前后，全乡有各类机动货运车辆70余辆。车辆资产绝大多数为镇、村集体所有，这些车辆基本上承揽了全乡能源物资、生活用品、乡镇企业产品等的运输任务。

1996年乡镇企业产权制度改革后，全镇民营企业开始加快发展，境内货运车辆数随民营企业货物运输量的不断增大而逐年增加。至2002年，鹿河境内拥有各类机动货运车辆230辆，年陆路货运量达35万吨。

三、内河水运

水路航道 民国时期，鹿河境内河道大多水浅河狭弯道多，且有的河道之间相互不通，村民称“十节九断”，故内河水运条件差。中华人民共和国成立后，随着农业生产的发展，运输任务不断加重，水利部门大兴水利，河道经多次清淤后，通航能力不断提高。尤其是1969—1980年的10余年间，先后组织民工开挖疏浚主要河道14条，总长29千米，基本上改变了过去“小河、弯多、水浅、航运难”的境况。1980年，长城套闸建成，改变了长城、长江2个大队的船只被江堤隔断的局面，船只可通过套闸驶入本大队以外的河道。2002年，鹿河境内有太仓等级航道1条，即“太仓—老闸—鹿河”航线，可通航20~30吨船舶。航线由石头塘入钱泾，达鹿河境内后，又辟为2条，即钱泾、新泾，2条河道均讫于长江口。鹿河与外地的物资交流大多通过此航道运送。此外，鹿河境内有关王塘、光明塘、老木行塘、涟浦塘、张青桥塘、孔泾庙塘等主要河流以及数十条支流，虽然都属等外级航道，但可通航10吨以下的船舶。

水运航班 民国时期，鹿河主要有2个水运航班，一个由钱姓人氏经营，开往常熟，此航班连续行驶近20年，于1952年停航；另一个由俞姓人氏经营，开往昆山，1956年轮船业实行公私合营时并入沙溪运输社，私营航班歇业。20世纪50年代，还有其他数家私人航班，但时停时航，极不稳定。曾有鹿河到太仓的圆棚客轮，时称“机器脚划船”，能容纳40余人，但经营时间不长，数年后航班停驶。1960年，太仓县航管局增设太（仓）鹿（河）班客轮航线，方便了村民外出。1966年10月25日，太仓至鹿河的公交客运线路通车，此后，客轮停运，鹿河境内无水运航班。

社办轮队　1959年，公社从有关大队抽调10吨以上农船6条，配备44.13千瓦的牵引轮船1条，建立公社专业运输队，有职工27人，由周绍岐负责管理。1962年，根据上级有关会议精神，公社运输队退回从各大队抽掉的船只，装载吨位减少。1963年，公社运输队职工19人和44.13千瓦的牵引轮船并入沙溪运输队。1964年，重组公社运输队，配备运输船4条，总吨位26吨，有职工8人，负责人孙三囡，主要为鹿河供销部门在县境内运送商品和物资。1972年，因运输能力满足不了实际需求，公社发展运输队，运输能力增强。至1982年，公社运输队有3条机动轮船，总动力61.78千瓦，配拖船10条，吨位185吨，具有年运输能力1.3万吨。1990年后，运输市场开放，外地船舶进入，运输队业务减少，乡运输队因失去运输需求而歇业。

公社运输队设有装卸站。1949年初，成立搬运小组，有职工4人。1956年，成立装卸站。1959年，装卸站归公社专业运输队管理。之后，职工每年有所增减，主要靠肩挑背扛完成搬运。1982年，有职工7人，配平板车4辆，货物由人力车辆运送。90年代后，机动车辆增多，取代人力搬运，装卸站歇业。

农船货运　民国时期，境内水运的船只都是农民私有的手摇小木船，主要运输粮棉等农副产品，也有用划桨小木船运输少量货物或接送客人的。1956年前后，农村私有农船作为生产资料，大多折价归集体所有。1963年起，水泥船出现，开始取代木船。1970年后，农村的运输船只以生产队拥有为主，大多为手摇水泥船。1973年起，改手摇水泥船为挂桨机动船（俗称“挂机船”），成为农村水上运输的重要工具，主要用于出售粮棉、柴草以及装运农副产品和农用物资，或用于外出装运垃圾、大粪、氨水等，运回后用作农作物肥料。1980年后，基本淘汰农用木船，普遍使用水泥船。1982年，全公社拥有挂机船101条，总吨位960吨，总动力890.82千瓦，经常外出装运的挂机船有60条。另有人力手摇农用水泥船153条，总吨位552吨。1983年后，出让集体船只，挂机船逐年减少。1985年，全乡拥有挂机船25条，总吨位288吨。1990年后，随着农村道路的拓宽、硬化和货运机动车辆的增多，水上货运逐步被陆路货运替代。2002年，农船货运基本被淘汰。

第三节　交通管理

一、道路管理

20世纪50年代，农村道路基本上是泥路，新筑的道路极少。1966年通车的沙鹿公路是境内唯一的公交客运线路，其鹿河段由太仓公路管理站璜泾道班管养并进行路政管理。70年代起，社队企业逐年发展，车运客流量增加，农村道路开始延伸拓宽，市镇通往各大队的主干道由公社出资修筑，其他农路由各大队、生产队负责修筑。1974年，鹿河交通管理站（简称“交管站”）成立后，由交管站负责路政管理。

80年代，农村道路开始硬化。90年代，硬化进度加快，硬化费用及路面管护实行两级负担，镇级道路由镇出资，村级道路由村修筑。1995年，太仓公路养护工区设置调整后，县级道路由太仓公路管理处沙溪养护工区负责养护。1996年后，境内道路车流量大幅增多，为确保道路畅通，交管部门加强路政巡查，一旦发现道路障碍物、违章建筑或路牌设施损坏等，立即进行整治。1996—2000年的5年间，共清除砖石、柴草、废旧材料等各种障碍物75处，取缔公路沿线各种乱设摊点52个（处），制止公路路面违章打谷晒场7处，拆除私设非公路标志牌、广告牌130余块，查处道路控制区内建筑施工2起。2002年，境内交通主干道通畅，路面整洁，桥名桥栏翻新，标志牌清晰醒目，行道绿化成荫，路容路貌大为改观。

二、安全管理

民国时期，水上运输安全管理松散，无专业的管理机构。1951年6月起，境内的水运航船归太仓船舶管理所管理。1971年起，归太仓船舶管理所设于沙溪的签证点管理，主要审查船舶持证、船员配备情况，以及检查船舶装载、吃水、拖带和安全设备是否符合规定等。

1974年，由新成立的鹿河交管站督促从事水上运输的农用挂桨机船进行检验换证和驾驶员学习考证，对具备水运资格的，核发航行证和驾驶证。1975年7月起，按省道路交通安全规定，对从事运输的拖拉机（备挂车）进行检验，查审通行证和驾驶执照，凡未领取证照的，禁止拖拉机上路行驶。

1979年后，恢复并加强营运管理，对经营运输业的单位和个人，经工商、交通、保险等部门办理相关手续后，给予核发省统一的运输许可证。个体运输户的车、船另发营运标志牌。1984年，手扶拖拉机、轻便摩托车驾驶员的学科测试由乡交管所负责办理。1985年1月起，加强拖拉机和二轮、三轮摩托车安全行驶管理，重点查验登记、车况、牌证等情况，制止无照行车和无证驾驶。1988年，积极贯彻“预防为主”的方针，督促机驾人员学习交通法规，参加“安全活动月（日）”活动。

1990年起，加大道路交通法规宣传力度，对驾驶员进行安全教育培训，增强交通安全意识。1995年后，对“五小”车辆（通常指低速货车、三轮汽车、三轮摩托车、二轮摩托车、拖拉机）进行专项整治，提高车辆上牌率和驾驶证发证率以及年检年审率，对应办证照而未办的“五小”车辆予以查扣。2000年后，开展创建交通安全“进农村、进社区、进企业、进学校、进家庭”活动，各单位通过拉挂横幅、发放宣传资料、展放宣传画板、组织文艺演出等宣传教育形式，教育引导广大群众自觉遵守交通法规，告别不文明交通行为，共同维护良好的交通环境。2002年，交管部门向学校、社区、公路沿线企业印发交通安全宣传资料3000余份，在重要路口拉挂宣传横幅20余条，营造了良好的安全交通宣传氛围。

三、事故处理

20世纪50—60年代，境内机动车、船极少，未出现重大交通事故。70年代，随着交通运输发展，交通事故开始出现。发生车损的交通事故一般由当事人自行协商处理；分歧较大、处理不了的，由公社、大队派人出面调解处理；发生人员伤亡的重大交通事故，公社、大队会同交管、公安部门共同处理。

1982年9月起，鹿河交管所设安全员，负责辖区内水陆交通安全工作，若发生重大事故，及时上报，由县派员处理。1988年起，境内发生的交通事故由鹿河派出所处理。

2000年，境内道路交通安全及事故处理归太仓市交警大队金浪中队（设于浮桥镇时思管理区）管辖。2001年，境内共发生交通事故12起，2人死亡，6人受伤，直接经济损失10余万元。2002年，对每起事故，交警中队及时处警，依法处理，结案率100%，未发生因事故双方或多方争议而引发不稳定因素。

第四节　管理机构

一、交通管理所

1974年前，境内未设专门的交通管理机构。1974年，成立鹿河公社交通管理站，负责鹿河境内的水陆交通管理工作，有工作人员3人。交管站设于鱼池旁，后迁移至灵影路东端公社物资经理部。交管站负责人先后由支阿昌、杨根林、秦岳亭担任。

1984年6月，改称鹿河乡交通管理所，有在编管理人员3人。交管所主要负责公路管理、航道管理、水陆运输管理和交通安全监督管理等。1988年，在新鹿路建办公楼1幢，楼高2层，建筑面积912平方米。2000年11月，交管所并入璜泾中心交通管理所。交管所所长先后由张小宝（1984.6—1997.6）、谢建英（1997.6—2000.11）担任。

二、公安派出所

1984年7月，成立太仓县公安局鹿河派出所。从1988年起，主要承担治安管理等职能，还负责道路交通安全及事故处理工作。2000年，境内道路交通安全归太仓市交警大队金浪中队管辖。（“鹿河派出所”详见第十二篇第一章第一节第二目“公安派出所”）

第二章　邮　电

第一节　邮电机构

一、邮电支局

1949年，鹿河镇上设立邮政代办所，由夏晓负责，先后隶属沙溪、璜泾邮政部门管理。1951年，邮政代办所业务交由孔根兴办理。1952年，邮政代办业务由孔根兴移交给什货商店汪士民办理，代办所设在鹿河老街十字弄口什货店，业务属璜泾邮电支局管理。

1958年，成立鹿河邮政所，邮政业务仍由汪士民负责。同年，公社购置16门磁石小交换总机1台，总机设在公社东侧厢房内，配电信业务员兼话务员2人，此属鹿河最早的电信设备。

1959年，邮政、电信合并办公，成立邮电所，所址迁至东大街金祖宏家。邮电所有职工5人，其中负责人1人、外线工1人、投递员2人、话务员1人。每个大队有通信员1人，邮电所发给邮包1个，通信员负责投递及通信工作。1960年末，压缩人员开支，不再配备各大队通信员，所有邮件由邮电所专人直接递送到各地。

1970年，建邮电所办公用房（平房）3间。1981年，建邮电用房1幢，楼高2层，五上五下共10间，建筑面积270平方米。有职工7人，其中管理干部1人、话务员2人、外线工1人、投递员3人。

1982年，鹿河邮电所改为鹿河邮电支局，全称太仓市邮电局鹿河支局。1985年，有职工11人，其中管理干部2人、农村投递员2人、市镇投递员1人、农村电话机线员1人、邮政营业员1人、电信营业员1人、话务员3人。

1992年11月22日，新建邮电大楼奠基开工，位于新鹿路16号（鹿河汽车站西侧、原玉影村1组境内），1994年3月竣工启用。新大楼主体4层，局部5层，占地面积2780平方米，建筑面积4220平方米，总投资446万元。

1998年9月，邮政、电信实行分业经营，太仓市邮电局鹿河支局撤销，分设邮政、电信机构。

1958—1998年历任鹿河邮电支局局长（邮政所负责人）：汪士民（1958.10—1959.12）、杨炳林（1960.1—1967.6）、王传争（1967.7—1976.12）、范连生（1976.12—1987.2）、江挺（1987.2—1992.2）、蔡小弟（1992.2—1998.9）。

二、邮政支局

1998年9月，邮政、电信分业经营后，在鹿河设太仓市邮政局鹿河支局，在新鹿路邮电大楼办公及营业，有职工7人，主营信函包裹邮递、邮政储蓄、报刊发行、特快专递、汇兑、集邮等业务，2000年6月起始办保险兼业代理业务。鹿河支局为独立的企业主体，自主经营、自负盈亏，行政上隶属于太仓市邮政局，党组织关系归属地方党委。此机构至2003年8月无变化。支局长先后由蔡小弟（1998.9—2002.6）、马雪峰（2002.6—2003.8）担任。

三、电信营业网点

1998年9月，邮政、电信分业经营后，在鹿河设电信营业网点，隶属太仓市电信局璜泾营业处管理。分业后，新鹿路16号邮电大楼部分用房分划电信使用，底楼有电信门店2间80平方米，三楼有电信机房3间150平方米，另有平房6间150平方米用作办公及其他辅助用房。有职工4人。2000年，鹿河电信营业网点隶属江苏省电信公司太仓市电信局璜泾分局管理，此电信机构设置至2003年8月无变化。1998年9月至2003年8月，鹿河电信营业网点负责人陈献忠。

第二节　事业发展

一、邮政

1949年，鹿河邮政代办所设信箱1个，收发信件，售发邮票。邮件包封由代办所到璜泾支局接回，支局以邮件营业额的8%作为手续费，支付给代办所。民信的递送，大多委托早市上街的群众带回，一部分邮件由专人发送到农村各地。

1951年，办理报刊发行业务。1953年，办理订阅的报纸有《人民日报》《光明日报》《解放日报》《文汇报》《新华日报》等。1955年前后，报纸杂志订阅量较少，每年在100份左右。

1958年成立邮政所起，邮政业务量开始增多，每月接发信件在300封左右，邮政所设2条邮路，分别由投递员1人负责投递。之后，邮政业务量逐年递增。1966年，每月接发信件800余封，报纸、刊物发行量200余份。1970年，信函、邮包进出量5万余件，1980年增至7万余件。

1983年后，流动人口增多，业务量增大，促进了邮政业发展。1986年起，邮政涉足金融，经营邮政储蓄业务。1990年，信函、邮包进出量达10万余件。邮电支局设3条邮路，分别由投递员1人负责投递。

1990年1月1日，开始使用邮政编码，鹿河乡邮政编码为215428。是年后，邮政业务快速发展，信函的种类增多，有家信、明信片、广告信、印刷品等。包裹邮寄业务量逐年增大，且采用特快专递的客户越来越多。每年落实党报党刊征订任务，党报党刊发行量大幅增加。汇兑业务逐步由过去传统的现金汇款向电子汇兑发展，更加方便、快捷、安全。1997年，为发展邮政储蓄业务，设自动取款机，实现电子操作，太仓全市联网，客户存取不受地区限制。2000年后，开始代理保险业务，主要有企业财产保险、机动车辆保险、家庭财产保险、国寿福馨两全保险、国寿福瑞两全保险等10余种。

2002年，信函、邮包进出量6.5万件（由于电信发展，通话方便，信函邮件比20世纪90年代减少），报刊发行收订流转额30万元，吸储700万元。全年邮政业务总收入50万元。

二、电信

民国时期，鹿河境内无电话线路和电报话传线路，与外界联系要到璜泾邮电支局打电话或到浏河电报局拍电报，通信十分不便。

1949年前后，境内有电话线路1路，由璜泾经伍胥（自然村落）入鹿河，线路长8杆公里，电话线用木杆、瓷瓶、铁丝架设，鹿河镇上有磁石手摇电话机1部。1957年，境内有电话机3部，鹿河乡政府、供销社、粮管所各1部。

1958年，公社购置16门磁石小交换总机后，电话装机开始发展，至1959年，各大队、市镇各单位共有手摇电话机22部。1966年，更新电话总机，容量为60门，全公社电话机增至36部。1967年，电话线实现专线传输，架上双线，换上水泥杆，改变了以前电话与广播合线传输的落后局面。1970年，改造和拓展电话线路，埋设地缆线4千米，架设明线15.6千米；更换设置电话总机100门，全公社电话机增至76部。

改革开放后，单位和个人各方面联系增多，促进了电信事业发展。1985年，境内有太仓—鹿河电话线路4路和电报话传线路1路。架设鹿河—常熟东张跨县电话线路1路，方便了同外县乡镇的交流。是年，新架设电缆4.4千米，收取电话初装费4.5万元，新装机电话16部。全年累计发生通话58449次，其中长途电话（县外）15187次、农话（县内）43262次。全年接发电报12782份，其中来报6017份、去报6765份。

1986年，全乡家庭固定电话装机139部。1987年7月15日，县委保密委员会到鹿河安装传真机，从此鹿河有了便捷高效的传真通信。1988年5月27日，乡举行400门自动电话交换机开通典礼，鹿河开始进入电话自动化时期。同年，开始使用无线寻呼机（BP机），先推出数字寻呼机，只显示寻呼人的电话号码，佩带寻呼机者见号码即回话，可随时与寻呼人取得联系。1991年8月1日，开始使用程控交换机，全乡电话交换实现自动化，磁石式、共电式电话机结束使命，电话通信由模拟通信时代转入数字通信时代。

1992年5月，鹿河乡电话用户452户全部进入国际电话直拨网，鹿河成为江苏省继板桥乡之后的第二个国际电话乡。同年，太仓移动通信开始在鹿河发展客户，一些有经济条件的单位和个人开始购置手机。1992年后，开始使用寻呼机，可直接显示呼叫内容，继而又开通股市行情、天气预报、影视信息和工商广告等功能。无线寻呼机由于方便实用、很受用户欢迎而迅速普及。1993年，架设太仓—鹿河光缆，电信传输信号更快捷、优质、高效。1996年8月，鹿河程控交换机装机扩容2000门，总容量增至4000门。1997年，程控电话普及，移动用户不断增多，由于通信手段多样化，电报通信业务终止。

2000年后，电信利用固定电话优势，发展ADSL网络宽带业务。凡申请安装宽带的用户，皆赠送一台ADSL Modem，免费为用户开通宽带。同年起，太仓移动公司、联通公司在鹿河发展宽带业务。2001年，全镇每百人电信固定电话装机29部。之后，由于移动电话普及，无线寻呼业务淘汰。

2002年，全镇固定电话、移动电话、宽带加速推向市场，满足客户需要。

第三章　广　电

第一节　广　播

一、线路

1957年以前，境内无广播线路。1958年起，县通往公社机关所在地和农村各大队的广播线借用电话线。1965年9月公社广播放大站（通常称放大站）成立后，开始建立独立的广播传输系统。1968年，广播线路覆盖市镇街区，通到全公社13个大队和部分生产队。1970年，广播线路覆盖全公社135个生产队，实现队队通。但那时，广播线路简陋落后，大部分线路用竹竿、树棍支撑，也有小部分用石条绑木棍架设。

1970年以后，投入大量资金，用于广播线路改造。至1980年，换成水泥杆，从公社广播站到各大队的主要线杆共有300杆，大队到生产队共有900杆。生产队到农户有73%的线路实现“户串户”网络覆盖，有39个生产队埋设地下线43千米。1985年后，实施广播标准村达标工程。是年，完成广播站至长城村、长城村至长江村5千米主馈线的改造，以及完成玉影、东泾、新市、飞跃、鹿南等5个村委会至村民小组广播高压线路的改造。1990年在太仓首先实现广播喇叭动圈乡目标，1992年在苏州率先完成村级广播标准村建设。1995年后，由于电视机普及，有线广播入户率开始下降。1996年开始实施有线广播、有线电视共缆传输。2000年后，随着有线电视的发展，广播线路改为电视线路。至2002年，有线广播线路基本被淘汰，有线广播被有线电视替代。

二、设备

1965年成立公社放大站时，有广播扩大机1台，功率150瓦特。1966年增至2台，功率300瓦特，另有入户舌簧喇叭545只。

1970年，有线广播加快普及，广播扩大机总功率增至600瓦特；全公社安装舌簧喇叭3425只，入户率达80%。

1970年后，更新添置广播设备和器材，增强广播功能，至1975年，拥有广播放大机2台（套）850瓦特，柴油机1台8820瓦特，发电机1台5000瓦特，L602电子管录放机2台，进口半导体录音机1台，另有话筒、录音带等器材。

1985年，更新机房设备，增添广播控制台、录音台、电源立柜、输出立柜等设备1套以及CTY2×275瓦特扩音机1台。着力提高广播喇叭的入户率和通响率，全公社共有入户舌簧喇叭

4576只，入户率达95%；安装田头高音喇叭148只。

1986年起，更新改造广播喇叭，改舌簧式为动圈式。1990年，鹿河乡在全县首先实现广播喇叭动圈乡目标。

1995年后，由于电视机普及和有线电视的发展，有线广播逐步被有线电视取代。2002年，有线广播基本停办，广播设备、器材入库保存。

三、节目

1965年9月成立公社放大站时，主要任务是转播县广播节目，每天转播3次，早、中、晚各1次，转播的节目有中央、省、市的节目，也有县站的自办节目，如太仓新闻、专题节目、文艺节目、天气预报等。

1970年后，放大站添置广播设备，有了选转节目功能，若遇到县站广播信号中断，放大站能开通收音机，转播中央台的新闻节目、上海台的文艺节目或其他电台的节目。

1972年后，公社自办广播节目，配专职通讯员兼播音员1人，并建立基层通讯员队伍，采编自办节目稿件。自办节目每天早晚各播出半个小时，编播的内容丰富，有时政要闻、本地新闻、农时进度、农技知识、预防保健、计划生育、新人新事、安全生产以及文艺节目等。转播节目和自办节目一直延续到2000年。之后，有线广播逐步被有线电视取代。2002年，有线广播节目停办。

第二节　电　视

20世纪70年代起，电视机在农村出现，一些集体经济较好的生产队首先购置电视机，供社员晚上集中于生产队仓库场观看。之后，随着农民经济收入的提高，电视机开始进入农民家庭。据1982年调查，全公社有电视机204台，其中黑白电视机166台、彩色电视机38台。电视机大多由集体构置，属私人所有的有86台。

1983年后，电视机普及到家庭，原集体所有的电视机折价过户给个人。至1990年，全乡有家庭电视机3576台，且电视机由过去的20英寸以下小屏幕，向25英寸以上大屏幕发展。但境内尚无有线电视网络，接收信号采用电视天线，能收看的频道少，电视画面质量差。

1991年开始实施有线电视网络工程，先在市镇架设有线电视同轴电缆线路，然后向市镇周边地区扩展，再逐步向各村、各村民小组延伸。1997年末，有线电视信号基本覆盖镇区。1998年初，镇有线电视网络与市有线电视光缆联网，用户开通有线电视后，能收看中央台、江苏台、苏州台、上海台等22套节目，且图像清晰，画面质量高。2000年，有线电视网络覆盖各村，实现村村通，全镇安装有线电视用户628户。2002年，全镇5676户家庭普遍拥有1~2台电视机，有的家庭拥有3台以上，开通有线电视用户1020户，入户率18%。

第三节　管理机构

1965年9月，成立鹿河公社广播放大站后，其主要任务是放大广播信号、转播县广播节目。站址位于中弄街，有广播用房4间110平方米，工作人员2人。

1968年，开始在农村普及广播喇叭。1970年，翻建广播用房5间100平方米。1976年前后是广播事业大发展阶段，站内工作人员增至3人，配备大队广播线护员13人（每大队1人）。1979年，新建广播用房2间40平方米。

1983年9月，广播放大站改称广播站。1985年7月，广播站易地重建，位于鹿长路劳动桥北堍东侧。新建广播大楼1幢，楼高3层，建筑面积475平方米。

1989年，鹿河乡广播站改称鹿河乡广播电视站。1991年，开始发展有线电视网络。2002年，鹿河镇广播电视站与文化站合并，改称鹿河镇文化广播电视站。2003年，广播电视站与文化站分设，并更名为鹿河镇广播电视服务中心，设工作人员5人，其中站务管理1人、窗口服务2人、线路维护2人。同年8月，随镇区划调整，鹿河镇广播电视服务中心撤销，并入璜泾镇广播电视服务中心。

1965—2003年历任站长（负责人）：王炳乾（1965.9—1966.10）、王焕文（1966.10—1970.3）、毛士忠（1970.4—1970.11）、孙关乾（1970.12—1977.3）、毛士忠（1977.3—1986.5）、孙文秀（1986.5—2000.8）、李锦清（2000.8—2002.10）、张振岐（2002.10—2003.2）、李锦清［2002.10—2003.2（常务副站长主持工作）］、李云汉［2003.2—2003.8（镇党委宣传委员兼）］。鹿河广播通讯报道员先后由孙文秀、徐振勋、施美娟、高立新、高蓉娥、何文红担任。

第六篇 农业

中华人民共和国成立前，农村土地沿袭封建私有制。中华人民共和国成立后，进行土地改革，把土地分给贫苦农民。之后，在农村先后成立互助组、初级农业生产合作社、高级农业生产合作社，把农民组织起来发展生产。1958年鹿河成立人民公社后，实行土地集体所有、农业集体经营的管理体制。中共十一届三中全会后，不断深化农业经营机制改革。1979年，开始推行多种形式的生产责任制；1983年，实行家庭联产承包责任制；1995年，开始推行土地流转，逐步由村级农场和承包大户规模经营；1996年，对农村承包土地进行调整完善；1998年，对农户承包土地给予确权发证。2000年后，农业组织化程度不断提高，呈专业化、产业化发展趋势。

境内农作物主要为水稻、三麦、棉花、油菜，也有小面积种植蔬菜、瓜果和豆类杂粮。1958年鹿河成立人民公社以来，农技部门大力推广农业技术，广大农民精耕细作，重视作物田间管理，农作物产量稳定提高，鹿河成为太仓北部高产地区。特别是鹿河长城村棉花的高产经验，远近闻名，在太仓乃至全省推广。鹿河在抓好粮、棉、油生产的同时，还重视发展畜禽、水产等养殖业以及其他副业。

鹿河地处长江江边，台风、洪涝灾害易发。中华人民共和国成立后，政府投入大量资金，兴办水利工程，多次加固江堤、修建水闸涵洞、疏浚河道沟渠、建造排灌泵站，为农业丰产丰收创造了良好的水利条件。

境内农业机械化水平不断提高。从20世纪60年代起，农机种类逐年增多，总动力增大，逐步实现农田耕翻、水稻灌溉、稻麦收割脱粒、田间开沟、喷洒农药等机械化。2002年，全镇农机总动力达8253千瓦，农业综合机械化水平达92%。

1958年以来，境内农口服务管理机构不断调整变化。2002年，主要有农业技术服务站、多种经营服务公司、农村经营管理办公室、水利农机站、土地管理所、畜牧兽医站等。

中华人民共和国成立以来，特别是1983年农业实行家庭联产承包责任制后，鹿河农业经济和农民收入不断提高。1986年，全乡农业总产值1357万元，农民人均收入908元；1990年，全乡农业总产值1677万元，农民人均收入1194元；1995年，全镇农业总产值6100万元，农民人均收入4200元；2002年，全镇农业总产值增至1.17亿元，农民人均收入增至6207元。

第一章　生产关系变革

第一节　土地改革

民国时期，农村土地为私有制，各阶级占有不同的土地，且占有量相差悬殊，农民赖以生存的土地大部分被地主占有，贫雇农民生活困苦。1949年，未进行土地改革时，鹿河（当时实行保甲制，设15个保）有地主24户92人，占有土地5248亩，户均218.67亩，人均57.04亩；富农（含半地主式富农及小土地出租者）13户69人，占有土地475亩，户均36.54亩，人均6.88亩；中农250户1064人，占有土地3073亩，户均12.29亩，人均2.89亩；贫农408户1139人，占有土地1602亩，户均3.93亩，人均1.41亩；雇农37户93人，占有土地97亩，户均2.62亩，人均1.04亩。地主人均占有土地是中农的19.74倍，是贫农的40.45倍，是雇农的54.85倍。

中华人民共和国成立后，进行土地改革。1950年12月，土改工作队进驻鹿河。工作队由7人组成，其中区乡干部4人，队长季慰南。进驻后，首先进行访贫问苦、调查摸底，培养土改工作骨干，做好土改前期工作。1951年1月20日开始，大力发动群众，进行阶级教育，宣传土改法和惩戒不法地主条例。对全乡787户划分阶级成分，其中地主27户、半地主3户、富农5户、中农306户、贫农401户、雇农38户、小土地出租者7户。组织农民斗争地主，没收地主土地和财产，并分配给贫苦农民。土地重新分配后，全乡先分到土地的农户，最多户每人5.3亩，一般户2.8亩，最低户2.4亩；后分到土地的农户，最多户每人2.39亩，一般户2.15亩，最低户1.9亩。共没收房屋248间、家具5907件、农具637件、粮食1.83万公斤。贫雇农分得房屋171间、家具4407件、农具583件、粮食1.68万公斤。土改最后阶段，对土改情况进行登记造册，填写土地证。同年7月31日，举行颁发土地证仪式，全乡共颁发土地证732张。同时，宣布废除封建地租，旧契约作废并烧毁。至此，历时8个月的鹿河乡土地改革结束。

第二节　农业合作化

一、互助组

1951年土改后，农民分得了土地，生产积极性空前高涨，但由于小农经济力量薄弱，缺劳力、缺资金、缺农具的农户较多，抵抗不了各种自然灾害，故农村中开始出现因无力耕种而买卖耕地的现象。1952年起，响应上级关于农业生产互助合作的号召，根据农民“伴工”的习惯，坚持“自愿”原则，把农民组织起来，成立劳动互助组，以共同发展生产，保护土改成果。因互助组有利于形成合力，故很快发展起来并取得成效。1953年，鹿河乡建立常年互助组、季节性互助组和伴工组90余个。新中村何世互助组当年就获得小麦高产，得到省人民政府嘉奖，获得奖励耕牛（黄牛）1头、先进互助组锦旗1面。至1954年末，全乡共发展常年互助组21个、季节性互助组61个，共参加农户657户，占全乡总农户的83.5%。

二、初级社

即初级农业生产合作社简称。1954年9月，根据中央“积极领导、稳步前进，只准办好、不准办坏”的办社方针，鹿河乡从常年互助组中选拔基础较好的高桥村倪春林互助组试办第一个初级社，入社农户27户，人口102人，男女正、半劳动力62人，入股土地218.14亩，划给农户自留田6.9亩。入社由农户自愿报名参加。分配方式为从农业总收入中提留积累，扣除农本和管理费，在纯收入中进行土劳分红，土地股分配占20%左右，按劳分配占80%左右。劳动实行工分制，每日评工计分。实行每年夏季预分，秋季决分。初级社创办后，促进了农业生产发展，受到农民赞同。之后，又有一批初级社创办。1955年9月，全乡建成初级社16个，入社农户375户，占总农户的47.65%；入社人口1390人，占农业总人口的47.82%；男女正、半劳动力761人；入股土地2766亩，划给农户自留地93.13亩；拥有农船42条，其中折价入社25条；耕畜42头，其中折价入社26头。1956春，鹿河乡、泗洲乡、新泾乡合并，成立鹿河中乡。此时，全乡有初级社28个，入社农户1396户，占总农户的51.6%。

三、高级社

即高级农业生产合作社简称。1955年10月，根据上级指示精神，开始合并初级社，成立高级社，农民有“并大社、争高产”的积极性。1956年春，鹿河乡首先由鹿星初级社并升为鹿星高级社，入社农户387户（其中吸收地主6户、富农6户），人口1274人，男女正、半劳动力632人，划分11个小队。高级社成立管理委员会，组成人员30人，设主任1人、副主任4人。有小队干部67人。至6月底，鹿河乡（中乡）有鹿星、黎明、新建、新幸4个高级社，入社农户1149户，占总农户的42.4%。同年秋种前，全乡出现初级社并高级社的办社高潮，先后建立长城、金星、红星、新光等5个高级社。是年末，全乡有9个高级社，入社农户2557户，占总农户的94.46%。入社人口8885人，男女正、半劳动力5148人，共经营耕地17699亩。1957年7月，鹿河并成大乡后，全乡共有高级社19个，设257个生产队，入社农户5688户，入社人口19630人，男女正、半劳动力11871人，耕地43046亩。全乡未入社农户仅120户404人。高级社土地归集体所有，改初级社时的土劳分红为按劳分配，生产包工到组，奖惩分明，调动了农民积极性。同时，组织程度提高，促进了生产发展。至此，全乡基本完成农业的社会主义改造。

第三节　人民公社

1958年9月，鹿河成立人民公社，始称飞跃人民公社，1959年末改称鹿河人民公社。成立后，撤销乡人民政府，实行政社合一，全公社设11个大队（营），88个连，市镇设独立营。

1959年，贯彻中央指示精神，对人民公社进行整顿，纠正“共产风”，进行算账退赔。同时，撤销军事化组织，设置大队、生产队并调整规模。1960年，全公社共设23个大队308个生产队。

1961年起，贯彻落实中共中央《农村人民公社工作条例（草案）》和《关于改变农村人民公社基本核算单位的问题的指示》，公社实行三级（公社、大队、生产队）所有，队（生产队）为基础，以生产队为基本核算单位，统一组织生产和分配，将分配权、耕畜农具所有权、土地的使用权、经济核算权下放给生产队。大队对生产队实行“三定五上交”管理，即定产量、定粮食征购任务、定上交比例，上缴农业税、公积金、公益金、管理费和劳动积累。此管理办法解决了当时生产与分配上的诸多弊端，稳定了人心，调动了农民积极性。1965年起，全公社建立了“民主活动日”制度，生产队每月召开社员大会，由队长总结布置工作，通报财务账目，表扬好人好事，生产队民主管理程度提高。但是一度由于“左”的思潮影响，生产队在记工评分时，有些方面偏离按劳分配原则，使得社员多劳不多得，有些会讲少做的人照样能多得，这种不公平、不公正的现象再次挫伤了社员的积极性。

1978年，中共十一届三中全会召开后，开始对农村农业进行各方面改革。1983年7月，改人民公社政社合一体制为政社分开，恢复乡人民政府建制，大队改为村；建立鹿河公社经济联合委员会，主管经济工作。1991年，成立鹿河乡农工商总公司，公社经联会撤销，至此，公社建制全部变为乡建制。

第四节　土地经营改革

一、家庭联产承包

1979年起，农村经过拨乱反正，冲破“左”的束缚，干部群众的思想得到解放，在生产经营管理上开始进行改革。1980年9月，贯彻中共中央中发〔1980〕75号文件《关于进一步加强和完善农业生产责任制的几个问题》的通知，在农村推行多种形式的生产责任制。有的生产队搞包工计酬责任制，有的搞管理到人责任制，有的搞联产到组责任制等。1981年，改变“大寨式”评工记分的平均主义倾向，社员分配不再封顶加盖，多产多分，多产多吃。1982年，贯彻落实全县农村工作会议和全县农业生产责任制经验交流会的精神，广泛宣传实行生产责任制的积极意义和有关生产队的先进事例。通过深入广泛的宣传发动，农业联产到劳责任制由点到面在各生产队迅速推行。

1983年，根据中共中央发出的《当前农村经济政策的若干问题》的通知和县委有关指示精神，乡党委有组织、有计划、有部署地在农村全面推行家庭联产承包责任制，改土地由生产队统一经营为由农户分户联产承包经营。至年底，全乡基本完成“人分口粮田、劳分责任田”、实行农户家庭联产承包责任制的工作。划分口粮田、责任田后，农民自主经营，自负盈亏，但必须完成国家下达的粮、棉、油征购任务，依法缴纳农业税、集体积累和管理费，其余都归农户所有。实行家庭联产承包责任制使生产责任更明确，利益分配更直接，有效地克服了过去有些地方出现的“干活‘大呼隆’、出勤不出力、分配平均主义”的弊端，极大地调动了农民的生产积极性，广大农户精耕细作，加强作物田间管理，夏秋农忙季节劳动力高度集中，抢收抢种，农业连年获得丰产丰收，鹿河成为太仓北部的高产地区。1986年，全乡种植小麦9329亩、水稻12610亩，粮食总产9052吨；种植棉花6690亩，皮棉总产450吨；种植油菜3446亩，油菜籽总产463吨。

二、承包土地调整

自1983年划给农户承包土地起，至1995年未变。1996年，根据太仓市委、市政府太委发〔1996〕19号文件《关于在秋播规划期间全面调整农村承包土地的意见》，镇党委、镇政府对农村承包土地进行调整完善。同年8月，进行宣传发动，做好调整方案测算，9月开始调整，10月基本结束。这次承包土地的调整，根据现有农业人口、劳动力状况，按照“保留自留田、人分口粮田、劳分责任田、划出任务田”的政策进行。调整中对农户的自留田，维持原基数不变，但对全家“农转非”的，由集体连同其他土地一并收回。对口粮田仍保持1983年联产承包时划分的标准，凡“农转非”、死亡、婚嫁、外迁（现役义务兵除外）的，口粮田一律收回，对联产承包后自然增长和婚进人员的口粮田给予划分。对责任田的调整，先根据国家粮食定购任务的分解计划核定粮食任务田面积，扣除粮食任务田面积后，再按照现有劳动力分别给予划分责任田。对划出的粮食任务田，实行适度规模经营。粮食征购任务能由规模经营单位完成的，不再向农户分派。

三、土地确权发证

1998年7月24日，根据太仓市委、市政府《关于进一步稳定和完善农村土地承包关系及发放经营权证书的意见》，开展农村第二轮土地续包和确权发证工作，给农户核发农村集体土地承包经营权证书。明确土地承包期向后延长30年，从1998年8月1日起至2028年7月31日止。延长承包期后，农户拥有承包经营权的耕地，统称为承包田，不再分口粮田和责任田。给农户确权发证面积以该农户原承包面积为基数，实际耕种面积少于承包田面积的，减少部分做土地转出处理；超过承包田面积的，多出部分做土地转进处理。对土地转出或转进，均在确权证书上注明。这次确权发证工作，从7月下旬开始，至10月结束。此后，随着村区划调整和农业经营体制改革，全镇农户承包耕地确权面积有所变化。2002年，全镇13个村147个村民小组，确权发证面积16798亩。

四、土地规模经营

1983年实行家庭联产承包责任制后，随着时间的推移和农村劳动力的变化，农村中出现代耕现象，缺劳动力户将承包土地有偿或无偿转让使用权，交给有劳力户耕种，保留承包权。这种代耕现象成为早期的土地流转形式。

1995年起，为提高农业组织化程度，推进农业规模经营，本着土地承包农户自愿的原则，各村引导农户将承包的耕地逐步向种田能手、种田大户、合作经济组织转移。各村开始建办小农场，经营规模大小不等，一般在50亩以上。1996年，土地规模经营取得突破性进展，全镇有规模经营种田大户65户，规模经营耕地面积1714亩，占全镇商品粮田面积的29.1%，完成全镇商品粮定购任务的88.3%。

2000年起，鹿河民营企业加快发展，农村劳动力向工业转移，农户保留承包权、转让使用权的流转耕地逐年增多。至2002年，全镇累计土地流转总面积7055亩，占全镇农户确权发证面积的42%。土地流转后，年轻的农民有了更多的精力和时间经营企业，创业致富；过去在家务农的中老年农民能够输出劳务，除有了土地流转收入外，还有了打工收入；而种田大户和各类农业合作经济组织实施规模经营、连片种植，便于管理，效益明显。推行土地流转，实施规模经营，农业组织化程度提高，显现农业专业化、产业化发展趋势。

第二章　耕地　劳动力

第一节　耕　地

1950年1月成立鹿河小乡时，全乡水陆总面积8175亩。其中，陆地面积6945亩，占水陆总面积的84.95%；水域面积1230亩，占15.05%。陆地面积中有耕地5070亩，占陆地面积的73%；非耕地1875亩，占27%。

1956年春成立鹿河中乡时，全乡水陆总面积24975亩。其中，陆地面积22935亩，占水陆总面积的91.83%；水域面积2040亩，占8.17%。陆地面积中有耕地20509亩，占陆地面积的89.42%；非耕地2426亩，占10.58%。

1957年合并成鹿河大乡时，全乡水陆总面积56700亩，其中耕地面积38573亩。1958年成立人民公社后，经区划调整，辖区面积扩大。1959年，全乡水陆总面积65430亩。其中，陆地面积58080亩，占水陆总面积的88.77%；水域面积7350亩，占11.23%。陆地面积中有耕地45074亩，占陆地面积的77.61%；非耕地13006亩，占22.39%。

1960年后，各大队、生产队利用冬春农闲季节进行平整土地，使原来一些低洼荒地和高田旱地变成水旱作物均可种植、旱涝保丰收的良田。至1965年的6年间，全公社平整土地共完成土方447.8万立方米。经土地平整，全公社平田面积占耕地总面积的比例从1958年的63.3%增至90.6%。特别是长城大队5队，原来有低湿田、荒坟地106亩，经1964年、1965年两个冬春全队社员的苦干，终于将荒杂田块改良为高产农田。

1966年10月，公社区划大调整，10个大队被划分给新成立的王秀公社后，鹿河土地面积随区域变小而减少。是年，全公社水陆总面积37830亩，其中，陆地面积35854亩，占水陆总面积94.78%；水域面积1976亩，占5.22%。陆地面积中有耕地23678亩，占陆地面积的66.04%；非耕地12176亩，占33.96%。之后至1977年，公社、大队历年疏浚、开挖河道，陆地面积累计减少781亩。

1978年后，随着社会事业发展、农田水利建设等需要，逐年占用部分耕地。至1982年末，耕地面积减少至22185亩。1983年后，经土地平整改造，耕地有所增加。1992年起，集镇建设、农房建设、交通建设、乡镇企业发展等用地增多，耕地逐年减少。1996年，耕地减少至21102亩，属拥有耕地最少的年份。1997年后，重视土地复耕整治，耕地面积有所回增。至2002年末，全镇水陆总面积37830亩，其中，陆地面积35073亩，占水陆总面积的92.71%；水域面积2757亩，占7.29%。陆地面积中有耕地22111亩，占陆地面积的63.04%；非耕地12962亩，占36.96%。全镇总人口15779人，人均耕地1.4亩；农业人口11771人，人均耕地1.88亩；农村劳动力5665个，劳均耕地3.9亩。

表6-1 1958—2002年鹿河镇（公社、乡）耕地面积统计

年份	耕地面积（亩）	总人口（人）	人均面积（亩）	年份	耕地面积（亩）	总人口（人）	人均面积（亩）
1958	46177	23257	1.99	1981	22181	16544	1.34
1959	45074	23644	1.91	1982	22185	16664	1.33
1960	45052	23662	1.90	1983	22712	16616	1.37
1961	45187	23691	1.91	1984	23154	16520	1.40
1962	44640	23659	1.89	1985	23696	16560	1.43
1963	44746	24125	1.85	1986	23958	16663	1.44
1964	46641	24647	1.89	1987	23694	16669	1.42
1965	44520	24685	1.80	1988	23575	16710	1.41
1966	23678	14765	1.60	1989	22652	16701	1.36
1967	23817	14801	1.61	1990	23295	16650	1.40
1968	23568	14827	1.59	1991	23111	16667	1.39
1969	23736	15567	1.52	1992	22421	16703	1.34
1970	23710	15825	1.50	1993	21376	16696	1.28
1971	23747	15402	1.54	1994	21151	16662	1.27
1972	23583	16007	1.47	1995	21127	16578	1.27
1973	23523	16156	1.46	1996	21102	16545	1.28
1974	23462	16373	1.43	1997	22161	16457	1.35
1975	23385	16457	1.42	1998	22158	16360	1.35
1976	23385	16407	1.43	1999	22173	16172	1.37
1977	23300	16367	1.42	2000	22150	16057	1.38
1978	22309	16351	1.36	2001	22152	15886	1.39
1979	22302	16344	1.36	2002	22111	15779	1.40
1980	22229	16368	1.36				

表6-2 2002年鹿河镇各村耕地统计

村名	耕地面积（亩）	农业人口（人）	人均耕地（亩）	农村劳动力（个）	劳均耕地（亩）
东影	3676	2060	1.78	1030	3.57
新明	3260	1712	1.90	780	4.18
新海	3411	1697	2.01	835	4.09
长洲	4865	2832	1.72	1340	3.63
长新	4085	1705	2.40	765	5.34
飞鹿	2814	1765	1.59	915	3.08
合计	22111	11771	1.88	5665	3.90

第二节　劳动力

20世纪50—60年代，鹿河以农业生产为主，绝大部分农村劳动力从事农业生产，少数农民学手艺，做工匠，农闲出门打工，农忙回生产队务农。1950年至1966年公社区划调整前，全公社农村劳动力90%以上从事农业生产。

70年代起，开始创办社队企业，有少数农民被安排到工厂务工。1978年后，实行改革开放，大力发展乡镇企业，农村劳动力随企业用工增多而减少。至1982年，全公社农业人口15978人，有农村劳动力11227个，其中从事农业生产劳动力8775个，占农村劳动力数的78.16%。

1983年实行家庭联产承包责任制后，农业生产效率提高，农村剩余劳动力出现，并向工业和三产服务业转移。至1985年，近一半的农村劳动力离开土地，从事非农生产。1986年后，乡镇企业加快发展，且规模越来越大，吸纳了大批农村劳动力。同时，随着市场经济的发展，就业门路广泛，三产服务业就业人员增多。至1996年，大多年份从事农业生产的劳动力仅占农村劳动力数的22%左右。

1997年后，随着农业产业结构调整，农村种植业、养殖业门路拓展，农业效益提高，原在二产、三产就业的劳动力出现返农现象，从事农业生产的劳动力开始增多。2000年起，民营企业加快发展，工业用工量增加，从事农业生产的劳动力数量有所回落。2002年，全镇农业人口11771人，有农村劳动力5665个，其中从事农业生产的劳动力1434个，占农村劳动力数的25.31%。

表6-3　1950—2002年鹿河镇（公社、乡）农业劳动力统计（选年）

年份	农业人口（人）	农村劳动力（个）	从事农业劳动力（个）	占农村劳动力
1950	2535	1828	1746	95.51%
1953	3213	2289	2156	94.19%
1956	9013	6417	5987	93.30%
1959	22546	16008	14811	92.52%
1964	23931	16871	15369	91.10%
1966	14253	10041	8997	89.60%
1970	15308	10777	9247	85.80%
1975	15922	11201	9254	82.62%
1980	15757	11077	9033	81.55%
1982	15978	11227	8775	78.16%
1985	15858	11124	5173	46.50%
1986	15972	11026	3744	33.96%
1987	15956	10206	2747	26.92%
1988	15866	9853	2531	25.69%
1989	15833	9438	2206	23.37%
1990	15763	9543	2033	21.30%
1991	15782	9615	2002	20.82%

续表

年份	农业人口(人)	农村劳动力(个)	从事农业劳动力(个)	占农村劳动力
1992	15346	9389	1905	20.29%
1993	15266	9296	1895	20.39%
1994	15114	9109	1846	20.27%
1995	14982	8983	2090	23.27%
1996	14845	7951	1892	23.80%
1997	14660	7733	2057	26.60%
1998	14483	7500	2096	27.95%
1999	14049	7328	2179	29.74%
2000	12451	6073	1768	29.11%
2001	11891	5752	1623	28.22%
2002	11771	5665	1434	25.31%

注：1985年前选年统计，之后每年统计。

第三章　种植业

第一节　作物种植

一、水稻

境内种植的主要农作物。据其播种期，分为早稻、中稻和晚稻。种类有粳稻、糯稻和籼稻。鹿河以种植粳稻为主，少量种植糯稻。籼稻曾有种植，现已绝迹。

民国时期，鹿河种植的水稻大多为中稻。1949年后，逐步改为晚稻。1954年，大面积推广种植晚稻，改变了鹿河沿江一带历史上以种植中稻为主的局面，提高了水稻产量。

1957年，高桥初级社（后为玉影大队2队）在县农技部门的指导下，小面积试种双季稻，开始改二熟为三熟制生产（二熟：水稻、三麦；三熟：双季前作稻和后作稻、三麦）。1959年，种植双季稻近800亩，但由于种植技术不成熟，此后种植面积逐年减少。

1960年后，随着种植水稻特定水利条件的改善，水稻种植面积逐年扩大。至1966年，全公社种植水稻面积11386亩，占耕地总面积的48.09%，比1955年提高了18%。是年，水稻单产442.25公斤，总产5035.46吨。

1969年，为增加土地复种指数，开始推广种植双季稻。1970年，各大队都请了外地农技员（时称老农）进行种植指导，从此，各大队、生产队基本掌握了双季稻生产技术。是年，全公社种植水稻面积11387亩，其中双季稻面积3111亩，占水稻种植面积的27.32%。

1973年，推广双季稻秧田抽条留苗，解决了秧田移栽脱季节问题，使晚栽变早栽，低产变高产，省工省本。

1976年是全公社种植双季稻最多的一年，共种植8181亩，占水稻种植总面积的73.91%。是年，水稻单产515公斤，总产5700.54吨。

1978年，推广种植“一枝发”单季稻品种，该稻茎秆粗壮，耐肥抗倒，穗型大、产量高。1980年，选用“虎雷11-1”双季后作稻品种，该稻茎秆细韧，分蘖好，耐低温，成穗率高，穗大粒多，米质优良。

双季稻的推广种植，改变了鹿河种植二熟制粮食作物的习惯，提高了水稻产量。20世纪70年代，水稻年平均单产498.38公斤，比60年代年平均单产360.57公斤增加137.81公斤，增长38.22%。

1983年实行家庭联产承包责任制后，农户不再种植双季稻。由于家庭承包，农民积极性提高，田间管理加强，农户种植单季稻的产量每年接近甚至超过双季稻的产量。1986年，水稻种植面积增加，全乡共种植12610亩，占耕地总面积的52.63%，水稻单产499.5公斤，总产6298.7吨。

1991年，水稻化学肥料供应开始增多，水稻一直稳产高产，每年的单产均在550公斤以上。1994年后，开始尝试新的水稻栽培方法，改过去传统的人工插秧移栽为人工抛秧或直播种植。特别是水稻直播（掌握好季节和土壤湿度，在小麦收割前将稻种撒下，待小麦收割后直接灌溉），省了水稻育秧、麦稻轮作耕翻、大田移栽等步骤，大大节省了劳动力。

1996年后，抛秧技术通过多年实践已然成熟，采用抛秧移栽的农户越来越多。1998年起，因水稻直播省力省时，只要把握技术要领，产量不低于移栽水稻，故被大面积推广，直播面积逐年扩大。是年，全镇种植水稻12118亩，单产612公斤，为水稻单产最高的年份。2000年后，大面积选用“武粳15号”“嘉04-33”“甬优8号”等优良品种，水稻获得高产。2002年，全乡种植水稻面积有所减少，共种植11589亩，占全镇耕地总面积的52.41%，获单产578公斤，总产6698.44吨。

表6-4　1958—1982年鹿河公社水稻种植面积、产量统计

年份	种植面积（亩）			单产（公斤）	总产（吨）
		单季稻	双季稻		
1958	10831	10831	—	274.35	2971.48
1959	10453	9674	779	276.40	2889.21
1960	10766	10459	307	322.55	3472.57
1961	10981	10780	201	269.25	2956.63
1962	11480	11480	—	283.75	3257.45
1963	11768	11768	—	327.95	3859.32
1964	11667	11664	3	408.45	4765.39
1965	11495	11428	67	367.50	4224.41
1966	11386	11385	1	442.25	5035.46
1967	11380	11294	86	423.35	4817.72
1968	11383	11314	69	365.50	4160.49
1969	11339	10647	692	395.15	4480.61
1970	11387	8276	3111	413.60	4709.66
1971	11378	4514	6864	481.80	5481.92
1972	11376	3505	7871	456.50	5193.14
1973	11383	3850	7533	533.85	6076.81
1974	11375	4924	6451	483.10	5495.26
1975	11240	4614	6626	456.90	5135.56
1976	11069	2888	8181	515.00	5700.54
1977	10928	3451	7477	490.70	5362.37
1978	10974	3430	7544	585.25	6422.53
1979	10980	4662	6318	567.10	6226.76
1980	10890	5691	5199	424.25	4620.08
1981	10800	7893	2907	373.00	4028.40
1982	10295	6590	3705	490.05	5045.06

注：1958—1965年水稻种植面积未包括1966年划给王秀公社的10个大队。

表 6-5　1983—2002 年鹿河镇（乡）水稻种植面积、产量统计

年份	种植面积（亩）	单产（公斤）	总产（吨）	年份	种植面积（亩）	单产（公斤）	总产（吨）
1983	11783	472.79	5570.88	1993	13700	577.00	7904.90
1984	11912	506.43	6032.59	1994	13116	576.00	7554.82
1985	11417	450.50	5143.36	1995	13118	579.00	7595.32
1986	12610	499.50	6298.70	1996	13021	586.00	7630.31
1987	12427	491.00	6101.66	1997	13519	581.00	7854.54
1988	12604	503.30	6343.59	1998	12118	612.00	7416.22
1989	13385	493.00	6598.81	1999	12024	604.00	7262.50
1990	13720	507.00	6956.04	2000	12026	595.00	7155.47
1991	13365	550.50	7357.43	2001	11519	549.00	6323.93
1992	13700	575.70	7887.09	2002	11589	578.00	6698.44

表 6-6　1949—2002 年鹿河镇（公社、乡）水稻种植主要品种一览

种植年份	种植品种	种植年份	种植品种
1949—1951	凤凰稻、灰团稻、老来红、金台糯	1973—1977	二幅早（双季前作）
1949—1954	麻茎糯	1973—1980	二九青（双季前作）、广乐矮4号（双季前作）
1949—1955	野白稻	1973—1982	宇红1号、苏梗2号、农虎6号（双季后作）
1951—1954	白稻		
1954—1963	老来青	1974—1976	泗塘早
1958—1969	矮脚南特号（双季前作）	1974—1979	农红73（双季后作）
1963—1968	农垦58（双季后作）	1975—1978	不脱农（双季前作）
1963—1973	世界稻	1976—1982	原丰早（双季前作）
1964—1973	金南凤	1977—1980	桂花糯（双季后作）
1964—1970	桂花黄	1978—1981	葛后2号（双季后作）
1968—1969	芝麻稻	1978—1982	一枝发
1969—1972	籼矮早（双季前作）、农垦57（双季后作）	1980—1982	虎雷11-1（双季后作）
1969—1973	日本红糯（双季后作）	1981—1982	昆稻2号、单选8号、复虹糯4号（双季后作）
1970—1971	矮南早1号（双季前作）	1982	7337（双季后作）
1970—1972	广六早（双季前作）	1982—1985	3278、762
1970—1973	团粒矮（双季前作）	1984—1990	晚粳88-122
1970—1977	沪选19（双季后作）	1986—1992	晚粳8204
1972—1973	桂六矮（双季前作）	1990—1998	武粳2号
1972—1974	二九南8号（双季前作）	1994—1998	太湖粳2号
1972—1976	二九南1号（双季前作）	1995—2000	秀水89-61
1973—1976	江丰3号（双季后作）、京引15（双季后作）	1998—2000	武粳7号、武粳15号
		2000—2002	嘉04-33、甬优8号

注：水稻品种未作括注的均为单季稻品种。

二、三麦

指小麦、元麦、大麦。民国时期，农民利用棉茬地、冬闲地种植三麦，产量较低，单产不足百斤。1949年后，改革耕作制度，种植三麦的土地利用率逐步提高。1954年，开始推广间作三麦，土地利用率大大增加，三麦产量有所提高。1955年，鹿河小乡时，全乡种植三麦3418亩，占耕地总面积的48.33%，三麦平均单产62.5公斤，总产213.63吨。

1956年后，重视选用分蘖性强、耐肥抗倒的三麦品种。同时，通过增加播种量和改进种子处理方法，确保三麦出苗率，提高三麦产量。1958年，全公社种植三麦15435亩，平均单产72.2公斤，总产1114.36吨。其中，种植小麦面积4787亩，占三麦种植总面积的31.01%；元麦8648亩，占56.03%；大麦2000亩，占12.96%。是年，属元麦种植面积最多的年份。

1960年，改以前麦田粗耕、浅耕为细耕、深耕，改良土壤团粒结构，利于三麦根系生长，确保三麦丰产稳产。1963年后，重视麦田沟系配套，改以前沟浅沟少为垄垄开沟，沟深一尺。1966年，三麦播种学塘桥，重视精耕细作，麦田泥块敲细捣实，底面一样，使麦子入土深度均匀而不移位，面无露籽，出苗整齐。1968年，三麦种子开始用西力生或赛力赛拌后闷种，1970年改用多菌灵稀释液浸种或拌种，以增强抗病能力，此后麦类黑穗病大大减少。1972年，麦田开沟改用卷洞铁锹，沟深二尺。同时，加开腰沟、围沟、出水沟，深浅相宜，沟渠相通，麦田渍害减少，产量提高。

1974年起，利用棉花营养钵移栽育苗的优势，改棉茬条麦狭幅为阔幅，提高了三麦产量。1975年，全公社种植三麦11178亩，平均单产242.31公斤，总产2708.56吨。其中，种植小麦面积3196亩，占三麦种植总面积的28.59%；元麦3232亩，占28.91%；大麦4750亩，占42.5%。是年，属大麦种植面积最多的年份。

1976年，提倡麦田化肥深施，后改为化肥底施。同时，以有机肥为主施足基肥，因地制宜施好腊肥，看苗追补返青肥，掌握麦龄普施拔节孕穗肥，坚持科学用肥，提高肥效。1979年，改进麦棉茬口布局，推广密麦种植，收割后移栽营养钵棉苗，从而增加了土地利用率，使三麦单产突破了300公斤。1980年，三麦生产又夺得丰收，全公社共种植三麦10979亩，单产368.17公斤，总产4042.14吨，单产和总产均属1958—2002年最高的年份。

1981年后，三麦种植布局有所调整，小麦种植面积增加，元麦种植面积减少，大麦只有少量种植。1986年起，三麦种植面积比例有较大变化。是年，小麦种植面积9329亩，占三麦种植总面积的76.54%；元麦2542亩，占20.86%；大麦317亩，占2.6%。小麦种植品种以早熟品种“扬麦5号”为主，部分种植“扬麦3号”等。

1990年，小麦种植面积超过1万亩。种植方法改以前耕翻撒播、浅耕灭茬播种为免耕套播，省时省力，耕者跟上后续管理，小麦连年获得好收成。1991年，大麦还有零星种植，之后基本停种。1994年，元麦种植面积仅有10余亩，之后基本停种。1995年，选用“扬麦5号”为小麦当家品种，种植面积逐年扩大，产量提高。2000年起，大面积改种“扬麦16号”“扬麦12号”。2002年，全镇小麦种植面积6617亩，单产249公斤，总产1647.63吨。

表 6-7　1958—2002 年鹿河镇（公社、乡）三麦种植面积、产量统计

年份	三麦合计			小麦		
	种植面积（亩）	平均单产（公斤）	总产（吨）	种植面积（亩）	单产（公斤）	总产（吨）
1958	15435	72.20	1114.36	4787	103.45	495.22
1959	10000	138.03	1380.28	3013	142.85	430.41
1960	10391	92.83	964.64	2923	140.90	411.85
1961	11419	121.24	1384.39	5160	124.85	644.23
1962	14499	114.59	1661.45	5743	145.05	833.02
1963	13411	101.31	1358.66	5267	100.55	529.60
1964	12899	121.64	1569.05	5550	138.85	770.62
1965	12595	179.90	2265.78	6882	200.15	1377.43
1966	12257	163.09	1999.03	6207	180.55	1120.67
1967	12155	170.07	2067.19	6523	170.45	1111.85
1968	12072	207.59	2506.08	6096	197.35	1203.05
1969	12003	168.27	2019.72	6065	179.70	1089.88
1970	12088	199.35	2409.75	6308	185.15	1167.93
1971	11607	244.58	2838.79	5047	225.10	1136.08
1972	11320	221.35	2505.63	4195	228.60	958.98
1973	11447	156.35	1789.78	4363	185.85	810.86
1974	11303	245.38	2773.52	4235	250.60	1061.29
1975	11178	242.31	2708.56	3196	264.15	844.22
1976	10999	242.11	2662.95	4048	253.70	1026.98
1977	10978	126.58	1389.55	5296	143.85	761.83
1978	10792	291.53	3146.17	5943	312.30	1856.00
1979	11026	323.01	3561.47	6470	352.85	2282.94
1980	10979	368.17	4042.14	6921	389.85	2698.15
1981	11010	313.23	3448.67	7441	323.85	2409.77
1982	11293	321.88	3634.97	7643	328.15	2508.05
1983	10802	238.81	2579.62	7022	202.04	1418.70
1984	10735	268.82	2885.73	6876	229.95	1581.14
1985	10382	260.29	2702.30	6562	279.50	1834.08
1986	12188	290.12	3535.93	9329	304.50	2840.68
1987	11868	220.15	2612.79	9793	229.00	2242.60
1988	11298	257.27	2906.59	9668	262.00	2533.02
1989	11354	185.60	2107.29	9741	188.30	1834.23
1990	12103	260.54	3153.28	10607	267.80	2840.55
1991	12022	219.97	2644.48	11282	219.20	2473.01
1992	10850	285.60	3098.76	10448	286.20	2990.22
1993	10114	290.84	2941.56	10037	291.00	2920.77
1994	9220	290.97	2682.77	9208	291.00	2679.53
1995	9806	313.00	3069.28	9806	313.00	3069.28
1996	9809	313.00	3070.22	9809	313.00	3070.22

续表

年份	三麦合计			小麦		
	种植面积（亩）	平均单产（公斤）	总产（吨）	种植面积（亩）	单产（公斤）	总产（吨）
1997	9831	310.00	3047.61	9831	310.00	3047.61
1998	7778	251.00	1952.28	7778	251.00	1952.28
1999	6759	302.00	2041.22	6759	302.00	2041.22
2000	4238	285.00	1207.83	4238	285.00	1207.83
2001	2500	245.00	612.50	2500	245.00	612.50
2002	6617	249.00	1647.63	6617	249.00	1647.63

年份	元麦			大麦		
	种植面积（亩）	单产（公斤）	总产（吨）	种植面积（亩）	单产（公斤）	总产（吨）
1958	8648	53.15	459.64	2000	79.75	159.50
1959	4888	129.70	633.97	2099	150.50	315.90
1960	5588	63.75	356.24	1880	104.55	196.55
1961	4290	115.00	493.35	1969	125.35	246.81
1962	6152	101.20	622.58	2604	79.05	205.85
1963	6215	103.15	641.08	1929	97.45	187.98
1964	5907	110.50	652.72	1442	101.05	145.71
1965	4530	160.00	724.80	1183	138.25	163.55
1966	5096	146.50	746.56	954	138.16	131.80
1967	4595	174.00	799.53	1037	150.25	155.81
1968	4852	230.10	1116.45	1124	166.00	186.58
1969	4608	161.15	742.58	1330	140.80	187.26
1970	4688	227.10	1064.64	1092	162.25	177.18
1971	5171	266.25	1376.78	1389	234.65	325.93
1972	5333	227.55	1213.52	1792	185.90	333.13
1973	5327	147.75	787.06	1757	109.20	191.86
1974	4910	244.25	1199.27	2158	237.70	512.96
1975	3232	215.15	695.36	4750	246.10	1168.98
1976	3178	230.50	732.53	3773	239.45	903.44
1977	3577	107.90	385.96	2105	114.85	241.76
1978	3277	266.75	874.14	1572	264.65	416.03
1979	3561	280.10	997.44	995	282.50	281.09
1980	3680	331.20	1218.82	378	331.14	125.17
1981	3411	291.95	995.84	158	272.53	43.06
1982	3509	310.20	1088.49	141	272.55	38.43
1983	3635	308.55	1121.57	145	271.38	39.35
1984	3682	341.33	1256.77	177	270.17	47.82
1985	3554	228.50	812.09	266	211.02	56.13
1986	2542	248.00	630.42	317	204.51	64.83
1987	1791	178.00	318.80	284	182.00	51.39
1988	1387	231.30	320.81	243	217.12	52.76

续表

年份	元麦			大麦		
	种植面积(亩)	单产(公斤)	总产(吨)	种植面积(亩)	单产(公斤)	总产(吨)
1989	1358	175.60	238.46	255	135.69	34.60
1990	1279	214.80	274.73	217	175.12	38.00
1991	669	237.20	158.69	71	180.00	12.78
1992	402	270.00	108.54	—	—	—
1993	77	270.00	20.79	—	—	—
1994	12	270.00	3.24	—	—	—

注:(1)1958—1965年三麦种植面积未包括1966年划给王秀公社的10个大队;(2)1992年起不再种植大麦,1995年起元麦基本停种,故不再统计。

表6-8 1949—2002年鹿河镇(公社、乡)三麦种植主要品种一览

种植年份	种植品种	麦种类别	种植年份	种植品种	麦种类别
1949—1953	四柱头	小麦	1971—1991	早熟3号	大麦
1949—1960	四柱、六柱	元麦	1972—1981	扬麦1号	小麦
	老脱苏	大麦	1973—1974	214	大麦
1949—1991	紫皮大麦	大麦	1973—1979	早熟41	元麦
1953—1965	长棋白壳	小麦	1975—1978	芒麦	小麦
1957—1967	矮粒多	小麦	1975—1994	浙114	元麦
1960—1972	沙六柱	元麦	1976—1980	武麦1号	小麦
1963—1972	华东6号	小麦	1978—2000	扬麦3号	小麦
1964—1967	萧山立夏黄	元麦	1979—1994	海麦	元麦
1966—1973	吉利	小麦	1979—1998	宁麦3号	小麦
1967—1969	757	元麦	1980—1981	沪麦3号	小麦
1969—1971	立新2号	元麦	1981—2000	扬麦3号	小麦
1971—1973	矮秆早	小麦	1985—2000	扬麦5号	小麦
	关东早	大麦	1998—2002	扬麦12号	小麦
1971—1975	万年2号	小麦	2000—2002	扬麦16号、宁麦8号、华麦6号	小麦
1971—1978	钟山2号、钟山6号	小麦			
	南通1号	元麦	—	—	—

三、棉花

民国时期,鹿河自然地理的特定条件,限制了水稻面积的扩大,种植棉花耐旱又省成本,故鹿河历来是棉七稻三的粮棉夹种地区,所种植的棉花为中棉(俗称“小棉”)。

1952年,棉花生产改革过去散播的老方法,推广条播。同年,开始选种产量高、品质好的大棉,1954年后基本改种大棉,淘汰了世代耕种的中棉。1955年,鹿河小乡时,全乡种植棉花3502亩。1959年是鹿河历史上棉花种植面积最多的年份,全公社种植棉花11277亩。

1960年,种植棉花改以前的等行条播为宽窄行条播,改善了棉花的通风透光条件,提高了产量。1963年,开始探索棉花营养钵育苗移栽和床地划格育苗移栽方法,力促棉苗早发,打好稳产

高产基础。1965年起，结合棉田除草，重视对棉花培根壅土，促进棉花正常发育，防止倒伏。1968年，棉田改浅耕为深耕，耕垈深度突破犁底层。春耕改冬耕，冬深春浅捣细捣实，熟化土壤，促进棉花根系生长。1970年后，精选粒选棉种，并进行药剂处理，以减少苗期病害，提高出苗率。

1974年，革新棉花种植方法，大面积推广塑料薄膜棚床育苗、营养钵移栽技术，以后每年棉花营养钵育苗移栽面积占棉花种植总面积一直保持在90%以上。1977年，重视棉花整枝，对封行早、枝叶密的棉花进行脱老叶、剪空枝，促使棉田通风透光。1980年，按照易排易灌要求，进一步配套棉田沟系，坚持棉花苗期逢旱浇水抗、花期逢旱通沟泅水抗、铃期逢旱浸灌跑马水抗，抗旱结束及时松土，不使土壤板结。1984年，全乡种植棉花9812亩，亩产皮棉80.36公斤，总产788.49吨，是历史上棉花总产最高的年份。尤其是长城村（大队）的棉花种植，在太仓农业局技术员万念生长期蹲点村里指导帮助下，率先推广先进技术，严格实行科学种棉。同时村（大队）成立农科队，抽调具有一定文化水平的男女青年入队，开展棉花尼龙制钵育苗、大伏夜间灌水抗旱等一系列科学实验，不断总结经验，做出榜样。通过这些措施，长城棉花一直保持高产稳产，在太仓乃至全省享有盛名。县里多次组织人员调查总结撰写长城棉花高产经验，并在县里相关大会上发言介绍推广；或在长城召开棉花生产现场会，宣传推广长城经验。每年各地到长城参观学习棉花高产经验的干部群众络绎不绝。在县农业局安排下，有几年在长城大队抽调一些经验丰富的技术骨干，作为棉花老农（技术员）支援县内几个植棉公社，用长城经验指导他们科学种棉，提高产量。

1986年起，农村种植业结构调整，全乡棉花种植开始大面积减少，是年种植棉花6690亩，占全乡耕地总面积的27.92%。

1990年起，进一步注重科学施肥，力求基肥足，苗肥早，严格控制蕾肥，重施花铃肥，补施盖顶肥，力促早发、稳长、勿早衰。1996年，全乡种植棉花5006亩，亩产皮棉155公斤，总产775.93吨，是鹿河历史上棉花亩产皮棉最高的年份。1997年，鹿河连续4年夺得太仓市棉花亩产量第一名，获太仓市人民政府颁发的攻高产科技进步奖，镇棉花丰产方在江苏省农林厅农业丰产方竞赛中获得棉花高产一等奖。1999年，引进棉花抗病高产新品种“苏棉12号”进行试种，之后予以推广种植。

2002年，全镇种植棉花2806亩，占耕地总面积的12.69%，是年亩产皮棉58公斤，总产162.75吨。

表6-9 1958—2002年鹿河镇（公社、乡）棉花种植面积、皮棉产量统计

年份	种植面积（亩）	单产皮棉（公斤）	总产（吨）	年份	种植面积（亩）	单产皮棉（公斤）	总产（吨）
1958	10534	36.75	387.12	1964	10356	46.30	479.48
1959	11277	33.40	376.65	1965	10368	60.55	627.78
1960	10372	36.75	381.17	1966	10361	59.45	615.96
1961	10441	33.75	352.38	1967	10350	57.40	594.09
1962	10440	26.10	272.48	1968	10318	71.60	738.77
1963	10360	40.80	422.69	1969	10180	63.40	645.41

续表

年份	种植面积（亩）	单产皮棉（公斤）	总产（吨）	年份	种植面积（亩）	单产皮棉（公斤）	总产（吨）
1970	10064	56.15	565.09	1987	5096	57.00	290.47
1971	9983	43.20	431.27	1988	4978	88.20	439.06
1972	10005	50.65	506.75	1989	4697	91.80	431.18
1973	10000	65.40	654.00	1990	6807	80.40	547.28
1974	9999	63.50	634.94	1991	5000	148.30	741.50
1975	9998	59.65	596.38	1992	5008	125.30	627.50
1976	10003	48.40	484.15	1993	4870	75.00	365.25
1977	9949	40.70	404.92	1994	5006	137.00	685.82
1978	9910	67.05	664.47	1995	5003	154.00	770.46
1979	9778	75.50	738.24	1996	5006	155.00	775.93
1980	9750	51.60	503.10	1997	4187	142.00	594.55
1981	9850	43.55	428.97	1998	5020	122.00	612.44
1982	9840	60.35	593.84	1999	4602	45.00	207.09
1983	9851	57.15	562.98	2000	2500	64.00	160.00
1984	9812	80.36	788.49	2001	3018	65.00	196.17
1985	9760	65.50	639.28	2002	2806	58.00	162.75
1986	6690	62.12	415.58				

注：1958—1965年棉花种植面积未包括1966年划给王秀公社的10个大队。

表 6-10　1949—2002 年鹿河镇（公社、乡）棉花种植主要品种一览

种植年份	种植品种	种植年份	种植品种
1949—1955	中棉	1979—1994	86-1
1952—1953	德字棉	1982—1996	9101
1953—1957	斯字棉	1990—2002	7921
1955—1992	岱字15	1999—2002	苏棉8号、苏棉12号
1972—1976	江苏1号、江苏3号	—	—

四、油菜

1949—1955年，境内油菜有少量种植。种植的品种有“三月黄”“四月黄”“野芥菜”等，这些品种的油菜虽长势较好，但结荚稀，籽粒小，产量低。1955年，鹿河小乡时，全乡种植油菜111亩，仅占耕地总面积的1.57%，油菜单产不足50公斤。

1956年起，大面积推广油菜育苗移栽，改变撒菜籽直播种植的老方法，提高油菜产量，油菜种植面积逐年扩大。1958年，全公社种植油菜1693亩，获单产55.85公斤，总产94.55吨。

1960年后，重视农田基本建设，增加水旱耕地，扩大轮作比例，减少“老稻田久菜地”，通过调整茬口，改良土壤，增强地力，减少杂草和病虫害，优化油菜种植的土壤条件，提高油菜产量。20世纪60年代，全公社种植油菜年平均单产78.26公斤，比1958年增加22.41公斤；年平均总产

153.62吨，比1958年增加59.07吨。

1970年起，进一步改进油菜栽培方法，注重选好菜秧地，并加强苗期管理，出苗后分次间苗，防止苗挤苗。移栽时分级拣苗，剔除病苗杂苗，选栽大苗壮苗。重视垂直栽苗，踩泥伏根，浇足醒根水。醒棵后及时培根壅土，促冬壮春发。70年代，全公社种植油菜年平均单产142.1公斤，比60年代增加63.84公斤，增长81.57%；年平均总产303.64吨，比60年代增加150.02吨，增长加97.66%。

1980年后，更加重视配套沟系，防止渍害，抓好植保工作，减少病虫害损失，油菜产量有了新的提高。1981年是鹿河种植油菜单产最高的年份，全公社种植油菜2153亩，单产229.5公斤，总产494.11吨。80年代，全公社种植油菜年平均单产154.42公斤，比70年代增加12.32公斤，增长8.67%；年平均总产433.17吨，比70年代增加129.53吨，增长42.66%。

1990年起，进一步重视科学用肥，搭配氮、磷、钾肥，合理利用，重施基肥促根发，施好腊肥促冬壮，巧施荚肥增粒重。由于种植油菜收入好，全乡种植面积扩大，总产量提高。1990年是鹿河油菜总产最高的年份，达739.74吨。1992年是鹿河油菜种植面积最多的年份，达4337亩。90年代，全乡种植油菜年平均单产138.34公斤，单产虽比80年代略有减少，但因种植面积扩大，年平均总产增加，达469.22吨，比80年代增加36.05吨，增长8.32%。

2000年后，油菜种植一直保持较好收成。2002年，全镇种植油菜2918亩，占耕地总面积的13.2%，获单产159公斤，总产463.96吨。

表6-11　1958—2002年鹿河镇（公社、乡）油菜种植面积、产量统计

年份	种植面积（亩）	单产（公斤）	总产（吨）	年份	种植面积（亩）	单产（公斤）	总产（吨）
1958	1693	55.85	94.55	1976	2117	124.60	263.78
1959	1597	81.45	130.08	1977	2114	104.25	220.38
1960	2107	70.60	148.75	1978	2153	216.25	465.59
1961	2022	30.25	61.17	1979	2153	162.15	349.11
1962	1709	51.00	87.16	1980	2153	212.95	458.48
1963	1681	44.60	74.97	1981	2153	229.50	494.11
1964	1749	79.10	138.35	1982	2512	181.55	456.05
1965	1871	123.40	230.88	1983	2290	120.50	275.95
1966	2071	94.90	196.54	1984	2487	122.66	305.06
1967	2060	93.55	192.71	1985	3683	139.50	513.78
1968	2071	91.40	189.29	1986	3446	134.50	463.49
1969	2086	103.75	216.42	1987	3396	136.00	461.86
1970	2120	113.55	240.73	1988	3298	152.00	501.30
1971	2146	145.50	312.24	1989	3492	115.00	401.58
1972	2153	146.30	314.98	1990	3755	197.00	739.74
1973	2153	127.60	274.72	1991	3816	163.40	623.53
1974	2118	148.85	315.26	1992	4337	143.00	620.19
1975	2119	131.95	279.60	1993	2714	120.00	325.68

续表

年份	种植面积（亩）	单产（公斤）	总产（吨）	年份	种植面积（亩）	单产（公斤）	总产（吨）
1994	3707	84.00	311.39	1999	2440	155.00	378.20
1995	3800	170.00	646.00	2000	2182	153.00	333.85
1996	3500	154.00	539.00	2001	2536	148.00	375.33
1997	2400	112.00	268.80	2002	2918	159.00	463.96
1998	2819	85.00	239.62				

注：1958—1965年油菜种植面积未包括1966年划给王秀公社的10个大队。

表 6-12　1949—2002 年鹿河镇（公社、乡）油菜种植主要品种一览

种植年份	种植品种	种植年份	种植品种
1949—1955	三月黄、四月黄、野芥菜	1972—1979	新华1号、新华2号
1955—1963	宁波菜	1978—2002	宁油7号
1963—1965	胜利油菜	2000—2002	苏油1号、苏油4号
1966—1971	胜利52		

五、蔬菜　瓜果

20世纪50—60年代，境内种植蔬菜的种类主要有青菜、白菜、金花菜、韭菜、雪里蕻、莴苣、萝卜、茄子、茭白、辣椒、马铃薯、蚕豆、豇豆、豌豆、扁豆、大蒜等。种植的瓜类主要有黄瓜、冬瓜、丝瓜、南瓜、西瓜、甜瓜等。栽种的果树主要有桃、柿、梨、枣、杏、枇杷、柑橘等。蔬菜和瓜类作物由农户分散零星种植，果树普遍由农户在宅前屋后栽种，蔬菜、瓜果以自种自食为主，也有少数农户将多余的蔬菜、瓜果出售。

70年代，突出以粮为纲，蔬菜、瓜类作物种植受到限制。80年代起，公社在种植业上调整布局、落实计划，积极发展经济作物。在蔬菜种植方面，大搞套夹种，提高土地利用率和产出率，提倡棉田套种大蒜、青蚕豆、菜类、瓜类等经济作物。尤其是大蒜种植时间最长、产量较高。据有统计年份的资料，1986—1998年，全镇累计生产大蒜5954.55吨，1998年是总产量最高的年份，达1104吨。

90年代，随着外来人口的增加，蔬菜需求量增加，种植面积扩大，蔬菜种植除以前常种的品种外，还有包菜、花菜、菠菜、芹菜、刀豆、番茄、四季豆等。1996年，全镇生产蔬菜2200吨。90年代后期，在长新村等村形成蔬菜种植基地，开始实施专业化生产、产业化经营，蔬菜种植面积扩大，产量提高，营销经纪人也随之增多，销售渠道不断拓展。1997—1999年，全镇每年销售蔬菜均在2500吨以上。

2000年，开发引进蔬菜新品，主要有荷兰豆、地刀豆、小松菜、西兰花、大叶菠菜、日本大蚕豆、叶太龙萝卜等7种。2001年，围绕农业增效、农民增收目标，重视发展订单农业，形成蔬菜出口基地，全年落实订单蔬菜6000亩，销售蔬菜2000余吨。

2002年，大力发展无公害蔬菜基地，全镇种植各类蔬菜达8000亩次（农户零星种植的除外），

其中以荷兰豆、日本大蚕豆为主，种植面积达7000亩次，大叶菠菜、西兰花、地刀豆、甜玉米等特种蔬菜种植1000亩次，全年生产蔬菜2700吨，总产值1200万元。其他农户种植的蔬菜，因分散种植和少量出售，面积及产量无从统计。

六、豆类杂粮

境内种植的豆类杂粮主要有玉米、大豆、芋艿、山芋等。1958年成立人民公社之前，主要由农户分散种植。之后，主要由各生产队集体种植，也有农户零星种植。1983年实行家庭联产承包责任制后，由农户根据自食需要选择种植。农户种植玉米较为普遍，大多利用零星隙地种植。玉米品种大多为当地老品种，多为自种自吃，很少销售。农户种植蚕豆，大多种在路旁、渠边，也有小面积整块种植。蚕豆成熟后大部分提前采摘青蚕豆，当蔬菜吃，小部分收获老豆，煮熟或炒熟吃。大豆一般种植在隙地、渠旁和田埂上，也有大田整块种植。大豆也分为两用，待大豆荚饱满后，采摘青毛豆，当蔬菜食用，未采摘的待完全成熟后收获老豆，俗称“黄豆”。收获的黄豆，有的用于换取豆制品食用，有的用作菜肴辅料，也有煮熟或炒熟后食用。芋艿、山芋等薯类农产品多为农户自种自吃，少量上市。主要豆类杂粮生产情况在20世纪80年代曾有统计，1989年为蚕豆、大豆产量最高的年份，全乡蚕豆（收获老豆）产量120吨，大豆（收获老豆）产量115吨。1990年，全乡芋艿产量359吨，为历年之最。豆类杂粮生产情况在1990年后因缺资料，无从统计。

七、苎麻

苎麻是生产麻织品的原料。麻织品由于挺括、美观、环保，深受国内外市场欢迎，由此提升了苎麻原料价格。20世纪80年代实行家庭联产承包责任制后，种植自由，鹿河少数农民市场信息灵通，先行种植苎麻，收益颇丰，刺激了当地农民纷纷学样种植经济效益颇高的苎麻，一时掀起种植高潮。后逐步扩大到县内多个乡镇。80年代中期，鹿河乡筹建苎麻脱胶厂，1986年，完成苎麻脱胶全部工艺流程，脱胶后产品可纺性、染整性均达到外贸出口标准。1987年，全县种植4918亩，其中鹿河乡3536亩，占比72%。原料产品由县棉麻公司委托鹿河供销社为苎麻脱胶厂代购，或由工厂自行收购。1988年，苎麻市场疲软，收购价大幅下降，全县种植面积减少至3391亩，其中鹿河乡仍达2957亩，占比87%。1989年起，农民因种植苎麻经济效益甚差，纷纷刨出苎麻根，改种其他作物，至1990年，境内苎麻生产绝迹。

第二节　作物保护

一、病虫种类

农作物病虫害是影响农业稳产高产的主要因素。鹿河境内农作物病虫害主要有60余种。病虫害主要分常发性、偶发性、爆发性3种，以常发性居多。

水稻病害主要有纹枯病、稻瘟病、条纹叶枯病、稻曲病、褐条病、恶苗病、胡麻叶斑病等，其中纹枯病为常发性病害，条纹叶枯病为间歇性暴发流行；水稻虫害主要有稻蓟马、稻叶蝉、稻苞虫、潜叶蝇、象鼻虫、稻飞虱、灰飞虱、稻纵卷叶螟、螟虫等，其中褐飞虱、三化螟危害最重。

棉花病害主要有枯萎病、褐斑病、炭疽病、立枯病、角斑病、黑果病、红腐病、轮纹斑病、黄叶茎枯病等；棉花虫害主要有棉铃虫、棉蚜虫、棉叶蝉、红铃虫、红蜘蛛、盲蝽象、金龟子、地老虎、棉蓟马、蜗牛、刺蛾等。

三麦病虫害主要有赤霉病、白粉病、黑穗病、麦蚜虫、黏虫等。油菜病虫害主要有白锈病、菌核病、霜霉病、病毒病、菜蚜虫、菜青虫、小菜蛾、潜叶蝇、黄条跳甲虫等。蔬菜病虫害主要有霜霉病、灰霉病、甜菜夜蛾、斜纹夜蛾、小菜蛾、菜青虫、白粉虱、菜粉蝶、蚜虫、瓜绢螟、豆野螟、叶螨、地老虎等。

二、病虫危害

1966—2002年，境内基本上每年都有农作物病虫害发生，本目记载危害较为严重的年份。1966年以前因缺资料未作记载。

1966年，三麦遭受黏虫危害，受害面积30%，造成光杆断穗。1967年，三代纵卷叶螟危害水稻面积20%。三麦黑穗病发病率30%~40%。1969年，发生水稻秧苗稻瘟病，秧苗发病率30%。棉花刺蛾危害棉苗30%。1970年，水稻潜叶蝇危害水稻面积20%~30%。棉花茎枯病危害棉花面积70%~80%。三麦遭赤霉病危害，病穗率20%~30%。1971年，双季后作稻稻叶蝉危害面积40%。三代棉铃虫危害棉花面积92%，危害严重的田块十铃（棉铃）九蛀。1972年，局部田块水稻穗颈瘟病病害率10%~15%。棉花蚜虫危害率9%~10%，红蜘蛛危害率50%~70%；棉田地老虎危害严重，生产队人工捕捉，每个早晨每人可捕上百条。三麦赤霉病危害率33%~50%。油菜菌核病棵发病率17%，最严重的田块79%。1976年，棉花伏蚜虫发生面积70%。油菜龙头病棵发率24%，菌核病棵发率30%。1977年，杂优稻大螟危害率30%。元麦黑穗病局部穗发率35%。1980年，单季稻、双季后作稻均发生穗颈瘟病，分别减产9%和16%。1981年，单季稻、双季后作稻穗颈瘟病发病严重，穗发病率分别达20%和15.9%。小麦白粉病大面积发生，发病严重的田块病株率100%，一半叶子发黄，历史上少见。1982年，棉花苗期发生枯萎病，因发病死苗而改种水稻的棉田有373亩。油菜菌核病棵发病率34%，造成减产1.5~2成。1983年，流行水稻穗颈瘟病，造成水稻减产16%。1987年，流行棉花枯萎病，发生面积62%，造成棉花减产。1988年，单季稻穗颈瘟病发病率32%，褐飞虱危害水稻面积35%。1989年，小麦赤霉病大面积发生，病穗率25%。油菜受菌核病、病毒病危害，平均病株率26%。1992年，水稻纹枯病发病严重，受害面积40%。1995年，水稻褐飞虱大面积发生，虫量多，峰期长，水稻受害面积40%。1996年，水稻三化螟危害严重，受害面积30%。棉花棉铃虫大面积发生，受害面积33%。1997年，小麦白粉病流行，严重的田块病叶率占55%。1998年，小麦受赤霉病危害，减产23%。2001年，水稻三化螟危害严重，造成水稻白穗率达20%。2002年，小麦赤霉病发病严重，受害面积占35%。

三、病虫防治

1949年，采用人工手段防治农作物病虫害。1953年，用“二二三”乳剂喷洒，防治水稻稻苞虫，治虫效果显著，这是鹿河历史上第一次使用农药治虫。1954年后，采用堆草诱捕、农药灭杀的方法，诱杀棉田地老虎。各生产队防治病虫害使用的药械为手工操作的喷雾器和喷粉器，喷雾器有单管式、552丙型压缩式、背包式3种，喷粉器有丰收-5型、长江-10型2种。1966年，建立植保工作队伍，公社、大队农技员兼任植保员，供销社生资部设专人配合全公社植保工作。1968年前后，利用虫子的趋光性点灯诱杀水稻害虫。在为棉花打边心时捉灭棉铃虫卵，在棉花盛花期人工捕捉棉铃虫。

1970年后，重视稻棉轮作，控制水稻纹枯病和棉花枯萎病。不种叠地油菜和叠地大元麦（特别是浙114元麦和早熟3号大麦），以控制油菜菌核病和大元麦苗期黄花型病毒病。同时，公社建立病虫测报档案，为研究病虫害发生规律、做好防治工作提供依据。1972年，推行生物防治，各生产队在仓库内放养金小蜂，消灭越冬红铃虫。1973年起，改用药效长的农药，以前用“二二三”“一六〇五”防治水稻螟虫、稻纵卷叶螟和棉花红铃虫，后改用杀虫醚，治虫效果提升。1974年，全公社各生产队仓库用塑料薄膜密封，进行磷化锌熏蒸，治虫取得较好效果。

1975年起，改使用高残毒农药为低毒高效农药，防治水稻纹枯病用井岗霉素替代砷制剂农药，浸种用多菌灵替代汞制剂农药，防治效果好，又减少了农药污染。1976年，喷洒农药有了机动远程喷雾机，工效大为提高。1977年开始，水稻由用石灰水浸种改为用“四〇二”农药浸种，防止恶苗病效果更好。防治水稻稻蓟马改乐果为呋喃丹，药效长、效果好。三麦用石灰水或多菌灵浸种，防治黑穗病。棉花用多菌灵拌种，减轻苗期立枯病。1978年，有的生产队尝试用蜘蛛消灭棉蚜虫。在稻田内滴放柴油防治稻飞虱，通过水控、药防，控制水稻纹枯病。用敌敌畏进行棉田毒土熏蒸和傍晚喷撒药粉等方法，消灭红铃虫及虫卵。1979年起，用除草醚、二甲四氯、氯麦隆除水稻杂草，效果显著。

1980年起，各生产队普遍使用喷雾喷粉两用的机动弥雾机，防治质量和工效更高。1982年，加强植保队伍建设，完善植保工作网络，全公社配备植保员162人，其中公社2人、大队13人、生产队147人。是年，全公社有机动远程喷雾机82台，机动弥雾机106台，各种型号的压缩喷雾机1775架，喷粉器233架，防病治虫用药机械化程度提高。1983年后，沿用过去稻棉轮作的方法，减轻水稻纹枯病和棉花苗期立枯病、炭疽病等病害。推广棉花“86-1”“9101”和苏棉系列等抗病品种，控制棉花枯萎病的发生。

1985年后，善于运用开沟排水降湿、水稻搁田、科学施肥等方法控制稻、麦中后期病虫害的发生。1987年前后，推广使用黑光灯、高压杀虫灯诱杀成虫。1990年，防治稻飞蚤全面使用“扑蚤灵”，省工、省本、效果好。之后，每年均有水稻稻飞虱、小麦赤霉病、棉花枯萎病、油菜菌核病等病虫害发生，广大农户合理选药、科学用药，有效地把病虫危害降到最低。

1996年，水稻受三化螟严重危害，广大农户在镇农技部门的指导下，准确把握最佳防治时间，使三化螟危害得到有效控制。1998年，受连续阴雨天气影响，小麦赤霉病发病严重，全镇统一发动，及时用药，经全力防治，减轻了病害损失。1999年起，对蔬菜防治病虫害，采用高效低毒杀虫剂，示范推广生物农药，既达到了良好的防治效果，又解决了农药残留问题。2000年后，推广佳多频振式杀虫灯诱杀趋光性害虫。2001年，重点防治水稻三化螟；2002年，突出防治小麦赤霉病。因及时用药，科学防治，均未造成严重损失。

第三节　作物肥料

农作物肥料分有机肥和无机肥两类。

一、有机肥

20世纪50—70年代，鹿河农业施用的有机肥主要有河泥，泥草搅拌发酵后的草塘泥，人便粪肥，厩肥，菜籽饼、棉仁饼、豆饼等饼肥，紫云英、金花菜等绿肥，城市生活垃圾筛拣后的杂肥，农作物秸秆还田腐蚀后的基肥。

1983年实行家庭联产承包责任制后，农村主要劳动力转移，不再罱泥积肥，且因不再到城市装运垃圾而使垃圾杂肥绝迹。

1990年后，随着农村改厕面的扩大，人便粪肥施用量减少，只有少数未改厕的地方还有农户施用。以前农户普遍养猪养羊，有厩肥积存，自专业化养殖后，农户无厩肥可用，但有少数种田大户到畜禽养殖场装运厩肥用于蔬菜生产。因农资供应部门不再供应饼肥，故基本上见不到农户施用饼肥。1995年后，推广农作物秸秆还田，水稻、小麦实现机械收割后，秸秆当即粉碎还田。但有些农户嫌稻麦秸秆一时不会腐烂，影响耕作，故将稻麦秸秆焚烧。

2000年后，广泛宣传农作物秸秆还田好处，并采取相应的监管措施，秸秆焚烧开始得到制止，还田数量逐年增加。2002年，农作物秸秆还田成为土壤有机肥的主要来源，另有少量农作物田块由农户施用畜厩肥。除此之外，其他农业有机肥极少施用。

二、无机肥

主要是化学无机肥，分氮、磷、钾三大类。氮肥有碳酸氢铵、尿素、氯化铵、硫酸铵、硝酸铵等，磷肥主要有过磷酸钙，钾肥有氯化钾、硝酸钾等。另有氮、磷、钾复合肥。

民国时期，境内无化肥供应，农作物全靠有机肥促长。1949年后，有少量硫酸铵（通常称肥田粉）配售，施用极不普遍。20世纪60—70年代，化肥品种增多，施用量有所增加，但化肥计划供应，不能满足施用需求，影响农作物产量。

改革开放后，化肥施用量因化肥供应量增加而增多。1985年，全乡每亩农田施用氮肥80公斤、磷肥30公斤、钾肥5公斤。1987年，全乡供应化肥3263.5吨。

1990年后，各类化肥基本上敞开供应，在各村设供应点，方便农户购买。因化肥供应充足，至2002年，农业除个别年份受灾减产外，一直保持稳产高产。

第四章　养殖业

第一节　畜禽饲养

一、猪

20世纪50年代，鹿河地区养猪以农户家庭饲养为主。猪种绝大多数是黑色本地种，猪身小，出肉率低。饲料除米糠、豆饼、麸皮外，还有玉米、高粱、元大麦等杂粮。因养猪消耗粮食，饲养成本高，故一般农户无力饲养，只有家底实、有余粮的一些农户才养。养猪主要是为了积存厩肥，施用于农作物，其直接收益较低，甚至亏本。俗语说："养了三年蚀本猪，田里壮得不得知。"

1958年鹿河人民公社成立后，养猪片面强调以"公养"为主。1959年，全公社生猪出栏4062头，比上年增加2814头；年末存栏4646头，其中集体存栏3202头，约占总数的三分之二。此后，粮食严重减产，集体养殖数量直线减少，同时，农民口粮紧缺，无余粮养猪，个人养猪数量也大幅减少。1961年，全社生猪出栏2235头，较1959年减少1827头；年末存栏1878头，较1959年减少2768头。1962年起，贯彻"公私平举，私养为主"方针，划给养猪户饲料田，制定奖售政策，调整猪灰肥折价的标准和办法，激发了社员养猪积极性，促进了养猪生产的恢复和发展。从1965年开始，随着生产队集体经济的发展，集体养猪业开始兴起，1966年，全公社90%以上的生产队办起了养猪场，是年，全公社生猪出栏9812头，为60年代出栏最多的年份。

1970年起，全公社近100%的生产队有集体养猪场，且呈规模养殖发展趋势。其时，在供销社的帮助下，在全公社引进推广"三水一绿"（水花生、水浮莲、水葫芦、绿萍）的放养和使用，同时推广套种夹种大头菜等作物，作为"青代饲料"用以喂猪，以弥补粮食饲料不足。集体养猪场普遍添置打浆机等配套设备，"吃青吃生"一度盛行。从1971年起，全公社连续6年保持每年生猪出栏万头以上。1972年，在公社支持下，长沙大队首先办起了百头养猪场，最高圈存量达153头。接着，新市12队，长江3队、4队、6队，长城4队，东泾3队、5队、10队等相继办起了百头养猪场。

1974年，公社对集体养猪推行"四定一奖"责任制，即定任务、定产值、定饲料、定报酬，超产奖励、减产赔偿，调动了生产队饲养员的积极性。此后，又有不少生产队办起了百头养猪场。1976年，长江大队8个生产队中有6个办起了百头养猪场。

1977年，贯彻不允许农户饲养母猪的政策后，许多母猪被杀、被卖或作价卖给生产队。这样，由于当地苗猪供应量少，采购外地苗猪价格高，养猪收入降低。1977年、1978年，全公社连续2年生猪出栏减少，降到万头以下，分别为7778头和8271头。

1979年,公社推广长江大队"三吃"(吃青、吃生、吃稀)养猪经验后,生产队集体养猪进一步发展;是年末,全公社有45个生产队办百头养猪场,其中长江6队饲养场圈存达284头,为当年最多。同年,公社种畜场扩大养殖规模,每年有1000余头苗猪供应农户,这一年又开始允许农户饲养母猪,苗猪生产得到发展,满足全公社生猪生产发展所需。是年起,全公社又连续4年保持每年生猪出栏1.3万头以上。其中,1979是全公社生猪出栏最多的年份,达1.72万头。

1980年下半年公社实行大包干派购派养以后,生产队百头养猪场开始逐步减少。1983年实行家庭联产承包责任制后,生产队养猪场停办,生猪生产以农户家庭养殖为主,全乡生猪饲养量开始减少。1983—1991年的9年间,全乡每年生猪出栏降至万头以下。1992年起,农户养猪收益提高,全乡饲养量回升,连续3年生猪出栏万头以上。1995年起,农户家庭养猪开始萎缩,年生猪出栏大幅度减少,1999年降至4410头。2000年起,生猪生产以专业户养殖为主,其他农户极少养殖。2002年,全镇生猪年末存栏1970头,当年出栏4457头。

表6-13　1958—1982年鹿河公社养猪统计

单位:头

年份	年末存栏数			当年出栏数	年份	年末存栏数			当年出栏数
	合计	集体养殖	农户养殖			合计	集体养殖	农户养殖	
1958	2653	2005	648	1248	1971	9563	3946	5617	11981
1959	4646	3202	1444	4062	1972	10325	4444	5881	14816
1960	2769	454	2315	3865	1973	10836	5193	5643	14302
1961	1878	131	1747	2235	1974	11142	5863	5279	10782
1962	2791	30	2761	2981	1975	11670	5486	6184	10098
1963	3518	96	3422	3324	1976	11677	6190	5487	10782
1964	4244	162	4082	4335	1977	10485	4775	5710	7778
1965	5692	972	4720	5418	1978	10906	5227	5679	8271
1966	9633	4275	5358	9812	1979	13091	5406	7685	17220
1967	8054	3082	4972	7898	1980	9472	3782	5690	15320
1968	6824	2390	4434	6622	1981	9974	2843	7131	13423
1969	7175	2552	4623	7353	1982	9896	2613	7283	14773
1970	8847	3883	4964	7026					

注:1958—1965年养猪情况统计未包括1966年划给王秀公社的10个大队。

表6-14　1983—2002年鹿河镇(乡)养猪统计

单位:头

年份	年末存栏数	当年出栏数	年份	年末存栏数	当年出栏数
1983	7055	9211	1988	2882	7510
1984	6768	8577	1989	2780	8756
1985	6123	7612	1990	2758	5803
1986	5502	6849	1991	2256	8954
1987	3480	5764	1992	3638	10111

续表

年份	年末存栏数	当年出栏数	年份	年末存栏数	当年出栏数
1993	2219	10553	1998	2574	5649
1994	2017	10120	1999	2940	4410
1995	2520	9445	2000	1845	4411
1996	2265	8131	2001	1905	4011
1997	2828	5580	2002	1970	4457

二、羊

羊是食草动物，适应性强，生长快，成熟早，产羔多，当年可获益。羊是历年来农民喜爱饲养的家畜，农民中有“养羊不蚀本，贴根烂草绳”之说。1958年以前，境内养羊情况因缺资料无从统计。

1958年，农民养羊以养山羊为主，少量养殖绵羊，是年末，全公社农民养羊存栏3720头，其中山羊3379头、绵羊341头。因农民饲养的山羊绝大多数为当地种，一般都是近亲交配，体形越来越小，又因以散放养殖为主，圈养的很少，故养殖山羊积肥不多，经济效益不高。1959年后，农民在养殖山羊的同时，开始增养绵羊。1962年是鹿河养羊最多的一年，年末全公社养羊存栏6844头，其中山羊5598头、绵羊1246头。之后，全公社养羊量随羊市价格变化而增减。

1966年后，因养殖绵羊积肥多，又可交售绵羊皮增加收入，农民养殖山羊逐年减少，绵羊饲养量增多。1967年，全公社绵羊饲养量首次超出山羊饲养量。1970年起开始收购绵羊血羔皮，养殖绵羊效益更好，故绵羊饲养量不断增加。1973年末，全公社养羊存栏4289头，其中山羊394头、绵羊3895头，农民出售绵羊皮478张。是年为鹿河农民出售绵羊皮最多的年份。

1976年，公社引进浙江菱湖羊优良绵羊品种。菱湖羊生长快、产羔多，一年可产2胎，每胎产子3~5头。菱湖羊的血羔皮，是世界闻名的优质裘皮，被誉为世界四大羔皮之一。菱湖羊皮、毛都是传统的出口商品，收购价格很高，且圈养菱湖羊还能积存优质厩肥，经济效益超过饲养山羊。因此，山羊饲养逐渐被淘汰，绵羊饲养量不断增加。是年末，农户饲养山羊存栏仅188头，绵羊存栏达4168头。

1979年，养羊仍有较好的收益，全公社继续保持较多的饲养量，年末，养羊存栏4886头，其中山羊454头、绵羊4432头，绵羊饲养量属鹿河历年最多。1980年起，连续3年出售绵羊血羔皮超千张，1982年达2300张，属鹿河历年出售绵羊血羔皮最多。

1983年后，羊皮、羊毛制品由专业化养殖基地提供原料，不再到农村零星收购。同时，农村机械化收割后，稻麦秸秆还田，农田基肥不再依靠畜禽厩肥，故养羊收益下降，饲养量逐年减少。1990年，全乡年末养羊存栏1688头，其中山羊719头，绵羊969头。

1991年后，农民养羊又以养殖山羊为主，绵羊极少。山羊的品种主要是本土的白山羊。养羊采用圈养和绳牵放牧两种方式，主要由老年农民养殖。老年农民养羊，主要是为了换取一点零花钱，也有少数农户为了办宴，事前养殖，届时自用。20世纪90年代，年际饲养量落差较大，多的年份近5000头，少的年份仅1300余头。

2002年末，全镇农户养羊存栏1790头，绝大多数为山羊，绵羊基本绝迹。

表 6-15　1958—2002 年鹿河镇(公社、乡)养羊统计

单位:头

年份	年末存栏	年份	年末存栏	年份	年末存栏	年份	年末存栏	年份	年末存栏
1958	3720	1967	2810	1976	4356	1985	1973	1994	3400
1959	4036	1968	2998	1977	4436	1986	1684	1995	4985
1960	4352	1969	3514	1978	3977	1987	1443	1996	2805
1961	4471	1970	3775	1979	4886	1988	1390	1997	3340
1962	6844	1971	4197	1980	4010	1989	1300	1998	1670
1963	5543	1972	4279	1981	3733	1990	1688	1999	3837
1964	4242	1973	4289	1982	3825	1991	1346	2000	3147
1965	3590	1974	4065	1983	3672	1992	2408	2001	2510
1966	2730	1975	4514	1984	2462	1993	1780	2002	1790

注:1958—1965年养羊情况统计未包括1966年划给王秀公社的10个大队。

三、兔

1949年以前,鹿河农民不看重养兔副业,兔饲养量极少。之后,因市场上猪肉供应紧张,农民开始饲养菜兔,以补充肉食,但饲养量不多,每年数百只不等,1958年前未作具体统计。1958年,全公社农民养兔年末存栏451只,1959年发展至690只。

20世纪60年代,农民重视养猪,养兔因收益少而积极性不高,年饲养量忽多忽少,多的年份有2300余只,少的年份仅数十只。70年代,养兔有所发展,一般年份年饲养量有数百只,有4个年份在2000只左右,1978年末存栏2720只。

1980年起,农民主要养殖长毛兔以及青紫兰、力克斯等皮用兔,兔毛、兔皮由土副站收购,养兔量因有较好收益而增多。1983年前后,公社种畜场及长江、长城、长沙等大队的农科队先后从上海、苏州郊区兔场引进近500只西德长毛兔。该兔体型大、采毛多,绒毛既密又长、质量好,收购价格高,且繁殖快,出售幼兔收益好。当时曾有山东、四川、河南等省份的县外贸公司到鹿河采购西德长毛兔,其中山东省某县外贸公司采购300余只。1985年,全乡有养兔专业户325户。泗洲村一农户饲养长毛兔120只,养兔年收入1万元。1986年,全乡农民饲养长毛兔年末存栏4106只,属鹿河历年养兔饲养量最多。

1988年后,兔业市场开始低落,饲养量逐年减少,至1998年,全镇农民养兔年末存栏仅270只。1999—2002年,只有零星养殖,数量极少,不再统计。

表 6-16　1958—1998 年鹿河镇(公社、乡)养兔统计

单位:只

年份	年末存栏	年份	年末存栏	年份	年末存栏	年份	年末存栏	年份	年末存栏
1958	451	1962	2008	1966	1342	1970	410	1974	129
1959	690	1963	1020	1967	264	1971	315	1975	1129
1960	930	1964	28	1968	468	1972	227	1976	2120
1961	2387	1965	86	1969	415	1973	178	1977	2432

续表

年份	年末存栏	年份	年末存栏	年份	年末存栏	年份	年末存栏	年份	年末存栏
1978	2720	1983	2037	1988	900	1993	450	1998	270
1979	1961	1984	2822	1989	350	1994	320	1999	—
1980	2770	1985	3500	1990	506	1995	350	2000	—
1981	4082	1986	4106	1991	260	1996	210	2001	—
1982	1150	1987	2185	1992	550	1997	670	2002	—

注：1958—1965年养兔情况统计未包括1966年划给王秀公社的10个大队。

四、禽

养殖鸡、鸭、鹅等家禽是鹿河农民传统的家庭副业，几乎家家户户都养，养殖数量少的数羽，多的10多羽。养殖以农户散养为主，以养鸡为多，鸭、鹅较少。农户养殖的家禽及产下的禽蛋大多自给食用，多余的出售。1958年以前，农民养殖家禽无统计资料，养殖总量不详。1958年，全公社农民养禽年末存栏5334羽。

20世纪60年代，农民养殖的鸡，其品种除一般草鸡外，另有白洛克鸡、三黄鸡、乌骨鸡、麻花鸡、芦花鸡等。鸭品种主要有绍鸭、麻鸭、番鸭、里加鸭、樱桃谷鸭等。鹅主要为太湖白鹅。全公社每年的饲养量有多有少，少的年份有7000~8000羽，多的年份在1万羽左右。1962年末存栏13699羽，为60年代养禽最多。

70年代，农户饲养的鸭、鹅，其苗鸭、苗鹅大多由鹿河食品站到太仓孵坊采购后供应。苗鸭品种大多为蛋用型绍鸭，饲养3个月后，公鸭就能出售，母鸭在白露前后开始产蛋，年产蛋250个左右。苗鹅品种为太湖白鹅，生长极快，一般饲养70天后就能出售，母鹅5个月后开始产蛋，年产蛋70个左右。由于收益好，养禽得到发展。新泾大队和长江4队、5队、6队曾办有集体鸭场。70年代后期，光明大队开办孵坊供应苗禽，为当地农户养禽提供方便。1970—1979年，全公社饲养量每年均在1万羽以上。1979年，全公社年末存栏30378羽，为70年代养禽最多。

1980年1月，公社种畜场与光明大队联合经营孵坊，职工除由光明大队孵坊原班人员转入外，另增2人，共10人。同年2月，孵坊开始正常生产。孵化的苗禽主要有鹿河良种苗鸡和白洛克苗鸡。鹿河良种鸡主要供应当地农民饲养，白洛克苗鸡除优先供应当地农民养殖外，还销往吉林、辽宁、广东、海南等地。1983年起，连续3年，全公社养殖家禽年末存栏超3万羽。1985年，玉影村9组一农户全年饲养肉用鸡出栏2400羽，养鸡纯收入0.6万元。是年，全乡养殖种鸡2500羽，出栏肉用鸡6万羽。1986年起，连续3年，全乡养殖家禽年末存栏超4万羽。

1990年后，农户养殖的家禽主要为本土良种鸡，这种鸡黄嘴黄脚，母鸡体重3公斤以上，年产蛋200余个，公鸡体重4公斤以上。1996年，鹿河镇与上海一家公司合作建办肉鸭养殖场，首批养殖肉鸭1.4万羽。90年代，全镇年养禽数量忽多忽少，落差较大，少的年份年末存栏1.6万羽，多的年份达8.5万羽。

2000年，发展温氏养鸡，实行规模养殖，新增温氏养鸡大户5户。是年，全镇养禽年末存栏18.12万羽，为鹿河历年养禽最多。2001年，全镇温氏养鸡户发展至18户，养殖量50万羽。之后，养殖量有所下降。2002年，全镇养禽年末存栏17.5万羽。

表 6-17　1958—2002 年鹿河镇（公社、乡）养禽统计

单位：万羽

年份	年末存栏	年份	年末存栏	年份	年末存栏	年份	年末存栏	年份	年末存栏
1958	0.53	1967	0.85	1976	1.75	1985	3.88	1994	4.77
1959	0.68	1968	1.01	1977	1.81	1986	4.31	1995	1.59
1960	0.82	1969	1.14	1978	1.85	1987	4.42	1996	7.57
1961	0.98	1970	1.17	1979	3.04	1988	4.44	1997	2.86
1962	1.37	1971	1.29	1980	2.26	1989	3.71	1998	8.52
1963	1.14	1972	1.43	1981	2.76	1990	2.36	1999	3.29
1964	0.90	1973	1.66	1982	2.94	1991	2.59	2000	18.12
1965	0.97	1974	1.70	1983	3.13	1992	2.78	2001	15.57
1966	0.76	1975	1.71	1984	3.46	1993	2.55	2002	17.50

注：1958—1965年养禽情况统计未包括1966年划给王秀公社的10个大队。

境内养殖的禽类还有鸽子，爱好者养鸽并非食用或出售，而是为玩耍。鹿河历年养鸽户极少，养鸽多的年份有200余羽，少的年份不足百羽。90年代后，养鸽爱好者忙于工作，无心养殖。2002年末，境内有养鸽户5户，养鸽80余羽。

五、牛

境内主要养殖耕牛，称为耕畜，是拉犁耕地、拉车灌水的重要畜力。在农业机械化、电气化之前，“牛是农家宝，种田不可少”。民国时期，养牛户极少，一般农户无力饲养，只有农田多、家境好的人家才养。养殖的耕牛以黄牛为主，1950年后开始引进水牛，畜力比黄牛大。1954年后，农户将耕牛作为生产资料，随同土地先后并入农业初级社、高级社，养殖耕牛实行公有私养，由集体提供饲料，为饲养户计工分给予一定报酬。同时，实施奖励政策，凡饲养户自繁小牛的，由集体奖励其小牛价值四分之一的钱款，称为“奖一条牛腿”。1954年，鹿河供销社为促进互助合作发展，打击投机牛贩，维护农民利益，在当年10月中旬和下旬举办了2场耕畜交流会，600余人参加，入场耕畜400头，正式成交54头。这2次耕畜交流会的特点是以耕畜相互调剂为主，买进户大多是生产合作社，卖出户是小作坊和单干户；雇用作风正派、鉴定能力较强的“牛头”当交易员，交易公平公开，实事求是，不讲假话；价格合情合理，手续费低廉；买方货款暂欠的，由供销社担责监督按期归还，卖方放心。这些做法符合了群众的愿望和要求，因此，交流会受到群众普遍欢迎，影响很广，方圆二三十里内的群众都来参加。事后，县供销社专门发文表扬推广。1957年，鹿河全乡（大乡）各高级社有耕牛642头，其中水牛375头。1958年成立人民公社后，生产队建办饲养场，耕牛由集体饲养，全公社养牛量逐年增加。1965年，全公社各生产队有耕牛925头，其中水牛563头。1970年后，随着农业机械化水平的提高，生产队耕牛逐渐减少。1975年，减至223头；1980年剩35头；1983年后，生产队饲养场停办，境内耕牛因不再养殖而绝迹。

六、犬

境内养犬以家庭养殖为主，大多是为玩耍散心、看门防盗，以及驱赶野兽避免对家禽的伤害。20世纪50—60年代，农户主要养殖本土的狗，通常称草狗。70—80年代，有的养殖户引进狼狗、牧羊犬等。90年代，养殖户开始喜养宠物犬。2000年后，有的工厂和家庭引进烈性藏獒犬进行养殖。2002年，全镇有养犬户1000余户，养犬1300余条，其中宠物犬500余条。

第二节 疫病防治

民国时期至1949年初，境内无畜禽疫病防治机构，仅有个别民间兽医，均为单干经营，主要从事苗猪阉割和畜禽常见病诊治。1958年后，鹿河各单干兽医联合起来，成立兽医站，当时有兽医5人，以阉割和配种为主。

1968年，各大队配备亦农亦医兽医1人（俗称“赤脚兽医”）。赤脚兽医通过培训，掌握畜禽疫病防治及苗猪阉割等技术。此后，全公社疫病防治网络健全，各类畜禽常见病、多发病及流行病得到及时诊治，病死的畜禽极少。

1976年，对集体和农户养猪实行合作医疗，向养殖户收保险金每头生猪1元、每头母猪3元，作为阉割、治病、用药等费用。兽医出诊费根据路途远近，酌收0.2~0.3元。此后，全公社养猪防病治病机制得到有效落实。

1980年起，重视对村级兽医培训和考核，提高村级兽医专业化水平。实行兽医划片包干责任制，兽医服务工作得到加强。1985年起，开始对养兔和养禽进行防疫，并对肉品实行检疫制度。

1990年后，加强对猪、鸡养殖大户管理，重点对规模养殖场开展防疫工作。此后至2002年的10余年间，境内一直处于畜禽防病治病的常规年份，无重大疫情发生，确保了畜禽养殖业的发展。

第五章　水产业

第一节　水产养殖

鹿河地处长江边，河道纵横，拥有淡水资源，出产鱼、虾、蟹、鳖等水产品。其中出产的鱼类常规品种主要有花鲢、白鲢、鳊鱼、鲫鱼、鲤鱼、草鱼、黑鱼（又名乌鱼、蛇鱼）、鳜鱼、鲈鱼等，较为名贵的是鳜鱼、鲈鱼，肉嫩味鲜，但产量较少。鲫鱼出产较多，东泾片区内河出产的鲫鱼，体大味美，不论清蒸红烧，皆为佳肴。

20世纪50年代，水产品人工养殖极少，产量较低。50年代后期起，引进鱼苗，发展渔业生产。1960年，全公社人工养鱼水面面积160亩，年产成品鱼35吨。

1961年后，全公社养鱼水面面积逐年扩大，产量提高。1965年养鱼水面面积480亩，年产成品鱼125吨。1970年，全公社养鱼水面面积增至820亩，年产成品鱼增至230吨。

1971年后，除引进外地鱼苗外，全公社每年还自养鱼苗20万尾左右，品种主要是青鱼、草鱼、鲢鱼、鳙鱼（俗称"黑鲢""鲢胖头"）四大家鱼以及鳊鱼、鲤鱼等。1975年，全公社养鱼水面面积1000亩，年产成品鱼290吨。

1978年起，大力发展精养塘、半精养塘养鱼，产量提高。同时，大力推广鱼蚌混养，提高经济效益。1980年，全公社发展精养塘养鱼350亩、普养塘730亩，年产成品鱼360吨。同年，全公社河蚌育珠的大队由上年的7个发展至11个，全年共繁育小蚌151万只，出售珍珠（蚌珠，下同）192.7公斤，售珠收入40.83万元。1981年，全公社13个大队普及河蚌育珠生产，全年共繁育小蚌435万只，出售珍珠430公斤，售珠收入45万元。是年，虽然珍珠比上年大幅增产，但由于价格下跌，售珠收入比上年略有增加。

1985年，全乡有精养塘650亩、半精养塘及普养塘550亩、鱼苗塘90亩，年产成品鱼390吨。全乡繁育小蚌700万只，年产珍珠600公斤。该年是鹿河历年繁育小蚌和产珠最多的年份。是年，全乡渔业及河蚌育珠总收入139.1万元，其中渔业收入75.5万元；玉影、滨海、鹿南等3个村均超10万元，最高的鹿南村达13.4万元。1986年后，由于市场因素，珍珠销售不畅，河蚌育珠生产逐年萎缩，1990年后停止生产。

1987年起，有水产养殖经验的农民开挖蟹塘，尝试蟹、虾、甲鱼、黄鳝等特种水产养殖，主要以养蟹为主。1990年后，境内特种水产养殖呈专业化发展趋势。1994年，全镇有养蟹等特种水产养殖基地4个，专业养殖大户16户，特种水产养殖面积120亩。

1995年后，鹿河内河淡水养鱼面积保持在每年1200亩左右，年产成品鱼450~480吨。开挖的蟹塘面积保持在每年500亩左右，年产商品蟹30吨左右。

2000年起，扩大内河养殖面积，推广科学养殖经验，成品鱼产量有所提高。沿江一带开挖的蟹塘，因水利建设需要逐步复耕，蟹塘面积减少。2002年，鹿河内河淡水养鱼面积1300亩，其中精养塘700亩、半精养塘及普养塘600亩，年产成品鱼490吨。蟹塘面积220亩，年产商品蟹14吨。

第二节　水产捕捞

一、江海捕捞

中华人民共和国成立初期，境内农民无力从事海洋捕捞，长江捕捞也只是近江小范围捕捞，到了捕捞汛期，有些沿江村民将江边捕捞当作副业，在江边浅滩布上围网或用推网捕捞，主要捕捉刀鱼、鲚鱼、银鱼、白虾、蟹等。

1955年后，开始出现集体捕捞，曾有数个高级社组织力量进行长江捕捞。

1958年10月，鹿河公社渔业大队成立，向新泾等沿江几个大队调取渔船6艘，另购小木船1条，专业从事长江捕捞，主要捕捞绵鱼、鲚鱼、刀鱼、青鱼、白鲒、白虾等。此后，主要由渔业大队组织集体捕捞，其他各大队无江海捕捞队伍，仅有少数村民进行近江浅滩捕捞。

1965年，渔业大队拥有9艘渔船，在长江内进行捕捞，并开始向海洋捕捞发展。1969年起，渔业大队陆续把渔船改制成机帆船，除从事长江捕捞外，还经常出海，捕捞黄鱼、带鱼、鲞鱼、马鲛鱼、鲳片鱼等海洋鱼类。

1975年，有关水产公司拨给渔业大队1艘载重31吨的机帆船。之后2年内，渔业大队又造了2艘各载重61吨的大渔船，江海捕捞能力得到提升，捕捞产量提高。1978—1997年的20年间，渔业大队江海捕捞年产量略有变化，大多数年份年产鱼类500吨左右，年产虾蟹类70吨左右。1980年9月，渔业大队在东海渔场捕到一条重达6.5吨的大鲨鱼，出售给了上海水产公司。

1998年后，由于渔业资源有限和渔业大队远离渔场、生产成本高等因素，江海捕捞停止，渔业大队解散，渔民改行，另谋职业。2000年后，因长江江边围滩开发，浅滩捕捞条件有限，沿江村民进行小范围捕捞作业的越来越少，至2002年，基本上见不到个体捕捞的踪影。

二、内河捕捞

20世纪50—60年代，境内河塘内鱼、虾、蟹等大多是自然生长，非抛食养殖，村民可利用各类捕捞工具进行捕捞。70年代起，部分内河淡水养殖由生产队管理并实施捕捞。1976年初，公社成立1个渔业组，有职工12人，经营内河水面350亩，并负责捕捞。1978年起，发展精养塘、半精养塘养殖，凡塘内养殖的鱼等水产，由养殖者组织捕捞。1980年后，境内所有可养水面全部划归各大队，由各大队发包给有关单位和个人经营，捕捞由承包经营者组织实施。此后至2002年，社会上喜欢垂钓或从事其他捕捞的爱好者，能在非承包经营的鱼塘（俗称“野塘”）或河流（俗称“滑塘”）捕捞，也能与承包经营者协商，经同意，在其承包的鱼塘内垂钓，捕到的鱼由垂钓者出钱购买。

1949—2002年，境内内河捕捞的传统工具主要有牵网、夹网、丝网、撒网、拖网、网簖、赶网、挑网、淌网、小袋等网具和钓钩、滚钩、麦钓、经钓、鱼叉等钩、叉具及虾笼、鳝笼、罩笼等笼具。此外，还有鱼鹰捕鱼。上述捕捞工具中，有的工具使用较为普遍，有的仍在使用但不常见，有的因受条件限制而基本绝迹。

第六章　副　业

第一节　粉丝加工

20世纪70年代，黎明大队办有粉坊，把蚕豆加工成粉丝，村民可用蚕豆换取或出钱购买粉丝。1979年，黎明大队粉坊转为由公社种畜场兼办。1980年4月，公社种畜场新建粉坊用房动工；10月，基建竣工并投入生产，称鹿河公社粉丝厂。1982年，有房屋13间，职工12人，重型柴油机1台及其他制粉设备。全年可磨蚕豆10万斤，加工粉丝3万斤，产值2.5万元。1983年后，粉丝供应渠道增多，加工业务减少。1985年，粉丝厂歇业。

第二节　苇柳编织

编织业历来是沿江一带农民的传统副业。鹿河地处长江边，芦苇、杞柳和紫穗槐等编织材料丰富，农民用芦苇编制芦席、晒物帘及建筑帘，用杞柳条和紫穗槐条编制箩筐。还有用稻草编织草鞋（俗称“步鞋”）的。草鞋大多单用稻草编成，有的农民会摘取芦花，将其夹在稻草中编制成鞋，浅口的称芦花步鞋，深口的称芦花步靴。用芦花制成的鞋非常暖和，农村中老年人非常喜欢穿。上述编织手艺，农村中上了年纪的农民都会，制成的席、帘、筐、鞋等织品，一部分自制自用，多余的出售。

20世纪50年代后期，公社在江边滩地种植芦苇，既能保滩防风挡浪，又能增加经济收入。60年代中期，在江堤及公路旁种植杞柳。1968年，全公社沿江滩地芦苇种植面积1200亩，年产芦苇3万捆（约1000吨）；杞柳种植面积40亩，年产柳条10余吨。是年，因有了更多的编织原材料，公社在长江边新泾大队9队境内开办编织厂，就地取材，集体经营编织业。芦苇的编制品主要有芦席、晒物帘及建筑帘。紫穗槐的编制品主要有包装箱。杞柳的编制品主要有包装箱、柳条椅、箩筐以及花篮，尤其是编制的各种花篮，小巧玲珑，成为外贸工艺品，有较好的经济效益。1975年，公社编织厂地块另作他用，其财产折价转让给新泾大队，由新泾大队继续经营编织业务。1990年后，苇柳编织品因大多被其他制品替代而失去销路，编织业逐步萎缩。1992年，新泾村编织厂歇业。之后，民间尚有人编织芦苇、杞柳等制品，基本上自编自用。90年代末，民间苇柳编织消失。

第三节 菌菇生产

栽培食用菌不占农田，用工少、成本低、收益快、价值高，是20世纪70—80年代农村发展多种经营的主要项目之一，成为农村集体副业收入的重要来源。

1972年春，公社菌种厂以及长城大队4队、鹿南大队7队、飞跃大队、光明大队等单位试种蘑菇4000余平方尺，收获春菇450公斤，产值800元。同年秋季，生产蘑菇的单位发展到51个，面积扩大到5万平方尺，收获秋菇1.25万公斤，产值2.53万元。1973年，公社菌种厂试种银耳，以段木栽培方式培育，即取适合银耳生长的树木锯成短段作为银耳生长的基质，让其以接近野生的状态生长。1974年，公社推广种植蘑菇，培训种菇社员，配置多名专职蘑菇老农（技术员）分片下乡辅导，蘑菇生产逐年发展。还曾聘请嘉定一位蘑菇老农到鹿河指导蘑菇生产。1980年，全公社有97个单位种植蘑菇，全年总产量15万公斤，总产值33万元。

1980年起，公社菌种厂在发展蘑菇、银耳生产的同时，还拓展其他食用菌生产，是年，在室内培育香菇800平方尺，产值2500元。在上海郊区一家菌种厂的帮助下，试种猴头菌获得成功，1981年，猴头菌产量达6750公斤，产值2万余元，生产的猴头菌全部售于上海第三制药厂，用于制成猴菇菌片。1981年开始试种平菇。平菇容易栽培，产量高，效益好，所用棉籽壳、木屑、稻草、麦秸等原材料价廉易得，50公斤棉籽壳可产鲜平菇近百斤，而原材料成本可忽略不计。是年，种植平菇500平方尺，产值500元。1982年，公社菌种厂培育银耳试用新工艺，把用段木作基质改为用木屑作基质栽培，将木屑放入塑料袋内，在袋内培育银耳。是年，试育200袋银耳获得成功，收获银耳11公斤。是年起，鹿河境内蘑菇等食用菌生产稳定发展，种植面积保持在每年70余万平方尺，年产量16万公斤左右。

由于实行家庭联产承包责任制，1985年后，生产队集体菇房大多解体停种，加上价格因素，食用菌种植面积逐年大幅减少。1990年，全乡种植面积跌至6万平方尺，是推广种植以来面积最少的一年。此后，食用菌生产转向专业化、规模化，且市场流通加快，外来供货充足。1992年前后，鹿河境内的食用菌生产单位陆续歇业，不再生产。

第四节 缝制针织

20世纪50年代，鹿河曾有人与常熟县一家花边公司挂钩，经营花边发放业务。擅长缝绣工艺的妇女将缝绣花边当成一项副业，将待绣的花边领回家中，缝绣完工后交回，并领取缝绣加工费。1961年，花边发放中断，绣工亦告歇业。

1979年9月，公社物资经理部得到太仓一花边经理部支持，又开始经营花边缝绣发放业务，并成立鹿河花边缝绣发放站，配备职工4人负责发放回收业务。1980年，发放站发展缝户1000余户，专缝被单、台布、盆衬等布料上的花边，发放站全年支付缝绣工资5万余元。

1982年前后，公社社队办针织厂拥有横机300余台，专业生产各类线质男女衫裤，横机产出的半成品发放给妇女手工缝制，全公社各厂年支付缝工费30余万元。

1985年前后，鹿河家庭针织小工业兴起，全乡拥有针织横机的有300余户计400余台，生产的羊毛、尼龙、膨体、涤纶等男女衫裤在市场上十分畅销。来自全国各地的采购商集聚鹿河，鹿河形成针织品交易市场，商贸流通呈繁荣景象。横机针织成为广大农民增收致富的主要副业，当时横机针织个体户每户年收入在3000~5000元。1985年，上海《解放日报》刊出专栏，以“横机欢唱，鹿河兴旺”为题，报道了鹿河发展家庭针织小工业、农民致富的事迹。

1987年后，国内针织品市场发生变化，鹿河家庭针织业因市场需求量减少而发展受限。1988年后开始萎缩；1990年后，个体横机针织被淘汰。此后至2002年，只有少数工厂或公司在鹿河发放少量的缝制加工业务，未形成规模。

第五节　土纺土织

鹿河地区稻棉夹种，历史上“棉七稻三”。农村妇女以把自产棉花作为原料纺纱织布为家庭副业，除自用外，多将布匹出售，以增加经济收入。中华人民共和国成立前，鹿河镇上有曹大成、崔义恒、楼公泰等商户经营布庄，收购运销土布，一度产销两旺。1954年国家对棉花实行统购统销后，原料受限制，加上现代机织布增多，用原棉为原料的土纺土织逐渐被淘汰。

继而出现“纺黄纱”家庭副业。所谓“纺黄纱”，确切地说是再生棉回纺，即利用包括纺织厂在生产过程中产生的下脚棉絮、车肚棉絮、地弄棉絮；被服鞋帽厂生产过程中产生的各种新棉布边角料，轧碎开成花絮的“布开花”；旧棉毯等老棉絮重弹的花絮等进行回纺成纱，用于织回纺布、回纺手套（又称黄纱布、黄纱手套）。1956年，常熟归家市人首先在鹿河西市梢新市创办大生纱行，发放再生棉棉条，回收回纺纱运到上海，并派人驻沪采购废棉原料，推销回纺纱。同年，鹿河供销社土副站、鹿河合作商店总店相继开展发放回纺纱业务，并有小贩肩挑“布开花”棉条串乡调换回纺纱，赚取差价。1957年，鹿河针织厂创办回纺纱加工厂，生产回纺纱手套，销往上海。1958年，鹿河针织厂增加生产回纺布，销路很好。20世纪60年代初，物资匮乏，劳保用品需要的棉纺针织品紧缺，利用废棉代替原棉生产的回纺布、回纺手套填补了缺口，成为紧俏商品。鹿河地区一些大队和个人也在镇上设点开展发放回纺纱业务。农村妇女纺黄纱一度掀起高潮。当时黄纱加工费为每斤0.4~0.5元，尽管很低，但当时农村经济比较困难，尤其是老年妇女工分少收入低，因此对“纺黄纱”很是欢迎。她们白天出工在田间劳作，晚上点油灯一盏纺黄纱。通过纺黄纱，农民增加了较多经济收入。一些为黄纱店加工回纺原料轧花絮擀棉条的农民也增加了经济收入。由于资料缺乏，具体数据不详。《太仓县供销合作社志》称：光1964年，全县就生产回纺纱1016.4吨，农民增加收入145.4万元。鹿河地区为太仓县纺黄纱主产区，农民增收不在小数。进入70年代，随着化纤针织品的逐步上市，回纺纱织品开始式微，至70年代末，回纺纱制品淘汰，纺黄纱随之停止。

第七章　水利　农机

第一节　水　利

鹿河境内水系发达，共有大小河流（河道）100余条，其中钱泾、新泾为通江河流，外随塘河属沿江河道。纵横交错的河流（河道），均具有蓄水、排涝和灌溉等功能。（境内水系情况详见第二篇第三章第一节“水系”）

一、江堤建设

江堤，亦称海塘，老一辈人称皇岸（意为皇上恩准而修筑的工程）。

1949年，鹿河沿江江堤起于钱泾口，讫于抢脚塘口，总长2.65千米。江堤大多为土堤，挡潮抗洪功能弱。是年7月24日，境内遭台风暴雨袭击，多处江堤被毁，堤内农田被淹，群众受害。1950年春，采取以工代赈的方法，组织民工对江堤进行修筑。受灾困难群众出工，给予每人每天1.25公斤大米。此次修筑江堤自3月份开工，至6月底结束。

1951年春，江堤抢脚塘口段由于多年受潮水冲击，堤外坍陷，危及堤身，出现险段700余米。县政府调拨圆木2000余支、石材1万余吨，组织民工打桩保堤，抛石护堤，重点完成抢脚塘口南边桩石工程，长度100米。

1952年秋，从抢脚塘口至沙营庙的堤段4.65千米由常熟县划归太仓县。是年起，鹿河境内的江堤起于钱泾口，讫于太仓与常熟界的沙营庙，总长7.3千米。1954年，对江堤加高增宽，达到堤高7.5米（以吴淞零点为基准）、堤宽4米，内坡1∶2，外坡1∶3，共完成土石方工程22万立方米。

1956年冬，实施加高加宽外江堤（靠近长江的堤称外江堤，亦称主江堤）工程。外江堤起于黎明大队9队（现新明村9组），讫于太仓与常熟界的白茆口，全长4.1千米。此堤段民国时期就有，但皆为土堤，堤身矮小，已失去挡潮作用，每逢大潮，堤内农田受淹，百姓受害。此次修筑外江堤，至1957年春完工。修筑高度为6米，宽2米。修筑加固后，此堤段变成挡潮的第一道屏障，而此堤以内的堤（起于黎明大队9队，讫于太仓与常熟界的沙营庙），变为内江堤，亦称“二道堤”。

1961年，崇明圩（时属长江大队5队，现属长洲村30组江堤段）外滩出现险情，组织民工予以修筑加固，共抛石2500吨，完成石方工程1250立方米。1963年，再次实施外江堤加高加固工程，完成土方5.18万立方米，投入经费2.13万元，补助民工粮食7.95吨。1965年冬，又一次对外江堤进行加高增宽，达到堤高7米、堤宽3米，完成土方10万立方米。

1973年，全面实施新泾口至白茆口堤防修筑工程，完成土方10.7万立方米。1974年冬，在遭受8月20日长江高潮位威胁之后，为防日后不测，由县统一组织鹿河、南郊、双凤、城郊等公社民工500余人，对位于长城大队、长江大队的外江堤进行加高增宽，堤顶加高至8.8米，堤面加宽到6米，共完成土方28.65万立方米。1975年冬，实施对钱泾口北岸至新泾口南岸的外江堤加高加固工程，堤顶加高至9.2米，于1975年12月13日动工，至1976年1月22日竣工，由鹿河、璜泾、王秀3个公社及长江林场组织民工实施。

1977年，修筑长城大队宋家宅段堤防工程500米，完成石方工程2000立方米；修筑白茆口鹿河公社造船厂段堤防工程1050米，完成石方工程4200立方米。1979年，实施鹿河公社造船厂地段续围工程750米，形成口岸港堤内外相接。此后至1990年的10余年间，堤防一般修筑工程历年不断。

1990年后，主要对外江堤进行加固，堤坡石块灌砌，堤滩抛石堆垒，增强挡潮功能。1994年，实施钱泾外口护坎修复工程、船舱口至涟浦塘口护坎扩建工程、新泾节制闸至白茆口船厂防汛道路修筑工程，3个工程建设历时2个月，投入6300个工日，使用水泥151吨、砂石料915吨，完成土方4000立方米、石方4212立方米，于6月30日全部竣工，确保了安全度汛。

1996年起，实施外江堤防洪达标工程，至1999年，完成外江堤护坡加固和钢筋混凝土防浪墙工程。2000年，以外江堤为路基，按四级公路标准，建成行车道宽6米的堤顶防汛道路。

2002年，完成钱泾水闸至钱泾南涵洞港堤堤顶道路，按二灰结石、砼路面施工，同时在该段内侧坡脚处修建浆砌块石挡土墙，另在顶部铺设1条宽度1米的预制道板巡查便道。至此，外江堤实现建设达标目标，成为抵御洪涝灾害的生命线工程。

二、水闸　涵洞

新泾节制闸　位于新泾口，故名新泾节制闸。1969年3月动工兴建，1970年9月竣工，当时造价11万元。为净孔6米节制闸，属3级水工建筑物。闸底板高程0.5米，闸门门顶高程5.95米。2000年江堤达标工程建设时，在原址下游30米处重建节制闸。工程于是年4月6日动工，2001年7月7日竣工。重建的节制闸为单孔闸，净宽7米，闸身长15米，闸底板高程0.5米，闸门门顶高程7.2米，采用升卧式钢闸门。设计引潮流量每秒53.77立方米，排涝流量每秒15.88立方米。其上、下游设消力池，长度分别为20米和15米，各设置浆砌块石护坦、干砌块石护坦及防冲槽。闸身上下游两岸各设翼墙，采用半重力式钢筋混凝土挡土墙，翼墙上下游各设置浆砌块石护坡。闸侧设荷载为汽-15级公路桥1座，桥面宽6.5米。防洪标准按百年一遇水位设计、三百年一遇水位校核。节制闸由太仓市水利局直管。

钱泾节制闸　位于钱泾口，故名钱泾节制闸。1977年6月建成，当时造价18万元。为净孔6米节制闸，属3级水工建筑物。闸底板长13米，厚0.8米，为钢筋混凝土结构。闸底板高程0.5米，闸门门顶高程6.68米，采用油压启闭机直升门。设计最大过闸流量为每秒66立方米。闸上、下游各设11米长消力池，两头分别接35米和30米护坦、护坡及防冲槽。挡浪翼墙顶高程7米。闸侧建桥梁1座。2001年江堤达标工程建设时，对节制闸进行维修改建，工程内容主要有：钢闸门门顶高程加高至7.2米；挡浪翼墙顶高程加高至8.7米，并与港堤挡浪墙连接；增建浆砌块石护坡，长100米；更换液压启闭机和变压器；翻建2层楼房。节制闸由太仓市水利局直管。

内河引排闸　境内除建有新泾口、钱泾口2处通江节制闸外，还建有3处内河引排闸。1975年建新泾单闸，孔径4米，位于新泾大队8队。1977年建滨海单闸，孔径4米，位于滨海大队7队。1980年建长城套闸，孔径5米，位于长城大队9队。以上3闸均由鹿河镇水利站管理。

涵洞　境内在沿江地区所建的各座涵洞，均具有引排控制作用。涵洞大多建成于20世纪70年代，后多次对受损涵洞进行修复或改造，更新启闭设备。2002年，境内有白茆涵洞、涟浦涵洞、钱泾左涵洞、钱泾右涵洞等通江涵洞4座，均为箱涵构造，断面1.5米×1.5米，涵洞设施完好，能正常发挥引排功能。

三、河道疏浚

20世纪50—60年代，境内新泾、抢脚、钱泾等3条主要通江河流和其他河道，由于常年失修，普遍淤塞严重，有的河段船只无法通过，只得等潮航行。有的河道狭小，蓄水、排涝功能弱，造成旱不能灌、涝不能排的现象，给农业生产带来严重影响。曾对河道进行疏浚，但只是小范围进行，没有从根本上解决问题。60年代后期，开始大规模兴修水利。

1969年，疏浚新泾，涉及疏浚河段从新泾口起到东泾大队止，全长2.4千米，完成土方16.8万立方米，挖废土地面积71.4亩。疏浚后，可与钱泾相通。同年起，开始疏浚关王塘，涉及疏浚河段从鹿河集镇起，向东到东泾大队7队止，总长3.639千米，共分3次进行，共完成土方27.3万立方米，挖废土地面积117.1亩。其中，1969年完成2.4千米18万立方米，挖废土地面积77.5亩；1976年完成0.339千米2.6万立方米，挖废土地面积10.6亩；1977年完成0.9千米6.7万立方米，挖废土地面积29亩。疏浚后，可直通钱泾。

1973年，长江大队新开小塘，长0.6千米，完成土方2.5万立方米，挖废土地面积14.4亩。1974年，疏浚内随塘河，东从钱泾口起，西到常熟界，总长7千米，完成土方42万立方米，挖废土地面积171亩。疏浚后，新泾、黎明、泗洲、长江、长沙大队的大部分生产队有了水上通路，且改善了农田排灌条件。是年，新开光明塘，新开河段南起鹿河卫生院，北至内随塘河，长1.5千米，完成土方9万立方米，挖废土地面积48亩。同年，新市大队新开张青桥塘，新开河段长0.6千米，完成土方3.5万立方米，挖废土地面积18亩。

1975年，新开外随塘河，新开河段自白茆口起，到长城大队1队止，长3.3千米，完成土方19.8万立方米，挖废土地面积138.6亩。1976年冬，由县统一组织民工疏浚钱泾，涉及疏浚鹿河境内河段从钱泾口起到东泾大队10队止，长4.42千米，完成土方50万立方米，挖废土地面积48亩。

1975年和1980年，新泾大队先后疏浚老新泾塘。1975年疏浚1.02千米，完成土方8.3万立方米，挖废土地面积22.2亩；1980年疏浚0.4千米，完成土方2.5万立方米，挖废土地面积6.8亩。

1976年起，长城大队分3段开挖船仓塘，总长1.9千米，完成土方7.5万立方米，挖废土地面积53.9亩。其中，1976年完成0.9千米3.5万立方米，挖废土地面积25.6亩；1977年完成0.4千米1.6

万立方米，挖废土地面积11.3亩；1980年完成0.6千米2.4万立方米，挖废土地面积17亩。

1976年和1980年，新幸大队先后疏浚老新泾塘。1976年疏浚0.6千米，完成土方4万立方米，挖废土地面积11.4亩；1980年疏浚0.3千米，完成土方2万立方米，挖废土地面积5.7亩。1976年，滨海大队新开中心河，长0.4千米，完成土方2万立方米，挖废土地面积12亩。

1977年起，新开涟浦塘，新开河段从公社针织厂起，到新市大队9队，再向北经过长沙大队到长江大队7队止，长1.9千米，完成土方15.6万立方米，挖废土地面积82.9亩。整个工程，分3次进行。1977年完成1.2千米9.9万立方米，挖废土地面积52.3亩；1978年完成0.6千米4.9万立方米，挖废土地面积26.2亩；1980年完成0.1千米0.8万立方米，挖废土地面积4.4亩。开挖涟浦塘后，大大改善了长城、长江、长沙3个大队的水利条件。

1977年，长沙大队新开中心河，新开河段长0.4千米，完成土方2万立方米，挖废土地面积12亩。同年，玉影大队疏浚中心河，长1.2千米，完成土方5.6万立方米，挖废土地面积25.2亩。

1980年后，境内河道能满足农田排灌和航运需要，故未规划实施新开河道工程，也未进行大范围河道疏浚。进入90年代，因农村不再罱泥积肥多年，河道淤积严重，有的河段阻塞，影响农业生产，故又重视水利建设，开展河道疏浚。1990年，全乡疏浚河道39条（段），总长23.8千米，完成土方27.65万立方米。

1994年冬，为适应排灌需要，重点对生产性河道进行疏浚，全镇共完成疏浚河道土方11.38万立方米。1997年初，组织专业施工队，采用机械冲浆施工方法，对关王塘进行疏浚治理。施工中，克服河道沉积杂物多、泥浆运送远的困难，经2个多月的奋战，全面完成疏浚任务。此次疏浚工程长2.8千米，投入资金24.5万元，完成土方6.65万立方米。疏浚后，关王塘引蓄排灌和通航功能得到提升。1998年，重点对位于东泾村的镇农业千亩丰产方生产性河道进行疏浚，共投入资金25.1万元，完成土方5.5万立方米。1999年，全镇疏浚河道3千米，完成土方8万立方米。

2000年起，开展以防洪保安为重点的农田水利配套建设，每年均按上级下达的任务，有计划地对河道进行疏浚整治。至2002年的3年间，全镇共疏浚光明塘等河道15条，工程总长14.5千米，完成土方17万立方米。

四、农田沟渠

20世纪50年代，主要开挖田间内三沟（竖沟、横沟和腰沟），因当时主要靠人力、畜力戽水灌溉，故开挖外三沟（上水沟、排降沟和隔水沟）较少。60年代，随着机动抽水机的发展，各个机站抽水覆盖面积扩大，灌溉渠道拉长。70年代中期起，淘汰机动灌溉，改用电力灌溉，且电灌覆盖面积更大，修筑的渠道不断延长。同期起，特别重视农田水利建设，实现内三沟配套，田块四面脱空，有利于排涝降渍；外三沟相接，沟河相通，旱能灌、涝能排。至1982年，全公社建农田排灌明渠31.56千米；建暗渠9.49千米，其中用水泥建暗渠7.79千米、用灰土建暗渠1.7千米。全公社内外三沟配套农田占可耕地面积达91.2%。

1983年实行家庭联产承包责任制后，各村继续重视农田水利建设，每年都要组织力量开挖、疏浚外三沟。1985年，全乡共新开外三沟4.1千米，整修外三沟6.8千米。1988年，疏浚外三沟，完成土方13.9万立方米。1991年，新筑永久性渠道2.28千米。1994年，在镇农业千亩丰产方建永久性明渠2.52千米，建永久性暗渠334米。1996年，全镇开挖外三沟完成土方6.4万立方米，渠系工程土方3.2万立方米。1997年，全镇疏浚外三沟共完成土方7.03万立方米，渠系工程土方3.06万立方米。2001年，对外三沟进行全面疏通整治，达到光、平、顺、直、通的标准，全镇完成土方4万立方米。2002年，新开外三沟400余条，完成土方4.5万立方米；内三沟属田内沟，按需开挖。是年末，全镇内外三沟配套农田占可耕地面积达96.6%，基本实现"上水灌得上、雨涝排得出、涝渍降得下"农田水利建设目标。

五、灌溉泵站

中华人民共和国成立初期，境内水稻灌溉主要靠木制戽水车（俗称"踏水车"）人力踏水，少数也有用耕牛拉动或风力带动车盘戽水（俗称"牛打水""风打水"）。人力踏水最为辛苦，劳动强度大，但灌溉效率低。

1956年，鹿新高级社购买1台无锡产3缸22.05千瓦内燃柴油机带动抽水机，开始机动灌溉，当年灌溉水稻面积1000亩。该社是境内最早使用机动抽水机灌溉的生产单位。之后，有关高级社为发展生产，购置机动抽水机，1957年，境内机动抽水机泵站增至9座。1958年人民公社化后，各大队有了一定的经济条件，纷纷购置机动抽水机，至1961年，全公社已拥有机动抽水机28台。同年，开始将机动抽水机改装上船（俗称"打水机船"），在水稻灌溉片区的河道岸边设站点（俗称"车口"），将打水机船行至各个站点抽水灌溉。这种打水机船流动灌溉的模式一直延续至1974年。其间，大部分农田靠机动灌溉，极少数地势高的农田仍靠人力踏水灌溉。

1974年，境内高压线通电，开始由电灌取代机灌，淘汰打水机船流动灌溉。1975年，全公社各大队建有中小固定电灌泵站（简称"电灌站"）36座，普遍每个大队3座，少数2座。之后，根据农业生产需要和农作物茬口布局情况，对电灌站做出调整，有的撤销，有的选址新建或改造重建。

1985年，在黎明村3组新建泵站1座，泵房面积16平方米，电机功率7.5千瓦，灌溉面积100亩。1993年6月，投资44.5万元，建成中型泵站1座——东幸排灌站。此站排灌功能强，被评为苏州市农田水利建设工程二等奖。1994年，更新改造小机泵8台，长城村、长沙村、新幸村、玉影村各2台。1994年，在镇农业千亩丰产方新建双泵站1座。1995年，在滨海村1组新建泵站1座，泵房面积15平方米，电机功率7.5千瓦，灌溉面积50亩。1996年，在泗洲村7组新建泵站1座，泵房面积12平方米，电机功率7.5千瓦，灌溉面积73.5亩。同年，全镇共投入资金18万元，完成小机泵改造10台，改造后灌溉农田面积增至1000亩。

1998年，全镇新建泵站5座，分布于东泾村、新泾村、长江村的4个村民小组和镇农业千亩丰产方，泵房总面积78平方米，电机总功率37.5千瓦，灌溉总面积580亩。2000年，长新村新建泵钻3座，泵房总面积48平方米，电机总功率22.5千瓦，灌溉面积350亩。

2002年，经历年改建调整后，全镇设有大小固定电灌泵站42座，灌溉水稻面积7500余亩；设临时电灌设备186台（套），灌溉水稻面积4000余亩。

第二节　农　机

中华人民共和国成立初期，农业生产仍使用传统耕作方法：牛拉犁耕田，铁锴锄头整地松土，铁锹开挖沟渠，镰刀收割稻麦，排置人力、畜力水车灌溉，用罱网罱河泥积肥，场上置石皮或稻床人工脱粒，借自然风力扬净谷物。传统的贮藏工具有栈条、竹匾、蒲包、麻（布）袋、箩筐等。

1954年，推行双轮双铧犁耕地，但由于土地结实，双轮双铧犁不能适应牛力拉动，虽采用过双牛并驾，但操纵不便控制，造成翻耕时间长，与播种季节发生矛盾，故改用铁质单铧犁耕地，比过去用木犁增加了耕翻深度。同年，开始用喷雾机、喷粉机除虫。1957年后，鹿河境内各农业高级社陆续购置机动抽水机，用于农田灌溉。

1958年人民公社成立初期，全公社有大牲畜（耕牛）619头，农船451条，运输船15条108吨，机动抽水机12台185.22千瓦，柴油机1台17.64千瓦，人力双轮车15辆，四轮平车635辆，人力水车2361部，各种耕耙1148部，喷雾机、喷粉机1486架，脱粒机318台。

1960年后，有些传统农具有了改进，稻麦脱粒用木制钉条旋转脱粒机，以人力脚踏木轮车拉动，脱粒工效提高。农田灌溉机械动力增加，人力水车逐步被淘汰，机动抽水机灌溉面积扩大。

1966年，有些生产队开始使用手扶拖拉机耕地。当时的手扶拖拉机动力不足，仅有5.145千瓦，耕速虽比牛快，但耕翻深度不够。1968年，使用12型手扶拖拉机，该机型马力较大，较为适用。

1974年，鹿河境内高压电力线路通电。此后，农田灌溉由电灌取代机灌，流动打水机船灌溉被淘汰。同年起，机动脱粒机被淘汰，全面改用电动脱粒机。

1975年，全公社购买丰收35型中型拖拉机12台，翻耕农田效率比手扶拖拉机更高。1976年，购置喷水机6台，1978年发展至18台，主要为棉田抗旱进行人工降雨。1979年前后，又购置上海50型中型拖拉机8台、东风50型中型拖拉机1台。1980年，全公社拥有中型拖拉机21台639.45千瓦，手扶拖拉机98台864.36千瓦。中型拖拉机配套机械有牵引6铧犁、7铧犁17台，旋耕机20台；手扶拖拉机配套升降式双铧犁42台、旋耕犁93台、步犁5台。此后，鹿河农业跨入机耕时代。

1980年后，植保机械种类增多，有背负手压式喷雾机、手摇式喷粉机、机动喷雾机和机动弥雾机等，全公社水稻、三麦、棉花、油菜等主要农作物的植保基本实现机械化。

1985年后，中型拖拉机配套联合收割机、开沟机、水田耙等设备，三麦收割、农田开沟、水稻大田平整基本实现机械作业。至1990年，全乡拥有中型拖拉机36台1323千瓦，手扶拖拉机70台617.4千瓦，柴油机37台319.725千瓦，电动机1843台3519.18千瓦，汽油机94台114.66千瓦。农副产品加工机械有滚动式碾米机15台、小钢磨碾粉机23台、饲料粉碎机21台。

1995年起，全镇种植小麦涉及的旋耕、盖麦、压麦、开沟、收割等作业基本实现机械化。1999年，实施农机管理体制改革，改以前农机村级集体所有、集体经营为个体私有、个人经营，至10月，各村全部完成农机管理体制改革任务，所有农机均由农机操作手买进，全镇共拍卖中型拖拉机42台、联合收割机36台、旋耕机44台、复式机（旋耕、播种、施肥一体机）22台、水田耙34台。农机改革后，各村重建农机服务队伍，镇农机管理部门开展农机操作培训，全镇农机服务水平得到进一步提高。

2000年后，开始水稻机插秧试点。2002年，全镇农业综合机械化水平达92%。

表 6-18　1986—2002 年鹿河镇（乡）农业机械总动力统计

单位：千瓦

年份	农机总动力	年份	农机总动力	年份	农机总动力
1986	9781	1992	9712	1998	9500
1987	9029	1993	7623	1999	13375
1988	8249	1994	9721	2000	13665
1989	8530	1995	9778	2001	9995
1990	8019	1996	9772	2002	8253
1991	9461	1997	9852		

注：1986年以前因缺资料，无从统计。

第八章　农口单位

第一节　农技站

1958年，公社设农技办公室，配备农业技术人员2人，指导全公社农业生产。1966年3月，成立农业技术推广站（简称“农技站”），各大队、生产队配农技员，负责全公社作物栽培技术指导。农技站成立后多次易址，曾在公社机关内、鹿新大队农科队、长城大队农科队、鹿长路（后为鹿河派出所）办公。1983年，成立鹿河农业公司，与农技站一套班子、两块牌子，财务分开。

1997年，农技站从鹿长路迁移至新建的农业科技大楼，位于沙鹿公路南侧新幸村境内（占地涉及3组、10组地块）。大楼楼高2层，局部3层、4层，建筑面积1300平方米，总投资90余万元。

2002年，农技站、农机站、畜牧兽医站合并，组建鹿河镇农业技术服务站。农技站主要职能：负责农业技术推广指导、管理、服务；负责农机维护、技术培训、安全操作指导；负责农林水产病害防治，新品种的引进、推广等。2003年8月，鹿河镇并入璜泾镇，农技站随之并入璜泾镇农技站。

1966—2003年历任农技站站长（农业公司经理）：张宝康（1966.3—1983.7）、陆敏琪（1983.7—1986.5）、俞瑞亚［1986.5—1993.2（其中1986.5—1987.8为副经理主持工作）］、张金元（1993.2—2003.8）。

第二节　多服公司

1958年人民公社成立后，全公社以养猪为主的副业开始发展。为加强副业生产管理，公社成立副业办公室，1962年撤销。

1965年，由于副业生产项目逐渐增多，公社又重新成立副业办公室，同时各大队配备负责副业生产的干部1人，公社明确1名管委会副主任主管全公社的副业生产。

1976年6月，公社副业办公室改称鹿河公社多种经营办公室（简称“多办”）。同年，鹿河供销社根据上级精神，成立组织副业组（简称“组副组”），组副组工作人员常驻公社多办协同工作。多办共有工作人员17人，其中组副组7人。办公室设在幸福桥南堍。1982年，多办主任由供销社组副组组长刘文云兼任。

1983年，成立鹿河公社多种经营服务公司（简称“多服公司”），履行原多办职能。多服公司主要任务是制订计划，落实措施，加强技术辅导，扩大副业门路，发展集体和农户的多种经营生产。1996年后，随着农村产业结构调整和劳动力就业的变化，多服公司原来的管理服务职能开始转入其他机构，2002年，多服公司并入农技站，其机构撤销。

1983—2000年历任多服公司经理（负责人）：王济荣（1983.7—1985.6）、朱玉明（1985.6—1991.1）、高仁才（1991.1—1992.1）、张金元（1992.1—1993.3）、吕惠元（1993.3—1996.3）、徐建康（1996.3—1997.3）、高国球（1997.3—2000.12）。

第三节　经管办

20世纪50年代，农村经济经营管理由各生产单位自行负责。60—70年代，公社配备辅导会计，与大队会计、生产队会计组成农村三级财务管理网络，每年的农村分配方案编制、审批和各类农业报表汇总及会计业务辅导等工作，由公社辅导会计承担。

1978年起，随着农村经济的发展，管理事项增多，财务更求规范。1980年3月，成立鹿河公社农村经营管理办公室（简称“农经办”）。1983年公社体改后，农经办成为公社经联会的下设机构，并增加乡镇企业的财务辅导与管理职能。1996年3月，工业公司与农经办合署办公，统一设置科室，农经办属工业公司下设的农经科。1997年3月，工业公司改称企业管理服务站后，农经办独立履行农经管理职能。2002年，站内从事农经管理人员3人。2003年8月，鹿河镇并入璜泾，农经管理机构随之并入璜泾镇生产经营管理站。

1980—2003年历任主任：包仁勋（1980.3—1986.1）、王福兴（1986.1—1986.8）、包仁勋（1986.8—1990.10）、钱振雄（1990.10—1996.3）、赵景源［1996.3—1997.3（农经科长）］、钱振雄（1997.3—2000.8）、赵景源（2000.8—2003.8）。

第四节　水利农机站

20世纪50年代初期，鹿河境内无水利农机管理机构或人员。1958年12月，成立鹿河公社水利农机站，负责人孙三囡。站内设会计、辅导机工、水利工程员各1人。主要任务是规划建设排灌工程，管理发展水利事业。站址设于鱼池（糖坊桥北堍）。1962年，改称鹿河公社灌溉联营站（后又称灌溉管理站），负责各大队抽水机的调用、维修等工作。1975年，灌溉管理站迁至黎明大队1队幸福桥堍。

80年代中期，为适应农业服务工作需要，鹿河成立农机水利公司（简称“农水公司”），公司经理袁仁民。农水公司主要负责全公社农机维修、保养、操作手培训和水利工程、机电排灌及防汛抗灾等管理服务工作。农水公司下设水利工程队、农机配件门市部及电子仪器厂3个部门，共有职工33人。1995年10月，农水公司投资90万元，建成1幢4层综合楼，占地面积800平方米，建筑面积1530平方米。1996年3月，薛惠忠任农水公司经理。

2002年6月，水利、农机体制改革，水利单独建站，站长薛惠忠；农机管理职能转入农技站。此设置至2003年8月未变。

第五节　土管所

1986年，成立鹿河乡清理农村宅基地办公室，抽调工作人员4人，办公室借用乡广播站2间房屋，主要开展农村宅基地丈量、登记、发证等工作，负责人钟坤元。1989年9月，成立鹿河土地管理所，由乡政府分管领导兼任所长，夏锦良任副所长并主持日常工作。其时，土管所与村镇建设办公室合署办公，办公室设在新鹿路鹿河交通管理所办公楼（与交管所合用）。1990年10月，村建办副主任钟坤元兼任土管所副所长，侧重负责土地管理工作。1992年8月钟坤元任村建办主任后，土管所先后由副所长王兴、沈东平处理日常工作。1995年，土管所入驻与建管所（原村建办）、建筑公司共建的村镇建设综合楼。该楼位于镇区灵影路东端、鹿河镇标大转盘北侧。1996年5月，土地管理与建设管理不再合署办公，分别履行各自职能，土管所由钟坤元任所长。2001年10月，土管所更名为太仓市国土资源局鹿河国土资源所（简称“国土所”），其主要职能为：宣传贯彻国家土地管理法规，为单位和个人办理建房及用地报批手续，协助政府、各村村委会调处用地矛盾及宅基地纠纷，负责填报有关土地统计资料，承办上级土地管理部门交办的其他土地管理工作。2003年8月，国土所有工作人员4人，所长钟坤元。

第六节　畜牧兽医站

20世纪50年代前，鹿河境内无畜禽防治专门机构，个别民间兽医和阉割手单干经营，以从事牲畜阉割为主。1958年冬，将单干兽医组织起来，成立鹿河公社畜牧兽医站。畜牧兽医站隶属太仓畜牧兽医站管理，经济上自负盈亏。站内有兽医5人，以从事牲畜阉割和配种为主。

1968年，各大队均配备赤脚兽医1人，由兽医站管理。通过培训，赤脚兽医能掌握阉割、防疫、治病等技术，为饲养户提供服务。

1969年起，试行母猪人工授精，猪种得到改良，饲养户普遍饲养“约克”“苏白”“常白”及“梅山四白脚”等良种猪。

1972年,兽医站纳入公社单独核算单位,给予职工评定工资级别,职工按亦工亦农性质向所在生产队交钱记工分。

80年代,取消村兽医,经考核,符合条件的村兽医由公社兽医站留用,疫病防治机构和人员更加专业化。站内有职工6人,站址与公社多办设在一起。

90年代,兽医站主要承担全镇生猪配种、阉割、疾病防治、防疫检疫等工作。重点加强对猪、鸡养殖大户管理,对规模养殖场开展防疫工作。

2002年6月兽医站管辖权下放到镇后,并入鹿河镇农业技术服务站。2003年8月,鹿河镇并入璜泾镇,鹿河畜牧兽医管理服务职能机构随镇区划调整而归属璜泾镇农业技术服务站。

1958—2002年历任兽医站站长:沈金锡、高海林、孙祖兴、胡渭球、张耀兴。

第七篇 工业

20世纪50年代以前，鹿河集镇上仅有油坊、染坊、酒坊等数家作坊式的加工场。50年代中期，开始组建木业、铁业、缝纫等手工业社。

1958年鹿河人民公社成立后，工业开始起步，先后办成10余个工厂，其工业门类有农机、农具、造船、缝纫、砖窑、竹器、酿酒、粮饲加工等，主要为农业生产和农民生活服务。1960年，全公社工业产值142万元，利润12万元。

1961年前后，以前办的工厂大多关停。1968年后，有的工厂恢复生产，开始创办新的工厂。1976年起，社队工业不断发展，至1980年前后，全公社已形成较为齐全的工业门类，能生产200余种产品，有的产品还销往国外。1982年，全公社有工业企业35家，职工3697人，实现工业产值1817万元，销售收入1635万元，利润190万元。

1983年起，乡党委、乡政府组织动员各企业加大改革开放力度，广泛开展横向经济联合，通过各种人脉关系，寻求与大专院校、城市大企业合作，引进资金、技术、人才，开发项目与产品。通过广大干部职工的辛勤努力，全乡工业企业加快发展，并培育了服装、化纺、毛纺、毛皮等工业门类的数家骨干企业。尤其是太仓西式服装厂，自1986年注册“雅鹿”商标更名为太仓雅鹿服装厂后，企业加快发展，成为鹿河工业经济支柱企业。1992年，全乡有工业企业53家，职工7211人，实现工业产值11.04亿元，销售收入9.63亿元，利税总额5380万元，利润总额1844万元。

1993年起，镇党委、镇政府坚持以经济建设为中心，突出高科技导向、外向型突破、规模型发展、全方位经营、深层次改革等工作重点，全力促进工业经济既快又好地发展，全镇工业经济呈现出经济结构外向化、组织结构集约化、技术装备现代化、经营手段市场化的发展态势。

1996年前后，实施转换企业经营机制改革，镇办企业、村办企业转制后，产权发生变化，企业称民营企业。1997年起，围绕“生产专业化、经营集约化、技改高新化、产品精品化、管理规范化”的要求，加强对民营企业的管理服务。同时，实施“科技兴镇”发展战略，通过传统产业改造，促进全镇经济总量增长和经济运行质量提高。1998年，镇工业管理服务部门指导各企业加大技改投入力度，培育规模企业和高新技术企业。1999年，以化纤加弹业为主的民营企业迅速发展，成为鹿河工业经济发展新的增长点。2001年，全镇拥有各类化纤加弹机车190余台，年产各类化纤加弹丝5万余吨。

2002年12月18日，鹿河镇与上海埃力生（集团）有限公司在太仓花园酒店签订26万吨喷丝项目合同，创办江苏申久化纤有限公司，后该企业成为太仓市化纤行业龙头企业。2002年末，全镇有民营工业企业216家，个体工业户179户，从业职工5791人，实现工业产值15.51亿元，销售收入14.9亿元，利税总额1.1亿元，利润总额6045万元。

第一章　工业体制

第一节　镇办工业

民国时期，鹿河境内无工业企业。中华人民共和国成立初期，鹿河集镇上有油坊1家、染坊3家、酒坊9家，还有数家铁铺和方木、圆木及专做独轮车的小作坊。这些私人经营的手工作坊是鹿河工业的雏形。

1955年秋，鹿河个体手工业者由璜泾区手工业联社帮助组织起来，成立了木业社、铁业社、缝纫社。1958年鹿河人民公社成立后，贯彻执行地方工业为农业生产、人民生活服务的方针，根据就地取材、就地加工、就地供应的原则，开始兴办工厂。至1959年末，公社先后办起农机、农具、针织、化工、造船、缝纫、“三土”（土化肥、土农药、土水泥）、小砖窑、竹器、酿酒、饴糖、淀粉、粮饲加工等工业门类的小工厂。特别是公社农机厂、农具厂的建办，方便了农民修配农机具，有力地支援了农业生产。1959年，农机厂、农具厂自制和修配各种农机具3.85万件。

1960年，国民经济处于困难阶段，以粮食为原料的酿酒、饴糖、淀粉等3家工厂停办。1961—1963年，又有7家工厂先后歇业。至1963年末，仅存农具厂、针织厂、粮油加工厂等3家。1964年，因农业生产需要，恢复建办鹿河公社造船厂。1968年，根据因陋就简、就地取材的原则，创办鹿河公社编织厂。1969年，先恢复建办鹿河公社农机厂，后又创办鹿河公社水泥制品厂。

1976年后，鹿河社办企业进入发展时期。至1980年，全公社有社办企业17家，初步形成机械、化工、纺织、轻工、建材等5个行业，有毛纺、服装、化工、汽修、弹染、胶木、炼油、砖瓦、竹器、编织、纬编等11个门类，生产产品200余种，其中尼龙衫裤、冷裁设备、镜片镜架等多个产品畅销全国各地。鹿河公社针织厂的产品还外销美国、苏联、科威特等国家。

1981—1983年，围绕提高经济效益为中心，开展工业企业整顿，有的企业扩建，有的转产，有的关停。其间，改革工业结构和产品结构，新建毛纺厂、毛皮厂，筹建苎麻脱胶厂、拆船厂，综合厂转产定型棉，加弹厂转产低弹丝，针织厂增添纬编布生产及服装加工。1983年9月，鹿河公社服装厂聘请上海人立服装店2位师傅做技术指导，开始生产西服，成为太仓县内第一家生产西服的工厂。

1985年起，开展横向经济联合，组织力量到上海、北京等地发展老关系，寻找新伙伴，千方百计引进资金、技术、人才，开发产品，发展乡办企业。1986年，通过各方面的努力，全乡谈成乡办企业联合开发项目10个，联合开发形式从一般的生产领域联合，扩大到与科研、资金、产品、流通等各方面的联合，共引进资金350万元，开发新产品10余个。是年，投资480万元，建办太仓苎麻纺织厂，形成2400锭高支麻纱生产能力。

1988年前后，重点抓生产配套，填平补齐，提高产量。鹿河毛皮厂引进提花毛皮机3台，改装机械毛皮机8台。鹿河毛纺厂增添纺织设备2台（套），形成5台（套）、50万米的生产能力，使前后道生产配套。鹿河化纺厂在加弹织布的基础上，增加前道喷丝设备，形成一条龙生产。鹿河化工厂在上年扩建的基础上，再建驱虫净生产车间，形成新的生产能力。鹿河电镀厂从金属电镀发展到塑料电镀，电镀业务不断扩大。

1990年起，乡办企业开始发展壮大。1993年，全镇有镇办企业21家，拥有职工5225人，实现工业产值10.75亿元，销售收入9.12亿元，利税总额4537万元，利润总额2547万元，年末固定资产原值2.51亿元。尤其是太仓雅鹿服装厂，经全厂干部职工的创业拼搏，企业不断做大做强，成为鹿河镇工业经济的重要支柱。

1994年，开始深化转换企业经营机制改革，镇办企业产权发生变化。1996年，全面实施镇办企业转制工作，转制后的企业和新发展的企业为民营企业或其他体制的企业。1997年末，全镇有镇办企业25家，拥有职工2988人，实现工业产值4.94亿元，销售收入4.52亿元，利税总额2101万元，利润总额1280万元，年末固定资产原值1.56亿元。1998年转制工作基本结束，之后不再创办集体所有制企业，而是发展民营企业。

表7-1　1958—1997年鹿河镇（公社、乡）办企业主要经济指标统计（选年）

年份	企业个数（家）	职工人数（人）	工业产值（万元）	销售收入（万元）	利税总额（万元）	利润总额（万元）	固定资产原值（万元）
1958	13	185	20	17	—	7	78
1960	10	411	142	126	—	12	62
1965	4	169	57	51	—	4	24
1970	7	928	287	212	—	22	35
1975	7	935	305	259	—	27	46
1976	7	943	480	420	—	50	83
1977	11	1606	677	588	—	86	115
1978	12	1662	761	677	—	129	149
1979	14	1921	1135	976	—	237	221
1980	17	2093	1301	1132	—	342	296
1981	18	2336	1417	1303	—	269	451
1982	19	2266	1211	1078	—	111	531
1983	19	2367	1723	1585	—	173	721
1984	22	3123	2165	1905	—	226	912
1985	28	3728	4253	3211	790	386	1268
1986	26	4332	5104	4389	485	–3	1516
1987	25	4529	7451	5449	195	236	1790
1988	23	4581	10186	9130	8	–222	2920

续表

年份	企业个数（家）	职工人数（人）	工业产值（万元）	销售收入（万元）	利税总额（万元）	利润总额（万元）	固定资产原值（万元）
1989	23	4349	7783	8013	19	-63	2956
1990	23	4326	7711	6842	300	-310	2877
1991	22	4900	22993	19724	1071	340	9075
1992	22	5326	93719	82175	4436	1628	13892
1993	21	5225	107492	91154	4537	2547	25089
1994	21	4912	145676	98679	3596	2164	22897
1995	22	3851	55821	36654	3617	2181	15645
1996	24	3847	43553	40264	1725	456	16165
1997	25	2988	49400	45155	2101	1280	15587

注：(1)1958—1975年为选年统计；(2)1958—1984年利税总额数据空缺，因缺资料无从统计；(3)1985—1989年工业产值按1980年不变价统计，1990—1994年按1990年不变价统计，1995—1997年按当年新规定统计；(4)1985—1989年利税总额实为上缴的利、税、费，1990年利税总额实为产品销售税金；(5)1994—1997年部分企业已转制，其经济指标数据仍统计在内。

表7-2　1993年鹿河镇镇办企业主要经济指标统计

企业名称	职工人数（人）	工业产值（万元）	销售收入（万元）	利税总额（万元）	利润总额（万元）	固定资产原值（万元）
苏州侨太化工医药有限公司	800	22640	17724	680	170	4832
太仓雅鹿服装厂	654	21618	17250	1509	1285	2615
太仓市康鹿精毛纺总厂	1029	15500	13792	466	100	4023
苏州麒麟长毛绒有限公司	240	9742	9061	346	122	1713
太仓县第八布厂	520	8559	7878	259	172	661
太仓市化纤纺织厂	320	5197	3841	110	35	886
太仓市新谊毛纺厂	218	4760	3818	191	100	536
苏州巴马针织有限公司	120	3328	3323	170	85	2060
太仓第二人造毛皮厂	203	2544	3023	149	75	324
苏州侨太塑胶皮革制品有限公司	80	2260	1600	93	30	5197
苏州锦华制衣有限公司	72	2227	1760	24	15	44
太仓合泰印染有限公司	110	2205	1512	106	89	444
太仓市白茆口渔轮修造厂	210	2200	2632	151	79	748
苏州美猴长毛绒玩具有限公司	237	2059	1660	78	46	205
苏州麒麟船舶舾装有限公司	75	747	1223	128	92	32
太仓市特种蓄电池厂	40	666	345	23	20	435
苏州奋发机械有限公司	125	460	282	31	23	161
太仓市鹿河农具锻造厂	44	339	104	5	1	48
太仓市鹿河汽车修理厂	38	174	141	7	3	29
苏州快电电器有限公司	63	142	89	5	2	72
苏州三乐保健用品有限公司	27	125	96	6	3	24
合计	5225	107492	91154	4537	2547	25089

第二节 村办工业

20世纪50年代，鹿河农民从事农业生产，没有队办工业企业。进入60年代，为方便农民生活和农村发展养殖业，各大队陆续办起粮饲加工厂。同时，为满足农户修建房屋所需，有的大队、生产队建办砖瓦厂。1961年，东泾大队建办粮饲加工厂。加工厂位于东泾桥，职工6人，有碾米机2台，粉碎机3台，钢磨、石磨、摇面机各1台，是鹿河境内最早出现的队办粮饲加工厂。1965年，玉影大队建办玉影砖瓦厂。该厂位于高桥，有职工19人，建四门土轮窑1座，每门可装5.5万块八五砖，年产八五砖120万块，是鹿河最早的队办砖瓦厂。至60年代末，全公社有8个大队建有粮饲加工厂。除玉影大队外，另有东泾大队建办砖瓦厂和鹿南大队11队建办土窑。

70年代，队办工厂开始发展。1970年，飞跃大队建办飞跃五金厂。该厂位于飞跃大队6队，有职工39人。刚投产时，仅有榔头、剪刀、锉刀等工具，生产火油炉子。后陆续添置冲床、车床、刨床等设备，增设铝铜冶炼车间，能生产电容器外壳、冰箱拉手、汽车喇叭、浴缸落水接口、汤婆子、铜勺子、电视机磁柱夹、纺机配件清纱器等产品。

1972年，新泾大队建办新泾编织厂。该厂位于新泾大队9队，占地2000平方米，有厂房380平方米，职工28人，主要生产芦苇帘子、柳条包装箱、紫槐条机箱板等编织品，为上海外贸局提供出口产品。

1974年，东泾大队建办东泾预制场。该厂位于东泾桥，建厂房80平方米，浇筑水泥场720平方米，有职工12人。建厂初期，为上海新华无线电厂加工楼板，后自产自销楼板、桁条、地板、门窗框等。

1975年2月，玉影大队建办玉影塑料厂。该厂位于陈家湾，拥有制塑机4台、切粒机4台、成塑压机1台，主要生产塑料粒子、鞋油管、热水瓶壳、药瓶、麦乳精瓶、头刷柄、负压瓶、暖壶、断纱器、张力器外壳等产品。同年4月，长城大队于4队坟湾建办的长城搪瓷厂投产。筹建时由上海搪瓷七厂帮助培训技术工人30人，支持建成45尺炉子1座，其余设备自制，共投资1.5万元。投产时，生产煤油炉、保暖桶、瓦楞铁等普通搪瓷；后生产工业搪瓷，产品有阀门、理发椅、浴缸、反应锅等，厂名改为鹿河工业搪瓷厂。

1976年4月，长沙大队建成长沙胶木厂。该厂位于长沙大队5队，有厂房450平方米，职工55人。刚投产时，为常州制药厂加工生产胶木瓶盖，为上海遵义、江阴湖塘2个无线电元件厂生产电器引线，后增添五金设备，生产纺机配件，产品有断纱器、张力器、编针器等，供南京、苏州等地有关纺机厂、机械厂使用，或由上海有关五金商店经销。因这类产品国内生产厂家少，故产品销路、效益较好。同年12月，新幸大队建办加弹厂。该厂位于牛郎中桥，占地5300平方米，建有厂房1680平方米，主要设备有加弹车7台，另有车床、钻床、电焊机等机修设备各1台，业务以承接加工为主。

1977年，黎明大队建办针织厂。工厂先驻于六尺沟，后搬至划船梢。建成投产时有手套机16台，职工40人，主要生产土纱、化纤手套，由太仓农副产品公司包销，后转产针织尼龙衫裤，新建厂房210平方米，添置针织横机20台。

1978年8月，新泾大队建办新泾钢丝绳厂。该厂位于杨家堰，占地1665平方米，以停办的新泾中学200平方米教室为厂房，职工39人，自制绞车3台，产品有8~40毫米钢丝绳、钢丝网等。

1980年6月，新泾大队建办袜厂。该厂位于新泾大队9队，占地1665平方米，利用原公社编织厂220平方米房屋作厂房，有手摇袜机18台，职工46人，主要生产尼龙弹力袜，产品自产自销。

1981年6月，滨海、新泾、新幸3个大队联办新海染色厂。该厂位于新泾口，占地576平方米，厂房336平方米，职工38人。有锅炉1台、离心脱水机1台、翻框车1台、5吨水塔1座等设备设施，能进行尼龙、涤纶、锦纶、腈纶4种化纤的染色生产，前往加工的客户众多，业务繁忙。

1982年，滨海、新泾、新幸3个大队和其他有关单位联办鹿河毛线厂。毛线厂总投资15万元，位于新泾口，占地810平方米，有厂房280平方米，职工56人。购置BC272B梳毛分条机、BC584环锭精纺机、开毛机、并线机等设备各1台，主要生产毛晴混纺绒线、毛晴单支纱等产品。

70年代至80年代初，鹿河各大队先后建办队办企业30余家，主要企业有：针织厂8家（黎明针织厂、东跃针织厂、长城针织厂、滨海针织厂、新幸针织厂、泗洲针织厂、新市针织厂、新泾袜厂），加弹厂5家（新幸加弹厂、黎明加弹厂、东泾加弹厂、飞跃加弹厂、飞跃1队加弹厂），染色厂4家（长江染色厂、新海染色厂、长城染色厂、红星漂染厂），搪瓷厂2家（长城搪瓷厂、鹿新搪瓷厂），五金厂2家（飞跃五金厂、长江五金厂），胶木厂1家（长沙胶木厂）。其间，因市场形势发生变化，有的企业关停，有的兼并，有的转产，至1982年末，全公社有队办企业16家，职工1431人，实现工业产值606万元，销售收入557万元，利润79万元。

1983年起，重视村办企业技术改造，提高产量，做优产品，提升企业经济效益。同时，不断加强横向经济联合，引进项目，开发产品，发展企业。80年代新办工业企业的门类主要有化纤加弹、棉纺针织、毛绒制品、电脑绣花、五金电器、纸箱包装等。进入90年代，村办企业加快发展。1993年是鹿河村办企业历年中经济效益最好的一年，年末全镇有村办企业29家，从业职工1974人，实现工业产值3.27亿元，销售收入2.74亿元，利税总额1018万元，利润676万元，年末固定资产原值3867万元。

1994年，开始深化企业经营机制改革。1997年，全面实施村办企业转制工作，村办企业转为民营企业。1998年末，全镇有村办企业17家，从业职工820人，实现工业产值1.59亿元，销售收入9834万元，利税总额689万元，利润249万元，年末固定资产原值2855万元。

1999年，村办企业转制工作基本结束。之后，村办企业停办，民营企业得到发展。

表7-3　1975—1998年鹿河镇（公社、乡）村（大队）办企业主要经济指标统计

年份	企业个数（家）	职工人数（人）	工业产值（万元）	销售收入（万元）	利税总额（万元）	利润总额（万元）	固定资产原值（万元）
1975	12	341	59	51	—	10	24
1976	13	382	80	66	—	13	34
1977	13	594	162	141	—	36	45
1978	13	642	191	168	—	55	52
1979	13	795	206	185	—	46	85
1980	15	1250	457	416	—	156	111
1981	14	1376	515	463	—	128	156

续表

年份	企业个数（家）	职工人数（人）	工业产值（万元）	销售收入（万元）	利税总额（万元）	利润总额（万元）	固定资产原值（万元）
1982	16	1431	606	557	—	79	152
1983	17	1528	660	562	—	96	183
1984	20	1785	935	842	—	88	257
1985	25	1945	1330	1341	129	59	326
1986	29	1994	1464	1273	97	47	407
1987	22	1868	1720	1922	72	36	557
1988	28	1875	2173	2437	93	−8	606
1989	25	1631	1547	2539	104	105	606
1990	27	1752	1984	3116	131	181	885
1991	27	1756	3191	3949	222	127	1034
1992	31	1885	14605	14083	944	216	3621
1993	29	1974	32748	27371	1018	676	3867
1994	28	1629	34362	23783	1019	606	3727
1995	22	1560	34383	20882	855	501	4212
1996	19	1437	9362	8593	337	125	4359
1997	18	1018	9586	7268	538	158	3680
1998	17	820	15900	9834	689	249	2855

注：(1)1975—1984年利税总额数据空缺，因缺资料无从统计；(2)1985—1990年工业产值按1980年不变价统计，1991—1998年工业产值按当年新规定统计；(3)1985—1990年利税总额实为上缴税金；(4)1997—1998年部分企业已转制，其数据仍统计在内。

表 7-4　1993 年鹿河镇村办企业分村主要经济指标统计

村名	企业个数（家）	职工人数（人）	工业产值（万元）	销售收入（万元）	利润总额（万元）	固定资产原值（万元）
玉影	2	103	108	85	6	27
东泾	2	57	119	60	7	26
滨海	2	110	2156	1732	60	78
新泾	3	545	10953	9958	207	1747
黎明	2	70	272	103	15	28
泗洲	1	70	753	200	7	199
长城	2	155	1650	1471	71	102
长江	3	153	2740	2096	55	222
新市	2	50	775	284	28	71
飞跃	1	80	2969	2605	58	111
鹿南	2	96	1064	681	6	39
新幸	3	320	6921	5814	104	956
长沙	3	120	1834	1393	28	139
渔业	1	45	434	889	24	122
合计	29	1974	32748	27371	676	3867

第三节　商办工业

20世纪80年代开始，县供销社号召基层供销社、集体商业根据各地条件创办工业。1984年，鹿河集体商业总店创办太仓县商业服装厂。服装厂先在鱼池北，后迁至老镇东大街东首。办厂初期，以生产西服为主。80年代后期，改产夹克衫、T恤衫、香港衫，注册商标“银华牌”。1990年，有厂房面积1287平方米，固定资产20万元，职工130人，全年产值50万元，利润2万元，上缴税金1万元。

80年代后期，鹿河供销社与王秀乡孟河大队联营建办泡花碱厂，厂址在孟河大队，供销社派郭宗义长期驻厂，负责产销业务。鹿河供销社与东泾大队联营建办电风扇厂，生产吊扇，厂址在东泾大队。后因多种原因，泡花碱厂、电风扇厂先行关停，商业服装厂至90年代关停。

第四节　民营工业

1980年后，民营工业开始起步，但限于资金不足，民营工业规模小，属个体工业户，以从事缝纫制衣、针织制品、织物绣品、五金电器、家具制作、铝铁铸件、纸箱加工等生产的居多。

1983年11月21日，鹿河乡个体劳动者协会第一次会员代表会议召开，会议宣传改革开放政策，鼓励个体经济发展，激发个体业主发展个体经济的积极性。是年末，全公社有个体工业户25户。

1984年，鹿河个体经济迅猛发展，尤其是家庭针织十分兴旺，针织横机遍布各村，全乡从事针织生产的农户有300余户，拥有针织横机400多台。1985年，发展至1000余户、2000余台，生产的羊毛、尼龙、膨体、涤纶等男女衫裤，品种繁多，规格齐全，十分畅销，每天，来自全国各地的客商络绎不绝，家庭针织成为广大农民增收致富的主要门路，一般农户年收入1000~2000元，生产多的农户达3000元以上。1985年1月23日，上海《解放日报》的《城镇新貌》专栏发表县广播站记者宋祖萌《横机欢唱，鹿河兴旺》的文章，报道鹿河乡家庭横机针织业发展兴旺、农民增收致富的情况。

1987年，乡党委、乡政府鼓励发展私营经济。1988年，国家保护私营经济的合法权益，明确提出私营经济是社会主义公有制经济的补充。私营经济的法律地位和经济地位的确立，进一步调动了社会上的能人发展个体、私营经济的积极性。之后，鹿河私营企业开始增多：有的有一技之长的农民脱离农业搞个体工业；有的技术骨干和供销人员从乡镇企业中辞职，自己创业开办私营企业。至1990年，全乡有私营企业16家，个体工业户43户（有工商营业执照，下同）。

1991年起，鹿河在做大做强乡镇集体企业的同时，继续鼓励个体、私营经济发展。至1996年，全镇新批私营企业31家，注册资本1285万元；新批个体工业户51户。

1997年9月中共十五大召开后，确认“非公有制经济是中国社会主义市场经济的重要组成部分”，继续鼓励引导个体、私营等非公有制经济共同发展。个体、私营经济地位再次上升，进一步激发了业主自主创业的积极性。1998年，鹿河镇党委、镇政府制定《关于加快发展个体私营经济的若干意见》，促进了全镇个体、私营经济的快速健康发展。是年，全镇个体私营企业实现产值2.32亿元（未包括已转制的企业），利税753万元，形成东泾、玉影私营工业小区。

1999年完成乡镇企业产权制度改革后，非公有制经济称民营经济，其创办的企业称民营企业。同年，鉴于乡镇企业产权转换，鹿河民营企业增多。又因受近邻璜泾镇发展化纤加弹业的影响，一批业主看好化纤市场，纷纷创办加弹企业，民营经济得到快速发展。是年末，全镇有民营企业112家、个体工业户135户，全年实现工业总产值8.65亿元，销售收入7.29亿元，利税总额5420万元，利润总额3304万元，固定资产原值2.87亿元。

2000年，通过加强规划引导，完善扶持政策，民营经济呈现快速发展势头，尤其是化纤加弹业的发展，成为全镇民营经济新的增长点。是年，全镇拥有高速纺机153台（套）。2002年，全镇有民营工业企业216家、个体工业户179户，涉及纺织、服装、轻工、化工、机械等行业，从业职工5791人，全年实现工业总产值15.51亿元，销售收入14.9亿元，利税总额1.1亿元，利润总额6045万元，固定资产原值6.48亿元。

第五节　三资和港澳台资企业

三资企业，即中外合资经营企业、中外合作经营企业、外商独资经营企业。

20世纪80年代及以前，鹿河境内无三资企业，只是开展外经外贸工作，做优产品，出口创汇。1986年，对外贸易创历史最好水平，全乡外贸出口商品收购总额达900万元。

1988年，开始大力发展外向型经济，乡成立外贸公司，制订发展计划，落实出口任务。是年，有4个厂的5种产品出口，完成外贸出口商品收购总额300.53万元。1989年，出口企业及产品有所增加，全乡外贸出口商品收购总额增至887.65万元。

1990年，鹿河镇发展港资企业有了突破性进展，是年4月14日，太仓县鹿河化工厂与中国香港商侨医药公司合资建办苏州侨太医药原料有限公司。公司注册资本70万美元，合资经营期限为2000年，这是鹿河首家合资企业。同年，全乡外贸出口商品收购总额实现1808.69万元，比上年增长103.76%。

1991年起，加大招商引资力度，吸引外商到鹿河投资，或举办企业，或开展贸易活动，外向型企业增多。至1992年末，全乡新办三资企业32家，投资总额1.28亿美元，注册资本4578万美元，外方投资2599万美元，外资到位1453万美元，验资开业企业26家。鹿河发展外向型经济起步早、成效好，成为太仓县“三资企业率先超10家”的乡镇，受到县委、县政府表彰。

1993年，又有苏州远东钢丝绳有限公司、苏州永昌保健制品有限公司、苏州江辉船舶工程有限公司等数家合资、独资企业落户鹿河。是年，全镇新办三资和港澳台资企业15家，投资总额1.68

亿美元，注册资本5298万美元，协议利用外资和港澳台资9531万美元。同年，全镇完成外贸出口商品收购总额4.7亿元，比上年增长24.8%。

1994年，太仓白茆口渔轮修造厂与中国香港和兴船舶机械工程公司合资经营苏州和兴船舶工程有限公司，港资到账47万美元。太仓县医药原料厂与美国凌龙公司合资经营江苏凌龙药业有限公司，外方代表到厂协商并制定运作方案。

1995年，合资企业苏州华辉铝材加工工程有限公司基建竣工，客商投资设备全部到位，试生产的铝合金门窗经省级鉴定合格。苏州康鹿精毛纺厂与美国凌龙公司合办苏州凌龙毛纺织有限公司的意向基本形成。合资企业苏州和兴船舶工程有限公司承制的2条高速巡逻艇创汇95万美元。至1995年末，鹿河累计有三资和港澳台资企业53家，投资总额2.66亿美元，注册资本1.44亿美元，合同利用外资和港澳台资1.52亿美元。1995年三资和港澳台资企业出口创汇549万美元。

1996年起，由于市场形势发生变化，有些合资企业中的外资和港澳台资由内资企业收购，外向型企业减少。是年，三资和港澳台资企业出口创汇减少至176万美元。1997年后，鹿河境内的三资和港澳台资企业普遍转为内资企业。2000年，三资和港澳台资企业出口创汇减少至36万美元。

2000年10月，太仓市金峰皮塑制品厂与华伦国际（香港）有限公司合资创办华伦皮塑（苏州）有限公司，成为鹿河的重点合资企业。2002年末，全镇有三资和港澳台资企业6家，注册资本9184万美元，完成出口创汇563万美元。

第六节　企业转制

1958年人民公社成立后，由公社、大队投资创办的工业企业，始称社队工业，改革开放后统称为乡镇企业，产权为集体所有。进入20世纪90年代后，原乡镇企业经营机制和管理模式已不能适应市场经济的要求。

1993年，本着改革、稳定、发展相统一和相促进的原则，开始实施乡镇企业转换经营机制的改革。是年，镇党委、镇政府通过各种形式大力宣传企业转制的意义、形式、做法和要求，引导全镇企业干部和职工统一思想，转变观念，为企业改革树立正确导向，营造良好的宣传氛围。

1994年4月28日，镇党委、镇政府召开深化改革工作会议，提出以推行股份合作制为重点的改革要求。是年，企业转制有了突破性进展，至年底，完成镇办企业转制8家。其中组建股份合作制企业4家，共吸纳股份资金2257.4万元；实行租赁承包等其他形式的企业4家。

1995年，镇办企业转制工作继续推进，上半年完成对鹿河汽修厂、鹿河服装辅料厂、鹿河保健用品厂的转制任务，下半年又对鹿河灯具厂、鹿河鹿艺服装厂、鹿河标牌厂实施转制，转制形式为租赁承包经营，共收到6家转制企业上缴的风险抵押金9万元。

1996年，转制工作整体推进。为确保转制工作顺利实施，镇组织转制工作小组成员先后到南通市海门和太仓兄弟乡镇板桥、陆渡学习取经。在实施转制工作过程中，借鉴先进单位的经验，针对不同企业，分别采用股份制、租赁承包、风险抵押、资产拍卖、售租结合、先售后股等多种形式进行转制，重点突出产权制度改革，资产转让，转为民营。是年，先后完成对太仓县毛线厂、太仓县鹿河染整厂、太仓造船厂白茆口分厂、太仓县鹿河船窗厂等16家镇办企业的转制工作（含先租、后售的企业）。至此，镇办企业转制工作取得突破性进展。同年，在开展镇办企业转制工作的同时，组织财会人员对村办企业做好转制前的准备工作。至年底，资产清理基本结束。

1997年，全面推进村办企业转制工作。至1999年末，全镇18家村办企业基本完成转制工作，除个别企业还留有集体股份外，绝大多数的企业资产由个人买进，转为私营企业，或由经营者组建股份合作制企业。在实施村办企业转制工作的同时，重视做好镇办企业转制的扫尾工作，对转制不彻底的企业予以完善，使其产权更为明晰。

2000年后，加强对转制企业的服务管理工作，帮助企业完善经营机制，优化整合资源，启动沉淀资产，寻找合作伙伴，引进开发产品。2000—2002年，全镇共盘活企业存量资产1.6亿元，企业显现新的生机和活力。

第二章　企业及产品

第一节　企业分布

20世纪50年代，鹿河镇上仅有作坊式的手工工场。50年代后期和60年代建办的工厂主要集中在镇区。70年代发展起来的社办工业企业主要分布于市镇周边地区，并向白茆口、新泾口、钱泾口拓展，队办工业企业主要集中在各大队驻地附近。80年代，社队工业初具规模，企业主要集中在镇东、镇西、白茆口、新泾口、钱泾口等5个工业分布点。

进入90年代，重视工业布局规划，建设工业发展载体，引导企业向工业小区和沿路工业开发带集中。

1992年，拓宽沙鹿公路，规划沙鹿公路工业开发带，此后企业陆续进驻。同年，改造鹿长路，投资环境得到改善，此后沿路企业增多，形成鹿长路工业开发带。

1994年，建成鹿河东泾工业小区和鹿河玉影工业小区，区内道路、通信、电力等重点设施配套，企业开始向小区集中。1999年，2个小区初步形成规模。2001年，2个小区对基础设施提档改造，合称为鹿河联影工业小区。

2002年，鹿河工业企业分布从具体地址看，虽较为分散，各村均有，但又相对集中，基本形成“一区二带三点”的分布格局，即鹿河联影工业小区，沙鹿公路、鹿长路工业开发带，白茆口、新泾口、钱泾口工业分布点。进驻“一区二带三点”的企业有185家，占全镇工业企业总数的86%。

第二节　规模企业

20世纪60年代后期，鹿河工业企业开始发展，从无到有，又经70年代培育，企业逐步壮大，至80年代中期形成一定规模。1985年，全乡有工业产值超100万元的骨干企业14家，占全乡工业企业总数的26.42%；实现工业产值3956.33万元，占全乡工业总产值的70.86%，其中太仓县化纤纺织厂实现产值686.55万元，列各企业之首。

表7-5 1985年鹿河乡工业产值超100万元企业统计

企业	工业产值(万元)	企业	工业产值(万元)
太仓县化纤纺织厂	686.55	太仓纬编服装厂	227.48
太仓县鹿河毛纺厂	455.07	太仓县鹿河电镀厂	207.11
太仓县苎麻纺织厂	411.66	太仓第一客车厂	188.83
太仓人造毛皮厂	350.16	太仓县鹿河腈纶弹力定型棉厂	150.28
太仓冷冻机厂	270.50	太仓县工艺针织厂	143.34
太仓造船厂白茆口分厂	264.43	太仓县毛线厂	114.29
太仓县鹿河化工厂	249.10	合计	3956.33
太仓县鹿河腈纶纺织厂	237.53		

1986年起，加大扶持力度，搞技改、上设备、抓扩产，重点培育工业产值超500万元的骨干企业。1988年，首先有6家企业跨入工业产值超500万元行列，其中太仓县鹿河毛纺厂、太仓县化纤纺织厂、太仓县鹿河化工厂等3家企业超1000万元。至1991年，全乡工业产值超500万元的企业发展至11家，其中产值达1000万元以上企业7家，500万~1000万元4家，11家骨干企业实现工业总产值2.06亿元，占全乡工业总产值的78.63%。其中太仓县雅鹿服装厂实现产值4080万元，列各企业之首。

表7-6 1991年鹿河乡工业产值超500万元企业统计

企业	工业产值(万元)	企业	工业产值(万元)
太仓县雅鹿服装厂	4080	太仓县鹿河棉纺厂	1163
太仓县鹿河化工厂	3922	太仓造船厂白茆口分厂	860
太仓县鹿河麻纺厂	2464	太仓第二人造毛皮厂	856
太仓人造毛皮厂	2268	太仓县鹿河毛纺厂	758
太仓县化纤纺织厂	2208	太仓纬编服装厂	664
太仓县毛线厂	1336	合计	20579

1992年起，为增强市场竞争力，重视做大做强企业。尤其是雅鹿服装厂(后称江苏雅鹿实业股份有限公司)、苏州侨太医药原料有限公司、太仓康鹿精毛纺厂、太仓麒麟长毛绒有限公司，充分发挥自身优势，注重技改扩产，规模不断扩大，1993年，荣称鹿河工业“四杰”。1994年后，重视发展工业产值超1000万元的规模企业，有数家企业先后跨入规模企业行列，但由于市场形势发生变化，在激烈的市场竞争中，有些先期的骨干企业遇到困难而逐步萎缩，有的歇业。至1997年，全镇工业产值超1000万元重点企业有8家，其中超1亿元1家，5000万~1亿元3家，3000万~5000万元2家，1000万~3000万元2家。8家重点企业实现工业总产值4.85亿元，占全镇工业总产值的82.2%。江苏雅鹿实业股份有限公司成为鹿河工业经济的龙头企业。

表 7-7 1997 年鹿河镇工业产值超 1000 万元企业统计

企业	工业产值(万元)	企业	工业产值(万元)
江苏雅鹿实业股份有限公司	16140	苏州和兴船舶工程有限公司	3166
太仓康鹿精毛纺厂	8159	苏州巴马针织有限公司	2888
太仓市海鹿针织有限公司	7639	太仓第二人造毛皮厂	1190
太仓麒麟长毛绒有限公司	6023	合计	48493
太仓新谊毛纺厂	3288		

1998年,在基本完成镇办、村办企业产权制度改革后,镇党委、镇政府鼓励转制企业优化整合资源,做大企业规模。同时,搭建发展载体,改善投资环境,鼓励新办的民营企业上规模、上水平,提高市场竞争力。是年,江苏雅鹿实业股份有限公司列太仓市20强工业企业第7位,太仓康鹿精毛纺厂、太仓麒麟长毛绒有限公司分列太仓市大中型工业企业第15位和第24位。至2002年,虽然以前的规模企业有所减少,但新的规模企业出现,故全镇规模企业数量未减且略增,全镇工业产品销售收入超千万元的规模企业(是年起规模企业由按产值统计改为按销售收入统计)有9家,其中超3亿元1家,5000万~3亿元2家,3000万~5000万元1家,1000万~3000万元5家。9家规模企业实现工业产品销售收入5.96亿元,占全镇工业产品销售收入的40%。尤其是江苏雅鹿实业股份有限公司,不断发展壮大,成为鹿河旗舰企业,全年实现销售收入3.61亿元,利税总额1351万元,在全镇工业经济中的支柱作用更加显现。

表 7-8 2002 年鹿河镇工业产品销售收入超 1000 万元企业统计

企业	销售收入(万元)	企业	销售收入(万元)
江苏雅鹿实业股份有限公司	36083	太仓市宏润化纤厂	1608
太仓市海鹿针织有限公司	6778	苏州银鹿特种化纤有限公司	1555
苏州勤益化纤纺有限公司	6229	太仓市侨太医药化工有限公司	1121
华伦皮塑(苏州)有限公司	3523	太仓市金湖医药化工厂	1001
苏州欣达长毛绒有限公司	1660	合计	59558

第三节 名优产品

20世纪60年代,鹿河工业开始起步,当时突出为农业生产和农民生活服务,生产的产品以农机具及生活用品为主。70年代,社队工业加快发展,产品增多,为打开市场销路,各企业开始重视产品质量,以开辟市场,求企业生存。70年代末,鹿河有纺织、针织、服装、化工、纬编、机电等门类的20余种产品畅销全国各地,其中还有部分针织产品销往国外。

进入80年代,注重新品开发,加强质量管理,积极打造名优产品。1984年前后,鹿河有10余种产品被客户认定为优质产品,在全国各大城市热销。

1987年，太仓县鹿河化工厂生产的叔丁胺、太仓人造毛皮厂生产的素色毛皮被评为苏州市优质产品；太仓县鹿河化工厂生产的羟盐及太仓毛纺厂生产的棒针绒线被列为苏州市新产品，其中羟盐产品还通过省级鉴定，被列为省级新产品。

1988年，进行产品结构适应性调整和开发性调整，年内开发侧链、空变丝、玩具毛皮、真丝立绒、粉末涂料、“507”袜机、涂锌钢丝绳、腈纶变色绒线等新产品8种，开发精支纱、麻球、真丝立绒、熊猫玩具、珍珠项链、裱画等出口创汇产品6种。同年，太仓县鹿河化工厂生产的羟盐和太仓县鹿河新泾钢丝绳厂生产的圆股钢丝绳获评苏州市优质产品。

1989年，太仓县毛纺厂生产的腈纶变色绒线获太仓县科技进步二等奖、苏州市科技进步四等奖，太仓县鹿河化工厂生产的侧链获太仓县科技进步四等奖。

1990年，积极依靠科技进步推进技术革新改造，全乡年内开发新产品40余种，主要有太仓雅鹿服装厂开发的夹克系列服装新产品20余种，太仓县化纤纺织厂开发的星光缎、发泡丝绒、涤纶巴黎皱、涤纶直贡呢等新产品4种，太仓新谊毛纺厂开发的仿马海毛绒线和太仓县鹿河新泾钢丝绳厂开发的光面钢丝绳新产品各1种。同年8月，在国家纺织工业部召开的苎麻产品研发会上，太仓雅鹿服装厂生产的麻涤男式夹克被评为苎麻纺织产品一等奖。9月，在苏州市乡镇工业纺织产品评比中，太仓县毛纺厂生产的腈纶变色绒线获产品质量第一名。12月，在省服装行业和服装产品评比中，太仓雅鹿服装厂被省纺工厅评为1990年度产品开发先进集体，生产的仿毛人革夹克套装、印格嵌线夹克衫被省纺工厅评为仿毛新产品一等奖。

1994年，各企业重视传统产业提档改造和高新技术产品开发，全年开发新产品121种，其中省级新产品1种，形成8种销售超2000万元的拳头产品。江苏雅鹿实业股份有限公司善于研究消费者心理，捕捉服饰市场信息，其生产的毛皮夹克、毛皮风衣、冬季西装等服装产品，款式新颖，深受消费者青睐，畅销全国各大中城市。苏州美猴长毛绒玩具有限公司坚持以质取胜，赢得市场，生产的长毛绒鞋出口产品经苏州商检局抽样检查，获评信得过产品，公司获评出口产品质量合格企业。

1997年前后，在实施企业产权制度改革的同时，各企业重视传统产业改造和高新技术产品开发，1996—1998年的3年间，全镇工业企业开发新产品125个，其中产品销售收入超2000万元的拳头产品8种，雅鹿服装、全棉汗布、高支全毛、混纺毛纱、毛皮毛绒等产品在国内外市场上知名度高，产品供不应求。

2000年起，各企业注重产品研发，着力做优产品。2002年，全镇有20余家企业的30余种产品在各级各类产品评选中获奖，并被广大客户采用和推介，其中，被列为省新产品3种，创苏州市优质产品5种。同年，江苏雅鹿集团有限公司实施品牌化发展战略取得显著成效，生产的“雅鹿”服装产品被评为中国名牌产品，“雅鹿”服装商标被认定为中国驰名商标。

专记：江苏雅鹿集团有限公司

公司前身为20世纪70年代鹿河公社光明针织厂的一个缝纫车间，位于鹿河西市梢元宝泾，主要为上海一家妇女用品商店加工各类服装。1976年9月，组建太仓县鹿河服装厂；1977年8月起，为鹿河公社社办厂。1980年前后，主要承接浙江省湖州市一家服装厂的滑雪衫加工业务和为外地有关服装厂加工各类服装。1982年，有职工99人，完成产值27.47万元，利润7.4万元。

1984年6月，更名为太仓西式服装厂。同年10月，俞荣生任厂长。1986年6月，向国家工商局申请注册“雅鹿”商标获准，企业改名为太仓雅鹿服装厂。1987年10月，同上海一家服装商店联合试制飞龙衫，投放市场后赢得消费者青睐，生产业务不断拓展，工厂由此从原来的加工型企业逐步转化为自产自销型企业，此为雅鹿发展史上的一个重要转折点。

1990年，顾振华接任厂长。此后，顾振华带领全厂职工，紧随服装潮流，不断开发新品，生产的各类服装款式新颖，在市场上适销对路，产量不断扩大，企业效益提高。1992年，年产各类服装137万件，其中生产的男式夹克、T恤系列服装风靡全国，畅销全国各地服装市场。是年末，拥有职工626人，实现工业总产值1.59亿元，产品销售收入1.53亿元，利税1299万元，利润775万元，成为鹿河乃至太仓服装行业的龙头企业。

1993年9月28日，成立江苏雅鹿实业股份有限公司，同年12月28日举行公司挂牌仪式暨首届股东大会。公司董事长兼总经理顾振华。是年起，为扩大生产能力，公司不断投入，添置设备，至1995年，公司拥有各种缝制及丝织、毛皮设备900余台（套），引进法国力克公司电脑设计排版系统1套，从日本进口电脑绣花机8台，各种服装生产设备配套齐全，年末固定资产原值达3882万元。

1997年，公司与上海华源企业发展有限公司合作，另辟生产基地，新建华源雅鹿国际服装城。服装城位于沙鹿公路南侧、新幸村3组（1999年并村后为新明村14组）境内，首期工程征地13.33万平方米，总投资5000万元，建造2万平方米标准化厂房及其他附属设施。同年，将原来的织造车间调整改造为新雅鹿制衣公司，全套引进日本产缝制设备，同时还建造1200平方米绣花大楼，增添12台日本电脑绣花机。是年，公司年生产中高档西服、休闲服、夹克及T恤、衬衫等各类服装150万件（套），年末，拥有职工908人，实现工业总产值1.61亿元，产品销售收入1.36亿元，利税1794万元，利润1392万元，成为鹿河工业经济的支柱企业。

1998年12月，组建江苏雅鹿集团有限公司。1999年，投入资金2000余万元，建造厂房5800平方米，全套引进世界先进的意大利西装生产流水线和瑞士智能化电脑吊挂系统，建成高级成衣中心，新增西装年生产能力12万套、休闲服50万件。同年起，公司进一步发挥规模优势，积极探索服装市场行情，把产品开发的重点放到羽绒服生产上，并取得了产销两旺的喜人成就。2000年，公司生产各类服装280万件，其中羽绒服250万件。

2001年起，公司坚持以“以创新取胜，塑世界名牌”为发展目标，实施品牌化、国际化、集团化发展战略，力求做大、做强、做优企业，先后通过ISO9001质量管理体系认证和ISO14001环境管理体系认证验收。公司生产的“雅鹿”牌羽绒服风靡市场，畅销全国各地。在全国设有52个服装销售分公司、万余家雅鹿专卖店，聘请著名影星和外国名模担任雅鹿羽绒服形象代言人。2002年，公司实现产品销售收入3.61亿元，列太仓市产品销售收入前百家工业企业第9位；实现利税总额1351万元，列太仓市利税总额前百家工业企业第24位；固定资产原值1.73亿元，列太仓市固定资产规模前百家工业企业第10位。

公司创优获奖及先进荣誉：

1988—1990年，公司先后获评苏州市先进企业、苏州市百强乡镇企业、江苏省明星企业。“雅鹿”牌服装先后获评苏州市优良产品、江苏省优质产品。公司先后获得江苏省纺织工业厅授予的新品开发一等奖、纺织工业部授予的新品开发三等奖。

1992年，公司生产的夹克系列服装被纺织工业部评为新品开发一等奖，被商业部评为优质产品。

1993年5月，在中国纺织协会、中国服装总公司、中国服装设计中心联合举办的中国·世界服装服饰博览会上，公司参赛展示的夹克衫获博览会金奖、T恤衫获博览会银奖。

1994年11月，公司位列农业部表彰的全国1000家最佳经济效益企业第261位。

1994—1996年，公司连续3年被国内贸易部评为产品销售金桥奖，“雅鹿”牌服装获评中国公认名牌产品。

1997年，“雅鹿”牌男式夹克衫获评江苏省名牌产品。

1999年4月，公司董事长顾振华获全国总工会颁发的全国五一劳动奖章。2000年4月获评全国劳动模范。2000年10月获评全国乡镇企业十佳先进人物，赴北京参加颁奖大会。

2002年3月，“雅鹿”商标被国家工商行政管理总局认定为中国驰名商标；4月8日，太仓市政府召开“雅鹿”商标——中国驰名商标新闻发布会。

第三章　工业管理

第一节　引培人才

20世纪60年代，社队工业设备落后，知识陈旧，技术力量少，工厂普遍缺乏技术创新能力。70年代社队工业发展起来后，主要依靠当地有经验的工人师傅安装、维修设备，检验产品质量，并发挥传帮带作用，培养青年技术骨干。

进入80年代后，各企业开展横向经济联合，通过与大专院校、科研单位、城市大厂技术挂钩，引进技术与人才，为发展当地经济服务。有的企业外聘工程师、技术员当顾问，有的聘请城市大工厂退休老师傅住在厂里现场指导。同时，通过送出去培训、请进来授课和鼓励青年职工参加函大、刊大自学等途径，培养企业管理人才和技术人才。1985年，全公社社队企业外聘工程师、技术员30余人。通过自培，全公社有评定技术职称的当地助理工程师1人、技术员25人，其中4名中青年技术骨干被选拔进入乡办企业领导班子。

1983年起，加大送培和自培力度，着力培养工程技术、外勤营销、经营管理、政工干部等4支队伍。是年，从各单位选送12名青年职工到各类技术学院、学校学习；乡有关部门自办各种类型的技术培训班5期，参训300余人次。

1986年，利用乡成人教育中心校阵地，开办机电职业班，各企业送训50余人；开办财会人员培训班，参训50余人；开办企业经营管理培训班，参训企业干部55人。是年，各企业历年选送到有关大中专院校的代培生累计有62人，当年有9人毕业（其中大专4人、中专5人），回到原乡办厂工作。1987年，又有选送的青年职工31人学成毕业，回厂工作，其中电大毕业5人、职大7人、职中19人。另有函大自学毕业34人。同年，还组织企业厂长12人参加太仓县厂长培训班。通过学习培训，培养和造就了一批企业管理人才和技术人才。1989年，对全乡24个工业单位进行技术职称评定，有高级工程师2人、助理工程师5人、专业技术人员165人。

1991年起，实施“2、4、8”人才培养计划，即“八五”期末，每个企业有本科生2人、大专生4人、中专生8人。为实现人才培养目标，继续加大培训力度，“八五”期间先后实施的培养举措主要有：选送中青年职工到苏州大学财经系函授一年制大专，组织企业管理人员参加三年制企业管理电视中专班学习，组织财会人员参加太仓县会计函授一年制中专，太仓县鹿河化工厂职工参加初级技工半年期培训，乡工业公司财务科开设中专函授班，江苏雅鹿实业股份有限公司（当时为太仓雅鹿服装厂）请上海纺织专科学校到厂开办大专班，乡成人教育中心校举办学历补习班等。至

1995年末，全镇有156人的文化学历得到提升，镇办企业基本实现“2、4、8”人才培养目标。

1991—1995年，在开展学历培训的同时，各部门、各企业还加强各类职业技术培训，先后开办的培训班及培训内容主要有：乡成人教育中心校开办实用技术培训班，工业公司举办乡办骨干厂全面质量管理培训班，太仓县鹿河麻纺厂举办新工人上岗技术培训班，太仓县鹿河化工厂举办新工人入职前培训班，太仓白茆口渔轮修造厂举办电焊技术培训班等。通过各种类型的培训，各企业职工队伍技术素质有了明显提高。

1996年后，为推动企业科技进步，促进民营企业健康发展，镇党委、镇政府搭建人才引进平台，开展人才招聘、对接、洽谈等活动，大力引进企业管理人才、产业紧缺人才、专业技术人才、产品研发人才等，至2000年，全镇各企业先后引进或短期聘用工程师50余人，招录大中专毕业生150余人。

2000年后，各地民营企业迅速发展，各类专业技术人才流动性较大。镇有关部门认真落实人才政策，开展走访活动，关心他们的生活，使其安心工作。2002年末，全镇工业企业拥有中专学历以上专业技术人员260人，其中高级工程师7人、助理工程师15人、技术员238人，他们在各自的岗位上努力为鹿河工业经济发展做出贡献。

第二节　工业技改

20世纪60年代，鹿河工业处于初创时期，规模小，生产能力弱。70年代起，不断投入资金，对企业进行技术改造，使企业设备提档、产量扩大，产品更新、质量提高。

1972年，鹿河公社综合厂先后建办镜片车间和镜架车间，添置镜片磨床84台、真空镀膜机2台，从过去粮饲加工、棉花加工兼营煤油炉生产业务转为眼镜生产，生产的新目镜片、集光镜片、放映镜片、镀膜镜片、隔热镜片及各式镜架销路较广。工厂在江西、湖南等地设有经销点，有了新的活力。

1975年前后，鹿河公社农机厂投入资金，更新设备，制造能力增强，开始从过去修造水泵、脱粒机等普通农业机械，逐步转向制造冷冻机、针织横机等技术含量较高的机电设备，企业得到发展。

1977年，鹿河公社实施针织企业资源整合，将原鹿河公社针织一厂和针织二厂（前身为鹿河公社光明针织厂，初创时由5个市镇生产队联办，后新市大队入股）合并组建鹿河公社针织厂，同时对企业进行技术改造，更新设备，扩建厂房。合并后拥有针织横机160台，职工494人，成为当时鹿河公社社办企业中规模较大、职工最多的企业。同年，鹿河公社电镀厂通过技改投入，改进生产工艺，业务范围扩大，从过去仅能从事抛光加工，发展到能镀铜、镀锌、镀塑等，电镀产品有缝纫机零件、工业用烘箱、五金电器以及煤矿用液压支架等镀件。

1978年，鹿河长城搪瓷厂投入资金，改造搪瓷老设备和自制土设备，新建大型炉子1座并添置其他辅助设施，开始由生产煤油炉、保暖桶、瓦楞铁等日常搪瓷，转向阀门、浴缸、反应锅等工业搪瓷，厂名由此改为太仓县鹿河工业搪瓷厂。

1979年，太仓县鹿河化工厂投入资金，扩建厂房，增添设备，由原光明大队队办化工厂建成公社、大队联办厂，企业规模扩大，产品增多，生产的羟乙基呱嗪、侧链、偏钒酸铵等产品销往上海、广东、福建、四川、江西、湖南、河南等地。

1982年，重点扩建太仓毛纺厂，厂址从长江大队迁至鹿河镇北，原属公社、大队联办企业，迁移后转为太仓县、鹿河公社合营企业。占地17300平方米，新建厂房4045平方米，添置精纺设备10台(套)，企业由原来单一生产腈纶针织绒扩展为纺、织、染一条龙生产，技改扩产后，成为鹿河骨干企业之一。

1984年前后，通过技改投入，调整工业结构和产品结构——有2家企业完成转产，3家企业淘汰滞销老产品，5家企业开发适销新产品，使企业在遇到产品降价、原材料及燃料提价的情况下，其产销利仍然保持稳中有升。

1987年前后，全乡工业企业实施技改项目20个，主要为麻纺、毛皮、毛线、化工、钢丝绳、工业搪瓷等门类企业的扩建项目，总投资3000余万元，其中投入超千万元项目2个，分别为太仓麻纺厂购置4800锭精纺设备项目和太仓人造毛皮厂引进60台割圈毛皮机项目。1988年，有12个项目陆续竣工投产，鹿河工业发展后劲得到增强。

1990年，工业技改注重拉长产业链、实现一条龙生产，全乡技改项目总投资855万元，实施的项目主要有太仓县鹿河化工厂扩建多西环素(强力霉素)、甲砜霉素生产车间，太仓雅鹿服装厂增设熨烫设备和扩建高速平缝车间，太仓县化纤纺织厂延伸FK6-700高速纺生产，太仓纬编服装厂增添纬编机等。

1992年，太仓县医药原料厂技改投入上千万元，开发新项目，扩大二基胺醇、潘生丁、VB6、PVC塑胶皮革、增白剂、染料等生产。太仓人造毛皮厂投入70万美元，引进美国产电子提花毛皮机1台和机械提花毛皮机3台，实现产品提档，市场竞争力提高。太仓雅鹿服装厂投入53万美元，引进4台日本田岛电脑绣花机、132台电脑高速平缝机和自动裁剪机，用高新技术设备代替陈旧落后的老设备，增强了企业发展后劲。太仓麻纺厂通过技术改造，配套麻纺设备，生产的32支羊毛纱、826毛晴混纺纱达到出口标准，使淡季生产不淡，1万纱锭全年吃饱开足。太仓县工艺纬编厂投入41万美元，引进6台台湾产电脑自由间色针织大圆机，扩大了生产能力，成为鹿河新的外贸出口企业。太仓第八棉纺厂通过挖潜改造和技改投入，形成大有光腈纶纱新的生产线，月生产能力提高到290吨，比原来提高5.8倍，产品供不应求，企业经济效益提高，进入先进企业行列。

1995年前后，江苏雅鹿实业股份有限公司时装电脑设计系统工程、太仓第八棉纺厂前后道生产配套工程、苏州和兴船舶工程有限公司扩建下水通道工程等10个技改项目相继完工，总投资2700余万元。企业科技创新能力增强，生产能力扩大。

1998年，太仓康鹿精毛纺厂投资180万元，对老设备进行改造，添置583C精纺新设备，新增月加工能力60吨，产品产量提高，满足了客户需要。太仓市海鹿针织有限公司先后投资400余万元进行技术改造，增添棉纺设备7000锭，累计1.8万锭，年生产涤棉纱3000吨以上。

2001年，苏州勤益化纤纺有限公司投入2400万元，建成年产100万条毛毯生产车间。华伦皮塑（苏州）有限公司投入400万元，引进一条PVC塑胶皮革生产流水线。太仓市瑞昌针织有限公司投入400万元，引进2台电脑大提花自动调线针织大圆机和2台双面螺纹电脑4色调线大圆机。是年，全镇共实施技改项目25个，完成24个，累计技改投入7500万元。

2002年，化纤加弹企业设备改造加快，淘汰64-96锭小型加弹机，引进进口或国产先进设备，全镇化纤加弹企业拥有日本产春田33H高速纺机10台，700-1100型加弹机38台。是年，全镇工业企业共实施技改项目32个，全部竣工投产，总投资1.11亿元。

通过历年技术改造，鹿河工业企业技术装备升级，固定资产增加。2002年末，全镇工业企业固定资产原值达6.48亿元。

第三节　经济责任制

20世纪80年代以前，公社、大队注重投资办厂，在企业内部生产管理上以宣传教育、表彰激励为主。80年代初，开始实行各种形式的经济责任制，调动经营者和职工积极性，激发企业内部活力。

1982年，学习农业生产责任制的办法，根据多劳多得的原则，对职工按生产实绩计发工资，试行浮动工资制。1983年，以提高企业经济效益为中心，在社办企业中采取自上而下“包”、自下而上“保”企业利润的大包干经济责任制：对大的企业核定上缴利润，超利分成，奖励职工；对小型微利企业实行利润定额上缴（通常称“一脚踢”）包干责任制。

1985年，围绕增强企业活力这个中心环节，试行厂长经济承包责任制，对完成产值、利税指标的企业，按增长比例给予承包者和职工相应的奖励。1986年，实行企业工资总额与利税总额同职工报酬挂钩浮动的厂长负责制。

1987年，全面实行厂长任期目标管理制，对企业领导干部，按照年初签订的合同，明确责任，逐月考核，联系实绩，年终兑现；对企业供销人员实行联系采购、联系销售的分成制或报酬及费用包干制，并辅以其他形式进行考核奖赔；对企业职工，能计件的实行计件工资制，不能计件的，职工报酬与企业经济效益挂钩，实行浮动工资制。

1990年前后，进一步深化企业内部分配制度改革，以继续推行厂长任期目标管理制为重点，不断完善企业内部管理责任制，主要有生产车间经济责任制、厂部科室管理责任制、外勤人员报酬联购联销责任制、企业职工浮动工资制、技术人员革新创造奖励制、企业产品开发奖励制、安全生产岗位责任制等。

1993年8月24日，镇党委召开深化企业改革工作会议，部署镇办、村办企业经营机制转换的改革工作。之后，在企业中推行股份合作、风险抵押承包、租赁等形式的经营机制。1996年，全面实行产权制度改革，镇办、村办企业转为民营企业，民营企业经营者根据各自情况管理企业。

第四节　管理服务

20世纪80年代以前，社队企业由公社、大队投资建办，企业办起来后主要以自我管理、自我发展为主。80年代起，公社、大队开始加大扶持力度，发展壮大企业，各工业管理服务部门积极创造条件，落实措施，支持社队企业发展。

1983年前后，公社加强与金融部门联系，建立银企合作关系，争取金融部门信贷支持。1982—1984年，农业银行鹿河营业所和鹿河信用社平均每年合计发放工业贷款800余万元，帮助企业克服流动资金不足的困难。

1985年，乡工业管理部门按照“三上两创一提高”（上质量、上技术、上管理，质量创优、出口创汇，提高经济效益和社会效益）的目标要求，指导企业落实各项管理制度，提高管理水平。通过引进技术与人才，帮助企业攻克技术难题，改进生产工艺，提高产品质量。帮助企业实施技术改造，开发适销对路产品。是年，工业生产尽管存在诸多不利因素，但还是取得了产销利大幅增长的可喜成绩，全乡工业企业实现产值5583万元，比上年增长80.1%；销售收入4552万元，比上年增长65.71%；利润445万元，比上年增长41.72%。

1986年，有些企业出现亏损，主要是原材料浪费多，能源消耗大，针对这种情况，乡政府组成工作小组进驻亏损企业，从技术、管理、资金等方面进行扶持，并实行能源节约奖、超耗罚的管理办法，将增产节约指标落实到每个车间、科室、班组、个人，在职工中开展每人节约一度电、一斤煤、一滴油等节支降本活动。通过落实各项增产节约奖励措施，是年，有3家企业实现扭亏为盈。同年，乡工业公司等有关部门积极协助企业举办订货会、展销会、推介会活动，通过搭建产品展销平台招揽客户，开辟市场。是年11月25—27日，太仓县毛纺厂举办呢料优惠展销会，销售额超10万元。

1987年，乡工业公司等有关部门重点抓好企业资金管理，帮助企业清理回收应收款，压缩库存产品，加快资金周转。是年，乡办企业应收款、产成品、发出商品3项资金下降30%。金融部门针对企业资金缺口大、周转困难的情况，为增强放贷能力，大力组织储蓄，扩大资金来源。财政及融资部门，通过拆借等多种形式，千方百计引进资金。是年末，乡财政、金融部门累计引进资金1000余万元，向工业企业累计发放贷款7120万元。税务部门本着“欲取先予”的精神，开展“支、帮、促”活动，支持初创企业发展，帮助困难企业排忧解难，年内给予办理减免税企业17家，批准免税额290.18万元。工商部门开展培训辅导，指导企业规范合同文本，为企业避免经营失误、防范市场风险提供帮助。

1988年，在工业企业管理上，推行以“包定基数，确保上交，超收多留，欠收自补”为主要内容的企业承包经营责任制，把固定资产增值、技术改造、智力投资、创优创汇等指标列入考核内容，有效地防止和克服了经营者的短期行为。同时，加强企业安全生产工作，健全安全生产管理网络，严格执行各项制度，定期检查考核，促进企业健康发展。是年，工业企业实现“四无”（无死亡、无重伤、无火灾、无爆炸）安全生产管理目标。

1990年前后，乡工业管理部门组织开展“乡镇企业管理年”活动，加强企业的标准化管理、定额管理、计量管理等基础管理工作，太仓雅鹿服装厂、太仓县新谊毛纺厂、太仓冷冻机厂、太仓县鹿河棉纺厂、太仓纬编服装厂、太仓县鹿河砖瓦厂等6家企业先后通过太仓县企业管理基础工作合格验收。1990年，太仓雅鹿服装厂获评苏州市先进企业，太仓县新谊毛纺厂获评太仓县先进企业。

1993年，鹿河工业投入扩大，资金需求量大，镇融资办公室采取“引、贷、联、集”等多种方法筹措资金，千方百计缓解资金问题。通过积极努力，全年融通资金5000余万元，确保了企业正常运行。同时，镇工业管理部门帮助企业搞好“双增双节”（增产节约、增收节支）活动和“两清”（清物资、清资金）工作，减少原材料和能源消耗，压缩库存和催收应收款。通过挖掘资金潜力，企业用活了资金，缓和了资金缺口大的问题。

1995—1999年，对镇办、村办企业实施转换经营机制改革，镇工业管理相关部门全力协助企业做好转制工作，主要是转前资产清理评估、产权界定，转中招投标及转后工商、税务、房产登记等工作。

1999年起，工业管理相关部门转向为民营企业服务。是年，工商部门大力宣传《中华人民共和国合同法》，督促企业依法经营、依法管理，自觉维护经济社会秩序。2000年，镇司法部门帮助企业调处债权债务纠纷20余起，起草调解协议书30余份。镇社会保障所贯彻执行《中华人民共和国劳动法》，督促和指导企业与职工签订劳动合同，是年，全镇民营企业共签订职工劳动合同2885份，规范了企业用工制度，维护了企业和职工的合法权益。2001年起，镇企业管理服务站协助企业加强全面质量管理，抓好质量和环境管理体系认证工作，至2002年，江苏雅鹿集团有限公司、苏州勤益化纤纺有限公司、华伦皮塑（苏州）有限公司等6家企业通过了ISO9001质量管理体系认证验收，江苏雅鹿集团有限公司还通过了ISO14001环境管理体系认证的评审。通过推进质量和环境管理体系认证工作，企业提升了知名度，增强了市场竞争力。

第五节　管理机构

1958年鹿河人民公社成立后，设立专门组织机构管理工业。1958年10月，公社设工业科，负责筹建社队工厂并管理企业。1975年6月，鹿河公社工业办公室成立，延续工业科职能，加强工业企业管理。

1983年7月，在公社体制改革中，建立工业公司，成为新成立的鹿河公社经联会的内设机构之一。工业公司担负原工业办公室职能，并拓展管理范围，细化部门分工，下设公司办公室、生产经营科、村办工业科、劳动工资科、职工教育科、安全保卫科及供销物资经理部等科室、部门，其主要职责是发展工业经济，具体负责工业开发、企业管理、劳动工资、职工教育、安全生产等工作。

1991年5月，组建鹿河乡农工商总公司，接替经联会履行职能。工业公司归属农工商总公司。1997年3月，工业公司改称企业管理服务站。

2001年11月，农工商总公司撤销，企业管理服务站转为乡政府下属机构，主要负责全镇集体资产管理工作，协助企业做好重要工业品、原材料进出口申报与管理，负责企业统计、企业审计、安全生产监督、质量技术监督等管理服务工作。

2003年8月，鹿河镇并入璜泾镇，企业管理服务站随之并入璜泾镇生产经营管理站。

1958—1975年鹿河工业管理部门历任分管领导（负责人）：李家杰、张永泉、浦昌荣、陆维善。

1975—1983年历任公社工业办公室主任：唐瑞昌（1975.6—1976.10）、陆春林［1976.10—1979.12（兼）］、朱惠明［1979.12—1983.7（兼）］。

1983—1997年历任乡（镇）工业公司经理：夏祖豪（1983.7—1996.3）、夏锦良［1996.3—1996.7（兼）］、刘永康［1996.7—1997.3（工业公司党支部副书记，主持工业公司日常工作）］。

1997—2003年历任镇企业管理服务站站长：刘永康（1997.3—1997.6）、徐振勋（1997.6—1999.7）、高永昌（1999.7—2002.12）、袁葵明（2002.12—2003.8）。

第八篇 商贸 服务业

民国时期，鹿河集镇上有10余家商行、店铺经营粮油、布匹、杂货等，老街区形成农贸早市，进行农产品交易。商业虽欠兴盛，但能基本满足居民生活所需。日伪统治时期，社会秩序混乱，百姓恐慌不安，商店关门，商业萎缩，市场萧条。抗日战争胜利后，商业虽有恢复，但受战乱影响，发展缓慢。

中华人民共和国成立后，居民生活安定，商业开始恢复。1955年，鹿河镇上有百货、副食什货、腌鲜地货、饮食、茶馆、理发、药店、豆腐、生面等私营商业85户，从业人员128人。1956年，对全乡私营商业进行社会主义改造，将私营商业组织起来，分别转为公私合营商店、合作商店和合作小组。在实施改造的同时，调整商业网点，重组从业人员，商业系统职工积极性高涨，促进了商业的发展。

1958年人民公社成立后，逐步建立起以国营商业、供销合作商业为主体的粮油购销、物资供应体系。20世纪60—70年代，生活用品、生产物资计划供应，商贸市场稳定发展。

中共十一届三中全会以后，贯彻“改革、开放、搞活”的方针，全面进行商业体制改革，逐步形成多种经济成分、多种经营形式、多种流通渠道的商业体系，市场开始繁荣，商业逐渐兴旺。

进入90年代，生活资料和生产资料市场逐步放开，个体私营商业异军突起，其他商业齐头并进，外地商户进入鹿河。同时，加快集镇建设，开辟新的商业街区，商业门店不断增多，商贸流通加快发展。

90年代中期后，由于市场竞争激烈，粮食国营商业、供销集体商业市场份额逐年萎缩，经济效益下降。90年代末，鹿河粮管所、供销社实施转换经营机制改革，其所属商业门店转为个体私营商业。此后，个体私营商业成为全镇商贸服务业的主力军，并快速发展。

2000年，鹿河商业业态和经营体制完全发生变化，以市场为导向的价格形成机制建立，通过市场进行资源配置与调节，全镇市场繁荣，商业兴盛。2002年，全镇有私营商业企业3家，个体商业户265户，全年销售总额1.52亿元

本篇所述服务业，主要指饮食业、住宿业、理发美容业等。中华人民共和国成立初期，镇上开设的服务业门店少，且大多店面小、设施差。50—70年代计划经济时期，门店有所增加，但发展缓慢，网点有限。80年代，随着工业企业的发展，经贸活动增多，服务业开始发展。90年代，服务业业态发生变化，经营场所普遍进行装饰，服务设施、卫生环境得到改善。2000年后，境内民营企业快速发展，外来务工人员大量涌入，各类服务需求猛增，服务业得到加快发展。2002年，全镇有服务业个体经营户125户，从业人员375人。

第一章　商业体制

第一节　国营商业

一、粮管所

即鹿河粮食管理所。

中华人民共和国成立初期，境内设璜泾区粮库鹿河分库。1950年11月，璜泾区设中粮公司璜泾营业所；1952年，营业所接管鹿河分库，并在鹿河设粮油收购、供应点，粮油购销业务委托鹿河供销社代办，供销社向中粮公司收取手续费。1953年底，实行粮食统购统销，粮食全部由国家统管。1955年4月，撤销中粮公司璜泾营业所，成立璜泾区粮管所。次月，区粮管所在鹿河中弄街北端中弄桥设立鹿河粮食购销站，负责鹿河地区的粮食统购统销工作及粮食、种子调拨供应工作，不再委托供销社代购代销粮食。1957年夏，在撤区并乡时，鹿河粮食购销站改名为鹿河粮食中心站，下设伍胥分站，业务上仍属璜泾区粮管所管理。

1958年10月，粮食管理机构以公社辖区建所，鹿河粮食中心站改称为鹿河公社粮管所，仍设伍胥分站。粮管所在鹿河镇区共设有鱼池仓、中弄仓、中灵桥仓等仓储地3处，都是没收的地主房屋，仓储总容量为900吨，其中鱼池仓300吨、中弄仓200吨、中灵桥仓400吨。仓储虽有一定容量，但仓具简陋，仅有大小磅秤7台，木杆秤2支，量斗、挽子等容器若干。存储设施较差，仓库内砻糠垫底，芦席铺面，存储的粮食需当年周转调出，缺乏长期保管条件。1963年，设鹿河粮食购销工作站，属璜泾经济区粮管所的分支机构。

1964年起，加快仓房建设，改善仓储条件，将陈旧简陋的仓房拆除，在鱼池东靠老木行塘边征地，新建粮库1号仓、2号仓，仓容570吨。

1966年，鹿河公社辖区内划出10个大队及伍胥镇（农村小集镇）归新成立的王秀公社，在公社区划调整后，又在公社辖区建所，恢复称鹿河公社粮管所，由太仓县粮食局直接管理，是鹿河境内负责粮油购销、存储、配给等工作的国营单位。

1967年，在原址新建粮库3号仓、4号仓，仓容670吨。1974年，建仓容225吨的种子仓。1977年，建仓容295吨的粮食供应周转仓；同年，在鹿河镇区鱼池建造七上七下楼房1幢，上设粮管所办公室、会议室、宿舍，下设供应站门市部及仓容达70吨的粮食门市仓库。1978年，再建粮库5号仓、6号仓，仓容765吨。1980年，又建仓容200吨的肥料仓。

1982年，粮管所占地总面积6536平方米。拥有骆驼式登高输送机、挡板式登高输送机、消防备用8.82千瓦柴油机、测产脱粒机等动力机械8台(套),配有测氧仪、分析仪、测温仪、测水仪、出糙机等保粮验粮仪器7台(套)。是年末,有职工26人,其中管理人员6人。

1985年前后,粮管所在做好粮油收购供应工作的基础上,积极开展多种经营,办了食品车间、服装厂、粉丝厂,与村联办养鱼、养鸡等项目,取得较好经济效益。

1987年,粮管所积极组织计划外饲料,支持农副业生产,动员社员踊跃出售多余粮食,全乡收购粮食1532吨,比合同计划收购1090吨超40.55%。

1986—1990年,粮管所每年超额完成国家粮食定购合同的收购任务,1990年,合同定购任务为1104吨,实际完成1744吨,超额完成57.97%。

1992年底,粮管所新建的综合楼落成。综合楼位于新鹿路与中弄街路口东南角,渔池北岸,占地900平方米,为1幢转角3层楼房,建筑面积1230平方米,投资66万元,开办有酒家饭店。

1995年前后,粮管所切实改进服务工作,在每年夏、秋收购大忙季节,做到早开工,晚收工,中午不停秤。同时,把各村的小农场和种粮大户作为重点服务对象,做好上门查粮验粮收购工作,为规模种粮大户排忧解难,提供方便。

1998年,贯彻执行国家有关粮食政策,坚持按保护价敞开收购农民余粮,把敞开收购、依质论价、户售户结等政策落到实处,保护农民出售余粮的积极性。

2000年,启动转换企业经营体制改革,粮管所转为民营企业太仓市穗鑫粮油购销有限公司,原粮管所库房等固定资产由公司租赁使用,经营范围包括收购、供应粮油和粮食储存及经销饲料、农副产品等,企业自主经营,自负盈亏。2001年,进行人事制度改革,采取内退、挂编自养、自谋职业等方法,对职工按工龄给予补贴,中止其与粮管所劳动关系。改革后,粮管所部分职工与公司签订劳动合同,建立新的劳动关系。

2002年,太仓市穗鑫粮油购销有限公司积极创新购销工作方法和服务方式,采取坐库收购、下乡收购、与大户约期收购、委托经纪人收购等形式,方便农民售粮,并严格执行苏州市粮食行业收购指导价,维护农民利益,原粮管所收购、供应粮油和粮食储存等职能由公司延续,并得到强化。

1958—2003年历任鹿河粮管所主任:查锡泉(1958.10—1960.3)、王彬文(1960.3—1972.3)、陶士明(1972.3—1980.10)、林近民(1980.10—1986.9)、陈敏球(1986.9—1988.5)、徐惠清(1988.5—1993.3)、施永华(1993.3—1995.2)、蔡仁兴(1995.2—2003.8)。

二、食品站

中华人民共和国成立初期,鹿河镇上有顾家、管家、汪家等几家肉庄、腌腊庄,还有设在十字弄口只做早市的鱼闼头(摊贩),都为私人经营。20世纪50年代中期对私改造。1955年,关停私营肉庄,供销社成立食品站接手经营,吸纳部分人员进食品站工作。其职能为组织生猪收购,经营猪肉、水产品(含海洋水产)、家禽、禽蛋等荤食品,承担荤食品上调任务。60年代,食品站在鱼池西北中弄街南端建门市部,两进四开间门面;在镇东劳动桥东、关王塘南岸、沙鹿公路北侧建两三百平方米的猪作坊,内设屠宰场和猪圈(包括收购待上调的生猪暂存圈)。有职工10余人。在收购生猪业务中,该站职工顾茂根师傅因“手估目测”生猪重量和出肉率“一抓准”而受到群众称赞,在公社内颇有声誉。70年代中期，食品站曾在镇区附近征地建造生猪饲养场。70年代末，食品站与供销社脱钩，隶属太仓县国营食品公司领导。80年代起，随着生猪市场的全面放开，食品站职工各自承包在农贸市场设点供应，与其他“小刀手”一起，为居民群众提供服务。90年代中期，县国营食品公司解散，食品站一度回归供销社管理。20世纪末，鹿河食品站转制，人员分流。鹿河食品站站长先后由潘惠彬、朱凤梧、周耀其担任。

第二节 供销合作社

1950年4月，成立鹿河供销合作社，设在鹿河东大街公房内，有职工9人，资金3814元，设综合门市部1个，内有百货、棉布、日用什货等供应。另外，还为中国花纱布公司华东区分公司嘉定收花站和璜泾区中粮公司收购棉花、代销粮食，并兼营鹿河邮政代办所业务。

1951年8月，供销社增设伍胥购销站和杨漕临时购销点，职工增至20人。1955年3月，供销社并入璜泾区供销社，鹿河改设供销站。

1958年6月，按乡建社，恢复供销社建制，仍下辖伍胥购销站。同年9月成立鹿河人民公社后，改称鹿河公社供销部。公私合营药材商店和合作商店并入公社供销部。1959年9月，合作商店、合作小组退出公社供销部，恢复原建制；公私合营药材商店留在公社供销部。1961年12月，恢复供销社建制。1963年5月，再次并入璜泾供销社，改称供销站。1965年8月，恢复供销社建制。同年，成立供销社批发部。

1966年10月王秀公社成立后，王秀境内、原属鹿河供销社的伍胥购销站改属王秀供销社。同年，在供销社体制变化的同时，划给王秀供销社股金5000元，自留股金1.24万元。1967年，供销社完成销售总额308.61万元，利润5.77万元。

1970年，根据县商业局要求，学习岳王供销社做法，改名鹿河供销服务社。1976年4月，根据全国供销合作总社《贫下中农管理农村商业试行办法》精神，成立鹿河公社贫管商业委员会，全公社产生贫管代表157人，贫管委员会委员19人，贫管小组13个，小组成员39人，对镇上的供销社和合作商店及农村的7个双代店、3个合作下伸店实行管理。

1977年，复名供销合作社，贫管商业委员会不再管理商业。

1978年春，供销社在全县基层供销社中率先举办商品展销会，取得较好成绩，被江苏省供销社以简报表扬。

1979年，供销社完成销售总额663.27万元，比1970年的338.02万元增长96.22%；实现利润14.20万元，比1970年的6.88万元增长106.4%。

进入20世纪80年代，抓住乡镇工业发展快、外来人员多、商品需求量大的商机，供销社先后新建、扩建了一批商业门店及仓库，建筑面积达7270平方米，供销社业务扩大。1985年，供销社内设行政组、组副组、基建储运组，拥有生产资料、五金农机、棉百、烟糖、日杂、药材、土副、棉花采购站等零售商店及购销门市部，全系统共有职工124人，其中固定工80人、合同工37人、临时工7人。全年完成销售总额956.57万元，比上年增长5.5%；利润21.77万元，比上年增长24.3%。

1986年起，随着经济发展，农民收入提高，电视机、电冰箱、洗衣机、摩托车等家用电器及机动车辆开始进入百姓家庭，供销社积极做好采购工作，满足市场供应需求。1986年，供销社仓储工作成绩突出，被省供销合作总社评为全省基层供销社系统仓储安全工作先进单位。同年，供销社棉花收购站被省棉麻公司评为省棉麻收购系统文明收购站。1987年，在能源、原材料、农用物资紧缺的情况下，供销社千方百计组织计划外货源，弥补生产资料不足，支持工农业生产。1990年，供销社共有职工158人、经营网点14个、农村双代店9个、自有资金337万元（其中社员股金78万元）、固定资产115万元，全年销售总额1884万元、利润32.5万元、上缴税金25.3万元。供销社在组织货源、发展业务的同时，重视抓好内部安全管理，至1990年，供销社连续7年被省供销合作总社评为供销系统仓储安全工作先进单位。

进入90年代，供销社组织适销商品满足居民消费需求，拓展经营模式，扩大销售业务。开展农资连锁经营，维护农资市场秩序，确保农资商品质量；坚持优质服务，办好“庄稼医院”，开展农忙送肥下乡活动，方便群众购买。每年利用节假日和其他庆典活动，开展各种形式的商品促销活动。1993年，鹿河商业社（集体商业总店）并入供销社。1995年，完成销售总额7300万元。

1995年后，随着经济体制改革的不断深入，个体私营商业迅速兴起，且占据市场份额越来越大，供销社集体商业优势逐步弱化，经济效益下降。1999年9月，供销社归属市商业体制改革后新成立的太仓市贸易局。同年11月，根据市贸易局《关于加快乡镇供销社改革改制工作的实施意见》，供销社开始进行商业体制改革，集体商业转为个体私营商业，供销社与职工终止劳动关系，并根据职工不同情况，分别采取退休或退养及经济补偿买断工龄等办法给予分流安置，2000年，改制工作结束。改制后，供销社留管理人员3人，主要负责转制后有关遗留问题的调处，至2002年底处理结束。之后，鹿河与璜泾、王秀供销社合并，组成璜泾中心供销社，至2003年8月未变。

鹿河供销社成立以来，多次召开社员代表大会，民主选举领导班子。其中有资料可考的有1962年1月13日召开的第三届社员代表大会，出席社员代表138名，选举产生理事会、监事会，选举出席县供销社社员代表大会代表11名。全公社供销社入股社员有6184人，股金17434元。1983年上半年召开的第五届社员代表大会，主要任务是清股分红，扩大新股，体制改革，恢复供销社集体所有制性质，恢复“三性”（组织上的群众性、管理上的民主性、经营上的灵活性），选举新的理事会、监事会。1988年3月15日，召开第六届社员代表大会，出席代表55名，选举产生供销社社务委员会。

1950—2002年历任鹿河供销社主任（负责人）有：夏晓（1950.4—1951.6）、闵景元（1951.6—1955.1）、崔念邦（1955.1—1957.12）、吴永兴（1957.12—1958.12）、顾宏基（1958.12—1960.1）、高宝泉（1960.1—1965.8）、查雪泉（1965.8—1973.11）、孙振威（1973.11—1978.11）、李德才（1978.11—1981.5）、顾渭渔（1981.5—1982.6）、张国生（1982.6—1986.7）、周希恪（1986.7—1998.12）、王振明（1998.12—1999.7）、冯渭（1999.7—1999.11）、周希恪（1999.11—2002.12）。

第三节　商业合作社

中华人民共和国成立初期，鹿河商业由私人经营。

1956年5月，鹿河工商业者开始走上合作化道路，建办合作商店，成立商业合作小组。根据太仓县私改政策，药材商店改造为公私合营商店。合作商业建办初期，分为纯商线、服务业线、商业合作小组线等3条线，时称“三线编制”。纯商线，有杂什商店一店、杂什商店二店、百货商店、蔬菜水果商店、伍胥综合商店；服务业线，有豆腐商店、点心商店、饮食商店、茶水供应店、综合代理商店、废品收购商店、糕饼加工店；商业合作小组线，有滨海商业合作小组、杨漕商业合作小组及理发业合作小组。3条线共有在职人员135人，各单位实行单独核算，各负盈亏。

1957年，把3个商业合作小组的业务分别并入各个合作商店。是年，鹿河12个合作商店共有流动资金1.2万元。之后，随着形势发展，根据上级抚慰政策，各合作商店退给退休及保养人员股金6900元，尚存在职人员股金5100元，用作商业流动资金。各合作商店均配有经理、副经理、会计等管理人员。单位独立核算，商店职工报酬为基本工资、股金分红及奖励金。基本工资固定为10元；股金分红，根据商店所获利润，留足积累后进行结算；奖励金，对营业额大、利润多的商店，提取部分金额奖励职工，提取幅度最高不超过所获利润的40%。

1958年公社化时，成立鹿河公社供销部，12个合作商店和公私合营药材商店并入公社供销部。1959年9月，根据上级有关会议精神，又把12个合作商店从公社供销部划出，成立鹿河集体商业总店，设经理1人、会计1人，其下属各商店恢复原单位建制和工资制度。

1961—1962年，商店精简人员，下放20人参加农业生产。1965年，根据上级有关“大镇支援小镇”的通知精神，由沙溪镇调入七八名人员，安排在鹿河合作商店工作。1966年秋，因公社区划调整，鹿河南片10个大队所属下伸店人员和物资全部划归王秀供销社管理。1968年秋，鹿河集体商业总店撤销，并入鹿河供销社，分开建账，分开核算，人员性质不变，有的被供销社借用（后转为供销社职工），原总店管理人员同供销社管理人员一起办公。由供销社商管员周志文负责管理鹿河集体商业总店。

1970—1979年，原集体商业总店系统有退休和保养人员45人，由于人员减少，核算单位逐步缩编为8个合作商店。1979年底，又新办了2个合作商店。是年起，贯彻多劳多得的分配原则，调动了从业人员的积极性，各商店销售总额、利润逐年攀升。

1983年7月，鹿河集体商业总店又从鹿河供销社划出，单独设立商业机构，下属主要有东什商店、西什商店、百货合作商店、饮食合作商店、点心合作商店、地货合作商店、长江合作商店、豆腐合作商店、理发合作商店、茶水合作商店等10个单位。是年，允许集体商业经营棉布、手表、自行车、缝纫机等生活资料，鹿河集体商业总店开设历史上从未经营过的五金、棉布商店。同时，面对市场开放、竞争激烈的形势，为求生存和发展，总店拓展服务网点，延长营业时间，开设全日服务门市部。1984年，还拓展经营业务，在鱼池利用原茶馆、书场房屋，创办商业服装厂，有职工70人。

1985年，总店全系统共有职工123人，其中固定工48人、合同工21人、临时工54人，总店经理严中岐。1987年5月，鹿河集体商业总店升格为鹿河商业合作社，由周志文担任负责人。

1988年，为适应市场经济需要，集体商业实行公司化运作，鹿河商业合作社改称鹿河商业公司，为集体商业。之后，乡镇企业加快发展，外来就业人口增多，社会消费品购买力提高，公司紧紧抓住商机，在新鹿路东新街上新建一座商业大楼，拓展商业门市，扩大经营范围，改进营销方式，改善服务态度，公司营业额提高。

1993年，商业公司体制再一次变动，所有资产、人员全部并入鹿河供销社。1995年后，随着市场经济发展，商品价格逐步放开，私营商业日益活跃，集体商业原有优势在市场竞争中逐步弱化，经济效益下滑。2000年，原属商业公司系统的各商店随供销社体制改革而转制，集体商业转为个体私营商业。

第四节　个体商业

20世纪20—30年代，鹿河集镇上有几家较大的私营商号，中弄桥堍有曹大成经营的花行、粮行、布庄、油饼店、酿酒坊、南北杂货店，北街有崔义恒经营的粮油店、油饼店、布庄、酒坊，东大街有楼公泰经营的油饼店、布庄和张聚源经营的南北杂货店，市镇中心有秦兴昌经营的棉布百货店，西大街有恒济寿药店，镇西南部有信昌油坊。其时，这些商号占据鹿河商贸市场，基本满足鹿河地区居民生活所需。

鹿河沦陷时期，这些商店门市陆续关闭或缩小经营范围，大多变为小商业户，一些经商户大多属于早上经商、白天种田的亦农亦商户，集镇上商业萎缩，市场萧条。

中华人民共和国成立后，居民生活安定，商业市场开始恢复。1950年，集镇上有花行、粮行、木行、油坊、染坊、酒坊、棉布百货店、烟糖杂货店、腌鲜肉庄、酒店、饭馆、面店、茶食点心店、茶馆、药店、理发店、旅馆等私营商业及社会服务业，集镇上有私营商业户130户，分布在集镇东街、西街、北街和中弄街及镇区周围。

1951年起，商业形态发生变化，私营商业逐步被国营、集体商业替代，有的转为公私合营。是年，棉花由供销社设站统一收购，私营花行首先被取代。1953年，实行粮食统购统销，由国家粮食部门经营，私营粮行歇业。1954年，棉布购销由供销社统一管理，对私营布店实行控制批发，按月盘存结算。1955年，关停私营肉庄，由供销社接收经营。1955年8月，在对私营商业的社会主义改造中，有2家药店转为公私合营。1956年初，全面开展对私改造，至5月，集镇上私营商业户85户走上合作化道路，分别组成合作商店和合作小组。

60—70年代，公有制和集体所有制经济占主导地位，鹿河商业以集体商业为主，供销社发挥商业主渠道作用。

1978年后，个体私营经济得到恢复和发展。1983年，全公社有个体商业户52户，全年销售总额40.5万元。1983年后，农村实行家庭联产承包责任制，有些农村剩余劳动力离开土地从事经商活动。1985年，全公社有个体商业户86户，全年销售总额92.5万元。1986年后，随着农民经济收入的提高，社会购买力增长，个体商业发展，机动车辆、家用电器、高档家具进入农民家庭。1990年，全公社有个体商业户115户，全年销售总额717.6万元。

1991年后，鹿河集镇上小商品市场、农贸市场和建材市场相继建成并投入使用，为商户提供良好经商载体。1992年，随着市场经济的确立和完善，明确个体私营等非公有制经济是国民经济的重要组成部分，鹿河个体商业户随非公有制经济地位提升而得到快速发展。1994年，全镇新批个体工商户32户，私营企业6户，注册资本140余万元，其中个体商业户26户。1995年，全镇有个体商业户186户，全年销售总额2920.5万元。

1996年后，随着鹿河农贸市场扩建和三产综合楼、玉影商住楼、饮食一条街商住楼、农机水利公司商住楼、建材市场配套商住楼等工程的竣工并投入使用，购房开店的个体商业户逐年增多，有的实行连锁经营，并以超市业态出现，商品开放陈列，方便顾客选购。1997年，全镇个体商业占粮管所国有商业、供销社集体商业的市场份额越来越大。1998年，粮管所、供销社实施转换经营体制的改革，2000年完成转制后，其下属的集体商业全部转为民营。

2000年后，有的个体商业户通过数年资本积累，开始兴办私营公司，升为商业企业。2002年，全镇有私营商业企业3家，其中经营粮油1家、燃气1家、药房1家；有个体商业户265户，全年销售总额1.52亿元。

第二章 商业网点

第一节 市镇网点

民国时期，鹿河镇上有大小商业网点100余个，都是私营和个体商业。因市镇商农杂居，居民亦农亦商，商业网点较为分散。中弄桥堍有曹大成，北街有崔义恒，东大街有楼公泰和张聚源，市镇中心有秦兴昌，西大街有恒济寿，镇西南部有信昌等大商号。其余小商店与民居间隔，分布在集镇东街、西街、北街和中弄街及镇区周围。1950年统计，集镇上有花行、粮行、木行、油坊、染坊、酒坊、棉布百货店、烟糖杂货店、腌鲜肉庄、酒店、饭馆、面店、茶食点心店、茶馆、药店、理发店、旅馆等私营商业户130户。

1956年，对私营个体商业实行社会主义改造，组建合作商店、合作小组、公私合营商店，通过大合并扩大了门面，网点个数大幅减少。合作商业系统共有杂货一店、杂货二店、小百货店、山地货店、豆腐店、点心店、饮食店、茶水店、糕饼店、理发店、废品店、综合店等12个商店。茶水和饮食商店各设东、西两个门市部。还有公私合营药材店。是年供销社设有农资店（兼五金）、采购站（棉花和土副产品）、棉百店、烟糖店、食品站等网点。还有粮管所网点。全镇共有20来个国营、集体商业网点，无个体商业网点。这些网点集中在东街、西街和中弄北首。

此后，镇上合作商业网点经合并或业务移交有所减少，如杂货店、茶水店、饮食店，原东、西街都有，后来因多种原因进行合并而减少。供销社则随着业务扩大，将原有商业网点细分，故新网点有所增加，如新增农机五金、日杂用品、土产废品等商业网点。网点总量大体未变，仍有20来个，而网点分布则几次改变。

20世纪70年代开始，开辟鱼池海市场，不少商业网点先后从中弄北首、西街、东街迁移出来，尤其是80年代改革开放后，贯彻多成分、多渠道、多形式经营方针，企事业和个体户纷纷开店，在鱼池海地区形成新的商业圈。后随着新鹿路西打通、东延伸，商业网点不断增加，原在鱼池的网点有的东移。供销社和商业社又先后在新鹿路延伸段新建新鹿商场和商业社综合大楼两大商业网点。至1990年，东街上有供销社的日杂商店、药材商店、棉百商店、五金商店；新鹿路鱼池段有供销社的农资商店、棉花收购站、土产废品收购站，商业社的饮食商店，粮管所酒家大楼及粮油供应门市部；新鹿路有供销社的新鹿商场、商业社的综合大楼；鹿长路有供销社的烟糖商店。还有不少集体企事业和个体户网点。中弄和西街已无商店，成为居民区。

进入90年代，鹿河镇又在关王塘南侧新建的灵影路南、新鹿路北与鹿长路交会处的东侧，设立农贸市场和小商品市场，随之，两个市场周围街道两侧商业网点如雨后春笋般不断涌现。90年代后期，在新建的北起大转盘南至圣象寺的玉影路上开辟饮食一条街，加上供销社、粮管所、镇村办工业等公有制企业转制改革后，不少买断工龄的职工转为从事个体商业，故商业网点越来越多。至2002年，镇上私营和个体户网点达到265个，鹿河老街全部成为居民区。

第二节 农村网点

中华人民共和国成立初期，鹿河农村没有固定的商业网点，小商品由货郎担售卖，或由买主用废旧物品交换。1956年，供销社组织合作商店下伸到各村，设立农村供应店（统称“下伸店”）。1958年，合作商店并入公社供销部后，下伸店称供销分部。1959年9月，合作商店划出供销部后，各大队供销分部改为农村合作商店。1961年底，因农村计划分配物资都在下伸店供应，反而不方便镇郊农村群众购买，县里决定调整农村商业网点，撤销距集镇2千米内的农村商业网点，鹿河农村网点有所减少。1963年，据上级布置，供销社应在农村建立中心店，除供应生活日用品、副食品外，扩大供应棉布、百货、五金、生产资料等，以满足群众需要，方便农村群众。不久供销社在新泾大队开办一规模较大的中心店，有工作人员四五名，数年后撤销。1966年，鹿河公社10个大队划给新成立的王秀公社，有关大队的下伸店随之划给王秀公社，鹿河农村店减少。20世纪70年代，随着合作商店人员年龄老化，退休人员增多，下伸店逐步撤销，至1976年仅剩3个，1978年全部撤销。与此同时，建立农村代购代销店（简称“双代店”），由供销社投资，委托大队经营，年终按双代店销售额的5%付手续费给大队。1973年，在新市大队试办双代店，后在各大队推开。至1977年，供销社在东泾、滨海、钱泾水闸、新泾、黎明、长城、新市、飞跃、长沙等地共设双代店9个。双代店经营商品一般在300种左右，农民的日常生活用品基本俱全。双代店亦农亦商人员（双代员）的报酬，按生产队同等劳动力记工评分，年终分配，1979年起每年有奖金，按供销社职工的奖金标准计发。1980年，全公社农村双代店仍为9个，有双代店工作人员24人，年销售额44.69万元。

1985年后，农村双代店逐步改为由个人承包。1990年，鹿河境内双代店仍保持9个，双代店工作人员减少至17人。之后，随着个体商业的发展，供销社在各村设立的双代店撤销。2002年，双代店全部由个体商业户替代。

第三章　商品经营

第一节　粮　油

一、粮食收购

民国时期，鹿河地区粮食购销由私人开的粮行经营。中华人民共和国成立初期，由璜泾区中粮公司根据太仓县公粮征收政策，委托供销社代购代销，收购的公粮存储于中粮公司在鹿河设立的粮库。

1953年，粮食由国家统购统销，以户结算，计购农户余粮。1955年，实行粮食定产、定购、定销（简称“三定”）到户的政策。1956年，分配农业人口年人均口粮和规定起购农户人均公粮均为240公斤，农户扣除公粮和留下口粮、饲料粮、种子粮外，余粮交售国家。同时，对酿酒用粮实行计划控制。

1957年，粮食统购不再以农户结算，转为向农业生产合作社集体计购。1958年，成立人民公社，粮食征购实行公社包干。1959年，虽然确定以生产队为基本核算单位，但征购办法仅改为生产大队计产计购，征购任务依旧，造成农民吃粮紧张。又加上自然灾害，粮食严重减产，农村一度出现饥荒现象。上级政府关心群众生活，采取返销粮政策，并调减征购任务，帮助农民解决吃粮困难。1962年，粮食征购改为以生产队计产计购，恢复“一定三年不变”的统购政策，形势有所好转。此后，粮食征购基数稳定，购销工作恢复正常。1966年，全公社农业人口人均口粮275公斤，计3920吨，完成粮食征购任务2815吨。1978年，农业人口人均口粮增至330公斤，计5200吨，完成粮食征购任务3200吨。

1983年，农村实行家庭联产承包责任制，核定农户粮食定购任务，由农户按合同定购任务交售国家。1985年，粮管所收购小麦1223吨，比合同定购计划690吨超77.25%；收购稻谷363.35吨，比合同定购计划300吨超21.12%。农民尽管粮食多交，但还有大量粮食留存。是年起，取消粮食统购政策，农民在完成合同定购任务后，可将余粮进行交易。

1986年，粮管所动员农民踊跃出售余粮，是年，全乡农户出售给国家的粮食合同定购任务为1090吨，实际完成2188吨。1989年，粮管所收购粮食2174吨，比合同定购计划1104吨超96.92%，受到苏州市、太仓县粮食部门的表扬。

1990年，出台粮食议购指导价，至1993年粮食市场完全放开。1991年起，粮食部门转向服务于收购地方性储备粮。在收购工作中，粮管所改善服务态度，改进收购方式，保护农民种粮售粮积极性。1998年，贯彻上级粮食政策，坚持按保护价敞开收购农民余粮。是年，粮管所收购粮食2500吨。

1999年，粮管所实施转换经营体制改革。转制后，粮食购销由民营企业太仓市穗鑫粮油购销有限公司经营。2002年，公司收购粮食2200吨。

二、粮食供应

中华人民共和国成立前，鹿河地区居民口粮以稻米、元麦为主，一般是适熟吃熟，米麦轮吃，群众形象地称“一段米肚肠、一段麦肚肠”。多数农户在农忙季节一日三餐，二稀（粥）一干（饭），在冬季农闲阶段一日二餐（俗称“吃扁担顿”）。由于缺粮，集镇上有私人开办的2家粮行，对居民口粮余缺进行市场调剂，另有数家商贩米摊，为居民供应米面主粮和豆类杂粮。

中华人民共和国成立初期，粮食供应仍由粮商粮贩经营。1952年，中粮公司璜泾区营业所在集镇上开设粮油购销门店，委托鹿河供销社经营，为居民供应粮食。1953年起，实行粮食统购统销，由粮食部门计划供应，私营粮商大多歇业。

1955年8月，国家出台市镇居民粮食定量供应暂行办法，开始使用粮票，居民凭粮票购买粮食、进面饭店就餐及购买熟食制品。

1956年起，对市镇居民进行计划定量供应。定量方法：劳动者按特殊重体力、重体力、轻体力予以划分，学生按年龄段予以划分，不同对象给予不同的定量标准，鹿河市镇居民每人每月口粮平均为13公斤。是年，向市镇居民供应粮食48吨。20世纪50年代末60年代初，粮食严重减产，供应紧缺，农民口粮减少，居民标准降低，群众一度生活困难，一些人患上了浮肿病，政府组织干部群众大搞瓜菜杂粮等代食品，自力更生克服困难。1962年后形势好转，粮食供应标准恢复原有水平，并根据粮食生产情况有所调整。生产队社员口粮标准根据粮食生产丰歉实际情况有高有低。

1993年3月起，粮油市场全面放开，集镇上出现粮油供应门店，居民可以根据需要到市场上任意选购。同时，停止使用粮票，终止粮食统购统销。但为了做好粮食由计划供应转向市场供应的过渡工作，市镇居民的口粮仍由粮管所按定量定销人口的原粮油供应证供应，并按国家限价销售。

1996年起，粮食销售与市场经济接轨，不再由国有粮食企业独家经营，形成多种所有制成分共同参与经营的市场经济格局。2001年，取消居民粮食定量供应，全部转为市场供给。2002年，随着外来务工人员增多，集镇上粮食供应网点增加，生活资料超市也有粮食供应，销售的大米来自多个产地，其中以东北大米和苏北大米居多。鹿河境内有粮食销售网点7个，粮食市场充盈，满足群众需求。

三、油料购销

境内油料作物主要有油菜，食用油以油菜籽油（简称“菜油”）为主，极少用豆油或其他油脂。

民国时期至中华人民共和国成立初期，鹿河境内油料购销由私人开办的粮行及粮贩兼营，也有私人开办油坊，收购油菜籽榨油销售，或为农民生产的油菜籽加工榨油。其间，因油料作物产量较低，食油供应不足，有的年份市场短缺，有的居民只得使用猪油替代。

1952年11月，璜泾区中粮公司璜泾营业所在鹿河设立粮油购销点，委托鹿河供销社代办购销业务。之后，以供销社集体经营为主，少量由私人经营。1954年起，实行食油统购统销，并对市镇居民实行食油定量供应，凭票或凭证每人每月供应0.2公斤。1955年，由璜泾区粮管所鹿河粮食购销站经营粮油业务。1956年，食油实行计划供应，并委托商业部门代销。1957年，供应市镇居民的食油量略有提高，每人每月定量供应0.25公斤。1960年前后，居民定量极少，仅为每人每月0.075公斤。1965年增至0.2公斤，之后，对不同供应对象的定量在有关年份略有增减。

1968年起，食油由鹿河粮管所统一供应。全公社的油菜籽交售粮管所，根据各生产队交售数量，决定农民食油标准，由粮管所按大队、分生产队，逐户记录在册，在每年夏收夏种结束后，通知各生产队农户到粮管所取回食油（菜油）。因各生产队交售油菜籽有多有少，故农民食油标准存在一定差异，少的生产队每人每年1~1.5公斤，多的3~4公斤，有的甚至更多。

1979年，粮食部门加价收购油菜籽，提价幅度为50%。1981年起，对市镇居民食油供应恢复至每人每月0.25公斤，逢年过节则临时增加。1983年实行家庭联产承包责任制后，对农民交售油菜籽敞开收购，并按比例计价，定购任务内40%按统购价结算，60%按超购价付款，超定购的部分按统购价付款。

1984年起，集镇上街市门店开始有议价食油供应。1987—1993年，食油处于计划供给转向市场供应的过渡阶段，仍然使用油票。1993年3月起，废止油票，之后食油全面转向市场供应，集镇街市上出现专营食油的个私商业户。1995年后，市场上食油品种增多，有菜籽油、芝麻油、色拉油、调和油等。2000年后，随着民营企业兴起，外来人口增加，集镇上粮油销售网点增多。2002年，食油在市场上敞开供应。

第二节　食品　副食品

境内食品、副食品通常指肉、禽、蛋、水产品、糖、烟、酒、盐、蔬菜、果品、茶食、糖果等。

一、肉类

境内肉类市场供应主要有猪肉、羊肉等畜肉，牛肉、狗肉少量供应，兔肉一般由饲养农户自宰食用，极少上市。中华人民共和国成立初期，集镇上有私人肉庄，屠宰肉猪，供应猪肉。1955年，猪肉供应由供销社接手，是年猪肉上市42吨。

1959年，鼓励农民养猪，猪源本地收购，基本自给自足。20世纪60年代初，农户养猪数量急剧减少，当地猪肉市场供应严重不足，较长时期对群众实行发肉票计划供应，数量很少。结婚户办酒，除到公社打证明给予部分优供外，不足部分靠亲戚朋友支援肉票补充。每逢春节，群众购买猪肉和猪内脏不仅要凭票，而且要清早排队，很不容易。1964年，养猪数量回升，猪源增加，猪肉满足市场供应，是年猪肉上市85吨。60年代中期，因太仓食品公司无冷库贮存，每逢夏令酷暑，食品站收购的生猪无法调运出去屠宰冷冻，活口饲养又增加成本，为减少资源浪费，一度采取就地打折方式以刺激消费，还组织货郎担下乡推销，群众称为“吃便宜肉”，此举措延续至县公司冷库建成。之后，随着农民生活水平的提高，猪肉需求量逐年增大，1970年，猪肉上市增至152吨。1974年起，由于生猪收购价格偏低，影响群众养猪积极性，猪肉上市量下降，又实行凭证供应。1979年后调整生猪收购价格，货源充足，猪肉敞开供应。1980年，鹿河猪肉上市增至327吨。

1985年起，允许个体户在市场上经营肉摊（通常称业主为小刀手），此后，个体肉摊销售量占集体商业销售量的比重逐步提高，国营食品站猪肉销售量急剧下降。1990年后，随着冷藏存储条件的改善，市场上冷冻肉类商品种类增多。1995年后，农户家庭养猪逐年减少，当地出栏生猪满足不了市场需求，缺口部分须从外地调运。是年，全镇猪肉上市455吨。

2000年后，肉类市场经销全部转为民营。2002年，鹿河农贸市场上有猪肉供应摊位9个，全年销售猪肉520吨，另有冷冻肉类地货商店及摊位3个，其销售量无从统计。

二、禽及禽蛋

20世纪50年代，由农民自养家禽，禽及禽蛋大多自用，多余的拿到集市上出售，也有商贩下乡收购，销往外地。60年代，因有派购任务，由供销部门及农村下伸店收购。为鼓励农民交售禽蛋，采取奖售政策，奖售物资有食糖、香烟等（发给专用票购买）。改革开放后，取消派购，放开市场，自由贸易。1990年后，市场需求量逐步扩大，由专营公司和个体商贩采购，并批发给各个摊点销售，其中禽肉由个体禽摊经营户宰杀后销售。1995年后，禽肉及禽蛋的销售摊点及销售量随着境内外来人口的增加和居民生活水平的提高而增多。2002年，鹿河农贸市场上有个体禽肉摊3个、禽蛋摊（销售鲜蛋、皮蛋、咸蛋）2个，全年禽肉销售量82吨、禽蛋销售量30吨。此外，有超市销售禽肉及禽蛋和农民上市销售活禽及禽蛋，其销售量无从统计。

三、水产品

鹿河地处长江边，内河养殖条件优越，盛产鱼、虾、蟹、鳖等水产品，善于捕捞的亦农亦渔人员较多。20世纪50年代，捕捞者收获后将水产品上市销售，部分由外来商贩收购，销往上海等地。1955年食品站成立以来，一直参与水产品经营，重点组织供应海洋水产品，货源大多来自县水产公司。

60年代，鹿河公社渔业大队在长江捕捞的银鱼、鲚鱼、刀鱼、青鱼、白吉、白虾等，大部分销往外地，一部分在鹿河集市上销售。内河鱼、虾、蟹等水产品由善于捕捞的农民收获后拿到集市上出售。

70年代，内河鱼塘大多由生产队集体经营，养殖青鱼、草鱼、鲢鱼、鳊鱼、鲤鱼等，全公社每年成品鱼产量在300吨左右。生产队养殖的鱼，一般至年终清一次塘，捕捞的鱼大部分按人头分给农户，少量上市出售。

80年代，内河鱼塘大多由个人承包经营，全乡每年成品鱼产量在350吨左右。有的承包者按协议用鱼抵承包金；有的直接交承包金，其捕捞的鱼全部上市销售。同时期，渔业大队江海捕捞能力提高，每年捕捞黄鱼、带鱼、马鲛鱼、鲳鱼等海洋鱼类500吨左右，虾蟹类70吨左右，其捕捞的水产品大多销往上海等地。

90年代，擅长养殖的农民，实地开塘养鱼养蟹。承包内河养殖的农民，扩大精养面积，全镇水产品产量提高。90年代末，渔业大队江海捕捞歇业，鹿河不再有江海水产品销售。2000年后，水产品市场需求量增大，营销经纪人增多，外来鱼蟹等水产品进入鹿河市场。同时，农贸市场上冷藏水产品品种增多，销量增大。

2002年，鹿河农贸市场有个体水产品摊位5个，全年鱼类销售量165吨，虾蟹类销量50余吨。

四、烟糖酒盐

民国时期，鹿河镇上有曹大成、崔义恒、张聚源等私营商号，经营烟糖酒盐及南北杂货。烟，主要供应水烟和旱烟，卷烟极少。糖，以供应红糖为主，其他糖类少量销售。酒，大多供应白酒和黄酒，也有一部分供应自家酒坊酿的米酒。盐，主要供应粗加工的食盐。

1950年成立鹿河供销合作社后，在镇上设立生活资料综合性门市部，经营烟糖酒盐及百货，与私营商业并存于消费市场。1956年，在完成对私营商业社会主义改造后，成立的鹿河合作商店也经营烟糖酒盐及杂货。

20世纪60年代后，烟糖酒盐等许多生活资料实行计划供应，消费者凭票或凭证购买。改革开放后，随着市场经济的发展，鹿河供销社广辟流通渠道，积极组织货源，使得鹿河市场上烟糖酒盐等各类生活资料供应越来越丰富。市场上不仅有飞马、大前门等沪产香烟，而且有其他产地的香烟，尤其是云南产的云烟，倍受消费者欢迎。市场上供应带过滤嘴的卷烟增多，水烟和旱烟基本被淘汰。供应的糖，有红糖、赤砂糖、白砂糖、绵白糖、冰糖等。供应的酒，有白酒、黄酒、啤酒、葡萄酒等，且各种名酒的销量不断增多。供应的食盐，是精加工的加碘盐和其他精制盐，以前的粗盐基本淘汰。1985年，鹿河境内共销售香烟3280箱、糖38吨、酒4.2万瓶、食盐15吨。

90年代后，除烟草实行专卖外，其他生活资料经营全部放开。境内个体商业户发展迅速，与鹿河供销社和鹿河商业公司（原合作商店）形成竞争态势。市场上糖烟酒盐货源充足，敞开供应。2000年，鹿河供销社和鹿河商业公司完成转制后，烟糖酒盐等生活资料全部由个体私营商户经营，其销售量未做统计。

五、蔬菜

20世纪50—60年代，农村常见的蔬菜有大白菜、青菜、小白菜、菠菜、白萝卜、胡萝卜、茄子、西红柿等，农民除自食外，会将多余的挑运到集市上供应市镇居民。进入70年代，社队企业食堂用菜量增加，当地蔬菜产量有限，满足不了需求，故市场上的蔬菜，一部分由当地菜农供应，另一部分由常熟东张、横塘等近邻地区的菜农装运到鹿河出售。80年代，集镇上地货合作商店通过挂钩联系，从上海市郊县蔬菜基地用卡车装运蔬菜补充鹿河市场。90年代，随着农村种植业结构的调整，蔬菜种植面积扩大，品种增多，市场上的蔬菜大多由当地菜农提供。2000年后，农村出现蔬菜购销公司和众多的蔬菜个体经营户，他们将采购的各种时令蔬菜批发到农贸市场蔬菜摊位销售，经销的品种也更加丰富，市场上常见的蔬菜有青菜、白菜、金花菜、包菜、花菜、菠菜、芹菜、韭菜、雪里蕻、莴苣、萝卜、茄子、茭白、辣椒、马铃薯、芋艿、蚕豆、豇豆、豌豆、刀豆、番茄、扁豆、四季豆、大蒜等，常见的蔬菜瓜类有黄瓜、冬瓜、丝瓜、南瓜、苦瓜等。同时，长新村形成蔬菜基地，辐射带动其他各村种植荷兰豆、西兰花、白花菜、甜玉米、大叶菠菜、小松菜等无公害蔬菜，生产的蔬菜全部落实订单，由蔬菜购销专营公司销售。2002年，鹿河农贸市场上有个体蔬菜摊位12个，蔬菜货丰价稳，满足居民所需。销往鹿河以外市场及出口蔬菜2000余吨。

六、水果

20世纪50—60年代，农村瓜藤类果品主要种植西瓜、甜瓜（俗称“香瓜”），树结类果品栽有桃、梨、橘子、柿子、枇杷等，农户收获果品大多自食，或赠送亲戚朋友，很少上市出售。60年代中期开始，作为苏南支持苏北政治任务，地货合作商店按县果品公司下达的计划，推销苏北生产的“伏苹伏梨”（夏季采收的苹果和梨），时值夏令，水果易烂，损失较大，商店基本无利润。“伏苹伏梨”推销工作延至70年代末。70—80年代，农民种植西瓜、甜瓜面积扩大，产量提高；种植果树尤其是橘树，有成片种植的，其收获的果品除自食外，大多上市出售。

90年代起，市场上水果需求量大，吸引外来水果商贩到鹿河经销，有的在集镇上设摊销售，有的用黄鱼车或手推平板车装上水果，流动兜售。2000年后，集镇上水果经销户均为外来商户，他们在鹿河租用或购买街面房，开设水果店。2002年，鹿河集镇上有水果店3家，随季节应市销售西瓜、哈密瓜、甜瓜、香蕉、苹果、桃、梨、橘子、柿子、枇杷、葡萄、杨梅、橙子、菱、藕、荸荠、甘蔗等，常年满足供应。

七、茶点

民国初期，在鹿河小东街东首，有私人合股开设的“公司茶馆”（时称适园），供茶客饮茶和休闲聊天。中华人民共和国成立初期，集镇上茶馆仍由私人经营。有的兼营老虎灶，对外供应开水，有的兼营书场。1956年私改后成立2家茶水合作商店，东街称东茶水商店，西街称西茶水商店，都兼营老虎灶，东茶水商店20世纪60年代夏令时曾设简易盆汤，供男顾客沐浴，西茶水商店兼营书场。70年代初，东茶水商店并入西茶水商店。70年代中期，在鱼池北面新建茶水合作商店，西茶水商店撤销。“文化大革命”结束后，恢复传统评弹业务，茶水商店在原址翻建楼房，上设书场，一度生意兴旺。90年代初，茶水商店由私人承包经营。随着集镇上个体小茶馆（一般经营棋牌娱乐，兼供茶水）兴起，茶水合作商店解体。2002年，集镇上无专营茶水的茶馆。

70年代以前，市场上销售的茶叶种类较少，以供应红茶为主。80年代后，市场上有绿茶、白茶、红茶、花茶、黑茶、黄茶供应，以供应绿茶为主，红茶销量减少，花茶、黑茶、黄茶更少。90年代起，市场上中高档名品茶叶销量增加，苏州碧螺春茶、西湖龙井茶、安吉白茶等尤其受消费者欢迎。2002年，茶叶销售由大小超市、食品商店设专柜兼营，也有专销茶叶的门市商店。

中华人民共和国成立前，鹿河有土特产陈脆——用青梅子腌制、拌上甘草末制成的蜜饯。陈脆甜酸适度，爽脆可口，可开脾胃、助消化，是蜜饯中的佳品，因最初制作的人姓陈，故人们称脆梅为陈脆。镇上糕饼店都为前店后坊，较有名的有东街俞天宝糕饼店，西街张荷生糕饼店等。1956年商业私改后，糕饼合作加工场成立，隶属烟糖合作商店，场址在西街，负责人张荷生。50—60年代，小吃种类较少，糖果以纸包粒装硬糖为主，糕点主要有月饼、酒酿饼适逢节令上市。炒货主要有瓜子、蚕豆、花生等，尤其是炒蚕豆，在主粮紧缺时期，既是小吃，又可充饥。三年困难时期，食品短缺，高档糖果、糕点断供，有钱也买不到。鹿河供销社根据上级有关供应高价商品，进行资金回笼的通知精神，在东大街设立门市部，专门供应由上级分配的高价的高档糖果、糕点，如巧克力、奶油糖、夹心饼干等。改革开放后，商品流通加快，食品种类丰富。至2002年，鹿河集镇上大小超市、食品商店均有销售食品小吃，且种类繁多，糖果有硬糖、奶糖、乳脂糖、软糖、夹心糖、巧克力糖等，干果有红枣、黑枣、柿饼、核桃仁、杏仁等，糕点有月饼、蛋糕、酥饼等，炒货有瓜子、蚕豆、花生、核桃、栗子等。

第三节　日用工业品

一、日用百货

抗日战争前，集镇上有私人开办的棉布商店3家和百货商店1家，均是当时较大的商号，分布于中弄桥堍、北街和东大街。布店主要经销棉布、呢绒、绸缎等，百货商店主要经销毛巾、袜子、鞋子、衫裤、毛线等。抗日战争时期，商业不景气，布店、百货商店陆续缩小经营范围，有的歇业改行。

中华人民共和国成立前后，集镇上私人布店、百货商店均属小商业门店，小本经营。农村中常见货郎担串村走乡，一路吆喝，兜售日用小百货。1950年，鹿河供销合作社在东大街开设综合门市部，开始经销棉布和各类百货，与个体商业进行竞争，逐步占领市场。1954年，国家对棉布实行统购统销，按人发布票定量供应，私营布商停业，供销社独家经营。1956年私改后，百货合作商店成立，经营日用百货和线带、鞋面布等棉织品。供销社销售的种类范围较广，除棉布、絮棉外，有内衣服装、鞋帽袜子、文具纸张、儿童玩具、体育器具、化妆用品、搪瓷钢精、塑制容器、玻璃器皿、洗涤用品等。在棉布凭票供应阶段，供销社棉百商店还开展裤料棉布开片供应服务，为群众节省布票和金钱，受到群众欢迎。20世纪80年代起，取消布票，棉布等敞开供应，同时开放市场，允许多渠道经营，鹿河市镇上个体百货商店逐渐增多，且经营业态开始变化，由各类百货综合经营转向分类、专业化经营。

进入90年代后，百货分类经营更加细化，商品专卖店大量出现。2002年，集镇上商品专卖店有品牌服装店、儿童服装店、针织内衣店、床上用品店、鞋帽箱包店、化妆用品店、文化文具店、家用电器店等。商品货源充足，种类繁多，应有尽有。集镇上涉及日用百货销售量较大的街市门店有16家。

二、五金交电

民国时期至中华人民共和国成立初期，由个体铁匠打制小农具和其他锻打小制件拿到集市上出售，常见的小农具有铁锸、锄头、铁锹、镰刀等，锻打小制件有菜刀、铁环、铁圈、铁锤、铁钎、铁钉、门用搭钮和开闭转件等。1955年春，把个体铁匠组织起来，成立铁业合作社，主要生产小农具，售给农民用于生产劳作，同时锻制小五金产品，供农民日常生产生活使用。

20世纪50年代中期起，供销社开设五金商店，经销五金产品，销售的品种有螺钉螺丝、门锁拉手、门窗配件、建筑用件、机械部件、生产工具等。进入70年代，尤其是鹿河高压电力线路开通后，五金商店开始经销电工电料产品，并有电视机、电风扇、收音机等电器销售。

80年代起，个体工商户经营的五金交电商店出现，与集体商业经营并存，且个体经营户销售总额占比逐年提高。各五金交电商店销售的五金产品种类增多，自行车、电视机、收录机、电风扇等交电产品不断翻新。1987年，全乡居民拥有电风扇4656台、电视机1822台、洗衣机410台、录音机553台、摩托车230辆、电冰箱95台。

进入90年代，家居装潢业兴起、农村自来水普及率提高，五金交电商店增加装潢用品、水暖产品、厨房家电、照明灯具等产品。同时，摩托车、两用车逐步成为居民群众的代步工具，销售量逐年增加。

2000年起，五金交电商店全部转为民营，且经营业态发生变化，分类专营的商店居多。2002年，全镇有综合经营五金交电商店；有专营家用电器商店，专业销售彩电、冰箱、洗衣机、热水器、空调、电风扇等各类家电产品；有专营照明灯具商店，专业销售各类吸顶灯、吊灯、壁灯、台灯、筒灯、灯带等灯具及器材；有水暖店，供应水暖类产品、厨房家电类五金交电产品；有自行车和机动车车行，专销自行车、摩托车、电瓶车等各类各式车辆。是年末，全镇有民营五金交电商业企业和个体工商户17家。

三、日用杂品

民国时期，日用杂品由私人商铺兼营，主要销售碗、筷、杯、蜡烛、肥皂、火柴、扫帚、畚箕、草帽、草席、雨伞等。中华人民共和国成立后，私商延续兼营日用杂品。1956年私改后，日用杂品供应主要由供销社日杂商店专营，供销社和合作商店的烟糖门市部，以及农村下伸店供应部分日用杂品，品种随社会发展逐渐增多，用具类杂品材质越来越好，式样不断翻新，至20世纪80年代，市场上销售的日用杂品可划为炊具、厨具、餐具、日用陶瓷、玻璃器皿、塑料器皿、清洁用具等7个大类，品种多达200余种。90年代，集镇上有经销日用杂品的个体门店，也有个体摊贩流动设摊零售，大小超市、百货商场也有销售。2002年，全镇涉及销售日用杂品的网点有12个。

第四节 农用物资

一、化肥

民国时期，鹿河境内无化肥供应，农民普遍施用饼肥，极少数农民从外地购买少量化肥（时称肥田粉）施用。

1950年后，化肥由鹿河供销社经营，但供应量极少。农业合作化后，农民逐渐认识到施用化肥的作用，化肥供应量逐年增加。20世纪60年代后期起，鹿河供销社销售昆山化肥厂、太仓化肥厂生产的碳酸氢铵。70年代后，化肥种类增多，氮肥有碳酸氢铵、尿素、氯化铵、硫酸铵、硝酸铵、氨水（南京永利宁氨水）等，磷肥主要有过磷酸钙，钾肥有氯化钾、硝酸钾等，另有氮、磷、钾复合肥。随着化肥供应量增加，为解决仓库不足露天堆放影响肥效的问题，鹿河供销社克服困难，加快农资商店仓库建设，扩大仓容，确保库存化肥质量。供销社因此多次受到上级社的表彰。但在计划经济年代，化肥按田亩数核定，计划供应，用量有限。为克服化肥供应不足的问题，供销社组织生产队人员到上海等地装运废氨水（一种工业废水中加氨的肥料）、大粪、垃圾等杂肥予以补缺。

1983年农村实行家庭联产承包责任制后，化肥用量增加，供需矛盾突出，鹿河供销社每年积极组织计划外货源支援农业生产。1985年鹿河供销社全年组织供应各种化肥2465吨。1986年2786吨，1987年3264吨，1988年2995吨，1989年3626吨。

1990年后，尿素、碳酸氢铵、过磷酸钙、氯化钾、复合肥等化肥基本敞开供应。1992年起，在发挥供销社农资供应主渠道作用的同时，允许民营经济组织参与经营，供销社专营格局被打破。1996年后，为维护农资市场秩序，确保农资商品质量，实施农资连锁经营，形成农资商品进货一个头的经营格局。同时，坚持优质服务，开展大忙送肥下乡活动，方便群众购买。

2000年后，鹿河供销社转制，生产资料商店停业，肥药等农用物资由太仓市佳稼农业生产资料有限公司经营，在鹿河镇区和农村设3个供应服务网点。2002年，鹿河境内全年供应化肥3158吨，其中碳酸氢铵1745吨、尿素582吨、复合肥676吨、其他化肥155吨。

二、农药与药械

民国时期至中华人民共和国成立初期，鹿河境内无农药供应，防治作物病虫能力弱，对病害基本上没有防治对策，对虫害只能采取捉虫等人工防治的方法以减轻危害程度。

1953年，开始供应“二二三”乳剂，农民用此消杀水稻稻苞虫，这是鹿河历史上首次供应农药并使用农药治虫。同时，供应石灰硫磺合剂、棉油皂，用于喷洒棉花，防治棉花红蜘蛛及蚜虫。20世纪50年代后期起供应“1605”“1059”高毒农药，因药性毒，治虫效果好，农民称之为“一扫光”。药械供应主要有单管喷雾机。

自鹿河供销社供应农药开始，供销社农资商店即设置兼职和专职植保员，负责农作物病虫情况的预测预报，积极宣传农药使用知识，指导农民及时、合理、有效防病治虫，确保农作物丰收。因供销社植保员对农业生产的贡献较大，干部群众亲切地称他们为“虫头”。

70年代初开始，推广并供应苏化“203”、乐果、井冈霉素药剂和有机磷混合粉剂。70年代后期起供应甲胺磷、乐胺磷等有机磷农药。喷雾机械供应背负手压式喷雾机、手摇式喷粉机等。1980年，鹿河供销社全年组织供应各类农药112吨。

1980年后，供应呋喃丹、杀虫醚等农药，并开始使用低毒高效安全的菊酯类农药，有机氯、有机磷高毒农药逐步减少。同时，开始供应并推广使用除草剂。1985年，鹿河供销社全年组织供应各类农药130吨。

1986年后，供应并大面积推广使用扑蚤灵，用于防治水稻稻飞虱，效果显著。1989年，鹿河供销社全年组织供应各类农药105吨。

1990年后，供销部门供应的农药主要有敌百虫、敌敌畏、乐果、甲胺磷、三氯杀螨醇、久效磷、扑虱灵等杀虫剂，硫酸铜、多菌灵、粉锈宁等杀菌剂，除草醚、绿麦隆、丁草胺乳剂、丁草胺颗粒剂、二甲四氯等除草剂。植保机械除手动喷雾（粉）机外，还有机动喷雾（粉）机。1996年后，供销部门建立完善农资连锁经营机制，办好“庄稼医院”，设立销售网点，方便群众购买。

2000年后，因供销社转换经营体制，肥药供应转为民营，主要由太仓市佳稼农业生产资料有限公司经营。2002年，鹿河境内全年供应各类农药92吨。

三、农膜

1973年起，供销社有透明塑料薄膜（简称“农膜”）销售，主要供应生产队用于棉花营养钵育苗、水稻育秧等，开始时销量较少。1975年，大面积推广营养钵棉苗移栽后，农膜销量增加，每年保持在12吨左右。当时货源紧张，采购难度很大，市场供不应求，生产队保管不善，丢失浪费严重，又加重了供应压力。为解决供需矛盾，供销社配合公社一方面向生产队宣传农膜采购不易，应加强保管；另一方面，组织生产队将使用过后洗净的农膜集中到供销社农资商店进行修补整理，并存放在供销社仓库，以确保来年重复使用。上述办法缓解了供需矛盾，减少了浪费损失，实施了三四年，直至市场货源增多，供应形势好转才停。1983年后，农膜增加了蔬菜、瓜果及其他育苗保温、保湿、保肥用途，销量有所增加。1985年，全乡供应农膜13.5吨。1986年起，全乡棉花种植面积减少，农膜销量逐渐减少，1989年，全乡供应农膜6.2吨。

1990年起，农膜销量随全乡棉花种植面积回升而增加，此外，随着种植业结构调整，蔬菜种植面积扩大，育苗用膜增加。1996年，全镇供应农膜8.6吨。此后，农膜供应市场化，供销社不再专营。

2000年后，境内只种植少量棉花，且有的零星种植的棉花直接播种，不再采用营养钵育苗移栽，故棉花育苗用膜极少。但此时设施农业兴起，蔬菜大棚用膜和其他农作物育秧用膜量增加。2002年，全镇农膜仍有一定销售量，但具体数量因农膜市场供应渠道多而无从统计。

四、竹制农具

鹿河地区过去农业生产中罱河泥、撑船、挑担、脱粒打场等农活，分别需要罱杆、篙子、扁担、畚箕、竹筐、竹匾、竹筛等传统竹制农具，同时，群众日常生活中也需要较多的竹制器具。为满足农业生产对竹制农具的需要，鹿河供销社积极采购客竹，安排专职或兼职人员加工成罱杆（俗称“郁罱杆”）、篙子、扁担。20世纪70年代，在农资商店南侧开办竹器加工场，聘用篾作匠10多人，生产畚箕、竹筐、竹匾、竹筛等传统农具，以及篮子、筲箕、饭罩等。还特地聘用常熟县1名圆作竹匠，生产竹榻、竹梯、竹椅等，填补鹿河生产这类竹器具的空白。此外，为解决因货源紧张而造成的扁担、竹柄等供应困难，同时帮助农民节约支出，供销社在农资商店设立胶接胶修专柜，聘用1名木匠，专职用尿醛树脂胶接胶修扁担、竹柄、罱杆等小农具。由于收费很低，受到农民欢迎。胶接胶修专柜还制作竹片或竹木胶合扁担、木屑脑头竹柄等供应市场，缓和了供需矛盾。80年代，随着竹材货源增多，市场全面放开，个体经济兴起，胶接胶修停止，竹器加工场关停。

农资商店负责人先后由邵沛谟、顾渭渔、邵宝琪、付振兴、顾关荣等人担任。

第五节　棉花等农副产品

一、棉花

鹿河地区棉花种植历史悠久，棉花种植面积较大，棉花是增加农民收入的主要经济作物。中华人民共和国成立前，棉花收购由镇上曹大成等花行经营。也有掮一杆秤、拿几个蒲包俗称“立路头”的小商贩，在市梢路口向农民拦购棉花，然后转手售给花行。1949年，棉花仍由私商经营。1950年，鹿河供销社成立，当年就在中弄北没收的地主曹大成花行原址设棉花收购站，为国营花纱布公司代购棉花。个体花行全部停业。1951年，鹿河供销社增设伍胥和杨漕2个临时棉花收购点（1966年，两地划入王秀公社）。1954年开始，先后为县农产品采购局（后撤销）和县供销社农副产品采购经理部（县棉麻公司的前身）代购棉花，直至20世纪末。20世纪60年代，鹿河供销社征地，在鱼池东南角新建棉花收购站，占地和建筑面积大幅增加，且水路运输方便。为正确执行价格政策，贯彻优棉优价，减少检验差错，1962年，在全公社建立“队定站核”的民主评级制度；1967年，在站上配备试轧籽棉衣分的轧花车和测量籽棉水分的电感测湿仪，实施“一试五定”（通过试衣定出衣率，对照标准定品级，手扯尺量定长度，电测仪测定水分，手估目测定杂质），进一步提高检验定价准确率；1985年开始又实施“密码交售”，以消灭收购中的“人情花”，做到公平交易。通过这些措施，多年来鹿河棉花收购站收购的棉花，价格误差基本控制在国家允许的标准之内，从而受到表扬。70年代时，鹿河供销社提出“收棉的学会种棉”口号，棉花收购站职工在站长方桂生带领下，在棉花播种和管理期间，蹲点长城大队9队，和社员实行“三同”（同吃、同住、同劳动），种植棉花试验田，推广科学植棉技术，受到群众欢迎和上级赞扬。棉花收购站经理先后由张林生、方桂生、周希恰、郭宗义等担任。

1954年棉花实行统购统销政策后，农民生产的棉花除每人留1.5公斤自留棉外，全部卖给国家。1961年起，购留政策有所变化，根据生产队植棉比例，确定社员自留棉为0.5~1公斤。同时实行自留棉换购政策，每1公斤自留棉卖给国家可换取布票10市尺。对生产队售棉实行棉仁饼返还和奖售政策，奖售物资有化肥、贸易粮、棉布、食糖等。另有超购加价等奖售政策。以上政策至市场放开后逐步停止。在计划经济时代，棉花由供销社独家经营，其历年收购量基本与当年棉花产量相近（种植情况详见本志第六篇第三章第一节第三目“棉花”）。至90年代后期，随着棉花种植面积锐减和多渠道经营，以及供销社转制改革，棉花收购站停业解体。

二、其他农副产品

20世纪50年代，供销社设土副站，经营土特产和废品（废品收购详见本篇第三章第七节“废旧物资”），门市部先后设在西大街公房和中弄底公房（原曹大成花行）内，60年代迁至鱼池东南角，与棉花收购站毗邻。收购的土特产品有黄鼠狼皮、羊皮、狗皮、羊毛、兔毛、羔羊皮等畜产品，芦帘、芦席、柳条箱片等编织品，薄荷油、大蒜、蘑菇、芦苇、稻麦草（造纸原料，有收购任务）、荷兰豆、蜂蜜等农副产品。各个时期各有侧重。如50年代中期至70年代中期，鹿河薄荷生产发展，县公司在鹿河土副站设薄荷油收购点。供销社曾下乡指导薄荷生产，从苏北引进“687”品种以提高产量，帮助生产队改进吊油设备，提高出油率。80年代，供销社引进菱湖羊供社员养殖，发展羔羊皮生产，土副站羔羊皮收购量一度猛增。后因价格走低，生产萎缩，停止收购。70年代开始，鹿河地区大蒜生产和食用菌生产发展较快，土副站重点收购蒜苗、干大蒜头及蘑菇，鹿河虽不是大蒜主产区，但大蒜收购量随着种植面积扩大增加了不少；蘑菇因各生产队普及种植，收购量空前增长，开始时运交苏州罐头食品厂，后改运交太仓食品厂。1983年农村实行家庭联产承包责任制后，集体种菇大幅减少，土副站收购量随即下降，至90年代初停止收购。

80年代中期市场放开后，农副产品多渠道收购，市场竞争激烈，土副站利用自身优势，积极参与竞争。如针对鹿河地区农户大力发展荷兰豆生产，产品上市量剧增，土副站曾设点收购，以保持一定份额。由于资料缺失，具体收购数据不详。至20世纪末，土副站随着供销社转制改革而解体停业。

第六节　建材物资

民国时期，农宅草房居多，所需外购的建材极少。中华人民共和国成立后，单位和个人翻建房屋所需竹、木、砖、瓦、石灰等建材物资一部分由供销社计划供应，另一部分由用户委托熟人从外地采购。

20世纪60年代中期起，鹿河境内曾创办砖瓦厂1座、小土窑7座、小水泥厂1个、水泥预制场4个。这些厂、窑、场，有的由公社建办，有的由大队或生产队创办，有的属生产队联办。至80年代中期，这些单位因生产条件有限等陆续关停。其间，这些单位营销的水泥、八五砖、红平瓦、红脊瓦、小青砖、青望砖、青小瓦、青大瓦和楼板、桁条、门窗框、水泥地板、水泥船、水泥管、电杆等建筑材料及水泥预制构件，为缓解当时建筑材料的紧缺起到了一定的作用。

20世纪70—80年代，大量农宅平房翻建楼房，农村为发展副业生产，搭建棚舍用材增多，供销社一方面积极争取计划建材物资，并做好分配供应工作；另一方面在计划物资缺口比较大的情况下，从支持农村基本建设和农副业生产出发，每年通过多种渠道、多种方法，积极组织计划外物资。1983年共组织采购、销售毛竹1500支、木材900立方米。1985年组织采购、销售杉支棍3.85万支。

90年代后，境内钢材、木材、板材、水泥、砂石料、水泥制品及装潢装饰材料等建材物资，均依靠市场调节供应，基本满足境内建筑所需。2000年后，建材物资全部由私营企业和个体工商户经销。2002年，境内有建材物资批发、销售的私营企业3家、个体工商户15家。

第七节　废旧物资

民国时期，经常能看到货郎担串村走户，用糖、蜜饯、碗及其他小瓷品换收废布料、废金属等，收集后交售有关商贩，转运至有关工厂回收处置。

中华人民共和国成立后，由合作商店经营。20世纪50年代，遵照上级部署，为打破西方国家对新中国的经济封锁，支援国家经济建设和国防建设，重点回收废钢铁和铜、锡、铅、铝等废有色金属。同时回收废橡胶、废布料、旧书报、破布鞋、破棉絮、畜杂骨等废品，后又增加回收废塑料、废铁丝等，回收品种多达50余种。1966年，全公社废品收购由供销社土副站经营，全年废品收购额达1.9万元。之后，废品流动收购小贩被取缔，废旧物资回收量减少。1967—1976年，每年废品收购额在1万元左右。1977年起，社队工业发展，废旧物资随之增多，土副站每年废品收购额在1.6万元~2万元，1982年增至2.4万元。

改革开放后，乡镇工业快速发展，废金属、废塑料等废旧物资增加，1989年，土副站收购废旧物资179吨。1990年后，外来个体户参与废旧物资回收。1994年，鹿河境内有个体户废旧物资回收网点3个，1998年增至5个，主要收购废钢铁、废有色金属、废旧电机和废橡胶、废纸、废塑料等。至90年代后期，废旧物资市场放开，收购由个体户经营，土副站集体收购歇业。

2000年后，鹿河化纤加弹业兴起，境内又出现了收购废涤纶丝、纸箱纸管、压脚木架、塑料泡沫的个体户，且从业人员逐年增多。同时，随着社会消费水平的提高，多功能、节能型、智能型的电视机、电冰箱、洗衣机等家电上市，老产品加快淘汰，于是又出现了专门收购废旧家电的个体户。2002年，境内从事废旧物资回收利用的个体户有26户，以回收利用化纤加弹辅料的居多，全年回收废旧物资总量及收购额无从统计。

第八节　能　源

一、煤炭

20世纪50—60年代，煤炭由供销社生产资料门市部经销，主要供应工业用煤和居民生活用煤，因工厂少且规模小，故耗煤量极少。为方便居民用煤，提高煤效，70年代，农资商店添置机器，创办蜂窝煤车间，由职工操作生产成品，改供应散煤为供应蜂窝煤，受到群众欢迎。

70—80年代，社队企业发展起来后，有的企业使用火炉炉灶和蒸汽锅炉，耗煤量增加，工业用煤一部分由企业直接采购运入，另一部分由供销社生产资料部门计划分配，或组织采购计划外煤炭供应。全公社耗煤量随工业发展和市镇居民增多而增加。1970年，全公社耗煤量550吨。1971年，供销社建成煤球加工场，方便居民群众用煤。之后，全公社煤炭供应量逐年增加，1980年，供应1760吨；1990年，增至3870吨，其中工业用煤3710吨、居民生活用煤160吨。

90年代起，乡镇企业发展，燃煤锅炉增多，工业用煤耗量增大；市镇居民已普及使用瓶装液化气，生活用煤量相对减少，但镇上居住人口增多，故用煤总量仍在增加。2000年，全镇耗煤量7250吨，其中工业用煤6975吨、居民生活用煤275吨。

2000年后，煤炭市场放开，工业用煤由企业订购，由外地燃煤供应商送货上门。居民煮饭烧菜的煤炉大多被淘汰，改为液化气灶具。此外，市场上有用木、树、竹废料作燃料的炉具，由于燃烧的柴料容易收集，又不用花钱，故这种炉具被许多居民尤其是外来居民用于烧开水。由于居民灶具改革加快，居民生活用煤量逐渐下降，遇到婚丧喜庆设宴时才购买数百公斤焦炭或煤球，供厨师蒸煮饭菜时使用。2002年，全镇工业用煤8700余吨，居民生活用煤200余吨。

二、燃油

本节记载的燃油，主要指煤油、柴油、汽油。

煤油　20世纪70年代以前，鹿河境内每家每户使用煤油灯照明，商业部门年供应煤油8~10吨。1974年鹿河境内高压电力线路通电后，全部使用电力照明，市场上停止供应煤油。

柴油　1956年，鹿河鹿星高级社首先购买1套机动抽水机，用于水稻灌溉，境内开始有柴油销售。之后，农田灌溉机动抽水机逐步增多，耗油量增大，1960年，商业部门年供应柴油20吨。1966年后，农村出现手扶拖拉机，后又使用中型拖拉机，机耕用油逐渐增多。1970年，全公社供应柴油156吨。1974年起，农业机械动力灌溉改为电动泵站灌溉，不再耗用柴油，而农耕机械、收割机械、工业运输车辆逐年增多，耗油量增大。1979年9月，鹿河公社炼油厂建成投产，主要从废油中提炼柴油，供各单位动力机械使用，柴油计划供应缺口得到部分弥补。1980年，全公社供应柴油332吨。1981年后，农业机械化程度不断提高，农机总动力增大，同时，乡镇企业运输车辆逐年增多，全公社柴油供应量随之上升。1985年，全乡供应柴油365吨，1990年增至455吨。1990年后，石油制品逐步转为市场调节供应。1993年，鹿河加油站在沙鹿公路友谊桥建成投运，为鹿河境内车辆和过境车辆供应各类燃油。1998年后，石油制品市场放开，取消计划供应。2000年后，随着工业的发展，重型车辆增多，柴油耗油量大增。2002年，境内各村农用柴油有的由加油站供应，有的由油品经销商直接送货上门，各类运输车辆均到加油站加油，全镇（含加油站供应过境车辆）柴油供应量1365吨。

汽油　70年代及以前，用汽油作燃料的汽油机还未普及，故汽油用量甚微。进入80年代后，农业植保机械和交通车辆需用汽油，且随着动力的增大而耗油量增加。1985年全乡供应汽油72吨，1990年增至260吨。1991年后，摩托车加快普及，轿车开始进入居民家庭，各类运输车辆增多，汽油用量逐年增大。至2002年，全镇（含加油站供应过境车辆）汽油供应量1470吨。

三、燃气

20世纪80年代以前，境内无燃气供应。80年代后期起，市镇居民购置液化气灶具，开始使用瓶装液化气煮饭烧菜。之后，农村家庭逐步普及使用液化气灶具，镇上有个体瓶装燃气送气户为用户更换气瓶。1995年，全镇瓶装燃气年供气量达5386瓶80余吨。1996年后，农村家庭烧柴的土灶逐年减少，有的家庭基本不用土灶，全部使用液化气灶具。2000年，全镇瓶装液化气年供气量达1.22万瓶180余吨。2002年，鹿河境内设有太仓苏创液化气有限公司鹿河供应站，为全镇用气户提供更换液化气瓶服务。是年，全镇瓶装液化气年供气量达1.52万瓶220余吨。

第四章　商贸市场

第一节　农贸市场

中华人民共和国成立初期，鹿河农贸市场（时称菜市场、小菜场）位于老镇区中弄街与东街、西街交会处（通常称鹿河老街十字弄口）。市场由菜农逐步集中而形成，以供应蔬菜、杂粮为主。菜农在街道两旁露天设摊，供鹿河居民选购。上市交易的摊主多数为常熟东张乡横塘市湖上地一带的菜农，那里沿老白茆塘，两岸堆土土质沙性，适宜种植多种蔬菜，质量较高，产品除卖给当地镇上夏货行外，就肩挑车载销往鹿河、璜泾等地，有数百年历史。也有少数鹿河本地的农民，每天清晨将种植的农产品肩挑上市，出售换钱，在镇上吃完早餐后返回。

20世纪50年代中期，因鹿河老街十字弄口街窄地方小，菜市场无发展空间，故将市场迁移至中弄街南端鱼池旁。60—70年代，鱼池菜市场仍为露天市场，部分摊位设遮阳棚。80年代，镇上填塞了鱼池一段，就地盖了玻璃钢棚，荤素菜摊进棚交易。但市场面积有限，基础设施差，不便卫生管理，且摊位摆放凌乱，通道时常拥堵，市容难以改观。

1990年，为拓展市场服务功能，鹿河易地新建农贸市场。新市场位于灵影路与鹿长路交会处。1991年4月竣工，5月1日投入使用。市场钢棚面积1780平方米，浇筑混凝土地面2400平方米，埋设下水道120米，建造市场管理用房100平方米，配套公共厕所1座。建设总投资42.2万元。

1995年，镇成立农贸市场办公室，通过借款集资的方式，分两期实施农贸市场改造工程。1996年，实施扩建改造一期工程，投资100万元，建成农贸市场商住楼1680平方米。1997年，实施扩建改造二期工程，投资30万元，建成农贸市场门面房500平方米。

2001年，又对农贸市场进行改造，更换了市场棚顶，采用透明玻璃钢棚和金属立柱，既增加了光亮度，又增添了农贸市场的美观和实用性，同时对农贸市场的下水道进行了全面整修和改造，市场面貌大为改观。

2002年，农贸市场交易场地面积2000余平方米，内设肉摊9个、蔬菜摊11个、鸡摊3个、水产摊6个、豆制品摊2个，从早到晚全天候开市，市场内畜肉类、禽类、水产类、蔬菜、豆制品类等各类各种食品、副食品敞开供应，满足消费者所需。

第二节　其他市场

本节其他市场主要指鹿河境内的小商品市场、建材市场和商业超级市场。

一、小商品市场

1989年，鹿河实施小商品市场建设工程，设于镇区灵影路，年底破土动工，1991年5月建成，路两侧形成小商品商业门店120间，总建筑面积3800平方米。灵影路小商品市场主要经销衣、裤、袜、鞋、帽等各种服装类商品和文具、玩具、化妆品、洗涤品、清洁用具、玻璃器皿、塑料容器、厨具等。2002年，小商品市场交易活跃。

二、建材市场

1991年，为适应建设发展需要，建成鹿河建材市场，主要供应圆木、木板、方料、三夹板、纤维板等，地点在镇区糖坊桥南堍。1999年，在沙鹿公路陈家湾段另建建材市场，并建造800平方米玉影商住楼。此建材市场形成后，地处糖坊桥的建材市场歇业。2002年，鹿河除有地处陈家湾的建材市场外，另有两处砂石料建材市场，一处位于钱泾友谊桥附近，另一处位于钱泾新海村（原滨海村）境内，主要供应黄沙、石子、水泥等建材。

三、超级市场

20世纪90年代以前，鹿河集镇上无大型商业超级市场（简称"超市"），商业门店普遍较小，以1间或2间门面为主，采用由服务员提取商品的售货方式。90年代中期起，鹿河商业零售业态开始发生变化，一些门店改为顾客自选商店，有的商业企业到鹿河开办大型商业超市。最早开办的超市是鹿河供销社振鹿商场改组的太仓集强连锁超市鹿河连锁店，有职工10人，负责人孙学文。2000年后，太仓市振荣超市有限公司在鹿河新鹿路开办振荣超市鹿河店，太仓市承承超市有限公司开办承承超市鹿河店，超市商品种类繁多，有各类食品、生活用品、家用电器、文具用品、服装服饰等，几乎涵盖居民家庭生活所需的食品、物品。2002年，鹿河集镇上有较大规模的超市2家，另有小型商店、小超市10余家。超市均为顾客进店自选，出门时一次性付款。

第五章　社会服务业

第一节　饮食业

中华人民共和国成立初期，鹿河集镇上有私人开设的饭馆、面馆、酒馆、点心店等10余家，分布于鹿河东街、西街、北街和中弄街。

1956年，对私营工商业进行社会主义改造，将私营食品饮食商业网点进行调整，通过关停并转，组成鹿河食品饮食合作商业，时称服务业线，为鹿河合作商业“三线编制”之一。1958年前后，服务业线共有饭菜馆、熟面馆、酒馆、点心店、豆腐店、生面店、糕饼店等合作商业网点8个，从业人员27人。

20世纪60—70年代，鹿河饮食服务业随居民生活水平提高而稳步发展。1980年前后，集镇上有饮食服务业网点15个，从业人员52人，其中，鹿河供销社开办的饭店、点心店、豆腐店（坊）（1968年前属商业总店）供应餐饮、点心、豆制品，品种较为丰富。1982年，供销社饭店有职工10人，主要供应热食和各类白酒、黄酒，全年营业收入7.4万元，利润3400元。点心店有职工5人，主要供应各类点心小吃，全年营业收入3120元，利润1000元。豆腐店（坊）有职工10人，主要加工生产及销售各类豆制品，全年营业收入5.28万元，利润1700元。

1983年，合作商业从供销社划出，恢复组成鹿河商业合作总店。1985年，总店面对市场开放、餐饮业竞争激烈的形势，在农贸集市上增设点心小吃部，同时对所开办的饭店、点心店，改变经营方式，改善服务态度，以招揽顾客，多做生意，增强餐饮业活力。

进入90年代后，个体饮食业兴起，且经营业态呈规模型、规范性、特色化发展趋势。1993年，鹿河山庄酒店开业，位于新鹿路新鹿桥西堍南侧，为三星级宾馆，属当时鹿河境内最大的酒店，内设餐饮大厅和雅座包厢。1995年后，镇区面积扩大，外来人口增加，餐饮业日益兴旺，新开的饭店均装潢装饰讲究、环境优雅舒适、服务细致周到。2000年后，原供销社集体餐饮业转为民营，集镇上的小型饭店、面店、点心店大多由当地个体工商户经营，少数由外来人员开办。2002年，鹿河境内有餐饮业个体工商户16户，设有餐位520个，有从业人员85人。

第二节　住宿业

旅馆，旧时通常称客栈。中华人民共和国成立初期，鹿河镇上有私人开设的旅馆2家，设床位32张。1956年对私营商业进行社会主义改造后，旅馆由合作商业开办，属合营合作性质。1958年后，境内开设的旅馆随商业体制变化，由供销社或商业总店（商业公司）集体经营，设置的床位数随各时期顾客需求而有所变化。1970年前，合作商店经营的旅馆地址在西大街。1970年，供销社在关王塘北、劳动桥畔新建两层楼的旅馆，当年开张营业，床架被褥等部分接收合作商店老旅馆的，部分新置，有床位20余张。供销社开办旅馆后，合作商店在西大街的老旅馆停业。20世纪80年代后期，供销社旅馆易地重建，原旅馆改造为供销社烟糖批发部烟糖仓库。70—80年代，旅馆内部设施较为简陋，仅设公共卫生间，提供热水瓶、面盆、脚盆、毛巾等日常生活用品。1990年后，随着工业的加快发展，外来经商人员逐年增多，住宿服务业随之兴起，个体私营旅馆出现。1996年前后，鹿河境内有旅馆5家，设床位180张。旅馆普遍装潢考究，环境整洁。客房内单设卫生间，安装抽水马桶，有洗浴设施。

2000年，经商业体制改革后，境内住宿业均由个体私人经营，所有住宿业单位均重新进行装潢装饰，客房部设前厅，业主规范管理，服务人员训练有素，客房内安装空调、配有洗浴设施等，住宿业向规范化、标准化方向迈进，呈宾馆式服务管理业态。2002年，境内有宾馆、旅馆、招待所、客房部等住宿业经营单位8家，拥有床位350张，常年满足顾客入住需要。

第三节　理发美容业

中华人民共和国成立初期，鹿河镇上有私人开设的理发店，其中有几位理发员兼营鼓手业务，每当婚丧人家雇请，即组团上门服务。1956年5月，鹿河合作商业成立初期，成立理发合作小组，镇上有合作商业开办的理发店，农村有理发师傅。农业合作化后期，境内有理发从业人员20人。20世纪60—70年代，理发业保持顾客进店理发和理发师傅上门流动理发的传统业态。80年代，农村理发师傅大多设固定理发店，在店内为顾客服务，不再走村入户上门理发。90年代，境内有理发合作商店和个体理发店14家，从业人员36人。服务项目通常为剃发、剪发、烫发、染发、修面等。2000年后，理发店均为个体经营。随着人民生活水平不断提升，理发业向美容美发拓展，出现美甲、美睫、纹绣等新兴业态，行业逐步趋向专业化。门店店名大多新颖别致，很少用理发店传统称谓，普遍用美容院、理容院、动感发吧、美发名剪、护肤造型、形象设计等取名。2002年，境内有理发美容门店12家，从业人员42人。

第四节　照相业

20世纪50年代起，鹿河镇上先后出现过多家照相馆，有的照相馆因经营时间较短且已歇业，故未做记载。2003年，镇上有照相馆3家。

一、鹿河照相馆

50年代后期，由东张人钱君良加入鹿河合作总店开设，地址在西大街。一开间门面，两进房子，前面为店堂，后面是玻璃屋面的摄影棚。开始时利用自然光和三脚架老式相机照相，后逐步发展为利用电灯光和座机拍摄。照片为黑白照，彩照由人工上色。60年代中期，先后到璜泾、王秀定期拍照。60—80年代，负责人多次更换。1984年，照相馆因故歇业，许芰芬买断全套设备，在中弄街北端开设个体照相馆，开始拍摄彩色照。2000年后因业务不足停业。

二、文化照相工作室

1975年，鹿河公社文化站建办照相工作室，建暗房1间，添置照相机、放大机、印箱机、上光机等全套黑白照相设备。文化站照相主要是配合党的中心工作，拍摄新闻照片，宣传鹿河建设发展动态。此外，也为企业拍摄产品照，编印产品宣传资料，为企业推介产品服务。80年代后，更换相机，使用彩色胶卷，照片图像质量提高。2003年8月，文化站照相、图文宣传工作随镇区划调整而归属璜泾镇文广站。

三、思思照相馆

1998年开办，后称思思摄影工作室，现更名为思思婚庆影楼。位于玉影路11号，业主陈无畏。照相业务有普通肖像照、各类证件照、婚纱照、宝宝照、艺术照等。2002年，添置数码设备，扩大营业范围，除照相外，兼营婚庆摄像、婚车装饰、印刷名片等，能满足客户各类需求。

四、周焕如照相馆

2000年5月1日开业，业主周焕如。地址在灵影路中段，门面坐南朝北，后搬迁至灵影路东端，门面变为坐北朝南。刚开业时，采用感光胶片（卷）拍摄。2002年，淘汰旧式相机，采用数码相机拍摄，照相馆改称数码工作室；为增加营业收入，添置复印机，兼营复印业务。

第五节　加工维修业

本节记载加工维修业各行当，后来有的转为个体经营，有的改行停业。

一、小五金维修

主要是加工白铁水桶、吊子等用具，铜锡器皿补漏，铝锅换底，修理铜锁、电筒、喷雾器、自行车，五金器具锡焊、电焊，等等。20世纪50年代中期前为个体经营，中期开始组织起来，归属镇手工业合作联社，在东街开设综合门市部，有职工四五人，负责人蔡惠清。

二、木器加工

中华人民共和国成立前，鹿河镇上有专门加工橱柜、箱笼、桌椅、床榻等家具的木匠，因精制细作，制作的产品质量上乘，有别于造房起屋兼做家具的传统木匠，故被称为小木匠。他们除为居民制新外，也为居民修旧。其中，小东街茅家小木匠较为有名。镇上还有几家箍桶店，加工饭桶、茶桶、水桶、锅盖、脚盆、马桶等，同时修理旧桶，重新上箍。在合作化高潮中，有些木工、桶匠组成木业合作社，隶属镇手工业联社，木匠出身的茅凤昭担任联社主任，兼党支部书记。

三、成衣加工

裁缝过去都是个体经营，有的在镇上设有小门市部，承接来料加工衣服，兼修补衣服。1956年，部分裁缝组织起来，成立缝纫合作社。缝纫合作社隶属镇手工业联社，门市部设在西大街，有缝纫工10多人，负责人周锦文。

四、上鞋补鞋

50年代中期前，镇上有陈姓、吴姓、徐姓等多家上鞋补鞋个体户。中期，鞋业合作社成立，隶属手工业联社，有职工五六人，负责人王耀明，门市部在西街，从事修补胶鞋、塑料鞋、皮鞋和加工鞋帮、鞋底及旧鞋打桩等加工维修服务。

五、制伞修伞

过去群众使用油纸雨伞，镇上有摆摊的修伞师傅。60年代开始流行油布雨伞，璜泾人姚静溪加入鹿河手工业联社，在东街开门市部，与妻子一起加工油布雨伞，供应市场，并负责修理。油布雨伞式微后改行油漆家具。

六、棉胎加工

鹿河弹棉胎工匠大多是世传的，在原红星、东泾等大队就有几个专业户。他们农忙时在家务农，农闲时“出门”，走村串户为居民服务，旺季时或在镇上租赁门面房营业。一般是居民带上絮棉原料来料加工，也有工匠自采絮棉原料加工成品后销售。

其他较冷门的个体加工维修业还有补镬子（补锅，霍小昌）、刻字（姚相凡）、修箝做箝（邵朴）、车锭子、修钢笔（姚老三）等，70年代先后淘汰。

第六节　印染业

鹿河地区历史上棉多稻少，农村土纺土织盛行，农户除自用外部分上市。中华人民共和国成立前镇上有周姓、费姓等多家染坊，其中中弄里周姓染坊规模较大。染坊不仅染花衣、染纱、染布，还加工蓝青印花被单、包袱布等。1956年商业私改时个体染坊先后关停，职工转业，有的参加供销社工作。农民染纱染布需到璜泾、王秀等邻镇染坊加工，很是不便。20世纪60年代，鹿河公社针织厂在西街增设染坊车间和门市部，受到群众欢迎。70年代，随着土纺土织式微，加工印染业务剧减，针织厂染坊停办。

第九篇　财税　工商　金融　保险

1981年以前，鹿河未建立财政职能机构。1981年12月，成立鹿河公社财政管理所（简称“财政所”）。1982年起，镇（公社、乡）财政所认真组织财政收入，合理安排财政支出，从而使每年镇（公社、乡）财政收入（可用财力）与支出基本平衡。2002年，镇财政总收入5323.26万元，其中可用财力2735.98万元，财政总支出2735.98万元，镇一级财政收支持平。

20世纪50年代，境内的税务工作由璜泾税务所负责。1961年11月起，由鹿河税务组征收。1994年10月，国家税务和地方税务分设后，鹿河国税、地税分别由鹿河国税所和地税所征收。1997年2月、2001年1月，先后撤销鹿河国税所和地税所，鹿河国税、地税征收工作分别由太仓市国税局璜泾分局和太仓市地税局璜泾分局（第四分局）管辖。1961—1983年鹿河农业税征收情况和1961—1968年鹿河工商税征收情况因缺资料，无从记载。1984—2002年，全镇（乡）累计完成农业方面税收1449.73万元；1969—2002年，全镇（公社、乡）累计完成工商税收2.38亿元。

50年代，境内工商管理由鹿河税务人员代管。1958年起，公社建立市场管理委员会，并配备专职管理人员，主要管理农贸市场。1979年，成立鹿河工商组，此机构至2003年8月未变。鹿河工商组主要对鹿河境内的工商经营单位进行登记与管理，维护市场秩序，确保地方经济健康发展。

中华人民共和国成立后，鹿河境内的金融机构历经开办、更名、合并的变化过程。2003年，境内有鹿河信用合作社、农行鹿河办事处、建行鹿河分理处、中行鹿河分理处等金融机构4个。各金融机构在开设期间，积极发展存贷业务，一方面广纳社会闲散资金，增大储蓄总量；另一方面，拓展放贷业务，支持地方经济发展和社会事业建设。2003年，境内4家银行年末个人储蓄余额共计4.33亿元，发放贷款5.06亿元。

90年代初，鹿河境内设立保险机构。此后，随着保险体制的改革，保险机构变化，险种增多，业务扩大，保险事业得到发展。2003年，鹿河有保险机构2个，即中保财险鹿河营销服务部和中国人寿鹿河保险所。

第一章　财　政

第一节　财政机构

民国时期，境内无专门财政机构，乡公所内配1名办事员，协助乡长管理财务。

中华人民共和国成立后，鹿河乡（先设小乡，后并中乡、大乡）经济收支由县财政部门统收统支，乡干部的办公经费及工资，由县按月下拨，乡政府配1名会计负责发放，并每月按期向县结报。所需社会性、生产性费用，先提出申请，经所在区政府核实、县财政部门批准，才能获取拨款。

1959年1月9日，成立鹿河公社财贸科，配备专职会计1人，管理公社财务，负责经费收支。1960年起，公社设财粮助理员1名，负责公社财粮日常工作。

1981年12月，成立鹿河公社财政管理所，建立公社一级财政。财政所为管理公社财政收支的职能机构，对社有资金做出年度决算和次年预算，并在每年召开的人大会议上报告财政预决算情况。所内设预算、农业税专管、会计、出纳等工作人员，负责公社机关经费收支结报、农业税征收和监督公社下属企事业单位财务等工作。

1983年7月，鹿河设乡，改称乡财政所。1984年起，正式建立乡级财政，配齐财税管理人员，其主要任务：负责乡财政预算内、预算外和乡有资金等3块资金收支管理，积极组织收入，合理管好支出，调节平衡地方资金，为发展地方经济和社会事业服务。具体工作职责为：征收农业税和教育事业费附加及农业发展基金等；做好国债、国库券发行兑付工作；调节企业周转资金，支持乡镇企业发展；管好用好乡可用财力，保障各项社会事业发展；做好乡机关工作人员工资发放和日常费用报支工作。

1985年、1986年，鹿河乡财政工作取得优异成绩，乡财政所连续两年被中共太仓县委、太仓县人民政府评为乡镇财政工作先进集体。1991年4月，被太仓县财政局评为1990年度先进财政所。1992年10月，被江苏省财政厅评为文明财政所。

1993年1月，鹿河撤乡建镇，乡财政所更名为镇财政所。同年起，镇财政所连续三年被太仓县财政局评为文明财政所。之后，随着全镇经济的发展，镇财政收入增加，财政所管理职能拓展。至1997年，所内设财务科、农税科、预算科等科室，有在编人员4人。办公地点在镇区中灵街政府机关院内，有办公楼1幢，建筑面积700平方米。2003年8月，璜泾、鹿河两镇合并，鹿河镇财政所并入璜泾镇财政所。

1960—1981年历任公社财粮助理员（负责人）：张雪珍（1960.1—1962.8）、郑森荣（1962.8—

1966.2）、吴锦文（1966.3—1966.9）、沈怀英（1966.9—1978.5）、黄乃（1978.5—1981.12）。

1981—2003年历任镇（公社、乡）财政所所长（负责人）：黄乃（1981.12—1992.3）、曹永明（1992.3—1995.8）、施小怡（1995.8—2003.2）、汤文英（2003.2—2003.8）。

第二节　财政收入

1981年12月，鹿河公社财政管理所成立后，由财政所会同税务部门分别负责农业税收（农业税征收情况详见本篇第二章第二节第一目“农业税”）和工商税收工作，公社有税收分成或超收奖励收入，并与公社其他自筹资金组成公社一级财政收入（可用财力）。1982年，公社财政收入实现33.65万元。

1984年起，乡财政收入按预算内、预算外、乡有资金（自筹资金）3个类别统计。预算内收入有工商税收入、农业税收入、上级补助收入和上级调入资金等，预算外收入主要有教育事业费附加，乡有资金收入有乡办企业利润上缴、事业单位收入上缴、福利企业免税部分上缴和其他收入等。是年，全乡实现财政总收入230.87万元，乡级财政收入32.52万元，其中，预算内收入18.4万元，预算外收入7.38万元，乡有资金6.74万元。

1985年起，全乡经济的发展，为全乡财政收入的增长奠定了基础。1987年，全乡财政总收入首次超过500万元，乡级财政收入首次超过100万元。

1990年起，加大工业投入，做大做强工业经济，各项税收连年增长，乡有资金自筹能力增强。1992年，全乡财政总收入首次突破1000万元，达1142.5万元。1993年，全镇财政总收入增至1735.99万元，比上年增长51.95%。同年，镇级财政收入首次突破1000万元，达1112.11万元，比上年增长84.82%。

1995年，全镇工业经济遇到困难，工商税收虽稳中有升，但镇有资金自筹能力减弱，比上年脱幅较大，故全镇财政总收入和镇级财政收入均比上年有所回落。

1996年起，全镇财政总收入呈持续增长的势头。2001年，全镇财政总收入和镇级财政收入分别达5848.89万元和2953.82万元，均为历史最高年。2002年，全镇实现财政总收入5323.26万元，镇级财政收入2735.98万元，其中预算内收入1556.03万元、预算外收入1179.95万元。

表9-1　1984—2002年鹿河镇（乡）财政收入统计

年份	财政总收入（万元）	镇（乡）级财政收入（可用财力）（万元）			
			预算内收入	预算外收入	镇（乡）有资金
1984	230.87	32.52	18.40	7.38	6.74
1985	317.75	46.12	25.76	10.76	9.60

续表

年份	财政总收入（万元）	镇（乡）级财政收入（可用财力）（万元）			
			预算内收入	预算外收入	镇（乡）有资金
1986	384.16	75.82	31.49	14.49	29.84
1987	509.93	106.45	42.33	31.08	33.04
1988	489.90	88.82	41.16	14.16	33.50
1989	508.25	127.71	43.18	40.15	44.38
1990	529.77	85.33	−1.87	53.65	33.55
1991	796.01	379.56	64.83	91.66	223.07
1992	1142.50	601.72	82.11	111.77	407.84
1993	1735.99	1112.11	222.96	321.70	567.45
1994	2068.74	1183.21	228.52	184.59	770.10
1995	1665.50	864.82	210.94	142.25	511.63
1996	2190.94	1229.59	264.12	147.11	818.36
1997	2221.53	1157.56	289.97	152.71	714.88
1998	2067.83	1124.49	205.79	150.42	768.28
1999	2889.46	1822.00	949.71	872.29	—
2000	3463.59	2176.78	1243.16	933.62	—
2001	5848.89	2953.82	1841.62	1112.20	—
2002	5323.26	2735.98	1556.03	1179.95	—

注：（1）1990年全乡可用财力预算内收入，因未完成财政收入递增包干任务而倒赔，故出现负1.87万元；（2）1999年起，镇有资金纳入预算外收入统计。

第三节　财政支出

1981年及以前，未建立公社一级财政管理体制。1981年12月成立鹿河公社财政管理所后，每年对财政做出年度决算和次年预算，并在每年召开的人大会议上报告财政预决算情况。1982年，全公社财政总支出33.04万元。

1984年起，财政支出分为预算内支出、预算外支出和乡有资金（自筹资金）支出等3个项目，一般按支持农业、投入工业、行政经费、村镇建设、文教卫生、公共事业、其他费用等支出类别统计。

1984—2002年，镇经济社会发展加快，财政支出不断增长。19年间，每年镇财政收支相抵，有10个年份基本持平，略有节余；4个年份稍有赤字，数额在数千至数万元不等；5个年份赤字在10万元以上，最多年份是1992年，赤字168.72万元，主要是农田水利建设、农业机械添置、行政事业单位基建、镇区拆迁清障、旧街改造、农贸市场修建等支出增加。

2002年，镇财政支出2735.98万元，与收入相抵持平。

表 9-2　1984—2002 年鹿河镇（乡）财政支出统计

年份	支出总额（万元）	支出项目						
		支持农业（万元）	投入工业（万元）	行政经费（万元）	村镇建设（万元）	文教卫生（万元）	公共事业（万元）	其他费用（万元）
1984	18.64	6.72	—	2.66	—	8.41	—	0.85
1985	40.61	9.84	—	2.89	—	10.24	15.41	2.23
1986	75.67	5.35	—	7.63	13.77	34.39	—	14.53
1987	106.03	5.90	7.34	7.38	30.80	35.37	10.42	8.82
1988	100.92	4.29	—	23.93	18.51	41.75	6.70	5.74
1989	125.06	10.45	—	26.70	4.76	68.26	10.84	4.05
1990	145.01	8.82	—	32.97	4.73	83.20	10.94	4.35
1991	343.08	65.81	8.57	86.85	48.49	117.57	11.92	3.87
1992	770.44	125.37	—	215.82	219.14	187.11	8.77	14.23
1993	1099.64	96.35	—	204.57	261.67	522.65	8.38	6.02
1994	1199.71	117.42	—	368.27	166.57	433.51	81.79	32.15
1995	868.57	87.59	—	340.74	75.32	305.06	58.86	1.00
1996	1230.99	94.23	—	246.37	120.76	670.25	34.78	64.60
1997	1167.78	109.50	—	250.01	322.18	392.37	26.00	67.72
1998	1125.54	95.21	—	304.70	212.43	398.04	54.37	60.79
1999	1822.26	70.34	1020.00	279.85	40.97	334.27	54.85	21.98
2000	2035.65	95.36	1107.01	312.86	65.12	346.58	86.25	22.47
2001	2397.17	120.29	1340.48	352.18	113.05	353.87	87.98	29.32
2002	2735.98	659.23	879.33	472.25	240.66	363.15	89.96	31.40

注：(1) 1999—2002年，大量资金投入工业，主要用于工业小区基础设施建设和归还企业融资债券；(2) 2002年农业支出659.23万元中有归还集资款520.88万元。

第四节　财政管理

中华人民共和国成立初期，鹿河的税费全部上缴县人民政府，所需经费由县拨付。1958 年成立公社后，县部分财权下放公社，收支分别包干，实行“两条线管理”，即确定收支基数，收入给予分成，支出包干使用。

1976 年起，社队企业得到发展，收入来源逐步增多，为加强社有资金管理，县对公社确定财政收入任务和支出范围，公社对各项经费使用严格审批。

1981 年 12 月，鹿河公社财政管理所成立后，由财政所履行公社一级财政工作职能，每年对财政收支进行预算和决算，并接受人大代表监督，财政管理开始规范化、制度化。1983 年，乡财政所设预算、农业税专管、会计、出纳等工作人员负责公社机关经费收支结报、农业税征收和监督公社下属企事业单位财务等工作。

1986年起，乡政府兴办事业增多，且各项开支费用标准提高，造成乡财力紧张。为此，乡财政所会同工业管理部门，帮助各企事业单位，广泛发动群众，深入开展“双增双节”（增产节约、增收节支）活动，通过降低产品成本、压缩物资消耗、节减企业管理费用、提升销售利润率等措施，把“双增双节”工作落到实处，力求提高企业经济效益，从加强管理中出财源。

1990年，调整分配政策，增加有效供给，具体实施“提高营业税税率、开征投资调节税和工资调节税”的政策措施，以扩大税收增量，提高财政收入。同时，加强预算管理，提高资金使用效益，对各单位的经费，按预算拨款，超预算自负。应入库的财政收入，任何单位不得截留。全面清理“小金库”，取缔“账外账”，严格控制以各种名目滥发奖金、实物。对有预算外收入的单位，将其资金纳入财政专户储存，由财政所监管使用。开展税收大检查，先自查，后互查，再重点抽查，对查出的问题，根据情况进行教育和处罚，通过检查，有关纳税人共补交税收2.5万元。

1993年，财政所改进工作方法，经常深入企业，了解情况，帮助企业调节资金，解决燃眉之急，以得到企业在上缴各项规费上的支持，确保完成年度自筹资金收入任务。

1994年，国税、地税机构分设，为衔接工作、理顺关系，财政所和税务部相互联系，协调配合，明确分工，各司其职。做到年初有计划，平时有检查，按进度组织税收入库。对各种税源进行分类排查，不留死角，不使漏收。

1995年，镇办企业开始转换经营机制，财政所配合做好转制工作，帮助企业清理资产、盘活资金存量、减少资金占用、加速资金周转，促使企业正常生产，力求企业转制后，税源不受影响，确保财政收入持续增长。1996年起，加强税收宣传工作，引导私营企业、个体工商户、外来建筑队顾全大局，回报社会，自觉足额纳税，为国家、地方建设做出应有贡献。

1997年起，对财政拨款的行政事业单位实施全年经费定额包干、分月拨付、超支不补、监督使用的办法，以减少行政事业单位经费支出。尤其是镇机关公用经费（包括电话费、招待费、外协费、公车燃油费）包干使用后，支出明显下降。1999年前后，虽然税源相对稳定，财政收入增长，但积累性债务压力依然存在，对此，镇集中财力归还个人集资款，支付学校人头经费以及退休职工工资，以确保社会稳定。

2000年，把工作重点放在支持和发展工农业生产上，努力培植财源，增加财政收入。同时，进一步加强预算管理，切实根据收入规模合理安排财政支出。2002年，镇财政实现收支平衡的管理目标。

第二章　税　务

第一节　税务机构

清代，鹿河推举财主或耆绅为董事，由董事使唤圩长（或称图长）纳粮造串（串即索粮的通知单），以粮征税。民国时期，废除董事，改称镇长，镇长差遣下役的镇丁或乡丁丈量造册，负责田赋征收事宜。

中华人民共和国成立初期，鹿河属璜泾辖区，税务工作分别由璜泾税务所派稽征员不定期到鹿河组织征收。1961年11月，设鹿河税务组，归璜泾税务所管辖，负责税收管理，组织财政收入。

20世纪70年代中期起，社队企业不断发展，业务范围扩大，征税任务加重，税务组力量加强。1985年，税务组有税务人员3人，12月份又招收合同工2人。税务组主要负责鹿河境内工商税征收，围绕税务登记、管理发票、税收减免和掌握企业开业歇业情况及税收清理等方面开展工作。

1994年10月，国家税务和地方税务分设。同年11月，经批准设立鹿河国税所和地税所，分别由太仓市国税局和太仓市地税局管辖。1997年2月，璜泾国税所、地税所升格为分局后，撤销鹿河国税所，鹿河国家税务划归太仓市国税局璜泾分局管辖；保留鹿河地税所，归太仓市地税局璜泾分局（第四分局）管辖。2001年1月，撤销鹿河地税所。

1950—1961年历任鹿河税务稽征员：王驰（1950—1953）、吕元文（1953—1958）、陈巨华（1958—1961）。

1961—1994年历任鹿河税务组组长（负责人）：陈巨华（1961.11—1962.9）、李庆先（1962.9—1966.10）、顾爱林（1966.10—1991.4）、陆振华［1991.4—1994.9（其中1992年12月起为璜泾税务所副所长兼鹿河税务组组长）］。

1995年1月，鹿河国税所由陆振华任副所长，主持工作；1996年1月至1997年1月，由陆振华任所长。

1995年2月，鹿河地税所由陆永生任副所长，主持工作；1997年5月至2000年1月，由邵坚任所长。

第二节　税收征管

一、农业税

民国初期，农业税收沿承清制，以地、丁两税为正税，农民缴纳地丁银圆，另附其他税、租、捐，名目繁多，农民负担沉重。军阀混战时期，地方官吏横征暴敛，附加税收甚至超过正税数倍，致使民怨四起。民国20年（1931），鹿河境内曾暴发农民抗租斗争，后遭武装镇压，酿成典当桥血案。民国28年（1939），进行土地核查，绘制田图，编制清册，划土地三等九级（每等均分三级），分别依率计征田赋。民国30年（1941），田赋改征实物，以谷物征税。

中华人民共和国成立初期，废除田赋，改征公粮，以户为单位，按农业人口年人均收入计核，分夏征和秋征两次征收。1951年土地改革结束后，农业税征收以户为单位，按田亩数及田亩等级核定产量，计算人均收入，不同等级对应不同税率，应税产量或收入越多，适用税率越高，实行累进计征，一般田亩每年征收稻谷45公斤左右。1953年建立初级社后，仍按产计征，税收由合作社统一负担，在年终分配时，从总收入扣除税收，再进行分配。1958年6月，实施《中华人民共和国农业条例》，农业税由累进制改为比例税制。1962年，按各农业生产队常年产量分别确定税率，实行稳定负担、增产不增税的政策。税收以生产队为单位缴纳，至1982年未变。

1983年实行家庭联产承包责任制后，农业税不再以生产队为计征单位，改为户缴户结，由财政所具体负责农业税征管。1984年，根据农户应征粮食数量，分别按统购价和超购价计核税金。因户缴户结工作面广量大，征收难度增加，对此，将农户中亦工亦农人员有农业税上缴任务的，落实到所在企业，由企业代扣上缴，以确保农业税如期足额完成。

1985年，国家对粮食实行合同定购后，农业税按粮食“倒三七”比例收购价（30%按原统购价，70%按原超购价）折征代金。对有粮食征购任务的承包户，其应缴的农业税在粮棉等农产品收购时结算缴纳。少数农户有应缴农业税但无售粮售棉、无法结算缴纳的，由财政所会同村协税员组织征收。

1988年起，农业税与征收的耕地占用税、农林特产税、契税，通常被称为“农业四税”，因后三税征收的金额相对较少，故在本目列表中未单独列出，全部并入农业税统计。

1992年，农业税随粮食加价而提高，征收任务加重，财政所积极调动各方面力量，全力做好征收工作，确保征收任务如期完成。1996年后，农业税税率全省统一，农户征购粮食每百公斤折算税金118元。

1997—2002年，农民承包土地流转，向村级小农场和种田大户集中，土地承包权和经营权分离，农户不交定购粮，农民售粮开始面向市场，原到粮食部门售粮结算农业税税款的方法变化，诸多因素给农业税征收工作带来困难。对此，财政所会同各部门和各村协税员，积极做好宣传工作，一方面动员农民自缴，另一方面在征得企业职工（有缴纳税款的务工农民）同意的前提下，委托各企业在职工工资中提取缴纳。经过各方努力，历年农业税征收工作顺利开展。

表 9-3　1984—2002 年鹿河镇（乡）农业税征收情况统计

年份	征收金额（万元）	比上年	年份	征收金额（万元）	比上年
1984	21.42	—	1994	74.84	43.81%
1985	28.91	34.97%	1995	78.26	4.57%
1986	28.88	-0.10%	1996	111.61	42.61%
1987	29.95	3.70%	1997	201.25	80.32%
1988	31.59	5.48%	1998	114.14	-43.28%
1989	40.21	27.29%	1999	115.15	0.88%
1990	40.31	0.25%	2000	121.35	5.38%
1991	41.24	2.31%	2001	125.83	3.69%
1992	60.22	46.02%	2002	132.53	5.32%
1993	52.04	-13.58%			

注：（1）1984—1987年征收金额为农业税，1988—2002年为“农业四税”；（2）1988年比上年增长5.48%，指“农业四税”与上年农业税之比，其中有不可比因素，数据仅供参考。

二、工商税

民国时期，工商税收有厘金、货物税、印花税、营业税、所得税、利得税、屠宰税、筵席税、娱乐税等，另有众多附加税及其他杂捐杂税，可谓税外有税，农民及工商业主负担沉重。尤其是在日军侵华鹿河沦陷时期，日伪巧立税目，随意加派，连征带抢，横行乡里，民众受尽欺凌。

中华人民共和国成立后，为照顾生产、恢复经济，国家税务机关取缔苛捐杂税，贯彻合理负担原则，税收“取之于民，用之于民”。1950年1月，国家颁布《关于统一全国税政的决定》，附发《全国税政实施要则》，建立社会主义新税制，规定在全国实行统一的税收制度。当时，除农业税外，全国统一税种有14个，即货物税、工商业税、盐税、关税、薪给报酬所得税、存款利息所得税、印花税、遗产税、交易税、屠宰税、房产税、地产税、特种消费行为税、车船使用牌照税等。鹿河境内当时征收对象是私营工商企业和个体商贩、手工业者，其中，征收工商业税采取“民主评定营业额，一季一评，依率计征”的办法征收。对小型户（包括个体摊贩）采取“个人自报，同行互评，半年评定，依率计征”的办法（后改自报互评为自报查账）征收。

1953年1月，根据“保证税收、简化税制”原则，对原工商税制进行若干修正，主要内容有试行商品流通税，修订货物税，调整工商业税中的营业税、所得税和其他各税，修正后的工商税收共有12种。

1958年，实施税制简化改革，试行工商统一税，将商品流通税、货物税、营业税和印花税简化合并，实行一次征收。对连续生产的企业，中间产品除特殊规定外，一般不再重复征税。同时，调整一部分税率。

1973年，将工商统一税及其附加的车船使用牌照税、盐税、屠宰税、城市房地产税等合并为一个税种，即工商税。但城市房地产税、牌照税、屠宰税只对个人征收，属企业的并入工商税计征。

中共十一届三中全会后，实行改革开放，社队企业不断发展，纳税户增加，税收大幅上升。1980年，全公社税收首次突破100万元，达113.04万元。同年，为支持社队企业发展，国家给予新办企业减免税59.95万元，其中社办企业23.99万元、队办企业35.96万元。

1983年后，工商业逐步形成国营、集体、个私等多种所有制经济成分并存的格局，国家对税制进行了一系列改革。1984年，将原来的工商税分为产品税、增值税、营业税等。1985年起，又先后开征城市维护建设税，集体企业所得税，国营、集体企业和事业单位奖金税，个人收入调节税，城镇土地使用税等。是年，税务部门组织开展全乡工商企业及个体户税收大检查，加强市场税款和外来商贩税款的征收工作，确保税收任务如数完成，全年实现税收246.3万元，完成任务的100.5%，比上年增长29.29%。

1986年起，税务部门组织力量，积极开展"支、帮、促"活动，参与企业决策，为企业筹集资金，帮助培训财会人员，促进企业财务管理。通过服务企业，支持企业发展，提升企业效益，广辟税收财源。1987年，全乡实现税收373.53万元，比上年增长32.91%。

1994年9月，税务体制改革，国税、地税分设，国税主要征收增值税、消费税、企业所得税、车船购置税等税种；地税主要征收营业税、企业所得税、个人所得税、城市维护建设税、车船税、房产税、土地使用税、屠宰税、印花税、固定资产投资方向调节税等。

1997年，国税机关全面推行纳税人自行申报纳税制度，明确征纳双方法律责任，建立数据网络平台，随时监察税收入库信息。地税机关严格依法征收，提高税源管理效能，坚持应收尽收，确保征收任务如数完成。1998年，全镇实现税收1105.41万元，其中国税782.32万元、地税323.09万元。

1999年起，民营企业的加快发展和三产服务业的兴起，为国家、地方提供了数以千万计的税源。2002年，全镇实现税收4010.78万元，其中国税1962万元、地税2048.78万元。

表9-4 1969—2002年鹿河镇（公社、乡）工商税征收情况统计

年份	征收金额（万元）	比上年	年份	征收金额（万元）	比上年
1969	13.97	—	1986	281.04	14.10%
1970	13.65	-2.29%	1987	373.53	32.91%
1971	15.44	13.11%	1988	401.66	7.53%
1972	14.80	-4.15%	1989	398.21	-0.86%
1973	17.41	17.64%	1990	402.23	1.01%
1974	20.42	17.29%	1991	440.04	9.40%
1975	28.39	39.03%	1992	463.67	5.37%
1976	37.96	33.71%	1993	700.08	50.99%
1977	46.14	21.55%	1994	909.30	29.89%
1978	59.84	29.69%	1995	930.36	2.32%
1979	71.69	19.80%	1996	1113.86	19.72%
1980	113.04	57.68%	1997	1152.69	3.49%
1981	164.76	45.75%	1998	1105.41	-4.10%
1982	142.98	-13.22%	1999	1902.02	72.06%
1983	165.12	15.48%	2000	3202.98	68.40%
1984	190.50	15.37%	2001	4610.86	43.96%
1985	246.30	29.29%	2002	4010.78	-13.01%

第三章　工　商

第一节　工商机构

20世纪50年代，鹿河境内未设单独的工商管理机构，有关工商登记等事务由鹿河税务人员代管。1958年后，公社建立市场管理委员会，配备专职工作人员1人，主要任务是管理集市贸易。另外，市场管理委员会还聘请一些退休职工和民工，每天清晨到农贸市场维持市场秩序，管理卫生市容，稳定市场物价，取缔非法经营。

1979年，鹿河工商组成立，归沙溪工商行政管理所管辖，主要负责鹿河境内的市场管理工作。1980年后，个体工商业不断发展，需要社会组织共同管理，以促进个体经济健康发展。1983年11月，鹿河乡个体劳动者协会成立，制定《鹿河乡个体劳动者协会章程（试行）》，协会本着自愿参加的原则，以“自我教育、自我管理、自我服务”为宗旨，团结和带领个体劳动者创业发展。协会设办公室，配备专职工作人员。

1985年，璜泾工商行政管理所成立，鹿河工商组归其管辖。1989年，投资18万元，在鹿河新鹿路与鹿长路路口（鹿河农贸市场址）建成工商办公综合楼，楼高3层，建筑面积380平方米。1990年后，工商组主要围绕农贸市场管理、个体工商户管理、工商企业登记管理、经济合同管理、商标注册管理、商品广告管理等方面开展工作。此管理机构一直延续至2003年。

2003年8月，镇区划调整，鹿河并入璜泾。并镇后，鹿河工商组并入璜泾工商所，由璜泾工商所派1人驻鹿河，负责工商管理工作。

1985—2003年历任鹿河工商组组长（负责人）：陈祖生（1985.3—1985.12）、周绍宗（1986.1—1988.7）、孙继良（1988.7—1999.5）、刘克明（1999.5—2003.8）。

第二节　工商管理

20世纪50年代初期，鹿河境内工商户的开业、歇业等事务由鹿河税务人员按规定代办申报手续，经鹿河联合工会、工商联等组织签署意见，送县人民政府工商科审批。

1955年，在对农业、工商业进行社会主义改造后，由供销社的私政组负责对公私合营、集体商业和小商贩进行登记管理。

1958年后，由公社市场管理小组履行部分工商管理职能，主要任务是管理农贸市场，保护市场正常交易，打击投机倒把活动，制止商品流通中的不法行为。1960年前后，市场生活资料货源紧张，凭票供应，市场管理重点转向对贩卖粮票、油票、布票等行为进行查处。

1966年后，工商登记管理中止，经营户开业、歇业处于无序状态。1978年后，工商登记管理恢复。1982年7月，按照国家颁布的《工商企业登记管理条例》，对工商业经营单位和个体户进行复查验照，换发全国统一的营业执照。

1983年11月，鹿河乡个体劳动者协会成立后，通过协会组织，加强对个体劳动者教育管理，帮助个体劳动者提高思想认识和经商水平，协助解决在经营活动中发生的争议，维护个体劳动者合法权益。

1985年，鹿河工商组成立，为工商管理专门机构，隶属璜泾工商所管辖。是年，根据上级有关精神，会同乡个体劳动者协会，对鹿河境内开办的各类公司53个进行清理整顿，对公司名称重新审查核准，对不符合开办条件的予以注销营业执照。调查处理个体户2户，其中停业3天1户、没收非法所得1户。举办乡村企业会计培训班，学习贯彻《经济合同法》，参训60人。年末，全乡登记注册个体工商户162户，其中商业37户、加工业35户、运输业24户、手工业17户、修理业16户、饮食业15户、运销业11户、其他服务业7户。

1986年，帮助指导各类经济组织完善经济合同条款内容，提高约定双方履约率，保障订立各方合法权益。是年，全乡各类经济组织签订经济合同516份，涉及金额1734.52万元，其中履约411份，占79.65%，履约率比以前大为提高。

1988年，在个体工商户中开展职业道德教育，让经商户亮证经营，明码标价，买卖公平，礼貌服务，不损害消费者利益。

1991年，根据“管而不死，活而不乱”的原则，加强农贸市场管理。一方面，会同乡文化站，在集市上宣传各项政策法规，提高工商业主守法经营意识；另一方面，加大查处力度，对违管违章者进行处罚。1994年，进一步加强工商登记管理，确保工商企业顺利开业。是年末，全镇共有登记注册企业98家，其中镇办企业21家、村办企业28家、外资和港澳台资企业49家；登记注册个体工商户189户，其中个体工业户45户、个体商业户80户、个体服务业户64户。

1996年后，实施镇村办企业转换经营机制改革，集体所有制企业改制为民营企业。在实施企业转制过程中，协助镇企管站、经管办以及金融部门做好企业清资核产等工作。同时，帮助多家企业追讨应收货款，挽回了部分损失。

2000年后，工商管理重点转向为民营企业服务，会同税务、环保、卫生、安全等部门帮助企业注册登记，换发证照，确保民营企业正常开业。2002年，全镇共有登记注册民营企业216家，外资和港澳台资企业6家；登记注册个体工商户410户，其中个体工业户179户、个体商业户106户、个体服务业户125户。

第四章　金　融

第一节　金融机构

一、鹿河信用合作社

中华人民共和国成立后，经过土地改革，农民得以翻身，但在生产生活上缺少资金，仍处于困难阶段。其时，社会上出现地下高利贷，一些工商户受高利贷盘剥，深受其害，陷入困境。

1953年初，鹿河境内各乡（小乡）发动群众，组织信用互助组，帮助困难户解决暂时经济困难。同时，打击高利贷活动，保护农民利益不受侵害。信用互助组办得较早的是鹿河乡高桥村（原玉影村2队，现新明村25组），村长倪春林任组长，高台生任副组长，吴济深任会计。通过宣传发动，全村群众踊跃报名参加。参加者每人缴纳股金1元，享有借款权利。信用互助组设在鹿河乡政府内。每日早上办公营业，晚上深入农户，组织存款。组织到的存款，低利息发贷给个人，帮助困难户解决生产资金困难和购买口粮。

在农村相继办起信用互助组的基础上，鹿河乡成立筹备小组，开始筹办乡信用合作社（简称“信用社”）。1953年4月，鹿河乡利农信用社成立，并召开代表大会。会上，推选产生理事会、监事会。理事会主任由王永泉担任，监事会主任由乡长兼任。社址位于鹿河老镇区东街。成立后，利农信用社在乡政府的领导下，接受金融部门的业务指导，宣传并按照“存款自愿，取款自由，为存户保密”及“有借有还，到期归还”等政策原则，认真开展存贷业务，支持农民农副业生产，全乡信用合作事业得到发展。

1956年春鹿河建立中乡后，伍胥乡信用社并入鹿河乡信用社。并社后，为方便群众存取和贷款，在伍胥、王秀、杨漕设立信用站。

1958年9月，鹿河成立人民公社，鹿河乡信用社改称鹿河公社信用部，下设信用分部，基本上每4个大队设1个，在相对中心的地方设信用分部办公处。信用分部业务受信用部管理，信用部按各分部的资金情况，分别核定贷款额度，由分部掌握使用。

1959年1月9日，鹿河公社信用部更名为鹿河公社信用社。之后，信用社按国家金融政策，在“发展经济，保障供给”国家财政总方针下，组织农村闲散资金，合理安排各项贷款，管好用好国家各项支农资金，履行调节资金、支持农副工生产职能，成为国家银行发展农村金融事业的助手。信用社的权力机构是信用社社员代表大会。

1966年，公社区划调整，鹿河公社10个大队划给王秀公社，在王秀境内的伍胥信用分部并入王秀信用社。1966—1976年，由革命生产领导小组取代信用社的权力机构，并由贫下中农代表管理信用社。1977年，恢复信用社社员代表大会权力机构，管理制度和运作机制不断完善。

1978年后，信用社的信贷由农贸扩大到工商信贷，重点转向促进社队工业发展，壮大社队经济。1979年，信用社搬迁至鹿河中灵街，建有金融大楼1幢，楼高4层，建筑面积700平方米。1980年，恢复农业银行建制后，信用社与农行合署办公，业务分开，合用办公楼。

1990年，搬迁至新鹿路新鹿桥东堍北侧，建有营业大楼1幢，楼高4层，建筑面积1200平方米。1995年10月，信用社与农行分设。分设后，信用社办公、营业地址仍在原处。

2003年，有职工13人，年末个人储蓄余额1.06亿元，放贷资金2.33亿元。

1953—2003年历任鹿河信用社主任（负责人）：孙三囡、王永泉、倪振祥、林祖兴、高耀昌、夏新民、华乐平、熊新一、冯建。

1980—1995年鹿河信用社与农行鹿河营业所（办事处）合署办公期间历任负责人：楼仁生、马连昌、顾礼珊、华乐平。

二、农行鹿河营业所

1956年，中国农业银行太仓支行在鹿河设立营业所，简称“农行鹿河营业所”。1957年，农行并入人民银行，农行鹿河营业所改称中国人民银行太仓支行鹿河营业所，简称“人行鹿河营业所”。1980年，恢复农业银行建制，人行鹿河营业所改称中国农业银行太仓支行鹿河营业所，简称“农行鹿河营业所”，为农村金融专业银行。此后，农行鹿河营业所与鹿河信用社合署办公，实行“两块牌子，一套班子，内部分工，业务分开”的管理机制。营业地点在鹿河中灵街，建有金融大楼1幢，楼高4层，建筑面积700平方米。同年，农行鹿河营业所、鹿河信用社在支援农业生产中成绩优异，受到江苏省人民政府嘉奖。

1985年，农行鹿河营业所、鹿河信用社共有职工22人，其中农行3人、信用社19人。1990年，搬迁至新鹿路新鹿桥东堍北侧，建有营业大楼1幢，楼高4层，建筑面积1200平方米。1993年，农行鹿河营业所改称“农行鹿河办事处”。

1995年10月，农行与信用社分设。分设后，农行鹿河办事处停业。1996年4月，恢复农行鹿河办事处，同年5月14日开业。营业地点为新鹿路与鹿长路路口西北侧，有营业大楼1幢，楼高3层，建筑面积600平方米。

2003年，有职工7人，年末储蓄存款余额5700万元，放贷资金280万元。

1956—2003年历任农行（人行）鹿河营业所（办事处）主任（负责人）：沈祥元、陈一鸣、楼仁生、马连昌、顾礼珊、华乐平、仲金龙、陈耀忠。

1980—1995年农行鹿河营业所（办事处）与鹿河信用社合署办公期间历任负责人，见上目。

三、建行鹿河分理处

1992年8月8日，成立建设银行太仓支行鹿河办事处，营业地点在鹿河乡政府办公大楼底层，同年10月正式开业。1996年，办事处搬迁至新建的营业大楼，位于新鹿路与鹿长路路口东南侧，占地面积1427平方米，有1幢4层办公、营业大楼和1幢2层职工宿舍楼，总建筑面积2400平方米。自成立起，主要开展信贷资金贷款、居民储蓄存款、信用卡业务，以及政策性房改金融和个人住房抵押贷款等多种业务，为地方建设发展提供金融服务。2001年8月，更名为中国建设银行股份有限公司太仓分行鹿河分理处。

2003年，有职工13人，年末储蓄存款余额1.2亿元，放贷资金2亿元。

1992—2003年历任建行鹿河办事处（分理处）主任：王顺康（1992.10—1997.8）、黄锦良（1997.8—2003.5）、黄志刚（2003.5—2003.12）。

四、中行鹿河分理处

1992年11月，中国银行太仓支行鹿河办事处成立并正式开业。办事处位于鹿长路与灵影路路口西北侧，占地1327平方米，建有1幢主体4层、局部5层转角营业大楼，建筑面积2200平方米。办事处主要经营金融债券代理发行、代理总付、买卖外汇、国内外结算、开立信用证及担保等多种业务，为地方建设发展提供金融服务。2000年，更名为中国银行股份有限公司太仓支行鹿河分理处，至2003年未变。

2003年，有职工9人，年末储蓄存款余额1.5亿元，放贷资金7000万元。

1992—2003年历任中国银行鹿河办事处（分理处）主任：俞建荣（1992.10—1997.3）、周苏黔（1997.3—2000.6）、李强（2000.6—2003.8）。

第二节　储　蓄

20世纪50—70年代，农民以农业生产为主，随着生产的发展，生活水平逐步提高，但经济收入有限，除去生产生活费用后，很少有余款存银行。1966—1978年，鹿河农民在信用社的个人储蓄虽逐年有所增加，但递增幅度缓慢，年末储蓄余额每年保持在数十万元上下。

1978年后，实行改革开放，加快经济发展。农业上除抓好粮食生产外，还开辟多种经营门路，农民收入不断提高。鹿河信用社抓住机遇，广泛宣传，认真做好农民余款吸储工作。1979年，全公社农民储蓄首次突破100万元，1980年超200万元。

1983年起，农业实行家庭联产承包责任制，生产效率提高，农民有了更多的时间搞家庭副业和三产服务业。1985年前后，鹿河家庭针织兴起，用针织横机加工生产成为农户增收致富的新门路，农民收入丰厚，个人存款随之增加。1990年，鹿河农行、信用社年末储蓄存款余额突破2500万元。

1991年后，鹿河工业和三产服务业加快发展，农民就业门路多，工资收入和其他劳务收入增多，农行、信用社吸储有了更多的财源。1992年，中行鹿河办事处、建行鹿河办事处成立，与农行、信用社一起开展储蓄业务。1994年，鹿河各个银行（农行、中行、建行，下同）和信用社年末储蓄存款余额突破1亿元，1998年突破2亿元。

1999年起，鹿河镇党委、镇政府鼓励农民创业致富，全镇民营企业开始快速发展，尤其是化纤加弹业的发展，成为全镇民营经济新的增长点。随着个体私营经济的发展，农民收入水平大幅度提高，个人储蓄随之增多。2003年，鹿河各个银行和信用社年末储蓄存款余额4.33亿元。

表 9-5　1966—2002 年鹿河银行、信用社个人储蓄统计

年份	年末储蓄存款余额（万元）	全镇人均储蓄（元）	年份	年末储蓄存款余额（万元）	全镇人均储蓄（元）
1966	24.12	16.34	1985	595.53	359.62
1967	44.26	29.68	1986	957.52	574.64
1968	65.10	42.59	1987	1289.34	773.50
1969	41.06	26.43	1988	1420.21	849.92
1970	46.54	29.41	1989	1902.02	1138.87
1971	48.66	30.64	1990	2682.15	1606.85
1972	52.70	32.91	1991	3587.12	2152.22
1973	66.77	41.20	1992	4165.87	2494.08
1974	45.75	27.94	1993	7452.66	4463.74
1975	62.87	38.20	1994	10381.41	6230.59
1976	69.96	42.63	1995	14490.35	8740.71
1977	75.56	46.11	1996	17467.03	10557.29
1978	78.85	48.12	1997	18154.10	11031.23
1979	162.54	99.45	1998	21250.82	12989.50
1980	220.31	134.60	1999	24001.73	14841.53
1981	281.17	169.95	2000	23890.11	14878.31
1982	324.85	195.50	2001	21902.04	13787.01
1983	430.31	258.23	2002	25503.16	16162.72
1984	506.04	306.32	2003	43300.00	27441.54

注：1966—1979年，表内年末储蓄余额仅为信用社数据，1980—1991年为信用社、农行数据，1992—2003年为信用社、农行、中行、建行合计数据。

第三节　信　贷

中华人民共和国成立初，整顿社会治安，但还存在地下高利贷，一些人借高利贷后，受高息盘剥，生活陷入困境，且越陷越深，于是政府下令予以取缔。

1953年，各村（当时以自然村落划定的小村）组织信用互助组，农户遇到困难即互帮接济，这是最早出现的带有小集体性质的民间借贷行为。同年，鹿河乡成立利农信用社，开始发放农户生产生活贷款，帮助贫困农民解决购买肥料、种子、口粮和治病等生产生活上的资金困难。

1956年，信用社贯彻“自力更生为主，国家支援为辅”的信贷方针，放贷资金除帮助农业合作

社解决生产费用外，还扩大到帮助解决添置农机具、购买耕畜等方面的资金困难。

1958年后，鹿河公社信用贷款主要发放给生产大队、生产队，用于购买农机具、化肥、农药等生产资料，年终售粮结算后再由生产大队、生产队归还。此放贷对象及信贷用途一直延至1970年。

1971年，信用社贷款除支持农副业生产外，还开始投向社队企业，支持工业经济发展。是年，鹿河信用社放贷2.41万元，其中农业贷款1.35万元、社队工业贷款0.5万元、农民个人贷款0.56万元。之后，为支持社队企业发展，放贷资金重点投向工业，农业贷款稳定增长。1977年，鹿河信用社放贷36.61万元，其中社队工业贷款32.46万元、农业贷款4.13万元、农民个人贷款0.02万元。

1978年起，随着改革开放的不断深入，社队工业加快发展，银行、信用社加大对工业企业放贷支持力度。1982年，鹿河农行、信用社共放贷740.67万元，其中社队工业贷款722.06万元、农业贷款17.93万元、农民个人贷款0.68万元。

1983年起，农业信贷资金主要支持食用菌生产和发展养殖业，且放贷额度大幅增加。1984年，农行、信用社发放农业贷款120.93万元，比1983年的60.35万元增加60.58万元增长100.38%。1985年，农行会同乡多服公司安排好农业贴息贷款16万元，共发放养殖户38户，其中发放水产养殖户22户、养兔户7户、养禽户9户；发放集体水产养殖单位10个。

1986年，农行、信用社在国家宏观调控、银根抽紧、资金需求缺口较大的情况下，大力组织储蓄，同时加强纵横向联系，扩大资金来源，增强融资能力，缓和资金供需矛盾。1987年，财政、金融以及有关部门通过各种渠道和多种形式，累计拆借和引进资金1000万元。1988年，累计拆借和引进资金4600万元，基本保证了粮食部门收购资金和工业企业流动资金的需要。

1990年，针对前几年工业投入大、拆借资金周期短、大多到期需要归还的突出问题，银行、信用社积极配合乡财政所、融资办、工业公司，一方面，千方百计筹措资金，帮助企业解决“过桥”周转资金；另一方面，加强资金管理，通过压缩库存产品和催收应收款等措施，管好、盘活、用足资金，确保企业正常生产。是年，银行、信用社累计发放贷款3125.21万元。

1991年后，乡办企业不断做强做大，工业投入需要大量资金，金融部门和工业管理部门同心同德，通力协作，采取“引、贷、联、集”等形式，多管齐下融通资金，扩大信贷规模，全力支持工业企业发展。1992年，鹿河各个银行、信用社累计放贷各种资金突破1亿元，绝大多数为工业企业贷款。

1995年后，乡镇企业产权制度改革，原集体企业转为个体私营企业。根据产权变化的新形势，为降低放贷风险，鹿河各个银行、信用社办理资产抵押贷款，若企业经营不善、无力还贷，放贷方即可拍卖企业抵押资产，收回贷款。

1999年起，鹿河各个银行、信用社信贷资金绝大部分用于民营企业贷款，小部分用于农业生产性贷款、商业经营性贷款、个体工商户助业贷款、村镇建设资金贷款等。2003年，鹿河各个银行、信用社共发放贷款5.06亿元。

表 9-6　1966—2002 年鹿河银行、信用社信贷统计

年份	发放贷款（万元）	年份	发放贷款（万元）	年份	发放贷款（万元）	年份	发放贷款（万元）
1966	2.31	1976	44.78	1986	3978.90	1996	10912.17
1967	1.39	1977	36.61	1987	7120.30	1997	10468.44
1968	0.68	1978	118.17	1988	6890.02	1998	12787.74
1969	1.14	1979	326.90	1989	2774.10	1999	15798.75
1970	0.83	1980	936.21	1990	3125.21	2000	21217.84
1971	2.41	1981	1062.56	1991	7865.15	2001	30839.76
1972	11.80	1982	740.67	1992	12451.88	2002	35942.36
1973	10.80	1983	908.25	1993	14234.95	2003	50600.00
1974	5.17	1984	1718.83	1994	13577.73		
1975	17.85	1985	1978.76	1995	10325.12		

注：1966—1979年，表内发放贷款金额仅为信用社数据；1980—1991年，为信用社、农行数据；1992—2003年，为信用社、农行、中行、建行合计数据。

第五章 保 险

第一节 人保财险

1991年，鹿河保险所成立，办理财产保险和人寿保险业务，有工作人员2人，在乡财政所大楼底楼办公，有办公用房2间70平方米。1992年2月，迁至灵影路工业公司驻地办公。1993年2月，乡镇一级保险体制改革，鹿河保险所隶属中国人民保险公司太仓支公司璜泾办事处。

1996年7月，财险、寿险分业经营，鹿河财险机构设鹿河营销服务部，隶于中保财产保险有限公司太仓支公司璜泾办事处。分业后，迁至新鹿路太仓市紫云大药房有限公司西侧办公。1998年10月，隶于中国人民保险公司太仓支公司璜泾营业部。鹿河营销服务部主要办理企业财产保险、家庭财产保险、机动车辆保险、船舶保险、种植业养殖业保险、责任保险、短期人身意外伤害保险等保险业务。2002年，有业务人员3人，各类保险收入130万元。负责人李锦良。

第二节 中国人寿

1991年，鹿河境内设保险机构1个，即鹿河保险所，办理财产保险和人寿保险业务。

1996年7月，寿险、财险分业经营，鹿河寿险机构仍称鹿河保险所，但隶属关系变化，成为中国人寿分支机构，全称为中保人寿保险有限公司太仓支公司璜泾营业部鹿河保险所。主要经营法人业务、个人业务，有意外险、健康险、理财险、养老金险等险种。2002年，保险所设于新鹿路梦苑宾馆二楼，有办公用房2间70平方米，负责人林浩其。是年，各类保险收入200万元。

第十篇 党政 社团

鹿河属于革命老区，有着光荣的革命传统。抗日战争时期，鹿河一带成为中共太仓地下组织和抗日武装力量活动的重要地区之一。解放战争时期，鹿河一大批红色群众在中共地下组织领导下，对国民党反动派开展反“清剿”武装斗争。同时，中共地下党组织在鹿河培植进步力量，发展入党积极分子，秘密发展了一批党员。1952年，鹿河境内各小乡建立党支部，开始有了党的基层组织。1957年8月，设中共鹿河乡委员会。1958年改称中共鹿河公社委员会。同年，在市镇各单位、农村各大队建立党支部。1959年起，鹿河镇（公社、乡）召开党员代表大会，至2002年共召开12次。每次党代会，镇（公社、乡）党委回顾总结工作，提出今后任务，同时选举产生新一届党的委员会。自鹿河组建党的委员会以后，历届党委切实抓好党员思想教育，发展壮大党员队伍，配齐配强基层领导班子，全镇（公社、乡）党的思想建设、组织建设和党风廉政建设不断得到加强。2002年，镇党委下设基层党组织28个，有党员1036人。

1954年，鹿河境内各小乡首次召开人民代表大会，开始实行人民代表大会制度。1954—1966年，鹿河公社（乡）不定期召开人代会，人民代表大会制度缺乏规范化。1966—1976年，人民代表大会制度一度中断。中共十一届三中全会后，人民代表大会制度得到恢复。1981年起，每届人大代表任期三年，每年召开一次人代会（2000年因工作需要召开两次），人大工作步入制度化轨道。1990年，设鹿河乡人民代表大会主席团，由常务主席负责人大全面工作。是年起，镇（乡）人大在镇（乡）党委的领导下，除每年开好人代会外，还在人代会闭会期间组织人大代表开展视察调研、联系选民、监督检查、民主评议等活动，镇人大的监督职能得到有效发挥。2003年8月，鹿河镇人大组织机构并入璜泾镇。

民国及以前，鹿河地方行政机构在不同时期有不同的设置。中华人民共和国成立后，行政机构历经乡人民政府、公社管理委员会、公社革命委员会、公社管理委员会、乡人民政府、镇人民政府的变化过程，行政领导也随之先后称乡长、社长、主任（公社革命委员会、公社管理委员会时）、乡长、镇长。1953年起，鹿河行政领导由人代会选举产生（“文化大革命”期间的公社革命委员会主任、副主任除外）。自建立人民政府后，鹿河历届政府认真贯彻党的各项路线、方针、政策，积极施政，管理社会，大搞建设，发展生产，全镇经济社会不断发展。特别是中共十一届三中全会后，历届政府稳定发展农业经济，做大做强工业经济，积极推进村镇建设，兴建实事工程，办好社会事业，加强社会主义精神文明建设。至2002年的20余年间，全镇经济社会加快发展。

鹿河镇（乡）经济管理机构：1983年设经济联合委员会；1991年经联会撤销，设农工商总公司；2001年，农工商总公司撤销，其职能转入相关管理部门。2个机构主要对全镇经济尤其是对工业经济发展实施服务管理。

鹿河镇（乡）政协组织机构：1986年，成立鹿河乡政协工作小组；2001年，更名为鹿河镇政协联络委员会。镇（乡）政协组织机构成立后，认真履行民主监督、参政议政职能，为鹿河经济社会发展献计出力。

中华人民共和国成立前，鹿河境内就有中共地下党领导的群团组织进行秘密活动，开展革命斗争。中华人民共和国成立后，境内成立工会、共青团、妇联等群团组织，带领各界群众积极投身社会主义革命和建设。改革开放后，各群团组织根据自身特点和优势，积极开展各项活动，为鹿河经济社会发展做出了重要贡献。2003年，境内有工会、共青团、妇联、科协及其他群团组织。

第一章　中国共产党

第一节　组织设置

一、中共鹿河镇委员会

中华人民共和国成立初期，鹿河境内未建立党的基层组织。1952年10月至1956年3月，各小乡建立党支部，隶属中共璜泾区委员会领导，小乡党支部书记由区委任命，林金凤、茅凤沼先后任鹿河乡党支部书记，朱阿和任新泾乡党支部书记，何省芳任泗洲乡党支部书记，田关权任长沙乡党支部书记。1956年春鹿河建立中乡后，设立中共鹿河乡总支部委员会，由朱阿和任党总支书记，茅凤沼任党总支副书记，陆春林、沈金锡、王元任党总支委员。

1957年7月鹿河建立大乡后，组建中共鹿河乡委员会，直属中共太仓县委员会领导。1958年，鹿河人民公社成立，乡党委改称公社党委。1970年3月，建立中共鹿河人民公社革委会核心小组，基本行使党委职权。1970年9月，鹿河人民公社党委恢复，正常开展工作。1983年7月，鹿河恢复乡建制，公社党委改称乡党委。1993年1月，鹿河撤乡建镇，乡党委改称镇党委。2003年8月，太仓实施区划调整，鹿河镇党委并入璜泾镇党委。

表10-1　1957—2003年鹿河镇（公社、乡）历届党委组成人员名录

<table>
<tr><th>届别</th><th>职务</th><th>姓名</th><th>任职时间</th><th>说明</th></tr>
<tr><td rowspan="8">一届前
（1957.8—1959.2）</td><td>书记</td><td>包秉勋</td><td>1957.8—1959.2</td><td></td></tr>
<tr><td>副书记</td><td>浦昌荣</td><td>1957.8—1959.2</td><td></td></tr>
<tr><td rowspan="6">委员</td><td>章淦泉</td><td>1957.8—1959.2</td><td></td></tr>
<tr><td>徐电煊</td><td>1957.8—1959.2</td><td></td></tr>
<tr><td>李家杰</td><td>1957.8—1959.2</td><td></td></tr>
<tr><td>张国瑞</td><td>1957.8—1959.2</td><td></td></tr>
<tr><td>洪国英</td><td>1957.8—1959.2</td><td></td></tr>
<tr><td>朱阿和</td><td>1957.8—1959.2</td><td></td></tr>
<tr><td rowspan="5">第一届
（1959.2—1959.5）</td><td>书记</td><td>包秉勋</td><td>1959.2—1959.5</td><td></td></tr>
<tr><td rowspan="2">副书记</td><td>浦昌荣</td><td>1959.2—1959.5</td><td></td></tr>
<tr><td>章淦泉</td><td>1959.2—1959.5</td><td></td></tr>
<tr><td rowspan="2">委员</td><td>李家杰</td><td>1959.2—1959.5</td><td></td></tr>
<tr><td>朱阿和</td><td>1959.2—1959.5</td><td></td></tr>
</table>

续表

届别	职务	姓名	任职时间	说明
第一届 (1959.2—1959.5)	委员	徐电煊	1959.2—1959.5	
		洪国英	1959.2—1959.5	
		张国瑞	1959.2—1959.5	
第二届 (1959.5—1960.1)	书记	包秉勋	1959.5—1960.1	
	副书记	浦昌荣	1959.5—1960.1	兼监察委员会书记
		章淦泉	1959.5—1960.1	
	委员	洪国英	1959.5—1960.1	
		李家杰	1959.5—1960.1	
		徐电煊	1959.5—1959.9	
		薛文俊	1959.5—1960.1	
		邵菊生	1959.5—1960.1	
		陆春林	1959.5—1960.1	
		黄茂林	1959.5—1960.1	
		郁金祥	1959.5—1960.1	
		吴永兴	1959.5—1960.1	
		汤雪奎	1959.5—1960.1	
		朱阿和	1959.5—1960.1	
		张国瑞	1959.5—1960.1	
第三届 (1960.1—1966.3)	书记	包秉勋	1960.1—1964.4	
		林乐斌	1964.4—1966.3	中期任职
	副书记	浦昌荣	1960.1—1963.3	
		章淦泉	1960.1—1962.8	
		汤雪奎	1960.1—1963.4	
		吴永兴	1960.1—1962.8	
		张永泉	1960.4—1962.4	中期任职
		郁金祥	1960.5—1961.6	中期任职
		邹明道	1963.4—1965.7	中期任职
		陆维善	1965.9—1966.3	中期任职
	委员	郁金祥	1960.1—1960.5	
		张国瑞	1960.1—1962.8	
		洪国英	1960.1—1964.4	
		朱阿和	1960.1—1966.3	
		查雪泉	1960.1—1966.3	
		陆春林	1960.1—1966.3	
		薛文俊	1962.8—1966.2	中期任职
		刘赞华	1964.4—1966.3	中期任职
第四届 (1966.3—1970.9)	书记	林乐斌	1966.3—1970.9	
	副书记	陆维善	1966.3—1970.9	兼监察委员会书记
		刘赞华	1966.3—1970.1	
	委员	浦昌荣	1966.3—1966.10	

续表

届别	职务	姓名	任职时间	说明
第四届（1966.3—1970.9）	委员	俞兆铭	1966.3—1970.9	
		朱阿和	1966.3—1966.10	
		倪耀宗	1966.3—1970.9	
		洪国光	1966.3—1966.10	
		黄习学	1966.10—1970.9	中期任职
第五届（1970.9—1980.5）	书记	林乐斌	1970.9—1975.8	
		陆维善	1975.10—1980.5	中期任职
	副书记	陆维善	1970.9—1975.10	
		孙炳元	1975.11—1980.2	中期任职
		高小华	1977.1—1980.5	中期任职
		陆春林	1980.2—1980.5	中期任职
	委员	黄习学	1970.9—1970.11	
		唐国良	1970.9—1980.5	
		孙炳元	1970.9—1975.11	
		俞兆铭	1970.9—1980.5	
		倪耀宗	1970.9—1975.10	
		陆春林	1970.9—1980.2	
		屈小茂	1970.9—1980.5	
		茅桂珍	1970.9—1980.5	
		俞兆铭	1970.11—1977.8	中期任职
		江永明	1975.10—1980.5	中期任职
		顾振昌	1976.8—1980.5	中期任职
		夏林祥	1976.8—1980.5	中期任职
		高祖根	1977.8—1980.5	中期任职
第六届（1980.5—1983.7）	书记	陆维善	1980.5—1980.10	
		陆春林	1980.10—1983.7	中期任职
	副书记	陆春林	1980.5—1980.10	
		高小华	1980.5—1983.7	
		孙炳元	1980.10—1982.7	中期任职
		江永明	1981.9—1983.7	中期任职
	委员	江永明	1980.5—1981.9	
		高祖根	1980.5—1983.7	
		顾振昌	1980.5—1983.7	
		夏林祥	1980.5—1981.9	
		高良宝	1980.5—1983.7	
		朱惠明	1980.5—1983.7	
		周振昌	1982.11—1983.7	中期任职
第七届（1983.7—1988.1）	书记	陆春林	1983.7—1984.8	
		高小华	1984.8—1988.1	中期任职
	副书记	高小华	1983.7—1984.8	

续表

届别	职务	姓名	任职时间	说明
第七届 （1983.7—1988.1）	副书记	江永明	1983.7—1987.8	
		朱惠明	1984.7—1988.1	中期任职
		周绍裘	1984.10—1988.1	中期任职
		顾凤岐	1987.8—1988.1	中期任职
	委员	朱惠明	1983.7—1984.7	
		高良宝	1983.7—1988.1	
		周振昌	1983.7—1988.1	
		李振扬	1987.10—1988.1	中期任职
		周永兴	1987.10—1988.1	中期任职
		周瑞明	1987.10—1988.1	中期任职
第八届 （1988.1—1991.2）	书记	高小华	1988.1—1990.6	
		高阳	1990.6—1991.2	中期任职
	副书记	朱惠明	1988.1—1990.12	
		周绍裘	1988.1—1991.2	
		顾凤岐	1988.1—1991.2	兼纪律检查委员会书记
		陈长寿	1990.4—1991.2	挂职
		邵惠锋	1990.12—1991.2	中期任职
		孙炳元	1990.12—1991.2	中期任职
	委员	周振昌	1988.1—1991.2	兼纪律检查委员会副书记
		李振扬	1988.1—1991.2	
		周永兴	1988.1—1991.2	
		周瑞明	1988.1—1991.2	
		吕永林	1988.1—1991.2	
		陆峰	1990.1—1991.2	中期任职
		陈耀明	1991.1—1991.2	中期任职
第九届 （1991.2—1994.2）	书记	高阳	1991.2—1994.1	
		顾凤岐	1994.1—1994.2	中期任职
	副书记	周绍裘	1991.2—1994.2	
		顾凤岐	1991.2—1994.1	
		孙炳元	1991.2—1994.2	
		邵惠锋	1991.2—1994.1	
		陆敏琪	1993.6—1994.1	中期任职
		陆峰	1994.1—1994.2	中期任职
	委员	高良宝	1991.2—1991.12	
		李振扬	1991.2—1994.2	
		周振昌	1991.2—1994.2	兼纪律检查委员会书记
		吕永林	1991.2—1994.2	
		陈耀明	1991.2—1994.1	
		俞瑞亚	1991.2—1994.2	

续表

届别	职务	姓名	任职时间	说明
第九届（1991.2—1994.2）	委员	陆敏琪	1992.8—1993.6	中期任职
		夏祖豪	1993.3—1994.2	中期任职
第十届（1994.2—1997.2）	书记	顾凤岐	1994.2—1995.12	
		陆峰	1995.12—1997.2	中期任职
	副书记	陆峰	1994.2—1995.12	
		孙炳元	1994.2—1997.2	
		周绍裘	1994.2—1995.2	
		顾振华	1994.4—1997.2	中期任职
		周永兴	1995.2—1997.2	中期任职
		邵惠锋	1995.2—1995.12	中期任职
		邱震德	1995.12—1997.2	中期任职
		夏锦良	1995.12—1997.2	中期任职
	纪委书记	周振昌	1994.12—1996.11	中期任职
		李振扬	1996.11—1997.2	中期任职
	委员	周振昌	1994.2—1994.12	
		俞瑞亚	1994.2—1997.2	
		夏祖豪	1994.2—1995.2	
		李振扬	1994.2—1996.11	
		吕永林	1994.2—1996.11	
		李卫光	1994.8—1997.2	中期任职
		夏锦良	1995.2—1995.12	中期任职
		马士文	1996.11—1997.2	中期任职
		张健	1996.11—1997.2	中期任职
第十一届（1997.2—2001.12）	书记	陆峰	1997.2—2001.12	
	副书记	邱震德	1997.2—2001.10	
		夏锦良	1997.2—1997.11	
		孙炳元	1997.2—2000.8	
		周永兴	1997.2—1998.4	
		顾振华	1997.2—2001.12	
		马士文	1998.4—2001.12	中期任职
		蔡永平	2001.11—2001.12	中期任职
		徐振勋	2001.11—2001.12	中期任职
	纪委书记	李振扬	1997.2—2000.8	
		徐莞	2000.8—2001.11	中期任职
	委员	俞瑞亚	1997.2—1997.12	
		李卫光	1997.2—1998.9	
		马士文	1997.2—1998.4	
		张健	1997.2—1997.7	
		徐振勋	1997.9—2001.11	中期任职
		高海洋	1997.12—2001.11	中期任职

续表

届别	职务	姓名	任职时间	说明
第十一届（1997.2—2001.12）	委员	冯月芬	1998.4—2001.12	中期任职
		徐建明	1998.9—2001.12	中期任职
		杜凤良	1999.12—2000.8	中期任职
		黄海波	2000.8—2001.12	中期任职
		朱建良	2001.11—2001.12	中期任职
		高雪飞	2001.11—2001.12	中期任职
		顾振清	2001.11—2001.12	中期任职
第十二届（2001.12—2003.8，未到届，并入璜泾）	书记	陆峰	2001.12—2002.8	
		周健慧	2002.8—2003.8	中期任职
	副书记	马士文	2001.12—2003.8	
		蔡永平	2001.12—2003.8	
		顾振华	2001.12—2003.8	
		李振扬	2003.1—2003.8	兼纪律检查委员会书记
		顾振清	2003.1—2003.8	中期任职
		黄海波	2001.12—2003.1	
		朱建良	2001.12—2003.8	
		高锦球	2001.12—2003.8	兼纪律检查委员会副书记
		冯月芬	2001.12—2003.1	
		高雪飞	2001.12—2003.8	
		徐建明	2001.12—2003.8	
		顾振清	2001.12—2003.1	
		顾益新	2003.1—2003.8	中期任职
		李云汉	2003.1—2003.8	中期任职

注：（1）1959年5月至1960年1月，包秉勋为党委常务委员会书记，浦昌荣、章淦泉为党委常务委员会副书记，洪国英、李家杰为党委常务委员会委员；（2）1960年2月至1962年8月，包秉勋为党委第一书记，浦昌荣为党委第二书记；（3）1970年3月至9月建立中共鹿河人民公社革委会核心小组，林乐斌任组长。

二、基层组织

1952年10月至1956年3月，鹿河小乡时期，秘密建立小乡党支部4个，是鹿河地区最早的基层党组织。1956年3月至1957年8月，在机关、学校和玉影、泗洲、新民、红星4个高级社中共建立党支部6个。

1957年组建大乡后，在高级社中建立党支部。1958年成立人民公社后，在各大队和市镇各单位（部门）设党支部。1965年，公社党委下设基层党支部30个，其中农村各大队党支部23个、机关及市镇各单位（部门）党支部7个。1966年，公社区划变化，南部10个大队划给新成立的王秀公社，大队党支部减少10个。之后，在市镇各单位（部门）中发展党员，建立党组织，至1976年新建党支部6个。是年，公社党委下设基层党支部26个。

1967年起，全公社党组织一度处于瘫痪状态，停止开展党的活动。1969年3月，在公社革委会内部设立党的核心小组，行使党委职权。1970年9月，中共鹿河公社第五次党员代表大会召开后，全公社党组织和党员活动才得以恢复。

1971年起，社队企业增多，农村党员转至企业工作，为便于开展党员活动，发挥党员作用，公社党委重视在企业中建立党组织。至1980年，先后建立社队企业党支部12个。

1983年公社体制改革后，组建新的管理机构，乡党委在工业公司、农业公司、多服公司、建筑公司等单位建立党支部。1985年，乡党委下设基层党支部42个，其中各村党支部13个、渔业合作社党支部1个、机关及市镇各单位（部门）党支部13个、企业党支部15个。

1990年后，继续加强基层党建工作。1993年8月，组建中共雅鹿集团总支部委员会，下设3个党支部，俞荣生任党总支书记。1993年12月，组建中共新泾村总支部委员会，下设4个党支部，薛惠忠任党总支书记。至1996年，先后在企业和事业单位新建党支部5个，全镇基层党支部增至47个。1996年后，根据企业改革转制的实际情况，积极探索“厂村一体”“同行业联建”党组织形式，适时将有关企业党支部设置进行重新调整，有的企业党支部划并所在村党组织，有的行业相关单位联建党组织，以确保企业转制后党组织活动正常开展。

1999年，实施村区划调整，全镇由原来的13个村合并为6个村，村党组织设置减少。2000年后，推进非公有制经济组织党建工作，在民营企业中建立党组织。同时，将党员人数多的党支部升格为党总支。2002年，镇党委下设基层党组织28个，其中，村党总支3个（东影、新海、长洲），党支部3个；民营企业党总支1个（雅鹿集团），党支部5个；机关及市镇各单位（部门）党支部16个。全镇有党员1036人，其中正式党员1021人、预备党员15人。

第二节　党员代表大会

鹿河在小乡、中乡、大乡时期，未召开党员代表大会，党组织领导班子人员由上级党组织任免。

1959年2月，鹿河第一次召开党员代表大会。至1988年，党代会会次间隔不一，时间最短的近3个月，最长的近10年。1988年后，党代会三年召开一次，每届党委任期三年。1959—2003年，鹿河先后共召开12次党代会。在历次会议上，党委回顾总结工作，提出今后任务。同时，根据党的民主集中制原则，选举产生新一届党的委员会。

第一次党代会　1959年2月13—15日，召开中共鹿河人民公社第一次代表大会，会议地点在鹿河中弄桥粮库，出席代表37人，列席代表211人。会议回顾总结1958年工作，部署1959年任务。会议要求，继续反对保守、破除迷信、贯彻总路线、引进技术革命，为实现1959年更大跃进而奋斗。同时，会议制订了1959年鹿河农业生产更大跃进的规划。会议选举产生中共鹿河人民公社第一届委员会，包秉勋为书记，浦昌荣、章淦泉为副书记。

第二次党代会　1959年5月22日，召开中共鹿河人民公社第二次代表大会，会议地点在沙溪镇永安弄。这次会议是在太仓县召开北片6个公社三级干部会议（集中于沙溪召开）期间举行的。上午由县委书记袁锡志向6个公社的党员干部做工作报告，下午以公社为单位召开会议。在鹿河

会议上，党委书记包秉勋做工作报告。会议提出“解决权力下放”“彻底清理算账（1958年的经济账）”“巩固发展好人民公社”工作任务，并做出“进一步密切干群关系，增强干群团结”的决议。会议选举产生中共鹿河人民公社第二届委员会，包秉勋为书记，浦昌荣、章淦泉为副书记。选举浦昌荣兼任监察委员会书记。

第三次党代会　1960年1月21日，召开中共鹿河人民公社第三次代表大会，会议地点在鹿河中弄桥粮库。会议审议并通过包秉勋代表公社党委做的工作报告，提出1960年及今后三年的主要工作任务。会议选举产生中共鹿河人民公社第三届委员会，包秉勋为书记，浦昌荣、章淦泉、汤雪奎、吴永兴为副书记。

第四次党代会　1966年3月12—13日，召开中共鹿河人民公社第四次代表大会，会议地点在鹿河镇北街大礼堂。会议回顾总结三年来开展社会主义教育运动及农副工三业生产所取得的成绩，提出第三个五年计划和1966年的重点工作以及加强党的建设的主要任务。会议选举产生中共鹿河人民公社第四届委员会，林乐斌为书记，陆维善、刘赞华为副书记。选举陆维善兼任监察委员会书记。

第五次党代会　1970年9月29日，召开中共鹿河人民公社第五次代表大会（全公社党员参加，实际上也是党员大会），会议地点在东泾大礼堂。会议强调，全公社共产党员和广大干部群众要进一步掀起活学活用毛主席著作新高潮，深入开展“一打三反”运动，更好地搞好农副业生产和其他各项工作。会议选举产生中共鹿河人民公社第五届委员会，林乐斌为书记，陆维善为副书记。

第六次党代会　1980年5月3—5日，召开中共鹿河人民公社第六次代表大会，会议地点在公社大礼堂，出席代表152人，列席代表7人。会议总结粉碎江青反革命集团以来全公社政治经济面貌所发生的变化，强调加强和改善党的领导，提出更好地实现工作重点转移、同心同德把经济建设搞上去的目标任务。会议选举产生中共鹿河人民公社第六届委员会，陆维善为书记，陆春林、高小华为副书记。

第七次党代会　1983年7月30—31日，召开中共鹿河乡第七次代表大会，出席代表140人，列席代表22人。会议听取和审议陆春林做的《认清形势，振奋精神，立志改革，努力把我乡两个文明建设推向前进》工作报告，并通过相应决议。会议选举产生中共鹿河乡第七届委员会，陆春林为书记，高小华、江永明为副书记。

第八次党代会　1988年1月21—22日，召开中共鹿河乡第八次代表大会，出席代表94人，列席代表24人。会议听取和审议高小华做的《进一步深化改革，稳定发展经济，沿着十三大指引的道路胜利前进》工作报告，并通过相应决议。会议选举产生中共鹿河乡第八届委员会，高小华为书记，周绍裘、朱惠明、顾凤岐为副书记。选举顾凤岐兼任中共鹿河乡纪律检查委员会书记，周振昌为副书记。

第九次党代会　1991年2月2—3日，召开中共鹿河乡第九次代表大会，出席代表88人，列席代表15人。会议听取和审议高阳做的《发扬拼搏精神，加快经济建设步伐，为贯彻落实十三届七中全会的各项任务而努力奋斗》工作报告、顾凤岐做的纪委工作报告，并就上述2个报告通过相应决议。会议选举产生中共鹿河乡第九届委员会，高阳为书记，孙炳元、邵惠锋、周绍裘、顾凤岐为副书记。选举周振昌为中共鹿河乡纪律检查委员会书记。

第十次党代会　1994年2月20—21日，召开中共鹿河镇第十次代表大会，出席代表120人，列席代表18人。大会听取和审议顾凤歧做的《继续发扬鹿河精神，努力推进全镇经济建设和各项工作再上新台阶》工作报告，周振昌做的纪委工作报告，并就上述2个报告通过相应决议。会议选举产生中共鹿河镇第十届委员会，顾凤岐为书记，陆峰、孙炳元、周绍裘为副书记。选举周振昌为中共鹿河镇纪律检查委员会书记。

第十一次党代会　1997年2月17—18日，召开中共鹿河镇第十一次代表大会，出席代表120人，列席代表19人。会议听取和审议镇党委书记做的《抓住机遇，发挥优势，同心同德，奋斗拼搏，为在本世纪末实现基本现代化而努力奋斗》工作报告，李振扬做的纪委工作报告，并就上述2个报告通过相应决议。会议选举产生中共鹿河镇第十一届委员会，陆峰为书记，邱震德、夏锦良、孙炳元、周永兴、顾振华为副书记。选举李振扬为中共鹿河镇纪律检查委员会书记。

第十二次党代会　2001年12月17—18日，召开中共鹿河镇第十二次代表大会，会议地点在镇政府三楼会议室，出席代表106人，列席代表18人。会议听取和审议镇党委书记做的《坚定实践“三个代表”，为富民强镇、全面推进鹿河现代化建设而努力奋斗》工作报告，镇纪委书记做的纪委工作报告，并就上述2个报告通过相应决议。会议选举产生中共鹿河镇第十二届委员会，陆峰为书记，马士文、蔡永平、顾振华为副书记。选举高锦球为中共鹿河镇纪律检查委员会副书记（纪委书记候选人未当选，书记暂缺）。

第三节　党员教育

中华人民共和国成立初期，鹿河地区的党员秘密集中，由上级党组织传达党的指示，要求党员在恢复和发展生产中发挥先锋作用。同时，注意选拔和培养社会上的积极分子，带领他们积极向党组织靠拢，争取早日入党，壮大党员队伍。

1956年前后，农村忙于农业生产，一般都在晚上进行党员活动，组织党员学习党的路线、方针和政策，传达上级党的会议精神，动员党员带领群众走农业合作化道路，并在生产中发挥模范作用。1959年，采取上党课集中培训的办法，在党员干部中开展集体主义思想教育，提高党员干部思想觉悟和政策理论水平，发扬艰苦奋斗、廉洁奉公的优良传统，坚持勤俭节约，反对铺张浪费，增强办好人民公社的自觉性。

1962年后，在党员和干部群众中开展社会主义教育运动，引导党员干部进一步树立集体观念，提高党员干部在发展农业生产、巩固人民公社集体经济中的引领作用。其间，开展整党工作，加强党的思想、组织、制度、作风建设，党的“理论联系实际”“密切联系群众”“批评和自我批评”三大作风在党员干部中进一步得到发扬光大，增强了党内的团结和统一。

1978年12月党的十一届三中全会召开后，着重对党员干部进行改革开放的思想教育、政策教育和形势教育，把党员干部的思想统一到以经济建设为中心上来，为实现党的重点工作转移提供思想保证。1980年，组织党员认真学习党的十一届五中全会通过的《关于党内政治生活的若干准则》，要求党员对照十二条准则严格规范自己的言行；教育党员坚持民主集中制原则和党的实事求是的思想路线，增强党性观念，发扬优良传统和作风。

1983年农村实行家庭联产承包责任制后，在党员干部中暴露出一些与农业经营机制改革相悖的旧思想和老观念，针对这些思想问题，乡党委有组织有计划地开展各项教育活动，至1985年，全乡通过召开大会集中培训和举办培训班轮训，共培训党员干部2600余人次。通过培训，广大党员干部提高了对农村改革重要意义的认识，增强了参与改革、支持改革、实践改革的坚定性和自觉性。

1986年，根据上级党组织统一部署，组织开展整党工作，分“对党员进行系统教育”“开好民主生活会，开展批评和自我批评”“进行党员登记”等3个步骤进行，着重解决有些党支部和党员中存在的党性观念薄弱、对改革开放认识不足、支部活动不能正常开展、党员作用发挥不够等问题。通过为期3个月的整党，改善了党群、干群关系，促进了党风的进一步好转。

1988—1990年，利用党校阵地开展党员教育，3年间举办党员培训班51期，参训党员5000余人次。在实施教育中，采取突出重点、普及全面的方法，把各党支部委员作为重点对象，先集中上党课培训骨干，然后分支部组织全体党员学习。通过学习党的十三届四中、五中、六中全会精神和党的基础知识，全体党员的改革开放意识和以经济建设为中心的意识大为增强。

1992年，组织党员认真学习邓小平南方谈话精神，把党员干部的思想统一到深化改革、加快发展上来。同时，开展爱国主义、集体主义教育以及有理想、有道德、有文化、有纪律的“四有”思想教育，引导广大党员参与“创一流、争贡献”主题活动，增强党员干部实干兴业、奋力争先的勇气和信心。

1994年，镇党校举办培训班14期，参训党员1464人次，先后组织学习中国特色社会主义理论、社会主义市场经济理论。党的十四届四中全会召开后，传达学习《关于加强党的建设几个重大问题的决定》。同时，在党员中开展“改革中的共产党员形象”教育，镇党委印发文件，号召全镇党员广泛开展学习王介华（太仓牌楼人，生前系太仓染料化工总厂厂长，中共党员，1993年3月在检查车间时，遭歹徒持刀袭击，不幸牺牲）烈士事迹。通过与烈士比形象、比贡献，在广大党员中形成正气和忘我工作的奉献精神。1995年，在全镇党员中开展学理论、学党章和学习孔繁森先进事迹活动，教育党员用党章要求自己，规范行为；以孔繁森为榜样，情系群众，勤奋工作。

1997年后，学习贯彻党的十四届六中全会精神，在全镇党员干部中开展“树形象、作表率、创新风”主题教育，引导党员干部奋发向上，弘扬正气，带动和促进全镇的精神文明建设。同年9月，党的十五大召开后，开展以学习贯彻十五大精神为主要内容的教育活动，帮助广大党员在思想上和工作上确立邓小平理论的指导地位，进一步增强高举邓小平理论伟大旗帜不动摇的自觉性和坚定性。

1999年后，在党员领导干部中开展“三讲”（讲学习、讲政治、讲正气）教育。2000年，开展致富思源、富而思进的“双思”教育。2001年，根据市委统一部署，在全镇广大党员干部中开展“三个代表”（中国共产党代表中国先进生产力的发展要求、代表中国先进文化的前进方向、代表中国最广大人民的根本利益）重要思想的学习教育。2002年11月，党的十六大召开以后，镇党委及时组织党员干部学习贯彻十六大精神。通过一系列学习教育，广大党员干部解放思想，与时俱进，为全镇经济社会加快发展提供了强有力的思想保证和精神动力。

第四节　组织工作

一、基层班子建设

1950年春，鹿河地区废除保甲制，设乡（小乡），各乡设村。乡配乡长、农会主任、民兵中队长，规模较大的乡增设副乡长3~4人；村配备村长、农会大组长、民兵分队长等干部3人和妇女干部3~4人。1953年，村的职能逐步被互助组取代。1955年普遍建立初级社后，原来的村级组织被淘汰，初级社设社长、副社长、会计等干部3~4人，多数初级社干部由原来的村干部担任。1956年后，农业生产合作社由初级社过渡到高级社，小社并大社。鹿河乡及时调整配备高级社正、副社长和会计等干部，在高级社下设的生产队中配齐队长（通常称小队干部）。

1958年人民公社成立后，公社党委注重把那些爱公社、爱集体、爱公物和善于同群众打成一片、关心群众利益的干部充实到大队、生产队班子中去。至1962年，全公社先后调整大队党支部正、副书记和大队长52人，各大队共调整生产队队长95人。1965年，针对农村基层干部年龄偏大的实际情况，公社党委及早考虑接班人问题，从农村青年和妇女中选拔了20人予以重点培养。1966年，从培养对象中选择12人，充实农村各大队领导班子，增添了基层干部队伍的新生力量。1967年起，基层班子培养选配工作一度停止。1970年后，公社党委重视把那些吃苦在前、享乐在后、工作雷厉风行、带头实干苦干的中青年选拔到基层领导岗位。1975年社队工业发展后，选拔思想解放、肯学肯钻、懂技术、善交往的中青年担任社办企业厂长。1980年起，重视抓好基层党支部工作相对薄弱的转化工作，通过考察，调整了一批基层干部，至1983年，先后改选党支部26个，培养和选拔中青年干部33人充实厂、村领导班子。

1985年起，乡镇企业加快发展，农业经营机制更加灵活，对基层干部队伍建设提出新的要求，乡党委加强后备干部培养，把那些大胆改革、有气魄、能创业、善开发的中青年列入后备干部名单，并为他们提供学习培训、挂职锻炼的机会，促其提高工作能力和水平。1987年，调整厂、村领导班子17个，其中村级班子8个、乡办企业9个；提拔中青年干部28人，其中充实村级班子15人、乡办企业13人。1989年，为适应基层领导班子新老交替需要，乡党委结合基层党支部换届选举工作，于8月、9月组织机关党员干部分成考察组，对全乡45个到任期的党支部进行全面考察，一方面考察班子运作情况，另一方面物色后备干部人选。事后，乡党委对全乡后备干部进行调整，确定后备干部人选37人，其中村级17人、乡办企业20人。

1994年，本着“优化班子结构、增强整体功能”的精神，抓住“选、育、用”三个环节，进一步推进基层领导班子建设。是年，在对厂、村领导班子进行考察的基础上，全镇选拔充实后备干部至60人。利用镇党校阵地和委托太仓市委党校，分别对后备干部进行培训。坚持“成熟一个、起用一个”的原则，年内先后提拔后备干部21人进厂、村领导班子。1997年，由于镇办企业转换经营机制，基层班子变动较大，镇党委及时跟进组织措施，采取厂、村干部交流的办法，整合班子，配好干部队伍。是年，调整村党支部书记5人，企业党支部书记、副书记9人，其他厂、村副职干部12人。1999年实施村区划调整后，村区域范围扩大，村干部管理服务、引领发展任务加重，镇党委及时做好村级领导班子调整工作，选拔德才兼备的中青年进入领导班子。同时，在完成镇办企业产权制度改革后，重视非公企业党建工作，配好企业党务干部。通过历年调整、充实干部队伍，优化班子结构，2002年全镇各村、各企事业单位领导班子组织健全，富有活力，较好地实现了基层干部的梯次配备。

二、党员发展工作

抗日战争时期，有地下党在鹿河地区活动，在群众中秘密开展工作，动员群众捐资送粮，传送情报，支持党的抗日武装斗争。同时，培植进步力量，发展入党积极分子。

中华人民共和国成立初期，中共太仓县璜泾区委和常熟县吴市区委在鹿河地区秘密发展了首批党员数名。随后，在土地改革和镇压反革命运动中，鹿河地区各小乡一批积极分子在运动中得到锻炼和考验，其中有9人成为党的发展对象。1952年秋，这批积极分子分别由上级党组织送到太仓和常熟集训一个多月，接受党的教育，后被组织上发展为党员。当时，党员身份还未公开，对外严格保密，只有党组织内部知道。是年末，鹿河地区各小乡有党员23人。

1953年起，在开展农业生产互助合作中，各小乡党支部重视在带头互助合作、自愿多出劳力、乐于帮耕援助的群众中发展党员，党员队伍扩大，党员身份开始公开。1956年起，组建高级社，涌现了一大批具有集体观念、拥护合作经营、不计个人得失的积极分子，鹿河乡（中乡）党总支及各基层党支部注重将这批积极分子列为党员发展对象，并予以考察培养。1958年建立人民公社后，重视在各大队、各生产队干部中培养入党积极分子，把那些在工作中吃苦耐劳、带领群众发展生产的基层骨干吸收到党内来。1963年起，通过社会主义教育运动，一大批农村干部群众受到教育，思想进步，积极向党组织靠拢，至1965年的3年间，全公社发展新党员185人，全公社党员人数增至422人。

1966年，公社区划变化，鹿河南部10个大队划给新成立的王秀公社，农村党员总数减少。1967年起，全公社党组织一度处于瘫痪状态，无法开展党的活动。1970年9月，中共鹿河公社第五次党员代表大会召开后，全公社党组织和党员活动得以恢复。

1971年后，重视在无党员的生产队中选培积极分子，把那些以集体利益为重、带领社员搞好农业生产的生产队队长和带头吃苦耐劳、重活累活抢着干的农村青年吸收到党内来。1975年后，重视在社队办企业中培养入党积极分子，把一心扑在工作上的厂长和生产技术骨干作为党的发展对象。1978年后，党的工作重点转移到经济建设上来，开始进行各项制度改革，公社党委重视在思想政治上同党中央保持一致、工作上勇于改革创新的基层干部和团员青年中发展党员，党员队伍壮大，党组织活力增强。1982年，全公社党员总数发展至784人。

1986年前后，根据上级党组织要求，注意在知识分子和生产一线技术骨干及优秀青年、妇女中发展党员。由于各党支部重视发展工作，大多数基层支部都有积极分子3~4人，多的支部达7~8人，但发展工作出现不平衡，有的支部培养积极分子出现空白。针对这种情况，乡党委组织办公室帮助有关单位做好培养工作，从而使每个支部都有积极分子。1987年，全乡共有入党积极分子83人，其中乡办企业39人、市镇各单位25人、农村19人。1988年，全乡党员总数发展至842人。

1990年后，认真贯彻“坚持标准、保证质量、改善结构、慎重发展”的十六字方针，进一步做好党员发展工作，严格履行入党手续，把好党员质量关，凡新党员入党前，都要吸收他们参加所在支部的党课活动，都要进镇党校参加入党积极分子培训。同时，对入党积极分子进行跟踪考察，找他们谈心谈话，帮助他们提高思想认识，端正入党态度，严格要求自己，争取早日入党。由于注重积极分子入党前的培训和考察，新党员素质得到进一步提高，都能在各项工作中发挥先锋模范作用。

1993年后，重视在妇女群众和35周岁以下、高中以上文化程度的青年中发展党员，以充实党的新鲜血液，改善党员队伍结构。1995年，全镇拥有入党积极分子60人，其中，妇女15人，占25%；35岁以下的48人，占80%；高中以上文化程度的40人，占67%。1996年，发展新党员22人，其中，年龄在35周岁以下的15人，高中以上文化程度的15人，分别占当年发展党员数的68%；发展妇女党员9人，占41%。是年，全镇党员总数发展至991人。

2000年后，重视在骨干企业、新经济组织中发展党员，发展的重点对象为生产一线职工、生产能手、技术骨干、科技人员及知识分子。在发展工作中，发动和依靠工会、共青团、妇联等组织推荐优秀团员青年作为党的发展对象，入党积极分子选培渠道得到拓宽，党员发展工作得到进一步加强。2002年末，全镇有党员1036人，其中正式党员1021人、预备党员15人。农村党员531人，占党员总数的51.25%；市镇各企事业单位党员505人，占48.75%。党员中，年龄在35周岁及以下党员141人，占党员总数的13.61%；36~45周岁的159人，占15.35%；46~55周岁的248人，占23.94%；56~59周岁的121人，占11.68%；60周岁及以上的367人，占35.42%。

第五节　纪律检查

一、纪检机构

1959年5月，在中共鹿河公社第二次党员代表大会上选举产生了中共鹿河公社监察委员会，组成人员7人，由公社党委副书记浦昌荣兼任监委会书记，此组织为鹿河党内首次成立的纪检监察机构。

1966年“文化大革命”开始后，党的纪检监察工作受到干扰，一度停止。1970年9月，中共鹿河公社第五次党员代表大会召开后，党的纪检监察工作开始恢复，由1名副书记分管、组织委员兼管。1982年11月，除由1名副书记分管外，还在党委成员中设1名纪检委员，具体负责党的纪律检查工作。

1988年1月，在中共鹿河乡第八次党员代表大会上，选举产生了中共鹿河乡纪律检查委员会，由乡党委副书记顾凤歧兼任纪委书记，周振昌任纪委副书记。此后至2003年，中共鹿河镇（乡）纪律检查委员会历经五届，先后由5人任纪委书记（其中1人2次任职）。

1988—2002年，历任纪委书记：顾凤岐（1988.1—1991.2）、周振昌（1991.2—1996.11）、李振扬（1996.11—2000.8）、徐莞（2000.8—2001.11）、徐振勋（2001.11—2001.12）、李振扬（2003.1—2003.8）。2002年纪委书记空缺，由纪委副书记高锦球负责日常工作。

二、纪检工作

1959年鹿河监察机构成立后，重点围绕农村干部的思想作风、工作作风、生活作风等方面存在的问题开展监督检查，对某些干部持权自私、脱离群众、工作不负责任的行为给予批评教育，督促公社、大队两级干部以苦干实干的精神办好人民公社、发展生产。

1966年“文化大革命”开始后，纪检监察工作一度受到干扰而不能正常开展。1970年9月，召开中共鹿河人民公社第五次党员代表大会后，纪检监察工作开始恢复，主要督查各基层党支部组织生活开展情况，能否坚持“三会一课”（每月一次小组会、支委会、支部大会，一次上党课）制度。同时，督查基层干部在学习上忙而不学、学而不用，放松思想改造和工作上脱离群众、作风不实的问题。

1979年—1980年，根据党中央拨乱反正的精神，公社党委成立落实政策办公室，由组织、纪检、政法等有关人员7人组成，集中力量对“文化大革命”以来（后又延伸至“文化大革命”以前）的案件进行全面复查，凡属冤假错案的予以纠正。通过这次复查纠错工作，纠正了“左”倾错误，调动了各界群众的积极性，促进了全公社安定团结政治局面的形成。

1980年后，社队企业发展，流通领域拓宽，商品交换活跃，诱惑因素增多，党的纪律检查工作随之不断加强。1981年，召开全体党员大会，集中培训党员，重点开展党的纪律教育和党的优良传统教育，教育党员正确处理国家、集体、个人三者关系，自觉抵制各种不良诱惑，保持党员良好形象。

1983年，乡党委号召党员向党的好儿女、全国劳动模范赵春娥学习，学习赵春娥吃苦耐劳、忘我工作的敬业精神和乐于助人、无私奉献的高尚品德，并以此学习活动为契机，在党员中营造关心群众、大公无私、勤奋敬业的良好党风，坚持做到：在物质分配和劳力外出安排上和群众一视同仁，不搞特权；在建房用地上严格按照政策，不搞特殊；在婚丧喜庆中带头不讲排场，厉行节约，以良好党风带好民风。

1984年后，坚持教育为主、治病救人的方针，在加强对党员干部党风党纪教育的同时，严肃查处少数党员干部挪用宕欠集体资金、公款私自吃喝、弄虚作假谎报业绩、参与赌博迷信活动等违纪行为，坚决纠正讲人情不讲党性、讲关系不讲原则的问题。1988年起，通过邀请司法部门领导到鹿河上课、播放廉政教育专题电教片、转发违纪违法案例通报等形式，在党员干部中开展勤政廉政教育。

1991年起，重视党风廉政制度建设，推行党风廉政建设责任制，每年年初，镇党委与各单位党组织签订“党风廉政建设责任书”，年终对照《党风廉政建设考核细则》进行考核。完善“两公开一监督”（党务、政务公开，民主监督）制度及党员民主生活会制度，坚持用制度管事管人。

1994年后，镇纪委会同组织部门抓好党员领导干部廉洁自律和专项治理工作，镇机关、各村、各企事业单位领导干部对照中央关于廉洁自律的各项规定，通过召开专题民主生活会等多种形式进行自查自纠，对检查出来的用公款吃喝、用公款公车学习驾驶技术、用公款钓鱼、收受礼金礼品和代币购物券等问题进行逐项清理，并对涉事人进行警戒教育。同时，镇纪委会同有关部门先后对企业转制、基建项目、土地征用、农民减负和物价、电价、住房、金融、财税等方面进行监督检查，以督促有关部门按章办事，依法治理，防范和制止行业不正之风。

1997—2002年，修订完善并贯彻执行《鹿河镇领导干部廉政建设若干规定》《鹿河镇领导干部个人重大事项报告制度》《鹿河镇制止奢侈浪费行为的规定》。对机关干部的住房进行清理，按政策规定办理各项手续。对副镇级以上干部用公款配置的通信工具，全部折价过户给个人，并对副镇级以上干部、各村党组织书记、事业单位负责人的通信费用采取“定额补贴，超支自负”的办法，进行规范管理。实施财务监管，对全镇行政事业单位全面实行“代理记账”，对村级财务实行“村有镇管、村账镇记”管理制度。实行工程项目建设招投标制度，通过招投标的程序确定施工单位。实行政府采购制度，凡购置5000元以上物品，均由政府统一采购。全面推行村务公开、厂务公开、镇务公开工作，将工作职责、办事依据、服务承诺、工作纪律等向社会公开，接受群众监督。

在加强党风廉政教育和建立健全廉政制度的同时，按照党要管党、从严治党的要求，严肃查处党员干部违法违纪案件。自1988年成立镇纪委起至2002年，先后查处党员违法违纪案件29件，给予党纪处分25人，其中开除党籍13人、留党察看6人、严重警告2人、警告4人；给予政纪处分4人，其中开除1人、撤职2人、警告1人。

第六节　统战工作

在新民主主义革命时期，中国共产党开展的统一战线工作为夺取全国胜利发挥了重要作用。中华人民共和国成立后，鹿河各级党组织继续按照党的统战政策，团结社会上一切可以团结的力量，以恢复和发展生产，维护社会稳定。特别是做好经营粮行、布庄、药店等的工商界人士的思想工作，消除他们的疑虑，让他们正常营业，稳定市场供应。1956年，在私营工商业社会主义改造期间，团结和依靠工商界人士的力量，建办合作商业，走上合作化道路，并安排经营有方的私营业主担任合作商店的负责人。

在1957年反右斗争和“文化大革命”运动中，党的统一战线工作无法正常开展。1976年后，开始恢复统战工作，落实党的统战政策，对统战对象在运动中受到审查而造成的冤假错案进行纠正，在经济上给予一定补助。

1978年中共十一届三中全会后，国家实行改革开放，公社党委按照上级党组织要求，明确由1名党委委员具体负责统战工作。20世纪80年代，本着“扩大联系面，团结更多人”的精神，扩大统战对象范围，调动一切积极因素，为促进鹿河两个文明建设服务。建立“三胞”（台湾同胞、港澳同胞、海外侨胞）眷属联系制度，通过召开座谈会、个别走访等形式，了解他们的工作、生活情况及海外亲人情况。同时做好“三胞”回乡探亲的接待工作。1986年，配合上级组织部门做好在民主党派人士中选拔干部的工作。台胞亲属曹浩被推荐并当选为太仓县第二届侨联副主席，后又连续四届担任太仓县（市）政协副主席，还曾先后担任苏州市政协委员、常委和江苏省政协委员及中国民建第六次代表大会代表等。

进入90年代，在全镇党员干部中加强统战理论和统战政策的宣传教育，提高党员干部对做好统战工作重要意义的认识。在“三胞”眷属及其他统战对象中进行爱国主义、社会主义教育以及对台方针政策的宣传教育。为便于组织开展统战对象活动，把原统战对象活动小组进行重新编组，原分为综合、侨联2个组，经调整充实后，分成党外干部组、离退休非党干部教师组（包括工商界人士、从医知识分子）、个体劳动者组、侨联组、台属联谊组等5个组。镇党委重视在厂、村领导班子中培养选配党外干部，教育党员干部善于和党外干部合作共事。

2001年，镇政协工作小组调整，更名为镇政协联络委员会，由1名镇党委副书记兼任政协联络委主任，由党委统战委员担任政协联络委副主任，此后，统战工作组织力量得到进一步加强。2002年7月，组织政协委员和“三胞”眷属参观鹿河联影工业小区，参观后召开座谈会，镇有关领导向他们通报鹿河建设发展情况，参加活动的政协委员和“三胞”眷属积极发言，提出了众多的意见和建议，为鹿河加快经济社会发展献智出力。

第七节　党校工作

一、党校机构

1984年11月30日，成立鹿河乡党校，办公室设于乡政府机关内。党校校长由乡党委分管党务工作的副书记兼任，另设驻校专职副校长1人，具体负责党校日常工作，校务委员会由乡机关党群口相关部门、条线的负责人组成。

1989年3月，党校驻中弄街原鹿河中心小学内，与成人教育中心校合署办公。1990年，改善党校办学条件，室内改造用电设备，安装电话，增添橱柜，油漆教室和会客室门窗；室外安装围墙，绿化环境。党校成为清静整洁、设施良好的党教阵地。

1990年，加强教员队伍建设，共配备校外兼职教员21人，由乡党委聘任并发给聘书。聘任的教员中，有党务工作者、法律工作者、企业管理人员、农业技术人员等，能满足各类培训办班的任教需要。

1992年党校邻近的服装厂搬迁后，将原服装车间改建成大教室，并购置100套课桌椅。改造后，党校校区范围扩大。1994年，镇党委根据集镇建设规划，决定将党校搬迁至沙鹿公路、玉影路路口东南侧，与易地新建的鹿河中学一并设计施工。1995年2月，投资120万元、建筑面积达1000平方米的新建党校投入使用。

1997年，为加强党校师资力量，抽调中学教师2人担任党校教员。1999年，形成镇党校、镇成教、镇文明市民学校、鹿河中学“四位一体”的办学模式，学校硬件与师资力量资源共享，相互联系，相互调节，相互支持。

1999年，按照苏州市党校系统“创先争优”考核标准，添置硬件设施，增强教学功能，实现了电视机、放像机、微机、照相机、投影机、语音室“五机一室”和教室、办公室、陈列室、档案室、微机室、阅览室、活动场地“六室一地”的硬件建设目标。

2002年，党校有电脑31台，录像带（党建、科技方面）115盘，各类图书3422册，报纸、杂志等10余种。各类资料专人负责、专柜存放，统一分类装订，统一立卷归档，达到上级规定的组织管理系统化、基本建设标准化、教育设施现代化要求。

1984—2003年历任驻校专职副校长：邵菊生（1984.11—1989.3）、高龙（1989.3—1992.1）、毛士忠（1992.1—1999.3）、沈振东（1999.3—2003.8）。

二、党校工作

1984年11月党校成立后，定期办班，着重对全乡党员干部进行党的路线、方针、政策教育，对入党积极分子进行党的基本知识专门培训。1987年起，每年制订培训计划，分批分期对各党支部委员、工业干部、农业干部、群团条线干部进行培训。1988年，为配合乡党委、乡政府做好对外宣传工作，党校出版刊物《鹿河乡音》，每季一期，寄给分散在全国各地工作的100余位乡亲，通报鹿河两个文明建设成就，宣传乡村企业的产品，扩大鹿河工业产品的知名度。

1990年，对全乡党员进行分批轮训。在轮训时，坚持点名制度和考试考查制度，开展优秀学员评比，从而提高参训率和培训实效。是年，全乡党员873人，参训864人，占党员总数的98.97%。在抓好党员轮训的同时，还举办其他各类培训班，全年办班24期，参训学员2672人次，办班参训人数是历年最多的。

1993年，在开展党员教育的同时，为适应外向型经济发展需要，还举办1期外向型经济知识培训班，集中学习12天，请涉外经济企业厂长上课。培训班采取集中学习和分散自学相结合的方法，为期3个多月。通过培训学习，参训人员在涉外商务洽谈和礼仪礼节等方面的知识有了长进，收到了良好的培训效果。同年10月15日，苏州市委宣传部组织苏州市基层党校工作经验交流会的代表到鹿河参观考察党校工作，对鹿河镇党校开展党员教育所取得的成绩予以肯定，同时对党校兴办经济实体、筹措党教经费的做法予以赞赏。

1995年，在重点开展党员教育的同时，拓展参训对象和培训内容，全年共举办由党员、工会干部、妇女干部、计生干部、青年骨干、小学教师等参加的各类培训班19期175天，办班天数为历年最多的。1996年，重视实用技术培训，与镇成人中心校联合举办电脑应用培训班6期，参训145人。是年，共举办思想理论、党纪政纪、政策法规、实用技术等学习培训班24期170天，参训学员1966人。

1997年，为方便年老体弱党员参加培训学习，对远离镇区的村和企业党支部，党校采取分片设点培训的办法，让教员上门授课，把党校办到支部。通过送教上门，帮助一些老党员克服行动不便的困难，从而提高了党员参训率。是年，共举办各类培训班27期81天，参训学员1896人，培训期数为历年最多的。

1999年，采取分层施教的方法，组织学习培训，具体分为农村党支部委员以上党员干部、机关和企事业单位党支部委员以上党员干部、农村党员和企事业单位党员、退休老干部及农村老党员、农村和企事业单位青年党员等5种对象。在培训中，除教员上课外，还利用电化教育设备，通过播放《高举旗帜前进》《都市里的乡村》《公正严明的法官队伍》等电教片进行施教，以增强培训效果。

2000年，在办班形式、教育方法、讲课内容上注重一个“活”字，既组织集中授课，开展座谈讨论，又不局限于课堂，组织各村党支部书记、村主任到璜泾参观民营企业，到江阴参观华西村，从而加深学习体会，激发创业发展干劲。同年，党校还组织了以党校教员为主的讲师组，各位成员撰写了“致富思源、富而思进”“落实农村政策，加强农村管理”“科技创新与经济发展”等课件，分片分村到各基层党支部进行巡回讲课，深受广大党员和基层干部的欢迎。

2001年，随着农村改革的不断深入，农村党教工作面临许多新问题，党校积极开展调查研究，到农村基层支部和党员家庭、各个企事业单位去了解干部、职工在想什么、做什么、学什么，然后制订培训计划，以提高教育的针对性。是年，除按原计划办好党员干部理论学习培训班外，还增办了实用技术培训班2期，分别邀请镇农技人员辅导蔬菜种植技术，邀请太仓（广东）温氏家禽有限公司技术人员辅导家禽养殖技术。

2002年，建立完善各项规章制度，主要有学员守则、教师守则、教研活动制度、学员考勤制度、教育反馈制度等，党校更趋制度化、规范化。是年，全年办班15期21天，参训学员999人次。

表10-2　1985—2002年鹿河镇（乡）党校办班培训情况一览

年份	培训期数（期）	办班天数（天）	参训学员（人次）	年份	培训期数（期）	办班天数（天）	参训学员（人次）
1985	3	5	765	1994	14	71	1464
1986	6	12	812	1995	19	175	1761
1987	7	15	976	1996	24	170	1966
1988	10	23	952	1997	27	81	1896
1989	10	35	1285	1998	5	21	1356
1990	24	109	2672	1999	16	48	1537
1991	19	92	1620	2000	13	27	2045
1992	18	85	2646	2001	14	25	1080
1993	17	50	2545	2002	15	21	999

三、获得荣誉

1990—1997年，连续8年被太仓市（县）委宣传部、组织部评为太仓市（县）先进基层党校。

1997年6月，被苏州市委宣传部、组织部、纪委评为苏州市红旗基层党校。

1998年9月，被江苏省委宣传部评为江苏省先进基层党校。

2001年12月，被江苏省委宣传部、组织部评为江苏省先进基层党校。

第二章　人民代表大会

第一节　人大代表

1954—1980年，出席鹿河历次人代会的代表，由各基层单位选举产生，代表人数因缺资料无从统计。

1981—2003年，鹿河镇（公社、乡）人大历经八届，先后开展8次人大换届选举工作，历次换届选举，均设立选举委员会，组建选举工作领导小组，抽调选举工作人员和联络员，按选民人数划分选区，各选区成立相应的工作班子，选举工作严格按照法定程序和法定时间，有领导、有组织、有计划地开展。8次换届选举共选举产生人大代表475人，每届人大代表中，非党代表占比均在35%以上，妇女代表占比均在25%以上。

1954—1979年，鹿河出席太仓县历次人代会的代表人数因缺资料无从统计。1980—2002年，鹿河先后选举产生太仓市（县）人大代表66人。

表 10-3　1981—2003 年鹿河镇（公社、乡）历届人大代表人数统计

年份	届别	代表人数（人）				
			非党代表（人）	占比	妇女代表（人）	占比
1981—1983	第八届	78	28	35.90%	21	26.92%
1984—1986	第九届	78	29	37.18%	20	25.64%
1987—1989	第十届	53	19	35.85%	15	28.30%
1990—1992	第十一届	56	21	37.50%	15	26.79%
1993—1995	第十二届	57	22	38.60%	16	28.10%
1996—1998	第十三届	51	20	39.22%	14	27.45%
1999—2001	第十四届	51	18	35.29%	14	27.45%
2002—2003	第十五届	51	20	39.22%	13	25.49%

注：(1) 2002—2003年，人大代表任期未到届；(2) 2003年8月鹿河并入璜泾后，鹿河人大代表资格继续有效；(3) 表中代表人数为换届选举时产生的代表数，因人事变动，届中代表数略有出入。

第二节　历届人代会

一、第一届人民代表大会

1953年下半年，鹿河辖区内各乡（小乡）的选民，以村为选区，选出出席乡人民代表大会的代表。1954年1月，各乡相继召开第一届人民代表大会，选举产生各乡人民委员会。选举沈祥元为鹿河乡乡长，陆春林为新泾乡乡长，何耀明为泗洲乡乡长，何林为长沙乡乡长。

二、第二届人民代表大会

1956年12月，召开鹿河乡（中乡）第二届人民代表大会，选举产生鹿河乡人民委员会，选举沈祥元为乡长，陆春林、何耀明为副乡长。

三、第三届人民代表大会

1959年5月14—24日，召开鹿河公社第三届人民代表大会，历时11天，会议地点在沙溪镇永安旅社。会议总结纠正在人民公社建设发展中存在的问题，提出“1959年更好更全面发展、巩固建设好人民公社”的目标任务。会议选举李家杰为公社管理委员会社长，张国瑞、汤雪奎为副社长。

四、第四届人民代表大会

1961年9月17日，召开鹿河公社第四届人民代表大会（全公社党员、生产队队长一起参加）。会议宣传贯彻人民公社工作条例和上级有关整风精神，提出“高举‘三面红旗’，以粮为纲，支援农业，夺取农业更大丰收”的工作任务。会议选举李家杰为公社管理委员会社长，张国瑞、张连元、汤雪奎为副社长。

五、第五届人民代表大会

1963年5月8—10日，召开鹿河公社第五届人民代表大会，出席代表316人，列席代表174人。会议号召全社人民大力开展增产节约活动，集中全力支援农业，争取农业全面丰收，为完成和超额完成1963年各项目标任务而奋斗。会议选举浦昌荣为公社管理委员会社长，汤雪奎、张国瑞为副社长；选举邹明道为公社监察委员会主任，陆春林为副主任。

六、第六届人民代表大会

1966年3月15—17日，召开鹿河公社第六届人民代表大会，出席代表242人，列席代表412人。会议号召全社干部群众把农业放在首位，发扬大寨精神，掀起比、学、赶、帮、超热潮，为完成1966年各项工作任务而努力。会议选举浦昌荣为公社管理委员会社长，俞兆铭为副社长；选举陆维善为公社监察委员会主任。

七、第七届人民代表大会

1968年4月24日，召开鹿河公社第七届人民代表大会，会议内容主要是庆祝公社革命委员会成立，部署全公社抓革命、促生产、促战备工作。（实际上是庆祝大会，后被列为鹿河历史上第七届人代会。）

八、第八届人民代表大会

第一次会议　1981年9月27—29日，召开鹿河公社第八届人民代表大会第一次会议，出席代表78人，列席代表128人。会议要求，全社人民同心同德搞好生产，推动农副工三业一齐上，为建设社会主义新鹿河而奋斗。会议选举产生公社管理委员会组成人员11人，高小华任主任，王友明、高良宝、顾振昌、朱惠明任副主任。会议还表决通过人民陪审员和调解委员会的组成人员。

第二次会议　1982年12月26—27日，召开鹿河公社第八届人民代表大会第二次会议，会议地点在公社大礼堂，出席代表70人。会议听取和审议高小华做的《鹿河公社管理委员会工作报告》，顾振昌做的《鹿河公社1982年财政决算和1983年财政预算（草案）的报告》，朱惠明做的《鹿河公社市镇建设规划意见的报告》，并就上述3个报告通过相应决议。

第三次会议　1983年7月26—27日，召开鹿河公社第八届人民代表大会第三次会议，出席代表67人。会议听取和审议高小华做的《鹿河公社管理委员会工作报告》，并通过相应决议。根据上级关于政社分设体制改革的决定，成立鹿河乡人民政府。会议选举高小华为乡长，高良宝为副乡长。

九、第九届人民代表大会

第一次会议　1984年5月12—13日，召开鹿河乡第九届人民代表大会第一次会议，出席代表78人。会议听取和审议高小华做的《鹿河乡人民政府工作报告》，高良宝做的《鹿河乡1983年财政决算和1984年财政预算（草案）的报告》，并就上述2个报告通过相应决议。会议选举高小华为乡长，高良宝为副乡长。

第二次会议　1985年3月8—9日，召开鹿河乡第九届人民代表大会第二次会议，出席代表69人。会议听取和审议高小华做的《鹿河乡人民政府工作报告》，高良宝做的《鹿河乡1984年财政决算和1985年财政预算（草案）的报告》，并就上述2个报告通过相应决议。会议选举周绍裘为乡长。

第三次会议　1986年4月16日，召开鹿河乡第九届人民代表大会第三次会议，出席代表70人。会议听取和审议周绍裘做的《鹿河乡人民政府工作报告》，高良宝做的《鹿河乡1985年财政决算和1986年财政预算（草案）的报告》，并就上述2个报告通过相应决议。会议选举陆敏琪为副乡长。

十、第十届人民代表大会

第一次会议　1987年4月18—19日，召开鹿河乡第十届人民代表大会第一次会议，出席代表46人。会议听取和审议周绍裘做的《鹿河乡人民政府工作报告》，高良宝做的《鹿河乡1986年财政决算和1987年财政预算（草案）的报告》，并就上述2个报告通过相应决议。会议选举周绍裘为乡长，高良宝、陆敏琪为副乡长。

第二次会议　1988年4月20—21日，召开鹿河乡第十届人民代表大会第二次会议，出席代表46人。会议听取和审议周绍裘做的《鹿河乡人民政府工作报告》，高良宝做的《鹿河乡1987年财政决算和1988年财政预算（草案）的报告》，并就上述2个报告通过相应决议。

第三次会议　1989年4月25日，召开鹿河乡第十届人民代表大会第三次会议，出席代表48人。会议听取和审议周绍裘做的《鹿河乡人民政府工作报告》，高良宝做的《鹿河乡1988年财政决算和1989年财政预算（草案）的报告》，并就上述2个报告通过相应决议。

十一、第十一届人民代表大会

第一次会议　1990年3月8—9日，召开鹿河乡第十一届人民代表大会第一次会议，出席代表55人。会议听取和审议周绍裘做的《鹿河乡人民政府工作报告》，高良宝做的《鹿河乡1989年财政预算执行情况和1990年财政预算（草案）的报告》，并就上述2个报告通过相应决议。会议选举朱惠明为乡长，高良宝、陆敏琪、陆峰、邵惠锋为副乡长。选举乡司法办公室黄祖德为人民陪审员。

第二次会议　1991年1月29—30日，召开鹿河乡第十一届人民代表大会第二次会议，出席代表50人。会议听取和审议高良宝做的《鹿河乡人民政府工作报告》，陆敏琪做的《鹿河乡1990年财政预算执行情况和1991年财政预算（草案）的报告》，周绍裘做的《鹿河乡人民代表大会主席团工作报告》，并就上述3个报告通过相应决议。会议选举顾凤岐为乡长，赵祖林为副乡长。

第三次会议　1992年2月29日，召开鹿河乡第十一届人民代表大会第三次会议，出席代表53名。会议听取和审议顾凤岐做的《鹿河乡人民政府工作报告》，黄乃做的《鹿河乡1991年财政预算执行情况和1992年财政预算（草案）的报告》，周绍裘做的《鹿河乡人民代表大会主席团工作报告》，并就上述3个报告通过相应决议。

十二、第十二届人民代表大会

第一次会议　1993年2月16—17日，召开鹿河镇第十二届人民代表大会第一次会议，出席代表57人。会议听取和审议顾凤岐做的《鹿河镇人民政府工作报告》，黄乃做的《鹿河镇1992年财政预算执行情况和1993年财政预算（草案）的报告》，周绍裘做的《鹿河镇人民代表大会主席团工作报告》，并就上述3个报告通过相应决议。会议选举顾凤岐为镇长，陆峰、俞瑞亚、夏锦良为副镇长。

第二次会议　1994年3月28日，召开鹿河镇第十二届人民代表大会第二次会议，出席代表52人。会议听取和审议镇人民政府副镇长做的《鹿河镇人民政府工作报告》，黄乃做的《鹿河镇1993年财政预算执行情况和1994年财政预算（草案）的报告》，周绍裘做的《鹿河镇人民代表大会主席团工作报告》，并就上述3个报告通过相应决议。会议选举陆峰为镇长，张士标为副镇长。

第三次会议　1995年2月28日，召开鹿河镇第十二届人民代表大会第三次会议，出席代表47人。会议听取和审议镇人民政府镇长做的《鹿河镇人民政府工作报告》，曹永明做的《鹿河镇1994年财政预算执行情况和1995年财政预算（草案）的报告》，周绍裘做的《鹿河镇人民代表大会主席团工作报告》，并就上述3个报告通过相应决议。会议选举金云明、唐坤元为副镇长。

十三、第十三届人民代表大会

第一次会议　1996年2月5—6日，召开鹿河镇第十三届人民代表大会第一次会议，出席代表51人。会议听取和审议俞瑞亚做的《鹿河镇人民政府工作报告》，曹永明做的《鹿河镇1995年财政预算执行情况和1996年财政预算（草案）的报告》，孙炳元做的《鹿河镇人民代表大会主席团工作报告》，金云明做的《鹿河镇市镇规划报告》，并就上述4个报告通过相应决议。会议选举邱震德为镇长，金云明、唐坤元、俞瑞亚为副镇长。

第二次会议　1997年2月27日，召开鹿河镇第十三届人民代表大会第二次会议，出席代表46人。会议听取和审议邱震德做的《鹿河镇人民政府工作报告》，曹永明做的《鹿河镇1996年财政预算执行情况和1997年财政预算（草案）的报告》，孙炳元做的《鹿河镇人民代表大会主席团工作报告》，并就上述3个报告通过相应决议。

第三次会议　1998年2月26日，召开鹿河镇第十三届人民代表大会第三次会议，会议地点在雅鹿职工之家，出席代表45人。会议听取和审议邱震德做的《鹿河镇人民政府工作报告》，曹永明做的《鹿河镇1997年财政预算执行情况和1998年财政预算（草案）的报告》，高海洋做的《鹿河镇1997年农民负担决算和1998年农民负担预算（草案）的报告》，李卫光做的《鹿河镇农村现代化规划报告》，孙炳元做的《鹿河镇人民代表大会主席团工作报告》，并就上述5个报告通过相应决议。会议选举高海洋、李卫光为副镇长。

十四、第十四届人民代表大会

第一次会议　1999年1月28—29日，召开鹿河镇第十四届人民代表大会第一次会议，会议地点在镇家保所，出席代表51人。会议听取和审议邱震德做的《鹿河镇人民政府工作报告》，施小怡做的《鹿河镇1998年财政预算执行情况和1999年财政预算（草案）的报告》，孙炳元做的《鹿河镇人民代表大会主席团工作报告》，并就上述3个报告通过相应决议。会议选举孙炳元为镇人大主席，邱震德为镇长，高海洋、李卫光、朱建良为副镇长。

第二次会议　2000年1月25日，召开鹿河镇第十四届人民代表大会第二次会议，出席代表49人。会议听取和审议邱震德做的《鹿河镇人民政府工作报告》，施小怡做的《鹿河镇1999年财政预算执行情况和2000年财政预算（草案）的报告》，孙炳元做的《鹿河镇人民代表大会主席团工作报告》，并就上述3个报告通过相应决议。会上还审议并通过《鹿河镇第十四届人民代表大会关于推进依法治镇的决议》。

第三次会议　2000年8月18日，召开鹿河镇第十四届人民代表大会第三次会议，会议地点在镇家保所二楼会议室，出席代表49人。会议认真总结上半年工作情况，部署安排下半年工作任务。会议选举陆峰为镇人大主席，李振扬为副主席。

第四次会议　2001年3月16日，召开鹿河镇第十四届人民代表大会第四次会议，出席代表50人。会议听取和审议邱震德做的《鹿河镇人民政府工作报告》，施小怡做的《鹿河镇2000年财政预算执行情况和2001年财政预算（草案）的报告》，李振扬做的《鹿河镇人民代表大会主席团工作报告》，并就上述3个报告通过相应决议。

十五、第十五届人民代表大会

第一次会议　2002年1月7—8日，召开鹿河镇第十五届人民代表大会第一次会议，出席代表51人。会议听取和审议马士文做的《鹿河镇人民政府工作报告》，李振扬做的《鹿河镇人民代表大会主席团工作报告》，施小怡做的《鹿河镇2001年财政预算执行情况和2002年财政预算（草案）的报告》，并就上述3个报告通过相应决议。会议选举蔡永平为镇人大主席，李振扬为副主席；马士文为镇长，高雪飞、顾振清、费新、俞建国、李卫光为副镇长。

第二次会议　2003年3月8日，召开鹿河镇第十五届人民代表大会第二次会议，出席代表45人。会议听取和审议马士文做的《鹿河镇人民政府工作报告》，蔡永平做的《鹿河镇人民代表大会主席团工作报告》，施小怡做的《鹿河镇2002年财政预算执行情况和2003年财政预算（草案）的报告》，并就上述3个报告通过相应决议。会上还审议了《关于鹿河镇集贸市场易址新建的意见》和《关于鹿河镇创建“国家级卫生镇”的意见》。会议选举丁瑞华为镇人大副主席，冯月芬为副镇长。

表10-4　1990—2003年鹿河镇（乡）人民代表大会主席、副主席名录

职务	姓名	任职时间	说明
主席	周绍裘	1990.3—1995.2	
	孙炳元	1995.2—2000.8	
	陆　峰	2000.8—2001.11	镇党委书记兼
	蔡永平	2001.11—2003.8	
副主席	李振扬	2000.8—2003.1	
	丁瑞华	2003.1—2003.8	

第三节　人大履职

1990年以前，鹿河人大未设立工作机构，人大履职主要体现为在人代会召开期间，组织代表审议政府各项工作，并提出意见和建议，闭会期间活动甚少。1990年，乡人大设立主席团和常务主席后，人大工作步入制度化和规范化轨道，每年组织代表活动，发挥代表作用。

一、视察检查

1990年，乡人大依法行使监督职责，对鹿河工农业生产和社会事业建设及其他有关工作进行督促检查。是年，组织代表对农业问题进行视察检查，视察后，代表们围绕重视农业投入、改善农业水利条件、建立农业服务体系等方面提出建议和意见。

1991年，重点对食品卫生、环境保护、工商管理等部门的工作进行督促检查，通过听取汇报、视察现场、座谈讨论等方法，镇人大主席团汇集代表建议、批评和意见12条，并转交政府部门办理。代表提出治理水环境的问题，引起高度重视，环保部门拿出治理方案，有关排污治理单位拿出

60万元用于治理工程，污水达标排放初见成效。

1993年，组织代表对鹿河个体家庭工业进行视察调研，在摸清情况后提出鼓励支持个体私营经济发展的建议7条，为政府制订扶持政策、落实管理措施提供了方便。

1994年5月，为确保沿江地区安全度汛，组织代表对江堤安全情况进行视察检查，发现堤脚暴露、堤坡裂缝等安全隐患3处。对此，镇水利部门及时组织施工，在汛期来临之前完成险工堤段的修筑工程。

1996年，组织代表对执法部门贯彻实施《食品卫生法》《环境保护法》《土地管理法》《治安管理处罚条例》情况进行监督检查，先后召开座谈会3次，听取基层干部和群众对执法部门工作的反映，然后召开执法部门负责人工作汇报会，并对执法部门的工作进行评议。在评议中，既对执法部门在法治宣传、依法办事、服务管理等方面所取得的成绩予以肯定，又指出工作中存在的不足，并提出整改意见。

1998年前后，每年对各村和各农业管理部门的夏收夏种准备工作进行督促检查，重点检查收割机械整修、农机队伍落实、河道疏浚和灌溉渠道及泵站设置等情况，以促进夏收夏种顺利开展，确保农业丰产丰收。

1999年，组织主席团部分成员和代表组组长对鹿长路沿线和东泾、长沙2个村的民营企业发展现状进行视察调研，调研后及时与镇政府及工业管理部门沟通。调研指出，鹿河民营经济在1985年前后有过辉煌，但由于种种原因，发展受挫，逐步萎缩，较长时间徘徊不前，而1998年起，鹿河民营经济又进入新一轮的快速发展期，显示出强大的生命力。为此，镇人大主席团围绕“搞好工业小区规划，搭建企业发展载体”“加强金融服务，给予企业更多的放贷支持”“出台扶持政策，为企业供地供电供水提供方便”等方面的问题，向相关部门提出建议。事后，镇党委、镇政府出台《鹿河镇发展民营经济的若干意见》，对民营企业发展的扶持政策用文件的形式予以明确。

2002年5月，镇人大主席团与归庄镇人大主席团采取代表联组活动的方法，对鹿河大力发展订单农业、加快农业产业结构调整进行专题视察，先参观了鹿河订单露地蔬菜基地、花卉苗木基地、养蟹基地和奶牛养殖场，后进行座谈讨论。代表们在发言中对鹿河近年来农业产业结构调整所取得的成绩予以肯定，同时，重点围绕确保农副产品收购资金到位、提高农业组织化程度、注重发挥专业队伍作用、加强产前产中产后服务、及时了解市场信息等5个方面提出意见和建议。这次专题视察，对于促进农业产业基地的巩固和发展以及实现农业增效和农民增收起到积极的推动作用。

二、联系选民

1990年，组织代表开展联系选民活动，共收集来自选民的建议20余条，其中关于“修桥铺路”“改善医疗卫生条件”“拓展农贸市场”等建议，由镇政府办理实施。

1992年，在乡十一届三次人代会召开前10天，开展代表联系选民活动，收集来自选民的建议、批评和意见38条，内容涉及医疗卫生、环境卫生、自来水延伸、道路绿化亮化、路口交通安全、治安稳定等。

1995年，开展对工商行政管理部门民主评议工作，为提高评议的针对性，在评议之前开展代表联系选民活动。通过走访和召开座谈会等形式，共联系选民147人，收集意见建议42条，其中“加强执法力度，制止假冒伪劣商品上市”“加强物价监督，维护消费者利益”“加强摊贩管理，维护市场秩序”等建议，为工商部门加强市场监督、服务经济发展提供了帮助。

1997年，为支持创建苏州市卫生镇工作，组织卫生条线的代表，深入到市镇各单位和居民家里，了解群众对环境卫生、食品卫生、医疗卫生等方面的意见，根据群众关心关注的热点和难点问题，梳理汇总卫生方面存在问题及整改措施26条，这些条款针对性强，为政府部门找准薄弱环节、落实整改措施、推进创建工作提供了方便。

1998—2002年，在每年召开镇人代会前，均组织代表开展联系选民活动，广泛收集选民对鹿河经济建设和社会事业发展的意见和建议。5年中，共收到代表意见和建议133条，内容涉及工业、农业、教育卫生、村镇建设、环境保护、交通管理、治安稳定等。每年开展联系选民活动后，均对代表提交的意见和建议进行归类整理，然后提交镇政府，由政府部门办理实施。

三、代表工作

1990年，乡人大设立主席团和常务主席后，代表工作得到加强。是年，为便于开展代表活动，划分代表小组，同时建立代表小组活动制度、代表联系选民制度、接待办理信访制度等，改变了以前代表和选民所提意见无专门渠道反映、所提建议无专人督促办理的状况。

1992年，组织代表学习《代表法》，让代表了解掌握人民代表大会制度的产生和发展、性质和作用，以及人大代表的权利和义务等基本知识，增强代表的履职意识，提高其参政议政的积极性。1994年，为纪念人民代表大会成立40周年，组织代表参加太仓市人大常委会举办的人民代表大会制度知识竞赛。代表们通过学习和答题，增长了知识，对人民代表大会制度和有关法律法规有了进一步的了解，代表素质得到提高。

1996年，召开人大代表学习培训会议，传达贯彻太仓市人大工作会议精神和太仓市人大常委会《关于进一步加强镇人大工作的意见》，进一步提高代表对做好人大工作重要意义的认识，增强代表履职的责任感和自觉性。同年起，每年组织代表学习国家的有关法律法规，让代表知法懂法，以提高代表法律监督的能力和水平。同时组织代表积极参与“三五”普法宣传活动，为提高全民法律意识、推进依法治镇工作发挥代表作用。

1999年，根据代表所从事工作的不同，重新调整划分代表小组，把镇人大代表51人分别划为工业、农业、市镇等3个代表小组，每个代表小组分别侧重于开展对工业经济发展、农村农业工作、村镇规划建设等方面的视察和评议活动。代表在视察和评议中熟悉了情况，参政议政质量得到提高。

2000年，在人大代表中开展致富思源、富而思进的“双思”教育。2001年，开展“三个代表”重要思想的学习教育。2002年，对新当选的镇十五届人大代表进行培训，重点学习《代表法》和江苏省实施《代表法》办法。通过学习培训，代表们的“人民选我当代表，我当代表为人民”的意识得到进一步增强。

第三章　政　府

第一节　政府机构

一、民国及以前

清代光绪年间（1875—1908），鹿河设乡，推举地方财主、耆绅（社会上有名望的老年人）组成乡董会，负责行政事务，主事者称乡董或董事，下设地保（为官府办差的人，管一个或几个村子）听从乡董差遣。

清宣统二年（1910），鹿河乡隶太仓州，仍由乡董负责行政事务。

民国元年（1912），太仓州治改为县治，鹿河设镇，隶太仓县。原负责行政事务的乡董改称镇长，当下役的称为镇丁。

民国24年（1935），鹿河设镇，隶属于璜泾区（太仓四区）。镇以下基层组织实行保甲制度。

民国26年（1937），日军侵占鹿河，在镇上成立“维持会”，设立伪县特别区警察局鹿河警察分署，为日军当差办事。

民国34（1945）抗日战争胜利后，国民党政府在鹿河设镇公所，在农村基层核户口、编保甲，仍实行保甲制度。

1949年4月，解放军渡江南下，国民党军警人员逃离鹿河。同年5月，太仓县军管会派员到鹿河接管，宣布鹿河解放。

二、新中国成立后

1949年12月，撤销鹿河镇公所，废除保甲制度。1950年1月后的小乡时期，鹿河境内各小乡成立乡人民政府，设乡长、农会主任、民兵中队长等小乡干部。1954年1月，各小乡分别召开第一届人民代表大会，选举产生乡人民委员会，这是首次通过选举选基层政权组织。

1956年3月，通过并乡，鹿河并成中乡，政权组织仍为乡人民委员会，配乡长、副乡长、民兵中队长、妇女主任、生产委员、文书等中乡干部。

1957年7月撤区并乡，鹿河并成大乡，重新组建鹿河乡人民委员会，配乡长、副乡长和民政、财粮、文教、生产、公安、武装等大乡干部。

1958年9月，成立鹿河人民公社，配社长、副社长，内设机构与大乡时期基本相同，管理干部人数有所增加。“文化大革命”初期，公社管理职能由公社人武部生产办公室替代。1967年3月，建立鹿河人民公社革命生产领导小组；1968年4月，成立鹿河人民公社革命委员会，行使行政职权。1981年9月，改称鹿河人民公社管理委员会。

1983年7月，公社体制改革，鹿河设乡，公社管理委员会改为乡人民政府。1985年，乡政府机关工作部门主要有民政、财政、司法、武装、文教卫生、计划生育、村镇建设、治安保卫等。1993年1月，鹿河撤乡建镇，乡人民政府改称镇人民政府，政府机关工作机构设有秘书、民政、司法、文教卫生、计划生育、村镇建设、环保、科技、人事监察、统计等办公室，镇机关政府口干部有18人。

2001年12月，镇党政机构设置实施改革，设党政、党群、社会事业、经济发展、农业工作、财政、镇村建设、社会治安综合治理等8个综合办公室，除党群办公室外，其他7个综合办公室均涉及或全部为政府工作职能。党政办公室，政府秘书归入党政办公室，和党委、人大秘书合署办公，具体承担文秘、信息、档案机要、保密、史志、信访接待、政府法治、行政后勤、协调各办公室之间关系等；社会事业办公室（挂“计划生育办公室”牌子），具体承担政府管理民政、劳动社保、科技（协）、教育、卫生、文化、广播电视、计划生育、体育等工作；经济发展办公室，具体承担政府管理工业、三产、外经贸、招商引资、安全、技术监督等工作；农业工作办公室，具体承担政府管理农副业、村级财务、农机水利等工作；财政办公室（挂“财政所”牌子），具体承担政府管理财政、国有（集体）资产、税收、统计、物价和审计等工作；镇村建设办公室，具体承担政府管理镇村建设、道路交通、集镇市容、环境保护、国土资源等工作；社会治安综合治理办公室（另组建司法所，合署办公），具体承担政府管理司法、综合治理和公安等协调工作。通过这次改革，鹿河镇有机关行政编制人员30人（不含财政所行政编制和司法所行政编制）。此次机构设置调整后，至2002年未变。

第二节　政府领导

1950年1月至1956年3月小乡时期，鹿河境内小乡有鹿河乡、新泾乡、泗洲乡、长沙乡，各小乡设乡长、农会主任、民兵中队长等干部，统称为小乡干部。

1956年3月至1957年7月中乡时期，鹿河乡设乡长、副乡长、民兵中队长、妇女主任、生产委员、文书等干部，统称为中乡干部。

1954年1月至2003年8月，鹿河镇（公社、乡）政府历经十五届，每届领导由人民代表大会选举产生，届中人事变动由上级组织任免。

表10-5　1950—1956年鹿河辖区内小乡干部名录

小乡名称	乡长	农会主任	民兵中队长
鹿河乡	吕式福　陆家生　陈祖生 周朝祯　沈祥元	刘祥先　陈一鸣　沈金锡	陈天球　孙金林　张根林 茅风沼　邵菊生
新泾乡	陈雨生　夏小宝　陆春林	包秉勋　陆林祥	朱阿和

续表

小乡名称	乡长	农会主任	民兵中队长
泗洲乡	陈茂儒　归增奎　何耀明	林连发　朱桂林	马纪昌
长沙乡	张根生　王杏生　顾关春 何　林	田关权	王福元

注：表内小乡干部按任职先后排列。

表 10-6　1956—1957 年鹿河乡中乡干部名录

职务	姓名	职务	姓名
乡长	沈祥元	妇女主任	包凤莲
副乡长	陆春林	生产委员	陆林祥
	何耀明	文书	邵菊生
民兵中队长	马继昌	—	—

表 10-7　1954—2003 年鹿河镇（公社、乡）政府领导名录

届次	职务	姓名	任职时间	说明
第一届 （1954.1—1956.12）	鹿河乡乡长	沈祥元	1954.1—1956.3	小乡
	新泾乡乡长	陆春林	1954.1—1956.3	
	泗洲乡乡长	何耀明	1954.1—1956.3	
	长沙乡乡长	何　林	1954.1—1656.3	
	鹿河乡乡长	沈祥元	1956.3—1956.12	中乡
	鹿河乡副乡长	陆春林	1956.3—1956.12	
		何耀明	1956.3—1956.12	
第二届 （1956.12—1959.5）	乡长	沈祥元	1956.12—1957.8	中乡
	乡（社）长	李家杰	1957.9—1959.5	大乡，1958.9起为公社
	副乡（社）长	陆春林	1956.12—1959.5	
		何耀明	1956.12—1959.5	
		章淦泉	1957.9—1959.5	
第三届 （1959.5—1961.9）	社长	李家杰	1959.5—1961.9	
	副社长	张国瑞	1959.5—1961.9	
		汤雪奎	1959.5—1961.9	
		张连元	1961.6—1961.9	中期任职
第四届 （1961.9—1963.5）	社长	李家杰	1961.9—1963.4	
	副社长	张国瑞	1961.9—1963.5	
		汤雪奎	1961.9—1963.5	
		张连元	1961.9—1962.5	
		邹明道	1962.8—1963.4	中期任职
第五届 （1963.5—1966.3）	社长	浦昌荣	1963.5—1966.3	
	副社长	汤雪奎	1963.5—1966.2	
		张国瑞	1963.5—1966.3	
		陆树基	1964.7—1965.7	中期任职

续表

届次	职务	姓名	任职时间	说明
第六届（1966.3—1968.4）	社长	浦昌荣	1966.3—1966.10	
		陆维善	1966.10—1968.4	中期任职
	副社长	俞兆铭	1966.3—1968.4	
		储福均	1966.11—1968.4	中期任职
第七届（1968.4—1981.9，成立鹿河公社革委会，视作一届政府）	主任	林乐斌	1968.4—1975.8	
		陆维善	1975.11—1980.10	中期任职
		陆春林	1980.10—1981.9	中期任职
	副主任	储福均	1968.4—1970.2	
		陆维善	1968.4—1975.11	
		唐国良	1968.4—1979.3	
		黄习学	1975.11—1978.5	中期任职
		孙炳元	1975.11—1980.2	中期任职
			1980.10—1981.9	
		周振昌	1976.8—1981.9	中期任职
		顾振昌	1976.8—1981.9	中期任职
		高小华	1977.1—1981.9	中期任职
		周国华	1977.7—1979.11	中期任职
		陆春林	1977.7—1980.10	中期任职
		夏林祥	1980.5—1981.9	中期任职
第八届（1981.9—1984.5）	主任	高小华	1981.9—1983.7	
	副主任	顾振昌	1981.9—1983.7	
		高良宝	1981.9—1983.7	
		王友明	1981.9—1983.7	
		朱惠明	1981.9—1983.7	
	乡长	高小华	1983.7—1984.5	此后为乡政府
	副乡长	高良宝	1983.7—1984.5	
第九届（1984.5—1987.4）	乡长	高小华	1984.5—1985.3	
		周绍裘	1985.3—1987.4	中期任职
	副乡长	高良宝	1984.5—1987.4	
		陆敏琪	1986.4—1987.4	中期任职
第十届（1987.4—1990.3）	乡长	周绍裘	1987.4—1990.3	
	副乡长	高良宝	1987.4—1990.3	
		陆敏琪	1987.4—1990.3	
第十一届（1990.3—1993.2）	镇（乡）长	朱惠明	1990.3—1990.12	
		顾凤岐	1991.1—1993.2	中期任职
	副乡长	高良宝	1990.3—1991.12	
		陆敏琪	1990.3—1992.11	
		邵惠锋	1990.3—1991.2	

续表

届次	职务	姓名	任职时间	说明
第十一届（1990.3—1993.2）	副镇（乡）长	陆　峰	1990.3—1993.2	
		赵祖林	1991.1—1993.2	中期任职
第十二届（1993.2—1996.2）	镇长	顾凤岐	1993.2—1994.3	
		陆　峰	1994.3—1996.2	中期任职
	副镇长	陆　峰	1993.2—1994.3	
		俞瑞亚	1993.2—1996.2	
		夏锦良	1993.2—1995.2	
		张士标	1993.11—1995.2	中期任职
		唐坤元	1995.2—1996.2	中期任职
		金云明	1995.2—1996.2	中期任职
第十三届（1996.2—1999.1）	镇长	邱震德	1996.2—1999.1	
	副镇长	俞瑞亚	1996.2—1997.11	
		金云明	1996.2—1997.11	
		唐坤元	1996.2—1999.1	
		高海洋	1997.11—1999.1	中期任职
		李卫光	1998.2—1999.1	中期任职
第十四届（1999.1—2002.1）	镇长	邱震德	1999.1—2001.10	
		马士文	2001.10—2002.1	中期任职
	副镇长	高海洋	1999.1—2001.11	
		李卫光	1999.1—2002.1	
		朱建良	1999.1—2001.11	
		高雪飞	2001.11—2002.1	中期任职
		顾振清	2001.11—2002.1	中期任职
		费　新	2001.11—2002.1	中期任职
		俞建国	2001.11—2002.1	中期任职
第十五届（2002.1—2003.8）	镇长	马士文	2002.1—2003.8	
	副镇长	高雪飞	2002.1—2003.8	
		顾振清	2002.1—2003.1	
		李卫光	2002.1—2003.8	
		费　新	2002.1—2003.8	
		俞建国	2002.1—2003.8	
		冯月芬	2003.1—2003.8	中期任职

注：（1）1954年1月至1956年3月为小乡乡长任职，1956年3月至1957年7月为中乡乡长、副乡长任职，1957年7月至1958年9月为大乡乡长、副乡长任职；（2）1958年9月成立公社管理委员会后，称公社管委会社长、副社长；（3）1968年4月成立公社革命委员会后，称公社革委会主任、副主任；（4）1981年9月恢复公社管理委员会后，称公社管委会主任、副主任；（5）1983年7月恢复乡建制，成立乡人民政府，称乡长、副乡长；（6）1993年1月鹿河撤乡建镇，称镇长、副镇长。

第三节　重要施政

一、实施农业改革

1950年12月至1951年7月，实施土地改革，把地主、富农的土地和财产分给贫苦农民，并废除封建地租，宣布旧契约作废。土地改革后，农民有了赖以生存的土地，生活得到保障，生产积极性空前高涨。

1951年完成土地改革后至1957年，实施农业的社会主义改造，把分得土地的农民组织起来，先成立劳动互助组，后创办初级社，再将初级社合并，发展为高级社。在完成农业的社会主义改造后，农业组织化程度提高，促进了生产发展。

1958年9月，成立人民公社，实行公社、大队、生产队三级管理体制。1961年起，以生产队为基本核算单位，统一组织生产和分配，土地归集体所有，对农民实行评工记分、按劳分配的制度。人民公社化后，解决了生产与分配上存在的诸多弊端，农业生产稳定发展，农民生活水平逐步提高。

1983年8月，农村全面推行家庭联产承包责任制，改土地由生产队统一经营为农户分户联产承包经营。至年底，全乡基本完成“人分口粮田、劳分责任田”、实行农户家庭联产承包责任制的工作。划分口粮田、责任田后，农民自主经营，自负盈亏，极大地调动了农民的生产积极性。

1996年8—10月，按照“保留自留田、人分口粮田、劳分责任田、划出任务田”的政策，对农户承包土地进行调整。1998年7—10月，开展农村第二轮土地续包和确权发证工作，给农户核发农村集体土地承包经营权证书，明确土地承包期向后延长30年。同年起，进一步加大土地流转力度，推进农业规模经营，引导农户将承包的土地向种田大户、合作经济组织转移。至2002年，全镇累计土地流转总面积7055亩，占全镇农户确权发证面积16798亩的42%。推行土地流转，实施规模经营，农业组织化、产业化、机械化水平不断提高，农业经营机制得到进一步完善。（“实施农业改革”详见第六篇第一章“生产关系变革”）

二、实施工业改革

镇村办的企业，在不同时期有不同的称谓，1978年前称社队企业，1978年后通称为乡镇企业，1993年撤乡建镇后称镇办企业和村办企业。为便于记述，本目均用镇村企业称谓。

进入20世纪80年代，鹿河镇村企业加快发展，但经营机制和管理模式与市场经济发展不相适应，为此，政府实施一系列改革。80年代初期，落实“放宽、搞活”政策，在镇办企业中推行多种形式的经济承包责任制，把企业职工的责、权、利结合起来，调动企业职工的生产积极性。

80年代中后期，进一步深化改革，在镇村办企业中普遍落实以承包为核心的目标管理生产责任制，企业、车间、班组的生产任务实行层层承包。通过推行经济承包责任制，克服了企业吃“大锅饭”、职工靠“铁饭碗”、干部搞“终身制”的三大弊病，提高了干部的责任性和职工的积极性，增强了企业的活力，提高了企业经济效益。

进入90年代，对镇村办企业不断深化转换企业经营机制的改革。1994年，开始实施以股份合作制为主要形式的改革。1995年，重点对小微企业实施兼并、租赁、拍卖等形式的改革。1996年起，全面推进以产权制度改革为核心的镇办企业转制工作。1997年，企业转制工作转向村办企业，至1999年，镇村办企业转制工作基本完成。镇村办企业转制后，市场主体变过去的集体所有制企业为民营企业，产权更加明晰，镇村不再直接投资经营企业，转向为企业服务。（实施工业改革详见第七篇第一章第六节“企业转制”）

三、实施集镇建设规划

20世纪70—80年代，本着“量力而行、尽力而为”的原则，政府每年投入一定的资金实施老镇区改造，完善集镇基础设施。80年代末，集镇建设步伐开始加快，政府重视集镇建设规划并按规划有序实施。1989年，政府编制《鹿河集镇建设总体规划》，同年，按规划确定的地址，农业银行鹿河营业所大楼和鹿河工商管理所综合楼等建筑物相继落成。

1992年，为拓展集镇功能，适应建设发展需要，重新修订《鹿河集镇建设总体规划》，并严格按照规划，加快推进集镇建设。至1995年，新筑新鹿路、灵影路、健康路、沙鹿公路（镇区段）等东西向道路4条和玉影路、鹿长路等南北向道路2条，镇区主要道路纵横交错。同时，沿路沿街先后建成一幢幢企事业单位办公（营业）大楼和商业门市楼群，主要有鹿河卫生院门诊及住院楼、鹿河粮管所粮贸综合楼、建设银行鹿河办事处金融大楼、鹿河水利站综合楼、鹿河邮电支局邮电大楼、中国银行鹿河办事处营业大楼、政府机关宿舍楼、鹿河市建综合楼、玉影实业公司大楼、灵影路鹿河农贸市场及门店商住楼群等。

1996年，根据“集镇城市化、功能外向化、村镇一体化”的要求，镇政府委托南京建筑设计工程学院再次修编《鹿河集镇建设总体规划》，并经镇人代会讨论通过后，提交太仓市政府审定核准。此后，政府按照规划，布局商业区、教育区、医卫区、居民住宅区和工业开发区，集镇建设科学、合理、有序推进。

1997年，镇政府按照集镇建设规划，利用创建苏州市卫生镇的契机，加大资金投入力度，加快实施道路提档、市场扩容、景点建设、小区改造和绿化、美化、亮化等工程，从而使集镇面貌大为改观。是年，鹿河镇获“苏州市新型小城镇”荣誉称号。

1998年起，民营经济加快发展，镇政府切实按照集镇建设规划，将工业技改中需要迁移扩建的民营企业和新办的民营企业，全部安排进驻鹿河东泾工业小区和鹿河玉影工业小区（2001年2个小区合并后称鹿河联影工业小区）以及沙鹿公路、鹿长路工业开发带。至2002年，初步实现工业企业向工业小区集中的规划目标。

四、办理人大代表建议

1990年乡人大设立主席团和常务主席后，每年向镇（乡）政府提交人大代表的建议、批评和意见，由政府有关部门实施办理。1990—2002年的13年间，镇（乡）政府共收到人大代表建议、批评和意见325件。每年，镇（乡）政府逐件梳理分类，有的直接承办，有的转交政府有关部门办理。在实施办理中，镇（乡）政府及相关部门坚持做到能办的及时办，暂不具备条件办的协调有关部门积极创造条件去办，受政策限制不能办的向代表解释清楚，努力提高办理质量，做到件件有答复，事事有回音。镇（乡）政府及相关部门每年办理代表建议的代表满意率均在95%以上。

第四章　农工商总公司

1983年7月，鹿河公社体制改革，实行政社分开，公社管理委员会改称乡政府，另设公社经联会，属公社经济管理机构，为镇农工商总公司前身。7月20—21日，召开鹿河公社经联会成立大会，选举朱惠明为主任，夏祖豪、陆敏琪、王济荣为副主任。经联会下设办公室和农业公司、副业公司、工业公司，时称“一室三公司”，农、副、工3个公司经理分别由3位副主任兼任。经联会主要负责全公社农副工三业生产，对下属的农业公司、副业公司、工业公司实施合同管理，年初签订合同，年终进行结算，对各企业财务实施监督管理。

1991年9月，根据经济发展需要，对经济管理机构设置进行调整，成立鹿河乡农工商总公司，原经联会撤销。9月28日，召开鹿河乡农工商总公司成立大会。总公司实行董事会制度，由乡党委书记兼任董事长。首任董事长高阳、总经理孙炳元。总公司属正科级建制，与乡党委、乡政府通常被称为乡三套班子。总公司主要负责全镇工业经济的管理与服务，负责制订工业发展规划、开发引进工业项目、建立完善工业管理机制，对工业企业实行责任制考核与奖惩等。1993年1月鹿河撤乡建镇后，改称鹿河镇农工商总公司。2000年后，集体企业已完成转制，民营经济兴起，总公司原有管理职能发生变化。2001年11月，镇农工商总公司撤销，有关职能转入镇企业管理服务站。

表10-8　1991—2001年鹿河镇(乡)农工商总公司历任总经理、副总经理名录

职务	姓名	任职时间	职务	姓名	任职时间
总经理	孙炳元	1991.9—1995.2	副总经理	陆阿坤	1993.11—1999.12
	邵惠锋	1995.2—1995.12		夏锦良	1995.2—1995.12
	夏锦良	1995.12—1997.11		万小宏	1997.4—1999.12
副总经理	高良宝	1991.9—1991.12		高海洋	1997.4—1997.11
	赵祖林	1991.9—1995.2		费　新	1999.12—2001.11
	俞荣生	1991.9—1996.11		顾振清	1999.12—2001.11
	瞿培德	1991.9—1995.4		徐振勋	1999.12—2001.11
	顾振华	1992.8—1995.2		杜风良	2000.8—2001.11
	夏祖豪	1992.12—1995.2			

第五章　政协组织

1986年4月17日，成立鹿河乡政协工作小组，小组成员由各界人士中有影响有声望的人员组成，首任组长高龙。政协工作小组成立后，开展学习、视察、走访、调研等活动，认真履行民主监督、参政议政职能，为促进经济社会发展献计献策。

1988年，政协工作小组举办学习讲座，学习党的思想理论，把小组成员的思想统一到改革开放和以经济建设为中心上来；学习法律法规和党的统战政策，提高小组成员的业务水平和履职能力。

1990年，政协工作小组参与乡人大主席团组织的对农业农村工作的监督检查，重点围绕农业投入、农田水利、农机服务等方面提出存在问题和改进建议，支持政府进一步加强农业农村工作。

1992年5月14日，政协工作小组与乡人大主席团联合进行视察活动，重点视察鹿河染整厂、新泾漂染厂、鹿河毛线厂、鹿河化工厂等单位的污水治理情况，视察后，对工厂治理污水、达标排放提出意见和建议12条。通过这次视察，促进了《环境保护法》在这些企业的贯彻实施。

1993年1月鹿河撤乡建镇后，改称鹿河镇政协工作小组，小组成员由镇党委统战委员、市政协委员和社会各界知名人士等13人组成。1996年，组织小组成员开展走访调研活动，重点调研《食品卫生法》《环境保护法》《土地管理法》在各村、各单位的贯彻落实情况。调研后，及时与政府及有关执法部门沟通，为政府推进依法治理工作提供方便。

1997年起，发挥小组成员各界朋友多、社会交往广的优势，切实做好统战工作。团结新经济组织、新社会组织代表人士和非公有制经济人士为促进鹿河经济加快发展献计献策。加强与在外乡贤的联系，通报乡情，传递乡音，唤起他们对家乡的眷恋之情，为鹿河招商开发提供信息。关心“三胞”眷属的工作生活，并通过眷属做好统战政策的宣传工作，

2001年，鹿河镇政协工作小组更名为鹿河镇政协联络委员会，同时调整政协联络委员会组成人员，调整后为15人，由镇党委副书记蔡永平兼任主任。组成人员中，有党政机关干部、工商界知名人士、农业战线上的代表、科技人员代表、知识分子代表、宗教界人士代表等，体现了政协人员组成的广泛性。是年12月30日，召开鹿河镇政协联络委员会成立大会。2002年，镇政协联络委员会围绕群众普遍关心的热点问题开展视察调研、监督评议、专题协商等活动，积极建言献策，为促进鹿河经济社会加快发展献智出力。

2003年8月，鹿河镇政协联络委员会随镇区划调整并入璜泾镇政协联络委员会。

第六章　群团组织

第一节　工　会

一、工会组织

1951年3月，成立鹿河联合工会，隶属太仓县总工会领导。工会一开始设在鹿河镇东大街乡政府内，后移至北街。入会的有工业、手工业、商业、供销、搬运等企事业单位职工60余人。联合工会设主席、副主席各1人，组织、宣传、统调委员各1人。联合工会第一任主席支金悟。

1956年3月，私营工商业社会主义改造基本完成以后，分行业组建工会，镇联合工会自行解散，其会员分别参加各行业工会。1966年3月，各行业工会重新进行会员登记，健全工会组织机构。

1966—1976年，会活动基本停止。1978年，对各基层工会负责人先后进行调整。此后，各基层工会做好会员发展工作，壮大会员队伍，夯实工会工作基础。1984年，在做好基层工会工作的基础上，做好乡工会筹建工作，成立鹿河乡工会。1985年，全乡有鹿河供销社、鹿河粮管所、鹿河中学、鹿河小学、鹿河卫生院等基层工会5个，共有工会会员312人。

1985年后，重视在乡镇企业中建立工会，发展工会会员。1992年起，开始在“三资”企业中组建工会，至1994年，建立苏州麒麟长毛绒有限公司等企业工会11家。1995年，为扩大企业工会工作覆盖面，镇党委批转《镇工会关于进一步做好在外商投资企业中建立工会的意见》，促进了建会工作，是年，新建外商投资企业工会4家。

1996年，开始建立村级工会和私营企业工会。是年，成立鹿河镇私营企业工会联合会，下属有鹿河涌南并线厂、鹿河振新印染厂、鹿河三联加弹厂等个体私营企业工会3家。同年，首先在新泾村建立村级工会，并建立村级企业工会3家。1997年，在长城村、鹿河工业搪瓷厂、鹿河供电营业所、太仓新谊毛纺厂等单位建立工会。1998年，新建苏州江辉船舶制造有限公司、苏州标图高级座椅有限公司等合资企业工会2家。

1999年，镇村集体企业基本完成产权制度改革、转换经营机制后，及时对企业工会组织设置进行调整重组，有的仍单独建会，有的联合建会，对职工人数不足25人的企业建立工会小组。2001年，新建私营企业工会6家、私营企业工会联合会1家、外商投资企业工会1家、村级工会4家。

2002年，全镇有基层工会27家，其中机关事业单位工会5家、村级工会6家、企业工会16家，建立工会小组96个，拥有工会会员3865人。

1984—2003年鹿河镇（乡）历任工会主席：江永明（1984.11—1996.5）、吕永林（1996.5—

1998.6）、高永昌（1998.6—2003.8）。

二、主要工作与活动

1951年鹿河成立联合工会后，积极宣传政府的政策法令，支持政府对私营商业经营粮食、棉花等重点物资的控制，配合做好由国家、集体统一收购的过渡工作。在抗美援朝运动中，动员镇上商行商铺业主及店员募捐，用实际行动支援前线。1955年，对私营工商业进行社会主义改造，积极宣传党的政策，配合政府做好私营业主的资产清理登记工作，协助政府把手工业者组织起来走集体化道路。

1956年，在商业、教育、卫生等部门分行业建立工会后，在较长一个时期内，由各工会分别开展工作和组织活动，主要任务：组织职工学习时事政治和文化知识，提高职工思想觉悟及知识水平；关心职工生活，对困难职工进行帮扶；开展文体娱乐活动，丰富职工文化生活；组织开展劳动竞赛，激发职工学技术、长技能、争贡献的积极性。

1966年下半年起，工会活动基本停止。1978年，各工会开始恢复工作。1984年鹿河乡工会成立后，全乡的工会工作由乡工会有组织、有计划地开展。

1985年，在乡工会计划安排和指导下，工会系统普遍开展教育培训、劳动竞赛、文体娱乐、扶贫帮困等活动。鹿河供销社工会举办文化业务知识培训班4期，青年职工参训120人；组织法律知识竞赛，由各工会小组派代表参赛。鹿河粮管所工会组织职工观看电影和电视录像，丰富职工文化生活；对退休职工和有病职工进行慰问，送上慰问品，体现工会对职工的关爱。是年元宵节期间，市镇上由5个企事业单位工会联合举办乒乓球、象棋、康乐球、扑克、灯谜等竞赛活动，增添了节日欢乐气氛。

1988年前后，各基层工会都建有黑板报或宣传画廊，宣传时事形势、工作动态、业务知识，表扬好人好事，定期更新宣传内容，一般每年都在4~6期。各工会都有工人俱乐部（一般与会议室等合用），可供职工阅览图书，开展象棋、扑克、乒乓球、羽毛球等文体活动。供销社还设有专用俱乐部，有专人管理，每天开放，俱乐部除备有棋牌类、球类等活动器具外，还备有各种乐器，供爱好者演练娱乐。

1990年后，进一步加强思想政治工作，深入开展精神文明建设活动，引导职工在社会主义市场经济条件下树立正确的世界观、人生观和价值观，倡导文明健康的生活方式，在工会系统倡导积极向上、健康文明的社会新风。

1995年，各企业工会在职工中开展“创企业精神、树主人翁形象”主题教育，对职工进行爱国主义、社会主义和艰苦奋斗教育。活动期间，为纪念抗日战争胜利50周年，举办电影专场，放映《南京大屠杀》，有近千名职工观看。同时，对职工进行职业道德、社会公德、个人品德和家庭美德教育，提升职工素质。同年起，加大《劳动法》宣传贯彻力度，各基层工会刊出专题宣传黑板报8期，在集镇上拉出宣传横幅和张贴宣传标语50条。镇工会召开学习座谈会，与会人员交流学习贯彻《劳动法》情况。组织基层工会主席参加《劳动法》法律知识答题，检验工会干部学法成效。在江苏雅鹿实业股份有限公司做好集体合同签订试点工作，在此基础上，完成了其他4家企业集体合同签约。建立基层工会劳动争议调解委员会，年内建立10个，成功调处劳动争议纠纷5起。1996年1月，镇工会被太仓市总工会评为1995年度工会工作先进集体。

1996年，镇工会指导基层工会规范集体劳动合同文本，对部分条款进行修改完善，并督促已成立工会的8个单位完成集体劳动合同的签约工作。同年，各基层工会组织开展多种形式、各类项目的劳动竞赛，激发广大职工学知识、钻技术、争贡献的积极性。在实施企业产权制度改革中，各企业工会配合镇转制工作小组，做好下岗职工的思想工作，确保企业转制工作顺利开展。

1997年，通过召开座谈会和个别走访等形式，对企业执行集体劳动合同情况进行调查，对执行到位的予以总结推广，对发现的问题予以纠正解决。是年，有关基层工会履行民主监督职责，对所在单位领导班子履职情况进行民主评议，促进班子及班子成员工作。同年，镇党委树立典型，表彰先进，镇工会号召全镇广大职工向先进典型人物学习，在工会系统营造学标兵、争先进、创一流、争贡献的浓烈氛围。1998年6月18日，鹿河镇工会第二次代表大会在雅鹿职工之家召开，会议号召全镇广大职工积极投身改革开放伟大实践，发挥工人阶级在经济建设中的主力军作用。1999年，江苏雅鹿集团有限公司等企业工会组织开展职工劳动竞赛，掀起比、学、赶、帮、超热潮，广大职工赛干劲、比贡献，涌现了一批文明班组、文明职工，促进了企业生产。是年，镇工会被太仓市总工会评为工会基层工作先进单位。

2000年，镇工会与妇联、共青团等组织开展“送温暖、献爱心”和结对帮困、爱心助学等活动，为孤寡老人和贫困学生送去温暖。在扶贫帮困工作中，工会积极当好第一知情人、第一协调人、第一援助人。2001年，镇工会开展争创“江苏省合格乡镇工会”“江苏省百强示范乡镇工会”活动，围绕参与民主管理、民主监督，送温暖制度化、经常化，推动技术革新创造，组织开展劳动竞赛，加强工会自身建设等方面开展工作，并取得成效，是年，镇工会被太仓市总工会评为太仓市争创省工会工作十强县（市）先进集体。

2002年，镇工会抓好职工之家建设，配套文体设施器材，丰富职工业余文化生活；加强工会组织建设，壮大工会队伍，并发挥好“娘家人”作用，团结职工，凝聚力量，在推动全镇经济社会发展中做出新的贡献。

第二节　共青团

一、共青团组织

中华人民共和国成立后，新民主主义青年团璜泾区工作委员会在鹿河境内各乡发展团员，建立共青团组织。1951年，鹿河乡（小乡）有团员5人，设共青团支部委员会（简称“团支部”），姚德明任书记。之后，团支部做好组织发展工作，团员人数增多，至1952年，团员遍布各村。

1957年5月，新民主主义青年团改称共产主义青年团（简称“共青团”）。同年8月鹿河乡并成大乡后，仍设团支部。1958年9月成立人民公社后，设共青团鹿河公社委员会（简称“团委”），各大队、市镇各单位设团支部。是年，公社团委下辖团支部16个，有团员185人。

自1951年有团组织起至1965年，鹿河先后召开4次团员代表大会（会议情况因资料缺失无从记载）。

1966年1月7日，召开共青团鹿河公社第五次代表大会，会议要求在广大团员青年中深入开展社会主义教育，号召团员青年在社会主义革命和建设中发挥突击队作用。会议选举产生公社团委委员11人，戴湘麒任书记。

"文化大革命"前期，全公社团组织基本瘫痪。1971年6月，公社党委重组公社团委班子，新组建的团委设委员7人，戴湘麒续任书记。同时，对各大队和市镇各单位的团支部进行重组。1976年冬和1977年春，分批对基层团组织进行整顿改选。1978年末，全公社有团支部23个，团员452人。

1980年10月18—19日，召开共青团鹿河公社第六次代表大会，会议地点在公社大礼堂，应到代表188人，实到代表158人。大会讨论通过夏林祥代表上届公社团委做的工作报告。会议号召全公社团员青年积极投身经济建设，为促进农副工三业生产一齐上，为建设社会主义新鹿河做出贡献。会议选举产生第六届公社团委委员9人，夏林祥任书记。

1983年7月，公社体改后设乡，公社团委改称乡团委。同年9月17—18日，召开共青团鹿河乡第七次代表大会，会议号召团员青年积极投身农村改革伟大实践，为促进全乡两个文明建设再立新功。会议选举产生第七届乡团委，孙锦明为书记。1985年，根据人事变动和工作需要，增补团委委员4人，免去老团委委员2人。是年，新建基层团支部1个，调整充实基层团支部书记8人，全年发展新团员51人，超龄离团16人。年末，全乡有团支部32个，团员625人。

1988年10月14日，召开共青团鹿河乡第八次代表大会，会议号召团员青年勇于改革创新，不断开拓进取，为全乡两个文明建设建功立业。会议选举产生第八届乡团委，邵惠锋为书记。

1991年3月26日，召开共青团鹿河乡第九次代表大会，会议号召团员青年拼搏进取，扎实苦干，为促进全乡经济建设做出新贡献。会议选举产生第九届乡团委委员7人，李锦清为书记。

1993年1月鹿河撤乡建镇后，乡团委改称镇团委。1994年3月7日，召开共青团鹿河镇第十次代表大会，会议号召团员青年弘扬拼搏精神，争当时代先锋，为推进全镇两个文明建设贡献智慧和力量。会议选举产生第十届镇团委，黄建刚为书记。

1997年3月20日，召开共青团鹿河镇第十一次代表大会，会议号召团员青年拼搏进取创业绩，奉献青春建新功，为鹿河实现基本现代化而奋斗。会议选举产生第十一届镇团委，黄建刚为书记。此次大会后，镇团委重视在新经济组织和新社会组织中发展团员，建立团支部。是年起，由于实施企业产权制度改革，镇办企业团组织逐年减少。1999年村区域合并后，村团支部由原来的13个减少至6个。

2000年3月16日，召开共青团鹿河镇第十二次代表大会，会议号召团员青年奋发进取，务实工作，为推动鹿河经济加快发展和社会文明进步贡献力量。会议选举产生第十二届镇团委，黄建刚为书记。

2002年1月11日，召开共青团鹿河镇第十三次代表大会，会议号召团员青年抢抓机遇，创新创业，为全面推进鹿河现代化建设而奋斗。会议选举产生第十三届镇团委，黄建刚为书记。是年末，镇团委下辖基层团支部25个，其中村团支部6个、企事业单位团支部19个，全镇有团员755人。

1951—2003年历任鹿河镇（公社、乡）共青团组织书记：姚德明（1951.2—1957.8）、薛文俊（1957.8—1959.9）、郑森荣（1959.9—1962.8）、方桂生（1962.9—1966.1）、戴湘麒（1966.1—1966.9、1970.1—1973.4）、顾振昌（1966.10—1969.12、1973.4—1976.8）、夏林祥（1976.8—1981.9）、李振扬（1981.9—1983.7）、孙锦明（1983.7—1988.10）、邵惠锋（1988.10—1991.3）、李锦清（1991.3—1994.3）、黄建刚（1994.3—2003.8）。

二、主要工作与活动

20世纪50年代初，乡团支部组织团员开展访贫问苦活动，对团员青年进行阶级教育，动员他们积极投身土地改革运动。同时，在青年中培养骨干，一批青年成为团组织的发展对象。抗美援朝运动开始后，动员青年响应国家号召，服从祖国挑选，先后有数百人报名应征，其中有团员青年83人被批准入伍，参加中国人民志愿军。

50年代中后期，农村团员带头走合作化道路，动员家人参加互助组、合作社，为各村完成对农业的社会主义改造发挥了积极作用。同时在第二次镇压反革命运动中，团员青年爱憎分明，敢于斗争，成为运动中的进步力量。

60年代，公社团委发动团员青年积极投身生产建设，在历次抗击暴风雨袭击和开挖河道、修筑海塘中，团员青年吃苦在前、带头苦干，发挥了生力军作用。

1970年前后，在广大团员青年中广泛开展学习活动，不少团员青年能背诵毛主席著作《为人民服务》《纪念白求恩》《愚公移山》（时称“老三篇”）。在学习的同时，倡导“活学活用”，组织团员青年做好人好事，做好事不留名，特别是农村团支部，在夏秋两个大忙中，普遍组织团员青年为缺劳力户和烈军属户抢收抢种以及帮忙其他农活，全公社团员青年做的好人好事不计其数。

1971年起，在团员青年中开展计划生育宣传活动，并动员团员青年响应国家号召，带头晚婚晚育，实行计划生育，坚持少生优生。1974年，公社团委在各村树立1~2对青年育龄夫妇为晚婚晚育先进典型，号召全公社婚育青年向他们学习，自觉做到晚婚晚育，坚持计划生育。

1979年，公社团委切实加强对团员青年的思想政治教育，通过举办学习培训班，分批分期对团员和青年骨干进行轮训，学习中共十一届三中全会精神，把团员青年的思想统一到以经济建设为中心上来，动员团员青年争当改革开放的促进派，争做经济建设的开拓者，为促进全公社农副工三业生产一齐上发挥生力军作用。

1981年前后，公社团委宣传计划生育有组织、有特色、有成效，全公社婚育青年晚婚晚育蔚然成风。1983年1月，太仓县团委授予鹿河公社团委“计划生育好”荣誉称号。

1985年，乡团委配合乡人武部开展助耕帮户活动，重点为全乡缺劳力户和烈军属户抢收抢种，夏秋两个农忙共出动团员青年1300余人次，为被帮对象收割脱粒小麦、水稻4000余亩。

1988年，在乡办企业中开展“爱岗学技、争优夺旗”和“五小”（小发明、小创造、小改革、小建议、小设计）竞赛活动，激励青年职工发挥聪明才智，为企业发展献计出力。太仓鹿河化工厂团支部多次组织青年职工技术培训、练兵比武，青年职工的劳动技能得到提升。

1989年，为使团干部适应新时期团的自身改革和青年工作的需要，乡团委利用团校阵地举办团干部培训班3期，重点辅导怎样当好团书记、青年心理学等相关知识，帮助团干部拓宽视野，更新观念，进一步熟悉团的工作。同年起，针对团员流动性大、与团组织联系容易脱节的实际情况，乡团委向全乡团员530人颁发团员证，让广大团员强化团员意识，不忘团员身份，在工作中发挥先锋带头作用。1992年，在纪念五四运动73周年期间，乡团委举办"驰鹿杯"共青团知识百人竞赛活动、纪念五四运动团干部座谈会等。1993年2月，镇团委被太仓市团委评为1992年度组织建设红旗团委。

1995年，新幸村、鹿河供销社、鹿河麻纺厂等单位相继组织技术操作比赛，激发团员青年学技术、比贡献、争模范的积极性。1997年，在团员青年中组织开展"弘扬五四精神，立志岗位建功"主题活动，增强团员青年建设家乡、振兴鹿河的社会责任感和使命感。利用香港回归的契机，开展"唱爱国歌曲""颂祖国征文"活动，对青少年进行爱国主义教育。

1998年，在开展学雷锋35周年纪念日活动期间，各单位团支部组织团员青年普遍开展便民服务、义务植树、捐款扶贫、爱心助学、敬老助老等活动，营造了"学雷锋、树新风"的浓烈氛围。同年，鹿河卫生院、鹿河邮电支局、鹿河供电营业所等单位的团员青年开展"满意在窗口，奉献在岗位"主题活动，团员青年热情周到的服务态度受到服务对象好评。是年，镇团委被太仓市团委评为组织建设合格团委。

1999年，在全镇中小学生中开展爱国主义、集体主义、社会主义思想教育，激发青少年学生热爱祖国、热爱人民、热爱社会主义的热情；在外来青年职工中开展"爱我中华""爱我第二故乡"征文活动，引导外来青年职工刻苦学习、奋发向上，创业绩、争贡献。

2000年，在工业企业中深化"青年文明号"争创活动和"青年岗位能手"竞赛活动，一大批"青年文明号"生产线、车间、班组成为企业生力军，体现了团员青年爱岗敬业的精神风貌。

2002年，镇团委与镇工会、镇妇联协调联动，共同搭建"学雷锋、树新风""义务植树添绿色""扶贫帮困献爱心"等活动载体，组织义务劳动，发动爱心捐款。年内，全镇团员青年参与社会公益劳动300余人次，参与捐款2000余人，共募集爱心善款5.6万元。同时，通过走访慰问、结对帮困等形式，为因病致贫户、孤寡老人、贫困学生送去慰问品和慰问金，全镇帮扶对象65人得到关怀和照顾。

第三节　妇　联

一、妇联组织

1950年，鹿河境内各乡（小乡）物色培养妇联干部。1952年10月至1956年3月鹿河小乡时期，鹿河各小乡建立妇女联合会（简称"妇联"），配乡妇联主任，各村配妇女主任，其乡妇联任期被列为第一届。1956年4月至1965年12月鹿河中乡、大乡时期和人民公社初期，乡妇联在农村培养妇女干部，建立妇女组织，形成妇女工作网络，其乡妇联任期被列为第二届。

1966年1月7日，召开鹿河公社第三次妇女代表大会（之前妇女干部由组织任命，未开妇代会选任），出席代表106人。会议总结全公社妇女群众参与社会主义教育运动、投身社会主义建设所取得的成绩，号召广大妇女群众坚定走社会主义道路，发扬苦干精神，发挥妇女作用，为把农副工三业生产搞上去做出贡献。会议选举产生第三届公社妇联委员11人，龚华珍为首位由妇代会选任的妇女主任。

1966年7月后，全公社妇女工作受到干扰，妇女组织停止活动。1971年，调整健全公社妇联班子，妇女组织恢复活动。是年末，全公社13个大队均建立妇代会，配齐各村妇女干部。

20世纪70年代中期起，公社妇联把妇女工作拓展到企业，重视在社办企业中建立妇女组织，女工多的企业建妇代会，少的建妇委会。至70年代末，建立企业妇代会5个、妇委会3个。80年代，随着企业的发展，女职工增多，企业妇代会数量随之增加，至80年代末，企业妇代会增至12个。

进入90年代，镇妇联进一步加强基层妇女组织建设，凡符合条件的工业企业和事业单位均建立妇代会或妇委会，至1995年，全镇有基层妇女组织33个，其中村妇代会13个、企事业单位妇代会（或妇委会）20个。

1996年起，随着镇办企业产权制度改革的深入，企业妇女组织随之减少，镇妇联针对转制企业妇女组织出现“空白点”的情况，及时把妇女工作覆盖面扩大到非公经济组织。1999年，村区划调整合并，村级妇女组织减少。

2002年，全镇有基层妇女组织21个，其中村妇代会6个、企事业单位妇代会（或妇委会）14个、社区妇代会1个，全镇妇女工作覆盖面达98%以上。

自1966年1月至2003年8月，鹿河镇（公社、乡）妇联历经9届，先后召开9次妇女代表大会，每次大会均由妇联主要负责人向大会报告，总结任期所做的主要工作及所取得的成绩，提出下一届妇女工作主要任务。大会还选举产生新一届妇联委员会委员及主任、副主任。

1952—2003年历任鹿河镇（公社、乡）妇联主任（主席）：唐巧（1951.1—1956.3）、包凤莲（1956.3—1957.8）、姚雪华（1957.8—1959.9）、王蕙英（1959.9—1964.4）、龚华珍（1964.6—1966.9）、陈培英（1966.9—1969.12）、刘福珍（1971.1—1975.11）、包桂珍（1975.11—1984.10）、戈凤英（1984.10—1988.3）、刘丽萍（1988.3—1992.5）、丁瑞华（1992.5—2003.8）。

注：（1）第八次妇代会起，妇联主任改称妇联执委会主席；（2）第十一次妇代会选举产生的妇联任期未到，2003年8月随鹿河镇并入璜泾镇而与璜泾镇妇联合并。

二、主要工作与活动

1952年鹿河境内各小乡建立妇女组织后，积极开展工作。通过宣传发动，引导妇女参加社会活动，把妇女从封建束缚中解放出来，提高妇女政治地位，广大妇女在土地改革、镇压反革命、抗美援朝运动中发挥了积极作用。

1953年，农业推行互助合作生产，农村妇女干部发动妇女群众积极联系其他农户组建互助组，通过生产资料互补和劳动力互助发展农业生产。在组建初级社和高级社期间，农村妇女干部带头走集体化道路，积极投身合作化运动，特别是1956年秋种前，在初级社并升高级社的办社高潮中，由于妇女干部的积极宣传和带头入社，广大妇女群众热情高涨，踊跃入社。至1956年末，鹿河乡入社农户2557户，占全乡总户数的94.46%。

20世纪60年代，公社、大队两级妇女组织，一方面动员妇女群众参加识字扫盲班，学习文化知识，参加夜校培训，接受思想教育；另一方面动员妇女群众发扬吃苦耐劳精神，在生产建设中发挥"半边天"作用。此外，还发挥妇女组织优势，为各大队、生产队办幼儿园、托儿所给予帮助和指导。

70年代初，各级妇女组织积极担当计划生育工作重任，动员育龄妇女实行计划生育。1974年后，通过多种形式，大力宣传计划生育政策，动员婚龄青年自觉做到晚婚晚育。同时，通过公社、大队、生产队妇女组织体系，做好避孕药具的发放工作，为广大育龄妇女落实节育措施提供服务。

1978年起，公社妇联发动农村妇女干部培育棉花丰产方，通过开展"三八"银花赛活动，促进全公社科学植棉，夺得高产丰收。1980年3月，太仓县妇联授予公社妇联"'三八'红旗集体"称号。

1983年实行家庭联产承包责任制后，乡妇联组织通过召开现场会、举办培训班，向妇女群众传授种养技术、普及科技知识，帮助其提高致富技能。同时，鼓励农村妇女大力发展种植业、养殖业，开展编织、家庭小加工以及其他多种经营项目，一大批农村妇女成为勤劳致富的先进典型。

1985年，乡妇联与司法部门开展维护妇女儿童合法权益宣传教育，通过举办专题讲座、印发宣传资料、上门走访等形式，把妇女维权法律知识传播到村、居委、企业。同年，为营建学校教育与家庭教育共育机制，开办首期"父母学校"培训班。学生家长参训63人，通过培训认识了家庭教育的重要性和方式方法。

1988年，重视做好信访接待工作，全年接待涉及妇女儿童维权信访41人次，成功调处由离婚引起的财产、子女抚养纠纷等7件，夫妻矛盾、婆媳不和等家庭纠纷32件。1989年1月，乡妇联获太仓县妇联颁发的"1988年维权工作成绩显著"奖状。

1989年起，乡妇联在全镇妇女中开展"双学双比"和"巾帼建功"竞赛活动，同时创办鹿河乡妇女"三八"丰产方，并以此为载体，推动"双学双比"活动扎实开展。通过竞赛活动，一大批妇女干部和妇女群众成为种植、养殖能手和勤劳致富带头人。1990年3月，乡妇联被太仓县妇联"双学双比"竞赛活动领导小组评为"组织优胜"单位。

1992年3月22日，苏州市妇女"双学双比"现场会在鹿河召开，各县妇联主任参加会议。会议肯定鹿河广大妇女投身经济建设所取得的成绩，介绍推广鹿河深入开展"双学双比"活动的做法和经验。会议期间，与会人员还冒雨参观了新幸村棉花营养钵育苗制钵现场。1992年、1993年、1994年，鹿河镇（乡）妇女"三八"丰产方连续3年在苏州市妇女"双学双比"竞赛活动中获得优胜奖。1994年，在江苏省农村妇女"双学双比"、"三八"丰产方竞赛活动中获棉花项目一等奖。1995年10月20日，全国妇联书记处书记华福周到鹿河参观棉花"三八"丰产方，在听取镇妇联工作汇报后，对鹿河镇妇女开展的"双学双比""巾帼建功"活动予以赞赏。

1996年，市镇各企事业单位深入开展"巾帼建功示范岗""巾帼献技"活动。鹿河金鹿商场等单位开展商品介绍、商品包扎、珠算口算等比赛，鹿河卫生院对示范岗岗位人员进行护理理论考试

2次、护理操作比赛2次，江苏雅鹿实业股份有限公司设立示范班组2个、示范车头2个。示范岗发挥示范带动作用，激发了广大女职工爱岗敬业、巾帼建功的积极性，促进了工业企业的生产发展和服务行业专业技能的提升。

1997年前后，开展巾帼成才行动，组织女性参与政治经济社会活动，培养具有“四有”（有理想、有道德、有文化、有纪律）、“四自”（自尊、自信、自立、自强）精神的跨世纪女性人才，一批妇女在政治上要求进步，工作中成为生产骨干，生活中洁身自好。1996—1998年3年间，经镇妇联推荐、组织部门选拔，成为村、企事业单位干部的妇女有7人，发展入党的妇女有9人。

1999年，开展“迎接新世纪，巾帼创新业”系列活动，镇妇联举办培训班，组织妇女学习蔬菜种植新农艺、新技术，办班6期，参训520人次。此次培训，帮助妇女掌握种植蔬菜新技术，促进蔬菜生产发展，是年，全镇发展大蚕豆、荷兰豆、西兰花、大蒜等蔬菜种植面积2500亩。深化“巾帼示范岗”活动，在江苏雅鹿集团有限公司、太仓康鹿精毛纺厂、鹿河卫生院等单位设“巾帼示范岗”32个，并以此为载体，在广大女职工中掀起比、学、赶、帮、超热潮。开展“巾帼杯”爱国储蓄活动，共吸储89万元，为银行增加放贷、支持地方建设创造条件。召开表彰会，表彰“双学双比”“巾帼建功”竞赛活动先进集体6个、先进个人16人、种植业养殖业女能手26人，在全镇妇女群众中营造了“爱岗敬业、奋发向上”“创一流、争贡献”的良好氛围。

2001年前后，开展“手拉手、结对子、献爱心”扶贫帮困活动，向低保、低收入家庭伸出援助之手，3年间全镇妇女干部与贫困妇女结对帮扶29人，“希望妈妈”与贫困学生结对帮扶15人，共援助帮扶资金5万余元及若干生活、学习用品。

2002年，配合镇计划生育部门向全镇妇女群众宣传生殖保健知识，组织妇女病普查，妇女2600人受益。开展“学雷锋、树新风”募捐活动，全镇募集捐款4万余元，对有关村贫困家庭和学生给予帮扶。组织开展“学习型家庭”争创活动，利用村、厂“妇女之家”组织妇女集中学习，动员妇女坚持自学，读好书、求进步、长知识、增技能，是年评出“学习型家庭”妇女先进个人8人。

第四节　科　协

一、科协组织

1982年12月25日，成立鹿河公社科学技术协会（简称“科协”），成立大会在鹿河书场召开，科协会员出席163人。公社管委会副主任、科协主席顾振昌做《同心同德，刻苦攻关，努力开创鹿河公社科技工作新局面》的工作报告。大会通过《鹿河公社科学技术协会章程》，选举产生公社科协委员会委员7人。成立初，全公社基层科协组织设农业、副业、工业、教育（学校）、卫生、商业等19个科协小组。

1985年，根据工作需要和人事变动，公社科协对基层科协小组组长及小组成员进行调整充实，把那些科技意识强、善于革新改造、热心科技科协工作的中青年骨干吸纳到科协组织中来，全年调整充实22人，年末，全公社有科协会员193人。

1990年后，乡科协进一步重视基层科协组织建设，各村科协组织相继建立，至1995年，全镇有基层科协组织23个，其中成立科协委员会3个、建立科协小组20个（包括学组、研究会6个），共有会员285人。

1996年，镇办企业实施产权制度改革，企业科协组织人事发生变化，为确保工作衔接，镇科协及时与企业联系，做好人员调整工作。是年，调整科协小组组长6人，组员12人。同年，进一步加强基层科协小组领导力量，村、企业科协小组组长分别由村主任、副厂长兼任。

1999年，村科协小组随村区域调整而合并，由原来13个合并为6个。在调整合并时，发展了一批年轻科协小组人员，增添了科协队伍新生力量。2001年，重视在化纤加弹、横机针织、温氏养鸡、养鱼养虾等专业性强的行业中组建科协组织，年内新成立6个。2002年，全镇有基层科协组织32个，其中成立科协委员会6个、建立科协小组26个（包括学组、研究会），共有会员490人。

1982—2003年历任鹿河镇（公社、乡）科协主席（负责人）：顾振昌、张宝康、薛文俊、汤耀庭、许惠星。

二、主要工作与活动

1982年12月公社科协成立后，积极开展工作。1985年前后，做好《太仓科普报》发行工作并通过广播、黑板报、画廊、标语等形式，普及科技知识，传播科技信息。开展技术咨询服务，先后对有关企业家用保安器、电器校验台、特种金属材料、热浸锌技术的项目引进和产品开发进行可行性调研。抓好企事业单位人员的技术职称评定工作，经逐级评审，全乡评定助理工程师1人、技术员25人，均获技术职称证书。

1989年起，每年举办一届科普宣传周，每届突出一个宣传主题，开展形式多样的科普宣传。活动期间，通过举办专题讲座、刊出板报画廊、编播广播节目、上街设摊咨询、印发宣传资料等途径和形式，深入宣传“科学技术是第一生产力”的理念，广泛传播科技知识，让广大干部职工确立经济发展必须依靠科技进步的观念，在全乡营造了学科学、爱科学、用科学的浓烈氛围。

1992年前后，积极做好科技的推广应用工作。在农业生产上，推广应用新品种、新技术、新成果，农产品产量得到提高。在工业企业中，发动科技人员提合理化建议，对生产技术难题进行攻关，镇办纺织、服装、机械等行业的10余家企业通过改进工艺、调整工序，产品产量提高、生产能耗降低。

1995年，组织开展“讲理想、比贡献”活动，其中上报参加太仓市讲比活动项目10项、苏州市2项。通过开展讲比活动，一批技术革新项目取得实效。鹿河新泾钢丝绳厂重视技术革新，大力开发产品，企业经济效益得到提升。鹿河镇电力管理站在电网中采用先进技术，既省电又安全，鹿河镇获评江苏省供电达标先进单位。

1996年，做好农业新技术、新品种、新农药推广工作，举办农技培训班6期，农业示范户、种田大户农民参训500余人次，重点辅导新型肥药使用、水稻旱育稀植、水稻抛秧移栽、棉花双膜覆盖等新农技知识。同年，各企业科协组织技术人员围绕知识创新、技术改造提合理化建议，相关企业技术人员提出的“防火门防火板防潮措施”“毛皮机革新改造”“服装生产流水线工序改进”等20余条建议被采纳，在促进企业生产中起到了积极作用。

1997年，镇成立创建“苏州市科普文明镇”工作领导小组，制订工作计划，开展各项争创活动，是年9月，完成创建各项任务，通过创建工作验收。1998年，围绕发展农副工三业生产开展各类培训，举办水稻、棉花栽培新技术培训班5期，特种水产养殖培训班3期，其他实用技术培训班4期，参训1000余人次。同年9月，在科普宣传周活动期间，镇科协组织科普宣传队伍开展街头咨询活动，向居民群众宣传科普知识，发放科技书籍及宣讲资料300余份（册）。农口服务部门向农户发放农技资料3000余份。工业管理部门举办科普讲座6场。鹿河卫生院、中学、小学均刊出科普专题黑板报和画廊。

1999年，积极培植苏州市级农村党员实用技术示范点，以点带面推进科普工作。是年，江苏雅鹿集团有限公司举办企业管理、电脑操作、岗位技能等各类培训班11期，培训中层干部80人、职工600余人，被太仓市科协推荐为苏州市农村基层党员实用技术培训示范基地。同年，在科普宣传周活动中，组织参赛团队参与太仓市“国策杯”知识竞赛，在赛前组织团队人员学习《土地法》《环保法》《计划生育条例》等法律法规。由于准备充分，鹿河团队在太仓全市比赛中获特等奖和组织奖。

2000年，重视在民营企业中做好科普工作，召开2次业主座谈会，向业主宣讲依靠科学技术进步、提升产品科技含量的重要性，增强业主采用新技术、开发新产品的紧迫感。是年，全镇纺织业民营企业引进高档针织圆机、化纤加弹高速纺机50余台（套）。

2002年，开展学术交流活动，向企业推介中科院上海分院等科研院校研发的9个高科技项目，努力促成科技成果转化。同年，发动全镇中小学生报名参加第十四届国际科学与和平周全国中小学生（江苏地区）金钥匙科技知识竞赛活动，全镇中小学生950余人报名参赛。举办第十四届科普宣传周活动，强化全民科学理念，推广普及科技知识，为全镇经济社会加快发展提供智力资源和科技支撑。

第五节　其他组织

一、农会

1951年土改时期，在土改工作队帮助支持下，鹿河境内各小乡发展农会会员，建立农民协会组织，时称农会，各乡农会设主任和若干委员。各村及村以下生产小组也建起了农会基层组织，村设农会主任，组设农会组长。当时，绝大多数农民都参加了农会。在土改期间，农会宣传土改政策，积极参与土改工作，成为土改工作的中坚力量。在土改后担负着缴好公粮、动员适龄青年参军等工作。在镇压反革命运动后，农会负责对地主、反革命分子的监督管制工作。在农业合作化运动中，农会干部带头参加互助合作，动员农户参加合作社。1958年人民公社化后，农会活动逐渐停止，农会组织不再存在。

二、工商联

1951年，成立鹿河乡工商业联合会。成立后，配合政府宣传贯彻党的路线、方针、政策，协助税务部门做好税收收缴工作，教育引导私营工商业者遵纪守法、规范经商行为、改善服务态度。在对私营商业的社会主义改造中，协助做好商业合作合营、调整门市布局、安置从业人员等工作，为顺利完成私营商业的改造发挥了积极作用。1958年人民公社化后，基本停止活动。1966年后，组织自行撤销。

三、贫协

1965年，在社会主义教育运动中，组织以贫雇农、下中农为主要参加对象的贫下中农协会。1966年1月7—9日，公社召开第一次贫下中农代表大会，出席代表273人。会上，中共苏州地委副书记、太仓社教工作团鹿河分团团长王敬先做关于当前形势和今后任务的报告，林乐斌代表公社党委做工作报告。会议选举产生第一届公社贫协委员会委员27人，第一任贫协主席由公社党委副书记陆维善兼任。贫协成立后，对农民群众进行阶级教育和基本路线教育，批判资本主义倾向，参与重大事项的决策和管理，带领农民群众投身社会主义革命和建设。1974年5月5日，公社召开第三次贫下中农代表大会（第二次大会缺资料无从记载），出席代表405人。会议主要任务是发动贫下中农开展大学习、大批判。会议选举产生第三届公社贫协委员会委员17人。1978年后，全党工作重点转移到以经济建设为中心上来，贫协组织因不再适应形势发展需要而逐渐停止活动。1980年，贫协组织撤销。

四、个私协会

1983年11月，成立鹿河乡个体劳动者协会，制定《鹿河乡个体劳动者协会章程》。协会成立后，每年指导工商个体户办理登记注册手续，为其申办证照提供服务；了解业主需求，帮助其克服生产经营中遇到的困难；开展宣传教育，检查督促业主遵纪守法、照章纳税；引导业主热心社会公益事业，积极回报社会、奉献爱心。2000年起，个体劳动者协会改称个体私营经济协会，至2003年未变。

五、老年体协　武协

1986年，成立鹿河乡老年人体育协会（简称“老年体协”），会长邵菊生。老年体协成立后，每年组织中老年学练各式拳、剑、刀、扇等武术套路，开展棋牌类、球类、舞蹈类等文体娱乐活动，既让中老年人在活动中得到锻炼，丰富业余文化生活，又促进了全镇文体事业的发展和精神文明建设的深入开展。

1992年12月，成立太仓县武术协会鹿河乡分会（简称“武协”），会长邵菊生。武协成立后，与老年体协一起开展工作并组织活动，形成“两块牌子，一套班子”的运转模式。1994年12月，镇老年体协被苏州市老年体协评为老年人体育工作先进集体。1995年，调整体协、武协班子，会长顾渭渔。1998年11月，镇武协组队参加太仓市老年人24式太极拳比赛并获第一名。2001年10月，镇武协男队在太仓市中老年人24式太极拳比赛中获一等奖，女队获三等奖。2002年，镇老年体协老年文艺演出队参加太仓市重阳节文艺演出并获一等奖和优秀组织奖。

六、老年人协会

1988年5月，成立鹿河乡老年人协会。协会成立后，围绕老年人“老有所学、老有所养、老有所乐、老有所为”开展工作。

1989年，对农村老年人生活情况和身体状况进行调查，对生活困难的老年人，提请所在村委会给予关心照顾。对赡养老年人存在纠纷的家庭，会同村委会做好矛盾化解工作，年内特困老年人33人得到生活补助，成功调处老年人赡养纠纷2起。是年11月，乡老年人协会获评苏州市保护老年人合法权益先进集体。

1990年起，会同乡老年人体育协会，建立老年人文体团队，经常开展棋牌、门球、拳、剑、健身舞（操）等各类文体活动，丰富老年人文化生活，促进老年人身心健康。1991年4月，乡老年人协会获评1990年度苏州市乡镇老年人协会先进集体。

1993年撤乡建镇后，镇老年人协会利用老年人各自兴趣爱好，发挥老年人特长，组织老年人参与社会工作，一批老年人在协助做好农村调研、统计调查、文史编写、资料归档、青少年教育、矛盾纠纷调处等工作中发挥了积极作用。1994年，镇老年人协会获评太仓市老有所为先进集体。

1996年前后，组织老年人书法赛，展示书法爱好者笔墨功底和高尚情怀，宣传老年人老有所学、老有所为先进事迹，激发老年人发挥余热的积极性。1999年，配合镇民政部门开展社会调查，摸清高龄老人、失能老人情况，将符合最低生活保障条件的老年人纳入最低生活保障范围，实现应保尽保。

2000年，会同镇妇联、共青团等群团组织，开展敬老月活动，慰问敬老院老人和农村困难老人，为他们送去慰问金和生活用品。2002年，协助有关部门办好老年人活动场所，在社区公共场所改造中配备适老化辅助设施。同时，协调社会力量，为老年人提供生活照料、医疗护理、精神慰藉等服务，把关爱老年人工作落到实处。

七、残联

1990年11月24日，鹿河乡人民政府批复（鹿政发〔1990〕34号）同意成立鹿河乡残疾人联合会（简称“残联”）。同年11月29日，召开鹿河乡残联成立大会。镇残联成立后，做好调查摸底工作，摸清全镇残疾人残疾情况及家庭生活情况，做好台账记录。是年末，全乡共有残疾人345人，其中有劳动能力的297人。

1991年，协助企业申报并办好福利工厂，为残疾人提供就业岗位。是年末，有镇办福利厂2家，共安置残疾人进厂工作210人，使他们有了经济收入而生活得到保障。同年起，每年在5月份组织开展“助残日”活动，为残疾人做好事、办实事。

1993年撤乡建镇后，改称镇残联。同年起，每年组织有关人员走访残疾人，与残疾人谈心，鼓励他们自尊、自信、自强、自立，持乐观态度，做生活强者。每年助残日前后和春节前夕，开展助残慰问活动。1994年，走访慰问残疾人家庭42户，共发放慰问金1.26万元。1995年冬，为残疾人困难家庭13户赠送寒衣、棉胎，为他们过冬御寒提供帮助。

1997年前后，建立"心暖心"帮扶载体，协调社会各方力量向残疾人送去关爱，有的为行动不便的残疾人提供手轮残疾车；有的把残疾人安排进福利工厂或挂厂，使其享受生活补助；有的给予残疾人临时救济。年内，全镇残疾人困难家庭22户31人得到重点帮扶。

1999年，开展残疾人家庭住宅情况调查，对房屋陈旧、存在不安全因素的住宅，协调有关方面，共同筹措资金或建筑材料，帮助其解决修建房屋的困难。是年，为残疾人家庭3户修建住房10间，资助修房资金2.55万元，

2000年，协助民政部门调查认定残疾人最低生活保障对象，年内有残疾人家庭5户7人被列为保障对象，获定额低保金。协助做好残疾人评残工作，为残疾人评残出行提供方便，年内符合残疾标准、获残疾人证7人，累计161人，其中肢体残疾78人、智力残疾33人、聋哑26人、精神残疾13人、视力残疾11人。同年，对残疾人家庭7户发放救济口粮500公斤。对残疾人家庭子女读书给予帮助，重点助学3人，发放助学金1500元，其中1人由学校减免学费2000元。

2001年，镇残联在太仓市残联和镇政府的支持下，积极筹措资金，投资8000余元添置残疾人康复设施，在镇区和东影村分别建立镇社区残疾人康复站和村残疾人康复室，为残疾人提供了良好的学习培训、文体娱乐、康复健身设施。同年，开展助残募捐，所得3630元全部用于残疾人困难户的慰问和资助白内障患者复明治疗。

2002年，协助民政部门做好残疾人最低生活保障对象新增或退出动态管理，经复核调整后，全镇有残疾人家庭最低生活保障对象28户，全年享受低保金20340元。做好残疾人康复站、康复室的管理服务工作，为残疾人进站（室）活动提供方便，全年参加康复锻炼残疾人205人次。同年，对有劳动能力的残疾人家庭共16户进行开发式扶贫，全年给予扶贫资金1.28万元。对临时发生困难的残疾人家庭进行慰问，发放慰问金1.89万元。

八、关工委

1993年，成立鹿河镇关心下一代工作委员会（简称"关工委"），由镇宣传、共青团、妇联、工会、教育、司法、治安、卫生、文化等部门（条线）的负责人组成。关工委成立后，围绕促进青少年学生健康成长开展工作。1994年，配合中小学校对青少年学生进行道德教育、理想教育和法治教育。同年12月，镇关工委获评苏州市关心下一代工作先进集体。

1995年，学校开学时，组织中小学生听取鹿河人民革命斗争史，组织部分少先队干部到抗日战争纪念地宋家桥，现场听取抗战英勇事迹报告，接受爱国主义教育和革命传统教育，增强学生爱国热情。1996年起，组织协调社会各方力量开展扶贫助学活动，对困难家庭子女读书给予资助。1998年，通过走访，对行为不良的学生进行品德教育，同时，协助有关部门对失足青少年进行帮教。2000年，在青少年学生中开展普法教育，帮助青少年学生强化法治观念，增强学法守法的自觉

性。同年4月，镇关工委获评太仓市关心下一代工作先进集体。

2002年，组织中小学生参加太仓市《公民道德建设实施纲要》答题竞赛，参赛学生1189人。通过参赛答题，广大学生接受了一次系统的民族精神、时代精神和道德素养教育。

九、市“两会”鹿河分会

全称太仓市老区开放促进会、太仓市扶贫开发协会鹿河分会（以下简称“鹿河分会”）。1998年12月29日，成立鹿河分会，成立大会在鹿河供电营业所三楼会议室召开。

1999年，组织有关老干部、老党员搜集鹿河史料，充实完善内容，整理编写鹿河人民革命斗争史，并印发给中小学校作为爱国主义教育乡土教材，以此弘扬鹿河革命老区光荣传统，传承老区革命精神。2000年，开展专题调查，总结鹿河改革发展成果，宣传老区建设典型，在有关会议及培训班上宣讲，以激励老区群众创业发展的干劲和信心。2001年，配合有关部门开展扶贫帮困、结对助学活动，为困难户和困难学生做好事、办实事。2002年，根据不同情况，探索开发式扶贫方案，重点帮助2户农户向上争取扶贫开发资金，2户农户得到帮扶后实现增收。

第十一篇 红色传承

鹿河属革命老区，是一块红色的土地，有着光荣革命传统。

20世纪30年代初，鹿河曾发生过由贫苦农民1000余人参加的抗租抗暴斗争，其中3人牺牲。这次农民抗租抗暴斗争最终取得胜利，反映了鹿河广大农民有着不畏强暴、不屈不挠的革命斗争精神。抗日战争时期，太仓县抗日民主政府在鹿河唐家宅基成立，鹿河人民在中共地下党和抗日民主政府的领导下，组建抗日群众组织，武装打击日伪军警，惩除汉奸恶霸，秘密传递情报，掩护抗日战士，鹿河、草庙、杨漕一带成为苏常太抗日游击根据地的重要活动区域，留下了许多可歌可泣的英雄事迹。解放战争时期，鹿河人民又在极为艰难的条件下，积极做好拥军支前工作，帮助解放军筹集粮食、棉花和药品，有的农民还义务为解放军装运军需物资，送往苏北解放区和解放上海的解放军前线驻地，在支前工作中做出了积极贡献。在抗美援朝运动中，鹿河青年积极参军参战，先后有85人参加中国人民志愿军，为抗美援朝保家卫国立下了不朽功勋，其中3人在朝鲜战场上光荣牺牲。

为传承红色基因，弘扬革命精神，特设本篇，分四章，分别记载有关鹿河革命斗争历史和烈士英名，以教育后人不忘初心、牢记使命，在新时代新征程中砥砺前行，为全面推进社会主义现代化建设做出新贡献。

第一章 典当桥抗租抗暴斗争

民国20年（1931）7月，太仓遭受了历史上罕见的水灾，农民生计困难。秋天，国民党政府常熟县东张区区长王鸿遇却勾结当地地主，强征“城余地”（江堤旁边历来不交租的垦荒地）地租，引起农民的强烈反抗。这时，性格刚强、富有反抗精神的青年农民王潮毅然组织农民去区里报荒请愿，进行说理。此举得到其好友高怀及蔡年等十来个壮年农民的积极响应。

10月初的一天，王潮、高怀带领十来个农民组成抗租小分队前去东张市王义庄租栈，义正词严地向王鸿遇提出济荒减租的合理要求。可是，王鸿遇非但不答应农民的要求，反而诬蔑他们“私闯租栈，非偷即抢，是一股强徒”。王潮等人听后，怒不可遏，伸手就将租栈的租簿、算盘等物掷到地上。后因王鸿遇人多势众，王潮觉得坚持下去要吃亏，便指挥大家迅速撤离。

抗租未成，王潮等人决定组织更大规模的抗租队伍再去租栈评理。10月5日，王潮、高怀、蔡年等人在长寿庙集合农民1000余人，手持受灾的棉花秆、稻禾涌向东张租栈。不料在典当桥遭到王鸿遇调来的武装警察及保安队的阻拦，双方发生冲突。武装警察及保安队竟开枪射击，农民朱林、朱同、陈全福当即中弹身亡，数人受伤，造成典当桥血案。但是，枪弹并没有吓退农民，抗租队伍继续涌向东张租栈，并砸开了义庄大门，厉声责问王鸿遇何故枪杀农民。王鸿遇见众怒难犯，便假惺惺地同意减租六成，答应处理枪杀农民之事。然而当夜，王鸿遇却暗中派人逮捕了王潮、高怀等人。

典当桥血案发生后，舆论大哗，群情激愤。在舆论的压力下，王鸿遇不得不放出王潮、高怀等人。王潮出狱后，即去上海商报馆找好友、家乡人沈仲山，请其帮助伸张正义，告发王鸿遇。颇有正义感的沈仲山愿意尽力帮助，他书写了《为十区区长王鸿遇枪杀农民泣告同胞书》散发各地，揭露典当桥血案事实真相，争取舆论支持。同时，沈仲山还以私人名义写信给在南京政界的老同事陈布雷，向他诉说典当桥血案的经过，请陈鼎力相助，为民雪冤平愤。此外，沈仲山还拟写了告发王鸿遇的诉状。入冬，苏州法院迫于多方压力，只得开庭审判。在公堂上，王鸿遇理屈词穷，不得不认罪。苏州法院将其判罪关押。抗租斗争终于取得胜利，群众无不拍手称快。

第二章　抗日民主政府成立

鹿河唐家宅基是太仓县抗日民主政府的诞生地。

民国26年（1937）7月7日，日本帝国主义制造蓄谋已久的卢沟桥事变，发动了全面侵略中国的战争。民国28年（1939）6月，以新四军某部第六团为骨干的江南抗日义勇军（简称“江抗”）东进到太仓。10月，中共江南特委派中共党员杨志明等人到鹿河、杨漕、草庙一带开展秘密工作，发展中共组织和党员，建立抗日民族统一战线。民国30年（1941）1月22日，江抗政治部为更好地组织各界群众开展敌后抗日斗争，颁布重建或改组各级抗日民主政权的通令，规定了组织原则和方法。经过中共江南特委及杨志明等人的积极筹备，建立太仓县抗日民主政府的条件成熟。是年2月5日，太仓县抗日民主政府在鹿河乡唐家宅基正式成立。

唐家宅基位于鹿河南端（现雅鹿村29组），与常熟的东张乡毗邻，当时通往唐家宅基的道路均是弯弯曲曲的泥路，交通很不方便。唐家宅基和日伪军2个据点也相距较远，地方较为隐蔽，便于中共地下党活动。成立这一天，在唐家宅基四关厢房内布置了会场，会场布置得虽然简朴，但十分庄重。正屋中间设主席台，上方悬挂“太仓县抗日民主政府成立大会”红布横幅，墙上张贴标语口号。为了防范敌人察觉，确保会议安全举行，组织当地有觉悟的老百姓多人，层层设立岗哨，东到新土地堂，南到小石桥，西到沈家桥，北到居板桥。事前明确：一旦发现敌人动向，立即报告。凡走家串巷的讨饭人、换糖人、钉碗人、补锅人等，只能进入，不准出去，待会议结束后才能离去。

参加这次会议的有：苏南第一行政区督察专员任天石、中共地下党太仓县科级干部，他们的服饰与群众一样；穿着灰色制服的太仓县人民抗日自卫队（简称“民抗”）及当地部分群众，与会人员共200人左右。会议由地下党负责人汤钧（汤有光）主持，任天石做工作报告。会上，宣布太仓县抗日民主政府成立，宣读了上级的任命书，任命郭曦晨为太仓县抗日民主政府县长，杨志明、汤钧为秘书。县政府下设秘书、民政、财经、教育、军事等科及一个交通站，任命朱田农为民政科科长，丁原为财经科科长，杨振为教育科科长，杨仁（杨顺）、王瑞龙为教育科副科长，于鹤铭为军事科科长。县政府管辖的范围为东起长江，南至杨林塘北，西迄白茆塘的广大地区，面积300平方千米，人口10万余人。会议期间，还根据当时抗日救亡的任务要求，拟就《告民众书》。会议从上午10时一直开到下午2时，最后，在全体与会人员高呼抗日口号中胜利闭幕。

会后，举行文艺活动，演出抗日活报剧，演唱抗日歌曲。节目正在进行中，突然情报员进来报告敌情：“璜泾和北新闸两个据点的日伪军已下乡活动，可能要来袭击。”县领导听了敌情报告，当即决定停止文艺节目，疏散与会群众，党员、干部、战士做好战斗准备。一会儿，情报员又来报告：“日伪军回据点去了。”于是，战备解除，与会人员迅速撤离会场。撤离完毕后，负责站岗放哨的人员立即到会场清除横幅、标语，把室内外打扫干净，不留一丝痕迹，完全恢复厢房原貌。

太仓县抗日民主政府成立后，与县民抗联合发表《告民众书》，制定抗日救国、扩大武装、保卫家乡、发展生产、提高文化、普及教育、优待抗属的方针。广大群众团结在抗日政府周围，从人力、物力、财力等各个方面支援抗日斗争，从而使太仓抗日根据地的建设呈现出蓬勃发展的新局面。

第三章 红色群众群英谱

一、潘映雪积极参加抗日斗争

潘映雪，女，1915年生，常熟市董浜乡人。抗日战争时期，历任董浜乡、镇妇女协会主任，薛长区妇女协会主任，县妇女代表。民国34年（1945）嫁到鹿河西街崔家。

领路灭土匪　民国26年（1937）常熟沦陷后，一些帮会头子、国民党散兵游勇、社会流氓和游手好闲之徒纠集一起，拉起队伍，打着“抗日”的幌子，残害百姓，无恶不作。民国28年（1939）初，江抗发动民众抗日救国，同时为民除害，消除匪患。任天石、李建模、薛惠民等8人来到董浜，因李建模与潘家沾亲带故，所以他们便在潘家落脚。潘映雪在他们的宣传和影响下，自告奋勇协助除奸剿匪。一天，她当向导，领着任天石部队的一个中队，直抵梅李陈家花园匪首吴恒新的老巢，顺利打垮了匪徒，为民铲除“毒瘤”。

黑夜送信　民国28年（1939）3月的一天晚上，邵福生（原中共常熟薛长区委书记）来到潘家，将一封信从门缝隙交给担任董浜乡妇女协会主任的潘映雪，并悄悄地说：“你赶快把它送给常备队队长俞燕胜。”潘映雪接受任务后立即动身。她摸黑小心地穿过董浜到梅李交通要道——江身路，来到红沙乡常备队队部，把信当面交给队长俞燕胜。俞燕胜根据信中“支塘据点的日寇已到董浜，可能途经常备队驻地附近到梅李”的情报，立即集合部队转移到安全地方。

服务部队　民国29年（1940），中共地下党组织的部分同志流动在乡间，因潘家房子多，所以时常住在潘映雪家。潘映雪不仅组织妇女协会发动当地中青年妇女为部队做军鞋，还带领妇协成员及积极分子到永安乡去发动妇女做军鞋，并约期10天交鞋，结果收到了200多双军鞋交给了部队。

潘家是地下党和部队同志常来常住的落脚点。潘映雪在当地组织了2个服务小组：潘映雪本人和蒋香、蒋翠、潘如囡、潘宝囡等人组成洗衣小组，曹巧、林玉英、宋巧囡等人组成补衣小组。他们穿梭在部队中，为战士洗衣补衣。每逢春节，潘映雪带领妇协成员走村串户向群众募捐花生、瓜子、毛豆荚等物品慰劳部队。部队战士们说：“我们住在潘家好比住在自己家里一样。”

警戒来敌　民国30年（1941）日伪发动“清乡”前夕，中共地下党组织领导的抗日游击武装向苏北转移，驻在竹丝弄的100余名来不及撤退的战士，由民抗成员孙亚明负责重新组建54团。同时、孙亚明、邵福生和潘映雪等3位党员建立临时党支部，为部队转移做些安全保卫工作。当时，各地日伪机关疯狂逮捕中共革命同志的消息纷纷传来，邵福生、潘映雪为确保部队安全，通宵达旦地做好警卫工作和监视汉奸及可疑分子的活动。

7月9日上午8时，彻夜未眠的潘映雪刚准备休息一会儿，就听见门外人声嘈杂，她立即到门口张望，发现日寇多人由西面沈家市来到竹丝弄。离潘家一箭之地的邵福生家的坟堂里，驻有民抗部队，情况危急，迫在眉睫，潘映雪立即从棉田里爬过去报信。部队得到消息后迅速朝东南方向撤走。日寇爬上大树，居高临下，发现了民抗的去向，欲尾随追击，但为时已晚。

收取公粮　日伪“清乡”后，转移到江北的中共常熟县委派江岐生回到江南，和坚守在江南待命的潘映雪取得联系。领导指示，急需筹集一批抗日经费支援苏北根据地开展工作。潘映雪接受任务后，悄悄地到伪保长潘明姐（女）、史绍军等人处派收公粮，每人大米一石至两石不等。慑于抗战部队的声威，他们均不吭声地如数交付。第一次在民国33年（1944），收到大米11石，由潘姓粮食代售摊（俗叫地行）代售，潘映雪将所得米款送到常熟北门外山脚下联络点交给曹祖福（苏北抗日根据地派来的接头人）。第二次在民国34年（1945），收到大米9石，由潘映雪的侄儿潘炳鼎送到常熟交给曹祖福。

二、唐瑛组织妇女做军鞋

唐瑛，女，1915年生，鹿河镇西街人，教师。

民国29年（1940）6月的一天，中共东路地下组织派徐念初（女）、施惠英（女）到鹿河开展民运工作，她们落脚在唐瑛家里。当时鹿河镇上有文化的妇女极少，唐瑛是唯一的女教师。她在徐念初、施惠英的启发引导下，积极协助民运工作。

鹿河成立妇抗会，唐瑛积极参加。她根据妇抗会的布置开展各项抗日活动，坚持白天上课，傍晚走家串户宣传妇女解放、反对封建压迫，动员妇女为部队洗补衣服、做军鞋。在唐瑛的鼓励下，坤婶等六七名中青年妇女为江抗部队做军鞋10余双，由太仓县抗日民主政府教育科科长杨振转交给部队。

三、沈兴积极收税金筹军费

沈兴（同禄），1916年生，鹿河镇北弄街人。一生从商。

抗日战争期间，沈兴在常熟市东张乡人，当时横塘、鹿河一带田赋征收主任倪群如的启发教育下，积极参加抗日救亡活动，协助抗日民主政府开展民运工作。

民国30年（1941）夏，日伪投入大批兵力对苏常太地区发动大规模的“清乡”。为粉碎敌人的“清乡”阴谋，太仓县抗日民主政府决定在璜泾、鹿河、王秀一带开征田赋，筹集军费，开展游击战争。倪群如接到任务后即与沈兴商量，研究行动方案。沈兴觉得这次任务非常紧急，于是他连晚饭也顾不上吃，就急着奔忙，找寻有关田亩册，获取开征田赋的依据。第二天，他冒着炎热的天气，前往夏家巷及市镇附近的农村，挨家挨户向农民收取每亩5角钱的田亩救国捐。两天时间共收到田赋税金160元，如数交给倪群如，为筹集抗日军费出了力。

四、陆毛二运棉过江

陆毛二，1910年生，常熟市吴市镇人，贫苦农民。入赘于鹿河长江村8组（现长洲村33组）。

抗日战争期间，陆毛二在张姓老板的长江捕捞船（当地人称为挑船）上当雇工。民国30年

（1941）日寇对抗日根据地残酷“清乡”之后，中共地下党员浦太福几次乘坐该船往来于江南江北之间，陆毛二和工友们处处当心，确保地下党同志的安全。

浦太福回苏南恢复太仓地区的革命活动，急需要筹集一批活动经费。太仓县抗日民主政府决定向根据地农民征收每亩5公斤稻谷或3市斤籽棉的田亩救国捐。鹿河地区农民均积极缴纳。

民国30年（1941）10月的一天傍晚，县政府利用伪保甲组织收缴的籽棉，由农民挑到白茆口，100多包棉花被分别装在4条捕捞船上，由陆毛二负责带领工友连夜开船，安全送抵苏北青龙港。

五、苏阿毛智护抗日战士

苏阿毛，1929年生，鹿河镇人，农民。

民国30年（1941），一天上午，日伪军分三路向鹿河地区疯狂“扫荡”。当时，由西南方向来到鹿河境内的一批抗日战士七八十人，身穿黑色服装，携带各种武器，经过飞跃村的唐家宅基，分几路向北撤走，其中有3位战士途经苏阿毛家门时，远远望见东面有几个日寇肩扛太阳旗追来，形势十分危急。这时，12岁的苏阿毛对抗日战士说：“日本鬼子已经从土地堂那里来了，你们快点到后面躲起来。”接着，苏阿毛先替他们把3支步枪藏在水桥旁的诱鱼潭里，用树枝水草遮盖好，又领他们躲到屋檐下的柴草堆中。苏阿毛帮抗日战士隐蔽好后来到家门前，3个日寇已经在探头探脑、东张西望地寻找。见到苏阿毛，一个日寇操着生硬的中国话问：“……大萝卜？……大萝卜？”（日寇称共产党员为“大萝卜”）阿毛边摇头边摇手说：“没有，没有……”日寇在宅前宅后、房间、灶间到处搜查，用刺刀东戳戳西戳戳，结果什么也没发现，便走了。

日寇走后，3位抗日战士立即离开苏家。一个星期后的一天晚上，他们3人回到苏家取枪，苏阿毛帮助他们从诱鱼潭里把枪捞起来，并用袋子将枪裹好。

1949年5月上旬，中国人民解放军渡江后向沙溪、太仓、嘉定挺进，部队经过鹿河地区。一天，王燕谋来到苏家对阿毛说：“解放军同志要我来叫你去。”苏阿毛来到王燕谋家，见到3个身穿草绿色粗布军装的解放军，其中一人指着身边的两位军人说：“这两人在你家隐蔽过，是你救了他们。”苏阿毛恍然大悟，他们回忆起当时的险情，觉得苏阿毛做了一件好事。接着，3位解放军又到了苏家，仔细辨认地形，夸奖苏阿毛有胆有识，机智勇敢。隔了两天。部队南下，请苏阿毛当向导，苏阿毛将部队带到归庄镇后，方惜别部队回家。

六、赵彩琴为地下党送信

赵彩琴，女，1928年生，常熟市东张乡人，贫苦农民，后嫁至鹿河镇陆家。

民国34年（1945）初，中共太仓特区工委领导人浦太福回到苏南，开展反“清乡”斗争和恢复太仓地区的革命活动。他住在赵彩琴家里，白天隐蔽在赵家正屋和侧屋屋面交接处的隔巷里，晚上外出工作，天明前返回，历时一年多时间。在浦太福的教育和熏陶下，赵彩琴懂得了不少革命道理，浦太福为了及时向苏北领导汇报情况，多次请她送信。

送信时，赵彩琴化装成乞丐，身着鹑衣（又叫百结衣），一手提着破竹篮，一手拿着“打狗棒”，头发蓬松，泥灰满面，把信藏在“打狗棒”里，一边走一边佯装求乞。她绕过敌人的据点，混过多道封锁线，迂回曲折，当天来回，每次都平安地把信送到15里路外的野猫口（在常熟市浒浦闸东首）中共地下联络站，出色地完成了任务。

七、瞿喜宝参军

瞿喜宝，1921年生，鹿河镇新市村（现雅鹿村）人。民国34年（1945）参加新四军地方部队，民国36年（1947）加入中国共产党。

民国34年（1945），瞿喜宝为了生计，前往常熟县白茆乡科泾周兴家帮工。周兴家开设茶馆，瞿喜宝以干农活为主，也到茶馆里帮忙。白茆的中共地下组织领导人吴泰元、朱英（又名阿伯）经常去茶馆，他们经过一段时间的观察、了解，觉得瞿喜宝诚实、可靠，吴泰元就和瞿喜宝逐步接近，两人结为知己。有时吴泰元就住在瞿喜宝处，瞿喜宝也因此明白了不少革命道理。后来瞿喜宝毅然跟随吴泰元、朱英参加了任天石领导的新四军地方部队——常熟县警卫团。

瞿喜宝入伍后，在部队领导的教育培养下，革命意志坚定，作战勇敢，曾参加夜袭璜泾日伪保安队、攻打东唐市（属常熟县）“五子庙”日伪保安队、如皋保卫战等战斗，在广陵镇战斗中负伤致残，1952年复员回乡。

八、龚善基、刘生为部队抬伤员

龚善基，1924年生，农民，1959年加入中国共产党。刘生，1896年生，务农，兼营豆腐生意。两人均为鹿河镇新幸村（现新明村）人。

民国34年（1945）8月15日，日本宣布无条件投降，盘踞在璜泾镇的伪军警不接受太仓县抗日民主政府受降布告的命令，拒绝缴械投降。8月30日晚，苏常太警卫团2个连在太仓县大队配合下，对璜泾伪军警据点发动进攻，双方激战3个多小时。战斗结束，部队撤回草庙根据地。龚善基和刘生遇到撤回的部队，他们见有伤员，就毫不犹豫地帮忙抬伤员。他们小心翼翼地将1名伤员抬了四五里，交给了驻在鹿河小学里的接收部队。

九、高关生、朱小义为根据地运粮

高关生，1904年生，务农，兼做水上运输小生意。朱小义，1904年生，以种田、水上运输为业。两人均为鹿河镇人。

抗日战争胜利后，国民党反动派在美帝国主义支持下，疯狂抢夺抗战胜利成果。中共太仓工委在苏常太工委的领导下，坚持斗争，派范忠信和小袁到鹿河境内开展工作，筹集军粮，支援苏北革命根据地。范忠信和小袁到达鹿河后，依靠当地中共地下党组织，发动群众，宣传党的政策，积极开展筹粮工作。小袁常常以农村小伙子模样出现在城河桥高关生家的小茶馆里，动员群众把收的粮食运往苏北解放区出售。高关生听了小袁的宣传，心想：自己会驾船，本地又产大米，自己收粮运往苏北，既支援了苏北解放区，又给自己增加一点收入，这不是两全其美的事吗？他把自己的想法同好友朱小义一说，两人一拍即合。两人先是租用一条船，后来合伙购买了一条船，各自带了自己的儿子高保泉、朱保根相帮。他们白天秘密地到璜泾等地的农民家里收购米，夜里乘敌人熟睡后，约好地点，船到交米，每次装运大米5~6吨，上面覆盖稻柴做好伪装，冒着长江的风浪，悄悄地把米运往苏北的长桥港、青龙港和吕四港。两人为苏北革命根据地运售大米两年多。

十、侯振明黑夜领航运棉船

侯振明，1919年生，鹿河新市村（现雅鹿村）人，农民。

民国34年（1945）秋，太仓党、政、军人员奉命北撤前夕，县政府决定向28个乡镇的农户征收每亩土地3斤棉花或5斤稻谷（土地不满3亩的农户和烈属、孤寡老人免征）。鹿河乡广大群众听说是给新四军筹粮，纷纷踊跃缴纳。鹿河乡以产棉花为主，农户都以棉代粮缴纳。各保保长通知甲长，甲长再带领农民将棉花送到棉花接收点。侯振明时任甲长，在他的带动下，全甲农民按规定把100余斤棉花及时送往长寿棉花接收点。

11月中旬的一天夜晚，武工队员毛炳奉命来到侯振明家，请他到横塘市的梅园里棉花接收点为运棉船领航。侯振明二话没说，摸黑步行5里余路，到梅园里为运棉船领航。运棉船在弯弯曲曲的湖漕塘里向北行驶，第二天黎明前，到达长寿庙，在那里又装了不少棉花。满载的棉花船，仍由侯振明领航，送到目的地沙营庙，交给接收人员。

十一、孟繁信教唱革命歌曲

孟繁信，女，1920年生，江苏涟水县人。民国36年（1947）8月在鹿河小学任教，后在常州市人民法院工作。

民国37年（1948）前后，在鹿河小学任音乐教师的孟繁信，受进步思想的熏陶，向往革命，信仰共产党。她在教学生音乐时，曾不顾国民党反动当局的禁令，冒着失业、坐班房的危险，偷偷地教唱当时解放区流行的革命歌曲、革命小调，如《解放区的天是明朗的天》《山那边哟好地方》等。一时，这些革命歌曲在学生和老百姓中悄悄流传，使老百姓增加了对解放区的热爱和对早日解放的期盼。

十二、三农民义务运粮支援解放军

王阿虎，1924年生。陈兆歧，1911年生。王阿根，1910年生。3人均为鹿河鹿南村（现雅鹿村）人，农民。

1949年4月21日，中国人民解放军横渡长江，驻守鹿河的国民党军警仓皇逃窜。5月上旬，中共太仓县委和太仓县人民政府进驻沙溪镇，派吕式福、刘祥宣到鹿河建立新政权，并发动群众支前，密切配合解放大军解放太仓县城和上海。他们把原收集在保长、甲长处的大米集中起来，作为支前物资。

5月11日，吕式福、刘祥宣准备用王阿虎、陈兆歧、王阿根合伙购买的2.5吨农船运粮。王阿虎等3人在吕、刘的动员下，一致表示不怕艰险，愿意义务运送支前粮食。白天，他们先将5000余斤大米装上船，晚10时左右，他们把装好大米的船运抵沙溪镇原万和祥商号的水桥头，手持吕式福出具的介绍信，把大米交给了驻在附近庙里的解放军同志。

第四章　革命烈士英名录

本章表录鹿河革命烈士6人，以供后人瞻仰。

表11-1　2002年鹿河镇革命烈士英名录

姓名	性别	出生年份	参加革命年份	牺牲时间、地点、原因	所在村
朱　同	男	1904	1931年参加农民运动	1931年10月在开展抗租请愿斗争时被枪杀在典当桥	长洲村
陈金福	男	1905			长新村
朱　林	男	1916			长新村
孙祖云	男	1932	1953年1月参加中国人民志愿军，为志愿军46军136师407团战士	1953年7月在朝鲜战场牺牲	飞鹿村
李绍良	男	1933	1953年2月参加中国人民志愿军，为志愿军46军136师407团2连战士		新明村
方振明	男	1935	1953年1月参加中国人民志愿军，为志愿军133师399团1营2连战士		飞鹿村

1991年，鹿河乡党委、乡政府为整合红色资源，便于后人瞻仰，在东影村1组（原玉影村1组）境内建鹿河烈士陵园，占地面积1350平方米，将原来分散在有关村的朱同、陈金福、朱林、孙祖云、方振明、李绍良等6位烈士的遗骨集中到烈士陵园落葬，重设墓碑。是年4月8日，举行鹿河烈士陵园揭幕仪式。烈士陵园成为鹿河镇（乡）爱国主义教育基地、全民国防教育基地以及青少年革命传统教育基地。此烈士陵园地址至2002年未变。

2011年，鹿河烈士陵园与璜泾、王秀烈士陵园合为一处，均迁入新建于杨漕村的璜泾镇革命烈士陵园。

第十二篇 治安 司法 军事

民国时期，境内治安状况恶化，虽有地方警察机构，但有关当局处置不力，致使盗匪出没，百姓深受其害。中华人民共和国成立后，人民政府立即采取治安整顿措施。1950年，鹿河乡设民兵中队，承担治安保卫工作，工作重点以防匪肃特为主，组织民兵加强沿江夜间巡逻，严防和打击盗匪搞阴谋破坏，以巩固新生的人民政权。1958年鹿河人民公社成立后，设公安特派员，各大队建立治安保卫委员会（简称“治保委”）。20世纪六七十年代，农村各大队、市镇各单位主要抓好防盗防火、扫除“黄赌毒”、破除封建迷信等工作。进入80年代，先后成立鹿河公安派出所、鹿河镇（乡）社会治安综合治理领导小组并下设办公室，各村也成立相应的综治机构，全镇（乡）治安力量得到加强。90年代，镇（乡）综合治理领导小组办公室（简称“综治办”）和公安机关切实按照“打防并举，标本兼治”的方针，开展平安创建活动，维护社会稳定，确保一方平安。

中华人民共和国成立初期，境内的司法工作由县、区司法机构负责。1958年至1980年，公社明确机关干部1~2人兼管司法工作。1981年，公社设司法助理员；1985年，乡司法办公室成立，鹿河有了履行司法职能的工作机构。1986年，启动全民普法教育工作。同年，成立鹿河乡法律服务所，与乡司法办合署办公，为广大群众提供法律服务与援助。自乡司法办成立起至2002年，镇（乡）司法办认真履行普法教育、人民调解、安置帮教、法律服务与援助等职能，积极推进依法治理工作，为全镇经济社会发展营造了良好的法治环境

中华人民共和国成立初期，鹿河辖区内各小乡成立民兵中队，成为地方武装力量。各民兵中队在参与江防巡逻、防匪肃特、抢险救灾和生产建设中发挥了重要作用。1959年，鹿河公社人民武装部（简称“人武部”）成立，属地方武装机构。数十年来，全镇（公社、乡）武装工作始终坚持党管武装的原则，充分发挥镇人武部的职能作用，在承担兵役工作、民兵整组、军事训练、国防教育、抢险救灾等任务中取得显著成绩，在组织民兵参与经济建设、精神文明建设和支持军队建设上发挥了重要作用。

第一章　治　安

第一节　治安机构

一、警察分驻所

民国5年（1916），境内治安由太仓县警察事务所璜泾第四警察分驻所（后更名为璜泾第四公安分局）负责。民国26年（1937）11月，日军侵占太仓，翌年8月，日伪县特别区警察局在鹿河设警察分署。抗日战争胜利后，县警察局根据省颁《各县警察组织暂行规定》，在鹿河设立鹿河警察分驻所，隶属于璜泾警察分局。警察分驻所有警察7人，所址在鱼池旁孙姓代步（孙家曾在沙溪典当代理典当业务，时称“代步”）家。后来警察分驻所迁至姚家老宅，与自卫队队员10余人合用。中华人民共和国成立后，鹿河警察分驻所撤销，由人民政府派公安助理员（简称“公安员”）负责辖区内治安工作。

二、公安派出所

1950—1957年鹿河小乡、中乡时期，境内治安案件由璜泾区公安员报案，协助公安机关侦破。1958年后，公社设公安员，境内发生案件，由公安员保护现场，为太仓县公安局提供线索，协助侦查破案。1961年，公社公安员改称为公社特派员，属太仓县公安局编制人员。当时案件侦查工作有明确分工，大案以太仓县公安局为主，公社特派员协助；小案以公社特派员为主，太仓县公安局具体指导。

1962年，鹿河建立治安案件侦破小组，由7人组成，人员身份不公开，便于监视有前科的对象和其他劣迹人员，以提高破案率。1966—1976年，侦破小组解体，由“鹿河公社群众专政指挥部”取代。1981年，根据公安机关要求，组建公社业余治安联防小分队。1982年10月，成立公社专职治安联防队，协助做好治安保卫工作。

1984年7月24日，太仓县人民政府太政发〔1984〕105号文件批转太仓县公安局文件，同意建立鹿河公安派出所。是年11月13日下午，召开太仓县公安局鹿河派出所成立大会，会上宣布了派出所干部任职名单，鹿河乡党委和太仓县公安局代表到会祝贺并先后发表讲话，鹿河派出所和有关村、企业代表先后发言，最后举行挂牌仪式。派出所成立后，担负鹿河境内治安保卫工作，具体工作主要有10项：管理户口；保卫人民群众和乡镇企业及农村专业户、承包户安全；侦破一般刑事案件；处理各种治安案件；维护集镇公共场所治安秩序，管理特营行业；组织管理治安联防队、消防队和负责指导村治保委开展工作；加强易燃易爆、剧毒物品管理；管理重点人口，搞好综合治理；开展法治教育，做好预防犯罪工作；搞好内部档卡基础管理工作。成立初，有公安民警6人，配备专兼职联防队员10余人。

1986年前后，在民警中开展“我在改革中怎么办”大讨论，对民警进行爱岗敬业、开拓进取教育，同时，认真对照政法人员守则、公安人员八大纪律十项注意，对民警进行纪律教育。1987年起，兼管全乡消防工作。1988年，内设公安交管站，增加道路交通安全及事故处理职能。

1990年起，为加强治安防控力量，逐年增配联防队员。1992年，成立联防分队6个；1993年，在有关单位的支持下，又从各单位抽调组建联防分队5个，全乡专职联防队员增至58人。1994年，加强民警队伍建设，提高思想政治素质和工作业务水平。1995年，开展便民、利民、为民活动，帮助群众寻找自行车和其他失物、为烈军属农忙帮耕、护送迷路老人儿童回家、运送急救伤残病危人员、参与抗灾救险等好事实事不计其数，深受广大群众好评。1996年12月，派出所被中共太仓市委评为1994—1995年度文明单位。

1999年起，鹿河民营经济加快发展，进出货物量猛增，人口流动频繁，治安管理任务加重，派出所采取各种防范措施，全力维护社会稳定，为全镇经济社会发展营造良好治安环境。2002年，派出所驻鹿长路。

1957—1984年历任鹿河公社（乡）公安员（治安工作负责人）：朱阿和（1957.8—1959.8）、陈惠宗（1959.8—1960.3）、王永泉（1960.3—1970.11）、黄习学（1970.11—1976.1）、周国华（1976.1—1978.10）、王友明（1978.10—1982.12）、蒋宝林（1982.12—1984.7）。

1984—2003年历任鹿河派出所所长：蒋宝林[1984.7—1996.4（其中1984.7—1985.2为副所长主持工作）]、王建龙（1996.4—1999.11）、刘建明（1999.11—2003.8）。

三、综治办

综治，即社会治安综合治理。

1985年，成立鹿河乡综治领导小组，组成人员由宣传、武装、司法、公安、民政、建管、劳动、教育、文化等部门（条线）的负责人和有关企事业负责人组成。领导小组下设办公室，负责综治日常工作。1994年4月，苏炳兴任镇综治办主任，驻鹿河派出所办公。1996年，全镇13个村全部成立相应的综治机构，并在村委会驻地挂出综治办牌子。至此，镇、村两级综治工作网络健全。之后，镇与各村、各企事业单位每年签订综治目标管理责任书。镇综治领导小组及办公室积极协调社会各方力量，特别是发挥公安机关的骨干作用，综合运用教育、管理、监督、防范、打击等多种形式和各种措施，积极预防和治理违法犯罪活动，及时化解不安定因素，为鹿河建设发展营造良好的社会环境。2002年，全镇群防群治队伍有190人，其中专职联防队员20人，各厂（大厂）专业保安队伍5个33人，各村兼职义务联防队员和护村哨人员137人。

四、治保委

全称治安保卫委员会。1950年鹿河小乡政权建立初期，乡治安保卫工作由民兵承担，乡民兵中队长分管负责，此工作机制一直延续到1956年并区并乡的中乡时期。1957年撤区并乡建立大乡开始，在各高级社建立治保委，设主任1人。同时，市镇各单位建立相应组织，设主任1人。治保组织主要任务是组织发动群众搞好治安工作，维护集体经济，保障人民群众生命、财产安全。

1958年鹿河成立人民公社后，各大队建立治保委，设主任1人，通常称大队治保主任；各生产队建立治保小组，组长由生产队干部推定1人兼任。1966年后，各大队、市镇、各企事业单位治保组织被群众专政指挥部取代。1976年后，各大队恢复治保组织，市镇、各企事业单位配安全员具体负责治安保卫、安全生产等工作。是年末，全公社共建立农村治保委13个。1983年农村体制改革后，治保委成为村民委员会的下设机构。1988年，在集镇建新鹿居委会，同样下设治保委。村（居委）治保委主任通常由1名村委会副主任或民兵营长兼任。1999年村区划调整后，全镇有村治保委6个、居委治保委1个，至2002年未变。

第二节　治安整顿

一、剿匪镇反

民国时期，鹿河地区治安混乱，时有盗匪出没。长江里有海匪，或行劫商船，或上岸绑架巨商富户。民国19年（1930），一帮海匪到鹿河，将马姓名医夫妇和其女儿及学徒绑至长江匪船，后来马医生一家被救，但一学徒死于非命。有一次，一帮海匪将崔姓槽坊主绑架作为“肉票”，往长江边匪船走去，因崔有足疾难行，土匪逼迫路遇的陈姓豆腐坊主驮崔前行，后陈被海匪刺死，崔被折磨而死。民国26年（1937）的一天晚上，一帮土匪乘10余条船到鹿河镇抢劫，洗劫曹大成等大商号，小商号也不放过，劫走钱物无数。日军入侵，鹿河沦陷时期，有些名为“抗日”、实为土匪的“游击队”，他们昼伏夜出，瞄准富户敲诈勒索，甚至绑票吊打，抢劫财物。抗日战争胜利后，国民政府虽在鹿河设立警察分驻所，但他们打着“治安”“江防”幌子，不抓盗贼，反而白吃白拿，鱼肉人民，还将无辜百姓逮捕关押，进行吊打罚款，中饱私囊。当时群众皆提心吊胆，惶恐不安。

中华人民共和国成立初期，为保卫人民群众生命财产安全，人民政府开展剿匪肃特、镇压反动地主和反革命分子的斗争。1950年，在璜泾区剿匪肃特指挥机构的部署下，鹿河境内各小乡民兵加强沿江一带值班巡逻，严防敌特分子阴谋破坏。（剿匪肃特详见本篇第三章第三节第四目“民兵要事”）1951年初，在进行土地改革的同时，开展镇压反革命运动，鹿河乡逮捕地主、反革命分子9人，其中镇压反动地主5人、反革命分子2人，为土改扫除了障碍。

1953年2月，开展取缔反动会道门“一贯道”组织，控制封建会道门势力在鹿河境内渗透，防范敌对分子利用封建会道门进行捣乱破坏。同年9月，开展审干肃反运动，清查混入干部队伍的反动党派成员、反动会道门分子。1955年9月，开展第二次镇压反革命运动，扫除残余反革命分子。1958年11月，开展社会肃反运动，运动中共逮捕特务分子10人，土匪7人，敌伪军警军宪骨干12人和反动会门道分子、汉奸等3人。1960年12月，又开展社会镇反和内部肃反运动，清查铲除敌对残余势力。至此，肃特镇反阶段性告终，人民民主政权得到巩固，人民群众生产生活有了安定的社会环境。

二、改造“四类分子”

中华人民共和国成立后，经农村土地改革等历次运动，划分的阶级成分主要有四类，即地主、富农、反革命分子和坏分子（简称“四类分子”）。对“四类分子”，区别不同情况，分别予以处理。1966年“文化大革命”开始后，“四类分子”受到冲击。1978年6月，开始对“文化大革命”中“四类分子”及其他人员的冤假错案进行复查纠错，落实相关政策。1979年10月，复查纠错工作结束。至此，全公社“四类分子”20人全部“摘帽”，同其他公民享有同等社会地位及政治待遇。从此，“四类”分子称谓消失。

三、扫除“六害”

“六害”即卖淫嫖娼，制造、贩卖、传播淫秽物品，拐卖妇女儿童，私种、吸食、贩运毒品，聚众赌博，利用封建迷信骗财害人。

民国时期，“六害”屡禁不止，破坏社会风气，危害社会治安。“六害”中，境内受到危害最重的是赌、毒和封建迷信。聚众赌博较为盛行，赌博场所处于公开或半公开状态，赌博形式主要有打麻将、推牌九、掷骰子、玩扑克（罗松、沙蟹）等。有些参与者赌博成瘾，结果赌得一贫如洗。贩毒吸毒时常出现，境内常有毒贩暗中兜售毒品，吸毒者为数不多，但深受其害，有的吸得倾家荡产。封建迷信者甚多，农民普遍缺乏文化科学知识，盲目信仰，患病、遇难事或家中出现不祥之兆，便请巫婆、神汉、算命先生，结果耽误诊治，害了病人。

中华人民共和国成立后，政府明令禁止“六害”，并采取强制措施整治。20世纪50—70年代，境内基本扫除“六害”，有的毒害彻底绝迹。80年代起，“六害”又开始出现。对此，政府高度重视，并采取有力措施治理整顿。1984年和1985年，鹿河派出所、综治委相继成立，加强治安工作，对社会上出现的“六害”，采取各种手段予以打击查处。

1984年12月，据群众反映，泗洲村一农户家中有人赌博，派出所获悉后立即出警查处，缴获赌资107元、赌具1副，对参赌人员进行处罚。1985年4月3日夜，在玉影村1组取缔一起封建迷信活动，收缴迷信用品，对从事迷信活动的当事人进行教育。事后，召开教育宣传会3次，先后对违法参赌人员、迷信活动从事者进行禁赌和相信科学、反对迷信教育。是年，共查处赌博案件8起，没收赌资430元、赌具3副，参赌人员被行拘2人、罚款28人、警告9人。通过查禁，净化了社会风气。

1986年，利用广播、黑板报、宣传车等形式，开展禁赌宣传活动。同时，召开各村、各单位治保干部会议，发动治保干部清查参赌重点人员，并对重点人员进行监督管理。同年，召开法治教育会2次，参加会议接受教育的迷信活动从事者54人次，从事者签订不搞迷信保证书27份。

1987—1990年，加强对旅馆、招待所、建筑工地等场所的治安检查，共查处赌博案件25起。1991年起，广泛开展禁赌宣传工作，形成强大的舆论攻势；继续开展查禁赌博活动。1991—1993年，共查处赌博案件17起。

1994年，根据上级公安机关统一部署，开展以“破积案、禁赌博、刹歪风”为主的专项治理工作，全年共开展禁赌活动16次，查处参赌人员26人。其中，拘留4人，罚款13人计12500元，传唤警告9人。在宣传舆论推动下，全镇有重点参赌人员7人主动到鹿河派出所交代问题。

1995年4月18日夜，鹿河派出所接110指令后迅速出警，将正在一农户家中聚众赌博人员9人当场抓获。同年5月，根据上级公安机关统一部署，开展禁毒专项治理，发挥基层治保干部和治安积极分子的作用，对境内毒品源植物罂粟进行大检查，清查出4户农户种植罂粟，共1000余株，及时将罂粟全部铲除，并分别对种植户进行处罚，同时还通过电视进行曝光，以扩大教育面，共同做好禁毒工作。

1997年，开展“扫黄打非”专项治理工作，全年共查获涉娼案件5起，查处卖淫嫖娼人员20人，其中拘留9人、罚款9人、劳动教养2人。同年，在查处涉娼案件的同时，开展对印刷行业、音像影视行业检查，严禁黄色书刊、图片和黄色音像制品等非法出版物。

1998年，对美容美发业进行整顿，对一家发廊中设的按摩床予以取缔。同年9月14日，根据群众举报，在一舞厅内查处外来卖淫女2人，查处嫖娼人员7人。是年，共查处赌博案件12起、卖淫嫖娼案件4起、传播淫秽物品案件3起。

1999年，开展“三禁一打”（禁娼、禁赌、禁毒，打击黑恶势力）斗争，在整治行动中，发现鹿河当地人员4人多次吸食毒品，查清违法事实后，分别对吸毒人员进行行政处罚，此为鹿河派出所成立以来首次查获的吸食毒品案。是年，通过对特种行业、场所的排摸侦察，共查处涉娼、涉赌、涉毒人员20人。

2000年，开展打击拐卖妇女儿童专项斗争，于7月6日破获1起拐卖妇女案，抓获案犯邹某（外地籍），解救王姓妇女1人。

2001年，加强治安整治，对易发黄、赌、毒案件的旅店、娱乐场所、发廊、出租屋、路边店进行全面检查。是年4月和6月，分别查处重大赌博案件2起，当场抓获参赌人员28人，缴获台面赌资2万余元。同年，在毒品源植物罂粟开花结果时期，开展铲除非法种植罂粟突击行动，共铲除罂粟120余株。是年12月，对有吸毒史的5人进行尿检，未发现复吸行为，且年内未发现新的吸毒人员，故鹿河于是年成为无毒乡镇。

2002年，广泛发动群众大胆检举揭发，积极主动地同“六害”作斗争。对群众举报、查实有违法犯罪行为的人，及时做出处罚，年内共查获涉赌、涉黄案件7起，查处涉案人员23人。

第三节　案件侦查

20世纪50—60年代，境内每年都有治安案件发生，大多为偷窃案件，小偷小摸案件由辖区内公安员和发案地治保人员查处，盗窃财物数额较大的案件由公安机关侦破。1961—1963年，鹿河辖区内偷窃发案率较高。1963年，立案46起，破案39起（其中外来人员作案7起），侦破率

84.78%，查处案犯21人，其中逮捕3人。

70年代的计划经济时期，人口流动极少，各类案件相对较少。进入80年代后，人口流动频繁，境内刑事案件和民事案件相应增多。1984年，太仓县公安局鹿河派出所成立，担负各类案件侦破和其他各项治安保卫工作。

1985年10月11日深夜，玉影村一农户家中发生一起行凶案，一女子独自在家，被戴口罩的一歹徒用八五砖击中头部，流血不止，女子呼救时又被歹徒猛击胸部数拳，歹徒行凶后逃跑。鹿河派出所接到报案后，立即组织警力侦破，经现场侦察、走访排查，终于在案发20小时内在案犯家中获取罪证，将其抓获。同年10月27日，飞跃村一农户家中一架夏普六喇叭双卡收录机被盗，价值1820元。案发后，鹿河派出所民警立即投入侦破工作，经调查取证，很快锁定了作案对象，于是，抓捕小组立即实施抓捕行动，及时奔赴上海，在一旅社内将一外省籍盗窃案犯抓获，从发案到侦破仅用了13个小时。是年，境内共发生刑事案件8起（其中，强奸、抢劫、诈骗各1起，盗窃5起），破获6起，破案率75%，逮捕犯罪嫌疑人3人，收审外来流窜犯2人；发生治安案件27起，查处24起，查处率88.9%。

1986年9月23日，长城村两农户家被盗，作案者白天翻窗入室，撬开抽屉，盗走现金。案发后，派出所迅速出警，严密布网，在案发40小时内破案，人赃俱获。1988年5月23日，长城村一农户家遭窃，盗贼窃走金饰品等物，价值2500余元。派出所接报后，奋战一昼夜，将案犯抓获归案。是年，共查处偷窃、耍流氓、赌博、打架、精神病人肇事、交通肇事等各类治安案件18起，依法查处各类违法人员18人。

1990年4月，鹿河先后有2个单位失窃，为了打击犯罪，避免此事在社会上产生不良影响。派出所力求快侦快破，经仔细现场勘查，广泛排摸线索，很快发现孙某有重大嫌疑。后经传唤，孙某交代了伙同金某、刘某多次作案的犯罪事实，3人曾至鹿河多服公司经营部、鹿河兽医站、鹿河冷冻机厂、鹿河新鹿百货商店等单位窃取现金和照相机、录音机、紫铜管等物，总价值5000余元。这次破获犯罪团伙，既破了现行案件，又破了积案，让百姓有了安全感。

1991年10月，派出所民警经连续4天侦查，破获1起强奸案。1992年1月，破获1起鹿河染整厂财会室保险箱现金被盗案，追回现金5695元，将案犯邓某抓获。同年8月下旬开始，开展“百日”破案会战，通过设卡堵截、筛选身份、提取指纹、比对照片等措施，破案会战取得成果。会战中，共破获刑事案件8起，抓捕违法人员10人。1993年2月和11月，先后破获2起拦路抢劫案。同年7月，破获三农户摩托车被盗案，追回摩托车3辆，抓获案犯2人。

1994年，破获外来流窜人员趁夜盗窃自行车案件8起，抓获案犯4人。同年，侦破外来人员张某抢劫三轮出租车案。是年，共查处治安案件21起，查处率100%，处理涉案人员42人，其中执行行政拘留13人，予以治安罚款29人，罚款总额14250元。

1996年，在开展五、六、七三个月集中严打斗争中，将年初社会影响较大的鹿河麻纺总厂羊毛衫被盗案件作为重点，成立专案小组，通过一星期的公开或秘密调查，破获案件，逮捕案犯5人，取保候审1人。1997年，根据上级公安机关部署，连续开展“春季严打”“夏季攻势”和“冬季严打”工作。是年3月19日夜，在长城村一出租房内查获名为拾荒实为偷窃的外来人员5人，继而查获违法人员14人。同年8月，开展打击走私香烟行动，在长江船上值勤伏击，经20余天艰苦努力，于9月1日凌晨4时左右查获走私香烟案1起，缴获“三五牌”香烟1057箱。

1998年1月21日夜，江苏雅鹿实业股份有限公司被盗走服装295件，价值7万余元。案件发生后，派出所会同太仓市公安局刑警大队立即投入侦破工作。根据现场提取痕迹，经串案侦查，通过技术比对，较快认定外来人员李某有重大作案嫌疑，随即展开全力追捕。获悉李某藏匿于浙江义乌一个体旅社内的情报后，抓捕小组立即前往李某藏匿点将其抓获，一举破获了李某伙同他人盗窃雅鹿服装及在江苏、浙江等地作案10余起的重大案件，涉及赃款赃物总价值近100万元。

1999年春节前，鹿南村、玉影村农户家中连续发生多起夜间被盗案件，派出所及时制定侦破方案，组织民警和联防队员在案发地周围秘密巡查，并采取守候伏击的措施抓捕案犯。经一星期的蹲守，在外来人员贾某、韦某再次作案时将2人一举抓获，破获了入室盗窃系列案件。是年，组织开展追“三逃”（批捕在逃，负案在逃，服刑或羁押在逃）人员行动，年内抓获“三逃”人员4人，其中，为外地公安机关抓获网上追逃对象1人。同年10月4日，快侦快破1起奸淫妇女案，当日将案犯抓捕归案。

2000年6月12日夜，派出所接到报警，迅速处警，当场抓获正在幼儿园盗窃的案犯2人，牵出并破获了其他盗窃案2起。2001年4月2日夜，常熟市东张镇新苑村张某骑摩托车途经鹿河飞跃村地段时，遭2人持械抢劫。张头部受重伤，被劫走手机1部及现金160元。派出所接报后，一方面将受害者送往医院抢救，一方面迅速组织警力进行围追堵截，不放过任何蛛丝马迹，经连续8天的侦查，终于认定作案者并获得关于其去向的重要线索，并于同月10日将案犯仇某抓获，同时还带破了仇某伙同同乡朱某所犯的另一起抢劫案。

2002年，进一步完善派出所、联防队、治保会治安网络建设，严密社会面控制，加大巡逻密度和广度，及时打击违法犯罪活动。是年，破获刑事案件42起，抓获犯罪嫌疑人12人；查处治安案件67起，处理涉案人员165人。

表12-1　1985—2002年鹿河派出所案件侦查情况统计

年份	刑事案件			治安案件		
	发案数（起）	侦破数（起）	破案率	发案数（起）	查处数（起）	查处率
1985	8	6	75.0%	27	24	88.9%
1986	7	6	85.7%	18	17	94.4%
1987	8	7	87.5%	21	19	90.5%
1988	11	10	90.9%	21	18	85.7%
1989	16	13	81.3%	16	15	93.8%
1990	14	12	85.7%	11	11	100.0%
1991	11	10	90.9%	15	14	93.3%
1992	13	11	84.6%	8	7	87.5%
1993	13	12	92.3%	18	15	83.3%
1994	12	11	91.7%	21	21	100.0%
1995	9	8	88.9%	24	23	95.8%

续表

年份	刑事案件			治安案件		
	发案数(起)	侦破数(起)	破案率	发案数(起)	查处数(起)	查处率
1996	10	8	80.0%	41	37	90.2%
1997	20	14	70.0%	31	29	93.5%
1998	28	18	64.3%	92	82	89.1%
1999	33	21	63.6%	43	37	86.0%
2000	41	35	85.4%	41	36	87.8%
2001	47	27	57.4%	53	49	92.5%
2002	52	42	80.8%	75	67	89.3%

第四节　治安防控

中华人民共和国成立初期，发挥民兵作用，加强长江沿江一带夜间巡逻，严防国民党敌对残余势力捣乱破坏，维护新中国诞生胜利果实，巩固新生的人民民主政权。1956年后，组织发动群众搞好“四防”（防火、防偷、防特、防事故）工作，维护农业生产合作社和人民公社集体经济，保障人民群众生命财产安全。

20世纪60—70年代，重点做好防盗工作，农村各大队、生产队和市镇各单位普遍落实各项防范措施，切实做到有物有人在、有钱有人管、仓库不脱人，治安管理制度上墙，安全保卫责任到人。

进入80年代，公社工业办公室和各社办企业先后配有专职和兼职安全员，具体负责防盗、防火、防工伤事故，治安保卫工作日趋加强。1985年起，乡社会治安综合治理领导小组发挥牵头协调作用，鹿河派出所等机构履行治安保卫职能，全乡治安防控工作有领导、有组织、有计划落实，防控方法多样，防范更趋有效。

1985年，向农村种植养殖户和有关工厂（单位）印发防盗通知，主要内容有尼龙薄膜防盗、育珠蚌防盗、长毛兔防盗、化纤针织品防盗、集体彩色电视机防盗、农机配电设备防盗等，共计印发1000余份，以提高群众防范意识，落实防范措施。是年，派出所会同金融、工商部门和乡工业公司安保科，对全乡的乡村企业、双代店、市镇各单位共150余家印发《关于加强现金防盗管理的规定》，并由民警下乡逐一进行检查，督促落实，以减少现金被盗案件的发生。同年，针对境内有关旅馆、招待所制度不全，管理不严，旅客登记时有时无，发生盗窃案件多起，对住宿业场所进行整治，规范旅客登记手续，设立旅客物品寄存处，使住宿业相关场所盗窃案件得到有效防控。

1986年5月，在开展反盗窃斗争中，派出所依靠各村、各企事业单位力量，通过召开动员大会和利用广播、黑板报、画廊、横幅标语、宣传车等，在全乡范围内营造反盗窃斗争舆论氛围。宣传造势、舆论打压震慑了犯罪分子，一个月内有案犯9人主动投案自首，追回赃款930元及被盗的电动机、电缆线、万用表等。在同年8月份的一次防盗检查中，查出一村办厂有一批库存贵重品，价值

40万元左右，但该厂存在“三无”（无人值班、无管理制度、无保管设备）现象。对此，督促该厂及时落实防盗措施。于是该厂在一星期内添置保险箱2个，自制保险大铁箱1个，安装大铁门2扇，并完善了门卫值班制度。

1988年前后，抓好治安重点人口管理工作，乡综治办、派出所和村治保委协同配合，摸清外出、外来人员底数和嫌疑对象，对排出的刑嫌对象，摸清其活动区域、面貌特征、作案手段、现实表现等情况，实行分类建档，登记造册。对排查出的有前科的人员，分别落实控制、帮教、包教等措施，使各类案件案发数量得到有效控制。

1990年初，派出所对治安重点人口实施动态及分层次管理，新列入名册30人，删减11人，调整后登记重点人口143人，其中一层次6人、二层次52人、三层次85人。在调整的基础上，建立由派出所民警、村治保干部、企业班组长组成的管理队伍，采取分工负责制，责任到人，实施对重点人口的监督管理。同年，对各企事业单位创建合格仓库和合格财务室进行考核验收，对查出的问题落实整改，年内，全乡建合格仓库10个、合格财务室56个，两项合格数占年内计划应建数的95%。1991年，在继续创建合格仓库和合格财务室的同时，拓展创建合格门卫、合格车间、合格办公室工作，各单位积极行动，在要害屋室封铁皮门、装双保险门或设防盗栏，落实安保措施。同时更换不称职的门卫值班员，在财务室贴现金不过夜警示标语。年内，全乡各单位仓库、财务室、门卫、车间、办公室防盗措施普遍达到合格要求，堵塞了漏洞，提高了防范能力。

1992年，增配乡专职治安联防队员25人，各村、各企业组建兼职联防队伍，形成乡、村、企业“三位一体”治安联防网络。在集镇周围、工业开发小区、交通运输干线、治安复杂地区设立联防分队6个，加强值勤巡逻。同年，成立外来人口服务管理领导小组，下设办公室，开展对外来人口调查、登记、发证、拍照等日常管理工作，向外来人口印发暂住人口须知，与用工单位签订“治安责任书”。是年，全乡登记外来暂住人口725人，原籍地涉及国内9个省43个县（市），其中，外来务工人员80%以上在企业上班，少数从事经商或建筑业等工作。

1993年起，加强对住宿、印刷、废旧物资收购等特种行业和歌舞厅、影剧院等公共娱乐场所的治安管理，举办从业人员培训班，使其学习有关法律法规，提高遵纪守法的自觉性和监管他人的责任性。1994年，有些外来务工人员盲目到鹿河，一时找不到工作，便在夜间结帮游荡，发生多起寻衅滋事案件，对此，派出所会同相关部门，及时做好盲流人员的劝返工作，年内共劝返212人。1995年，在白茆口、新泾口、钱泾口、友谊桥等地域交界处卡口增派民警和联防队员，加强卡口检查。在白茆口、友谊桥卡口新建治安岗亭2个。

1996年，派出所从8月份开始，开展为期2个月的“进百家门、知千人情”活动，以此加强人口管理工作。活动中，公安干警和联防队员走村访户，共查访15300余人，查出人户分离（人口暂住地和户籍地不一致）169人、未落实常住户口55人，更正户口登记差错236人，登记暂住人口760人，暂住人口照片等相关信息输入微机421人，绘制村级地图13张，登记门牌3750户。这些工作的开展，既密切了警民联系，又为做好治安防控工作积累了基础资料。1997年，在江苏雅鹿实业股份有限公司、长城村和新幸村开展创建安全文明小区活动，年内，创建单位内未发生刑事和治安案件。

1998年前后，因转换经营机制，一些企业关停并转，由此引发职工工资、集资款、征地费结算纠纷，上访群众增多，对此，镇综治相关部门组织各方面力量，及时做好息访工作，防止矛盾纠纷激化。1999年，加大防控力度，采取加强夜间巡逻、设立暗哨伏击、排查案情线索、监控重点人员等措施，防止各类案件发生，以确保中华人民共和国成立50周年和澳门回归重大庆典年份的治安稳定。

2000年前后，取缔“法轮功”邪教组织，禁止“法轮功”练习者非法活动，对参与练习人员10人做好跟踪帮教工作，收缴“法轮功”邪教书刊、图片、音像资料。同时，在社会上广泛宣传“法轮功”危害性，让广大群众认清“法轮功”摧残练习者身心健康、破坏人类文明、危害社会稳定的邪教本质。在开展打击“法轮功”非法组织后，境内未发生“法轮功”练习人员串联、集会等非法活动。2000年起，采用科技手段，实施治安技防，重点推广应用CR、CR2电脑报警器，是年全镇安装CR电脑报警器26台、CR2电脑报警器250台，通过技防措施的落实，治安防范能力得到提高。2001年，开展治爆缉枪专项整治行动，共收缴气枪、猎枪38支，雷管4枚，减少安全隐患。2002年，进一步严密社会面控制，加大巡逻密度和广度，控制和减少了可防性案件的发生。

第五节　安全生产

20世纪50—60年代，境内以农业生产为主，生产力水平较为落后，靠人力畜力耕作，生产劳动中事故极少，安全生产工作基本上以防火为主（详见本章第六节“消防”）。

70年代，随着机电事业的发展，机电动力被广泛使用，安全生产工作重点转向以预防机电事故为主。在农机方面，每年对驾驶员培训，提高驾驶员安全操作技能。农闲期间，对农机进行整修，避免农机“带病”作业。1974年6月，鹿河高压电力路线开通运行后，每年开展用电安全宣传，在广大群众中普及安全用电常识，强调用电作业必须由专业电工负责。每年对电工进行培训及考查，检测电工掌握电工知识程度。对电工特别强调作业时零线接地、绝缘可靠、支撑牢固、高空安全等技术规范要求。由于宣传防范工作措施扎实，机电动力安全使用，70年代未发生机电方面重大事故。

进入80年代，乡村企业发展起来后，企业安全生产被提到重要议事日程。80年代初，公社工业办公室明确1名干部分管企业安全工作。1983年公社体改后，乡工业公司设安全保卫科，配备专管干部和工作人员，具体负责全乡工业企业的安全生产工作。

1985—1987年，乡工业公司安保科和鹿河派出所每年组织各厂安全员，对全乡工业企业开展2~3次安全生产大检查，3年中共查出事故隐患102处，发出整改通知书48份，提出整改措施20条。每次检查后，所涉企业均对查出的机械传动处未设防护栏、危险化学品保管不严、压力容器操作工缺乏专业知识、电力线路私拉乱接、纺织女工留长发不戴防护帽等事故隐患落实整改。

1988年，开展冬季安全防范工作，乡召开安全生产专门会议，分析企业安全生产存在的问题，提出事故隐患风险点，提出安全防范任务和要求。会后，各单位纷纷行动，切实把各项安全防范措施落到实处，避免了各类事故的发生。是年，鹿河乡开展冬防、百日安全无事故活动等，被太仓县安全生产委员会评为安全生产先进单位。

1990年后，随着改革开放的不断推进，各种所有制经济组织并存发展，行业及生产门类增多，全乡安全生产工作更复杂更艰巨。对此，乡政府成立安全生产领导小组，加强安全生产组织领导、牵头协调、监督管理等工作。各村、各厂配备治安保卫安全员，确保安全生产管控力量落到基层，全乡建立起安全防控工作网络。

1992年起，每年分批分期对各单位分管负责人和安全员及特殊工种岗位人员进行教育培训，指导各单位建立安全管理制度，细化安全生产操作规程；排查治理事故隐患，使人、机、物处于良好生产状态；宣传贯彻有关安全法规，健全安全生产监控运作机制。

1994年10月，鹿河毛皮总厂发生机械致人死亡事故后，立即召开事故现场会，要求各单位吸取此次血的教训，重视安全生产。事后，各厂根据不同生产设备和机械性能，认真排查机械操作事故风险点，并完善细化职工操作规程，以防止类似事故发生。

1995年8月，鹿河长江造船厂一操作工高空跌落死亡。事故发生后，立即要求各单位引以为鉴，及时排查事故隐患，对缺失高空安全防护装置的立即加装可靠的护栏。事后一个月内，有关企业共治理高空（处）作业安全漏洞17处。

1997年前后，切实加强对压力容器使用单位和危险化学品所涉单位及纺织服装易燃单位的安全检查，对查出的事故隐患，及时组织力量落实整改。同时，建立完善安监队伍建设、安全教育培训、隐患排查治理、危化物品管理、特殊工种持证、职工职业健康、现场应急救援、事故调查处理等一系列安全生产工作运行机制，确保各项安全生产措施落实到位。1999年3月，鹿河镇被太仓市安全生产委员会评为1998年度安全生产先进集体；2000年1月，被苏州市安全生产委员会评为1998—1999年度安全生产工作先进集体。

2000—2002年，加大执法力度，镇综治、安全、司法、环保、公安、工商、供电等部门（单位）多次联合行动，对安全生产条件差、安全风险隐患整治不到位的企业暂缓或吊销营业执照，对不符合环保要求、安全生产得不到保证的“土设备”予以取缔，对无证经营的作坊式小工厂责令关停，全镇安全生产工作呈标准化、规范化发展态势。

第六节 消 防

中华人民共和国成立前，鹿河镇上每年正月二十要进行祭祀神话中的火神——祝融的活动，称“祭祝”，店铺门口都摆设上供的祭桌，俗称“摆祭桌”。此民俗是人们对不发生火灾的美好愿望。镇上也置有老式唧筒式水龙，把水注入水龙木桶用力揿压杠杆，水就通过唧筒嘴向外喷射。灭火效果与现代消防车是不可同日而语的。每年“水龙节”都有人抬出水龙，在鱼池附近进行喷水演习，围观者众多。同时，镇上还配有专人“叫火烛”，即冬季黄昏掌灯后，提着灯笼、敲着竹梆走街串巷，边敲边喊：“寒冬腊月，柴干草脆，火烛小心！灶前扫扫清，水缸提提满，脚炉要当心……”到了二更天或半夜，此人又在镇上兜上几圈，重复地边敲边喊。这种“叫火烛”能向居民提个醒，也能起到防患于未然的作用。过了农历正月，“叫火烛”才告结束。民国后期，镇上徐姓鞋匠兼职操此营生，劳务费由店家、富户分摊。

中华人民共和国成立初期，鹿河集镇上有2台水龙，但设备简陋，消防人员又少，缺乏消防救灾能力。20世纪50年代，境内曾发生数次火灾，大多数依靠附近群众紧急出动，就地取水扑灭。

1962年，公社添置5.145千瓦机动消防设备1台，建消防室2间，同时组织义务消防队，有队员6人，由太仓县公安局进行消防知识培训，帮助消防队员掌握消防扑救技术。消防队员定期或不定期举行消防演练，提高实战能力。消防队成立后，多次接到报警，快速出动，参加火灾扑救，发挥了消防突击队作用。70年代，公社逐步增加投入，增添消防设备，同时调整配备义务消防员。1982年，公社拥有消防车5台、义务消防员10人。

1987年6月19日，成立鹿河乡专职消防队，归鹿河派出所管理，派出所民警和联防队员兼消防员，履行消防职能。此后，全乡消防工作步入经常化、制度化、规范化轨道，消防队员在灭火战斗中起到主力军作用。

1990年9月23日，消防队贯彻太仓县政法会议精神，进行消防安全自查，重点检查鹿河毛纺厂等8个易爆易燃单位，共查出安全隐患26处，其中当场口头提出整改意见20条，发出书面整改意见6条，被查单位立即进行整改。

1992年，乡工业公司安保科和消防队在农忙季节和国庆、元旦、春节等重大节日前，组织以防火、防盗、防灾害为重点的安全大检查，共查出各类隐患120处，发出整改通知书50余份。通过检查，促进了各单位的消防工作，年内，全乡未发生火灾事故。

1993年12月2日凌晨，鹿河棉纺厂原料仓库发生火灾，化纤原料及库房被烧毁，损失10万余元。事发后，消防队与政府有关部门及时召开现场会，针对这次事故分析原因，找出薄弱环节，并请专家授课，讲解消防安全知识。在这次事故教训下，各单位普遍增设了灭火设施，有关消防重点工业企业建立了企业消防队。

1995年5月，会同各村、各企事业单位治安保卫人员对全镇各单位进行了一次以防火为主的安全大检查，共查出各类安全隐患35起，发出整改通知33条。江苏雅鹿实业股份有限公司消防队还组织了一次消防演练，以提高企业消防队员现场灭火技能。

1996年，鹿河派出所增投入15万元，添置1台消防车。同时，调整充实消防队伍。年内，队员参加2期消防培训，进行多次实战演练。是年“119”消防日，全体消防队员参加太仓市消防演练，能熟练操作消防器材，快速出击，有效灭火。在同年5月一服装店和11月一纸箱厂失火后，消防队拉得出、打得响，发挥了应有作用。

1998年，加强对化工厂、加油站、液化气供应店、烟火爆竹销售点等消防重点单位监督检查，落实消防措施和安全责任制。同年，组织2次消防实战演练，提高消防队员实战能力。在年内发生的5次火灾事故中，消防队员接到火警电话后均能以最快的速度赶到现场，参加灭火抢险战斗，将事故造成的损失降到最低。1999年，加强对化工行业危险物品的管理，指导各单位制订专库储存、专人保管等管理制度，落实危化品在运输、销售、使用、销毁等过程中的安全措施。

2000年，组织8次以防火为重点的安全大检查，发现火险隐患23处，一一落实整改。2001年9月17日，鹿河新泾九龙化工厂发生火灾，由于扑救及时，未造成损失。事后，鹿河派出所及时派员前往调查安全隐患，提出整改措施，防止事故再次发生。自1987年6月成立专职消防队至2002年，全镇共扑灭火灾28起，处置火警11起，消防队发挥了抢险救灾的主力军作用。

第二章 司 法

第一节 司法机构

20世纪50年代初，境内无司法机构，发生的案件由璜泾区设的临时人民法庭审理。1952年后，境内刑事案件和民事诉讼案件由太仓县人民法院审理。1958年成立人民公社后，司法工作由公社民政干部或其他干部兼管。

1981年7月，公社配司法助理员。1985年，司法办公室（简称“司法办”）成立，成为政府司法工作的职能部门。司法办在太仓县司法局和乡政府领导下，接受太仓县人民法院指导，主要负责辖区内法治宣传教育、人民调解、安置帮教和法律服务与援助等工作，协助县级司法机关对一般刑事案件进行调查审理，分析研究各类治安案件的诱发原因并提出减少纠纷和预防犯罪的措施。

1986年，为适应经济社会发展需要，更好地为社会各界提供法律服务，根据上级统一要求，成立鹿河乡法律服务所，与乡司法办合署办公，并接受其管理。1994年，法律服务所组织体制上仍隶属镇司法办，经济上实行自收自支分配机制，成为法律服务实体。2001年5月，法律服务所体制转换，与司法办脱钩分离，改制后的鹿河法律服务所正式对外营业。

2001年12月，鹿河镇司法办更名为鹿河镇司法所，隶属镇政府，业务上受太仓市司法局指导和管理，是镇政府履行司法职能的机构。2003年8月，镇司法所设所长1人，镇法律服务所工作人员有3人。

1981—2003年，镇（公社、乡）司法所所长（司法助理、司法办主任）先后由曹锦华（1981.7—2000.8）、叶海青（2000.8—2003.8）担任。

第二节 法治教育

20世纪50年代至60年代前期，根据各个时期的中心工作，主要通过召开大会、张贴公告、刊出墙报、书写标语等形式，宣传政府的政策法令，树立法律尊严，推动各项工作开展。1966—1976年，法治宣传教育无法正常开展。70年代后期起，民主与法治建设逐步得到加强，各种形式的宣传教育逐步开展起来。

进入80年代，法治宣传教育活动由乡司法办及司法助理员有计划地组织开展，宣传的途径和方法有了新的拓展，时常利用有线广播、电影幻灯、文艺宣传等形式向广大群众宣传政策法规，增强群众法治观念，提高群众守法自觉性。1986年，根据上级统一部署，“一五”普法教育启动，此后以5年为一个计划期限，在全民中有组织、有计划地开展普法教育工作。是年，乡成立普法教育工作领导小组，制定并实施《鹿河乡“一五”普法教育工作计划》。在“一五”启动年，先后召开普法工作动员会、骨干培训会、法律知识宣讲会等，全面启动全乡普法工作。

1988年前后，提高宣传工作组织程度，各村、各单位明确分管领导，配备宣讲员。乡举办宣讲员培训班，通过培训骨干，带动面上普法工作。组织相关人员在节庆期间上街设摊，开展咨询服务活动，向群众发放宣传资料，解答群众提出的涉法问题。乡广播站开设专题自办节目，编播普法教育宣传资料。组织文艺演出队下村到厂演出，把法治宣传寓于文化娱乐活动之中。由于普法形式多样化，全乡普法教育更具力度、广度和深度。

1991年6月25日，针对有些企业经营上遭骗、经济上受损的情况，为做好防范工作，邀请太仓县检察院有关人员到鹿河授课，向企业厂长宣讲规范起草合同（协议）文本、重视条款的法律效力、运用法律知识保护合法权益等法律知识。1992年，先后培训普法骨干120人次。乡司法办配备普法教育专职干部1人，准备好普法课件，专门负责到各单位授课，宣讲法律知识。1993年，组织法律知识答题竞赛，2310人参加，成绩均达优秀。1994年，镇宣讲员到中小学校授课3次。1995年，组织观看法治教育戏剧演出3场，受教育2400余人次。配合太仓市法院到鹿河召开宣判大会，宣判抢劫案4起罪犯7人，受教育1200余人。

1996年，根据不同对象，因人施教，组织学习《治安管理条例》《禁赌条例》《计划生育条例》《老年人合法权益保障法》等法律法规，规范公民民事行为。对新招录的外来务工人员进行岗前培训，第一课安排法治教育，组织学习厂纪厂规，教育职工争做爱岗敬业、遵纪守法的优秀员工。

1997年，采取以点带面的方法，推进“三五”普法教育工作，先在长城村、鹿河毛线厂、鹿河小学进行“三五”普法试点，在此基础上，利用镇党校阵地，先后举办培训班4期，分别安排不同对象学习。同年，进一步加强在校学生的法治教育，镇司法办组织宣讲员定期到中小学校上法治课，并以鹿河某学生犯罪为案例，对学生进行警示教育。同时，还邀请太仓市交警大队干警到中小学校上交通法规课。是年，到学校上法治课8次，受教育学生1500余人次。

1998年，把行政执法人员列入普法重点对象，帮助执法人员依法处置各类案件，提高执法水平。邀请太仓市消防大队干警到鹿河授课，为各村、各单位安全员解读《消防法》，帮助安全员增强消防安全意识，掌握消防知识和抢险救灾技能。组织各厂外来女工分批参加“三五”普法培训，重点学习《劳动法》《婚姻法》《计划生育条例》《妇女儿童权益保障法》等法律法规，受教育女工400余人次。

1999年3月18日，镇举办“村民委员会组织法”培训班，通过培训，在农村推进“依法建制、以制治村、民主管理”工作，调动村民群众当家做主的积极性。同年4月28日，举办人大代表学习宪法、《代表法》培训班，明确人大代表的地位、权利和义务。同年，在新《合同法》颁布后，举办学习《合同法》讲座，让参训的企业经营管理人员强化合同管理意识，避免合同纠纷，减少经济损失。是年，为更好地开展“国策杯”知识竞赛活动，先后举办学习《土地法》《环保法》《计划生育条例》培训班，参训120人，通过办班学习，参训者参加“国策杯”知识竞赛考试均获优良成绩。

2000年，进一步加强青少年法治教育，中小学校聘请鹿河派出所干警兼任学校法治教育副校长，定期或不定期到学校上法治教育课。同时，组织学生观看法治教育图片，提高学生学法守法的自觉性。是年10月，鹿河镇组织学生参加太仓市委宣传部、市教委、市综治办举办的《预防未成年人犯罪法》《未成年人保护法》知识竞赛，获三等奖。

2001年，回顾总结“三五”普法成功做法和所取得的成绩，认真制订“四五”普法教育实施方案并按方案组织实施，以加强全镇民主法治建设，促进依法治镇、依法行政工作顺利开展。是年7月和9月，先后2次邀请太仓市法院讲师团成员到鹿河上法治课，重点解读《公司法》《合同法》《个体工商户管理条例》《婚姻法》等法律法规，镇机关公务员、行政执法单位执法人员、企业经营管理人员及基层妇女干部160人次参加听课，接受普法教育。

2002年1月，坚持领导干部带头学法，镇党委、人大、政府领导干部18人参加学法、用法考试并获优秀成绩。3月5日，镇司法办与计划生育、科技、卫生、工商等部门联合组织宣讲团队，在集镇人员集中的地段开展学雷锋、树新风宣传活动，为街市群众提供法律、科技、卫生等方面的咨询服务。3月15日消费者权益保护日，鹿河工商组、个体私营经济协会组织人员走上街头，向群众宣传《消费者权益保护法》，传授辨别伪劣产品知识，解答消费者权益受到损害后如何投诉等问题，深受群众欢迎。5月，镇民政办、司法办、综治办、科技办联合开展第12个助残日活动，宣传《残疾人保障法》，动员全社会关注残疾人工作，保障残疾人生活。是年，通过深入开展各种形式的普法宣传，为鹿河镇经济社会健康发展营造了良好的法治环境。

第三节　人民调解

20世纪50—60年代，社会上发生的民事纠纷基本上由所在单位负责调解。70年代，邻里隔阂、家庭矛盾、婚姻纠纷、财产分割争吵、宅基地争议等民事案件绝大多数由大队、生产队干部调处，遇到疑难、复杂的矛盾纠纷，由公社委派相关人员协助或直接负责调处。

1981年7月公社设司法助理员后，民事调解有了专管干部。同年9月，组建鹿河公社人民调解委员会（简称“调委会”），属负责民事纠纷调处工作的组织机构，有人员5人。同时，全公社13个大队也建立了相应的调解组织，由3~5人组成。公社、大队调委会成立后，积极履行职责，在民事调解和法治宣传工作中发挥了积极作用。1982年，公社、大队两级调委会共受理民事调解案件39起，其中移交法庭审理3起，直接调解处理36起。在调处的案件中，涉及婚姻纠纷14起、斗殴伤害赔偿纠纷12起、宅基地纠纷4起、继承权纠纷1起、房产纠纷1起、其他纠纷4起。

1984年，根据人事变动和工作需要，调整充实乡调委会组成人员，由原来的5人增至7人。在村调委会主任3人调任其他工作造成职位空缺后，及时进行补缺，确保调解组织健全，工作不脱节。同年，在乡办厂和市镇各单位建立调解组织，超百人的单位建调委会，不足百人的建调解小组。在农村村民小组、企业中工人多的生产车间设调解员。是年末，全乡有基层调解组织26个，其中村13个、企业13个，形成较为完整的乡、村、组和企业调解工作网络。全年共调解各类纠纷68起，其中婚姻婚约29起、打架6起、继承和财产5起、债权债务2起、损害名誉2起、损害赔偿1起、其他23起。经调解，所有纠纷得到化解，年内民事纠纷无积案，矛盾双方无反悔，无上诉法庭。

1985年，乡政府成立司法办公室，人民调解工作成为司法办的主要职能之一。是年起，乡调委会发挥组织协调作用，乡司法办履行调解工作职责，并与各基层调委会保持联系，上下配合，共同做好调解工作，维护社会稳定。同年5月和11月，有2个村先后发生民事纠纷案件，当事人情绪激动，多次闹事，曾有言语威胁，对此，及时上门做好教育疏导工作，使矛盾得到缓和，避免由民事纠纷转化为刑事恶性案件。是年，调处各类纠纷47起，其中调处企业经济纠纷案件3起，协助企业收回滞呆货款9.34万元。年内，新泾村调委会工作扎实，成绩突出，被苏州市司法局评为民事调解工作先进集体。

1986年乡法律服务所成立后，与乡司法办共同履行调解工作职责，调解工作力量得到加强。1987年，坚持“调防结合，以防为主”的人民调解工作方针，乡、村、企业调解组织经常联系，认真排摸梳理矛盾纠纷线索，一旦发现苗头性问题，做到早介入、早调处，把矛盾纠纷化解在萌芽状态。是年，共调处各类民事纠纷案件35起，由于提前介入，调处得当，年内无矛盾激化案件，无民转刑案件。

1990年，乡政府印发《关于创建标准化人民调解委员会的意见》，加强人民调解队伍建设，对基层调委会人员进行调整充实，调整后全乡有基层调委会32个，组成人员177人，拥有调解员234人。同时，对调委会人员进行业务培训，学习《民法通则》《人民调解委员会组织条例》《土地法》等法律法规，提高调委会人员业务水平。是年，全乡共调处各类民事纠纷44起，调结率达100%，其中基层调委会调处36起，占81.8%。通过及时调处，使1人消除了因纠纷而自尽的念头，防止了2起民转刑案件，使意欲离异的5对夫妻重归于好、5户家庭关系重归和睦、8户邻里关系得到改善。

1994年，飞跃村和泗洲村先后发生因他人破坏婚姻而引发的纠纷，涉案一方当事人怀仇恨之心，有行凶之意，司法办、综治办、派出所获此信息后，及时派出调解人员上门劝导，调解人员不厌其烦，反复做思想开导工作，终于使2起纠纷得到妥善处理，避免了2人采取过激行为而导致伤人的恶性案件发生的可能。

1997年前后，在企业转制和产业结构调整中，有的企业更换行业及产品，有的暂时停工，有的破产歇业，由此引发职工转岗、工资结付、集资款兑现、企业债权债务等矛盾纠纷。对此，各级调解组织相互配合，全力做好劝解工作，稳定职工情绪，并帮助困难职工解决实际问题，从而使各类纠纷得到缓解，避免了因矛盾激化而引发负面影响的群体性事件。

2000年5月18日，飞鹿村一妇女与婆婆发生矛盾，婆婆一时想不开欲寻短见，后经调解，婆媳之间消除隔阂，重归于好。同年6月27日，东影村一村民与妻产生矛盾，多次以言语威胁，且有施暴念头。镇司法办获悉后，及时会同所在村村干部上门做劝导工作，后经说服教育，终于化解了矛盾，平息了1起有可能民转刑的案件。

2001年，镇司法办、法律服务所、派出所一如既往密切合作，相互配合，紧紧依靠各基层调委会，全力做好人民调解工作，是年，调处各类纠纷40起，其中婚姻纠纷7起、宅基地纠纷5起、赔偿纠纷5起、债权债务纠纷4起、生产经营纠纷1起、赡养纠纷1起、其他17起。2002年，全年调处各类纠纷71起，其中，村调解18起，司法办调解23起，法律服务所、派出所调解30起，无民转刑案件。

第四节　法律服务

1985年，乡司法办公室成立，其重要职能之一是为单位和个人提供法律服务与援助。1986年成立的乡法律服务所是提供法律服务与援助的专业机构，其多数服务职能与司法办并存。服务所成立后，主要围绕受聘担任单位或个人法律顾问、代理民事经济行政诉讼、审查或代写各类法律文书、调解各类争议纠纷、解答法律问题及政策咨询、协助办理公证、法治宣传教育等方面开展工作，保障服务对象合法权益，促进法治建设，维护社会稳定。

1986年后，随着经济加快发展和社会生活不断丰富，涉及法律服务的事项随之拓展，法律服务所业务逐年增多。1990年，法律服务所为9家企事业单位担任常年法律顾问；帮助服务对象收回纠纷款33.06万元（非诉讼12起，标的16.85万元；代理诉讼28起，标的16.21万元）；审查经济合同11份，避免可能发生经济损失7万元；代写法律文书58份；解答法律咨询250人次；协办公证82件，比上年增长49%。1991年2月，法律服务所被太仓县司法局评为1990年度优秀法律服务所。

1991年起，积极参与“二五”普法教育活动，会同有关部门（单位）每年办好普法培训班，组织上街设摊解答群众法律咨询，印发答题试卷进行普法教育。热情接待服务对象来访，满足来访者提出的代理诉讼、办理公证、审查合同或协议、代写法律文书、政策法规咨询等法律服务需求。1993年，办理各类法律服务事项185件，服务对象230人次。1994年1月，鹿河镇法律服务所被太仓市司法局评为1993年度优秀法律服务所。

1997年前后，配合做好企业转制工作，协助企业依法处理转制中的涉法事项。1999年后，鹿河民营企业增多，法律服务转向为业主做好法律顾问、起草劳动合同、审查房屋设备租赁协议、完善企业规章制度等工作。2002年，为单位和个人办理经济案件37件，代写或审查合同、协议书75份，协办公证65件，为270人次提供法律咨询，单独或协助调处婚姻纠纷、婆媳不和、邻里矛盾、劳动争议、宅基地争论、财产继承争执、债权债务分歧等各类民事案件62起，为维持经济运行秩序、维护社会和谐稳定发挥了职能作用。

第五节 安置帮教

20世纪80年代以前，对刑满释放劳动改造人员和解除劳动教养人员（简称“两劳人员”），由上级公安机关及属地公安员负责监督管理。80年代中期起，由鹿河乡司法办、鹿河派出所协同管理，主要对“两劳人员”进行思想教育，促其回归社会后重新做人、认真做事、安心工作。

1986年，司法办登记管理“两劳人员”17人，定期找他们谈话，帮助他们树立正确的人生观，让他们感受社会的温暖。1990年，对“两劳人员”落实帮教制，乡、村（单位）落实帮教干部，具体负责对帮教对象的教育管理。

1994年，鹿河派出所及时对释放后的“两劳人员”进行登记，办理户口申报，同时找他们谈话，了解他们的思想状况，帮助他们消除思想忧虑，放下思想包袱，重新树立生活信心，教育他们做自食其力的劳动者。是年，全镇“两劳人员”41人先后得到派出所干警的帮助教育。

1999年，贯彻上级关于进一步加强对刑满释放、解除劳教人员安置帮教工作的意见，镇成立安置帮教工作站，归司法办运作管理，在村建立帮教小组，把帮教任务落实到帮教小组，具体分工到人。此后，“两劳人员”的安置帮教工作进一步制度化、规范化。是年，全镇“两劳人员”14人得到帮教干部关心帮助，思想情绪稳定，各方面表现良好，未发生重新犯罪案例。

2000年，对上年村区域调整变动的村帮教小组及时进行调整，以确保帮教小组组织健全，避免出现脱管漏管现象。是年，镇、村帮教人员本着负责的精神，热心做好帮教工作，经常与帮教对象联系，找他们谈心，并给予他们就业、生活上的关心帮助。同年，一村民服刑1年后刑释，帮教干部及时找其谈话，并介绍他学习汽车驾驶技术，使他感受到关心，有了自谋职业、自食其力的干劲，此人后来从事个体运输工作，经济收入有了来源，生活有了保障。

2002年3月29日，镇召开帮教专门会议，布置细化帮教工作，把帮教对象名单和个人基本情况及帮教责任人列成表式，发至各村村主任，并与各村村委会签订帮教责任书，切实做到帮教工作组织落实，帮教对象情况清楚，帮教责任人分工明确。是年，各帮教小组及责任人扎实做好帮教工作，有的对帮教对象进行思想教育，消除他们的思想顾虑；有的为帮教对象联系单位，介绍就业；有的给予生活上的照顾，帮助他们克服暂时困难。年末，全镇“两劳人员”26人均有了稳定的工作，其中在厂里上班9人、开办饮食店9人、开出租车3人、从事农业3人、经营个体工业2人。安置帮教工作未出现脱管漏管现象，帮教对象思想稳定，工作安心，未发生重新犯罪案例。

第三章　军　事

第一节　人武部

1959年8月，建立鹿河公社人民武装部，其主要任务是，在公社党委的领导下，执行太仓县人武部的命令，发动和组织民兵参加社会主义建设，抓好民兵军事训练，具体负责征兵、民兵预备役、国防教育等工作。在遇到紧急情况时，组织民兵抢险救灾，发挥突击队和生力军作用。人武部设部长1人。1965年11月，增设干事1人。

20世纪60—70年代，人武部加强民兵队伍建设，组织民兵积极投入社会主义革命和建设，在执行急、难、险、重的任务中发挥了主力军作用。1977年前后，公社民兵组织健全，民兵训练扎实，各方面工作取得优异成绩。1979年1月，苏州地委、行署、军分区授予鹿河公社民兵工作红旗单位荣誉称号。进入80年代，民兵工作再创佳绩，收获荣誉。1980年、1982年、1983年，鹿河公社武装基干民兵营先后被中共苏州地委、行署、军分区评为苏州市民兵建设“三落实”（组织落实、政治落实、军事落实）先进单位。

进入90年代，进一步抓好兵役工作，每年开展兵役登记，摸清预征对象底数，为征兵工作打好基础。每年执行征兵命令，完成征兵任务，按时将适龄合格青年输送到部队。1999年10月和2000年10月，鹿河镇先后被太仓市政府、市人武部评为征兵工作先进单位。同时，为增添武装工作经费，减轻政府财政负担，镇人武部做好以劳养武工作，先后扶持鹿河液化气供应站、鹿河妇女保健用品厂、鹿河华武物资经营部等以劳养武经济实体3个，由经济实体拿出部分资金用作民兵训练及其他工作经费。

2000年，人武部抓好资料室建设，各种资料齐全，归档及时，立卷规范，索引正确。办公室配有电脑，办公效率提高。2002年，人武部设部长1人、干事1人。全镇有基干民兵90人，中国人民解放军江苏陆军预备役高射炮兵某排士兵15人，另设机动士兵6人。

1959—2003年历任鹿河人武部部长：朱阿和（1959.8—1966.10）、唐国良（1966.10—1979.3）、高良宝（1979.3—1984.6）、周瑞明（1984.6—1991.1）、陈耀明（1991.1—1994.7）、李卫光（1994.7—2000.12）、徐建明（2000.12—2003.8）。

第二节　兵　役

民国初期，实行募兵制。多数谋生无计的贫民为解决生活出路，便到政府募兵营报名，若被选中，即可当兵。民国22年（1933）6月，国民政府颁布兵役法，实行征兵制，但实为抽丁征兵，即把体检合格的青壮年编号，采用“五丁抽一”的方法，由壮丁抽签，中签者入伍。民国26年（1937），抗日战争全面爆发，为扩大兵源，采用“三丁抽一”的方法。民国34年（1945），抗日战争胜利后，国民政府强行拉壮丁，或派壮丁，让出丁户用钱物买丁替代。为了不被拉丁，逃避买丁，一些青壮年东躲西藏，闹得人心惶惶。

中华人民共和国成立后，农民分得了土地，拥护新生的人民政权，公民服兵役逐步变为自觉行动。在抗美援朝运动中，鹿河青年积极报名应征，1951年3月、5月、8月和1953年1月，先后有4批共85人参加中国人民志愿军，其中方振明、孙祖云、李绍良在朝鲜战场上光荣牺牲。

1955年3月，贯彻实行义务兵役制，依照法律，公民在一定年龄、一定期限内都有义务服兵役。兵役分为现役和预备役。在部队服现役，称现役军人；服役期满的退伍军人和民兵称预备役人员。1959年1月，不再实行预备役制度，重点建好民兵组织，抓好民兵的思想政治教育、国防教育和军事训练工作。1959年8月鹿河公社人武部成立后，由人武部负责兵役工作，每年组织征兵并如数完成征兵任务。

20世纪60—70年代，每年征兵命令及任务下达后，各级党政组织和群团条线均把完成征兵任务作为阶段性重点来抓，广泛宣传发动，动员适龄青年报名应征。对报名的适龄青年，经政审、体检双合格，发给入伍通知书。出发之日，新兵佩戴大红花，所在村村干部携同新兵家属、亲戚、好友组成欢送队伍一路敲锣打鼓，将新兵送至镇政府集中，镇政府召开欢送会，会后送至太仓，由接兵部队士官带到部队，成为一名光荣的解放军战士。60—70年代，鹿河公社年际适龄青年服兵役人数有较大差异，一般年份在20~40人，最少的年份为1963年，仅8人；最多的年份为1976年，达73人。80年代起，上级下达的鹿河征兵任务数大幅减少，绝大多数年份适龄青年服兵役人数为个位数。

1981年，恢复预备役制度，由公社人武部进行兵役登记，登记对象为在部队服役期满和服役1年以上、符合预备役条件的退伍军人。1984年，实行民兵与预备役相结合的制度，退伍军人和符合兵役条件的公民在规定的年龄内服预备役。1985年，全乡共登记预备役兵役对象407人，其中，符合条件应服役380人，其余27人分别按规定对待：缓服役20人、免服役4人、不得服役3人。是年，完成新兵征集工作，全乡共征兵9人，并于11月20日全部送入部队。

1988年前后，在每年的征兵工作中，各单位利用广播、黑板报、宣传标语等形式，大力宣传《兵役法》，进一步提高应征公民依法服兵役观念，营造了“一人当兵，全家光荣”的社会氛围，出现了许多适龄青年积极报名应征、家长支持子女参军的先进事迹。1990年2月，鹿河乡被太仓县政府、县人武部评为1989年春季征兵工作先进单位。

1993年，严格按照征兵工作程序，严格把好体检关、政审关、定兵关。在体检中，每一位适龄青年先由村做好病史调查，再由鹿河卫生院进行初检，最后送至太仓进行把关体检。在政审中，镇人武部与鹿河派出所对参加镇初检人员逐个审查，对个别表现不好、有劣迹前科的对象不送体检。定兵时，与接兵部队士官对接沟通，详细介绍兵员情况，并对合格青年进行家庭访问，最后会同接兵部队士官择优选定兵员，把政审、体检双合格优秀青年送往部队。

1995年，在兵役登记工作中，注重兵役登记质量，切实做到不错、不漏、不重复，全镇共登记兵役人数323人。1996年，通过提高义务兵优待金标准、设立现役军人奖励基金、义务兵退伍回乡给予从优安排工作等政策措施，激励适龄青年应征入伍、安心服役。是年，上级给鹿河下达征兵任务9人，为其他乡镇补缺兵员1人，共计10人。

1997年，为摸清全镇兵源情况，提前做好征兵准备工作，镇下设14个兵役登记站，抽调登记工作骨干30人，对全镇适龄青年进行兵役登记。在登记中，对应征青年病史、政治表现、文化程度进行详细复核，把政治思想好、文化程度高、身体素质强的优秀青年列入预征对象名单。是年，全镇共登记适龄青年63人，为确保将高中以上文化程度的青年送入部队，最后选定预征对象50人。

1999年，征兵工作政审外调任务重，鹿河派出所派出的干警不辞辛劳，先后赴上海、苏州、无锡、南京、盐城、徐州、安徽等地进行调查，凡新兵学习、工作过的地方，一个不漏，全面了解新兵的政治面貌和现实表现，以确保将合格青年输送到部队。2000年10月，鹿河镇被太仓市政府、市人武部评为1999年度征兵工作先进单位。鹿河派出所被太仓市政府、市人武部评为1999年度征兵政审工作先进单位。

2000年，为进一步促进征兵工作，镇政府调整提高义务兵优待金标准，以激励适龄青年积极应征，投身国防，多做贡献。是年，鹿河镇被太仓市政府、市人武部评为征兵工作先进单位。2001年，征兵工作定兵阶段，召开政审、体检双合格青年座谈会，教育他们端正入伍动机，遵守部队纪律，争做优秀战士，为家乡争光。会上，还邀请接兵部队士官介绍部队情况，让他们提前了解部队军事生活，为他们入伍后融入部队、求学上进创造条件。

2002年，全镇设立7个兵役登记站，采用适龄青年亲自到站登记、亲属代登、单位代登、上门登记等办法，认真做好兵役登记工作。是年，共登记适龄青年103人，登记率100%。是年，圆满完成上级下达的年度征兵任务，征集新兵6人，均为共青团员，其中，服役于北京卫戍区部队4人、四川阿坝武警部队1人、南海舰队陆战队1人。6人中，职高以上学历4人，初中学历2人。

第三节　民　兵

一、民兵组织

1950年春，在建立乡政权的同时，鹿河境内各小乡建立民兵中队，设专职民兵中队长1人，同时在各村建立民兵分队。民兵队伍建立初期，主要任务是防止国民党反动残余势力破坏，巩固新生政权。

1958年5月，成立鹿河乡民兵大队。是年9月上旬，境内遭台风暴雨袭击，民兵筑江提、修房屋、排洪水，在抢险救灾中发挥了突击队作用。

1968年，成立鹿河公社民兵独立团。1969年12月18日，成立太仓县武装独立团鹿河公社武装独立连。1973年，全公社设武装民兵大队9个。1975年，武装民兵大队改称武装民兵排，仍设9个，同时组建反坦克爆破班4个，全公社有武装民兵283人。

1981年11月，民兵组织建制调整，原来的武装民兵改称基干民兵，其余统称普通民兵。公社组建基干民兵营，基干民兵队伍由18~28周岁、符合基干民兵条件的公民组成，由公社人武部部长担任营长，公社党委书记担任政治指导员。各大队组建普通民兵营，普通民兵队伍由18~35周岁、符合普通民兵条件的公民组成，配备大队民兵营长，大队党支部书记担任政治指导员。是年末，公社基干民兵营下设民兵排18个，民兵班43个，共有基干民兵426人，其中女民兵30人；普通民兵以大队为单位设营，在职工人数较多的企事业单位分别设连或排，全公社共有大队民兵营13个，单位民兵连11个、民兵排18个，共有普通民兵1729人。此后，全公社民兵人数因人口年龄段变化及编制需要而逐年减少。

1985年，乡基干民兵营共有基干民兵370人，其中退伍军人编入基干民兵90人，分布在16个乡办厂和13个村。基干民兵营下设7个连，22个排，37个班。乡办厂基干民兵编为1连，玉影、东泾2个村为2连，滨海、新泾为3连，黎明、泗洲为4连，长城、长江为5连，新市、飞跃为6连，鹿南、新市、长沙为7连。

1990年9月4日，召开基干民兵营点验大会，基干民兵到点率达99.9%。会上，宣布重新调整后的各连连长及指导员名单。1992年，进一步抓好民兵工作“三落实”，按期进行一年一度的民兵整组工作。整组中，按照便于领导、便于活动、便于执行任务的原则，对基干民兵分布做适当调整，做到尽可能集中，尽量避免分散，以便于在执行突击任务时快速集合。同时，注重把思想好、年纪轻、组织纪律性强的青年吸纳为基干民兵，以提高基干民兵队伍整体素质。同年，还对普通民兵进行调整充实，调整后全乡有普通民兵1135人。此后，以基干民兵为主，开展民兵工作。

1995年，对基干民兵编制进行调整，调整后镇基干民兵营下设2个连，4个排，22个班，共有基干民兵180人，其中女民兵20人。基干民兵中，党团员62人，高中文化程度31人、初中文化程度149人。

1998年，针对基层民兵干部年龄偏大、不宜做民兵工作的情况，在民兵整组中对民兵干部进行考察，调整充实了一批年富力强的村民兵营长。

1999年，做好预备役高炮排组建工作，在全镇基干民兵中挑选15人（其中退伍军人12人）为高炮排预编士兵，通过上级军事机关政审，将这15人编入中国人民解放军江苏陆军预备役高射炮兵某排。另外，还根据兵役需要，设预备役高炮排机动士兵6人。

2000年，根据上级关于做好民兵预备役人员的组织整组工作的指示，镇成立民兵整组工作领导小组，制订工作计划，有序实施民兵整组。在整组中，对个别年龄偏大、兼职过多、精力有限的民兵干部做离任调整，对参加民兵活动无保证的基干民兵做离队处理，把部分刚回乡的复员退伍军人编入基干民兵队伍，从而改善了基干民兵的年龄和文化结构，民兵队伍整体素质得到进一步提高。

2002年，镇基干民兵营共有基干民兵90人，下设民兵应急分队20人、海上侦察排15人、步兵连55人。镇基干民兵编入中国人民解放军江苏陆军预备役高射炮兵某排15人，另设机动士兵6人，平时与其他基干民兵一起参加军事训练，接到预备役部队命令，即服从指挥，单独参加军事训练或执行其他任务。

二、民兵装备

1950年春鹿河境内各小乡建立民兵中队后，配有旧式步枪10支。之后，民兵武器装备逐年更新增配。1975年，民兵共配有各种武器113件，分别为五三式步骑枪52支、五〇式冲锋枪30支、三八式步枪22支、捷克式轻机枪3挺、加拿大轻机枪2挺、九二式重机枪2挺、四〇火箭筒1具、驳壳手枪1支。

1976年9月，装备更新，共有五六式半自动步枪67支、五〇式冲锋枪25支、六三式自动步枪13支、改装轻机枪4挺、九二式重机枪2挺、原装轻机枪1挺、四〇火箭筒1具、驳壳手枪1支。

1978年4月，又增加了半自动步枪35支、六三式自动步枪26支、冲锋枪7支、六〇迫击炮3门、原装轻机枪2挺、改装轻机枪1挺。在武器配备调整时，上交九二式重机枪2挺。

1981年9月，武器全部收缴公社人武部集中保管，由各民兵营按期轮番擦拭维护，训练时分发给民兵使用。1982年，镇人武部集中保管的武器装备有五六式半自动步枪88支、六三式自动步枪39支、五〇式冲锋枪20支、改装轻机枪5挺、原装轻机枪3挺、六〇迫击炮3门、四〇火箭筒1具、驳壳手枪1支。1985年，所有武器装备收缴上级军事机关保管。

三、民兵训练

20世纪50—60年代，采取小型、就地、分散的训练方法，由县人武部培训公社民兵军事训练教员，再由公社培训各大队（单位）骨干，然后以基层民兵组织为单位进行训练，穿插在农闲季节完成每年的训练任务。每年训练结束，分期分批集中于公社，进行军事常识考核。

70—80年代，基本上由公社（乡）人武部对基干民兵进行分期分批集中训练，每年训练时间半个月，全年任务一次完成。训练内容主要有队列刺杀、射击、投弹、爆破、单兵战术、战场救护等，还有兵器常识和武器擦拭。80年代后期，又增加“三打三防”（打飞机、打坦克、打空降，防原子、防化学、防生物武器）知识培训。

1985年11月4日至12月4日，组织基干民兵14人参加县人武部在沙溪乡举办的为期1个月的高射机枪训练，参训基干民兵各项训练成绩均达良好。

进入90年代，民兵训练以由上级军事机关组织为主，训练重点对象为人武部专职干部和基干民兵，90年代后期起增加预备役士官。镇人武部根据每年（次）训练对象及人数要求，安排参训人员如期参加。每年（次）的训练，既有相同科目，又有不同科目，但训练的总体目标任务为：按照实战要求，坚持真训、实训、严训原则，提高民兵国防观念、实战军事技能和应急抢险救援及综合保障能力，打造一支随时拉得出、用得上、干得好的民兵队伍。

1994年，根据市人武部集训要求，安排基干民兵17人，参加以炮兵为主的集中训练，参训基干民兵军事技能均达合格。1995年，市人武部组织集训，参训民兵干部2人、基干民兵13人。鹿河毛皮总厂基干民兵毛振阳在各项军事技术考核中成绩优秀，被评为优秀学员。

1998年前后，在市人武部组织的历次集训中，参训基干民兵按时参加军训，严格要求自己，努力学习军政理论和军事技术，相互之间团结友爱，遵守集训纪律和规章制度，集训中多人受到表扬。

2001年，在民兵训练中坚持高标准严要求，进一步明确参加训练就是上班，无故缺席视同旷工，以此严明纪律，确保完成训练任务。是年，安排基干民兵2人参加太仓市基干民兵侦察技术统一集训。同时，镇人武部自训民兵应急分队20人。

2002年，参训民兵多，训练时间长，民兵所在单位都能顾全大局，克服困难，如数落实参训人员，使年度民兵训练任务顺利完成。

1990—2002年的13年间，全镇民兵参加市统一集训达326人次。

四、民兵要事

防匪肃特　中华人民共和国成立初期，组织民兵加强沿江一带巡逻值勤，防止匪特破坏捣乱。1950年5月，鹿河各小乡民兵配合上级剿匪肃特机关捕获活动于璜泾、鹿河等地的敌特分子3人，缴获短枪2支。次月，又协助上级剿匪肃特机关破获由国民党"军统"秘密组建的、活动于上海及太仓沿江一带的敌特组织，抓获敌特分子21人。

1951年春的一个夜晚，新泾乡民兵班长屈小茂带领一个班民兵6人夜间值班巡逻时，在长江新泾口发现3条船，觉得船上7个人形迹可疑，随即警觉起来，一面派人向上级报告，一面盯住蹲守，防其逃脱。后经上级剿匪肃特机关审讯，查明船上7人系到鹿河江边侦察的匪特。1952年，屈小茂因在剿匪肃特斗争中有功，被授予"全国民兵模范"称号，获奖章1枚，于是年国庆节期间参加全国民兵大会，在天安门广场接受毛主席等中央领导检阅。

抢险救灾　鹿河地处长江边，有守护海塘安全的重要任务。在境内历次遭台风暴雨袭击、出现海塘险情时，以民兵为骨干的抢险突击队总能迅速投入抗洪救灾战斗。

1958年9月上旬，鹿河境内受台风影响，连降暴雨，河水猛涨，江堤出险，农作物受淹，沿江大队迅速组织民兵投入筑江提、修房屋、排洪水战斗，及时排除了险情，减少了洪涝灾害损失。1961年，长江大队江堤段外滩出现险情，民兵和其他民工组成抢险突击队，迅速进行运土护堤，抛石加固。1974年6月上旬，长城、长江大队组织的民兵突击队在抗洪救灾中发挥了生力军作用。1989年8月，长城村组织民兵及时排除江堤堤顶被毁险情。

在1992年的防汛抗洪中，各沿江村、厂均成立民兵突击队，昼夜值勤，巡查江堤。突击队发现长城村外堤受潮水冲击、有一处塌方的险情时，立即进行抢险筑堤，40余人经过3个多小时的紧张战斗，终于确保了险工堤段的安全，保住了堤内大片粮田。

1996年8月上旬，涟浦口海塘内圩水闸被长江洪水冲塌，大片农田受淹。根据上级指示，镇人武部及时组织近百名民兵参加抢险战斗，经过3个小时运土筑堤奋战，终于堵住了圩堤缺口，受到市防汛指挥部的表扬。

1950—2000年，民兵参加的抗洪救灾战斗及其他抢险救援活动不计其数，其中有记载的重大抢险救灾战斗13次，参加民兵600余人次。

助校军训　从20世纪80年代后期起，镇人武部根据上级军事机关安排，先后派出民兵干部和基干民兵骨干（退伍军人），帮助鹿河中学、璜泾中学、太仓市高级中学等学校，对中学生进行军事训练。至2002年，共派出教员33人次，受训学生2700余人。

民船集结演练　1999年，根据上级军事机关指示精神，镇人武部做好国防后备潜力调查，摸清辖区内2条民用机动渔轮运行情况，并把2条渔轮作为民兵应急备用船只，同时摸清全镇35周岁以下青年与军事专业对口人员底数。为保证渔轮处于正常状态，对渔轮主机进行大修，船体油漆见新，船上配备电台。同年，在海上民船集结演练中，渔轮按规定时间和区域快速集结到位，圆满完成了民船集结演练任务。

第四节　兵　事

一、宋家桥战斗

民国26年（1937），“七七事变”的消息传到鹿河，街头巷尾议论纷纷，人们预感到灾难将要到来。8月，为防日军入侵，中国守军五十六师一五六旅一个团到鹿河，团部驻鹿河镇，所属营、连分驻白茆口、抢脚塘、新泾、钱泾4个长江口岸。重点防御区为白茆塘口，重兵驻扎在白茆塘口东首一带。沿江驻营部，为第一道防线；里塍头宋家桥附近驻连部，为第二道防线。抗日军队到达鹿河后，鹿河群众积极开展支前运动，出民夫、献竹木，支持部队挖掘战壕、构筑碉堡、设置障碍物等，以抵御日军登陆。11月12日，上海沦陷，五十六师奉命西撤，一五六旅仍驻在白茆口宋家桥地区防守。13日凌晨（农历十月十一日），日军第十六师团二三十人先在抢脚塘口登陆，沿塍头走到宋家桥地区时架好机枪，准备偷袭。不久，游弋在江面上的日舰向中国守军驻地开炮。中国守军组织反击，当场击毙日军6人。日军偷袭得势后不断增援，双方激战3小时，中国守军不敌，全面南撤。是日上午，在白茆口已无中国军队防守，日军汽艇便从白茆口进港，侵占了太仓之北的鹿河、璜泾和常熟支塘、福山等地。

二、袁家湾突围

袁家湾位于鹿河西南周家圩内，四面环水，人员进出全靠东北角1条木桥（张南桥），地势独特。湾内仅住袁姓1家。民国30年（1941）秋，一天上午，日伪军分东、南2路到鹿河“清乡”。当时，有抗日游击队便衣武装人员六七十人，自南向北转移，其中3人向东转移。由于人生地不熟，部队误入四周河道、难于脱身的袁家湾内。当地农民李福生为掩护游击队，将张南桥破坏。但日伪军抢了民船渡河，其间枪杀了农民周阿如。日伪军进入湾内即架起机枪向被困在袁家宅基的游击队员猛烈扫射。由于敌众我寡，10多名游击队员牺牲，其余游击队员冒着枪林弹雨泅水过河，有几人因不会游泳溺死。突围过河的游击队员在蒋家桥北又遭日军枪击，死亡2人，其余安全脱险北撤。3位向东转移的游击队员，在当地少年苏阿毛的掩护下躲藏起来，避开了敌人的搜索，安全脱险。1949年5月，解放军渡江南下，部队经过鹿河时，其中2位当年被苏阿毛救过的战士特地向苏阿毛表示感谢。

三、鹿河解放

抗日战争胜利后不久，国民党反动派挑起内战。为防止解放军渡江南下，民国37年（1948），国民党五十二军八十八团的一个营进驻鹿河，营部设在新泾口，有一个连连部设在当地包家，一名军官带七八名士兵住在鹿河镇曹大成花行。白茆塘口另有国民党驻军。镇上除设警察分驻所外，还成立自卫团。军警以搞江防为名在市镇周围、宋家桥、抢脚塘口等处设立盘查哨。一时间白色恐怖袭来，国民党军警随意拘禁、吊打、迫害群众，勒索钱财，加上苛捐杂税、乱抓壮丁、物价飞涨，鹿河地区百姓处于水深火热之中，急切盼望早日解放。1949年4月20日左右，在解放军渡江南下前夕，国民党军警人员惊慌失措，驻在鹿河镇上的军队和警察先行撤走。4月23日，新泾口、钱泾口的国民党驻军还在抽民夫筑战壕准备抵抗，中午过后接到命令，说解放军已从江阴渡江过来了，要求迅速撤退。国民党驻军顿时慌乱起来，下午三四时，所有驻军（包括白茆口驻军）匆匆往东逃窜。是日夜9时许，中共武工队10余人到鹿河抓捕国民党军警，方知对方已逃之夭夭。25日上午，武工队在镇上十字弄口张贴安民告示，宣传解放军前身是八路军、新四军，是中国共产党领导下的人民军队。解放军节节胜利，势如破竹，百万雄师已渡江，江南即将全部解放。5月上旬，中共派工作组吕式福、刘祥宣到鹿河接管当地政权机构，两人召集原镇公所公务人员和各保保长开会，宣布鹿河已解放，宣传共产党的宗旨是为人民服务，要解放全中国，建立一个人民当家做主的新社会。命令旧政权人员暂留，一切服从工作组指挥，首先做好支援前线工作，同时做好国民党遗留物资接收、学校接管等工作。同月，成千上万名解放军由西向东路过鹿河镇，向太仓、嘉定、上海挺进，有的部队在镇上休息几小时，有的部队暂住一两天，他们严格执行三大纪律、八项注意，不拿群众一针一线，买卖公平，文明礼貌，有的还帮助群众干活。共产党和解放军的种种表现在鹿河人民心中留下了美好印象，大家开始感受到解放后的心情舒畅。

专记：日军在鹿河的暴行

掷炸弹开大炮　杀害平民百姓

民国26年（1937）下半年日寇侵犯江南时，鹿河这个偏僻的小镇也难逃魔爪，连遭敌机狂轰滥炸。9月10日下午，鹿河镇西新市瞿宅有户人家办丧事，吊唁送葬的人很多，一架日机飞来投弹，致瞿阿根、瞿关兴父子死亡，投下的燃烧弹落在徐宅，致财物焚毁。10月12日早上，两架日机由西向东飞至鹿河镇轰炸，当时正值熙熙攘攘的早市，听到飞机轰鸣声后，群众纷纷进屋躲避，日机在西大街许家附近投掷1枚炸弹，炸坍房屋多间，进屋躲避的农民马德宝、周金桂、曹连生、许松林、许松泉妻女等11人被炸死，受伤的也不少。新市村人孙关益被压在塌房下面，被众人救出，幸免于难。10月20日下午，鹿河西街吴宅房屋遭日机炸毁，地面被炸出一个约深2米、直径5米的弹坑，溅出的青石砸坏了隔壁曹家杂货店屋面。幸亏当天镇上居民都防空避难去了，因此没有造成伤亡。11月10日下午，日机轰炸位于鹿河乡下塍河桥北堍的瞿家茶馆，茶客听闻飞机声由远而近，立即躲到附近海塍上挖的战壕里。敌机投下1枚炸弹，炸毁茶馆房屋4间，茶客侥幸脱险。

日寇于11月13日（农历十月十一日）在白茆口登陆，沿通往支塘的公路向常熟县城进犯。登陆时，长江里多艘日舰向南岸猛烈开炮，毁坏民房和树木很多。19岁的农民陆海被炮弹弹片击中死亡。从鹿河抢脚塘口上岸的一个日军小队，在宋家桥与中国守军交火，双方均有伤亡。在战火中，有6名当地农民中流弹身亡，分别是田振玉、戴桂、陆安林母、高海金妻、宋义福女、沈友祥母，另有受伤者不少。第二天宋家桥附近沿塍头一带，出现前来搜索的日军骚扰奸杀百姓，顾家巷一60多岁妇女遭日军轮奸；褚家巷农民褚小仁因穿着捡来的黄色胶鞋，被日军疑为是中国守军，抓去掷入白茆塘淹死；郏家码头农民李阿二、陆关余、王乾、曹关根、周关根等被日军抓住，排成两行枪杀，19岁的费根生右臂中枪后装死，侥幸逃生。

百姓恐慌逃难　颠沛流离遭罪

白茆口和宋家桥虽属常熟县东张乡，但与太仓县的鹿河毗邻。日军登陆时，中国驻军全部撤走，鹿河群众生命财产受到严重威胁，人们惊恐万分，纷纷扶老携幼往南（王秀桥方向）逃难，遭受了不少颠沛流离之苦。鹿河人夏晓在回忆录中有这方面的记载："那天东方现鱼肚白时，我起床到镇上店里上班，突然看到长江里连连闪着红光白光，听到震耳欲聋的炮声，炮弹从天空呼啸而过，嗞嗞声不绝，有的炮弹在空中炸开，有的落地后爆炸升起团团硝烟，那种情势十分吓人。当时，我赶紧钻入巷头的防空洞内躲避，不敢动弹。过了好长时间，听见炮声逐渐告停，我才钻出防空洞，急忙找到妻小，也毫无目的地和大家向南乱逃。当晚住在伍胥庙南一农户家中。晚上只听见常熟支塘角里枪声一片，整夜不止，我们是又惊又怕，睡不安枕，难于合眼。第二天听说，日军登陆后沿途烧杀抢掠，实行'三光'政策，烧毁无数民房，不少老百姓惨遭杀害，妇女被强奸……闻讯不寒而栗，恐惧不安……后来逃难又三迁其所，不知何方是安乐土。"夏晓的回忆，正是当时鹿河地区逃难群众痛苦的真实写照。

社会治安混乱　群众居无宁日

日军登陆后，沿江沦陷地区社会治安状况极差。除敌伪政权残酷统治、横征暴敛、欺压百姓外，匪患横行，群众居无宁日。一些散兵游勇、地痞流氓借"抗日"之名，趁机组织武装队伍，带头人有赵队长、花队长、高队长、吴队长等，队伍分别在鹿河附近的孙家宅基、顾家巷、姜家湾、张家巷等地。他们独霸一方，昼伏夜出，瞄准富户抢劫财物、绑票勒索，危害人民，形同土匪，人称"野游击队"。听到日军扫荡，他们就逃之夭夭。

鹿河人夏晓在回忆录中写道，沦陷期间，镇上遭遇土匪抢劫、敲诈勒索的居民很多。他自己就遭遇了3次。第一次是遭遇昆山周墅帮土匪抢劫，镇上商店无一幸免，他家小店钱柜也被抢劫一空。第二次是有天深夜，他恰值大便，闻声就抱着幼儿跨窗躲避，其妻被土匪吊在梁上，用卷香烫乳头逼取钱财，结果其妻只得交出藏在小孩尿席里的90元钱。临走时，土匪还将棉被、被单都抢了去。事后得知，这次抢劫是一支“野游击队”所为。第三次是他被一武装歹徒抓去，幸亏有人证实为误抓，才被释放，但还是被抢去其用于进货的自行车，后来托人，花了10元大洋才赎回来。

日伪实行“清乡” 鹿河生灵涂炭

民国30年（1941），侵华日军联合汪伪军进行所谓“清乡”。政治上，日伪重编保甲，挨户清查，重发“良民证”，实行“联保连坐”。军事上，在沿江海塍上扎满竹篱笆，企图阻隔南北往来，消灭抗日武装。鹿河镇群众进出海塍都要经过设在鹿河北边泗洲殿的“王港检问所”，出示“良民证”，并向日军岗哨弯腰鞠躬，稍一不慎，就会挨日军耳光拳脚。一些不愿受辱的群众，除迫不得已外，海塍外的很少上街，海塍内的很少到长江边去。有些胆大的既不愿受辱又不愿走冤枉路，就冒险去钻竹篱笆，一旦被日伪军发现，轻则挨打罚款，重则性命难保。长江边一瞿姓农民，为到镇上买点生活用品钻了篱笆，被日伪军抓住后不仅挨吊打，还被敲诈去不少钱。长沙村一李姓农民家在塍内，田在塍外，为了种田钻了篱笆，被日伪军发现后，即被拖到宋家桥日伪驻地毒打一顿，还被灌了两壶冷水，受尽苦楚。家住海城村、工作在沙溪的一高姓染坊师傅，一次过“王港检问所”，日伪军找碴敲竹杠，把高师傅的“良民证”扣下，高师傅花了几斗米钱才赎出来。塍外农民霍祖根，农闲外出贩盐，一天因钻篱笆，被日军发现后枪杀在稻田里。

“清乡”期间，鹿河镇上除伪太仓县特别区警察局在鹿河设警察分署外，也进驻了一小队日军，小队长一个叫滨吉，一个叫滕田，住在东街一姚姓人家楼上，在楼顶搭了高高的瞭望台。日军还在三元堂大榉树上和元宝泾西北角搭建瞭望台。

有一天早上，鹿河镇上突然戒严，周围道路全被封锁，日伪军将上集市的农民群众上千人，全部赶到鹿河小学的操场上，挨个进行检查。对男青年的检查尤为严格，头部、手心、肩膀、小腿都要细查，并详加盘问，区别口音，验核“良民证”。稍有疑问，立即扣押。这次“清查”直到下午3时许才结束。“清查”中有数人被指为新四军游击队，被带到日伪据点，受尽了折磨，后来由熟人保释，才各自捡回了一条命。

镇上鱼池附近是小镇的热闹地方，居民汲水、淘米洗菜、洗衣服都到这里。日军驻扎鹿河后，每日早上由伍长带领士兵在鱼池边操练刺杀，有时日军只束了块“尿布”就在鱼池洗澡，吓得群众尤其是妇女都不敢到鱼池去。还在姚家老宅基附近设了一个慰安所，有一名慰安妇，供日军泄欲玩乐。伪乡公所为讨好日军，还硬性规定商家和小贩卖给日伪军的牙膏、牙刷、毛巾、肥皂等日用品和荤食品、蔬菜等只收一半钱。对此，商家和小贩叫苦不迭，但敢怒不敢言。

沦陷期间，由于战乱市场萧条，物资匮乏，鹿河群众连火柴、煤油都买不到，取火、照明竟倒退到使用火刀火石和油盏灯；同时，日伪强制发行的储备票不断贬值，通货膨胀，物价飞涨，鹿河市场上曾出现以物易物现象，群众苦不堪言。

日寇还凶残地杀害无辜群众。从北新闸迁回鹿河经营面饭馆的侯宝如是个老实本分的平常百姓，日军怀疑他的面饭馆是抗日游击队的联络站，就将侯逮捕，带回璜泾日军驻地严刑拷打逼供，最后将其活埋。日军种种暴行，令人发指。

第十三篇 民 政

中华人民共和国成立初期，民政工作由乡长兼管，乡文书兼办日常事务，主要做好民主建政和解决旧社会遗留的各种问题。1957年，乡政府设专职民政干部，专管民政工作，主要做好大队、生产队区划调整，建立新的基层政权，同时开展拥军优属、救灾救济、婚姻登记等工作。1960年后，重点做好对烈军属、伤残军人、转业复员军人的优抚工作和对“三无”（无依靠、无劳动能力、无经济来源）孤寡老人及残疾人的帮扶工作。

1983年起，政府设民政办公室（简称“民政办”），配民政助理和工作人员。此后，民政工作职能不断拓展，管理、服务的范围越来越大。至2002年，民政职能涵盖村委会建设、基层民主自治、军人优待安置、救灾救济、低收入户生活保障、婚姻登记、敬老养老、殡葬改革、界桩管护等服务管理工作。

第一章 村民自治

20世纪50年代的小乡、中乡、大乡时期，各村由村长管理，农民群众对各方面工作缺乏参与权和管理权。1958—1982年人民公社时期，农村行政管理由各生产大队大队长负责，大队主要干部由上级任免，农村工作实施行政管理，未形成村民自治制度。

1983年体制改革后，生产大队改称村。1988年6月起，贯彻《中华人民共和国村民委员会组织法（试行）》，明确村委会是村民自我管理、自我教育、自我服务的基层群众性自治组织，开始探索村民自治工作，并逐步形成规范化制度。1990年9月起，根据民政部《关于在全国农村开展村民自治示范活动的通知》精神，在农村全面推行村民自治工作，至2002年，农村村委会形成以民主选举、民主决策、民主管理、民主监督为主要内容的村民自治制度和工作格局。

第一节 民主选举

1983年，农村推行民主选举工作，各村选民通过投票选举，建立第一届村民委员会。此后，全面推行村民自治工作，村委会换届选举组织程度和民主程度不断提高。1990年，全镇13个村第三届村委会任期届满，1991年3月进行第四届村委会换届选举。此次选举前，镇成立村委会换届选举工作领导小组，并组织镇机关干部担任联络员，对各村换届选举工作进行指导；各村成立选举委员会，依法实施换届选举工作。在宣传发动后，各村进行选民登记，对有选举权的选民发给选民证。村委会干部候选人的产生，先采用民主推荐、选民10人以上联合提名的方法，提出初步候选人，后经过自下而上、自上而下反复协商，再确定正式候选人。选举时，采用无记名投票的方法，在选举日安排工作人员（2人以上）带流动票箱让选民投票，投票结束后集中开箱，统一计票，计票过程公开，计票结果当场公布。

1994年，各村进行第五届村委会换届选举，同样采用无记名投票、公开计票的方法，由选民选举产生第五届村委会。整个换届选举过程，充分体现选民的意愿。

1997年，设中心会场和分会场，召开选举大会组织选民投票。考虑到老年村民不便写票，会场特设秘密写票处，老年村民可委托他人在秘密写票处写票。此外，为照顾有事不能到场或行动不便的村民参加选举，还采用流动票箱，上门组织投票。此次换届选举，各村均顺利选出了第六届村委会。

1999年，因村区域调整，提前进行第七届村委会换届选举工作，全镇6个村依法选举产生第七届村委会。

在历次换届选举工作结束后，均对新当选的村委会组成人员进行培训，增强其对做好村民自治工作重要意义的认识，提高管理水平和业务能力。

2002年，全镇农村村委会有6个，共有村委会组成人员30人，村民代表371人。

第二节　民主决策

2000年起，根据上级统一要求，建立民主决策日制度，每年1月10日和7月10日为各村民主决策日。届时，镇机关干部挂钩到村，各村召开村民代表会议，传达上级文件精神，通报村级经济及社会事业发展情况，将村拟定的重大事项提交村民代表会议通过。对通过的事项，由村委会组织实施。2001年，各村在民主决策日前，普遍通过座谈会或走访的形式，广泛征求村民对村委会工作的意见和建议，了解群众需求，梳理拟定提供村民代表会议讨论的决策事项，在民主决策日会议上提交村民代表会议讨论通过。2000—2002年的3年间，全镇6个村在民主决策日会议上经村民代表讨论通过决策事项102件。

第三节　民主管理

1990年起，镇成立村民自治示范活动指导小组，指导各村制定村民自治章程，建立民主管理制度，规范村民自治工作。各村村委会每年确定年度工作目标，提出工作措施，并把各项工作细化落实到村委会下设的生产建设、人民调解、社会保障、治安保卫、文教卫生等工作委员会。由村主任于每年年初向村民代表报告工作，年终汇报村委会工作情况，接受村民代表检查。

1995年后，进一步加强村民自治工作，强化民主管理意识，凡涉及村级经济建设、社会事业发展、实事工程兴办、村级资产管理、惠民利民政策落实等重点工作的，均征求村民代表意见并让村民代表参与管理，以增强村委会工作透明度，扩大村民群众知情权。1998年后，由村民代表对村干部工作绩效进行考核评议。2002年，各村村委会各项管理制度健全，基本形成“事前共决策、事中听意见、事后有监督”的民主管理运行机制。

第四节　民主监督

1990年起，在推进村民自治示范活动中，进一步建立健全监督机制，以约束村干部权力运行，把村干部工作置于广大群众监督之中。各村制订财务公开制度，建立民主理财小组，将村级资产收益、工程项目投入、村级费用支出、合作医疗收支、困难户补助及村干部薪酬等情况进行公布。

1997年起，全面推行村务公开工作，各村设立村务公开栏，将村规划建设、实事工程、企业转制、土地流转、社会保障、就业安置、评先评优、奖励补助、村级收支等村务、财务内容，定期或不定期在公开栏内公示。

2000年，对各村村务公开工作进行检查。事后，有关村对村务公开栏设置地点不合理、板面面积不符合要求等情况进行纠正，同时对公开的内容也进行了调整完善。通过检查改进，各村村务公开栏硬件建设更加规范，村务、财务公开的内容更加全面、细化。

2002年，各村建立村委会工作台账，通过台账记录，全面反映村级经济和社会事业发展情况及村干部工作成效，以便于接受上级检查和村民代表监督。

第二章 优抚安置

第一节 优 抚

中华人民共和国成立初期，建立代耕小组，为农村军属户代耕农田。逢年过节，帮助军属户打扫卫生及进行其他家务劳动。

在抗美援朝运动中，动员各界群众捐款捐物，发动在校学生收集废铜旧铁，捐献给国家制造飞机大炮，用实际行动支援抗美援朝前线。对抗美援朝战争中牺牲的3名烈士家属，由政府发放抚恤金。

1956年后，农村实行劳动工分计酬分配制度，优待烈军属形式由代耕改为优待劳动工分，其工分按现役义务兵所在生产队同等劳动力全年总工分的50%~70%计算（各年度及各大队比例有所不同），年终参加集体分配，此优待形式一直持续至1982年。

1958年成立人民公社起，有领导、有组织、有计划地开展拥军优属活动。每年春节前，公社、大队干部到军属户家里慰问，挂春联，贴“光荣之家”，送上慰问品。每年对“三属”（烈士遗属、因公牺牲军人家属、病故军人家属）和伤残军人及其他符合条件的抚恤对象按时发放抚恤金，对经济上有困难的给予临时补助及定期补助。此外，在计划物资分配、子女入托入学、工作调动换岗等方面给予关心照顾。

1983年农村实行家庭联产承包责任制后，对烈军属优待劳动工分改为优待现金。1984年，农村现役义务兵全年优待金平均每人705元；1985年，增至772元；市镇居民现役义务兵优待金按当年职工收入的70%计发，烈属优待金按现役义务兵优待金的50%计发。之后，义务兵家属优待金随经济收入、生活水平提高而逐年增加。在按时足额发放优待金的同时，还每年组织团员青年、民兵、相关企事业单位职工在夏秋农忙季节为军属户抢收抢种，帮助军属户克服劳动力不足的困难。

1985年八一建军节期间，乡党委、乡政府领导干部12人会同村干部，走访慰问烈属和现役军人家属89户。召开老复员军人、伤残军人、退伍军人代表座谈会，向曾在部队服役、为国家国防事业做出贡献的与会人员表示慰问和敬意。1988年，组织帮耕小组，帮助缺乏劳动力军属户收割脱粒水稻、小麦16户150亩次；帮助插秧9户25亩。

1991年7月31日，乡召开拥军优属、拥政爱民动员暨纪念中国人民解放军建军64周年纪念大会，烈属和老复员军人、伤残军人及退伍军人、现役军人代表100余人出席会议，会议颂扬鹿河青年积极应征服役、投身国防建设的奉献精神，总结全乡多年来开展双拥活动情况，宣布乡双拥领导小组组成人员名单，提出鹿河乡双拥工作计划和措施。1992年4月，鹿河乡被苏州市政府、军分区评为1991年度拥军优属先进单位。1993年，制订鹿河乡军人抚恤优待实施细则，实行军人抚恤优待经费统筹，全年统筹11万元，全乡抚恤金、优待金按时足额兑付。是年，鹿河乡被苏州市政府、军分区评为拥军优属模范乡镇。

1994年12月，全乡有退伍军人回乡8人，镇人武部派车去上海火车站接回，后又派车去市双拥办报到。退伍军人回乡后不久，镇召开退伍军人欢迎会。1995年，于春节、“八一”建军节2次慰问烈军属110户次，给予优抚对象临时困难补助10户。同年，对入伍新兵9人签订军地尽责公约。是年，现役义务兵年优待金标准提高至2500元，1996年又增至3950元。优待金分2次给付，当年7月10日前给付50%，次年1月10日前付清。

1996年2月12日，召开春节团拜会，全镇烈属、伤残军人、复退军人代表和模范军人家属及社会各界人士代表100余人出席会议，镇党委、人大、政府三套班子领导和与会人员欢聚一堂，共贺新春佳节。会上，还表彰了模范军人家属13人，由镇党委、镇政府颁发奖状和奖品。

1998年春节前夕，由镇党委书记、政府镇长、农工商总公司总经理带班，分别带领3个春节拥军优属慰问组对全镇烈属、病故军人家属、二等以上伤残军人和部分老复员军人进行慰问拜年，并送去了慰问品及慰问金。同年八一建军节期间，邀请烈属、伤残军人、老复员军人、退伍军人、现役军人家属代表20人，举行欢度“八一”军人座谈会，并表彰1997年度模范军人家属11人。

2000年八一建军节期间，由镇党委、镇政府、人武部、民政办、妇联领导组成2个慰问组，共慰问烈军属34户，为曾在部队荣立三等功的在乡复员军人18人给予颁发立功荣誉金，给因患病致生活困难的复退军人、现役军人家属10人发放困难补助金。

2002年，全镇有优抚对象43户（人），其中，烈属、病故军人家属5户，二等以上伤残军人、老复员军人5人，现役义务兵33人，全年共发放抚恤金、优待金及困难补助金25万元。

第二节 安 置

20世纪50—60年代，退伍军人安置工作贯彻“从哪里来，回哪里去”的原则，绝大多数复退军人回乡后在农村务农。70年代，随着工业企业的发展，就业岗位增多，开始安排退伍军人进单位工作。至1982年，全公社共有复退军人459人，其中，安排在全民单位工作的有24人，县办、社办大集体单位48人，鹿河供销社10人，公社办厂220人，大队办厂57人，任大队干部41人。未能安排的59人，仍在农村务农，但大多有手艺，有一定的经济收入，生活稳定。对个别退伍军人在生活上遇到困难的，由公社、大队给予临时补助。

1983年起，鹿河在太仓首先采取“先安置后入伍”“征兵、安置、优待”一次落实的办法，做好退伍军人的安置工作，即在新兵入伍前先将其工作单位安排好，服役期间的优待金同时落实单位给付，服役期满回乡后即可上班工作。这个办法实施后，新兵在部队安心服役，刻苦学习训练，为家乡争光。1985年，全年回乡退伍军人22人，其中，到全民单位工作6人，到乡办企业工作16人。

1990年起，劳动就业发生变化，职业选择机会增多，故不再实行“先安置后入伍”的办法，而是鼓励退伍军人回乡后根据本人特长自谋职业，或自主创业，若需要安排的，由乡、村按照“优先安置”的原则，在招工时优先安排退伍军人进企事业单位工作。

1993年起，每年召开退伍军人欢迎暨安置会议，欢迎退伍军人回乡投身家乡建设。是年底，回乡退伍军人8人需要安排工作，镇民政、劳动部门及时予以落实，安排到有关企业工作。在1994年1月中旬召开的退伍军人欢迎会上，邀请接纳退伍军人工作的企业负责人一起参加，与退伍军人见面，于会上当场完成退伍军人安置人事交接。退伍军人回乡受到欢迎，工作得到及时安置，与会的退伍军人及家属甚为感动。1995年底有回乡退伍军人4人，在1996年1月12日召开的欢迎会上，退伍军人的工作全部得到安置。

1997年前后，镇、村办企业转换经营机制，转制后，企业用工自行招录，镇政府由直接安排变为同企业商量。在这种情况下，对每年的安置工作，镇分管领导和有关部门负责人均亲自下企业，找业主，介绍退伍军人履历及特长，与企业商量安排合适的工作。由于工作细致扎实，又得到企业的支持，安置工作顺利开展。1997年，退伍军人17人回乡后全部得到安置。

1999年10月，在退伍军人11人未回乡之前，提前到有关企业商量，把安置工作一一落实。11月退伍军人陆续回乡后，即相继上班，至2000年1月，回乡的人全部有工作。2001年，开始对退伍军人实行“以货币安置为主、就业安置为辅”的政策，2002年退伍军人18人回乡后选择自谋职业，政府均给予发放一次性安置补助费。

第三章　扶贫帮困

第一节　救灾救济

1949年7月，境内遭到强台风、高潮位袭击，江堤决口，沿江农田、农房淹没，农作物颗粒无收，有的农户无家可归，受灾农户达2000户。灾后，一方面组织灾民修筑江堤，以工代赈，每天发给每个民工赈灾大米1.25公斤，解决受灾群众基本生活困难；另一方面组织群众抗灾自救，排积水，降渍害，恢复生产。1950年农业获得丰收，受灾群众渡过难关。

1950年后，对遭受自然灾害和长期患病或年老体弱缺乏劳动能力等原因造成生活困难的群众，给予发放救济粮、救济款及寒衣、棉胎等生活资料。1956—1960年，累计发放救济款5692元。

1974年、1976年、1977年、1978年、1980年，境内分别遭高温、干旱、台风、暴雨、冰雹等自然灾害，部分群众生活困难，政府做好救灾救济工作，五年中累计发放救灾款22216元，救助受灾困难户239户。尤其是1977年，三麦灌浆期遭到连续高温，三麦受灾严重，政府根据遭灾后农户的实际困难，及时发放救灾款16375元，救助受灾困难户135户。

20世纪80年代，对1957年底以前参加工作、在1961—1963年下放、未安排工作、家庭生活困难的职工，由公社报县民政局批准，按本人原工资的40%每月给予生活补助。1982年，全公社发放下放职工补助款、麻风病患者救济款及其他有关补助（救济）款累计28067元。1985年，全乡发放救济款9695元，补助困难户116户。

进入90年代，镇（乡）民政办落实民生保障政策，推进扶贫帮困工作。1992年，救济患重病困难户6户，补助总额7700元；救济遭自然灾害和突发伤亡事故造成的困难户7户，补助总额3500元；救济人均年收入不足500元的特困户7户，给予定额补助，补助总额6592元。1994年，全镇发放临时救济款及慰问品（折合金额）总额27530元，受助困难户209户。1995年，临时救济40人次，补助总额15180元。同年12月初，购置棉衣10件、棉胎16条，分送到20户困难家庭。1998年起，对符合最低生活保障条件的困难户给予生活保障金（详见本章第二节“最低生活保障”）。2000年，对60年代精简退职老职工给予补贴，补贴总额5322元。2002年，对定额补助对象的救济款按时足额发放；对临时补助对象的救济款，视家庭困难情况、确定补助额度后发放，全年发放救济款总额11.3万元。

此外，多次组织捐款捐物，援助外地受灾群众。1997年4月，响应市政府号召，发动群众捐赠，在一星期内筹集寒衣、被褥2200件（条），支援陕西榆林灾区。1998年七八月份，长江中下游和东北松花江、嫩江地区遭受百年未遇的洪涝灾害，为支援灾区，鹿河镇于8月14日成立抗洪救灾捐赠办公室，16日印发书面通知，动员社会各界群众募捐救援。这次捐赠活动有56个单位2576人参加，共募集款项80317元、物资价值68万元，款物全部捐往灾区，向灾区人民献上了一份爱心，体现了“一方有难，八方支援”的中华民族传统美德。

第二节　最低生活保障

1997年以前，未实行最低生活保障制度，对农村因病致贫、因灾致贫、缺劳致贫的困难户，由镇、村给予生活补助。

1998年11月，根据上级政策，鹿河开始建立并实施城镇、农村居民最低生活保障制度，将农村家庭人均月收入低于100元、城镇居民家庭人均月收入低于180元的，列为最低生活保障对象（通常称“低保户”）。低保户实际收入不足保障线的部分，由政府以定补的形式补足。农村家庭的定补资金由村和镇财政各负担50%，城镇居民家庭的定补资金由市和镇财政各负担50%。定补资金按季发放到户，低保户1户1卡，到季凭卡领款。是年，通过民政办调查摸底，确定全镇低保户12户，其中农村村民11户、城镇居民1户，全年发放低保金9600元。

建立低保制度后，按照“城乡联动，动态调整，应保尽保，分类施保”的原则，每年对低保户按最低生活保障标准进行动态调整。2000年下半年，鹿河供销社反映，供销社1名女职工下岗后生活困难，经调查，发现其符合低保条件，后经市民政局批准，将其列为城镇居民保障对象，给予月低保定补100元。

2001年，提高低保户纳入标准，即农村家庭年人均收入不足1200元、城镇居民家庭年人均收入不足2400元。2002年，全镇有低保户14户，其中农村村民10户、城镇居民4户，全年发放低保金8920元。

第三节　其他扶贫工作

在扶贫帮困工作中，除对生活困难户给予定额补助和临时补助外，还通过其他各种措施开展扶贫活动，主要有开发扶贫、建房扶贫、助学扶贫、助残扶贫、结对扶贫等。

20世纪50年代初期，倡导互助合作精神，组织多劳户帮助缺劳贫困户耕作，使其将在土地改革中分得的土地种熟种好，通过种地产粮摆脱贫困。对贫雇农无房户安排住房，对危房户安排修缮资金，让其安定生活。在农业合作化时期，金融部门为支持贫雇农困难户解决入社资金问题，发放贫农合作基金，扶持困难户发展家庭副业。同时，发放生产生活贷款，解决困难户生产生活应急所需。60—70年代，鹿河供销社积极组织畜禽苗种，帮助困难户发展家庭养殖业，增加家庭经济收入；公社、大队安排木材、竹材、石灰等紧缺物资，帮助困难户修建房屋。80年代，更加重视开发式扶贫，给予困难户一定的扶持资金，鼓励其养猪、养禽、养兔和从事个体经营。1985年，全乡确定开发式扶贫户29户，除4户仍被列为救济户、需救济款外，其他25户均通过发展生产达到脱贫标准。同年，发放房屋修缮资金4750元，困难户16户得到修房补助。

1990年11月，鹿河乡残疾人联合会成立，与乡民政办合署办公，之后，开展一系列助残关爱活动，主要工作有安排残疾人进福利工厂，扶持残疾人开发生产性项目，资助残疾人家庭子女读书，提供残疾人康复锻炼场所等。（详见第十篇第六章第五节第七目“残联”）

1992年，实施开发式扶贫11户，其中搞种植业7户、养殖业3户、个体修理业1户，根据不同情况，给予生产项目扶持资金，至年底实现脱贫9户。1993年，安排困难户家庭中能够从事简单生产的人员进厂务工5人，让其有稳定的工资收入。1996年前后，资助困难户修建住房4户，给予修建补助金总额1.48万元。

1998年，扎实推进扶贫工作。3月，镇成立扶贫帮困领导小组，由镇机关和村干部组成百人帮扶队伍，分成20个组，分别与困难户20户结对，开展结对帮扶工作。是年，各组走访结对对象，发放慰问金7200元、慰问品价值600元；为困难户减免各种缴费1550元；安置智障青年1人进厂务工，安排合适的工种，让其有一份工资收入；资助困难户3户修建住房，给予修建补助资金和建筑材料价值9000元；为重病患者募集医疗费用1.5万元。1999年，重点帮扶困难户13户，其中残疾人困难家庭10户，多人患病户、公孙二代户及无劳力户各1户，年内送去慰问金和慰问品价值7000元。同年，给予残疾人家庭一品学兼优、考上大学的女生奖学金2500元；扶持新海村一困难家庭（公孙二代户）发展养殖业，给予无息贷款3000元。

2000—2002年，镇、村及市有关单位结对帮扶困难户共计42户，帮助困难户修建住房32户150间4000平方米，给予扶助资金9.5万元；扶持困难户发展种植业、养殖业和个体工商经营项目19户，给予扶贫项目开发资金1.6万元；资助困难家庭子女读书22人，发放助学金2.65万元。

第四章　民政事务

第一节　婚姻登记

民国时期，青年男女大多包办婚姻，讲究门当户对，一般都按父母之命、媒妁之言结为夫妻。男女结婚、离婚不办登记手续。

1950年《中华人民共和国婚姻法》颁布后，废除包办强迫婚姻，实行婚姻自由、一夫一妻的婚姻制度。法定结婚年龄为男20周岁、女18周岁，符合结婚年龄方可结婚，由乡人民政府办理结婚登记手续，发给结婚证书。登记时，申请结婚的男女双方须陈述自愿结婚、健康状况等事由，若发现有违反《婚姻法》情形的，不予办理登记。同时，实行离婚自由，但对办理离婚手续十分慎重，一般先做调解工作，劝双方和好，劝导工作往往反复多次，对确因感情破裂、无法维持婚姻的，才给予办理。办理婚姻登记，不用约定日期，常年随时接待办理。

1970年起，提倡晚恋、晚婚、晚育，实行计划生育。青年男女法定结婚年龄推迟到男25周岁、女23周岁。婚姻登记由公社民政干部办理，登记日期安排在五一、国庆、元旦、春节前后，其他时间不办理登记。

1981年起实行修改后的《中华人民共和国婚姻法》。《婚姻法》规定，结婚必须男女双方完全自愿，不许任何一方对他方加以强迫或任何第三者加以干涉。法定结婚年龄，男不得早于22周岁，女不得早于20周岁。鼓励晚婚晚育。男女双方必须亲自到公社民政办办理结婚登记，符合规定的予以登记发证。其时，初婚青年响应政府号召，自觉晚婚晚育，办理结婚登记者年龄大多在男25周岁、女23周岁以上。1980年10月至1981年4月，只要符合《婚姻法》的，任何时间都可以办理婚姻登记。1981年5月起，又改为五一、国庆、元旦、春节等4个节日期间办理。

1985年后，进一步严格婚姻登记手续，男女双方必须凭户口簿、非直系血亲和三代以内旁系血亲证明、所在村（居）委会出具的未婚证明、其中一方户籍所在村（居）委会的接收证明、证件照3张，到乡民政办办理婚姻登记。对于手续不全的，认真指导、耐心解释、热情帮助，让其办齐后再登记。

1990年起，随着思想观念的转变，丧偶再婚者增多，对于老龄婚姻登记和特殊情况者，乡民政办采取随到随办、约时办理、上门办理等办法予以照顾。

1994年，认真做好离婚双方的调解工作，尽量劝其和好，对确无和好可能、协议离婚的，民政办依法审查协议的合法性、可行性，特别注重保护妇女儿童合法权益，以避免出现财产分割、子女抚养等方面的后遗症。

1998年，推行婚前到太仓健康检查。为衔接婚检工作，方便结婚者办理登记，民政办经常加班接待：有时下班后还要等婚检者从太仓回来后登记，有时放弃星期天休息时间给予办理。

2002年，认真执行《婚姻法》和《婚姻登记管理条例》，对男女双方提供的证件（证明）严格审核，核查无误后才给予办理结婚登记手续，杜绝了违法婚姻的发生。是年，全镇办理结婚登记87对、离婚登记12对。

表13-1　1994—2002年鹿河镇民政办登记结婚、离婚统计

年份	结婚（对）	离婚（对）	年份	结婚（对）	离婚（对）
1994	135	10	1999	64	11
1995	127	12	2000	70	10
1996	148	13	2001	75	8
1997	82	7	2002	87	12
1998	74	5			

注：1994年前因缺资料无从统计。

第二节　养老管理

1949—1957年，农村中鳏寡老人生活主要由亲戚、邻居援助照顾。1958年起，鳏寡老人的生活费由公社、大队、生产队三级负责。

1984年9月28日，鹿河乡敬老院建成启用，对鳏寡老人实行包吃、包住、包穿、包医、包葬（通常称“五保”老人），首批入住“五保”老人13人，下午举行入院仪式。除入住敬老院外，对有住房和有人照顾、本人因不习惯不愿住敬老院的“五保”老人供给粮食、食油、柴草、被子、衣服及零用钱，仍让其住在生产队。

敬老院建成投运后，扎实做好各项供养服务工作，让每一位老人安享晚年。老人们虽身边无子女，但同样受到尊重。1985年2月13日下午，乡党委全体委员及各村村主任到敬老院拜年，向老人们送去新年的祝福，使入住老人真切感受到党和政府的关怀。

1987年，敬老院加强服务管理，摸清入住老年人饮食习惯和身体情况，并根据老年人所需，合理搭配伙食，尽量满足老年人口味。1990年后，定期或不定期安排一些适合老年人的文体娱乐活动，丰富老年人精神文化生活。1992年，搞好敬老院升级达标工作，院内筑花台、垒假山、建喷池、植花木以及浇筑水泥道路和场地，院内环境得到美化。

1994年，敬老院添置设备设施，房舍安装纱窗纱门，配备电扇。同时，提高供养标准，人均供养达到每人每年1500元。1995年增至2000元。同年4月，配备保健医生1人，为老人健康保健服务，老人身体得到经常检查，减少了病痛，还节省了医药费。是年末，敬老院有供养老人19人，其

中“五保”老人14人、寄养老人5人。

1997年，投入资金10万元，改造敬老院房舍，增添卫生设施，房内配备电视机，实现硬件建设规范化。2000年，敬老院供养老人生活标准随物价上涨而提高至每人每年3000元，入住老人吃得好，穿得暖，住得舒心。

2002年，敬老院在搞好硬件建设的同时，重视软件管理，建立健全工作台账，各项管理制度上墙，文件资料建档。院内工作人员分工合理，定职定岗。对管理服务工作定期评比，实行百分考核，考核实绩与年终报酬挂钩，从而调动了院工积极性，促进了各项管理工作上水平。是年末，敬老院有供养老人11人，其中“五保”老人7人、寄养老人4人。

1984—2003年鹿河敬老院院长先后由何根生（1984.9—1986.10）、周月芬（1986.10—2003.8）担任。

第三节　殡葬改革

民国时期，民间对死者实行棺木土葬，大多数安葬在自家祖坟，无地居民需到有人脉关系的村落买地安葬。殡葬形式和丧事格调不尽相同，贫民亡故，简衣薄棺，稍做佛事，草草安葬；富者离世，为其做道场、做佛事，连续数天，超度亡灵，有的大户人家还为死者建陵园、设坟堂，占地较多，耗资颇大。旧时殡葬习俗烦琐，也充满封建迷信色彩。

1949年后，逐步实行殡葬改革，提倡丧事简办，坟墓相对集中。20世纪50年代末，新市大队为节约土地，在桃园（地名）专辟1块墓地。墓地位于新市大队与长沙大队交界处、横江塘南侧河畔，占地8000平方米，每个生产队分划一方，基本上一个生产队600平方米。墓地建成后，全大队原分散安葬的坟墓迁入。此为鹿河境内最早实现集中安葬的墓地。

1967年8月，太仓火葬场建成后，改变历史上的土葬习俗，逐步推行火葬。在这一重大殡葬改革中，公社、大队干部做了大量的移风易俗宣传教育，大力宣传火葬的重要意义，并号召党员干部首先做到将亡者进行火葬，在实施殡葬改革中发挥带头作用。当时，虽然遇到一定阻力，但由于宣传到位，劝导工作耐心细致，火葬很快在百姓中形成共识，并全面推行，至1969年，全公社死者火化率达100%。火葬后，死者的骨灰盒由家属存放在家里，一般在一年之后的清明节移至墓地落葬，也有极少数人家当日将死者骨灰盒落葬。在土葬改火葬的同时，丧事习俗也有了较大改变：旧时的祭祀习俗改为召开追悼会寄托哀思，烧香点烛改为敬献花圈悼念逝者，亲属披麻戴孝改为佩戴黑纱。

70—80年代，由于农村土地平整、兴修水利、工业发展等原因，土地用途发生变化，所涉坟地随之迁移，原分散的坟墓开始相对集中。90年代，进一步重视道路绿化建设，改善路容路貌，镇、村将分散在道路两侧的坟墓实施迁移，将死者遗骨（骨灰）集中一处落葬，此举加快了坟地集中，节约了土地。在祭祀礼仪方面，虽比旧时有较大变化，但又恢复了诸如做道场、说宣卷、扎纸房等传统习俗。

2000年后，根据土地用途变化和道路整治需要，加快推进墓地集中，至2002年，全镇基本上形成1个村民小组设1处墓地的格局。

第四节　界桩管护

鹿河镇与常熟市相邻，境内有3处属于鹿河镇管理的界桩（俗称界牌），分别为位于长新村14组（原新市村14组）的4号桩，长洲村32组（原长江村7组）的5号桩，长洲村31组（原长江村6组）的6号桩。1996年起，根据《国务院关于开展勘定省、县两级行政区域界线工作有关问题的通知》精神，每年配合上级政府开展平安边界活动，对界桩进行检查，确保边界线不被移动。2002年，界桩保存完好，界线清晰易认，界境相邻居民和睦友好，生产生活正常，未发生纠纷或争议。

第五节　管理机构

鹿河民政管理机构为镇政府下设的民政办公室。20世纪50年代的小乡、中乡时期，鹿河民政事务由乡长和文书兼办，其他乡干部一起参与有关工作。1957年鹿河建立大乡开始，设专职民政干部1人，专管民政工作。1983年行政体制改革后，政府设民政办，配民政助理和工作人员，此机构至2003年8月未变。2003年，镇民政办有工作人员3人，其中主任1人。

1957—1983年历任民政工作负责人：郑森荣、陶元兴、王永泉、吕永林。

1983—2003年历任民政办主任（民政助理）：陆志远（1983.7—1994.1）、黄祖德（1994.1—2000.8）、丁瑞华［2000.8—2003.8（兼）］。

第十四篇 劳动 社保

民国时期，境内无专设的劳动就业、劳动工资、劳动管理等相关工作机构，劳动者大多自谋职业，退休后无生活保障。

中华人民共和国成立后，尤其是在完成对私营手工业、商业的社会主义改造后，单位招工由乡政府安排，具体由民政干部兼管，优先安排困难家庭劳动力就业，分配市镇待业居民工作。

1975年起，社队企业招工由公社工业办公室负责，学生毕业分配、特殊对象工作仍由公社安排。1983年起，实行社办企业（单位）职工退休保养统筹制度，职工在职时，由所在单位缴纳退保统筹基金，职工退休后享受养老金。之后，职工劳动就业、工作调动、工资变动、退休保养等工作由劳动工资科负责。

1997年起，执行社会养老保险政策，按照《太仓市城镇企业职工养老保险制度改革实施办法》，参保单位和职工缴纳社保基金，职工退休后可享受社保养老金。

1999年6月，鹿河镇社会保障所（简称“社保所”）成立；2001年10月，更名为鹿河镇劳动和社会保障所。此后，全镇各企事业单位的劳动就业、劳动工资、劳动管理和养老医疗等保险均由镇劳动和社会保障所负责管理。

第一章　劳　动

第一节　劳动就业

民国时期，境内无专门的劳动管理机构，镇上私营作坊及商业门店招工或招收学徒，均由业主自行招收，或熟人介绍、业主中意后录用。20世纪40年代，镇上工商业就业职工不足百人。

50年代前期，镇上企事业单位甚少，绝大部分劳动力从事农业。1958年鹿河人民公社成立后，由公社民政干部兼管劳动就业，负责学生毕业后工作分配，安排社会闲散劳动力就业，落实特殊照顾对象工作等。

1959年前后，上级动员沿海地区青壮年人员支援新疆，鹿河共有青年79人响应国家号召，加入支边队伍，在新疆落户，参加当地社会主义建设。后来这些支边人员由于多种原因，少数留在新疆，成家立业，繁衍后代；大部分人员先后返回鹿河，参加家乡建设。

1961年，开展精简职工、压缩城镇人口的工作，鹿河公社有商业人员20人被精简下放到农村，转为农业人口。此后，又接收了一批在外地工作、由全民所有制、集体所有制单位精简下放的人员，将他们安置在大队、生产队务农。70年代末至80年代，对精简下放的人员根据政策规定，分别予以照顾，有的享受退养生活费，有的享受生活困难补助费，有的办理农转非手续，其中一部分人员把指标给子女，让子女“顶替”工作。

1964年开始兴起城镇知识青年上山下乡运动，第一批到鹿河插队落户的是苏州城区知青，以后又有城厢镇知青和鹿河集镇知青到农村插队落户，至1969年，鹿河共有上山下乡城镇知青208人，分插在13个大队。这些知青的住房、生活用具由公社和大队帮助解决。平时同农民一起参加劳动生产，评工记分，年终参加分配。1968年后，上级拨有插队知青经费每人每年230元，其中建房费130元、生产生活费100元。后又增加经费至每人每年455元，其中建房费300元、生产生活费155元。1973年起，按照国家政策，插队落户的知青分期分批回到城镇，由当地劳动部门安置就业，至1979年全部结束。1985年起，又为知青在农村的配偶和子女户口办理农转非，给具备条件的配偶安排工作。

从60年代起，随着工商业和社会事业的发展，在企事业单位工作的就业人口逐步增多。1965年，全公社有企事业单位就业职工712人，1970年增至1056人。

1975年公社成立工业办公室后，由工业办公室招收录用部分社办企业职工，学生毕业分配、特殊对象工作仍由公社安排。1980年，全公社有企事业单位就业职工3295人。1983年起，社办企业职工招工由乡工业公司审批，公司下设的劳动工资科负责工资计核。1989年12月起，由乡成立的劳动服务公司负责劳动就业安排。1990年，全乡有就业职工7728人（不包括农业，下同），其中就业于第二产业6684人、第三产业1044人。

1992年成立的乡劳动就业管理所（简称“就管所”），为乡劳动管理、就业安置的职能机构。是年，就管所办好待业青年择业培训，让待业青年改变“等分配”“靠分配”观念，树立竞争择业、自主择业意识。培训后，应届初、高中毕业的待业青年14人找到了合适的工作。同年，针对乡、村办企业劳动力供需矛盾突出的情况，就管所组织人员赴苏北沭阳等地，为企业招收新工人；同时通过向外地发招工信息，帮助企业招工，全年成功招录企业职工410人。

1993年，为缓解企业劳动力紧缺，就管所继续做好招收外地职工工作，先后赴苏北涟水、睢宁和灌南等地，为5家镇办企业招收新工人186人。同年，2家镇办企业关停，有失业下岗职工152人需要重新就业，就管所对下岗待业职工进行调查摸底，然后到有关企业进行推介对接，后在企业的配合帮助下，使待业职工135人重新有了合适的工作。剩余17人因有泥水、木工等手艺，选择自谋职业。是年，有城镇待业青年7人需要安排工作，但因择业要求较高而难以安置，为此，就管所组织他们到太仓劳务市场择业，让他们有更多的择业机会，最终有6人找到了工作。

1994年，劳动就业从以安置为主转向以双向选择为主，镇就管所更名为镇劳动管理所。是年起，镇劳动管理所重视做好过渡工作，一面了解用工单位的基本情况，一面登记择业人员的个人信息，以便让用工单位和择业人员双向选择。是年，外来务工人员、城镇待业青年、企业失业职工232人通过双向选择实现就业。年末，外来务工人员到鹿河就业累计1391人，其中在镇办企业务工的有625人，在村办企业务工的有402人，从事其他职业的有364人。

1995年，有一家化工企业和一家化纤企业歇业，职工失去工作，需要重新安置。为了帮助失业职工尽快重新找到工作，镇劳动管理所会同企业劳资干部开展待业职工个人信息调查，并根据各人原从事的劳动工种和技能，深入用工企业，做好职工推介工作，后有4家企业根据用工需要，先后接收下岗待业职工292人。是年，全乡有就业职工8122人，其中就业于第二产业6792人、第三产业1330人。

1997年前后，在镇办企业转换经营机制后，业主对职工队伍进行重组，有的职工留用，有的职工下岗，对此，镇劳动管理所做好协调工作，一方面协助企业处理好终止职工劳动关系的相关事宜，另一方面帮助下岗职工重新落实工作。1998年，转制企业下岗职工125人实现转岗就业。

1999年，镇劳动管理所更名为社会保障所。同年起，实行“劳动者自主择业、市场调节就业、政府促进就业”的政策，单位用工由单位根据需要自行招录，镇社保所不再直接安排就业，若有特殊对象需要照顾，与单位协商安排，原镇劳动管理所的职能转向为用工单位提供劳动力资源信息、组织求职者进太仓劳务市场择业、抓好求职者职业培训、协助用人单位对招录新职工进行面试等。是年，镇社保所协助一家新开业企业进行招录新职工面试，协助另一家新开业企业招录新职工105人。

2001年，建立和完善市场导向就业机制，根据企业用工需求，做好就业促进工作，年内协助企业引进太仓以外劳动力350人。2002年，又引进460人，从而缓解了民营企业劳动力紧缺的问题。

同时，通过职业介绍，使城镇失业人员26人找到了新的工作。是年末，全乡有就业职工9592人，其中就业于第二产业7919人、第三产业1673人。

第二节 劳动工资

20世纪50—60年代，社办企业职工工资由公社工业管理部门审批，各单位工资标准不尽相同，但差距不大，重体力劳动的单位相对稍高。

1958年成立人民公社后，对企业中的务工社员实行“劳动在厂，分配在队，厂队结算，适当补贴”的分配制度，即工资转入所在生产队，由生产队给予在队务农社员同等劳动力的工分，年终与务农社员一起参加分配。鉴于这种务工计酬形式，通常将务工社员称为亦工亦农。

1968年，根据务工社员在外消费较高的实际情况，公社统一规定由务工社员所在单位给予每人每月菜金补贴3~4元。

1969年，全公社首次统一社办企业务工社员的工资标准，月工资标准为男30~33元、女28~30元，由单位根据工种计核。菜金补贴为：家住农村的，每人每月5元；市镇周围生产队（具体确定7个生产队）的，每人每月3元。1975年，改变务工社员计酬分配及菜金补贴办法：务工社员80%的月工资转入生产队，换计工分，参加生产队年终分配；20%留作个人菜金补贴。

1978年起，全公社企业职工月工资调整为男33~37元、女30~34元。同年起，对务工社员实行工资上缴积累的分配制度，即由务工社员向所在生产队上缴工资积累。缴纳标准按所在生产队社员平均消费水平决定，消费水平在130元以下的生产队，务工社员上缴工资额的10%积累；130~140元的上缴9%，141~150元的上缴8%，依此类推；消费水平在200元以上的生产队，务工社员免缴积累。务工社员缴纳积累后，直接拿工资，不再将工资转队计工分。（1978年后，因务工社员不再参加生产队年终分配，故亦工亦农概念淡化，以下“务工社员”改称“企业职工”。）

1979年，对企业职工实行基本工资加奖励的分配方法，按规定完成经济指标的，企业职工得基本奖，超出的得分成奖。1979—1982年，企业职工除领取基本工资外，另有年度奖金，4年间，企业职工年人均奖金为102元，其中1980年130元，为历年最高，1982年74.8元，为历年最低。

1982年7月，调整企业职工工资，平均月工资由原来的33.44元提高到37.81元，平均每人增加4.37元。调整后，职工最高月工资45元，比调整前增加7元。至此，全公社企业职工工资按级差标准计核，一级工资为30元，一级半32.5元，二级35元，二级半37.5元，三级40元，三级半42.5元，四级45元，四级半47.5元，五级50元，五级半52.5元，六级55元。

1983年后，一直实行固定工资制，职工工资晋级由镇劳动工资科审批。1990年后，逐步调整企业职工工资结构，提高起点工资标准，发放有关生活补贴，职工收入增加。1993年8月，调整镇办企业、事业单位职工起点工资，普增两级档案工资，全镇有职工4880人受益。调整后，工资标准同市属大集体单位职工工资基本接轨。同年，对各企事业单位原大集体性质划归人员进行工资制度改革，改等级工资为技能工资，并调整起点工资，原核定等级起点工资为69元，调整后技能起点工资为135元，同时将发给职工的各种补贴合并为综合补贴70.5元。

1996年起，改革企业经营机制，原镇办集体企业转为民营企业，转制后企业拥有分配自主权，政府取消指令性工资计划，提出工资指导线，引导企业对职工工资进行合理调整，并逐年增长。同年，开始实行太仓市最低工资标准，职工月最低工资标准为240元，此后，随经济发展逐年提高。

1999年，根据太仓市《关于调整企业职工工资意见的通知》调整企业技能工资起点标准，一、二、三类企业技能工资起点标准分别提高至260元、250元、240元，职工综合补贴标准从130.5元提高至150元。

2001年起，实行职工工资集体协商制度，由劳动关系三方（企业行政、工会、劳动者）根据劳动部门每年提出的工资指导线，协调确定职工工资。未建立工会组织的企业，由业主根据工资指导线及当地现行同工种工资水平，与职工协商确定工资。2002年，全镇民营企业职工工资均通过协商、签订劳动合同、按不低于最低工资标准确定。

第三节　劳动管理

20世纪50—80年代，鹿河工业企业所有制属集体性质，企业用工由公社（乡）主管部门统一招工、统一分配、统一管理。企业职工大多为当地农民，外来务工人员极少。劳动管理重点在企业内部，由企业制订规章制度，约束职工行为。企业职工流动较少，职工队伍相对稳定。

进入90年代，工业经济发展加快，外来务工人员增多，且逐步放开企业用工自主权，企业招工由原分配安排为主，改为由企业自行招聘为主，劳动部门的劳动管理重点由此转向开发人力资源、规范劳务市场和劳动用工等工作。

1991年起，为做好劳动管理工作，乡劳动部门指导各企业（单位）建立劳动管理人事科，规模较小的企业（单位）设劳动人事助理员。各企业（单位）建立职工花名册，规范招工、调出、辞退等手续，做好全员人事档案工作。对外来务工人员进行登记，办理劳务许可证。及时为企业提供人力资源信息，协助企业做好劳动力的调配工作。

1993年，由于企业劳动力供需矛盾比较突出，熟练工、技术工更为紧缺，故出现职工随意跳槽现象，影响企业正常生产。有的企业盲目招工，对既没有介绍信又不带身份证的外来人员也加以录用，这些人进厂上班后纪律松散，导致偷盗、打架等治安案件频发。针对劳务市场一时失控的状况，镇劳动部门一方面组织力量引进外来劳动力，缓解劳动力不足的矛盾，另一方面做好外来劳动力调查登记、查验证件、上岗培训等工作，对符合上岗条件的人员发给劳务许可证，让外来人员持证谋职，无证则企业不予录用。这些管理措施促进了鹿河劳务市场有序稳定发展。是年，全镇共发放外来劳动力劳务许可证805份。

1995年，贯彻执行省政府颁布的《江苏省实施劳动合同制度办法（试行）》，根据市政府专门召开的劳动合同制工作会议精神，开始在企业中全面推行劳动合同制管理。为做好相关基础工作，劳动部门花了1个月时间，到每个企业摸清职工底数，核对更正职工花名册，在此基础上补齐一人一份职工登记表，并填入职工详细信息。年内，全镇共签订职工劳动合同1765份。同年，镇劳动管理所设劳动监察协理员1人，具体负责上报劳动监察信息、督促办理用工手续、依法查处违法行为、监控劳务市场秩序等劳动保障监察工作，

1996年起，为使外来务工人员有序择业、合理流动，进一步重申外来人员持证上岗用工制度，凡外来务工，须事先申请，经劳动部门审核后发放外来人员劳务许可证，用工单位对持证者方可录用。是年，为外来人员发放劳务许可证755份。

1998年前后，进一步宣传贯彻《劳动法》，重点到非公经济企业宣传劳动用工法律法规，督促企业规范用工，指导企业与职工签订劳动合同。1999年全镇共签订职工劳动合同2118份。

2000年起，加强劳动执法工作，重点对企业签订劳动合同、禁止使用童工、落实劳动保护措施、结付职工工资等情况进行专项检查。2001年，先后为15家企业审核外来务工人员个人信息496份，指导25家企业与职工签订或续签劳动合同2137份。2002年，镇劳动部门与各企事业单位进一步完善劳动人事管理网络，并建立相应工作制度，形成劳务信息互通和劳动管理规范化、制度化工作格局。

第四节　劳动管理机构

鹿河劳动管理机构为镇劳动和社会保障所。

1983年，为加强对乡办企业职工的劳动管理，乡工业公司下设劳动工资科，为乡劳动管理专门机构，属镇劳动和社会保障所前身。1989年12月9日，成立鹿河乡劳动服务公司，承接乡劳动工资科职能，由包仁勋任公司经理，另设工作人员3人。1992年，乡劳动服务公司改称乡劳动就业管理所，1994年8月又更名为鹿河镇劳动管理所。1995年4月由李永泉任镇劳动管理所所长。1999年6月，成立鹿河镇社会保障所，由劳动管理所所长李永泉转任社保所所长。2000年8月，金敏学任社保所副所长（主持工作），2001年9月任所长。2001年10月又更名为鹿河镇劳动和社会保障所。该所为公益类事业单位，主要职能有：劳动力资源开发和就业管理服务；社保医保业务指导管理；职工职业技能培训；劳动关系调整和劳动争议预防与处理，规范企业工资支付行为；退休人员社会化管理服务等。

2003年8月，镇劳动和社会保障所位于鹿河中灵街1号，有职工4人，所长金敏学。

第二章 社 保

第一节 养老保险

一、职工退保统筹

20世纪80年代以前，境内职工退休及退休金发放未实行统筹办理，由各单位根据退休人员的身份性质（国营、大集体单位人员或居民工），按照国家相关政策办理退休手续，发放退休金，一般亦工亦农性质的务工社员退休后仅有少量的保养金，有些困难企业无保养金，养老得不到保障。

从80年代中期起，实行社办企业（单位）职工退休保养制度，并实行全乡退保统筹，不再由各企业（单位）自行办理。统筹后，由乡财政所和工业公司劳动工资科统一收缴各单位的退保基金，并存入财政专户，职工到达退休年龄后统一办理退休保养手续。此退休保养制度时称“小统筹”。随着经济社会发展，退保统筹扩覆，参保单位增加，退保职工增多。1992年，全乡有退保职工725人，年人均享受退保金540.6元，年发放退保金总额39.19万元。

1993年，提高职工退保金标准，从原来月人均退保金45.05元增加到61.75元，人均增加16.7元，增长37.07%，是年为历次增资幅度较高的年份之一。1994年，由于宏观调控，银根抽紧，企业资金发生困难，镇劳动管理所把基金收缴作为主要任务，切实做好统筹协调工作，以确保退保职工的退保金按时足额发放。是年，全镇有退保职工830人。1995年，将养老统筹退保金从镇财政所专户中划出来，由镇退休保养办公室（镇劳动管理所具体负责）直接收取、管理、发放。是年，全乡有退保职工867人，年人均享受退保金997.58元，年发放退保金总额86.49万元。1996年2月，镇劳动管理所被太仓市劳动局评为1995年度社会劳动保险工作先进单位。

1996年起，随着乡镇企业产权制度改革，职工退保统筹发生变化，“小统筹”对象范围缩小，统筹职能开始转移，职工退保逐步转向更大范围内统筹的社会养老保险，即并轨城镇企业职工养老保险和农村基本养老保险。

2002年，镇统筹退保对象仅保留无法并轨社会养老保险但需要特殊照顾的对象，其他均转入太仓市城镇企业职工养老保险。

二、社会养老保险

1997年，按照《太仓市城镇企业职工养老保险制度改革实施办法》，开始实施社会统筹与个人账户相结合的城镇企业职工养老保险制度（简称“城保”，通常称“社保”），对参保单位和个人缴费标准、缴费年限及享受养老金做出规定。

1998年7月，职工社保个人账户的记账比例为职工本人缴纳工资的11%；缴费满180个月方可按月享受养老金。基本养老金按本人退休时上年江苏省与苏州市职工月平均工资的平均数的20%计发。同年，把乡镇企业下岗再就业人员、从事个体职业人员视作自由职业者，纳入社保范围，以解决下岗再就业职工的续保问题和个体职业人员参保的后顾之忧。

实施初期，由于职工群众对社保制度缺乏认识，参保单位和个人甚少。1999年，全镇新增参保人员82人，累计376人。是年，在参保对象分散、企业资金困难的情况下，镇劳动部门切实做好基金收缴工作，全年共收缴64.6万元，完成收缴任务的98.75%。

2000年，进一步加大社保工作宣传力度，扩大社保政策透明度，让广大职工感受到养老保障的好处，引导企业积极参保、职工自觉参保。同时，降低自由职业者缴费比例，由原来的26.5%降为18%，吸引更多的自由职业者参保。年内，全镇新增参保职工82人。

2001年，社保宣传活动深入企业、村、社区，社保扩覆加快推进。是年，江苏雅鹿集团有限公司新办职工社保496人，累计612人，为参保人数最多的企业。一家冲压件企业把全厂48名职工全部纳入社保，为首先全员参保的企业。同年，为其他企业办理职工社保64人，为自由职业者办理社保42人。2001年8月，镇社会保障所被太仓市社会保障局评为2001年上半年度社保扩覆工作二等奖。

2002年，鹿河镇各企事业单位职工的社保基金月最低缴费基数为618元，缴费比例为27.5%，月应缴基金169.95元，其中集体负担20.5%，计126.69元；个人负担7%，计43.26元。是年，镇劳动和社会保障所全年共收缴社保基金395万元（含补缴金额），完成收缴任务411万元的96.1%。同年7月起，镇劳动和社会保障所贯彻实施《太仓市农村社会养老保险暂行办法》，通过会议、板报、画廊、印发资料、街头设摊咨询等形式进行宣传发动，围绕上级提出的2年内农村社会养老保险覆盖率达到100%的目标要求，抓紧组织实施，积极做好社保扩覆工作。是年，全镇新增参保职工313人，累计参保职工1537人。

第二节 医疗保险

一、农村合作医疗

1969年1月，鹿河在太仓各公社中首先创办农村合作医疗，这是广大农民依靠自己和集体的力量，发扬互助共济精神，在自愿基础上组织起来的农村医疗保障制度。合作医疗基金由生产队集体和社员个人缴纳，社员看病，医药费报销。年缴纳基金额度和医药费报销范围及比例，随医疗卫生事业发展而进行相应调整。为确保合作医疗顺利实施，公社成立合作医疗管理委员会（简称“合管会”），合管会下设办公室，配备1名专管干部，该专职干部还兼任合作医疗会计。

1969年初办时，合作医疗基金每人每年5元，其中个人缴纳2.5元，生产队公益金集体缴纳2.5

元，社员看病费用，除门诊挂号、住院费自理外，医药费按规定比例报销。合作医疗基金，全公社统一核算。实行合作医疗，既便利群众，又有互济性质，还有利于开展疾病预防工作，深受广大群众欢迎。是年，在农村实行的基础上，市镇上10个社办企事业单位也参加了合作医疗。全公社共参加合作医疗14479人，缴纳基金7.27万元，医药费支出6.26万元，结余1.01万元。

1970年，全公社13个大队均建立了卫生室，培养了一支农村赤脚医生（1983年后改称“乡村医生”）队伍。赤脚医生既是农村预防保健、医疗卫生的医务工作者，又配合公社合管会做好合作医疗基金的收取、管理、使用等工作。1973年，根据县卫生局关于《整顿、巩固、发展合作医疗若干问题》的意见，公社进一步加强合作医疗组织领导，健全各项管理制度。1974年，组织赤脚医生参加县卫生局举办的璜泾片赤脚医生培训班，赤脚医生技术业务水平得到提高。1975年，全公社合作医疗健康发展，农村参加合作医疗人数15799人，占应参加人数的99.22%。全年收缴合作医疗基金9.11万元，支出8.08万元，结余1.03万元。1976年4月，公社合管会获评江苏省农村合作医疗工作先进集体。

1983年后，社会上对农村合作医疗形式一度产生非议，并出现基金筹集难、经费管理难等情况，但通过各方努力，这一制度仍然坚持下来。1985年，全乡参加农村合作医疗人数15484人，占应参加人数的97.64%。年合作医疗基金收取标准，农村每人7.5元，乡办企业每人18元，全年共收基金16.18万元，实支15.56万元，余0.62万元。合作医疗结报医药费，全乡分核算单位14个，其中，村13个，市镇各单位并为1个。结报医药费在核算单位内统筹，年际余缺调剂。

1990年后，合作医疗继续得到巩固提高，基金收取标准根据群众医疗需求、经济收入和生活水平的变化而调整，医药费报销办法由镇合管会制定，具体按“以需定筹、以收定支、略有节余”的原则实施。1991年3月，鹿河乡被苏州市政府评为合作医疗管理工作先进集体。1995年，全镇参加农村合作医疗人数14215人，占应参加人数的97.64%。

1997年，镇合作医疗办公室更名为镇合作医疗管理所，职能得到强化，管理更加规范。2000年，实施《太仓市农村大病合作医疗暂行办法》，设立合作医疗大病风险基金。2001年，建立小病有补偿、大病有保险的抗风险福利型合作医疗模式，增加对大病人群的补偿力度。参加合作医疗对象范围扩大，除当地户口的农村居民和未能参加职工医疗保险的城镇居民、企业职工可参加外，外来人员持有当地临时户口或在企业有固定工作的，也可申请参加。2001年12月，鹿河镇被太仓市初级卫生保健委员会评为2001年度农村大病风险合作医疗工作先进镇。2002年，全镇参加农村合作医疗人数15515人，占应参加人数的98.33%。

1969—2003年，鹿河镇合作医疗专管干部兼合作医疗会计先后由周宝良（1969.1—1991.2）、王卫良（1991.2—2003.8）担任。

二、职工医疗保险

职工基本医疗保险通常简称“医保”。1997年以前，未实施职工医保政策，农村村民和企业职工参加农村合作医疗。未参加合作医疗的单位，其职工医药费由单位报支，报销范围及额度各单位有所不同，主要由单位根据经济条件决定。

1997年，贯彻《太仓市职工社会医疗保险暂行规定》《太仓市职工医疗保险基金筹集和管理暂行办法》等文件精神，开始实行职工医保制度。单位参加医保，基金按在职职工工资总额的9%缴纳；在职职工本人按工资总额的2%缴纳，由用人单位在职工每月工资中代扣代缴。自谋职业等灵活就业人员由个人按医保缴费基数缴纳。实施之初，职工群众对医保的好处未形成共识，故医保工作推进较为缓慢。

1999年，根据《太仓市完善职工医疗保险制度的若干意见》，对用人单位缴费比例、参保职工个人账户记账比例、医保待遇等进行调整。2000年，根据市政府文件（太政发〔2000〕78号）精神，又对缴费比例、最低缴费年限、个人门诊自负比例、两次住院起付标准等医保政策进行调整和补充。政策调整后，医保制度得到完善，更加惠及百姓。镇劳动保障所加大宣传力度，认真做好扩覆工作，参保职工开始增多。2002年，全镇参加职工社会医疗保险人数1015人。

第三节　其他保险

本节主要指职工失业保险、职工工伤保险、女职工生育保险等3项保险。1999年以前，鹿河尚未实行上述保险，1999年开始宣传，但未能全面推开，仅有少数单位和个人零星参保。2002年起，加大宣传力度，推进扩覆工作，上述3项保险开始在面上推行。

第四节　社保管理机构

鹿河社保管理机构为镇劳动和社会保障所。（详见本篇第一章第四节“劳动管理机构”）

第十五篇 文化 教育

鹿河文脉绵延，历来民间艺人众多。但在旧时，民间文化活动缺乏组织协调，大多由民间艺人自发进行。中华人民共和国成立后，政府配文化干部兼管农村文化工作。1958年后，鹿河设文化站，配专职文化干部。此后，文化工作有组织、有计划地开展。20世纪80年代起，鹿河文化设施不断完善，文化活动广泛开展。1996年，鹿河镇被江苏省文化厅评为群众文化先进镇。

鹿河有众多的文化场所。最早开设的书场为镇上的老王馆书场和水阁凉亭书场。民国时期，有新王馆书场和孙厅书场。中华人民共和国成立后，有鸿苑书场。70年代，文化站办图书馆，公社建影剧院（大礼堂），成立电影队。90年代，镇上有鹿河山庄歌舞厅，属对社会开放的营业性舞厅，另有数家企事业单位舞厅，为职工文化娱乐场所。此外，镇上设有照相馆，为居民群众提供照相服务。

鹿河民间文化活动活跃。民国时期有昆曲班，艺人受邀到婚丧喜庆人家吹拉弹唱；有京戏班，请京戏班唱戏一度成为富裕人家讲究排场、显耀门庭的主要形式；有丝竹社，演奏爱好者活跃于民间休闲场所和民间庙会。中华人民共和国成立后，鹿河广大文艺骨干热情高涨，自发组织戏剧、舞蹈、民乐等各类文艺团队，以各种文艺形式配合党的中心工作，开展宣传活动。60年代，农村各大队建有文艺宣传队，演出活动频繁，节目丰富多彩。70年代，公社成立文艺宣传队，常年活跃于农村文化阵地。80年代起，群众文化兴起，文体节庆活动广泛开展。2000年起，群众文化呈“文艺团队多、节庆场面大、艺术品位高”的特点。此外，鹿河民间曾有过名目繁多的娱乐游艺活动，随着时代变迁，有的已经绝迹，有的沿袭至今，且有的活动器具提档、活动升级，具有智力开发功能。

鹿河有一批文学、书画、摄影爱好者，其创作的作品不计其数，许多作品被各级各类宣传媒体录用，在全国、省、市赛事评比中屡屡获奖。

鹿河文化积淀深厚，境内曾形成古殿、古堂、古桥等多处文化胜迹，但历经时代沧桑，大多数文化胜迹已不复存在，有的已完全改变原貌，仅存遗址。为印证鹿河悠久的历史，本篇选择数处较有影响的古迹，略做记载。

鹿河有一批热心于文史资料收集整理工作的编纂者，为鹿河留下了珍贵的文史资料。鹿河重视档案工作，镇机关和各村、各企事业单位做到及时收集整理，规范立卷归档。2002年，镇机关档案室为苏州市一级档案室，村级档案室村村达到苏州市级标准。

民国时期，鹿河教育事业落后，绝大多数成年人属文盲或半文盲。中华人民共和国成立后，教育事业不断发展。至60年代初，全公社有中学1所，学生230人；小学37所，学生总数3257人，入学率95%。同时，公社开办鹿河农业中学，各大队开办耕读小学，实行半耕半读。这些学校的开办，为加快扫除文盲、提高学员文化水平发挥了积极作用。

1966年，鹿河南部10个大队划归王秀，农村小学数量减少。1968年后，全公社中小学实行全日制教育。1970年，鹿河初级中学开办高中，成为一所完全中学。是年起，各大队均建办幼儿园，对幼儿进行早期教育。70年代，鹿河发展中学教育，建有新泾、光明、东泾等农村中学。70年代末至90年代初，为整合教育资源，调整学校布局，农村中小学先后撤并至鹿河初级中学和鹿河中心小学。1986年后，全乡普及九年制义务教育，每年中小学生入学率均在99%以上。

1989年春，易地重建的鹿河中心小学落成启用，学校从中弄街搬迁至玉影路18号（玉影村1组境内）。1993年9月，新建的鹿河中心小学幼儿园落成启用，并更名为鹿河文灿幼儿园，新园位于鹿长路与灵影路交会处西南侧。新园单门独院，结束附设在鹿河中心小学内的历史（仍隶属鹿河中心小学管理）。1995年2月，易地重建的鹿河中学落成启用，学校从镇西元宝泾搬迁至沙鹿公路与玉影路路口东南侧。

2002年，鹿河境内有全日制学校3所：鹿河中学，设10个班，学生469人；鹿河中心小学，设19个班，学生924人；鹿河文灿幼儿园，设9个班，入学幼儿302人。另有鹿河镇成人教育中心校1所，建于1985年，为负责成人学历进修提升和各类专业技术培训的机构。

第一章 文 化

第一节 文化机构

1949—1957年，境内还没有专设的文化工作部门，文化活动由上级文化部门统一组织、乡文书兼管。1958年，成立鹿河公社文化站，配文化干部1人，主要负责扫盲工作，经费由县文教局下拨。文化站位于镇区西大街。1962年，在公社机关内安排公房1间，作为文化站办公场所。1976年，文化站移至公社大礼堂办公。1979起，配专职文化干部2人，主要职责是组建并管理文艺团队，发挥文艺爱好者的骨干作用，组织群众开展文化娱乐活动，丰富群众文化生活。

1981年前后，为筹措文化经费，增强文化工作活力，文化站创办文化综合厂，有生产车间5间，建筑面积200平方米，主要生产日光灯管、矽钢片冲压件、标牌、针织产品等，并承接印刷业务。

1982年，在公社机关南侧、大礼堂北面建文化综合楼1幢，楼高2层，共10间，建筑面积350平方米，为文化站办公用房和文化活动用房。开辟阅览室、乒乓球室、棋牌室、放像室、茶室等文化活动场所。1983年2月8日，整合各种文化资源，成立鹿河公社文化中心，为广大群众提供文化活动阵地。1985年，文化中心有职工38人（包括文化综合厂职工）。1989年后，文化综合厂各经营项目陆续停办。

1990年后，乡文化站充分发挥社会上文体爱好者众多的优势，经常组织开展有利于职工群众身心健康的各类文化娱乐和体育赛事活动。同时，切实抓好以文养文工作，利用文化资源，扩展营业项目，用营业收入补充文化活动经费。此外，主动为企业做好产品宣传推介工作，发挥企业参与文化活动的积极性，让企业为文化活动提供赞助。

1995年，投资10万元，对文化用房进行修缮，改善文化站的站容站貌。同时添置文化设施，增强服务功能，满足广大群众文化娱乐需求。1996年3月，鹿河镇获评江苏省群众文化先进镇。

1998年起，每年组织开展一系列群众性文体活动，且呈现活动规模大、文化品位高，参与人数多、社会评价好的态势，在全镇上下营造了积极向上、健康文明的文化氛围。2000年，进一步抓好小商店、游艺室、桌球房、影视厅等文化营业性项目的创收工作，完善承包经营机制，调整承包上缴基数，文化营业收入增多。2002年，镇文化站与镇广播电视站合并，成立鹿河镇文化广播电视站（简称“文广站”），位于鹿长路劳动桥北堍东侧。

1958—2003年历任文化站（文广站）站长（负责人）：曹云娥（1958.2—1958.9）、丁沂（1958.9—1959.11）、夏肇中（1959.11—1961.6）、吴履绥（1961.6—1962.12）、方桂生（1962.12—

1963.12)、蒋育成(1963.12—1965.9)、毛士忠(1965.9—1970.4)、黄振兴(1970.4—1975.2)、缪志清(1975.2—1986.1)、朱惠康(1988.3—1991.5)、顾雪良[1991.5—2000.12(其中1991.5—1996.12为副站长主持工作)]、李锦清(2000.12—2003.2)、李云汉[2003.2—2003.8(镇党委宣传委员兼)]。

其中,1983年9月缪志清工作调动,属借出,站长未免,1986年1月免站长职务;1986年2月至1988年2月,由朱惠康、顾雪良2位副站长分工负责文化站各部门工作;2002年6月起,称文广站站长。

第二节　文化场所

一、图书馆

1949—1957年,境内无图书阅览或借阅服务场所。1958年公社文化站成立后,开始积累书籍,但因藏书有限,未对外开放,仅供少数熟人借阅。1965年,文化站藏书仅400余册。

1976年文化站移至公社大礼堂后,文化用房增加,站内设图书室,每年增添新书,至1980年,有藏书2000余册。1982年文化站文化综合楼建成后,图书室面积增加,另辟图书阅览室,为读者提供宽敞明亮的图书阅览场所。1985年,图书室有藏书3500余册,全年图书借阅及在室阅览读者达3.1万人次。

1986年后,文化站通过内部管理以书养书,依靠社会各界资助添置新书,争取上级文化部门支持扩大藏书,图书馆藏书量不断攀升,至1990年有1万余册。1991年4月13日,文化站图书室通过县文化局万册图书室验收。之后,图书室升格为图书馆。1995年起,提高图书借阅服务质量,延长图书馆开放时间,以满足不同层次的读者需求。

2000年,开展争创"明星图书馆"工作,一方面积极筹措资金,添置新书,增加藏书量;另一方面改善服务态度,吸引更多读者。同时,设置新书介绍专栏,做好导读工作;开辟读者园地,为读者提供学习交流平台。2002年,图书馆有藏书1.5万册,发放图书借阅证512张,全年接待读者3.3万人次,其中借阅图书5220人次。

二、影剧院

1976年,公社建造大礼堂1座,位于公社机关南侧的鱼池旁。1982年,乡政府拨款5.8万元,在建造文化综合楼的同时,将大礼堂改建为影剧院,建筑面积560平方米。影剧院属砖混结构,人字钢梁,平瓦铺盖。正门置于北侧,设8扇大门,房身中段两侧和舞台两侧各有边门,门后为观众、演职人员出入通道。影剧院内置木制长条座椅,设座位898个。影剧院成为大型会议、文艺演出、电影放映的重要场所,从此改变了无大型集会场所(数百人)的状况。

1985年,乡电影队在影剧院内设置35毫米电影放映机组,电影放映质量提高,场次增多。

2000年后，因房屋老化、缺乏消防设施，在影剧院举办群体性活动减少。2002年，因存在不安全因素，影剧院停用。

三、电影队

1976年4月20日，成立公社电影队，购置16毫米电影放映机1台，电影放映员吴仁良、张锦球。是年，在镇上大礼堂和下乡放映电影170场。

1976—1984年，电影放映以在农村巡回放映为主，放映员经常下乡，骑着自行车，装上放映设备，到放映地点后，凿挖竿洞，竖固幕竿，张结银幕，安装放映机。放映结束后，还要整理收场，常常工作到深夜。不论严寒还是酷暑，只要农村联系，约定放映日期，电影队从不推辞。为满足农村群众观看电影欲望，电影队每年下乡巡回放映均在300场以上。

1985年，电影队添置35毫米电影放映机1套，置于影剧院。此后，电影放映以室内为主，下乡巡回放映逐年减少。是年，放映室内外电影420场（有时一天数场），观众达20.5万人次。1990年后，随着电视机的普及，电影放映场次因观众减少而逐年减少。1995年后，随着电脑普及率的提高，网络文艺节目丰富多彩，电影观众越来越少。2002年后，电影队不再放映电影。

四、茶馆与书场

鹿河人尤其是中老年人，大多喜欢听评弹和评书。评弹俗称“说小书”；评话又叫评书，鹿河人称“说大书”。不管是听评弹还是评书，鹿河人都称为“听书”，而为此提供的场所就叫“书场”。书场基本上都设在场地较大的茶馆内，鹿河所有可以听书的茶馆都可以不听书只喝茶（在书场外茶馆内），但不可以只听书不喝茶，因为说书人是茶馆业主请来的，只听书不喝茶，业主就会失去茶业收入。鹿河最早开办的书场为清末的老王馆书场；最晚歇业的书场为鹿苑书场，1984年歇业。1984年后，鹿河境内只有个体经营的茶室，不再开设书场。

老王馆书场　清末开设，是鹿河境内开办最早的书场，地点在元宝泾旁，由王庭雪、王兰宝夫妻开办，后来传给儿子王兆德和媳妇王绒经营。中华人民共和国成立后，专营茶馆不设书场，一直经营至1957年歇业。

水阁凉亭书场　清末开设，地点在鱼池旁（现新鹿路南），书场坐东朝西，一半为水上建筑，岸上部分是茶馆，水上部分是书场，环境优雅。业主孙叔标，离世后传给儿子孙阿金、媳妇王云葵经营。王云葵兼做郎中（医生），专治跌打损伤。因茶馆既供茶水，又可听书，伤痛者还能疗伤，故茶馆与书场一度人气足、生意旺。中华人民共和国成立前夕，该茶馆与书场停业。不久，由夏四宝等人合伙重开茶馆与书场，改名“畅园书场”，但经营时间不长，数年后便停业。

新王馆书场　民国时期开设（确切时间不详）。前身是赵月华开设的茶馆，后由王爱郎开办，故称“新王馆书场”，地点在西人街中部。书场坐南朝北，有两进房屋，外面一进“五路头”（桁条数）房屋置老虎灶、设小茶馆，隔个小天井是个“九路头”房屋的大书场。此书场曾改名为“乐园书场”。民国37年（1948）茶馆与书场歇业。

孙厅书场　民国时期开设（确切时间不详），地点在鱼池底西北，与水阁凉亭书场斜对面。沿

街有三开间门面，置瓦盖凉棚遮阴，内分前后厅，中间有天井相隔。业主孙凤莲，带徒1人经营。孙凤莲离世后，由施品如经营。中华人民共和国成立前夕，该书场停业。

鸿苑书场　中华人民共和国成立前夕开设，位于西大街，房屋门面坐南朝北，业主吴金发。1956年5月建办合作商业时归鹿河合作商店，房屋另作他用，书场停业。

鹿苑书场　中华人民共和国成立前夕开设，位于西大街，房屋门面坐南朝北，业主吴关荣。1956年由鹿河合作商店接管，负责人缪谦。1966—1976年，书场停业，茶馆与老虎灶照常营业。1980年前后书场搬迁到鱼池旁，负责人钱耀宗。1984年书场停业。

五、歌舞厅

1993年，鹿河山庄开业，位于新鹿路新鹿桥西堍南侧。内设鹿河山庄歌舞厅，属对社会开放的营业性舞厅，有管理人员2人。舞厅设舞池1个，另有练歌包厢12间，活动总面积420平方米。开业之初，时兴交谊舞和练唱歌曲、戏曲，故宾客盈门，业态兴盛。1998年后，社会上娱乐、休闲形式多样，且广场舞健身逐渐兴起，到舞厅娱乐的宾客逐渐减少。2002年，舞厅经营逐显清淡，但仍维持营业，为喜舞练歌者提供方便。

20世纪90年代中期，境内还有两处设施较为完备的歌舞厅，即江苏雅鹿集团有限公司歌舞厅和鹿河农业公司歌舞厅，属单位娱乐场所，实为职工俱乐部，主要为职工文化娱乐提供方便。逢节庆或文娱专题活动，也邀请外单位友好人士参加舞会，进行联欢。2000年后，文娱活动不再时兴舞会，舞厅关闭。

第三节　文艺团队

一、昆曲班

民国时期，民间吹拉弹唱的爱好者，一般以自娱自乐、自我欣赏为主，偶尔临时集中，在小范围内献演；也有一些文艺团队，为婚庆人家捧场演出，为丧事人家祭奠亡灵，最有影响力的团队是昆曲徐家班、沈家班和范家班（道士帮兼唱戏），当任时间较长的班主分别为徐少梅、沈顾祥和范如春（后为范竹卿、徐裕明）。昆曲班实际上是职业鼓手。鼓手又称堂名鼓手，在居民婚丧喜事上提供演奏和演唱昆曲服务，也为打醮、摆祭桌等增加氛围。鹿河地区将喜事上的鼓手称为“小唱”。沈顾祥班主的鼓手班平时都兼营理发行业。其他班不详。每个昆曲班都是只要人家有请就必到，有时也会主动上门联系，他们称为“出门做生意”，每次出门有6~8人。到喜庆人家后，一般都在中堂外面右侧搭台，台高二尺左右，搭成后便在台上奏乐、坐唱（清唱），以获取酬金和赏金。演奏的音乐主要有《素令》《将军令》《哪吒令》《朗令》《十二红》等，唱的曲主要有《八义记 · 劝农》《寻秦记 · 荣归》《千金记 · 追信》《翠屏山 · 酒楼》等。丧事人家一般不搭台，就地奏乐、坐唱，奏的音乐主要有《素令》《将军令》《十二红》等，唱的曲主要有《邯郸记·三醉》《渔樵记·渔樵》《金锁记·斩娥》《连环记·问探》等，其间还插演数个飞钹等杂耍节目。民国后期，因民间艺人有的上了年纪，有的离世，再无力从艺，故各个昆曲班先后解散。

二、京戏班

抗日战争胜利后，民间一度兴起京剧热，凡经济富裕的人家做道场，为讲排场、摆阔气，都要请道士唱京戏。那时会唱京戏的道士帮有吴家班和范家班2个，吴家班负责人吴凤岐，范家班负责人范金涛、范关岳，每个班人数不定，常年有8人左右，并经常备好京剧折子戏5~6部，根据需要演唱。中华人民共和国成立后，不再时兴做道场时唱京戏，道士帮只做道场，极少唱京戏，不久便停唱京戏。

三、丝竹社

民国27年（1938），鹿河的民间音乐爱好者高和春、俞培明组织了一个丝竹社，社址为俞培明家（今新明村），成员有10余人，聘请归庄乡卖唱盲人王阿文（又叫王文光）到鹿河教音乐，演奏的丝竹为“细八派”，经常到本土的新土地堂、草庵、孔泾庙和常熟的法墩庵、璜泾的邱家桥庙等参加庙会（亦称走会）演奏。民国34年（1945），吴炳棠发起组织丝竹社，集中地点为泗洲殿（今长洲村），学练人员10余人。上述2个团队活动时间不长，均在成立1年后因队员各自参加活动而解散。

20世纪80年代，乡文化中心组建鹿河民乐队，队员在文化站文艺综合厂务工。80年代后期，文艺综合厂等各个经济实体陆续歇业，民乐队员分散就业，但民乐活动始终未中断。队员自发组建鹿鸣丝竹社，且队伍相对紧密、队员相对固定，至2002年，参与者一直保持在15人左右。

四、其他团队

中华人民共和国成立后，鹿河境内出现无数个文艺宣传队。初期有鹿河舞蹈队、鹿河戏剧队、涌南村宣传队。1954年前后，有红星锡剧团、新市锡剧团。1958年前后，市镇上有戏曲、歌舞表演队。20世纪60年代初，红星锡剧团还创办织布厂，团员亦工亦艺，负责人王保兴。后织布厂遭火灾毁废，剧团停办。1966—1976年，农村各个大队都建有文艺宣传队。1974年，公社成立计划生育宣传队。1975年7月，组建公社文艺宣传队，后解散，又恢复，1992年解散后未重建。以上各个团队。除公社文艺宣传队成立时间相对较长、队员相对固定外，其他各团队均是阶段性、松散型业余团队。有的凭个人爱好自发组织，既自娱自乐，又为民众献演；有的为配合党的中心工作，临时组建，开展文艺活动，起到宣传动员作用。

1990年后，鹿河境内戏曲文化、民族音乐得到进一步传承并不断发扬光大，由文艺爱好者自发组建的戏剧、歌舞、曲艺等文艺团队众多，各类演出活动常年不断，参加太仓市汇报演出屡屡获奖。团队组织形式既分散又集中：队员平时各自工作和生活，有演出任务时集中排练、参加演出。

2002年，全镇有各类业余文艺团队12个，经常参加活动的文艺爱好者200余人。（团队及活动详见本章第四节“文艺活动”）

第四节　文艺活动

中华人民共和国成立初期，鹿河境内广大文艺爱好者热情高涨，自发成立各种文艺团队，自己筹款，自制服装，自购道具、乐器及化妆品，日夜排练节目，以表演舞腰鼓、打连厢、扭秧歌、歌咏和演出越剧、锡剧、沪剧及活报剧等各种文娱形式，配合党的中心工作，为开展土地改革、镇压反革命、抗美援朝运动，发挥宣传动员作用。其时，鹿河小学师生和中灵村、涌南村宣传队等文艺团队演出的《牛永贵受伤》《朱大嫂送鸡蛋》《九件衣》《白毛女》《小二黑结婚》等节目轰动全乡，由于通俗易懂，群众喜闻乐见，取得了良好的宣传效果。

1954年前后，市镇上各文艺宣传团队用说唱、快板、小戏剧等形式宣传党在过渡时期的总路线，配合党和政府做好对农业、手工业和工商业的社会主义改造。与此同时，农村文艺活动也广泛开展，戏剧小组众多，演出活动频繁，尤以王保兴为负责人的红星锡剧团、张三宝为负责人的新市锡剧团最为突出，经常为广大农民群众演出戏剧节目，大大丰富了农民群众的文化生活。

1958年前后，市镇上和农村中涌现了一大批文艺积极分子，并自发组成戏剧、曲艺、歌舞等表演队，一方面学练文化艺术，自我娱乐；另一方面为广大群众献演，颂扬新人新事，激发生产干劲。各表演队演出的节目形式多样，丰富多彩，寓教于乐，深受广大群众欢迎。当时，群众喜听锡剧，故戏剧表演队演出的锡剧节目较为丰富。1960年，在公社文教王锦熙带领下，由公社文化站配合，抽调部分爱好文艺的初中生组成小型文工团，利用课余和星期天，排练歌曲和小说唱节目，下乡进行巡回演出。

“文化大革命”时期，农村各个大队都建立了文艺宣传队，有的生产队也组织了文艺宣传队。“文化大革命”后期，大队、生产队文艺宣传队陆续解散。1974年，公社抽调文艺骨干，成立计划生育宣传队，到各大队巡回演出以宣传计划生育为主要内容的文艺节目。

1975年7月，公社文化站选调各大队文艺骨干20人，组建公社文艺宣传队。宣传队成立后，配合各阶段党的中心工作，自编自导文艺节目，经常下乡巡回演出。节日期间组织专场演出，每年参加太仓汇报演出，还曾多次参加苏州文艺会演，参演节目在太仓、苏州评比中多次获奖。1978年下半年，宣传队解散。1982年8月，宣传队重建，队员亦工亦艺，平时在文化站建办的文艺综合厂上班，有演出任务时参加演出。为增强演出效果，宣传队添置大提琴、小提琴、琵琶、二胡、中胡、笛子、唢呐、扬琴、锣、鼓等，另有爵士鼓、电贝斯、电吉他、电子琴等成套电子声乐乐器。1985年，文化站编排小戏4个、舞蹈节目25个；文艺宣传队巡回演出54场，观众2.09万人次，参加镇、企业举办的文艺联欢会9场，观众5000人次。

1989年后，文化站文艺宣传队解散。此后，鹿河文化宣传部门依靠各村、各企事业单位的支持，利用鹿河文艺骨干众多、参与文艺活动热情高涨的优势，发挥组织、协调、指导作用，搞好各类文化宣传工作。1991年，先后组织了8台文艺节目，下乡演出48场。1993年，组织及协助各单位开展文体活动32项次。1995年，举办国庆板报展评，展示鹿河改革开放巨变、建设发展新貌。

1998年，节庆文化活动丰富多彩。春节期间，举办鹿河之春文艺联欢会、春节职工联谊会、迎春舞会。元宵节举办元宵谜会和美术、书法、摄影展。国庆节开展祖国颂征文比赛、党史知识竞赛、鹿河在奋进图片展。老年节举办菊花、奇花、异草盆景展和老年人书画展及中老年民乐队下乡演出活动。文化宣传活动长年不断，丰富了群众文化生活。

1999年，开展“三庆一迎”（庆祝中华人民共和国成立50周年、庆祝太仓解放50周年、庆祝澳门回归和迎接21世纪）系列文化活动，先后举办文艺演出、征文比赛、朗诵比赛、知识竞赛、板报展评等。镇文学爱好者创作的《飞翔的雅鹿》《美呀梅花鹿》等文艺作品，反映了鹿河所取得的辉煌成就和鹿河人民创业发展的精神风貌。镇选送的摄影作品获市摄影作品比赛二等奖，选送的国庆征文获市国庆征文比赛三等奖。2000年，江苏雅鹿集团有限公司组织青年职工开展演讲比赛，讲述雅鹿的昨天和今天、展望雅鹿的明天。演讲者激情昂扬，仪态端庄大方，所述内容积极向上，颂扬了雅鹿所取得的丰硕成果，展现了雅鹿青年朝气蓬勃、开拓进取的精神风貌。

2001年，在重大节日开展文体系列活动，营造节日文化气息和欢乐氛围，主要活动有：表演类，“拥抱新世纪·雅鹿春节联欢会”“康鹿春节联欢会”“‘鹿河之春’文艺晚会”“庆祝建党八十周年文艺联欢会”，敬老日活动期间下乡为老年人送上民乐合奏、弹词开篇、戏曲演唱等节目；益智类，“党员风采录”征文比赛、党史知识竞赛；展出类，建党八十周年板报展评，有21个基层党支部参加。同年12月中旬，在镇第十二次党代会召开期间，制作专题板报“奋进中的鹿河”，展示鹿河建设成就和发展前景。是年，江苏雅鹿集团合唱团参加苏州市庆祝中国共产党成立八十周年“思源情”专场演出，获大合唱比赛第一名和最佳企业风采奖。

2002年，在元旦、五一、七一、国庆、春节等节日期间，组织开展文艺演出、民乐演奏、舞会猜谜会、征文比赛、棋牌比赛、知识竞赛、美术书法摄影作品展览等各类文化活动82场（次）。同年，除组织鹿河文化团队开展活动外，还接纳外地团队到鹿河演出，尤其是安徽一个黄梅戏剧团，在春季到鹿河各村连续演出100余场，演出费用由民营企业赞助，村民群众得到实惠。文化活动的广泛开展，既为广大文艺爱好者搭建了演艺展示平台，又丰富了广大群众的精神文化生活。

第五节　民间娱乐

一、讲故事

鹿河民间讲故事较为大众化，会讲故事的人很多。民国时期，人们在听书、看小说后，熟记经典情节和有趣故事，利用集聚的机会讲故事。尤其是夏天晚上，邻居扎堆乘凉，少则五六人，多则十余人，讲故事的场景随处可见，讲者讲得津津乐道，听者听得津津有味。讲故事的内容，以《三国志》《岳飞传》《西游记》《水浒传》《济公传》中的人物故事居多，也有社会上流传下来的趣事笑话，逗得大家开怀大笑。

中华人民共和国成立后，农民集中在一起劳动，能说会讲的人利用短暂的歇息时间聚在田头讲故事，有时一边劳动，一边讲故事说笑，既为大家添乐鼓劲，又使大家增长不少知识。改革开放后，人们忙于工作，且农田承包经营后各自耕作，碰头的机会减少，因此极少在田头讲故事，而是利用赶集上早市的机会，在街市茶室、酒店、面店相聚，坐在一起聊天，谈谈“山海经”，偶尔也会讲讲故事。进入20世纪90年代，人们相聚在一起，真正属于民间讲故事的已为数不多，大多谈论时事形势、社会变迁、地方新闻、人文逸事等，但不管怎样，这也是一种互讲、互教、互学的民众性文化现象。

二、猜谜语

猜谜语是动脑筋、比知识的游戏，鹿河人通常称猜“梅梅子”（方言，即谜语）。此活动在鹿河比较普遍，大人、小孩都非常喜爱，可以说人人都会几个谜语。人们在劳作之余、闲聊之时，常常会讲几个谜语，让大家猜谜底，以求乐趣。

中华人民共和国成立前，鹿河老年农民对猜谜语有个迷信的说法——猜了“梅梅子”会下雨，所以在农业上不需要雨的时候，通常不玩猜谜语游戏。中华人民共和国成立后，随着科学知识的普及，人们对气象有了科学的认识，在社会上已听不到“猜谜语会下雨”的说法。

20世纪50—60年代，因老百姓普遍缺文化、少知识，民间流行的谜语较为土气，如：有眼呒鼻头，有嘴呒舌头，脚弯屁股头——剪刀。爷蓬头，娘蓬头，养个儿子尖头——竹笋。麻麻房，红红被，里面躺个白弟弟——长生果（方言，即花生果）。

70年—80年代，人们文化水平有了提高，设置谜面追求知识化，所猜谜底体现多样化。一些有文化知识的人，往往将汉字设为谜面，让大家打“字”的谜底，既风趣，又增知识。如：三人同日去看花，百友原来是一家，禾火两人同相坐，夕阳西下两只爪——春、夏、秋、冬。虫入凤窠飞去鸟，七人头上一棵草，大雨落在横山上，半个朋友不见了——风、花、雪、月（“凤”“风”繁体字为“鳳”“風”）。

90年代，各种谜语更加丰富多彩，猜人、猜物、猜字、猜成语、猜自然现象等所设的谜面更具文化内涵。猜谜语不仅是人们日常生活中喜欢的活动，更是每年安排节庆文娱活动的内容，尤其是元宵节灯谜有奖竞猜活动，更是吸引了无数爱好者。每次活动，人来人往，热闹非凡，为人们带来无穷乐趣。

三、赛歌谣

歌谣，有歌颂英雄、谈情说爱、诉说怨恨的妙用，也有消遣解闷、取乐助兴、提神鼓劲的效果。

民国及以前，鹿河境内哼歌谣、赛歌谣广为流行，不论男女老少，都会哼几句。哼歌谣，由哼者自由发挥，随意随地哼唱，内容多为诉说苦衷、发泄怨恨，用顺口溜形式编唱。赛歌谣（又称赛歌、斗山歌），规则为：唱歌不能重复，双方轮流“斗唱”，唱得多者为赢，少者为输。比赛主要有即赛、约赛、拉赛3种形式：即赛，在日常生产生活中见面聚会，随时随地、自由结合，即兴“斗山歌”；约赛，预约日期，届时进行，双方选定相等人数参加，有的还要搭建高台，场面较大，很吸引人，有时场内挤得水泄不通；拉赛，与互不相识的人碰见，一方拉另一方“斗山歌”，这种情况多数在水上运输、船工摇船、一路同行时出现，双方兴致勃勃，同乐忘倦。赛歌谣时也会闹出一些不愉快的事情，特别是一方唱不过另一方时，输方会用“山歌”骂人，但这种现象很少出现。

中华人民共和国成立后，随着社会发展，时代变迁，赛歌谣被其他娱乐活动替代。20世纪60—70年代，时常还能听到一些老年人哼哼歌谣。80年代后，极少听到有人哼歌谣，赛歌谣活动基本绝迹。

四、玩棋牌

俗话说：“身子要动，脑子要用”，玩牌下棋有益于强身健脑，也能取乐消愁，为很多人所喜欢。棋主要有象棋、围棋，牌主要有麻将牌、排九牌（称为硬牌）和扑克牌（称为纸牌或软牌）。

中华人民共和国成立前，会下棋的人不多，人们不懂也没有围棋。玩硬牌的形式有搓麻将、推牌九、接龙等，玩纸牌的形式有沙蟹、罗松等，会玩棋牌者甚多。但是，有些人玩牌往往摆“彩头”，娱乐活动变为赌博，且有的输赢很大，致使有的人输得卖田卖地，倾家荡产，尽管官府也搞禁赌，但禁而不力，屡禁不止，败坏社会风气。

中华人民共和国成立后，政府严禁赌博，社会上赌博风被刹住。玩棋牌成为民间娱乐活动的常见形式，为人们所喜爱。20世纪50年代，玩牌花样众多，以搓麻将、推排九、接龙居多。60年代，麻将牌、排九牌被视为“四旧”，被查缴而绝迹，人们玩牌没有硬牌，只能玩纸牌，以“打老K”“争上游”为主。70年代后期，出现“赶猪捉羊”打法，一度时兴，玩者甚多。80年代起，棋牌活动以下象棋、玩“中心五”等较为普遍。同时，麻将牌又开始出现，因打麻将活动娱乐性强，玩的人越来越多，老年人也不例外。此外，下围棋开始在有文化的人群特别是在教师群体中流行，在社会上还未得到普及。90年代，各村有了经济条件，陆续修建或新建村老年人活动室，民间老年人棋牌活动开始向村老年人活动室集中，活动以打麻将为主，也有下象棋、玩扑克牌取乐。但社会上也有人暗中以打麻将、押“二八”等形式赌钱，有的输赢较大，影响社会治安，由此受到公安机关查禁处罚。

2000—2002年，社会上棋牌娱乐工具主要有象棋、围棋、麻将牌、扑克牌等。下象棋、围棋按历来规则进行。麻将牌玩法规则基本相同，但略有区别，玩者须事先约定。玩扑克基本上以打“双中心五”为主，少数玩“斗地主”“打关牌”，全镇棋牌爱好者不计其数。

五、斗蟋蟀

民国及以前，鹿河境内玩蟋蟀的爱好者较多，特别是市镇上的大人、小孩，痴迷于捉蟋蟀、养蟋蟀、看蟋蟀打斗的更多。一到秋天夜晚，就有人出去捕捉蟋蟀。小孩捉到蟋蟀，不管它死活，装进空的火柴盒中，拿回家后放入陶钵内，自己要弄蟋蟀取乐。

成年人捕捉蟋蟀，总是小心翼翼，把它慢慢诱入开孔的竹筒，拿回家轻轻放入蟋蟀盆内。因捉蟋蟀费时费劲，捉到一只凶暴、好斗的蟋蟀更是不易，故捕捉者捕到后如获至宝，小心护养。成年人捕蟋蟀者，大多自己玩耍，少数人是为了斗蟋蟀赢钱，如果听到有斗蟋蟀赛事，便积极报名参赛。斗蟋蟀虽然场面不大，但十分有趣，每次比赛，观者众多。

中华人民共和国成立后，鹿河境内无人组织斗蟋蟀比赛，民间斗蟋蟀活动绝迹，个别爱好者捉蟋蟀也只是自己玩。

六、行酒令

行酒令，又叫猜拳行令，简称“猜拳”“划拳”。民国及以前，民间会猜拳的人较多，经常能看到猜拳作乐的场面。在宴请者家中或在集镇上酒店内，几个挚友一起喝酒，为了助兴，采用猜拳的方式，比酒量、论输赢。划拳有其规则，输者被罚喝酒一盅，划错者称为“划枉拳”，亦要罚喝一盅。划拳发起人旨在掂对方的酒量，出他人洋相，为围观者带来欢乐，但也有适得其反，发起人自己拳艺不敌对手，不胜酒力，醉态百出，先出洋相，逗得大家捧腹大笑。中华人民共和国成立后，因猜拳作乐有失文雅，不予提倡。20世纪60年代，还能看到有人在酒席间酒兴大发，猜拳饮酒，寻欢作乐。70年代后，此场面基本消失。

七、其他游艺

鹿河民间游艺活动尤其是小孩玩乐的游戏名目繁多。改革开放以前，限于经济条件，小孩玩耍的器具绝大多数由家长就地取材，以土法制成，有的简单的玩具由小孩自己动手制作。改革开放后，玩具在市场上能够买到，且多种多样。电动玩具、智能器具、拼装拆卸玩具等尤其受小孩青睐，过去的一些玩具和玩法由此被替代，有的游艺活动已消失。为便于后人了解过去的民间游艺文化，本目选择一些较为常见的活动项目予以记载。

跳绳　用一段绳子，甩出弧圈形，人在其中跳动。跳绳有单人跳、双人跳和多人跳。跳的花样众多，有单脚跳、双脚同时跳或跑步跳等。跳绳比赛主要比时间，跳的时间长的一方获胜，或在规定的时间内跳的次数多的一方获胜。

捉签　亦称撒签。签，用竹子削成，签长一般在15厘米左右。玩时用签，少则10余根，多则数十根。玩法，将签撒在桌上，然后将处于纵横交叠状态的签逐根捉出，碰动其他签即失败。捉签时，先易后难，先拿未交叠的单签，后取被搁空的活签，再捉处于交叠的上签。捉签可单人玩，也可双人或多人赛。若比赛，以捉签最多者为胜。

造房子　又称“提脚模模”。所谓“造房子”，即在地上划出方格，一般划出10块，然后将一小块碎砖或瓦片抛于格内，参加游戏者一脚提起，另一只脚边跳边将小砖块踢向前格，直到10个方格全部踢到，就算造好了一间房子。接着，再将砖块抛入第二格，造第二间房，依此类推，直至造好全部房子。在整个来回过程中，砖块不能压住方格的线，若压线，则为犯规，就让对方起造，如此轮流，谁先全部造好10间房子为胜出。

踢毽子　用铜钿（旧时中间有眼的钱币）、布头及鸡毛制成毽子，用脚踢毽，毽子悬于空中的时间越长，则说明踢毽技艺水平越好。踢毽有单人踢，也可双人对踢和多人互踢。

摸“瞎子”　一人用手帕遮住眼睛扮作“瞎子”，其余的人在“瞎子”周围逗乐，但不能被“瞎子”抓住，如被抓住，即与“瞎子”互换角色继续游戏。

打弹珠　将弹珠勾在食指上，用大拇指用力弹出去，击打别的弹珠。常见于小孩玩，玩法多种多样，最常见的如下：先在泥地上挖4个洞，洞口呈正方形，4洞中间再挖1个洞，然后在数米外画一条线作为弹珠起点；游戏开始，玩者按事先约定的先后顺序，依次把弹珠弹入5个洞内，先完成入洞者，即获击珠权，可以击打他人未入洞的弹珠，击中后，赢得他人弹珠归己。

玩斗草　又称“打官司”，是民间妇女或儿童玩的一种游戏。斗草用车前草茎，事前，双方各自备好坚韧的草茎，数量同等，一般在10根左右。斗草时，双方各自取1根草茎，将其相交后反方向拉，若草茎断，则换一根，直到一方的草茎全部拉断，以断草少的一方为赢。

荡秋千　用两根牢固的绳索，每根一个头绑住木板的一端，另一个头固定于大树或有一定高度且牢固的门架上，人坐或站在木板上，双手紧握绳索，由人推荡，来回摆动，越摆越高。荡秋千刺激、好玩，为儿童所喜爱。荡秋千比赛，大多比赛摆荡高度，高者为胜。

滚铁环　把粗细合适的钢筋做成铁环，直径一般在40厘米左右，再找一根长度合适的钢筋，一头弯作手柄，另一头压出钩子，做成操纵杆。小孩手持操纵杆，用钩子搭上铁环，掌握好力度和稳定性，推动铁环快速滚动。有的铁环还套带1个或数个小铁圈，称“响圈”，铁环滚动时发出响声，增添乐趣。

牵陀螺　俗称“掼棱角”。取一小段坚硬的树干，直径5厘米、长8厘米左右，两端削成圆锥状，上部稍长，下部略短，上尖端有小圆粒置顶，下尖端插入铁钉，稍露钉头——陀螺制成。牵陀螺时，将拉力较好的线绳平密缠绕于陀螺上半部，一手捏紧外端线头，用力将陀螺甩向地面，此时陀螺因线绳退绕而在地上快速旋转。牵转的陀螺在地上旋转的时间越长，则牵艺水平越高。

捉迷藏　俗称“捉野猫猫”，是小孩喜欢玩乐的游戏活动，可双人玩，也可多人玩。玩的方法是一方把自己隐藏起来，让另一方四处寻找。若在规定的时间内，捕捉方找到躲藏方，则捕捉方赢，否则，为躲藏方赢。

放风筝　俗称“放鹞子”。放风筝一年四季都可进行，但最佳时间为春季。每到春季，小孩总要吵着让家长制作风筝，有的家长自己做，有的托手艺好的师傅做。常见的风筝有单蝴蝶、双蝴蝶，用竹篾做蝶架，糊上纸张，绘上图纹。最简单的风筝为“豆腐干鹞”，一般由小孩自己制作：找一根芦苇，折曲成方块，糊上纸张，底部拖上一段细细的草绳以起到使风筝飞得稳、不旋转的作用。风筝线要用既细又拉力强的牵引线，曾用麻线和妇女用的缝鞋线，尼龙丝线问世后被广泛采用。旧时放飞风筝，有时会扎上鹞琴装置，风一吹，便发出琴声。放大的风筝，有时还在线上系上小的灯笼，晚上放飞，灯光闪烁，煞是好看。现在，各式风筝在市场上都能买到，在民间很难见到自制的风筝。

玩沙包　俗称“捉牛”。缝制小布袋，正方形，边长5厘米左右，袋内装黄沙，即制成“小沙包”。玩时，取麻将牌或排九牌4个，置于桌上，牌面向上；向上抛沙包，抛出沙包瞬间将桌上牌面翻合，然后迅速将正在跌落的沙包接住；抛一次沙包翻一个牌，抛得高、动作快的人可翻2个，全部翻合即通过第一关；第二、第三关、第四关，重复抛接动作，分别将牌侧放、竖放和翻合；第五关，在抛出沙包后，将桌上4个牌全部捏在手中再接住沙包。玩沙包可一人玩、双人玩或多人玩。双人或多人比赛时，以首先过关者为胜。

牵地王牛　取一小段竹筒，长10~15厘米，两口封堵，中间插一根竹签，两头伸出，上头长，下头短，筒身四周等距凿挖2个或4个斜口长方形洞口，地王牛制成。牵地王牛时，将拉力较好的线绳缠绕于筒身上端的签竿上，外面的线头穿过竹制挡板中的小孔，牵玩者一手握挡板，一手捏紧线头，用力将线绳拉出，此时线绳退绕，驱动地王牛在地上快速旋转，因地王牛筒身上开有斜孔，旋转时会发出“嗡嗡嗡”轰鸣声。牵转的地王牛在地上旋转的时间越长、发出的轰鸣声越悦耳，则说明牵艺水平越高。

挑花绷绷　用粗细、长短适宜的线绳，两头一起打结连成线圈，用手指挑线，结成各种形状的线网，然后让另一人挑，变换线网形状，如此轮流，变的形状越多，则说明技艺水平越好。此玩法也能用来比赛，双方挑线结网，以一方结网散架为输。

玩风转转　风转即风车，取一张质地较硬、大小适宜的正方形纸，画出2条对角线，沿着对角线用剪刀剪开，剪到距中心2厘米左右为止（具体视纸大小而定），然后把4个相隔的角，折到正方形的中心，再用细的铁丝或竹签穿入，并在风转的迎风侧和背风侧用固定物相夹，但不能夹紧，以使风转能够灵活转动。风转制成后，小孩拿着跑来跑去，或直接拿到有风的地方，风一吹，风转转个不停。风转也有制成多个，组装在一起，遇风同时转动，小孩更为喜玩。

牵皮老虎　取铜钿1枚，用一段拉力较强的线绳，折成双线，双线长50厘米左右，在双线中间缠绕铜钿，皮老虎制成。玩时，两手握住线头两端，一牵一放，使铜钿两侧双线绞合缠绕又退绕，驱动中间铜钿快速旋转又退转。铜钿旋转时，与空气产生摩擦，发出呼、呼、呼……响声，响声随铜钿转速快慢而有高有低，此起彼伏，类似虎啸，故称牵皮老虎。

跳橡皮筋　用富于弹性的橡皮筋，拉成单根，或双根、多根线状，也可拉成三角形、四方形、多边形等形状，橡皮筋离地数十厘米，由孩子（一般为女孩）采用挑、勾、踩等脚部动作，在橡皮筋上跳跃出各种优美动作。

第六节　文学　书画　摄影

20世纪50年代，鹿河有一批文人墨客喜欢文学、书法和绘画创作，尤以诗词创作最为突出，较为有名的是龚国澄、周仁兴和吴履绥，其中龚国澄、周仁兴的诗词还得到郭沫若和吴天石等名家的赞赏。在书法方面，有2人知名度较高，一位是鹿河籍人士、供职于上海商报馆的沈仲山，楷、隶、草、篆等字体样样在行，大如榜书，小如蝇头，求字者很多。青年时期在上海工作时，曾在上海大舞台对门一块匾牌上题写“天晓得”三个大字，因为那时沈宅属常熟县境，故落款笔名为“虞山沈达”。另一位书法好手为傅祥章，家在鹿河西市梢元宝泾畔，擅写仿宋体和黑体字，写的字字方正，实在起眼。鹿河丧事人家需要写“牌位”（灵牌），只要请他，他都答应。他常常自豪地对围观群众说：“我不管什么笔都能使用，如果没有笔，拿段芦苇秆一削尖，当笔用也行。”同时，他的隶书、行书也受到青睐。60年代，傅祥章还常常义务帮助文化部门在沿街安置的宣传木板上书写宣传标语。1966年王秀公社成立时，王秀宣传部门还邀请傅祥章到王秀公社写了一星期墙头标语。

60年代起，随着文教事业的发展，人民群众文化水平有了提高，钻研创作的爱好者逐渐多了起来，文学创作的体裁多种多样，除传承诗作文化外，还学写小说、小故事、散文等，另有学练书法、绘画的，许多文学、书画作品被上级报刊录用。

70年代初，当时在供销部门工作的夏肇中喜欢业余创作，许多作品被媒体录用。采编的故事

《两个小张》曾刊登于县宣传馆（文化馆）出版的《革命故事》，还被县评弹团改编为评话短篇，由评弹演员表演，参加苏州地区革命故事会讲。创作的小说《收鸭期上》，刊登于苏州文学刊物《文学作品选》。90年代初主编出版《太仓县供销合作社志》。

70年代中期起，为丰富群众文化生活，一些创作爱好者除创作文学作品外，还积极创作文艺作品。1980年前后，以文化站站长缪志清为骨干的创作爱好者，创作有故事情节的小戏10个和表演唱、说唱、快板、小品等文艺作品30余个，这些作品主要反映群众生产生活、颂扬社会新人新事、宣传鹿河发展变化等，起到了弘扬社会正气、倡导文明新风的宣传效果。

80年代，从事社会文化工作的缪志清和从事文字、新闻媒体工作的瞿春华，除文学创作取得成果外，在摄影方面也有建树，两人均善于捕捉大自然独特风景和人世间绚丽风情，把一个个精彩的瞬间定格成艺术的永恒，其摄影作品时常入选各级各类报刊。一直在鹿河工作、生活的姚正路，在书画方面崭露头角，被誉为“农民书画家”，其书画作品深受业内人士青睐，社会上向他求字求画的单位和个人甚多。

90年代，鹿河境内的诗词文化得到传承和发展。特别是90年代中期起，对诗词情有独钟的龚道明从吴江回乡后，经常与黄匡、龚国澄等诗词爱好者聚会，研讨诗词创作，同时培养新人，传播诗词文化。至90年代后期，鹿河出现了一批诗词创作群体，诗词作品不计其数，诗风端庄，诗格严谨，字字句句洋溢着作者情怀和时代气息。2001年，诗词创作爱好者每月活动1次，并由龚道明主编出版鹿河《玉影山》文学季刊。该刊以诗词为主，另载有地方掌故、人文逸事、鹿河发展变化等文史资料。

进入21世纪，一批业余作者通过长期实践锻炼，积累了创作经验，作品日趋成熟，创作颇具成就。在文学创作方面，长期供职于媒体、现为江苏省作家协会会员的茅震宇，业余写作数十年，发表作品甚多，小说、散文、杂文、评论、新闻理论等散见于各级报刊，并获全国性和省市级奖项，出版有个人小说集《街上樱花开》等，小小说《酒楼小姐》先后被收入《2003年中国微型小说精选》（2004年1月中国作协创研部选编，长江文艺出版社出版）和《中国当代幽默微型小说选》（2002年8月上海人民出版社出版），小小说《排座位》先后被收入《品味花季》（2000年1月延边大学出版社出版）和《亲吻生命》（2002年1月长江文艺出版社出版）。原在供销部门工作、现为太仓市作家协会会员的夏肇中善拾乡趣，精于立意，先后发表文史和文学作品200余篇。龚道明、龚国澄、黄匡等诗作爱好者先后在各级各类报纸刊物上发表诗词1000余篇，其中龚道明发表作品最多。曾任教师、后任《太仓日报》总编的姜颢有多篇文学作品在相关刊物上发表。徐惠忠、褚惠清的散文多次被各级各类报刊录用。在书画创作方面，徐惠忠的书法作品入选《中国硬笔书法精品汇萃》。姚正路的书画作品在全国书画大赛中获奖30余次，被编入10余本全国书画获奖作品集。在摄影方面，缪志清、瞿春华的作品多次在全国、省、市影赛中获奖。

第七节　历史古迹

一、古江堤

境内一段长江老江堤，大部分在长洲村境内，长4.65千米，东起抢脚塘口，西至沙营庙（与常熟界）。筑于明代，为官修海塘，始筑时堤窄且低，实为沿江滩坎，常被潮水冲塌，挡潮防洪能力弱。清乾隆十五年（1750）前后，朝中内阁中书、宗人府主事孙梦逵（字中伯，号庄九）上奏朝廷，力主修堤。奏准后，地方得款，将江堤加高加固。抗日战争时期，国民党驻军在江堤南侧开挖防御工事，江堤被毁坏，1949年后修复。1956年后，在此堤段外围（靠近长江边）多次加宽加高外江堤，亦称“主江堤”。此后，在内侧的老江堤变为内江堤，亦称“二道堤”。由此，老江堤失去挡潮防洪功能，成为“古江堤”。

二、泗洲殿

位于鹿河集镇北、原泗洲村11组境内，有1800年历史，现尚存遗迹。三国初，殿始建，形成雏形。三国吴赤乌二年（239）由名声极大的僧达法师重建，后屡遭兵火毁坏。宋嘉泰四年（1204）当地人崔七朝奉舍宅再次重建泗洲殿（由原址向北迁建），作为圣像寺的子院。民国初期，尚有庙房11间，正殿供奉泗洲大圣像，西侧厢有城隍及其他塑像，东侧厢设小学。中华人民共和国成立后，部分庙房用于翻建校舍，1976年前后，扩建校舍，泗洲殿完全改变原貌，留下古殿址遗迹。

三、三元堂

三元堂又称三官堂。堂址在鹿河小东街东首，周围大部分被三元塘河环绕。堂内设天、地、人三官像。为明末建筑，孙氏建造。清嘉庆年间失修，渐破落。道光初百姓集资重建，规模有所扩大。清末尚有庙房17间。民国初，当地一有权势者拆毁部分房屋，取其木材、砖瓦、基石，另作他用。日伪时期，又被人陆续拆除山门、两侧厢房及大殿两侧配房，仅剩大殿。后大殿因年久失修，破落不堪，遭大风暴雨袭击而倒坍，所有房料东零西散，逐渐被人拾用。民国末，三元堂成废墟，留下遗迹。

四、青石鼓墩

明代石件，原为鹿河境内城隍庙大殿里4个厅柱的基石，直径均为150厘米，其中2个雕有“龙戏珠”，2个雕有花纹。1994年拆除城隍庙大殿时，将4个青石鼓墩移用在新建圣像寺的三圣殿内，仍用作殿内4个厅柱的基石，可是未将配套的基石（方块青石）一起移用，因而失去了原上下基石配套叠用的完整性。

五、荷花池

池址在集镇西北部，北弄桥外，是三国时期陆家府范围内的池塘。陆家府是孙吴时期陆姓大户建造的庄园私邸，现庄园已消失（遗址轮廓尚可辨认），但荷花池依然存在，池呈椭圆形，水域面积

1350平方米，一年四季水清如镜。20世纪90年代，有2户农户迁建在荷花池东畔。

六、古银杏树

相传，在宋代，金朝名将金兀术带兵渡过长江，从鹿河西部湖漕塘进入，金兵中有一将领，认为江南气候适宜，是个好地方，就将带来的10余棵银杏树择地种植，以象征北方人也能到江南来立足定居。于是，在湖漕塘两岸及周边庙宇附近种植了银杏树9棵，其中龙王庙2棵、沙营庙3棵、长寿庙2棵、崇福道院2棵。此后，历经数百年，银杏树长得高大挺立，枝繁叶茂。中华人民共和国成立初期，人们还能看到。但在20世纪50年代，先后有8棵银杏树被伐用，只剩下崇福道院内1棵。2002年，仅剩的这棵银杏树树址在鹿河镇区新鹿路西端，虽然崇福道院已毁，但银杏树依然干壮挺拔，枝叶繁茂，胸径112厘米，树高33米，冠幅12米，从宋时金兵南下种植算起，树龄应在900年左右，为境内树龄最长的银杏，被列为太仓市文物保护对象。

2002年，鹿河境内还有4棵树龄较长的银杏树，树址均在鹿河镇区鹿长路路东、鹿河供电所北、原曹氏墓地范围内，同栽于20年代，树龄近百年。其中3棵树高18米，胸径32厘米，生长茂盛；另一棵树高13米，胸径26厘米，相对矮小。4棵银杏树均被列为太仓市文物保护对象。

七、古桥

《太仓州志》《镇洋县志》记载称："九桥鹿河市"。据此推测，鹿河镇上曾有9座古桥。经查阅资料，有的能查到始建或改建年份，大多数建造时间不详。据老年人回忆，这9座古桥在中华人民共和国成立前大多存在，中华人民共和国成立后变化太大，有的已经消失，有的历经改造，原有桥貌完全变化。为存史实，予以简略记载。

草庵桥　又名兴隆桥、北弄桥，在鹿河镇西北部，因在草庵庙前，故名草庵桥。单跨石桥，南北走向，桥长4.85米，宽1.27米，两端桥堍各3.5米。民国13年（1924）修建，加宽桥面。修建时，在桥身上雕有"兴隆桥"及修建年号。修建后，桥貌特征大部分保持原状。1994年，该桥改建为水泥混凝土结构的中拖桥（中型拖拉机可通行），古桥桥貌全部消失。

磨刀桥　坐落于鹿河集镇东市梢、6头鹿的集镇标志北面，为单跨石桥，用4块武康大石拼砌而成。每块武康石长5米，宽80~90厘米，厚50~60厘米，桥两侧石块上有数处磨刀凹痕。民间相传，东汉末年蜀国名将关羽（民间通常称"关公""关老爷"）曾在此桥磨过青龙偃月刀，磨刀桥由此得名。据此，建桥时间应该在汉代。又传说，明代地方巨富杨姓人家的屠工常在此桥磨刀，清朝后期太平天国军队的将士也曾在此桥磨过刀。以上传说均由桥上磨刀痕而来。1958年，大搞农田基本建设，填平河浜，拆除桥梁，移用桥石，磨刀桥从此消失。

酒库桥　桥址在集镇南部、中弄街南端，跨鱼池河，南北走向。清末，因桥附近建有糖坊，故改名为糖坊桥。此桥原为三跨木桥，呈拱形，中跨略高。20世纪30年代初，三跨木桥改为三跨石桥，桥面用6块长方形石条拼成（每跨2条）。中华人民共和国成立后，多次修建。90年代初，改建为钢筋混凝土单跨平桥，跨径15米，宽5.5米。原酒库桥桥貌完全消失。

聪明桥　又称将相桥，坐落于原玉影村12组（现新明村35组）、玉影山（遗址）旁。建于晋建兴

二年（314），明万历元年（1573），里人杨见山重建，是一座三跨石桥，桥身较短。中华人民共和国成立后，桥下河道久淤。1958年填平河浜，拆除桥梁，部分桥石用于修筑三元塘堰，聪明桥从此消失。

中弄桥　三跨石桥，坐落于镇区中弄街北端，南北走向。1974年搞水利建设时拆除重建。1992年，在原桥址上改建为钢筋混凝土单跨平桥，跨径7米，宽6米。

关王桥　单跨石桥，在镇区现新鹿桥北侧，跨关王塘（现此处河段为老木行塘），东西走向，因桥走向对准“关王庙”，故取名“关王桥”。20世纪50—60年代，关王塘狭窄淤浅，不能通航。1969年疏浚河道，拓宽河面，此桥拆除。90年代初，在桥原址稍南重建钢筋混凝土单跨平桥，跨径12.5米，宽9米。因建于新筑的新鹿路上，故改名为新鹿桥。

太平桥　原为木桥，位于镇区北部，跨六尺沟塘，靠近光明塘，抗日战争胜利后改建为石桥。1974年开挖光明塘时将桥拆除，太平桥消失。之后在原桥址附近建砖垒拱桥，1979年筑鹿长路后该桥失去功能，后在平整土地时消失。

香花桥　又称油车桥，为单跨石桥，坐落于镇区西南部、糖坊桥西北处。1970年，石桥拆除，填土筑坝，变为机动车通道。

涌金桥　坐落于鹿河镇西街西段，为街道桥梁，桥面用两块大石板拼成，故又称板桥。桥下是聪明泾，往南转西通元宝泾，取名涌金桥，寓金元宝涌现、为人们带来财运之意。后聪明泾淤塞，被填平成陆地，桥梁失去功能，但石板仍在，留下遗迹。1985年前后，多次改造街道路面和修建下水道，在施工中，将石板移除，筑成混凝土街道路面，从此桥梁痕迹完全消失。

八、铁塔

在现长洲村太海汽渡码头西200米处的海塘（江堤）南侧、随塘河北，有座用合金角铁铆接搭建的铁塔，高约25米，呈下大上小的中空四方形，底面约有4张八仙桌大小，顶端有一平台，上面原竖有一红白相间的标志杆，后丢失。它是为引导和辅助长江里船舶航行而设置在江岸上的标志物（视觉航标之一），当地人称“铁洋球”。它是抗日战争胜利后民国政府有关部门（大概是长江航行管理部门）在原地复建的。据当地老人反映，抗日战争前，有“木洋球”（木制航标），材料是松木的，为防腐烂而涂上柏油。民国26年（1937），日本侵略军在长江南岸登陆前夕，中国军队奉命将“木洋球”烧毁（战争需要，目的是不给敌人留下航行标志）。抗日战争胜利后复建时改为钢铁制作的“铁洋球”。因群众知道“洋球”是重要的航行标志物，偷盗铁塔材料是要吃官司的，故未发生过偷盗现象，“铁洋球”至今仍保存完好。

第八节　史志　档案

一、史志

1980年前，鹿河的历史沿革只有零星记载，全面、系统反映史实的资料极少。1981年，公社成立《鹿河地方志》编纂领导小组，由时任公社党委委员江永明、高祖根和公社民政干部陆志远等3人组成，全面负责《鹿河地方志》编写的统筹协调工作。具体编纂工作由陆志远负责，参与编纂的还有原乡干部、时任鹿河信用社负责人沈祥元和退休教师张振亚、公社机关工作人员俞建荣。经过两年多时间的辛勤笔耕，1983年3月《鹿河地方志》脱稿，编印成册，全志共设建置沿革、自然地理、党政建设、农业水利、多种经营、社队工业、交通邮电、财政贸易、科教文卫、风土人物等10编，46章，152节，有265页，计18万字，记述年限为1949—1982年，封面由镇书画爱好者姚正路设计。《鹿河地方志》当时虽未正式出版，但留下了许多珍贵资料。

1982年，刚从归庄公社党委副书记岗位上退下来的高龙，回到家乡鹿河，受邀在鹿河文化站协助工作，从那时起，高龙就热心于文史采编工作。1990年起，高龙被邀请到鹿河乡机关档案室协助工作，有了更多接触文史资料的机会，激发了整理、编写文史的热情，有了写史编志的有利条件。至2002年，高龙通过查阅资料、民间调查、实地印证等方法，先后编写鹿河大事记（1949—1992年）、鹿河的由来及历史沿革、鹿河革命烈士英名录、鹿河民间文化生活与习俗、鹿河历史人物、鹿河古迹遗址等文史资料，其篇目繁多，累计文字总量30余万字。

鹿河人夏晓写有《回忆录》，记述鹿河地区道院、书场、草台戏班、走盛灯、摆祭桌等古庙宇和传统民俗，以及民国匪患、沦陷苦难等史实，有关文章刊登在政协《太仓文史》刊物和《太仓日报》。夏肇中20世纪90年代初主编出版《太仓县供销合作社志》。90年代起被太仓市政协聘为特约文史撰写员，收集、撰写了大量鹿河地区历史传统、风土人情作品，除在市政协《太仓文史》和《璜泾地方文化拾遗》刊物及《太仓日报》发表外，还结集出版散文集《留住乡忆》。夏晓、夏肇中提供的鹿河文史资料，为《鹿河镇志》的编撰充实了历史素材。

二、档案

20世纪50—60年代，公社（乡）机关的档案资料由各部门（办公室）保管。70年代起，开始重视资料的集中收集工作，具体由机关文书负责，收集的资料也较为广泛，主要有机关各部门（条线）的年度总结、统计报表、工作请示、上级批复、人事任免、领导讲话、经验交流等材料。70年代后期起，开始规范文书档案工作，机关专设档案室，配备兼职档案管理员，在收集、整理、分类、装订和编制索引目录及档案保管等方面达到规范化要求。1980年1月，鹿河公社被县委办公室、县政府办公室评为1979年度文书档案工作先进单位。1982年2月，鹿河公社被苏州地委、行署评为1981年度文书档案工作先进单位。

1982年起，档案工作向基层延伸，还重视在乡镇企业中抓好档案工作。1983年末，鹿河乡各社办企业普遍建立档案管理制度，明确档案管理员，其中有6个重点企业建立档案室，共立卷归档512卷。1984年8月，鹿河乡因建立乡镇企业档案工作成效显著，被县委办公室、县政府办公室评为先进单位。1985年3月，鹿河乡获评1984年度苏州市档案工作先进集体。

1990年起，开始做好档案管理升级达标工作，在硬件建设、软件管理上提档升级。1991年3月16日，乡政府在鹿河西服厂召开档案管理现场会，组织重点企业档案员10余人参观鹿河西服厂的档案室及档案管理工作，后对档案管理升级达标进行培训，同时布置档案升级年度任务。之后，各企业舍得投入，建立专用档案室，配好档案管理员，添置相关设备设施，使企业的档案工作进一步规范化、制度化，收集、归档、立卷、保存更加符合建档要求。1996年4月，鹿河镇被市委办、市府办评为1995年度档案工作先进集体。

1996年后，档案工作拓展到各村，改变了过去农村重会计档案、轻文书档案的状况。1998年，全镇13个村均建立文书档案。同年，按照市档案局要求，鹿河机关档案室创建苏州市一级档案室。在创建中，配备专职档案员和微机操作员，安装防盗设施，配备消防器材，添置必要器具。同时，健全各项规章制度，且制度全部上墙。档案立卷达到准确、有序、规范、清楚、美观的要求，文件材料归档齐全。1998年12月16日，鹿河镇机关档案室经上级验收考评，以综合得分98分的成绩晋升为苏州市一级档案室。

1999年，档案工作重点转向村级档案工作达标建设，具体按照“四个一”做好工作，即配好一间村级档案室，备好一个专用档案橱，选好一名兼职档案管理员，订好一套档案管理制度。是年末，经市档案局考核验收，全镇6个村达到苏州市级标准，7个村达到太仓市级标准。2000年2月，鹿河镇获评1998—1999年度太仓市档案工作先进集体。

2000年，做好企业档案达标升级工作，各企业把档案工作视为企业基础管理的一部分，实行档案标准化、科学化和规范化管理。尤其是江苏雅鹿集团有限公司，档案工作迈上新台阶，是年12月12日，公司档案工作达到国家二级标准。2001年，村级档案工作也取得新成绩，长新村、东影村、新明村的村级档案工作通过苏州市级标准考核验收。2002年，全镇各村村级档案工作均达到苏州市级标准。

第二章　教　育

第一节　幼儿教育

一、办学沿革

清末，鹿河镇上有数家私塾，招收6~7岁幼儿。民国初，按照政府教育方面有关规定，幼儿学前教育设蒙养园。民国17年至26年（1928—1937），在鹿河初等小学校一年级附收一些幼儿进行学前教育，俗称“半年级学生”。

中华人民共和国成立初，镇上办了1个幼儿班（俗称“幼稚班”），附设在鹿河中心小学内，招收幼儿32人，配专职教养员1人。

1958年成立人民公社后，为解放妇女劳动力，全公社各个大队都办起了幼儿班，共有46个班，入学幼儿966人，教养员57人。其时，鹿河中心小学附设幼儿班2个，入学幼儿44人，有教养员2人。1959年后，农村幼儿班大多解散，后又陆续复办。

20世纪70年代，为发展教育事业，提倡“学校办到家门口”，农村各大队先后办起完全小学（1~6年级），并附设队办幼儿班。从那时起，幼儿班办学模式从过去的管护型（通常称为“看囡班”）转向育智型，幼儿班改称幼儿园，幼儿教养员改称幼儿教师。

1980年，兴建鹿河中心小学幼儿园，建筑面积200平方米，设教室3间、办公室1间，解决了幼儿园的校舍问题。

1982年，全公社有大队民办幼儿园14所，入学幼儿229名，幼儿教师18人。鹿河中心小学幼儿园有大、中、小班各1个，入学幼儿84人，幼儿教师5人。是年，鹿河公社被苏州地区妇联、教育局、卫生局评为幼教工作先进单位。

1983年起，村办幼儿园校舍条件得到改善，师资力量调整提高，幼教管理不断规范。1985年，全乡有幼儿园14所，入学幼儿397人，其中村级幼儿园13所13个班，幼儿255人，教师17人；鹿河中心小学幼儿园1所5个班，幼儿142人，教职工10人。全乡入园幼儿中，大班150人，中班173人，小班74人。

1990年起，整合优化教育资源，农村幼儿园随村级小学布局调整而撤并。是年，全乡有10个村幼儿园撤并至鹿河中心小学幼儿园，只保留了东泾、新泾、泗洲3个村幼儿园。

1993年，鹿河中心小学幼儿园易地重建，并更名为鹿河文灿幼儿园，园舍条件大为改善，教育功能全面提升。是年，文灿幼儿园有大、中、小班各2个，入学幼儿250人，幼儿教师12人。

2001年，文灿幼儿园扩建，增加教学用房，为完成村级幼儿园撤并、接纳全镇幼儿入学创造了条件。2002年，完成农村幼儿园撤并工作，全镇幼儿都进入文灿幼儿园，是年，全镇入学幼儿302人，有9个班级，教职工20人。

二、教育与教学

清末，镇上的私塾主要教儿童识字、习字和拨珠（算盘）。民国9年（1920），鹿河初等小学校附设的幼儿班除教幼儿识字写字外，还教幼儿唱歌，为幼儿讲故事，开展游戏活动等。同时，对幼儿进行礼义廉耻、忠孝仁爱教育。

中华人民共和国成立后，幼儿园有统一的学制年限、学龄规定和课程设置，学制为三年，招收4~6周岁儿童入学，开设语言、儿歌、图画、手工、游戏等课，幼儿教育逐步走向规范。1958年后，幼儿园按照上级幼教工作指南和幼儿教育纲要实施教学，开设语认（语言及认识环境）、计算、音乐、体操、图画、手工等课。

1966—1976年，幼儿园及教师以自编的材料或选择的报刊文章为教材，幼教的内容、形式和方法各自选择。1976年后，恢复教学秩序，幼教工作转入正常。1978年起，课程设置规范统一，开设语言、计算、常识、音乐、体育、美术等课，部分大班开始进行汉语拼音教育，1981年起，大班均开设汉语拼音课。1981年起，幼儿园按照“教养并重、教养结合”的原则，坚持把德育教育放在首位，注重幼儿德、智、体、美等方面全面发展。

1983年起，更加重视教学管理，科学安排幼儿一日生活。开展内容丰富、形式多样的游戏活动，培养幼儿学习兴趣，提高技能技巧。1986年后，教师用书选用省编教材；同时，发挥教师积极性和创新精神，选择教研课题，自编补充教材，丰富教学内容，显现教育特色。1988年，采用全国统编教材，开设语言、计算、常识、音乐、美术、体育、手工、健康、游戏等课。

1990年起，贯彻国家教委颁发的《幼儿园工作规程（试行）》，注重培养幼儿良好的生活习惯、卫生习惯和参加活动的兴趣，提升幼儿动手能力和自理能力，促进幼儿从小养成诚实勇敢、好问好学、团结友爱、爱惜公物、不怕困难、懂礼貌守纪律的良好品德。

1993年后，进一步改进教学方法，改变单一授课模式，更加重视寓教于乐，让幼儿在游戏活动中受到教育。1995年起，教师重视并因地制宜、就地取材制作游戏活动的教具（器具），善于运用直观、形象、生动的教育形式和方法启发幼儿思维，发展幼儿智力。

1998年起，根据幼儿身心特点和季节变化，合理调整幼儿作息时间和安排各项游戏活动。鹿河文灿幼儿园在幼儿中开展翻花乐、编织秀、压帘子、诵童谣、车铁环、打弹珠、跳房子等特色活动。2000年起，更加注重幼儿教育的综合性、趣味性和活动性，让幼儿在游戏活动中有更多的观察发现和操作机会。同时，善于运用生动形象的电化教育手段吸引幼儿注意力，增强幼儿记忆力。

2002年，幼儿园使用上海华东师范大学出版社出版的《幼儿园建构式课程指导》教材，课程设置有健康、语言、社会、科学、艺术等五大方面，幼儿活动分结构、体育、智力、手工、娱乐等5个类别。鹿河文灿幼儿园为凸现课程游戏化，在园内创设户外建构区、野外拓展营、快乐休闲场、山坡沙土乐等户外游戏场所及设施，让幼儿在户外游戏活动中自主选择、自由创造。同时，对幼儿进行思想品德教育，使幼儿萌发爱祖国、爱家乡、爱集体的情感，培养幼儿感受美、表现美的情趣和活泼开朗的性格，提高幼儿综合素质。

第二节　小学教育

一、办学沿革

清代，鹿河地处偏僻，交通不便，教育事业落后，农民几乎都是文盲，镇上少数有钱人家的子弟希望博个功名，才埋头苦读“四书五经”。清光绪年间，镇上几位读书人，有的招收孩童，办起了塾馆（私人设立的教学地方）；有的被大户人家聘为“门馆先生”（教书先生）。其时，鹿河境内的10余所塾馆和门馆，为鹿河最早办学的场所。

清光绪二十四年（1898）后，受戊戌变法的影响，镇上一些有识人士开始酝酿兴办新学。光绪二十九年（1903），家住鹿河镇西街的唐聘贤（时年18岁）征得乡董、地方绅士及一些家长的同意，借用集镇上崇福道院数间余屋为校舍，创办新学。新学即鹿河小学堂，有学生近百人、教师4人，由乡董及地方上一些较有影响力的人物为校董，唐聘贤主持校务。

清末民初，就读学生增多，借用崇福道院作为校舍已不够。民国9年（1920），鹿河小学堂迁至位于中弄街北首西侧的城隍庙。为扩大学校用房，镇上一些办学热心人士在广大群众支持下，拆去鹿河东街上的一幢走马楼（茶馆兼酒菜铺，群众称之为“公私茶馆”，意为用公家的建筑材料造房开店为私人所获利），用拆下的建筑材料在城隍庙场地上建造了四大两小六间楼房，四间大的作为教室，两间小的分别为教师宿舍和办公室。其时，鹿河小学堂校舍条件有所改善，学堂初具规模，开设4个班级，有学生100余人，校务仍由唐聘贤主持。根据民国政府教育方面的规定，改“学堂”为“学校”，鹿河小学堂由此改为鹿河初等小学校（以下简称“鹿小”），学校属公立性质。

民国14年（1925）前后，鹿小因人事变动产生分歧，学校曾一度分开，崇福道院有另设的私立学校，绝大多数学生在此就读，而鹿小学生却寥寥无几，有一个班级仅有学生1人。不久，在崇福道院另设的私立学校并入鹿小。民国17年至26年（1928—1937）的10年间，鹿小得到发展，学生增多，每年的学生数（包括幼儿及补习生）一直保持在200人左右。班级设置一度模仿社会，实行“保甲制”，每班为保，设保长；每组为甲，设甲长。为维持教学秩序，成立巡察团，选择年龄较大的学生为巡察团队员，每周轮流值勤巡查。

民国26年（1937）秋开学不久，鹿河被日军侵占，校舍遭到破坏，学校停课关门。但为了让学生有地方读书，有些教师在家中设立私塾，招收学生继续就读。

民国34年（1945）8月抗日战争胜利后，鹿小在做好复课筹备工作的基础上，于10月份正式招生开学。学校复课后，改为鹿河中心国民小学校。此后，鹿小为中心校，除自身办学外，还负责管理农村小学6所，即草庙小学、伍胥小学、邱桥小学、牌湖小学、包庄小学、土地堂小学，上述小学均为公立初小，其中草庙小学设2个班级，其他都是单班，共有教师7人、学生302人。此外，在南港尚有陈培德开办的培德小学，系私立单班初级小学，有教师1人、学生30人。在大桥巷及毛桥还有2所私塾小学，共有学生26人。中华人民共和国成立后，这3所小学先后转为公立小学，培德小学改称新勇小学，大桥巷小学改称明华小学，毛桥小学改称学习小学。

民国37年（1948）秋，鹿小又因人事变动产生矛盾，原校长负气带领几个教师，动员一批学生，在崇福道院内另行开教授课，取校名为新鹿小学。中华人民共和国成立后，此校被人民政府撤销。

1949年4月23日鹿河解放，县军管会派员到鹿河接管学校。1949年秋开学，原鹿河中心国民小学校改称为鹿河中心小学。此后，学校在党和政府的领导下，提出“向工农开门”，宣传农民不仅要在政治上、经济上翻身，而且要在文化上翻身的道理。教师们在配合党的中心工作的同时，积极动员广大农民群众把子女送进学校。1949年秋季开学，鹿小设6个班，有小学生246人；附设1个幼儿班，有幼儿32人。

1951年，针对学生激增、学校太少、设备缺乏、师资不足的问题，政府按照“因陋就简、勤俭办学”的方针，一方面在国民经济十分困难的情况下，拨款开办学校，增设班级；另一方面招收一部分社会知识分子，对其进行短期训练后分配至各校，充实师资。至1952年，鹿河境内有创办或由私立改公立的农村初级小学8所，即学习小学、新中小学、新泾小学、民利小学、明华小学、合作小学、光荣小学、新勇小学。同年，常熟县的部分区域划归鹿河，又增加了泗洲小学、界牌小学。

1952年，各校教师主动与乡村干部联系，分别到各施教区调查学龄儿童人数，对在校学生做好入学巩固工作，对未入学的学龄儿童劝其入学。1953—1956年，鹿河境内有农村小学13所，即合作小学、万欧小学、团结小学、新泾小学、界牌小学、滨海小学、泗洲小学、勇和小学、伍胥小学、杨漕小学、明华小学、民利小学、新中小学。

1958年成立人民公社后，为发展教育事业，采取“两条腿走路”的方法，由各大队开办民办小学。1959年，全公社开办民办小学12所。至此，全公社共有公办、民办小学26所，54个班级（其中公办31班、民办23班）；小学教师总数82人（其中公办教师57人，民办教师25人）；学生总数2478人，小学生入学率82%。

1961年，全公社小学发展到37所（完小5所、初小32所），其中公办17所、民办20所。教师增加到91人（其中公办62人、民办29人），学生总数3257人，小学生入学率95%。1964年10月起，根据上级关于“两种劳动制度，两种教育制度”的指示，全公社23个大队共开办耕读小学46所，有学生1000余人。1966年，鹿河公社南部10个大队划归王秀公社，全公社学校减少。1966年后，教学秩序混乱。1967年秋，各大队开办的耕读小学与全日制小学合并。

1976年后，学校恢复正常的教学秩序。中共十一届三中全会后，贯彻教育部《全日制小学暂行工作条例》和省教育厅《关于小学生学籍管理暂行规定》，学校教学步入正轨。1982年，鹿河境内有小学14所。其中，完全小学5所，29个班级，教师54人，学生1012人；初级小学9所，18个班级，教师25人，学生570人。全公社共有小学生1582人，小学生入学率99%。

1985年，调整部分农村小学布局，将长沙、玉影、鹿南、长城4所初小从原来的双班改为单班，3~4年级并入附近村的完全小学。是年，全乡小学生的入学率、巩固率、毕业率均为100%，毕业班双科合格率上升到92%（1984年为86%）。1986年，全乡有小学13所。其中，中心小学1所，有

11个班，学生371人，教职工35人（公办22人、民办13人）；村级小学12所，有24个班，学生540人，教职工29人（公办14人、民办15人）。

1989年春，易地重建的鹿小新校落成启用。1990年起，撤并村级小学。为满足撤并需要，鹿小增加投入，拓展办学功能。1992年8月，撤并飞跃、黎明2所初小，停办新泾小学四年级但保留1~3年级。之后，村校逐步撤并至鹿小。至2001年，村校全部撤并，全镇小学生进入鹿小学习。

2002年，鹿小有19个班，学生924人，教职工61人，其中中学高级教师1人、小学高级教师18人、小学一级教师28人。

二、教育与教学

清光绪年间，镇上的塾馆和门馆开设的课程一般为教识字、读古文、练写字、学珠算等，并根据不同年龄分别施教，6~7岁为蒙童时期，主要识方块字，描黄练写字，珠算练拨珠；8~12岁为儿童时期，主要读“三百千千”（《三字经》《百家姓》《千字文》《千家诗》），法帖练写字，珠算练加减法；13~16岁为少年时期，主要学习“四书”（《大学》《中庸》《论语》《孟子》），临帖练写字，珠算练乘除法。其时，珠算从练习拨珠起，一般教授“小九九”“大九九”（均为乘法口诀）、“狮子滚绣球”（一种珠算打法）等古老方法。因当时塾师还不识阿拉伯数字，所以不教笔算。在塾馆读书的学生，限于家庭经济条件，大多中途辍学，但也有学生家庭经济宽裕，一直读至16岁，有的还延读《唐诗》《幼学》《古文观止》《诗经》等古诗文。当时，塾师采用“填鸭式”的教学方法，学生死读、死记、硬背。如果学生读书不用心或犯了过失，将受到立壁角、关夜学，甚至罚跪、戒尺打手心等处罚。

清末创办的鹿河小学堂，与以前的塾馆有所不同，塾馆是集年龄大小不同的学生于一室，你读你的书，我读我的书。学堂则根据学生年龄、知识程度分设班级，但当时学生少，大多为复式班。教师所任课根据各人的专长而定。教学内容除塾馆所授的课程外，还加设了笔算、体操、唱歌、手工等科目。

民国初，按照政府颁布的教育方面有关规定，学堂改称学校，初等小学的教学年限为4年，高等小学为3年。其时，已有统一的教科书，初等小学设置的课程有国文、缀法（后称作文）、习字、算术（包括珠算）、修身、体操、唱歌、图画、手工等。教学的方法仍为“填鸭式”“注入式”，很少运用“启发式”。

民国11年（1922）起，实行新学制，规定初等小学教学年限仍为4年，高等小学改为2年。教学内容方面，在原课程的基础上，增设常识和公民2科。同时，把原国文课改为国语课，教注音字母，以“国音”（相当于现在的普通话）朗读课文。为提高学生学习的积极性，各年级每学期均开展各项学习竞赛。还重视培养学生口才，每学期举办演说竞赛会，优胜者参加上一级（璜泾、太仓）竞赛。在体育方面，开展乒乓球、跳高、跳远、跳绳、踢毽子等训练及比赛。

九一八事变后，学校开展抵制日货运动，对学生进行爱国教育。讲授岳飞、张巡、史可法、阎应元等爱国历史人物事迹。教唱爱国和进步歌曲，如《苏武牧羊》《满江红》《桃李劫》《松花江上》《大路歌》《伏尔加船夫曲》《渔光曲》《锄头舞歌》《伟大的手》《卖报歌》等。

民国23年（1934）起，提倡“新生活运动”，校内张贴“礼义廉耻”“忠孝仁爱信义和平”等标语，向学生灌输“四维八德”思想（四维：礼、义、廉、耻；八德：忠、孝、仁、爱、信、义、和、平）。上课时，由班级学生级长或副级长喊“起、礼、坐”，下课时喊“起、礼、退”。

抗日战争时期，公立学校停课，有些教师在家中设立私塾，学生以读书、写字为主，有的仍读“三百千千”及《孟子》《幼学》等古书。其时，日伪势力强迫各私塾对学生进行奴化教育，宣传“大东亚共荣圈”“共存共荣”的思想，还强教日语、日本歌曲等。面对日伪势力的奴化教育，中共地下党领导的宣教部门开展反奴化教育斗争，在各私塾学生中宣传抗日救国的道理。

抗日战争胜利后，学校恢复教学秩序，按统一教材进行教学，学科设置较抗战前有所变化，主要是将高小的常识课分设为历史、地理、自然等3科。学校常规方面，每天开晨会、夕会。晨会，按班级列队于操场上，内容有升国旗、唱国旗歌、做早操、主持教师简单布置当天工作；夕会，按学生回家路线列队于操场上，主持教师简单总结当天活动情况，唱《夕会歌》。夕会后，由每条路线高年级学生“路长”带领同学回家。

中华人民共和国成立后，人民政府重视对留用教师的思想改造，加强在职教师学习，让教师确立为人民服务的思想，增强集体主义和劳动光荣的观念。在学生中突出阶级教育、爱国主义和国际主义教育以及劳动教育，教育内容与形式主要有教唱《咱们工人有力量》《啥人养活啥人》等歌曲，排演《白毛女》《九件衣》等剧目。在抗美援朝运动中，教唱《中国人民志愿军战歌》，指导学生制订“爱国公约”，写慰问信慰问志愿军叔叔。在提高教学质量方面，同科目教师集体备课，相互听课，相互交流，相互促进；组织教师观摩有经验老师上课；检查教师备课笔记和学生作业；召开各类座谈会，改进教学方法。

1952年，贯彻国家《关于改革学制的决定》，小学实行“五年一贯制”，一年级开始使用部编五年制小学语文课本。1953年恢复初小四年制、高小二年制，使用教育部统编教材。1955年起，开展生产技术教学，小学增设手工劳动课。1957年，农村小学高年级增设农业常识课。同年，小学各年级增设每周一节周会课，对学生进行思想品德和时事教育。1958年秋，鹿小实行“三集体”制度（小学生同吃、同住、同劳动），动员中弄一条街居民让房，让师生居住。次年，“三集体”停止。1963年前后，初小开设的课程主要有语文、数学、体育、音乐、图画，高小除上述课程外，还增加历史、地理、自然。1964—1967年，各大队开办耕读小学，办学形式由各大队根据具体情况而定，有的办早班，有的办中班，有的半日制，办学以学生识字、扫除文盲为主。

1966年后，教学秩序混乱，教学质量下降。1976年后，恢复正常的教学秩序。

1978年，小学统一使用省编五年制小学教材，设政治、语文、作文、算术、自然常识、军体、音乐、美术等学科（各年级有所不同）。同年，在思想道德教育方面，贯彻全国教育工作会议精神，对学生进行革命理想和共产主义道德教育。1980年起，统一使用部编教材。1981年，贯彻部颁《全日制五年制小学教学计划（修订草案）》，对有关年级的科目设置进行调整。在思想道德教育方面，各校开展“五讲四美”（讲文明、讲礼貌、讲卫生、讲秩序、讲道德，心灵美、语言美、行为美、环境美）和“三热爱”（热爱党、热爱祖国、热爱社会主义）教育活动及“学雷锋、树新风”活动。

1982年起，各校重视语文、数学等主课的教学质量，注重提升“双科”合格率。1983年，小学向六年制过渡，两年后全部统一使用部编六年制教材。同年起，注重培养学生爱国主义思想，进行国旗、国徽、国歌教育，举行升国旗仪式。1984年，学校贯彻“教育面向现代化、面向世界、面向未来”精神，改革教育教学方法，重视学生能力培养，把学生培养成有理想、有道德、有文化、有纪律的“四有”新人。

1987年，各学校开展“小学生一日常规”管理，规范学生行为，使学生形成勤奋好学、文明礼貌的良好习惯。1988年起，小学开设的课程有所调整，各年级开设思想道德、语文、数学、体育、音乐和美术课，三年级起开设自然课和劳动课，五年级开设地理课，六年级开设历史课。1989年秋，一年级开设自然课。

1991年起，更加重视小学生的素质教育，促进小学生德、智、体、美、劳全面发展。1992年，各学校执行国家教委颁布的九年义务教育六三学制（小学6年、初中3年）统一课程。在加强学生思想教育方面，开展“二史一情”（近代史、现代史和国情）教育，激发学生爱国热情。1996年秋，小学四年级开设社会课，五、六年级开设英语课。

1996年起，根据上级小学教学改革的意见，进一步重视培养学生的创新精神和实践能力，提高学生整体素质。鹿小通过发展体育运动，创出体育教学特色，全面推进素质教育。

2000年1月，根据上级教育部门为学生减负的通知精神，小学每课时由40分钟改为35分钟。同年9月，小学一年级开设英语课。2002年，鹿河境内有中心小学1所（鹿小），学校按照小学六年制教学课程和素质教育要求，抓好教育教学工作。

第三节　中学教育

一、办学沿革

1958年10月，鹿河始办初级中学，附设在鹿河中心小学内，其时称为“戴帽子中学”，招收学生55人。

1960年，单独建校，挂牌太仓县鹿河初级中学，开设4个班级，有学生218人。位于镇西元宝泾北侧。同年，在新市大队2队（现雅鹿村2组）开办鹿河农业中学，有学生110人。1963年，鹿河初级中学和鹿河农业中学停办。

1964年9月，恢复鹿河农业中学，校址设在鹿河初级中学，招收学生70人。之后，班级及学生逐年增加，最多时发展到6个班级。同年9月，在新泾大队开办新泾中学。1968年9月，在光明大队开办光明中学，有1个班级，附设在光明小学内。

1968年，农业中学停办，专设全日制鹿河初级中学。1970年，鹿河初级中学开办高中，招收高一新生1个班级，之后成为一所完全中学。

1975年，在东泾大队开办东泾中学，招收初一新生1个班级，附设在东泾小学内。1976年，光明中学易地重建，其时设5个班级。1979年秋，新泾中学并入鹿河中学。1980年秋，东泾中学并入鹿河中学。1980年，鹿河中学停办高中。

1984年秋，光明中学并入鹿河中学。至此，农村中学撤并结束，全乡中学生全部进入鹿河中学就读。1985年，全乡有中学生635人、教职工47人。

1986年起，鹿河中学贯彻“学生德智体全面发展”教育方针，在提高教学质量、提升学生成绩的同时，采取学校教育和家庭教育相结合的办法，加强对学生进行法律知识、校规校纪和思想品德教育，学校的教学教育工作取得显著成绩。

1993年，在镇区沙鹿公路与玉影路路口东南侧，建造鹿河中学新校。1995年2月，鹿河中学整校搬迁。新校占地3.93万平方米，建筑面积8680平方米。之后，逐年增加投入，增添教育设施，强化师资队伍建设，教学质量不断提高。1997年，中学生的巩固率、毕业率、升级率均达100%。

2002年，鹿河中学开设10个班，有学生469人、教职工44人。全乡初中教育普及率达100%。

二、教育与教学

1958年10月，鹿河在中心小学内始办初级中学时，正值“大跃进”时期，学校贯彻“教育必须为无产阶级政治服务，必须与生产劳动相结合”的教育工作方针，课程除有语文、数学、物理、化学、历史等主课外，还有社会主义教育、农业基础知识、生产劳动等。课外活动占用课堂学习时间较多：学校组织学生勤工俭学，搞种植养殖副业；收废钢铁，支援“大炼钢铁”；下乡参加劳动，投入生产实践，学校正常教育秩序受到影响。同年，鹿河在新市大队开办培养新型农民、工人的农业中学，实行半日制教学（称“半耕半读”学校），上午上课，下午劳动。学校有农业生产基地，组织学生参加农业劳动，还搞养羊、养兔等养殖生产。

1959年，根据上级教育部门要求，鹿河初中班学生停止参与群众运动，恢复正常教学秩序。是年，初一年级恢复外语课。1962年，鹿河初级中学更加重视课堂教学，鼓励学生学好文化基础知识的同时开展一些劳动实践活动，让学生得到一定的实践锻炼。1963年，鹿河初级中学停办。1964年秋，转办鹿河农业中学，同样实行半日制教学。

1968年，鹿河农业中学停办后恢复鹿河初级中学，开设政治、语文、数学、物理、化学、历史、地理、外语、生物、卫生、体育、音乐等课程。此时教育秩序处于不正常状态，学校取消对学生成绩考查和毕业考试，年级升学实行“直升制”，学生放松文化基础知识学习，学校教学质量受到影响。

1970年，中学学制实行“二二制”（初中2年、高中2年）。开设政治、语文、数学、工农业基础知识（物理、化学、植物、动物合并）、外语、史地（历史、地理合并）、革命文艺、军体（军事、体育合并）、卫生知识等课（各年级有所不同）。同年12月，为使学生得到劳动锻炼，培养学生吃苦精神，鹿河中学开展勤工俭学，组织师生到江边割芦苇，之后连续数年进行此项活动。

1971年，中学改为春季招生。1972年秋，调整中学课程设置，语文课分设语文、作文课，革命文艺课分设音乐、美术课。同时，恢复考试制度，开始重视学生成绩、学校教育质量，但初中升高中实行推荐招生。1973年，对中学课程又做调整，工农业基础知识课分为物理、化学和农业基础知识课，史地课分设历史、地理课。

1974年，实行“开门办学”，让学生学习机电实用知识，组织学生操作实践；教授水稻、三麦、棉花、油菜栽培技术和化肥、农药、土壤知识，组织学生参加农业劳动；教授工业知识，组织学生到工厂学工。实行“开门办学”后，学生实践能力有所提高，但学习文化基础知识受到一定影响。同年，中学恢复秋季招生。因春、秋季招生调整，学生学习年限变化，由此出现1974年毕业的高中生，初中、高中均读了两年半的情况。

1976年，中学学制改为“二三制”（初中2年、高中3年）。1978年，中学招生改过去推荐招生为考试招生、择优录取，激发了学生学好文化基础知识的积极性。

1979年，初中学制由二年制开始向三年制过渡。同年起，贯彻中共十一届三中全会精神，学校工作重点转移到教学工作上来，进一步重视抓教学质量，学生升学率逐年提高。学校在加强师生思想政治教育方面，坚持用“四项基本原则”［坚持社会主义道路，坚持无产阶级专政（1982年后改为坚持人民民主专政），坚持中国共产党领导，坚持马列主义、毛泽东思想］统一师生认识，把握教育方向。

1981年，贯彻上级教育部门中学教育计划，在初中开设青少年修养、政治常识（后改为法律常识）、社会发展史、政治经济学常识、辩证唯物主义常识等课程。在思想道德教育方面，开展“五讲四美”教育和以国旗、国徽、国歌为主要内容的爱国主义教育及法律法规教育。同时，广泛开展“学雷锋、树新风”活动。制定《中学生守则》，规范学生行为。

1982年，鹿河中学恢复三年制，开设政治、语文、数学、物理、化学、历史、地理、外语、生物、生理卫生、体育、音乐、美术等课程。

1986年，贯彻实施《中华人民共和国义务教育法》，教育事业发展迅速，教育秩序稳定。1987年，进一步重视德育教育，学校建立教育网络、制订教育计划、搭建教育平台、丰富教育活动。

1988年，初中各年级开设政治、语文、数学、外语、体育、美术、音乐、劳动技术等课程，初一、初二开设历史、地理、生物课，初二、初三开设物理课，初三开设化学、生理卫生课。

1990年起，更加重视学校教育、家庭教育和社会教育，通过齐抓共管，形成合力，切实加强对学生的思想道德教育，学校“三风”（校风、教风、学风）进一步好转，学生学习成绩显著提高。

1992年，初中各年级开设思想政治、语文、数学、外语、历史、体育、音乐、美术、劳动技术等课程，初一另有地理、生物课，初二另有地理、物理、生物课，初三另有物理、化学课。同年，每周安排五天半课程，每课时45分钟；每天安排广播体操20分钟；眼保健操上、下午各1次，每次5分钟。

1994年8月，执行国家教委规定的中小学新工时制，实行单、双周工时制，即单周工作5天，双周工作6天，2周为一个周期，每个周期课时总量不超过70节。1995年9月1日起，实行每周5天40小时工时制。2000年1月，调整课时，从45分钟调至40分钟。2001年9月，恢复每课时45分钟。

2002年秋，实施基础教育改革，对课程设置进行调整，初一设思想品德、历史与社会、生物、语文、数学、外语、体育与健康、艺术、综合实践等课程，初二增设物理课，初三增设化学课。综合实践活动为必修课程，课程内容主要有信息技术、专题研究、社区服务、社会实践等。

第四节　成人教育

1951—1985年称业余教育，1985—2002年称成人教育。

1951年，为扫除农村文盲，开展农民业余教育。璜泾区政府（鹿河隶属璜泾区）设有文教助理，具体组织和指导业余教育工作。鹿河每2个小乡配有1名农民业余教育辅导员，负责培训业余教育教师。同年11月，鹿河各乡各村掀起办学热潮，均开办冬学培训班（冬季办学）。培训班以教学员识字为主，同时进行阶级教育，提高学员思想觉悟，动员学员组织起来，走农业集体化道路，保卫土地改革成果。参加学习的对象大多为青壮年，学员学习积极性很高，风雨无阻，按时上课。

1954年后，把冬学培训班改为农民业余夜校。1957年鹿河建立大乡后，乡成立扫盲办公室，由乡专职文教助理负责夜校管理，具体做好培训教材选用、师资力量调配、教育计划编制等工作。全乡掀起全民识字运动的新高潮。经办班扫盲，全乡识字人数增多。据1958年10月统计，全公社14~40周岁原有文盲5796人，通过在冬学培训班、农民业余夜校学习后，已能看懂票证和学会运算并摘除文盲帽子的有4802人，脱盲人数占82.85%。文化脱盲后的学员，从办初级社开始，大部分成为农村工作骨干，有的担任生产队记分员和经济保管员，有的从事会计工作，有的被选为基层干部。

1958年下半年起，农村各大队农民业余夜校发展为农民业余技术学校，后改称农民红专学校。公社成立红专学校筹备委员会，负责红专学校的开办工作。红专学校招收具有高小文化程度的农村基层干部和青年农民，学期1年，要学完3年专业课程，学完后文化程度从高小提高到初中。根据“教育与生产劳动相结合”的办学方针，红专学校实行半耕半读，半天学习，半天劳动，每天上4节课，共3个小时。同年9月5日，公社首先创办的红专学校开学，入校学生100人（其中男84人、女16人）。学生中有公社干部2人、生产队干部16人、业余教育辅导员23人、生产队会计19人、生产队社员骨干40人。学校有公社拨给的校田100亩，作为学员生产劳动、科学种田基地。公社红专学校的创办，起到了示范带动作用，在全公社迅速形成办红专学校的高潮，在半个月中，红专学校遍布各个大队。是年10月，全公社有红专学员1500人，红专教师44人，其中专职教师14人、兼职教师30人，校田增至618亩。红专学校的创办，提高了学员的文化技能水平，培养了一批新干部，但入校学员都是家庭主要劳动力，参加学习会耽误出工，年终分配时因参加生产队劳动工时少而收入减少，导致工、学矛盾出现。因此，红专学校在创办1年后陆续减少，1963年停办。

1965年下半年起，各大队开办政治夜校，组织学员学习思想政治理论和农业生产技术。1966年后，夜校停办。1972年，各大队又恢复政治夜校，1年后又停办。1976年后，针对社会上出现新文盲的实际情况，政府提出“尽快扫除文盲，提高农民素质”的新要求，农村扫盲工作再次开展起来，通过3年多时间的努力，扫盲工作取得显著成效。1980年3月，全公社扫盲工作通过文化普查验收，鹿河实现“无盲公社”的目标。同年4月22日，太仓县委批转县文教局、团县委、县贫协《关于鹿河公社农民教育的调查报告》，介绍推广鹿河公社开展业余教育、扫除青年文盲的做法和经验。

1982年，公社开办农业技术学校，设在多种经营办公室办公楼楼上，组织各大队大队长、妇女主任、农技员等52人参加培训学习，由农技站技术员担任教师，培训水稻、三麦、棉花、油菜等四大作物栽培技术，还举办蘑菇生产培训班，培训蘑菇栽培技术。1982年前后，新泾、东泾、长城等大队也举办了相应的农业技术培训班。

1984年前后，开展成人文化补习和技术培训。文化补习对象为1966—1976年毕业的初高中毕业生，先后开办文化补课班16期，累计参训初高中毕业生643人，占应参训人数的72.5%。技术培训对象为企事业单位职工，先后开办技术培训班7期，累计参训职工306人。

1985年7月10日，成立鹿河乡成人教育中心校，业余教育改称为成人教育。此后，成人教育不再以扫盲工作为重点，而是主要负责成人学历进修提升和各类专业技术培训工作。是年，在企事业单位中，动员具有初高中文化程度的青年职工参加成人学历进修，共有55人参加不同学历和各类院校的学习，其中职工中专11人、成人大专44人（电大4人、职大18人、函大22人）。

1986年起，继续做好成人学历进修工作，同时每年举办各类实用技术培训班，有农业栽培技术、养殖知识、农机作业和企业职工岗位技术、专业知识、安全生产培训等。1986—1990年，共举办各类培训班45期，参训学员2500人次。

1991年前后，与党校联合办班，先后举办党员轮训班、涉外经济培训班、商务洽谈培训班等。1995年，开始计算机应用技术培训，年内举办4期，有参训中青年学员86人，后经考核，49人获苏州市计算机应用能力合格证书。1996年，又举办计算机应用技术培训班6期，参训学员145人。1997年，开设中专班、大专班各1班，有参加学历进修学员76人。

2000年起，农村种植结构调整，蔬菜种植面积扩大，品种增多，同时以温氏养鸡为主的养殖业加快发展，为此，专门举办种植业、养殖业培训班各1期，分别邀请镇农技站农技员辅导蔬菜种植技术，邀请太仓（广东）温氏家禽有限公司技术员辅导家禽养殖技术。

2002年，会同镇党校加强对成年人的继续教育，全年举办不同培训内容、由不同对象参加的各类培训班15期，参训学员近千人次，收到了良好的教育教学效果。

第五节　学校选介

一、鹿河文灿幼儿园

1949—1981年，鹿河中心小学开办幼儿班，隶属鹿河中心小学管理。

1980年，扩建幼儿园用房，新建校舍200平方米。1981年改称为鹿河中心小学幼儿园。1982年，苏州地区教育局把中心校附设的幼儿园作为“农村重点幼儿园”，拨款2000元，为幼儿园添置设备（器材）。

1982年，幼儿园大、中、小3个班均配有风琴、被柜、书橱等设备设施。之后，进一步配好幼儿园师资力量，完善园务管理制度，规范幼儿一日常规，幼教工作取得显著成绩。

1992年，为发展幼教事业，决定易地重建幼儿园。1993年1月5日，举行新园开工奠基仪式。新园位于鹿长路和灵影路交会处西南侧，占地面积2335平方米。同年6月工程竣工，9月新园落成，投入使用。新园主楼是1幢3层综合楼，建筑面积2130平方米。新建的幼儿园由台湾游文雄先生和香港商侨实业有限公司倪朝灿先生捐资建造，为感谢两位先生捐资助学的善举，故从两人姓名中各取一字，将鹿河中心小学幼儿园改名为鹿河文灿幼儿园，仍隶属鹿河中心小学管理。是年，设大、中、小班各2个，有幼儿250人、幼儿教师12人、职工3人。

2001年，为满足农村幼儿园撤并需要，在幼儿园东南角新建1幢3层教学楼，建筑面积510平方米，同年秋季开学时投入使用。

2002年，幼儿园占地面积3630平方米，建筑面积2760平方米，绿化面积630平方米，户外活动面积1512平方米。拥有塑胶场地1200平方米，2个多功能大型玩具，多个小型户外玩具。开设9个班，入学幼儿302人。拥有一支敬业爱岗、师德高尚、年轻活泼、具有一定专业水平的教师队伍，共有教师20人，其中本科学历4人、大专学历13人、中专学历3人。

1984年，获评苏州市幼儿系统先进单位。1985年，获评太仓县“六好”（领导班子好、思想品德好、活动阵地好、教师队伍好、校园文化好、校园环境好）幼儿园。1996年，被评为太仓市一类幼儿园。1998年，被评为太仓市首批现代化幼儿园。2000年，被评为太仓市常规管理一级幼儿园。2002年，通过苏州市现代化示范幼儿园验收。

表15-1 1981—2003年鹿河文灿（中心小学）幼儿园园长名录

姓名	任职年份	姓名	任职年份
周瑞亚	1981.9—1986.8	吴婉芬	1990.9—1991.8
时玉英	1986.9—1988.8	费桂芬	1991.9—1994.8
周瑞亚	1988.9—1990.8	管榴红	1994.8—2003.8

注：(1)1975年以前，由鹿河中心小学直管；(2)1975—1981年称幼儿班，负责人沈政。

二、鹿河中心小学

清代，鹿河境内仅有数家私塾，招收富家子弟读书。清光绪二十九年（1903），家住鹿河镇西街的唐聘贤征得乡董、地方绅士及一些家长的同意，借用集镇上崇福道院数间余屋为校舍，创办鹿河小学堂，有学生近百人，此小学堂为鹿河中心小学雏形。

民国9年（1920），鹿河小学堂迁到中弄街北首西侧的城隍庙。在庙内场地上建校舍，将部分庙房改造为教育用房。其时，学堂初具规模，开设4个班级，有学生100余人。不久，鹿河小学堂改称鹿河初等小学校，为鹿河中心小学的前身。

民国26年（1937）秋开学不久，日军在鹿河登陆，学校只得停课。民国34年（1945）10月，学校复课，鹿河初等小学校改称鹿河中心国民小学校，成为一所“四·二”两部制的完全小学。学校复课初，初小设两班半，高小设半个班，有学生142人、教师5人。后来招收学生增多，民国37年（1948）上半年，初小设4个班，高小设1个班，有学生205人、教师9人。

1949年4月23日鹿河解放，县军管会派员到鹿河接管学校。1949年秋开学，鹿河中心国民小学校改称鹿河中心小学，设6个班，有小学生246人；附设1个幼儿班，有幼儿32人。之后，招生扩班，至1952年，共设10个班，有教师15人、工友2人。

1958年成立人民公社后，鹿小教育事业稳定发展，学校规模逐步扩大。1966年后，学校受到冲击，教学秩序混乱。1969年1月，贯彻上级教育部门“公办小学下放大队办”的精神，外地教师回原籍工作，本地教师回本大队工作，学生回本大队小学读书，鹿小只留下鹿新、光明、红星等3个大队的学生，时称鹿河公社联合小学，一部分教学器材也分给了部分大队小学，鹿小由此不再具有中心校功能。

1976年后，学校恢复正常的教学秩序。1978年，学校办学条件得到较大改善，兴建了教学楼，建筑面积300平方米，新增教室4间、教师办公室2间。1979年起，贯彻中共十一届三中全会精神，教育走向正轨，教学质量逐步提高，学校恢复鹿河中心小学校名。1980年4月，创办校办电扇网罩厂。1985年，创办校办服装厂，教育经费有了一定补充，学校环境得到绿化、美化，各类教具和文化体育设施（器材）较为齐全。是年，全校有教职员工68人，其中公办教师37人、民办教师28人、职工3人。

1986年3月，鹿小易地重建，分期实施，先迁建后扩建，新校位于玉影路18号（玉影村1组境内），首期征地9800平方米，新建1幢2层、1幢3层的教学楼及配套设施。1989年新校落成，春季开学投入使用，学生进入新校上课。

1990年，为满足农村小学撤并需要，鹿小扩建教育用房。1992年7月，投资98万元，建造教学实验用房，建筑面积2500平方米。1995年9月，再次征地5700平方米，投资60万元，建造三层综合楼，建筑面积1042平方米。1996年，增加教育投入，增设语音室、微机室及其他教育设施。

1998年，投资38万元，搬建校门，新建门楼。同年起，按照教育现代化省级标准，不断增加教育投入，增添教学设施，改善校容校貌。1999年，获评苏州市常规管理示范学校，并通过江苏省教育现代化学校达标验收。2001年，完成村级小学撤并工作，全镇小学生进入鹿小学习。

2002年，学校占地面积1.45万平方米，建筑面积6248平方米，活动场地总面积5063平方米，绿化面积6880平方米。分教育区、体育区、生活区、休闲区等区域。可开设20个教学班，教室“三机一幕”（电视机、电脑、投影机、投影幕）普及率100%，另有电脑室、自然实验室、音乐室、少先队室、家长学校、校史室、图书室、档案室、教工之家、党员之家、会议厅、餐厅等专用教室、功能用房20余个。是年，全校开设19个班，有学生924人、教职工61人，其中中学高级教师1人、小学高级教师18人、小学一级教师28人。学校全面实施素质教育，积极实施教学科研，以全新的办学理念、规范的管理机制，推动教育教学工作上水平，是一所基础扎实、管理规范、特色彰显的农村现代化小学。

1991年2月，被苏州市爱国卫生委员会评为苏州市爱国卫生工作先进集体。1992年2月，被江苏省环保厅评为江苏省绿化达标学校。1995年12月，被苏州市教委评为苏州市德育先进学校。1997年1月，被苏州市教育局评为苏州市教育现代化学校。1998年9月，被苏州市教委评为苏州市常规管理示范小学。1999年12月，被苏州市教委、体委、卫生局评为苏州市体育卫生先进学校。2000年4月，被太仓市关工委评为太仓市关心下一代工作先进集体。2001年6月，被太仓市委评为太仓市先进基层党组织。2002年3月，被苏州市教育局评为苏州市德育示范小学。2002年12月，被苏州市教育局评为苏州市教育信息化实验学校。

表 15-2　1903—2003 年鹿河中心小学校长（负责人）名录

姓名	任职年份	姓名	任职年份
唐聘贤	1903—1926	朱大钧	1949—1958
傅征伯	1926—1931	冯耀生	1958—1961
邵沛泽	1931—1932	王锦熙	1961—1966
朱　琪	1932—1933	彭振榍	1966—1969
王白石	1933—1935	周绍宗	1979—1981
龚起武	1935—1936	施　展	1981—1982
姚祖义	1945—1948	侯旭初	1982—1992
曹梦熊	1948—1949	顾振华	1992—2003

注：(1)1903—1926年，唐聘贤创办鹿河小学堂，主持校务，为负责人；(2)1937—1945年，日军登陆，鹿河沦陷，学校停办；(3)1966年5月起至1969年，校务由教导主任彭振榍负责；(4)1969年秋，由教师代表负责教学工作；(5)1979年秋，学校恢复校长负责制。

三、鹿河中学

1958年8月，根据普及初中教育要求，创办鹿河初级中学，招收1个初中班，附设在鹿河中心小学内，有学生55人、教师3人。

1959年，在镇西元宝泾旁单独建造鹿河中学校舍。1960年8月，中学与小学分设，中学迁移至元宝泾，称为太仓县鹿河初级中学。是年，设4个班级，有学生218人、教师10人。

1962年，初一停止招生。1963年4月，学校停办，学生分流至璜泾中学和沙溪中学，也有少部分学生停学回家，教师重新分配工作，校产移交鹿河中心小学。1964年9月，恢复鹿河农业中学，校址设在鹿河初级中学，学生半工半读，负责人陆俊良。1966年后，学校停课。1967年3月，接上级通知，学校恢复上课。同年9月，招生初一2个班。1968年9月，又招初一3个班，在校学生增至300余人，有教职工20人。其时，学校由农业中学改办为初级中学，开始全日上课，并按全日制普通中学模式管理。

1970年8月，学校正式转为全日制普通中学，校名为太仓县鹿河中学。同年9月，鹿河中学增设高中，招收高一新生1个班65人。之后，在校学生保持在每年600人左右。1976年起，先后建造教育大楼、大礼堂、运动场、学生食堂等，学校设施日趋完善。1977—1979年，高中3届毕业生考取大学、中技60余人。

1980年7月，实施教育改革，调整学校布局，鹿河中学高中班停办，又改为初级中学。高中办学10年培养了近千名高中毕业生。20世纪70—80年代，学校曾建有校办厂，其盈利主要用于添置教学设备及师生福利。

1982年，鹿河中学开设9个班级，其中初一4个班、初二2个班、初三3个班，有学生412人、教师33人。之后，农村中学撤并至鹿河中学，学生人数增加。1985年开设14个班，有学生635人、教职员工47人，其中教师40人。同年，初三毕业班学生178人，参加县毕业会考合格率达96%，为高一年级输送了120名合格新生。是年9月，为培养乡镇企业技术人才，开办机电职高班，有学生45人。1988年前后，教育资源得到优化组合，教学质量提高，学生中考成绩达到全县同等学校中上水平。1988年9月，开办棉纺职高班，招收初中应届毕业生40人。

1991年，与鹿河西服厂调整交叉不完整地块，调整后拓展了体育活动场地，为运动场达标创建创造了条件。同年9月，与鹿河麻纺总厂联办麻纺职高班。

1993年，鹿河中学易地重建，新校位于沙鹿公路与玉影路路口东南侧，与鹿河小学一路之隔，占地3.93万平方米，1994年完工，建成教学区、办公区、生活区组合在一起的综合性大楼，建筑面积8680平方米，总投资450万元。1994年9月，与苏州供销学校联合开办中专班，开设经管和财会2个专业各1个班，有学生80人。1995年2月，鹿河中学新校正式投入使用，学校从镇西元宝泾迁入新校址。同年9月，继续与苏州供销学校联合开办中专班，开设市场营销专业，有学生40人。

1996年2月，与苏州轻工职工大学合办经济管理大专班，向社会招收具有高中学历的公务员、企业管理人员及村干部就读。同年9月，与常熟汽车驾驶培训中心联办汽驾、机修2个职高班，招收学员76人。是年，新增教育投入120万元，建成250米环形跑道，增设语音室、微机室，购置微机35台及其他现代化教育设施。同年，学生中考成绩列全市同等学校第三，初中升高中比例达93.8%。1997年，达98%。

1998年起，加快推进教育现代化进程，继续增加教育投入，完善教学配套设施，深化教育改革，提高教育质量。2000年，学生中考成绩列全市同等学校第一，初中升高中比例达100%。

2002年，开设10个班，有学生469人、教职工44人。教师中，中学一级教师20人、二级教师13人。2004年8月，鹿河中学撤销，并入太仓荣文艺术学校（原璜泾中学）。

表15-3　1958—2003年鹿河中学（含农中）校长（负责人）名录

姓名	任职时间	姓名	任职时间
俞非常	1958.8-1963.4	施　展	1982.9-1990.8
陆俊良	1964.8-1965.7	邵振基	1990.9-1992.1
周永兴	1965.7-1975.1	侯旭初	1992.2-1995.8
周振扬	1975.2-1976.1	林耀明	1995.9-1998.7
周永兴	1976.1-1982.8	顾建国	1998.8-2004.8

注：1963年4月至1964年8月学校停办。

表15-4　1977—1980年鹿河中学历届高中毕业生考取高校及中专名录

届别	姓名	录取院校	届别	姓名	录取院校
1977年以前毕业生（恢复高考，多届参考）	俞惠人	南京大学	1977年以前毕业生（恢复高考，多届参考）	姚小岩	苏州财经学校
	周瑞亚	洛社师范		吴惠芬	扬州电子学校
	毛继文	洛社师范		倪　晓	成都地质学院
	张彩珍	苏州电力学校		周　耀	苏州评弹学校
	林　峰	南京工学院		沈　健	盐城医专

续表

届别	姓名	录取院校	届别	姓名	录取院校
1977年以前毕业生（恢复高考，多届参考）	孙荣元	苏州电力学校	1978届	唐耀文	南京大学
	朱惠清	南京水利学院		毛耀明	扬州大学
	侯建清	扬州师大	1979届	孙惠球	南京大学
	曹志明	苏州公安学校		夏耀庭	洛阳外语学院
	吴国良	江苏师院		孙卫国	洛阳外语学院
	朱卫国	复旦大学		周新华	南京师范
	周建平	复旦大学		藕永清	苏州财经
	孙惠芬	开封艺术专科学校		楼跃清	南京工学院
	周　辉	江苏师院		陆耀明	太仓师范
	戴健锋	苏州财经学校		范建林	太仓师范
	林耀明	江苏师范		侯春球	太仓师范
1977届	孙惠球	南京工学院		吕五弟	太仓师范
	施进中	山东海运学院		施小恬	上海第二军医大学
	何燕萍	苏州医学院		周瑞昌	太仓师范
	顾宏彪	成都电信工程学院		李　刚	南京内河航运学校
	汤宝庭	南京化工学院		袁建芬	苏州评弹学校
1978届	楼培德	成都电信工程学院		吴明阳	南京大学
	王耀琪	常熟师专	1980届	龚瑞珍	常州纺织学校
	陆友良	山西军事工程学院		李惠球	南京航空航天大学
	周啸洲	洛阳外语学院		孙建平	常熟师专
	张晓文	江苏戏曲学校		毛耀良	苏州大学
	刘剑平	常熟师专		楼浩平	常熟高专
	周永文	四川绵阳大学		张耀明	徐州煤矿师范学院
	陈锦岐	江苏师院		刘建阳	常州化工学校
	李耀文	南京工程学院		夏锦良	江西财经大学
	张龙兴	江苏师院			

四、新泾中学

创办于1964年9月，始称新泾农业初级中学，开设1个班级，有学生40余人，主要来自本大队和附近东泾、新幸、滨海等大队。学校负责人为李锦昌。1968年9月，扩大招生，班级增至3个，学生96人，学校负责人陆俊良。1979年7月，根据太仓县文教局有关文件精神，新泾中学并入鹿河中学。新泾中学勤工俭学富有成效，体育教育颇具特色。办学15年，毕业生有500余人。

五、东泾中学

创办于1975年8月，是附设在东泾小学内的一所初级中学，开办时招收初一新生1个班，负责人汪誉光。1976年秋又招收1个班，负责人周耀林。1977年起，由汪明范负责。1980年，并入鹿河中学。东泾中学办学时间较短，共有毕业生200余人。1977年国家恢复考试制度后，有3届毕业生参加中考，取得较好成绩，不少学生考上了高中、中专、中师。

六、光明中学

创办于1968年9月，建校初期，附设在光明小学内，设1个班级，有学生30余人，丁崇新为负责人。1969年，在光明小学内另造教室2间，成为光明学校初中部，始设2个班，后增至4个班。丁崇新调离后，朱宝泉为负责人。

1976年7月，在光明大队11生产队征地重建校舍，正式成为光明初级中学。学校成立领导班子，邵振基担任学校负责人。同年9月，招收高中学生1个班，班级增至5个，有学生200余人。1978年，邵振基调离，由何锦明负责。1979年，周耀林任负责人。1980年起，何锦明任负责人。1984年9月，学校并入鹿河中学。

七、鹿河成人教育中心校

1985年7月10日，鹿河乡成人教育中心校成立，为负责成人学历进修提升和各类专业技术培训的机构。成立初，在乡政府机关内设成人教育办公室。1989年3月，乡成人教育中心校设于中弄街鹿河中心小学内，与同设于中心小学内的乡党校合署办公，一起开展工作。1992年，整合教育资源，扩大教学用房，添置教学设施，办学条件得到改善。1995年2月，镇成人教育中心校随镇党校从中弄街迁移至沙鹿公路、玉影路路口东南侧，校址至2002年未变。（因成人教育中心校与镇党校校舍合用，经常联合办班开展培训教育活动，故成人教育中心校办学硬件设施及软件管理等相关情况，参阅第十篇第一章第七节第一目“党校机构”和第二目“党校工作”，本目不做重复记载）

1985—2003年，镇（乡）成人教育中心校校长由政府分管副镇（乡）长担任。历任驻校主持日常工作的专职副校长（负责人）：朱士珍（1985.7—1989.7）、陆俊良（1989.7—1999.7）、高绍华（1999.7—2000.8）、沈振东［2000.8—2001.9（兼）］、周耀林（2001.9—2003.8）。

第十六篇 卫生 体育

民国时期，鹿河是缺医少药的偏远农村，仅有数位民间中医，医疗力量薄弱。对疾病缺乏防控措施，多种传染病发生，严重危害人民群众身体健康。由于经济落后，医疗得不到保障，因病致贫的家庭时有出现。

中华人民共和国成立后，医疗卫生事业不断发展。1958年，境内诊所改为医院，开设专业科室，添置、更新医疗设备，医技队伍扩大，医疗水平提高。1969年起，建立村（大队）卫生室，拥有1支乡村医生队伍，在农村医疗卫生、预防保健、健康教育等工作中发挥了重要作用。同年，创办农村合作医疗制度，群众缴纳基金后，医药费用按比例报销，群众抗风险能力增强。20世纪70年代，进一步重视疾病防控工作，实行计划免疫制度化，各类传染病得到有效控制和及时诊治，多种传染病绝迹。80年代起，更加重视妇幼保健工作，取消孕妇在家生产，推行住院分娩。开展妇女病普查，对查出的患者及时诊治。在企业中普及女工经期、孕期、产褥期、哺乳期、更年期卫生知识并做好"五期"保健工作。90年代，易地重建鹿河卫生院，新建镇家庭保健服务所，开展"爱婴医院"创建工作，医疗卫生用房面积扩大，硬件设施完善，服务管理规范化、制度化。2002年，鹿河境内设卫生院1家、村级社区卫生服务站6个，共有医务人员40人，承担全镇居民群众医疗、预防、康复、妇幼保健和计划生育技术指导等医疗卫生工作。

民国时期，社会动荡，经济落后，人民生活水平低下，一些不良卫生习惯随处可见，集镇和农村卫生状况极差。

中华人民共和国成立后，组织发动群众开展爱国卫生运动，改变农村环境卫生面貌。50年代，发动各家各户室外大清理、室内大扫除。同时，开展除"四害"活动，切断病媒生物传播途径。60年代，成立环卫专业队伍，负责街道清扫、垃圾清运和粪便管理；在农村开展卫生检查评比，促进农村爱国卫生工作深入开展。

70年代，开始加强食品卫生管理，对经营单位核发卫生许可证和从业人员健康证，并经常开展监督检查。公社成立爱国卫生运动委员会，卫生工作组织程度进一步提高。

80年代，实施自来水供水工程，由使用浅井地表水改为深井地下水。同时，开始实施改厕工作，由过去如厕蹲粪缸改为使用抽水马桶，并建三格式化粪池，对粪便进行无害化处理。80年代中期起，实施"2000年人人享有初级卫生保健"工作，进一步健全爱国卫生组织机构，加快推进卫生设施建设，不断拓展卫生管理工作，全乡环境卫生、行业卫生、食品卫生、治害灭病、卫生宣传等工作齐头并进。

90年代，开始重视环境秩序管理，建立市容监察队伍，对集镇上出现的乱搭建、乱贴画、乱停放现象进行整治。同时，进一步加大投入，搞好绿化、亮化、美化工作。90年代后期，先后开展创建苏州市卫生镇、江苏省卫生镇工作，全镇卫生基础设施不断完善，卫生长效管理制度得到落实，农村改水改厕工作加快推进，创建工作取得显著成效，2002年，鹿河镇被命名为江苏省卫生镇。

民国时期，鹿河民间体育活动都是自发进行的，活动项目主要有拔河、爬竿、跑跳、游泳等，比赛活动都是临时相聚，即兴比赛。因游泳能健身又能防不测，学练游泳较为普遍。民国23年（1934），鹿河境内成立历史上第一支篮球队，篮球运动开始在鹿河出现。

中华人民共和国成立后，体育事业得到发展。60年代，群众性体育以篮球运动为主，大多数农村生产队建有篮球场，篮球爱好者不计其数，即兴对抗赛、团队友谊赛、节庆期间锦标赛频频举行。

70年代，民间乒乓球和棋牌活动也广泛开展起来，象棋爱好者尤多，赛事活动常年不断。80年代，群众性体育活动组织程度提高，活动项目向多样化发展，除建有篮球队、乒乓球队、象棋队外，还新建拳操队、门球队、气功队、围棋队等团队，并在参加各级各类体育比赛中屡屡获奖。

90年代初，鹿河举办农民运动会，促进了群众性体育活动的广泛开展。鹿河中学、鹿河中心小学先后另辟校址、易地重建后，运动场地扩大，体育设施配套，设备器材齐全，学校体育工作得到加强。尤其是鹿河中心小学，积极探索农村小学现代化体育工作模式，广泛开展各项体育活动，形成“以体兴校”工作特色，成为太仓市实行国家体育锻炼标准先进单位。在幼儿体育方面，切实按照上级幼教工作计划，合理设置体育课程，科学安排户外活动，不断丰富体育游戏，幼儿体质得到增强。

2000—2002年，鹿河群众性体育呈现活动团队多、组织程度高的趋势，学校体育呈标准化、规范化的特点，全镇体育工作不断加强，保持江苏省体育先进镇荣誉。

第一章　医疗卫生

第一节　医卫机构

一、鹿河卫生院

清末至民国时期，鹿河无医疗卫生机构，有数位民间中医为病人把脉诊治。1951—1957年，鹿河境内设诊所。

1958年9月鹿河公社成立后，县卫生科统一调配医务力量，将诊所改建为民办医院，性质为集体所有制，院址设在镇西市梢傅家宅内。医院除开设门诊外，还设置简易病床数张。建院后开始实行分科治疗，有医务人员22人。办院时由县拨款3000元，用作办院基金。其时，医院分别在伍胥大队和建民大队设2个分院，即伍胥分院和建民分院。

1962年，贯彻“调整、巩固、充实、提高”的办医方针，调整配备医务力量，民办医院更名为公社医院，承担鹿河公社医疗、预防、保健任务，院内组成院务委员会，由院长负责，开展工作。1963年底，医院自筹资金易地建造新院，1964年初新院落成启用，新院位于中灵街1号（现为玉影山社区居委会所在地）。医院开设住院部。之后，医院经3次改建、扩建，用房面积逐步扩大。

1966年，医院易名为卫生院，性质、职能未变。主要科室有内科、外科、中医科、妇科等。1969年各大队和有关企业建立卫生室后，卫生院负责对各大队（企业）卫生室及赤脚医生的业务管理和指导。

1972年，增设五官科、放射科、伤科、制剂室等科室，住院部病床增至30张。1974年起，配合全公社计划生育宣传工作，妇产科医生到各大队进行计划生育、晚婚晚育巡回宣讲。1981年，医务人员增至33人，其中7人经自学进修和实践提高，获上级卫生部门批准晋级。

1985年，太仓卫生系统实行县、乡分级管理体制，卫生院的人事、财务归乡政府管理，业务接受县卫生局指导。是年，卫生院设门诊、住院、药房、后勤等4个部门，同时调整科室干部。全年门诊4.92万人次，收治住院病人997人次。妇产科接生208人，接生率100%。中西药房配药处方10.28万张，其中西药房6.72万张、中药房3.56万张。

1991年4月，鹿河卫生院易地重建，迁至健康路1号、长洲村12组境内，占地6700平方米。投资80万元，建造3层医务大楼1幢和2层后勤大楼1幢，建筑面积2003平方米，同年12月竣工启用。

1992年起，根据医疗卫生实际需要，对医院内部科室进行调整。1995年，设中医科、西医科、内科、外科、五官科、牙科、放射科、化验室、心电图室、B超室等科室，住院部床位30张，医务人员31人。但因道路交通方便，病人出镇就医增多，医院业务量减少。是年，门诊2.76万人次，住院694人次。

1996年，卫生院创建“爱婴医院”达标。1998年5月8日，在卫生院内建造镇家庭保健服务所大楼，建筑面积398.2平方米，总投资30万元，同年9月26日落成启用。2000年，按照创建江苏省计划生育示范镇要求，继续加大硬件投入，镇家保所达到省甲级标准。同年，卫生院开展“学习白求恩，奉献在岗位”活动，树立卫生院文明窗口良好形象。为方便病人就医，抽调医护人员到村卫生室，改在院坐堂门诊为下基层门诊，变被动服务为主动服务。护理部改变多年来由住院病人或家属取药、送化验单的习惯做法，直接操办，减少了病人及家属的麻烦，也有效避免了有可能出现的差错。

2001年，组织各科科组长到兄弟医院学习取经，然后结合本院实际，建立一套有效率、有激励、有动力的内部管理运行机制，调动职工的积极性。同时，抓好质量管理，加强医务人员业务学习，邀请太仓市第一人民医院各科主任先后到院上课，并对参训人员进行业务考试。对医生书写病历和处方进行抽查，将书写质量与本人薪酬挂钩。通过加强各项管理工作，卫生院医疗质量有了明显提高，连续多年未发生医疗差错和医疗纠纷，杜绝了医疗事故的发生。卫生院在承担全镇居民群众医疗、预防、康复、健康教育和计划生育技术指导等医疗卫生工作中发挥了重要作用。

2002年，卫生院占地面积7800平方米，建筑总面积3432平方米。有医护人员27人，其中高级职称1人、中级职称13人、初级职称13人。年门诊量2.86万人次，住院652人次。

1958—2003年历任院长：李家杰［1958.10—1963.5（公社社长兼行政院长）］、方国平［1958.10—1966.4（业务院长）］、倪振祥（1966.4—1971.8）、王福兴（1971.8—1975.12）、林祖兴（1975.12—1985.12）、倪振祥（1985.12—1991.3）、顾秀英（1991.4—1993.4）、顾新宝［1993.4—1999.10（其中1993.4—1995.6为行政负责人主持工作）］、钟宝林（1999.10—2003.8）。

二、村卫生室

1958年人民公社成立后，为做好农村卫生保健、治害灭病工作，在大队建保健站，生产队设卫生员。1962年，有的保健站由公社医院接管，派医生值日；有的被撤销。

1966年，公社培养半农半医人员10人，组织他们参加县举办的半农半医培训班，回来后充实大队保健站力量。同年，在公社区划调整时，有5人随大队隶属变化而归属王秀公社。

1969年，开始建立大队卫生室，并培养大队赤脚医生（亦农亦医）。同年起，公社建立农村合作医疗制度，大队卫生室及赤脚医生还承担农村合作医疗基金的收缴、管理任务。1971年，全公社建立13个大队卫生室、3个工厂卫生室、1个渔业大队卫生室，各配有1~3名赤脚医生。全公社135个生产队普遍设有卫生员，并备有卫生保健箱。至此，全公社基本形成公社、大队、生产队三级医疗卫生网络。

20世纪70年代，通过业务培训，大队赤脚医生、生产队卫生员医疗保健水平得到提高。村民感冒、发热、腹泻及小创口处理等，大多由大队赤脚医生医治，一般常见病不出大队即可得到解决。有的生产队卫生员还学会了注射器材消毒，能为患者打针注射。

80年代初，全公社13个大队有赤脚医生26人。经过10余年培养，其文化程度普遍达到中专水平。1983年，赤脚医生改称为乡村医生。1984—1986年，进一步加强对乡村医生业务培训，乡村医生业务知识水平不断提高，经省二次业务考试，有三分之二的人员合格，获乡村保健医生证书。80年代后期，对全乡卫生资源进行整合，重点办好乡卫生院，抓好村卫生室管理，企业卫生室撤销。

1990年起，开始创建合格卫生室工作。1992年，创建工作取得显著成效，各村卫生室普遍达到合格标准，备有诊察床、药橱、血压计、听诊器、注射器、简易手术包、出诊箱等。1993年1月，新幸村卫生室被评为苏州市示范卫生室。之后，开展争创甲级卫生室活动，至1996年，各村卫生室全部通过现场评审，达甲级标准，即卫生室用房面积均不少于60平方米，做到诊疗室、观察室、治疗室3室分开，配有2名及以上乡村保健医生。

1999年，村卫生室随村区划调整而减少至8个。2000年，根据市政府关于《太仓市镇村卫生组织一体化管理意见》，为合理配置农村医疗卫生服务资源，改革村级卫生室管理体制，实行由镇卫生院统一管理的镇村一体化管理制度。为适应镇村一体化改革要求，对乡村医生队伍进行调整，原则上按村区划调整前的村数配备乡村医生，并规定凡男性年满55周岁、女性年满50周岁及从医不满15年的乡村医生不再聘用。是年，全镇乡村医生从原来的26人调整为13人。

2001年，推进村级社区建设，村卫生室改称为村社区卫生服务站。是年，首先在东影村搞好服务站建设，站内设观察、诊疗、治疗、抢救、药房、库房、资料、计划生育宣教、康复健身等科室。镇卫生院根据一体化服务管理要求，经常抽调医护人员到社区门诊，方便群众就医。

2002年，全镇6个村建有村级社区卫生服务站6个，有乡村医生13人。

三、诊所　药店

马氏诊所　清末至民国时期，鹿河没有西医，仅有中医数人，他们有的出身中医世家，数代相传，如马氏外科、俞氏中医、傅氏内科等。其中鹿河北泗洲乡马氏外科较有名气，其医术在社会上得到公认，与鹿河南伍胥庙方氏外科齐名，人称“南方北马”。马氏擅长外科，平时在家坐诊，有时受邀出诊，实为家庭诊所。马氏中医诊疗，病症把验准确，配药对症适用，治疗疔疮、口疳、走马牙疳、缠喉风等有奇效，有家传医书《听涛衣钵》。马氏中医医传7代，第5代马云宾医术最著，授业弟子有毛建三、王廷华、吴翰香、冯子芬、戴文川等11人，其中多人后来成为较有名气的中医。马云宾诊治的患者遍及太仓、嘉定、宝山、昆山、常熟等地。中华人民共和国成立前夕，马氏诊所分立门户，分为2个，即马君猷（马云宾伯弟）诊所和马文昭（马云宾之子）诊所，均在马家大宅内（现为长洲村15组）。2个诊所各有药房，备有自己种植、采集、收购的各种草药以及自制的药品。1951年，马文昭参加常熟县吴市区联合诊所长泗分诊所工作，家庭诊所歇业。马君猷诊所因其本人病故而于20世纪60年代中期停办。

鹿河乡诊所　中华人民共和国成立初期，鹿河有兼业民间中医10余人和富康、济春堂、大吉春、恒济寿等4爿中药铺，较有名的医生有顾奕林、俞翔君、马君猷、马文昭、张国昌、傅江程、王文先、周春、王祖根等，属个体行医，为患者把脉诊治、解除病痛。

1951年夏，受璜泾、常熟县吴市等地建办诊所的影响，王鸿泉、邵君遂、张国昌、周春、陈培云等5人组成鹿河第一个医疗机构——鹿河联合诊所，设于镇西市梢崇福道院内。1952年秋，原属常熟县的吴市区联合诊所长泗分诊所随太仓、常熟区划调整而归属鹿河，此所由长沙乡、泗洲乡的顾奕林、马文昭、俞翔君、王文先、范耀英、马雨霖等6名医生建办，设于长沙乡的孙家宅（1958年后属新市大队2队，现为雅鹿村2组）。至此，鹿河境内有2个诊所。

1956年2月，根据县卫生科要求，把诊所组织起来，实行大联合，成立璜泾区联合诊所鹿河分诊所，设于鹿河镇东大街，有医生4人，招收学医人员2人。分诊所负责人张应麟。其时，诊所分西医科、中医科、妇产科等，并设专职药师兼挂号。医生工资按各人业务水平评分，由璜泾区联合诊所每月按分值计酬，医生人事也由区联合诊所统一调动。1957年撤区并乡后，鹿河乡由太仓县管辖，璜泾区联合诊所鹿河分诊所改称为鹿河乡诊所。1958年鹿河建立民办医院后，诊所撤销。

鹿河牙科诊所　1962年，鹿河民间牙医傅泽棣在元宝泾家中开办鹿河傅泽棣牙科诊所。1966年后停办。1979年恢复，为居民群众提供拔牙、镶牙及镇痛等牙医服务。1992年10月，诊所移至鹿河西街5号。1998年6月，移至新鹿路金城商厦底楼，用房面积45平方米。随着年龄的上升，傅泽棣为避免诊疗风险，逐年减少拔牙业务。2002年起，以提供镶牙及消炎镇痛服务为主。

鹿河药店　50年代创办，原属鹿河供销社，后归属太仓市医药公司，位于鹿河新鹿路（原鹿河镇政府西侧），用房面积140平方米。2002年6月，药店改制，转让给陈志英个体经营。经营范围为零售（处方药、非处方药）中成药、中药饮片、化学药制剂、抗生素制剂、生化药品、二类医疗器械、预包装食品等。药店现改称为太仓市紫云大药房有限公司。

第二节　医疗技术

20世纪50年代初期，鹿河诊所有医务人员5人，分中医内科和中医外科。中医内科医生采用望、问、闻、切（把脉）方法，主要为呼吸内科、消化内科患者诊病，然后对症下药，开出药方，让病人抓中草药服用，以减轻、消除病症。中医外科，能对疮疖病人进行治疗，为轻者敷药消肿，为重者进行手术、清理创口、敷药并配口服药消炎。50年代中期起，增设西医科和妇产科。西医科医生对感冒、发热、咳嗽、腹泻等多发病、常见病患者开具西药，妇产科医生主要诊治妇科常见病。

60年代，鹿河不少生产队农民下河卷水草染上血吸虫病。鹿河卫生院设住院部收治病人，医生掌握治疗血吸虫病技术，治愈患者数百人。妇产科医生配合做好计划生育工作，能熟练施行计划生育四项手术。70年代，鹿河卫生院添置医疗设备，培训医技人员，外科除能够实施外伤缝合、五官科小手术外，还能够施行阑尾炎、疝气、静脉曲张等治疗手术。

80年代后，不断更新X光机、B超仪、心电图仪以及全自动生化、血液分析仪等设备，诊断病症水平提高。同时，引进医技力量，外科能施行胃、胆囊、卵巢囊肿、子宫肌瘤切除手术和剖宫产、甲状腺手术。90年代，鹿河卫生院曾为一妇女成功切除9公斤重卵巢囊肿，受到病人及病人家属的好评。2000年后，交通方便，需要实施较大手术的患者大多由家属送市级大医院治疗，鹿河卫生院主要承担疾病防控、健康体检、妇幼保健、病人康复及常见病和多发病治疗等工作。

第三节 疾病防控

民国时期，鹿河没有专业的传染病防治机构，缺乏相应的预防措施，造成肠道传染病、天花、麻疹（出痧子）、脊髓灰质炎（小儿麻痹症）、流行性脑脊髓炎（流脑）、病毒性肝炎、肺结核病等多种传染病发病，人民群众身体健康受到危害。民国35年至36年（1946—1947），鹿河境内曾有多人患上天花，当时医疗条件差，也没有特效药物，后在民间中医救治下，人们虽保住性命，但留下麻脸病症。

中华人民共和国成立后，开始重视传染病防治工作。鹿河地处长江边，经常遭受台风暴雨袭击，严重污染河水，肠道传染病时有发生，故当时以预防肠道传染病为重点，动员群众在洪涝汛期特别注意饮水卫生，不喝生水，不吃不洁食物，从而有效控制了肠道传染病等各种疾病的发生。

1952年起，普及种牛痘预防天花，并每年对漏种的予以补种，天花得到有效控制。此后，天花在境内绝迹。同年起，重视对麻疹的预防，通过普及注射疫苗、改善居住条件和生活习惯，麻疹发病率不断下降。

1955年，贯彻执行卫生部《传染病管理办法》和江苏省《传染病管理办法实施细则》，建立传染病报告、隔离和消毒制度，鹿河乡联合诊所指定专人具体负责传染病登记并上报县血防站，开始做好传染病预防管理工作。

1958年人民公社成立后，鹿河境内各种文艺团队，以讲故事、表演唱等文艺形式进行卫生宣传，普及卫生知识，广大群众对讲卫生、防疾病的认识逐步提高。1959年，公社医院积极承担传染病防治工作，广泛发动群众，采取各种措施加强传染源管理，切断传染病传播途径，重点关注和保护易感人群，切实把各类传染病发病率降到最低，保障人民群众的生命安全和身体健康。

1962年10月，西部近邻公社一农民外出喝河水染上副霍乱。事发后，在上级防疫部门的指导下，立即紧急动员，开展防疫工作，突击注射预防针，注射人数占总人口的95%，同时采取综合防疫措施，制止疫情蔓延。之后，为防副霍乱复发，每年开展预防宣传和注射防疫疫苗。

1963年9月，鹿河不少生产队为积肥，组织劳力去昆山、常熟等地下河卷水草，致使感染急性血吸虫病，至12月中旬共525人发病。对此，苏州城区、太仓紧急抽调血防医务人员90余人，在鹿河中学设立临时住院部，突击开展救治工作。经全力救治，患者全部康复。事后，开展血防宣传工作，禁止农民到血吸虫病流行区接触疫水，以防感染。同时，开展查灭钉螺工作，彻底消灭血吸虫中间宿主。20世纪70年代后，鹿河未出现血吸虫病新增病例，且在每年的复查中未发现螺情。

1970年后，在彻底消灭钉螺、根治血吸虫病的基础上，又有组织、有计划地投入其他各类传染病的预防工作。1974年，在县卫生防疫部门的指导下，在全公社范围内进行肺结核病普查，共查13499人，受检率为94.01%，查出病人238人，阳性率为1.76%。普查以后，公社立即落实医务力量，对病人进行治疗，并实行跟踪治疗管理。

1976年，全面开展婴幼儿乙肝疫苗、百白破疫苗注射和卡介苗接种以及脊髓灰质炎糖丸服用等计划免疫工作，全公社预防注射接种、计划免疫工作基本实现全覆盖，有效地发挥了预防作用。

1978年，鹿河卫生院选送防疫人员参加县卫生防疫站举办的传染病防疫管理培训班，参训人员通过培训学习，进一步掌握了科学、系统做好防疫工作的专业知识。之后，卫生院按照《太仓县主要急性传染病疫源地管理常规》，全面做好传染病的登记、报告、调查、隔离、消毒等管理工作，建立和健全急性传染病处置程序和管理制度。

1980年8月，公社渔业大队渔民在吕泗海面捕到大量梭子蟹，因附近市场不收购，便煮熟后带回，当"珍品"馈赠亲友。但由于时间太长，部分蟹肉变质，结果，食用带有嗜盐菌的梭子蟹后，造成192人食物中毒，有52人送公社卫生院治疗。对此，鹿河卫生院及时向县防疫部门报告，同时采取紧急措施，一方面对病人进行治疗，另一方面，立即派人对食物中毒发生场所进行消毒。后在县防疫部门的指导下，防治工作处置得当，食物中毒情况得到有效控制，患者经及时治疗后得到康复。

1984年起，进一步做好儿童计划免疫工作，对应预防接种儿童，全面进行卡介苗、百白破混合苗、麻疹活疫苗、脊髓灰质炎活疫苗（简称"四苗"）预防接种，并严格按照儿童出生月份、年龄和接种时间，分别给予初种和复种，以后每年接种率均达100%。1985年起，卫生院防保组配备专用冰箱，大队卫生室使用冷藏冰瓶，用于保管各种防疫生物制品，保证预防接种疫苗质量。

1986年起，贯彻执行卫生部《预防接种工作实施办法》，实行门诊接种日和一人一针一筒注射，预防接种工作质量进一步提高。1987年起，全面推行新生儿乙肝疫苗接种，接种覆盖率达98%以上。1989年2月，实施《中华人民共和国传染病管理法》后，传染病管理进入法治化轨道。

1989年，鹿河以外有的地方出现狂犬病病例，根据上级有关部门统一部署，乡政府发动群众，并组织灭犬队，开展灭犬行动，除保留少数猎犬、生产用犬外，全部进行捕杀。同时，对保留的猎犬、生产用犬实行登记、挂牌及免疫管理。此后，群众预防意识增强，对狂犬病死亡率之高感到恐惧，故一旦被犬咬伤，即自觉到医院注射狂犬疫苗，伤者注射率几乎达100%。

1990年后，宴请场面大、桌数多，特别在夏季，集体用餐容易引发急性肠道传染病，对此，卫生院防疫人员坚持上门宣传指导，做好防范工作。同时，卫生院在夏季开设肠道门诊，并设水样检验监测，对腹泻病人建立登记、治疗、检索和报告制度，一旦发现病人，立即进行救治。

1995年前后，开展肺结核病普查，收集、整理患者资料，对个别现症病人进行及时治疗。举办预防麻风病知识讲座，让医生掌握病症和预防知识，防止境内早已绝迹的麻风病死灰复燃。

1999年，有计划地开展性病和艾滋病监测，对特殊人群、高危人群进行抽血检验，对普通人群门诊留意检查，经监测，未发现患病病例。2000年，开展血丝虫病流行病疫调查，未发现感染病例。

自70年代起至2002年，鹿河卫生防疫取得显著成效，脊髓灰质炎、血吸虫病、出血热、破伤风、狂犬病、艾滋病、疟疾、白喉、麻疹、风疹等传染病无发病记录，霍乱、副霍乱、伤寒、副伤寒、肝炎等其他传染病均得到有效控制和及时诊治，未出现急性传染病致人死亡事件。

第四节　妇幼保健

民国时期，医疗条件差，妇幼保健得不到保障。孕妇分娩都在家里请"老娘"（凭经验为产妇接生的老年妇女）接生。正常生产，尚能顺利接生；若遇难产，则往往因缺少技术手段而难保母婴平安。幼儿防疫方面，虽施行种牛痘防天花，但缺医少药，未能普及，有的小孩染病，且留下后遗症。

中华人民共和国成立后，乡成立新法接生小组，推广新法接生，选送接生员参加县举办的接生员培训班，整顿、更新接生员队伍，接生员接生技能及母婴保健知识水平得到提高。“老娘”老法接生逐步被淘汰。

1956年，鹿河乡诊所开始分科，专设妇产科，妇女病防治和妇幼保健有了专门科室，组织性、指导性、专业性更强。1958年成立公社民办医院，更加重视妇幼保健工作，每个大队配备接生员1~2人，并强化培训，提高接生员科学接生水平。

1963年开始实行计划生育后，医院妇产科医生切实从妇女保健考虑，指导育龄妇女因人制宜选择避孕措施，不因药具选择不当而影响健康。1968年，全公社13个农业大队的女赤脚医生经过多轮接生培训和操作实践，能熟练掌握新法接生技能。此后，“老娘”老法接生全部被淘汰。

1975年后，开展妇女病普查，对妇女病患者分别给予建卡，并进行治疗。1980年，提倡孕妇住院分娩，但仍有一部分产妇在家中生产，由乡村医生接生。1983年，乡镇企业加快发展，工厂女工增多，卫生部门在企业中普及女工经期、孕期、产褥期、哺乳期、更年期卫生知识并做好“五期”保健工作。

1985年，推行产妇住院分娩，取消家庭接生。是年，产妇在鹿河卫生院就产208人，住院分娩率100%。同年儿童节前夕，对全乡7周岁以内的儿童进行健康检查，实检1157人，受检率达93.5%。1986年，医院配备专兼职儿保医生，对辖区内1~3周岁婴幼儿进行体检，对体弱婴幼儿复查复治。

1986年起，男女青年申请结婚，需由医院进行婚前教育和健康体检，体检合格后方可办理结婚登记手续。同年起，对孕产妇实行早中晚期产前检查、高危筛查、重点随访等全程系统管理。产妇分娩出院后1个月内，医务人员例行上门访视，进行常规检查和产褥期卫生、避孕方法及母乳喂养、科学育儿等知识宣传，督促产后42天至指定医疗保健单位进行母婴健康检查。1988年起，把乳腺病普查列入妇女病普查常规项目，每年上半年普查普治，下半年复查复治，并开展更年期妇女保健。

1995年，依托鹿河卫生院建立鹿河镇家庭保健服务所。1998年5月8日，镇家保所在鹿河卫生院内新建动工，建筑面积398.2平方米，总投资近30万元，同年9月26日落成启用。此后，镇家保所抓好软硬件达标工作，为全镇妇幼保健创造了良好的服务环境。

1996年，鹿河卫生院创建“爱婴医院”，在全市考核中获第五名。此后，开设孕妇学校，鼓励和支持孕妇顺产，尽可能减少剖宫产。提倡和鼓励母乳喂养，实行24小时母婴同室，实现母婴早接触，婴儿早吸吮。

1998年，对全镇已婚育龄妇女进行健康普查，共查2260人，普查率达83%，查出子宫肌瘤、子宫下垂、卵巢囊肿等各种妇科疾病患者152人。对查出的患者，及时治疗，并跟踪复查，查治率100%。

1999年，幼儿园开展卫生保健与幼儿教育同步达标活动，幼儿预防保健工作更加细化，措施扎实。2000年，对妇女进行健康普查，共查2512人。同年，分批分期举办妇女更年期保健知识和优生优育知识培训班，参训妇女320人次。同时，开展育龄妇女生殖道感染防治服务，查治率达96%。

2002年，镇家保所达到省甲级标准，形成计划生育、妇幼保健、优生优育一条龙服务新型管理模式，各项工作扎实开展。

第五节　医疗制度

一、公费医疗

中华人民共和国成立初期，供给制干部全额报销医药费，在政府财政福利费中列支。

1952年7月，按照县公费医疗管理委员会制定的《公费医疗实施暂行办法》，对乡在编干部、文教卫生事业单位人员给予享受公费医疗待遇，发给公费诊疗证，其门诊费、住院费、手术费和医药费全部报销。

实行公费医疗后，由于全额报销、缺乏制约措施，出现小病大治、擅用名贵药品等现象，致使医疗费用大增。1958年5月起，采取多种限制措施，加强公费医疗管理：对享受对象进行查对，核发公费医疗检验证，凭证到指定医院就诊，否则不予报销；凡转往外地医院治疗的，其医药费需有县人民医院转院证明方可报销；将鹿茸等15种滋补药品列入自费范围，对麝香、羚羊角、冬虫夏草等21种名贵药品的使用加以限制，一般不予使用，危重病人使用也需经批准后才能报销。

1965年12月起，规定门诊挂号费一律自理。20世纪70年代至80年代前期，随着国家工作人员增加，医药费用上涨，公费医疗历年超支。1985年2月，实施公费医疗制度改革，采取“统一领导，分线管理，定额包干，结余留用，超支自理”的办法，控制支出，减少浪费。之后，医疗费用增长有所减缓。

1991年9月，对公费医疗的单位实行医疗费用定额包干，包干额度为每年人均120元。1994年增至150元。定额包干后，医疗费用虽有所控制，但还是年年超支。超支的部分，由财政补贴一部分，其余单位自理。1995年起实行现金就医，凭医药费发票由单位报支。

2000年起，公费医疗纳入社保部门的医保管理。2002年，镇机关公务员、事业单位工作人员、中小学教师全部参加社保部门的医疗保险，医疗费用按比例报销，绝大部分集体负担，一小部分个人负担，离休干部全额报销。

二、合作医疗

1969年，鹿河建立农村合作医疗制度，农民每年缴纳基金，因患病支出的医药费在合作医疗基金中按比例报销，以减少因病致贫风险。缴纳基金标准随物价指数上涨而调整。1983年农村实行家庭联产承包责任制后，一度因对合作医疗产生非议而增加工作难度，但在各方共同努力下，这项制度得到巩固，一直沿至2002年。（农村合作医疗情况详见第十四篇第二章第二节第一目“农村合作医疗）

第二章 爱国卫生

第一节 组织机构

一、爱卫会

1977年，正式成立鹿河公社爱国卫生运动委员会。爱卫会为公社爱国卫生运动组织机构，牵头协调全公社的环境卫生、行业卫生、食品卫生、治害灭病、卫生宣传等工作。1981年，为推动公共卫生事业的发展，公社设爱卫会办公室（简称“爱卫办”），配备爱卫办干部。同时，在农村各大队成立相应的卫生工作小组，由大队妇女主任兼管卫生工作。

1986年5月，根据县初级卫生保健领导小组（1991年3月改称初级卫生保健委员会）的要求，乡爱卫会围绕“2000年人人享有初级卫生保健”目标任务，组织开展各项爱国卫生工作。

1990年后，加大卫生科普宣传力度，向各村、各企事业单位发送黑板报资料、居民健康读本、食品卫生知识问答、肠道传染病防治知识等健康教育宣传资料。1994年起，组织并加快推进农村改厕工作，引导农民群众革除马桶土粪缸，推广抽水马桶，对粪便通过三格式化粪池进行无害化处理。

1997年起，以创建卫生镇工作为抓手，全面开展环境综合整治，完善卫生基础设施，实施绿化、美化、亮化工程，改善镇容镇貌、村容村貌、路容路貌，提高人民群众生活质量。

1999年，对镇爱卫会组成人员进行调整，调整以后，镇爱卫会委员由宣传、医疗、环卫、环保、公安、工商、城管、供水、水利、文化、学校、农贸市场等部门（条线）负责人以及有关村、企业代表组成。

2000年起，按照社会主义新农村村容整洁的要求，进一步推进农村环境建设。同年3月，鹿河镇被江苏省初级卫生保健委员会评为初级卫生保健合格乡镇。

2002年，按照镇党委、镇政府统一部署，组织实施创建省级卫生镇工作，并于11月通过创建考核验收，获评江苏省卫生镇。

自1977年成立爱卫会至2002年，爱卫会主任由镇（公社、乡）分管卫生工作的领导兼任，爱卫办工作先由鹿河卫生院有关领导负责，后设驻办专职干部。1989年3月起，由张丁明具体负责爱卫办日常工作，至2003年8月无变化。

二、环卫所

全称鹿河镇环境卫生管理所，为镇环境卫生职能部门。

1958年鹿河成立人民公社后，开始重视集镇环卫工作。1960年，成立环卫所，设于中弄街，有职工5人，主要工作是每天早上清扫街道，保洁镇区公共厕所8座，其时环卫所只有1辆板车和1对粪桶。

1970年后，镇区垃圾增多，每隔2天清运垃圾1次，倾倒于废弃河浜进行填埋。1982年后，镇区保洁范围扩大，东起光明塘（现称老木行塘），西至元宝泾路，南起鱼池，北至西关王塘，基本覆盖整个老镇区。

1983年后，环卫设备设施有所增加，镇区街道摆放水泥垃圾箱；购买水泥船用于装运大粪；添置1辆手扶拖拉机，并配有2个拖斗，分别用于装运垃圾和装运大粪。环卫所从中弄街迁至镇南部的敬老院旁。

1986年，添置装载量1吨吸粪车1辆、拖拉机垃圾装运车1辆，镇区新建公共厕所2座。1993年起，环卫保洁区域逐渐扩大，人员增加，环卫经费的落实包括向各企事业单位收取卫生保洁费，缺额部分由政府拨款解决。环卫所从敬老院旁迁至中弄街北首西侧的原鹿河中心小学。

1995年，在镇区建垃圾中转房2座，在齐坟湾设垃圾填埋场1处，在关王塘边建化粪池大粪站1个。保洁范围随镇区发展而再次扩大，东起沙鹿公路陈家桥，西至元宝泾路，南起圣像寺，北至长城村小水闸。保洁人员增至15人。

1997年，在镇区建公共厕所1座，投放塑料垃圾桶100个，保洁人员增至20人。1998年，更新购置吸粪车1辆、拖拉机垃圾装运车1辆。2000年，增设垃圾填埋场1处（东影村13组境内），建垃圾中转房3座（鹿长路2座、农贸市场1座）。

2003年8月，鹿河并入璜泾镇，鹿河环卫所随之归属璜泾环卫所。

1960—2003年历任环卫所所长（负责人）：李伯生、吴根福、王国清、孙永泉、孙永其、范振球。

第二节　环境卫生

中华人民共和国成立初期，动员各单位、各家各户大扫除，拔除宅前屋后杂草，填平积水坑潭，扫除室内灰尘。1955年前后，组织卫生检查，相互促进，改善卫生环境。

1958年，开展以除“四害”为重点的爱国卫生运动，户户动员，人人参与，经器具诱捕、药物消杀，各单位和居民家庭“四害”密度下降，除害工作取得阶段性成效。

1960年后，环卫所专门管理集镇环境卫生，具体负责街道清扫，垃圾清运。街上设立公厕，居民马桶集中清倒，禁止下河洗刷，粪便集中处置，用作农田肥料。动员农村每家每户大搞室内外卫生，并开展卫生检查评比，评比的等级分为最清洁、清洁、尚清洁、不清洁等四种，评出的结果用不同颜色的纸张贴于农户门上。通过评比，营造“以讲卫生为荣、不讲卫生为耻”的社会氛围，以促进农户的卫生工作。

1970年后，环卫所逐步扩大集镇街道保洁范围并增加清扫次数，镇区常年保持整洁卫生。农村各生产队结合割草积肥生产，清除宅前屋后、田间路边、河岸滩地杂草，农村环境得到改善。

1981年前后，以治理环境“脏、乱、差”为重点，掀起爱国卫生运动高潮，每年动员各单位和广大群众大搞环境整治突击行动，全面清除卫生死角，不留街头路边垃圾，室内达到窗明几净。1983年，实施绿化美化工程，工厂、道路、河岸绿化面积不断扩大。1985年为集镇环境卫生整治年，先后组织卫生检查8次。年末，在县卫生检查组对北片乡镇的考核中，鹿河得分名列第一。

1986年起，围绕“2000年人人享有初级卫生保健”目标任务，以实施初级卫生保健工作为重点，组织开展爱国卫生工作，发动各单位和广大群众，人人参与爱国卫生运动，自觉维护公共卫生，努力创造良好的工作、学习、生活环境。

1990年，乡建管所和爱卫会等单位联合印发市镇卫生管理公告300份，发到沿路沿街的商业门店及小区住户。在人群集中的地段设立宣传牌20块，使卫生要求家喻户晓，人人皆知。

1993年，在抓好环境卫生的同时，开始重视环境秩序，乡建管所工作人员与市容监察管理员经常检查并整治镇区乱搭建现象，对一些擅自搭建户进行教育，并处以相应罚款。是年，清理影响交通及市容的建筑材料堆场8处。配合工商部门，迁移设在集镇周围的小岗亭临时摊店20余个。同时，开辟相对集中的小商品市场，过去街道路边乱搭建、乱堆放现象得到有效控制。

1995年前后，广泛开展除害灭病工作，采取突击性消杀和经常性消杀相结合、专业队伍消杀与群防群治消杀相结合的方法，全面部署，统一组织杀灭“四害”，切断疾病传播途径，预防病媒传染病发生。1996年3月，鹿河镇被太仓市爱卫会评为灭鼠先进镇。

1997年，制定《鹿河镇市镇管理细则》，进一步加强以整治“三乱”为重点的市容秩序管理。建造机动车停车场，镇区主要道路禁止乱停机动车，非机动车划线定点停放；取缔乱设商摊，所有摊贩按指定地点经营；拆除违章建筑，清除建筑物“牛皮癣”。经整治，市容大为改观。

2000年后，按照社会主义新农村“村容整洁”的要求，并以创建卫生镇为载体，全面推进集镇、农村环境建设。2002年，突出“三清”（清洁村庄、清洁家园、清洁河道）工作，对废旧物品收购摊点进行整治，拆除影响村容村貌、路容路貌的乱搭乱建；对全镇河道推行保洁责任制，提高保洁效果；对单位绿化、道路绿化、河岸绿化进行添绿、补绿，同时搞好绿化景点建设。通过整治，全镇卫生面貌、生态环境焕然一新。

第三节　食品卫生

20世纪50—60年代，鹿河集镇上食品、饮食服务门店较少，且规模小，主要接待当地客人，其食品卫生工作主要依靠单位自我管理，从业人员经常打扫店堂，使店里保持整洁无尘。对饮用水进行明矾洁水或消毒剂消毒。设置防蝇、防鼠、防尘设备。同时，注意个人卫生，经常洗手，不留长指甲，用良好的卫生习惯做好服务工作。

70年代，镇上饭菜馆、熟面馆、酒馆、点心店、豆腐店、生面店、糕饼店等门店增多，开始加强食品、饮食行业的卫生管理，为从业单位登记、核发卫生许可证。组织从业人员进行健康检查，将不符合从业条件的人员调离从业岗位。1977年后，建立食品卫生监督机构，卫生院防保组加强对各单位食品卫生工作指导，并进行监督检查。

1980年8月，鹿河发生吃梭子蟹引起的食物中毒后，公社卫生部门立即开展食品卫生教育，要求广大群众引以为戒，吸取教训，注意平时饮食卫生，特别在节日期间和婚丧宴请中不可暴饮暴食，不吃生冷腐败变质食物。

1982年，国家颁布《中华人民共和国食品卫生法（试行）》后，公社召开培训会议以学习贯彻，爱卫办、供销社、卫生院、广播站等单位运用黑板报、画廊、横幅、广播等宣传阵地，在社会上广泛开展学习贯彻《食品卫生法》的宣传教育。

1983年7月起，切实按照《食品卫生法》规定，严把食品卫生关，在饮食行业全面落实餐具消毒、生熟分开、灭蝇灭鼠、食品索证、冰箱（柜）管理、室内外卫生等措施，同时搞好从业人员培训、体检、健康证发放及食品卫生许可证的发放工作。

1984年1月，鹿河某单位用装运过剧毒药品（氰化钠）的汽车装运肉制品，造成部分商品污染。对此，查封全部物品，将受污染的肉制品全部销毁。由于处置及时，未造成食物中毒事故。1985年，先后开展食品卫生执法检查2次，共检查餐饮店、食品加工场所、食品储存仓库等单位15个，查出变质食品、生熟不分、冰箱储品混放、食品索证无手续、餐具消毒不当、防蝇防尘设施不到位等问题33个，并针对不同情况，一一做出处理，有的限期改进，有的停业整顿，有的处以罚款。

1989年，开展食品卫生宣传月活动，对食品、饮食行业从业人员进行培训。之后，各餐饮服务单位重视硬件设施建设，经营场所下铺地坪，上设吊顶，按“一刮二洗三消毒”要求分设水池，建防蝇防尘熟食配菜间。1990年起，建立健全食品卫生制度，并做到制度上墙，接受社会各界宾客监督。开展创建“食品卫生示范户”活动，表彰先进，以点带面，促进各单位卫生硬件设施达标准，软件管理上水平。1995年后，重点围绕餐具消毒、食品来源索证、从业人员健康证、从业人员穿戴工作衣帽等方面加强对食品、饮食行业的监督管理或执法检查，对不合格的单位下发整改意见书，对整改不力、不到位的单位实行停业整顿。

2002年，全镇食品、饮食生产经营单位22户，卫生许可证领证率100%；食品、饮食行业从业人员128人，从业人员健康证领证率100%。在历次检查中，未查出腐蚀变质等不符合卫生要求的食品或原料。

第四节　改水　改厕

一、改水

20世纪50—60年代，农民生活直接取用河水。但随着工农业生产的发展，肥药污水增多，河水水质下降。70年代起，重视保护水源，动员群众不在河里洗刷马桶。同时，开始宣传饮水卫生，提倡饮用井水。70年代中期，一度掀起打水井高潮，且为取水方便，新打的水井大多为灶边井、走廊井。有的水井打成小口井，用竹竿制成抽具，直接伸入井中抽水，时称“竹管井”。至70年代末，全公社农民群众普遍饮用井水，不再用河水煮饭烧菜，至此，改饮用河水为使用井水的第一轮农村改水告一段落。

80年代后，工厂废水排放量增多，河水受到污染，而过去的水井属浅井，井水为积存的河水，经检测，大部分浅井水同样受到污染而达不到饮用水标准。对此，开始实施第二轮改水工作，即改用深井水，改吊提抽水为管道自来水供水。1983年，鹿河开始实施自来水供水工程。1984年，中弄街、新鹿路部分路段埋设管道并开始供水，沿路住户率先用上了自来水。之后，自来水管道向市镇周边地区及各村延伸。至1999年，全镇自来水管道实现全覆盖，入户率达95%。至此，第二轮改水工作基本结束。（实施自来水供水工程详见第四篇第三章第二节“供水”）

2000年起，实施第三轮改水工作，即用深井水改为用长江水源自来水。2002年，长江水源自来水引水管道通至鹿河，准备工作基本就绪。

二、改厕

20世纪50年代，集镇上无公共厕所，在河边空地设露天粪坑。农户普遍在宅后搭坑棚，棚用竹竿或木棍作支架，柴草遮盖，内埋粪缸，缸口置坐架（俗称坑床）。市镇居民和农村农民夜间通常使用马桶，清晨将粪便倒入粪坑，用作农作物肥料。由于农民习惯在河中洗刷马桶，河水受到污染，遇到台风暴雨，坑棚被吹倒，粪坑进水外溢，大量粪便流入河中，河道受到污染，诱发肠道传染病，影响群众身体健康。

60年代，集镇上先后新建、改造公共厕所8座，由环卫所管理，人工挑水冲洗，定期清运粪便出售给农村生产队，施用于农作物。60年代后期，大搞环境卫生，全面清除无遮盖挡雨的露天粪坑，至60年代末，基本清除集镇、农村露天粪坑，粪水外溢、散发臭气的污染问题极少出现。

70年代，对镇上公共厕所进行改造，改用蹲便器，减少疾病交叉感染。同时，重视粪坑消杀工作，组织专业队伍，用药物喷洒的方法杀灭粪坑蛆虫，降低苍蝇密度。

进入80年代，镇区实施自来水工程，为改厕工作提供了有利条件，至80年代后期，镇区公共厕所全部改建为水冲式便槽或蹲式便器，镇区居民改用抽水马桶。改厕时均建三格式化粪池，对粪便进行无害化处理。至此，镇区居民传统的如厕习惯彻底改变。其时，在农村也开始进行改厕工作，有些农户把大容量水缸或塑料水桶置于屋顶，用水泵将井水泵入，建成家庭自来水，在室内安装抽水马桶，室外建三格式化粪池。

1990年后，市镇自来水逐步向农村延伸，促进了农村改厕工作。乡爱卫会和各村积极做好改厕的宣传发动工作，并通过建成改厕“先行村”“示范户”，带动其他各村、各农户改用抽水马桶加无害化卫生户厕。至1995年，全镇改厕累计1690户，卫生户厕普及率31.55%。

1997年，利用创建苏州市卫生镇的契机，镇、村两级采取“以奖代补”的办法推进改厕工作，是年，完成农户改厕1203户，累计2771户，全镇卫生户厕普及率59.43%。之后，每年开展农村改厕工作。2002年，以创建省级卫生镇为动力，组织改厕专业队伍，加快农村改厕工作。是年末，全镇累计完成改厕4675户，农户卫生户厕普及率82.36%。

第五节　卫生创建

1997年初，镇党委、镇政府做好创建苏州市卫生镇筹备工作，镇成立创建工作领导小组。同年3月18日，召开全镇创建工作动员大会，会上，镇政府与各村、各企事业单位签订创建工作责任书。会后，为营造创建氛围，向全镇人民发出公开信，利用广播、黑板报、画廊、横幅、灯杆条幅进行专题宣传，配备1辆宣传车在镇区巡回宣传。在创建过程中，全面推进基础设施建设，实施绿化、美化、亮化工程。新建水泥道路4300平方米、沥青道路2.8万平方米，铺设彩色人行道板5000平方米，扩建农贸市场2000平方米，新建三产商住楼1.5万平方米，整治改造居民小区4个。种植行道树4000棵，新增绿篱20千米，铺植草坪8000平方米。整治河道5千米。新建路灯、亮化道路3.5千米。建设鹿河镇镇标1座，新建、改造雅鹿元宝泾等景点4个。在卫生设施方面，新建垃圾填埋场1个、垃圾中转站2个、粪便处理池1座，新建及改造厕所7座。通过创建活动，集镇面貌发生变化，居民卫生意识增强。是年11月18日，镇党委、镇政府召开创建苏州市卫生镇迎检动员大会，会后，以环境综合整治为重点，掀起大搞室内外环境卫生新高潮，使镇容镇貌、村容村貌、路容路貌大为改观。是年末，经苏州市卫生镇检查团考核验收，达到创建标准，鹿河镇被苏州市人民政府命名为苏州市卫生镇。

1998年，开展创建江苏省卫生村活动，各村以此为契机，推进农村卫生基础设施建设，加快农户改厕工作，实施河道整治并推行河道保洁长效管理，搞好农村绿化美化工作，加强农民健康教育。是年12月27日，经苏州市卫生村检查团考核验收，长城村首先获评江苏省卫生村。1999年，鹿河镇医疗卫生、预防保健、除害灭病、环境卫生、健康教育等各项工作取得显著成绩，2000年3月，被江苏省初级卫生保健委员会评为初级卫生保健合格乡镇。

2002年，鹿河镇开展创建江苏省卫生镇工作，镇成立创建指挥部，召开创建动员大会。动员会后，先后召开环境整治、食品卫生、行业卫生、农户改厕、河道整治、绿化美化、健康教育等专题会议，对创建工作进行分别部署，细化落实。在镇区人居、人流集中的场所拉出宣传横幅30余条，配备宣传专用车在镇、村巡回宣传，印制创建公开信5000余份发至每家每户。创建期间，刷白镇区街道建筑物立面，拆除街市门店不规范广告，对镇区店外店、摊外摊、马路市场、违章建筑、乱停车辆等进行综合整治。同时，对食品饮食行业以及美容美发店、浴室、旅社、歌舞厅、网吧等行业进行监督检查，营造整洁、规范、卫生、安全的消费环境。在农村，开展环境整治，推进农户改厕，实施河道保洁，添补道路绿化，使农村村容村貌、宅容宅貌、路容路貌、河容河貌大为改观。同年11月23日，鹿河镇顺利通过创建工作考核验收，获评江苏省卫生镇，东影村、新明村获评江苏省卫生村。

第三章　体　育

第一节　群众体育

民国时期，境内民间只是开展一些健身活动，主要有游泳、抢竹竿（类似拔河）、爬竹竿、赛跑、跳高、跳远、拳术等。游泳俗称游水，学会游泳能防溺水不测，也能在炎热天气到河中洗个冷水浴，既凉爽，又能除垢，故民间会游泳的人较多。抢竹竿、爬竹竿，练习者多为少年儿童，相互间比拉力、赛技巧。赛跑、跳高、跳远因方便易行，大人小孩往往在闲聊之余，一时即兴，比谁跑得快、跳得高、跳得远。拳术一般是为了防身，练习者甚少，在民间未能普及。

民国22年（1933），社会上有人开始喜欢篮球活动。民国23年（1934），由鹿河小学校校长王白石发起，组织鹿河历史上第一支篮球队，取名江滨篮球队，王白石自任队长，有篮球队员8人。其时，在鹿河小学校西侧的广场上设有篮球架1副，篮球队员经常聚在一起练球，邻近乡镇有赛事即参加比赛。民国26年（1937），江滨篮球队解散。

民国30年（1941），由篮球爱好者楼炳乾、陈养一重新组织一支篮球队，取名海光篮球队，首任队长楼炳乾，始建时有队员11人。球队成立后，募集了一些钱，购买杂树和木头，重新在鹿河小学校西侧的广场上竖了1副篮球架。抗日战争胜利后，队员发展至20余人。海光篮球队还分为甲、乙两队，甲队基本上都是老队员，乙队（又名鹿队）大多是新队员。比赛时，从两队队员中选拔，临时组成一个参赛队，有时甲、乙两队分别参赛。海光篮球队常年活跃于民间，参加篮球赛事并多次获奖。民国35年（1946），参加沙溪举办的“怀都杯”篮球赛获亚军银盾奖；同年，参加王秀举办的篮球赛，甲队获冠军，乙队获亚军。

1952年，在鹿河中灵街北侧建一块篮球场。篮球场为公共球场，为社会上篮球爱好者提供活动场所。1957年，篮球场移设至鱼池旁。1960年后，篮球活动开始普及，从公社机关干部到基层职工群众，参与者不计其数。1963年后，农村掀起篮球活动高潮，各大队、生产队普遍建有篮球场，每年节庆期间，各村竞相举办篮球比赛，每次比赛，参赛队伍少则十几个，多则数十个。观众人头攒动，盛况空前。20世纪60年代后期，篮球热逐年衰退，赛事活动减少。

1979年至80年代中期，境内篮球活动再次兴起，全乡（公社）参与练球的爱好者不计其数，有各村、各企事业单位建的篮球队22个，队员300余人。每年劳动节、国庆节均举办篮球比赛，鹿河派出的球队在各级各类比赛中屡屡获奖。同时，乒乓球活动也活跃起来，乡文化中心、学校和有关企事业单位有乒乓球室，置乒乓球台，众多乒乓球爱好者在空闲时间到乒乓球室练球，还利用节假日、休息天搞乒乓球友谊赛。此外，民间下象棋、玩扑克等棋牌活动也广泛开展，在乡文化中心棋牌室、村（厂）活动室、集镇街市门店，经常能看到棋友、牌友聚在一起，对弈交流。尤其是象棋活动，棋友自发约期赛、单位发起友谊赛、企业赞助象棋擂台赛等各项赛事常年不断。

1985年，在春节、建军节、国庆节期间，先后举办篮球比赛，丰富节庆期间群众文体生活。同年5月10日，乡成立体育运动委员会，由高良宝任主任，朱士珍负责日常工作，此后全乡体育工作的组织程度进一步提高。是年11月，鹿河乡被苏州市体育运动委员会评为体育先进乡。

1986年后，体育活动项目不断拓展，太极拳、太极剑、门球、气功、桥牌等开始兴起，参与的人数越来越多，涌现了一大批积极分子和先进团队、优秀选手。1988年10月，鹿河乡门球队、老年桥牌队在太仓县第一届老年人运动会中获优秀组织奖。1989年1月，鹿河乡老年体协被太仓县老年体协评为1988年度老年体育工作先进集体。同年7月，鹿河乡老年桥牌队在苏州市第四届老年桥牌选拔赛中获第2名。1990年12月，鹿河乡气功小组被太仓县气功科学研究会评为普及推广气功活动先进集体。1991年11月下旬，鹿河乡举办农民运动会，设球类、棋牌类、拳操类、游艺类等比赛项目16项，全乡各村、各单位均组团参加比赛。1992年12月，鹿河乡被江苏省体育运动委员会评为江苏省体育先进乡。

1993年起，境内篮球、乒乓球、象棋等传统体育活动活跃，围棋爱好者增多，桥牌活动日益普及，老年拳操交流会、展示会、表演赛频频举行。1995年，镇工会举办职工乒乓球比赛，设预赛、复赛和决赛，共有20支队伍100余人参赛。同年，鹿河镇老年乒乓球队、老年桥牌队在太仓市第十届运动会中获奖。1998年11月，镇老年拳操队获太仓市老年24式太极拳比赛第一名。2000年9月，鹿河镇组团参加太仓市第十一届全民运动会，在镇区组男子乒乓球、桥牌、围棋、象棋比赛中均获得优良成绩。2001年10月，鹿河镇武协男队在太仓市中老年人24式太极拳比赛中获一等奖，女队获三等奖。

2002年，鹿河有各类体育团队25个，主要有篮球、乒乓球、排球、羽毛球、围棋、象棋、桥牌、门球、拳操、舞剑等。有的由单位组建，队员相对固定；多数为自发组织，属松散型团队，平时各自训练，遇到赛事组队参赛。全镇有体育辅导员30人，经常参加活动及比赛的体育爱好者250余人。

第二节　学校体育

清光绪二十九年（1903）鹿河小学堂开办后，开设体操课，以兵式体操为主，另安排跳高、跳远、跑步及一些简便易行的游艺活动，每周活动2~3个小时。

民国12年（1923），鹿河初等小学校废除兵式体操活动，改为上体育课，开展球类、田径、体操、游艺等活动。民国17年至26年（1928—1937），鹿河初等小学校为增强学生体质，促进体育活动开展，每年举行乒乓球、跳高、跳远、跳绳、踢毽子等比赛，对竞赛优胜者发给奖品。抗日战争时期，学校停课，体育活动停止。

抗日战争胜利后，鹿河初等小学校按照民国30年（1941）12月部颁修正课程标准设置体育课，采用国家教本，每周2节。体育项目除有跳高、跳远、撑竿跳、赛跑等田径活动外，另有篮球、乒乓球、皮球等球类活动。其时，为促进篮球体育运动发展，鹿河中心国民小学校还以高年级学生为主成立篮球队，取名白浪篮球队，队长由教师担任，队员随学生毕业离校而年年变动，人数稳定在12人左右。

中华人民共和国成立初期，各小学校推行劳动与卫国体育制度（简称“劳卫制”），根据学生性别、年龄，分年级设置劳动课时、体育项目及国防教育内容，通过锻炼及教育，提升学生速度、耐力和灵敏度，使其从小树立爱国主义思想，提高学生综合素质。

1956年，各小学校执行教育部颁布的体育教学大纲，田径、球类、体操、武术、游艺等项目种类增多。1958年，鹿河建办初中班，附设在鹿河中心小学内。其时，学生超负荷锻炼，不利于学生身体健康，又影响学生学习文化知识。1959年后，学校体育课时压缩，活动减少。

1964年起，学校废除劳卫制，执行青少年体育锻炼标准。为适应体育教学需要，学校扩大体育活动场地，添置体育器材，田径、球类项目增加。1966—1976年，体育课改为军体课，组织中小学生军训，兼有其他传统体育活动。组织中学生野营拉练，称“练好铁脚板，消灭帝修反”。

1975年，各校逐步推行国家体委公布的《国家体育锻炼标准》，体育教学逐步科学化、正规化。1979年后，鹿河中心小学配备专职体育教师，体育教学更加专业。同时，篮球运动在小学生中广泛兴起，建有小学生篮球队。乒乓球、羽毛球等其他球类活动也十分兴盛。通过体育锻炼，小学生体育达标率年年保持80%以上。

1980年起，鹿河中心小学幼儿园按照大、中、小班分别设置体育课程，开展徒手体操、学骑童车、活动性游戏等。1985年5月，乡组织幼儿运动会，全乡参赛幼儿210人，其中获比赛名次48人。在幼儿中开展体育锻炼和游戏活动，促进了幼儿身体的正常发育和身体素质的全面发展及对自然环境的适应能力。

1983年起，各中小学按照《中小学体育工作暂行规定》，进一步做好体育设施标准化和体育教学达标建设。1989年，鹿河中心小学新校启用。1995年，鹿河中学新校落成。2所学校均建有体育场，场内设高标准篮球场、足球场和跑道等设施，为学生体育锻炼提供了良好条件，学生体育成绩不断提高。

1994年起，鹿河中心小学搭建“以体兴校”活动平台，推进素质教育，学生体育成绩达标率、优秀率逐年上升。1995年和1996年，鹿河中心小学连续2年获太仓市小学生田径运动会团体总分第2名。1997年，获太仓市小学生足球赛第2名。1998年，获太仓市小学生田径运动会团体总分第3名，其中男、女乒乓球队分获太仓市小学生男女团体乒乓球赛第2名，学校被评为1998—1999学年度太仓市实行国家体育锻炼标准先进单位。

1999年起，鹿河文灿幼儿园每天安排幼儿进行1~2小时户外活动。活动内容分为集体活动和分散活动：集体活动主要有队列练习、韵律操、器械操等；分散活动在老师监护下进行，有走平衡桥、过梯子、踢毽子、跳房子、摇小船、投纸球、扔沙包、拍球、投篮、跳绳、滑滑梯、荡秋千、骑脚踏车等。

2000年12月26日，鹿河中心小学成功举办首届体育节，开幕式隆重、热烈，由420名学生参加的大型文体表演精彩纷呈。体育节设田径、球类、绳毽等30余个比赛项目，历时1个星期，比赛中选出体育健将100人、体育先进集体10个。同年，参加太仓市第十一届全民运动会小学组田径比赛，获团体总分第3名。2001年，被列为太仓市级（1996—2000年）研究课题的“农村小学现代化体育工作模式”通过有关教师探索实践，研究成果显著，顺利结题。

2002年，鹿河文灿幼儿园科学安排跑跳、平衡、钻爬、攀登、滑行、投掷等体育游戏活动，幼儿身体机能增强，综合素质提高。鹿河中学和中心小学坚持体育教学和健康教育双管齐下，学生体育基本技能和身体素质得到提升，中小学生体育达标率分别达到92%和97%，优秀率分别达到15%和22%。

第十七篇　民俗　宗教　方言

鹿河境内民风淳朴，民间讲究礼仪礼节，形成了众多风俗习惯。随着社会的发展，一些风俗保留相传，一些被新风尚替代。本篇第一章就岁时风俗、生活习俗、人生礼俗、外来新俗、其他民俗等5个方面，沟沉鹿河社会风俗古今差别。

鹿河的宗教信仰以佛教、道教为主，也有部分群众信仰基督教、天主教。境内曾有寺庙宗教场所10余个，每逢活动日，庙内香火极盛。民间流行做道场等法事仪式。后历经沧桑，境内庵、堂、寺、院等宗教场所大多被毁。1966—1976年，民间宗教活动停止。1978年后，宗教政策得到落实，正当宗教活动和宗教节日受到尊重。1994年，历史上几经建、毁的佛教千年古刹圣像寺易地重建，1995年对外开放，佛事活动正常开展。2002年，境内宗教场所得到规范管理，信教群众有序进行宗教活动。

鹿河方言属太仓方言语种，日常用词、流行俗语与普通话存在较大差异，与邻近的璜泾乃至太仓其他乡镇也有所不同。靠近常熟的鹿河人，则常熟口音较为浓重，例如，“暗”说成“嗯”，“潭”叫“腾”，“盖”称“更”，将“不中意的人”叫“挑根”。以上独特的语言现象，带有较强的地方色彩，也反映了鹿河方言的多样性和复杂性。进入21世纪，境内外来人员增多，开始普及使用普通话。在家庭生活中，中老年人跟着孩子讲普通话的越来越多，鹿河方言正在逐步弱化。本篇第三章为传承鹿河方言文化，选择民间使用较多的方言，分词语、谚语、歇后语等3节，予以记述。

第一章　民　俗

第一节　岁时风俗

一、春节

农历正月初一是春节，俗称“过年”“新年”。春节是民间最隆重的传统节日。破晓，鸣放爆竹，名为放“开门炮仗”。人们见面拱手哈腰，互道“新年好”“恭喜发财”。家家户户贴春联，寄托美好愿望，贴门神以寓驱逐妖魔鬼怪之意。家家都要焚香点烛，祭祀祖先。晚辈向长辈拜年，长辈给小辈压岁钱，以示尊长辈、爱小辈。家家吃长寿面、百岁圆、新年糕。当日不打水、不扫地，不干其他家务，忌讳说“穷”“没有”等话。傍晚，人们早早睡觉，俗称“赶鸡上棚，关‘日头’困”（意为太阳还未完全落下就要睡觉了）。如今，春节习俗已有了很大改变。特别是随着通信技术的发展，寄贺卡、打电话、发短信或电子邮件逐渐成为人们拜年的重要方式。镇、村每年组织丰富多彩的文化娱乐活动，以丰富居民群众文化生活。春节为法定假日，放假3天，加上节前或节后调休，春节放假7天。

二、接财神

农历正月初五是财神生日，俗称“五路菩萨生日”，家家户户接财神。当日，焚香点烛，向财神爷像叩头行礼，鸣放鞭炮，以求生财聚财发财。如今此俗仍流行。

三、顺风日

农历正月初六。鹿河地处长江边，便于船运。旧时，农历正月初六当日，船民们到附近庙宇烧香拜佛，期望新的一年行船顺风顺水、办事顺顺当当。现此俗不再流行。

四、元宵节

农历正月十五为元宵节，俗称“正月半”。元宵节也是民间较隆重的传统节日，习俗众多。当日，家家户户斋灶，迎接“灶君”进门。到了晚上，农民们手握火把，到自家田里，哼着盼望丰收的小调，边走边晃动火把，称“照田财”。家家户户吃汤圆，吃兜财馄饨，寓意为全家团圆，日后财运亨通。青壮年们开展舞龙灯、耍滚灯、踩高跷等活动，场面热闹，气氛活跃。

元宵节又称“灯节”，各家各户门前用竹竿悬挑灯笼，小孩牵着兔子灯玩耍。大人、小孩一起放风筝（俗称“放鹞子”），有的鹞子串上鹞灯，到了晚上煞是好看。还开展猜灯谜活动——把谜面粘贴在灯上，爱好者一边观灯，一边猜谜，十分踊跃。如今，元宵节习俗已有了很大改变，有的活动已经绝迹，有的仍在延续。

五、摆祭桌

农历正月二十起，在供桌上焚香点烛，摆满茶食点心，祭祀祝融（相传为火神），以祈求免除火灾。这是鹿河镇一年一度的隆重传统节日。摆祭桌活动每年从正月二十起，接连4天，先后在鹿河东街、中弄街、西街、北弄街进行。活动期间，周边乡村的男女老少成群结队前往集会，镇上还有赶集做买卖的商人、表演杂耍的艺人、兜售小吃的小贩等，热闹非凡。如今，此俗不存。

六、撑腰糕

农历二月初二，有吃撑腰糕的习俗。关于此俗形成，长辈有一种说法：早春二月，春耕伊始，有些农活劳动强度很大，腰部容易受伤，再加上春天天气忽冷忽热，容易生病，吃了撑腰糕，下地劳作就不会腰疼。所以，农历二月初二当日，农户家都要自己蒸一点，或到集镇上买一点糕，全家老小都要吃。此俗寄托了人们对自己身体强健的良好愿望。现今，此俗仍流行。

七、花神生日

民间称农历二月十二为花神生日。当日，姑娘们剪五色彩纸粘在宅旁屋后栽种的花木果树上，称为“赏红”，意思是请花神让果树多开花、多结果。如今，部分农家还有此俗。

八、清明节

一般每年公历4月5日为清明节，如遇农历有闰年、闰月，则公历日期略有变动。清明正日，新逝世者的亲属要上坟祭奠，备上酒菜，焚香点烛，烧些纸钱，跪拜逝者。正日过后，家家户户都要备饭菜，祭祀先祖，称“过清明”，还要去亲人墓地扫墓，包括坟边除草、坟上插花、坟前烧纸钱。清明节当日，亲友只能到“过新清明”的新丧（死后一年之内）人家家里，俗称“吃清明”，十分忌讳到其他人家走亲访友。每年清明节期间，政府机关、学校、团体等组织都会到烈士陵园祭奠革命先烈，进行革命传统教育。

九、立夏称人

每到立夏之日，民间有测量体重的风俗。认为立夏日被称的人不疰夏，即夏天不生暑热病，所以男女老少都要主动称体重。称人时，年长者悬大秤于房梁或院前树杈上，男女老幼依次上称。成年人上秤双手吊住秤钩，双脚离地，小孩坐于箩筐里称。司秤人一面打秤花，一面讲着吉利话，逗人打趣，一时间欢声笑语不断。另外，还有立夏吃“三新”（蚕豆、梅子、麦蚕）的习惯。如今，磅秤、电子秤随处可见，随时可称体重，学校里每个学期都为学生称体重、量身高，故立夏称人习俗已不存在。

十、端午节

农历五月初五为端午节，又称“端阳节”。端午节前后，家家户户包粽子，民间有“端阳不吃粽，死了无人送”之说。据民间传说，吃粽子是为了纪念战国时期楚国爱国诗人屈原。战国时期，屈原遭人污蔑，被楚王罢官流放，他怀着极大的义愤，于五月初五抱石投入汨罗江而死。相传，百姓为了保护他，做了粽子，抛入江中，让鱼、虾等水族类动物食粽子而不去损毁屈原尸体。后来，演变为每逢五月初五民间都要包粽子。粽子用芦叶包扎制成，农村中上了年纪的妇女大多有包粽子的手艺。如今，多数人家去超市购买，也有单位团购后作为福利发给职工。

端午节期间，民间还有做香袋的习俗。姑娘们用红绿丝线，编结成小网袋，内放樟脑丸或大蒜头，挂在儿童胸前，认为可以驱邪气、避瘟病。如今，做香袋习俗已不再流行。

十一、避瘟日

农历五月十八为避瘟日。民间传世上有“五鬼”，又称“五瘟”，会给人间带来灾难，也有驱邪避瘟的仙人，能掌控五方瘟疫，使之不得侵犯人间，保佑人畜兴旺，五谷丰登。旧时，鹿河老年人信奉驱邪避瘟之神，每年农历五月十八都要到寺庙祭拜，以求平安。当日，男女老少都要吃一些糖醋大蒜，认为吃了大蒜可以驱邪避瘟，有利健康。现今，农历五月十八祭神吃蒜的习俗已绝迹。

十二、夏至吃粥

民间有夏至日吃粥习惯，用糯米、赤豆、绿豆、蚕豆、枣子、赤砂糖等煮成粥，全家人食用，以祈合家健康，此俗仍存。民间有“夏至不吃粥，死了没人哭”一说，此话仅为民间流传之节气俗语。

十三、六月六

农历六月初六，正值盛夏酷暑，烈日当空，热浪滚滚，水分蒸发量大，利用这样的好天气暴晒衣服，能使衣服通过紫外线杀菌消毒，防止霉变，以便保存，故民间有“六月六，晒红绿”之俗。这天，各家各户都要翻箱倒柜，把四季衣衫拿到太阳底下暴晒。

十四、乞巧节

农历七月初七夜，称“七夕”，又称“乞巧节”，由牛郎织女的传说而来。相传牛郎与织女是天地间一对恩爱夫妻，后被天河分隔，七夕则是他们可以见面的日子。这天，众多喜鹊飞来，在天河上搭成鹊桥，让牛郎与织女相会，由此引出“鹊桥相会”爱情故事。如今将长期分居两地的夫妻比作牛郎织女，典出于此。过去，境内有乞巧习俗，当晚，姑娘们用线穿好针头，希望能得到织女暗中指点，长进手艺。这天，要吃油氽巧果，有“七月七，油氽巧果真好吃”之俗语。让孩子们吃巧果，则是希望他们乖巧聪明。此外，民间还有染红指甲的习俗，用凤仙花加明矾捣烂后，敷在指甲上，隔一夜，指甲就染红了。近年来，七夕被有些人视为中国的情人节，在一些地方流行。

十五、七月半

农历七月十五称“中元节”，又称“鬼节”，当地通常称“七月半”，与除夕、清明节一样都是中国传统的祭祖大节。七月半正值小秋，有若干农作物成熟，民间用新谷物祭供，向祖先报告收成。因此，在每年七月半前后，家家户户都置办饭菜，摊面衣，请亲友，祭祖先，称“过七月半”，否则便会被人认为对祖宗不敬，对长辈不孝。在七月半当日，凡有新丧的人家，要“过新七月半”，悼念逝者，同时祭奠祖先。另有传说，中元节当天，阴曹地府会放出鬼魂，为避晦气，此日忌走亲访友。“过七月半”风俗仍在流行。

十六、地藏王生日

农历七月三十为地藏王生日。相传，地藏王菩萨十分善良，经常帮助穷苦人家度过危难，甚至脱下衣服给穷人穿，而自己光着身子，只好藏到地下去。为此，每逢他的生日，人们于傍晚在自家门前屋檐下的地上插棒香、点红烛，有的孩子还把棒香插在茄子上，民间称“烧地藏香”。民间还有“烧九思香”的传说：元末农民起义领袖吴王张士诚深得人心，在人们心目中是大英雄，他死后，人们也用“烧地藏香”的形式纪念他。因张士诚号九思，故又称“烧九思香”，日子久了，还被误传为“烧苟思香”。此俗如今已废。

十七、中秋节

农历八月十五为中秋节，俗称“八月半”，又称“团圆节”，这是民间一年中又一盛大的传统节日。当日，家家户户吃月饼、吃馄饨。一到晚上，焚香点烛祭天，称“烧天香”。旧时，在中秋之夜，人们都期望看到“月花”和“天开眼”。“月花”即月亮周围受月光照射而呈彩色的云朵，由于很难见到，民间便认为看到了就会交好运。“天开眼”即在月明之夜天空突然闪亮，亮得连绣花针落地都清晰可见。在“天开眼”瞬间，迅速脱下鞋子，向上抛去，鞋子跌下来就会变成一个金元宝。其实，看“月花”交好运和“天开眼”时求财宝纯属传说，如今已听不到这种说法了。

中秋节前，亲朋好友互赠月饼，女婿多以月饼、烟酒敬送岳父母，单位、团体以月饼、水果馈赠老人。中秋赏月之俗延续至今，众人相聚，边赏月边讲述嫦娥奔月、吴刚伐桂的神话传说。

十八、潮头生日

农历八月十八，长江潮水比往日大，如遇东北风，则潮水更大，鹿河人把这一天视为潮头生日，有观潮（俗称“看潮头”）的习俗。观潮最佳点在钱泾口，因为那里滩涂辽阔，视野极佳。涨潮时，横亘白浪滚滚而来，声若洪钟，浪潮拍打堤岸时浪花高扬，极为壮观。20世纪90年代后，长江边筑堤围滩，失去宽阔滩涂，涨潮景观不如以前好看，观潮群众减少，去的人也是借此机会在江边玩玩，熟悉的人相聚聊天，鹿河人称“轧闹猛”。

十九、重阳节

农历九月初九为重阳节，又称“重九节”。民间有吃重阳糕的习俗，也有人喜欢结伴爬山登高。

“糕”“高”同音，含步步高升之意。庆祝重阳节通常有出游赏秋、登高远眺、观赏菊花、遍插茱萸、吃重阳糕、饮菊花酒等方式。1988年6月，江苏省人大常委会将重阳节定为敬老日，百姓称之为“老年节”。是日，机关、事业单位和社会各界向老人送礼慰问，开展敬老爱老活动，倡导全社会树立尊老、敬老、爱老、助老风气。

二十、十月朝

农历十月初一称“十月朝”。是日，新丧人家要备好饭菜，做团子，请亲友相聚，意为悼念逝者。傍晚时，要上坟祭奠亡灵。鹿河人称“过新十月朝”。此日，仅限于到新丧人家探望，忌讳到其他人家走亲访友。此俗现仍流行。

二十一、冬至

旧时有“冬至大如年”之说，民间过冬至较为重视祭奠祖先。新丧人家要请主要亲戚到家里一起祭奠逝者，吃冬至夜饭。此日，还有其他习俗。因冬至预示着冬天来临，需要补充营养，以增强身体御寒能力，故人们在这天特别注重改善伙食。冬至是一年之中夜最长、日最短的一天，过了冬至，白天就一天比一天长了，故民间有吃冬至面的习俗，称“吃了冬至面，一天长一线”。还有“冬至不去望娘”之说，因为这天白昼最短，在娘家待不了多久便要回家了，故女儿都不愿选择这一天回娘家探望。实际上，“冬至不去望娘”只是民间的戏谑话。

二十二、送灶

农历腊月二十四，家家都要送灶。首先要祭灶，俗称“斋灶”。祭灶时，将一尊灶君纸像放在土灶的灶君殿里，摆放水果、茶食等供品，然后焚香点烛，全家人逐个跪拜。拜后把灶君纸像焚化即送灶。送灶时还要在灶君嘴上抹糖，意请灶君上天在玉皇大帝面前说好话，以保家人平安。如今农家很少使用土灶，有的土灶无灶君殿，故送灶习俗不再盛行。另外，民间此日有掸檐尘习俗，把室内打扫干净，以迎接新春。

二十三、除夕

农历腊月三十为除夕，俗称“大年夜”。主要习俗有：过年，全家老小及至亲团聚吃年夜饭，以示合家团圆；祭祖，备酒菜、焚香点烛，祭奠祖先，企盼老祖宗保佑全家安康；扑白米囤，晚上用小蒲包装粉状石灰，在屋内地上扑出一个个白印子，以示来年白米满屋；炒发禄，炒花生、玉米、蚕豆、黄豆等，以其发出的噼啪声表示“发”“禄”，以求财运；燃放爆竹，深夜燃放，称“关门炮仗”，有赶邪恶、留吉祥之意。如今除夕夜，一家人团聚吃上一顿丰盛的年夜饭，席散之时正赶上中央电视台春节联欢晚会播放，观看到午夜钟声敲响十二下以后，各人才带着余兴进入梦乡。岁末也是走访慰问的时候，镇、村、各单位都要对烈军属、困难家庭进行节前慰问。

第二节　生活习俗

一、衣

民国时期，服式有长衫、短衫。长衫一般为富裕阶层、非体力劳动者穿着，妇女穿旗袍者居多。短衫因便于劳作，多为体力劳动者穿着。短衫分为对襟衫和大襟衫，对襟衫多为男装，衣身为长方形，对称正领，横钉布扣，颜色以黑、灰为主。大襟衫多为女装，斜襟至腋下，斜钉布扣，未婚女子穿艳色较多，已婚女子穿月白、浅蓝、蓝色等，老年妇女以蓝、灰为主。裤子为中式，这种裤子腰围大，折叠后束裤带，裤裆大，起、蹲方便。另外，劳作时还常穿裙子，俗称“作裙”，不但妇女穿，男子也常穿。这种裙子下摆大，穿后行动方便，夏天穿着风凉，冬天时装腰带一束，收紧上衣，则可御寒保暖。

中华人民共和国成立后，出现列宁装、中山装、学生装、背带装、西装裤等，长衫、旗袍、对襟衫、斜襟衫、折腰裤、作裙等服饰逐渐消失。20世纪60—70年代，服装款式比较单一，以中山装、西装裤为主。农村妇女自纺羊毛绒线、自染颜色、自织的绒线衫，大多作为内装，也有作为外装的。

80年代，中山装逐渐被各式服装替代。中老年人爱穿滑雪衫、风雪衣，有的也穿起了西装。男青年都穿拉链青年装、皮革夹克衫、滑雪衫、西装等。女青年穿花色衬衫、大翻领春秋衫、短裙、连衫裙、滑雪衫、皮毛大衣等。

进入90年代，服装款式更加多样、时尚，牛仔衣、牛仔裤、皮夹克、T恤衫成为中青年休闲服饰的主流，且一直流行。女裙款式也逐渐增多，出现长裙、喇叭裙、西装裙、一步裙等。90年代后期，吊带衫、超短裙、露脐装、九分裤等受到女青年青睐，内衣外穿成为时尚。人们追求时新衣着，天天换衣、季季换装已成常事，且讲究品质、舒适，即使在家中，也穿着不同的服装，如家居服、休闲服、睡衣等。服装面料中的涤卡、的确良等化纤产品在90年代逐渐被淘汰，呢绒毛料也不再时兴，代之而起的是麻、皮、全棉、真丝和羊绒等时新面料。羽绒服普遍流行，羊绒衫外穿成为时尚，土布服装已难寻觅。

旧时，在鹿河境内常见的传统穿着还有草鞋、草帽和蓑衣等，50年代后逐渐少见，90年代后消失。

草鞋，用稻草编织而成，劳动时穿着可以防滑，无意中踩上蛇虫，不易被咬。冬天穿芦花鞋，这种鞋以草绳为经，掺夹芦花、鸡毛、旧布条等保暖材料，十分暖和。

草帽，先用麦秆绞编成2厘米宽的带状长条，然后将长条从帽顶起，绕圈叠边连织，直至帽檐。草帽是过去遮雨、防晒的常用物品，其大小可根据需要调整，一般帽檐直径在80厘米左右。

蓑衣，用丝草编织的雨衣，后来也有用棕毛编织而成的。蓑衣上至脖部，下至膝盖，有披肩、短袖（下口敞开），便于手臂活动。

二、食

自古至今，一日三餐，大多数人家一粥两饭，少数人家或老年人两粥一饭。粮食以大米为主，麦粞、麦片、面粉、糯米为辅。荤菜主要以猪肉、鸡肉、鸭肉、牛羊肉、鱼、虾、蛋为主，蔬菜（素食）

有各种豆制品和青菜、白菜、黄瓜、茄子、萝卜、芋艿、茭白、莴笋、竹笋等。20世纪80年代起，各家各户粮食充足，饮食荤素搭配，开始讲究营养。90年代后，镇上饮食店供应的早餐品种丰富，口味各异，拉面、刀削面、饺子、馄饨、包子等应有尽有，青年人则爱好牛奶、面包、蛋糕等。有的家庭从超市选购方便面、速冻食品当早餐。午餐原为正餐，因家庭成员多数不在家中，故大多数家庭将晚饭变成正餐。留在家中的人员午餐较随意，菜肴不讲究，有两三个菜即可。晚饭全家团聚，菜肴比较丰富，鱼、肉、蛋等为家常菜，有荤有素，天天换口味。也有人家会在休息日吃馄饨或团子、糕饼、面条等。

三、住

民国时期，境内绝大多数农户住草房。20世纪50年代，开始将草房翻建为瓦房。60年代，绝大多数农户住上“五路头”瓦房。70年代，农户翻建“七路头”瓦房并设走廊。80年代，拆除平房，建楼房。90年代中期起，农户开始拆除旧楼房，翻建别墅式新楼房，有的家庭还在太仓购买商品房。2002年，农户住宅普遍为四上四下的楼房，建筑面积在280平方米左右；市镇居民住的楼房，面积略少。（详见第四篇第二章第一节“农房建设”）

四、行

20世纪50年代及以前，农村道路都是泥路，且狭窄，村民缺乏交通工具，出门靠步行。少数人家有旧式木制独轮车，用于接人送人、装运少量货物。60年代起，一些农户劳动力多，年终分红多，有了积蓄就买自行车作为代步工具。之后，自行车加快普及。80年代，几乎每个家庭都有至少1辆自行车。

90年代起，使用轻便摩托车，并逐步普及。之后，电动自行车快速普及。2002年，自行车、摩托车、电动车、老人骑的三轮自行车等是人们代步的主要工具；部分个体工商户、私营企业业主有了经济条件，便购买轿车，私家轿车也开始成为人们的代步工具。城乡之间有公交车、出租车。如出远门，有专线长途车、预约旅游车，十分方便。

第三节　人生礼俗

一、婚

说媒　旧时，男女不能自由恋爱，到了男婚女嫁的年龄，由媒人到男女双方家里传言，从中说合。中华人民共和国成立后，提倡自由婚姻，反对包办婚姻，男女双方虽自由结合，但还是要请媒人出面商定婚嫁事宜。20世纪70年代后，媒人通常称“介绍人”，其任务以沟通婚嫁事宜为主，此习惯一直延续至今。

请庚帖　旧时，经媒人说合，若女方父母同意，则将女子的姓名、生辰八字写在红纸上，该红纸即庚帖。女子庚帖由媒人拿到男方家，称“请庚帖”，亦称“拿月生”。男方接到庚帖后，请算命先生对男女双方的生辰八字进行测算，称“论八字”，如果双方八字相合，则可婚配，否则就不能成亲。中华人民共和国成立后，破除迷信思想，但老年人仍讲究男女婚姻需八字相合。60年代后，此俗绝迹。

订婚　俗称“攀亲”，又称“走通”“定亲”。男方将备好的衣料、绒线、礼金及金银饰品送到女方家里，女方收受则表示婚事成功。此后，男女双方家中各摆酒宴，称“订婚宴”，俗称“走通酒”“小结婚酒”。90年代后，订婚时只赠礼物，不摆酒宴，待结婚时再设宴，通常称“小吃喜酒、大吃喜酒一起办”。

行聘　结婚前，男方要“送日子”，即把男方所定的结婚日子告诉女方——实际上双方早已商定。届时，男方将备好的“日子钱”和聘礼送至女方，称“行聘”，亦称“行盘”。此俗一直流行至今。

待媒　婚庆日前一天叫“前三朝”，男方家设宴招待媒人和亲友。这一天，媒人是主宾，坐首席（俗称“位头”），由男方家的至亲分坐两旁陪宴，称“待媒酒”。此俗现今仍流行。

起妆　又称行妆，即到女方家里抬嫁妆，通常在结婚日下午进行。男方一群亲友挑着起妆盘，带着起妆红包，在男方媒人引领下，将女方置办的嫁妆，包括家具、被褥、日用品、家用电器等，抬运至男方家。90年代后，有许多独生子女成亲，男女双方均置新房，称“两头住”，家庭用品各自置办，不再需要起妆。现今，即使女方有嫁妆，也是用汽车装运，已见不到人工抬运嫁妆的场面了。

迎娶　迎娶之日，俗称“大好日”。这一天最为隆重，男女双方都大办酒席。旧时，迎娶及婚礼仪式众多。婚宴这天，客厅中高挂福禄寿彩幅，并请堂名鼓手奏乐助兴。新女婿和男方宾客到女方家，女方婚宴开席前须备茶食招待男方宾客。新女婿与女方长辈们见面，长辈递上红包，称“见面钱”。随新女婿同去的亲友代表（俗称“议爷”）向厨师、茶担等手艺人分发香烟、喜钱。女方婚宴席间，新女婿由弟兄辈数人相陪，坐于客厅中间酒桌，叫做“吃独桌”。男方迎娶新娘用花轿，新娘子由哥哥或姑姑抱着上轿，名为“抱轿”。花轿到了男方家，鸣放鞭炮，点燃“三灯火旺”。新娘由伴娘搀扶下轿，脚踏红色布袋进入客厅，叫做“传代”。男方婚宴席间，女方的兄弟（称舅爷）坐贵宾席（亦俗称“位头”）。拜堂成亲仪式，新郎新娘各执红绿牵巾的一端，待司仪唱完“红绿牵巾丈二长，两边一对好鸳鸯。中间挽个同心结，恩爱夫妻百年长”便拜天地，拜高堂，夫妻对拜。接着，新郎新娘脚踏红袋，由亲友送入洞房。房内，新郎新娘坐床沿，新郎用秤杆挑去新娘的红盖头，两人喝交杯酒。待宴席结束后，男方家举行祭祖宗仪式，新郎新娘向祖先敬酒、跪拜。新婚后，新娘三天内不得出门，三天后夫妻“回门”（到女方家），回来后新娘才能出门走动。

中华人民共和国成立后，男女结婚仪式随时代变迁而不断变化，有的礼俗虽延续，但方法革新，有的已经废除。现今，男女婚礼时，新娘着婚纱，新郎西装革履。婚礼由司仪主持，仪式有证婚人证婚、主婚人答谢亲友、新郎新娘介绍恋爱经过、男女双方相互交换信物等。结婚仪式后，新郎新娘到宴席上给亲朋好友敬酒，以表谢意。

旧时存在、中华人民共和国成立后禁止的婚配有：

童养媳　家境穷困的人家生了儿子，怕他今后娶不到妻子，就到育婴堂抱养一个女孩，待其长大后与儿子成亲；有的夫妻婚后数年不育，到多子女的家庭抱养了一个女儿，抱养后自己又生了儿子，于是就将抱养的女儿作为儿媳妇；或有的人家因为儿女多、家境贫，无力抚养，就将幼小的女儿送给人家，领养人家将女孩养大后作为儿媳妇。童养媳往往被人冷落，有的还受到虐待，时常提心吊胆，过着悲凉酸楚的生活。

两换亲　两个家庭各有年龄相近的一子一女，又家境相当，双方就商定交换通婚，各以对方的女儿为媳。这样，两家既不需花红聘礼，办婚礼也可以从简，双方均可减轻经济负担。

纳妾　旧时，存在一夫多妻现象，有的男子已有原配妻子（亦称“结发妻子”），为了显耀家庭殷实而纳妾，作为偏房，俗称“讨小老婆”。有的因原配妻子不能生育，为了续香火而纳妾。妾在家庭里地位低，在社会上也受到歧视。

抢亲　属强迫婚姻。有的男子娶不到妻子，选择某女子为对象，请几个小弟兄趁夜将女子强抢到家里，“生米煮成熟饭”，女子无奈只得屈从。另有一种情况是男女定亲后女方悔婚，男方在邻里及兄弟姐妹的帮助下，将女子骗到家中，强迫拜堂成亲，虽男方遭女方父母痛骂，但已成事实，女方有苦难言。这种强迫婚姻，男女缺乏感情基础，婚后往往夫妻不和，最终导致离婚。

旧时存在、中华人民共和国成立后延续至今的婚配有：

入赘　男子嫁入女方家，从妻居住，俗称“上门女婿”“倒插门”。旧时，入赘者大多改为妻姓；中华人民共和国成立后，特别是70年代后，绝大多数不再改姓。如今独生子女成婚，男方住到女方家，女方住到男方家，俗称“两头住”，原招婿、娶妻形式完全发生变化。

叔接嫂　弟弟接纳亡兄遗孀为妻。通常出现在和睦的家庭里，兄亡后，弟弟照顾嫂子，两人产生感情、结为夫妻。有的因家庭经济较为困难，为减轻婚事礼尚往来负担，由父母做主促成。

填房　未婚男子或丧偶男子与丧偶女子结为夫妻，并入住女方家。

二、诞

鹿河民间有“早养儿子早得福”的观念，子女结婚后，父母普遍催促早点要孩子。女方怀孕后，娘家送婴儿衣帽、鞋袜、尿布等，俗称“催生”。分娩前，女方娘家做团子送往男方家，再由男方家分给乡邻报喜讯，此团子称“催生团子”。孩子出生后，男女双方的亲戚要送鸡、肉、干糕、红糖等食品，称“送舍姆羹”；本家要做团子、煮染红蛋等回赠亲戚。小孩满月，本家要备上几桌酒席，宴请主要亲戚，称“满月酒”。小孩满月前后，还要请理发师傅“剃胎头”，并将剃下的胎发制成圆形发团，用红线串系，悬挂于床口上方，以示纪念。此俗现已改进，大多数父母将胎发制成毛笔收藏。小孩周岁，本家要备酒席，邀请亲朋好友庆贺一番，称“期过酒”，吃请的亲朋好友则赠衣服、绒线等。进入21世纪，开始流行小孩十岁生日宴：本家备生日酒，宴请亲朋好友、小孩亲近的朋友，席间，吃生日蛋糕、小孩点蜡烛、许愿、唱《生日快乐》歌。

三、寿

庆寿，即为长者过生日，又称“祝寿”“做寿”，通常从60岁开始，以后逢十庆寿一次（一般“庆九不庆十”，即59岁庆60岁寿），由子女操办，宴请亲朋好友。旧时，少数富裕人家的长者年满50岁，子女就要为其庆寿。庆寿时，家中寿堂悬挂寿星画幅，桌上放置寿桃、寿面、寿糕等，堂内红烛高照，寿宴丰盛。中华人民共和国成立后，此俗逐渐淡化至消失。改革开放后，人们生活水平提高，庆寿活动又时兴起来，许多人家为长者祝寿，大摆寿宴，亲朋好友送寿礼、吃寿面、饮寿酒，恭贺老人健康长寿。现今，许多老人体谅子女忙于工作，都不让子女大办酒宴庆寿。许多家庭遇老人生日，则合家团聚，美餐一顿，全家人吃长寿面，老人为子孙辈送喜钱，一家老小喜气洋洋，共享天伦之乐。

四、丧

过去人的平均寿命短，年过半百，就要准备后事，主要是预做寿衣、预制棺材和预选墓地。寿衣俗称“老衣”，一般用绉和绸，男的用蓝色，女的用红色。棺材被称作“寿材”，生前预制棺材有祈祝长寿之意，棺材头上雕（写）“寿”字或“五福全寿”之类的图案。有的人家将为老人做寿材当作喜事来办，亲友送寿桃、寿糕、爆竹之类的礼物。墓地亦称“寿域”，俗称“阴宅”，是人死后的归宿。民间认为墓地风水是大事，事关子孙后代兴衰，所以往往要请风水先生选定墓穴。

老年长辈临终前，子女都应赶到，与死者见上最后一面，称“送终”。人死后，要设灵堂：将死者的睡床铺板竖起，床帐放到屋上，再将死者移至中堂，使其头朝外、脚朝里躺在板门（俗称“灵床”）上，在死者头前挂白布、摆供桌、点香烛、挂祭幛、立牌位，脚后点煤油灯（自20世纪70年代有了电灯后，不再用煤油灯）。

人死后当天或第二天，死者亲属请邻居到亲友家报丧，俗称“报死”。报丧人到了亲友家，亲友要给报丧人吃点东西，一般是几个水潽鸡蛋，给一口茶水或一支香烟也可以，但不能不给，否则会被视为不吉利。报丧时，报丧人绝不能跑错人家，一旦跑错，也会被视为不吉利，报丧人不但要向这户人家赔礼道歉，还要为这户人家搞一些避丧驱邪的仪式。接到报丧后，亲友就要准备祭礼前往死者家中吊丧。

丧家一般设灵堂2~3天后才出殡。设灵堂期间，丧家家人轮流守灵，称“守孝堂”。守灵的孝子、孝媳、孝孙、孝女不能坐凳，只能坐于着地铺设的稻草上。来陪守的女眷，帮着折锡箔纸锭。死者家属不时焚烧纸锭，点燃安息香，单独或多人轮流哭灵，黄昏、半夜、凌晨，哭声最响。入夜，小辈请道士做道场，超度亡灵。

出殡日，亦称“开丧日”，子女戴重孝：穿白衣、白鞋，鞋头置麻布，头戴长条白布，腰扎白布带，戴置有麻布的黑色袖套。丧家备白事酒宴招待亲友。酒席上豆制品不能缺。如死者高寿（90岁以上），则把丧事作为喜事来办，丧家准备碗物作为喜寿物让亲友带回家。

旧时行土葬。出殡日，将死者从灵床移入棺材中，称“入殓”。盖棺时，一家人带领亲友手执安息香，绕棺转行，以示与死者永别。出殡线路事先定好，一路上抛撒纸钱，谓之“买路钱”。出殡途中，灵柩不得停下，否则是对死者的大不敬。死者安葬后，丧家在家中中堂设位台，立牌位，并要“做七”。死者去世后七天为“第一个七”，称“头七”，“头七”到“断七”共49天。逢“七”那天，丧家要在位台供桌上摆饭菜、点香烛，在台前化纸锭。

中华人民共和国成立后，境内丧葬习俗有的沿袭旧俗，有的逐步简化，特别是60年代后期起，开始推行火葬。如今，人死后，有的仍派人报丧，有的用电话告知。出殡日那天中饭后，亲友聚在灵堂前两侧，在道士念经后开拜，小辈们先后向死者跪拜。有的丧家在出殡日先举行简短的遗体告别仪式，介绍死者生平和业绩，然后按老的传统开拜，向遗体告别。跪拜结束后，由子女、亲友护送死者至火葬场火化，沿途撒纸锭，起讫奏哀乐。火化后将骨灰盒带回，放置在位台上。在死者周年或清明时，丧家将骨灰盒放入墓地，称为“落葬”，也有丧家将死者火化后，于当日将骨灰盒落葬。每年清明节，亲属均要到墓地祭扫。

第四节　外来新俗

一、情人节

2月14日为情人节，20世纪90年代兴起，在年轻人中较为流行。这一天，不少情侣通过互发短信、互赠礼物表达爱意。男送女玫瑰花、首饰等，女送男巧克力、手表、领带等，并在晚间到浪漫的地点共进晚餐。温馨浪漫的节日也给相关服务业带来商机。

二、愚人节

4月1日为西方愚人节，20世纪90年代传入，在年轻人和高年级学生中较为流行。这一天最典型的活动是彼此开玩笑，时下多用手机发虚假信息愚弄对方、引出笑话，以此取乐。

三、母亲节

每年5月第二个星期日为母亲节，20世纪90年代传入。这一天，儿女们赠送贺卡、鲜花、衣物、保健品等礼物给母亲，以报答母亲的养育之恩。

四、父亲节

每年6月的第三个星期日为父亲节，21世纪初兴起。民间对此节日的了解远不如母亲节，仅少部分子女在此节日打电话或发短信祝贺，或送给父亲喜欢的礼物，以表孝敬之意。

五、圣诞节

12月25日为圣诞节，又名“耶诞节”，是基督教和天主教纪念耶稣诞生的日子。20世纪80年代起，外资企业注重庆贺。90年代开始，在年轻人中流行。这一天，各大商场、饭店张贴圣诞老人画像，在门口布置圣诞树，或由员工装扮成圣诞老人，以招揽顾客，还举行圣诞晚会、圣诞大餐等活动。小朋友们以戴圣诞帽为乐，朋友间也会送各种贺卡和发短信问候。一些年轻人在圣诞节之夜去歌厅、舞厅狂欢。基督教和天主教信徒在12月24日的平安夜，聚集在教堂举行欢庆活动。

第五节 其他民俗

一、上茶馆

农村中有许多人尤其是老年人有上茶馆喝早茶的习惯。清晨，他们三三两两坐在一起喝茶闲聊。喝完茶后，点一碗盖浇面作为早餐，有的还喝上两盅黄酒，随后到菜场上买些菜回家。如今，上茶馆的人除老年人外，还有谈生意的商人，大部分是接主顾的作头工匠、厨师等。（详见第十五篇第一章第二节第四目“茶馆与书场”）

二、寄亲

指自己或子女攀认寄父母，或自己收认寄子女而结成的亲属。多数是为相互依靠，少数是为保佑子女健康成长。结寄亲后，逢年过节、婚丧喜庆彼此往来，与至亲无异。过去，部分人家攀亲后子女亦会改姓寄父母的姓氏，也有少数人让小孩认寄庙中菩萨以期保佑子女一生平安。现今，认寄改姓的现象已绝迹。

三、忌讳

20世纪90年代后，民间相沿的风俗禁忌逐渐减少，但仍有些忌讳沿袭。店铺晚上关门，因“关门”与“停业”同义，故忌称“关门”，而叫“打烊”。船民、渔民吃饭忌将筷搁在碗上，吃鱼忌将鱼翻身或夹断，否则有“搁浅”或“翻船”之意。丧家人戴孝期间，忌走亲访友，更忌入喜宴。宴请时向人敬酒，忌反手倒酒，反手倒酒属不敬。书信忌用红笔写，用红笔写意为绝交。现又增添了新的忌讳：忌“四”旺“八”，“四”意“死”，“八”意“发”，私家车车牌号争用“8”者诸多，“98”意为“久发”；饭店电话号码则喜用“777”之类，音为“吃吃吃”，意为“有吃的”。

四、其他贺喜

旧时造房，上正梁要燃放爆竹，挂上米袋和万年青，正梁贴“三星高照”“福禄寿”之类大红字。造房结束，本家要备酒席款待工匠。如果是出宅的，还要举行搬家仪式，亲戚送爆竹、甘蔗之类礼品，称“送搬场”。搬入新居还要举行接祖仪式，意思是让祖宗认得新居。现今，农民购买新房乔迁新居、动迁户搬进新房，亦设筵席，亲友前来恭贺乔迁之喜。青年应征入伍和考取大学都属喜事，本家设宴款待，亲友备礼贺喜。

第二章　宗　教

第一节　佛　教

佛教自汉代由古印度传入中国之后，便逐渐融入吴地文化圈。三国时期吴地佛教兴起，寺院庵堂遍及城乡，而属吴地的鹿河，那时就建有佛教场所——圣像寺，并有了佛教活动，故鹿河是太仓较早传入佛教的地区之一。

自晋代起，鹿河境内佛教香火法事随圣像寺数次建毁而兴衰。民国时期，民间还有零星佛事活动，中华人民共和国成立后活动基本停止。

1994年圣像寺易地重建后，境内佛教活动又兴盛起来，当地信教人士越来越多。1995年起，每年佛教活动日主要有农历四月初八和腊月初八释迦牟尼佛诞辰日、成道日，农历二月十九、六月十九、九月十九观世音菩萨诞辰日、成道日、出家日，七月十五盂兰盆会等。尤其是农历四月初八释迦牟尼佛生日，称“浴佛节”。整个仪式庄严隆重。2002年，境内有佛教场所1个，即圣像寺，信教群众极少外出烧香，大多在圣像寺进行佛事活动。

第二节　道　教

鹿河民间信仰道教者众多。晚清时期，境内有崇福道院、泗洲殿、城隍庙等10余所，每逢道教活动日，信众接踵而至，香火缭绕。丧家办丧事都要请民间道士做道场。民国时期，民间道士帮有吴家班和范家班，各有10余人专门为丧事人家举行超度亡灵仪式。

中华人民共和国成立后，道教活动逐渐消失。1966—1976年，活动停止。改革开放后，贯彻党的宗教政策，引导信教群众有序进行宗教活动，活动内容吸收民间信仰和民俗文化而有所改变，逐渐形成安宅镇土、祈福延寿、祛病消灾等众多名目。

20世纪90年代，丧事人家基本上都以做道场形式告慰亡灵。此外，还有人家做老道场祭奠先祖。每逢朔、望日（农历每月初一、十五）和祖师出生日等主要节日，宗教场所内举行祝寿、庆贺等法事活动，信众前去烧香。特别是每年大年夜烧头香、正月初五接财神等活动，信众如潮，庙内香火极盛。

2002年，信教群众烧香有的到璜泾五岳庙，有的到王秀猛将庙，也有在境内庙宇遗址活动的。烧香者大多是中老年人，烧香的名目众多，有“全家福香”“子女聪明香”“交通安全香”等，每炷香都寄托着信众的美好愿望。

第三节　其他宗教

鹿河民间除大多数人信仰佛教、道教外，另有少数人信奉基督教和天主教，信教者以老年农民、渔民为主。20世纪60年代以前，基督教信徒到璜泾基督教堂参加礼拜活动，天主教信徒到璜泾万新天主教堂参加祷告活动。1966—1976年，教堂房屋移作他用或拆除，基督教、天主教活动中止。改革开放后，活动又开始恢复，因鹿河境内无基督教堂、天主教堂，故信徒到归庄、太仓等地教堂活动，有的约在信教户家里聚会。2000年，因家庭聚会点产生的噪声影响周边群众休息，且活动处于无序状态，故上级有关部门不予认可，对私设聚会点予以劝散。2002年，信教群众聚会活动均到鹿河附近地区固定的基督教、天主教活动场所有序进行，并得到规范管理。

第四节　宗教场所

一、现有场所

境内现有经民族宗教管理部门登记的佛教场所1个，即圣像寺，又称圣像教寺，寺址位于346国道旁、鹿河镇区玉影路。

圣像寺原址在鹿河六尺沟塘南岸、原泗洲村境内。据清嘉庆年间王昶编写的《江苏直隶太仓州志》记载，圣像寺由三国时期吴国的仆射（高级武官名）徐真舍宅以建。晋建兴二年（314），时人于海上得两尊石佛像，由地方官吏奏请晋愍帝司马邺批准寺额，定名为圣像寺。以后数次遭兵燹，宋嘉祐八年（1063），朱肱重新建造，僧人重殊为之作记。后又颓废，明洪武初，僧人永康重建。清末，圣像寺尚存庙房24间，由僧人庆惠法师主持，香火法事较盛。民国初，地方权霸将大部分庙房拆毁，庙宇建材被用来建造茶馆，或被占为己有，庆惠法师因无法维持香火而离去，前往常熟县东徐市智林禅寺栖身。民国26年（1937）前，寺庙内仍有破旧庙房5间，姜娄福一家五口寄居在内。后逐渐倒坍颓废，至民国末仅剩一堆碎砖瓦砾。

改革开放后，宗教信仰自由，为给信教群众提供活动场所，政府决定易地重建圣像寺。1994年4月，由社会各界资助建造的圣像寺第一座殿宇——法堂奠基动工，至9月，具有古刹特色的法堂竣工。1995年1月16日，新的圣像寺正式开寺，来自四面八方的善男信女云集寺院，参加“弘扬佛教文化、传递信众福祉”的佛事盛会。此盛会后，圣像寺又得到社会各界捐助，先后建造了众多殿堂及附属设施。

2002年，圣像寺佛事众多，香火常年不熄，每逢节日，各项活动有序进行。此寺又是太仓旅游景点之一，参观游览者络绎不绝。圣像寺重建后，先后由福缘法师、妙法法师主持。

二、消失场所

鹿河宗教文化历史久远，旧时庵、堂、寺、院等宗教场所俱全，但历经沧桑，均已损毁，有的尚存遗迹，有的完全消失。现据长者回忆，对境内有过的宗教场所予以简单记载。

泗洲殿　始建于三国时期，现只留古殿址遗迹。（详见第十五篇第一章第七节第二目“泗洲殿”）

崇福道院　院址在现新鹿路西端南则，据现存的一株890年树龄的古银杏推测，道院始建应在宋代。该道院为道教正乙派道观。清末，尚有庙房35间，主持道长为徐裕明，法号“大兴”。民国时期，修建关岳阁、济公坛，崇奉关公、岳飞、济公，香火甚旺。中华人民共和国成立后，道院被陆续拆毁，拆下的房屋建材分给农村生产队建造仓库。1960年后，仅遗存古银杏一株，见证道院历史。（详见附录“文化拾遗”中的《鹿河镇上的崇福道院》）

三元堂　始建于明末，中华人民共和国成立前成废墟，留下遗迹。（详见第十五篇第一章第七节第三目“三元堂”）

草庵　系草盖的尼姑庵，在鹿河镇北弄桥北堍。清末，有庙房16间。民国初，位于鹿河中弄街北首西侧的城隍庙改建为小学，庙内主像城隍被移入草庵。随后，每年农历六月廿四，庙内举行打醮活动，设坛念经祈祷，祈求风调雨顺、驱瘟避灾，信众前去烧香，参与祭典活动。抗日战争时期，庙内香火渐衰。中华人民共和国成立后，庙门关闭。土改时，庙房被分给缺房户居住，住户翻建房屋后，庙房原貌完全消失。

城隍庙　在中弄街北首西侧。清末，有大殿、东厢房、东西配房等9间。每逢活动日，信众进香祈福，庙内香火较盛。民国初，鹿河小学迁至该庙，庙房用作校舍，后来东厢房设镇公所，大殿，包括东西配房共5间由镇公所、学校共同使用，当作大礼堂、大会议室。中华人民共和国成立后，全部由学校使用。1989年鹿河小学迁出时，庙房尚存大殿。1994年，重建圣像寺，将大殿拆除，拆下的可用砖瓦、木料、石料用作圣像寺建材。此后，城隍庙消失，遗址地块移作他用。

牌湖庙　亦称“湃湖庙”，庙址在钱泾塘西岸原滨海村7组境内。民国初，有庙房16间（包括庙后厨房2间），庙内有木王、土地、城隍等塑像，每逢活动日，信众前去供奉，香火极盛。离庙房数丈的西南角有一棵古银杏，数人合抱才能围住树干，树虽不高，但杈枝四放，冠幅甚大，向东的杈枝伸展到钱泾塘东岸，底部盘根错节，高出地面数尺，夏时，人们常常围坐其上纳凉聊天。民国34年（1945），伐其东展树枝，制大轿子1顶、天然几1只。1950年，庙内设小学校，两侧厢房用作校舍，时称洋学堂。1953年，庙内古银杏被砍伐，树料公用。1975年，庙房拆迁，建滨海小学。

长寿庙　在鹿河西部、湖漕塘东岸原新市村12组境内。该庙原是一所家庙，外墙面呈白色（其他庙都是黄色）。民国初，有庙房11间，山门外左侧另有房2间，分设茶馆和小店铺。殿中供奉土地、观音、如来、玉帝、猛将、关公等像，每逢活动日，庙内香火甚旺。庙地有一大一小2棵古银杏，大的树围4余米，枝繁叶茂。抗日战争时期，日军曾在树上搭瞭望台。民国后期，道长法号善同，中华人民共和国成立前夕离开。1966年，拆除庙房，房料用于建造新市小学。银杏树被砍伐，树料公用。

孔泾庙　在原飞跃村6组境内。民国初，有庙房14间，殿内供奉猛将、城隍、观音等像，常年香火较盛，曾办过多次庙会。1950年，部分庙房作为村办公用房。1962年，拆除庙房，房料一部分用于建造鹿河小学，另一部分分给困难群众用于修房。

关帝庙　在鹿河镇政府所在地，庙宇坐西向东，庙房1间，内供关羽坐像，下立关平、周仓、赵累、王甫、马夫、马匹等塑像。1958年，拆除庙房，房料用于修建公房。

周神庙　庙宇在关帝庙北侧，两庙紧靠相通。有庙房1间，内供周神塑像。1958年，与关帝庙同时被拆除，房料用于修建公房。

北草庙　在原新泾村7组境内，一正一侧共有庙房6间。土地改革时，庙房（塑像已毁）分给一贫苦船户居住。1972年，住户翻建房屋，庙宇原貌完全消失。

新土地堂　在原鹿南村11组境内。民国初，有庙房8间，内供土地、观音等像，每逢活动日，庙内香火极盛。中华人民共和国成立初期，庙内设民利小学。1960年前后，拆除庙房，房料用于修建校舍。

老土地堂　在原玉影村3组境内，有庙屋一大间，内供土地公公、土地婆婆等像。1960年拆除庙房，房料用于建造小学。

第三章　方　言

第一节　词　语

一、人称

娥——我

嫩——你

伊——他

娥俚——我们

嫩特——你们

伊特——他们

阿太——曾祖父、曾祖母

阿公——祖父

阿婆——祖母

好公——外祖父

好婆——外祖母

阿爹——爸爸

姆妈——妈妈

慢爷——继父

慢娘——继母

阿伯——伯父、姑母、姨母

爷叔——叔父

丈人——岳父

丈母娘——岳母

娘舅——舅父

舅妈——舅母

新妇——儿媳妇

小官人——丈夫

家主婆——妻子

伲子——儿子

媛——女儿

小囡——小孩

细娘——女孩

小侯子——男小孩

囡度细——子女总称

阿侄——侄子、侄女

连襟——妻子的姐夫或妹夫

郎中——医生

作头——工头

老娘——接生婆

后生家——年轻人

老娘家——老年人

拖油瓶——再婚时带的孩子

伯姆道里——妯娌之间

网船上人——渔民

二、农具　农活　农作物

铁拉——铁锴

镢子——镰刀

莳头——锄头

犁田——耕地

坌地——翻土
莳秧——插秧
作稻——割稻
作麦——割麦
捉花——采摘棉花
落别——水田整平
拓花——用锄头在棉田除草松土
垩垩壤——施肥
地蒂——荸荠
尼麦——玉米
寒豆——蚕豆
番芋——红薯
芦济——芦粟
草头——苜蓿
西谢——荠菜
番瓜——南瓜
长生果——花生
黄芽菜——大白菜

三、疑问　数量

啥个——什么
几化——多少
哪能——怎么样
拉登——什么地方
拉里点——哪些
啥场化——什么地方
啥末事——什么东西
阿晓得——是否知道
阿来是——是否可以
阿吃得够——身体好吗
一摊——一堆
杭尽——很多
交关——很多
革点——这些
基点——那些
一干子——一个人
一家头——一个人
一眼眼——一点点
一麦麦——一点点
一滴滴——一点点
一搭堆——挤在一起
一塌刮子——全部
粗匡匡——大概、大约
约约乎——大概、大约
夯白冷打——全部
海海外外——很多很多

四、天气　时间　方位

天好——晴天
上云——转阴天
晓云——阴雨转阴天或晴天
亮性——有月亮的夜晚
暗性——无月亮的夜晚
霍险——闪电
天打——雷击
冰排——冰雹
凌膛——冰锥
开洋——冰雪融化
发冷性——寒潮来临
革尼子——前天
若尼——昨天
门朝——明天
后尼——后天
日朝——天天
热里——白天
早晨头——早晨

上半日——上午
下半日——下午
中浪——中午
催夜快——傍晚
半夜三更——深夜
革年子——前年
旧年——去年
开年——明年
年夜头——年底
一头——刚才
革歇——现在
黎阵——现在
辰光——时候
日长世久——经常、长期
祭手——左手
顺手——右手
革浪——这里
基浪——那里
上底头——上面
下底头——下面
门前头——前面
后头——后面
阿末——最后
着末——最后
当中行里——中间
阴山背后——太阳照不到的地方

五、动作　形态　状况

别相——玩
派拉——凶
精刮——精明
煞搏——厉害
瞎嚼——胡说
相骂——吵架
汏浴——洗澡
拆屎——大便
轧头——理发
剃头——理发
扎注——坚固
家起——回去
过人——传染
弄松——捉弄
落脱——遗失
拆血——说谎
困告——睡觉
嘿司——担心
眼热——羡慕
识相——知趣
笃态——从容
豪梢——快点
勿末——或者
天生——本来
实梗——这样
迭成——特地
作兴——也许
推头——推托
顶真——认真
厌气——寂寞
邋遢——肮脏
业麻——可惜
穿棚——败露
拖身——怀孕
有喜——怀孕
关照——嘱咐
主吩——嘱咐
直头——果然
定见——果然
推板——差劲

搭浆——差劲
窝缠——乱来
贴准——刚好
吃瘪——占下风
板要——一定要
挖打——精打细算
趁让——放任不管
一径——老是这样
王六——事情落空
蹩脚——品质低劣
出趟——走得飞快
触心——令人厌恶
光火——恼火、发怒
写意——舒适、惬意
缠夹——误会、弄错
硬黄——公正、公平
将进——听话、顺从
煞辣——干脆、泼辣
豁边——过头、出格
乃末——相当于那么
乌毛——心情不舒畅
会钞——支付酒饭钱
讲张——聊天、谈家常
碰真——很难办、棘手
热昏——不应该
惹厌——惹得别人讨厌
尖钻——爱占便宜
打棚——说空话，开玩笑
贼腔——丑恶的言谈举止
粒漆——气量小，没有忍耐性
黄落——没有希望，没有办成
来事革——可以
戳壁脚——挑拨
吃家生——挨打
黄胡缠——胡闹
乌搞——乱来
登样——像样
来三——有能力
一淘——在一起
触祭——吃东西（贬义）
上腔——挑动吵架
洋盘——假充内行
堂空——没有根据
着乖——见机行事
角切——细心周到
猛门——不讲道理
勿局——不行、不好
解乌——差劲、马虎
壳张——打算、准备
现世——出丑、丢脸
落槛——舍得、大方
出客——美丽、漂亮
吃溜——机灵、敏捷
和调——开玩笑胡闹
空屁——什么也没有
屋塞——心情不舒畅
头挑——最好的意思
讲神——聊天、谈家常
刁嘴——说话口齿不清
胡调——无原则地应付
结棍——厉害、身体结实
上路——讲信用，肯吃亏
舒齐——安排就绪、充裕
图死——做事马虎，不认真
促演——故意做作，令人讨厌
独福——只顾自己，不顾别人
勿灵光——不好
眼眼调——恰巧
打相打——打架
寻吼势——寻衅

吹风凉——乘凉
糙牙齿——刷牙
旭旭红——很红
雪雪白——很白
憨老爷——傻、呆
扳雀丝——找岔子
打昏度——打呼噜
笨屎虫——不聪明
勿上路——不大方
勿入调——不学好
别苗头——比高低
恶死做——耍无赖
弄弄看——试试看
嚼白蛆——胡说八道
横戳枪——插话胡闹
老嘎嘎——老三老四
坍肩胛——不负责任
拆烂糊——不负责任
茄门相——不感兴趣
勿色头——倒霉、晦气
勿来事——不成，不行
小乐惠——小小的享受
横竖横——破罐子破摔
勿掘头——身体不舒服
触霉头——倒霉，不吉利
大脚膀——有权势的靠山
勃勿转——脑子转不过弯
呒青头——不懂事，瞎吵闹
人来疯——小孩淘气、撒娇
急吼吼——急急忙忙的样子
隔手账——非当面交代，搞错
门槛精——精明（有时带贬义）
嚼死人——闲话、不当真的话
拎不清——头脑糊涂，不明事理
看人头——对不同的人不同对待
发寒热——发热
蜡蜡黄——很黄
碧碧绿——很绿
墨墨黑——乌黑
捉错头——找岔子
着衣裳——穿衣服
鲜夹夹——好揽事
饭榔头——饭量大
航勿住——受不了
调枪花——耍花招
眯特歇——打个盹
勿作兴——勿应该
琅衣裳——晾晒衣服
穷兵崩——大吵大闹
省省清——十分清楚
阿木林——呆头呆脑
插蜡烛——机器坏了
偷屎乖——妄图巧取
歇角落——完全停止
鸭屎臭——出丑、丢脸
做人家——节约、节省
搭勿够——关系不密切
吃勿够——身体不舒服
勿歇手——干活不停止
猪头三——不识好歹的人
呆板数——预先可以料到
勿连牵——不行，不成样子
靠排头——依仗靠山、后台
掮木梢——误接行不通的工作
天开眼——得到应有的报应
翘辫子——死了（骂人的话）
豁翎子——暗示，含蓄的提醒
肚肠痒——看别人做事做不好
昏特哉——晕倒，也指人不理智
的溜滚圆——很圆

恶心倒烂——很脏
瞎三话四——乱说
嚓刮拉新——崭新
脚豁溜天——逃走
瞎七搭八——乱搞
勒杀吊死——吝啬
扭皮吊筋——不爽快
乌黑胧胧——天很暗
奈末好哉——不好了
乌嘴造北——胡言乱语
半二勿三——做事拖沓
一塌糊涂——到处都脏
一脚落手——一气呵成
八脚无逃——四处逃跑
困思懵懂——半梦半醒
贼个乱拌——互相吵嘴
抽忙落空——忙里偷闲
要西快哉——快要死亡
革里糊涂——纠缠不清
贼形怪状——怪模怪样
贼皮塌脸——嬉皮笑脸
神之糊之——稀里糊涂
直四直六——光明磊落
死蟹一只——毫无办法
吭手筛罗——无法应付
乱话三鲜——瞎说、乱讲
搞七念三——胡缠、胡搞
触心触胆——反感、厌恶
空心汤团——虚假的承诺
黑铁墨塔——不光明正大
牛牵马棚——不顺利、勉强
连裆码子——串通一气的人
腻革隆冬——东西呈黏稠状
乌拉勿出——说勿出的难过
投五投六——办事瞎忙、不实
笔瞄势直——很直
洋里洋气——时髦
异出怪样——异样
一括两响——干脆
拆血乱天——说谎
狗比倒灶——吝啬
活里活落——不确定
假痴假呆——装糊涂
七歪八牵——不像样子
眼白洋洋——无可奈何
刮拉松脆——办事爽快
一天世界——到处都是
一拍抿缝——完全吻合
木知木角——行动迟钝
乌油滴水——乌黑油亮
论根倒古——追究到底
乱嚼喷弃——胡说八道
痴头怪脑——发痴发疯
野野豁豁——无边无际
搭跌落滚——匆匆忙忙
弯里曲绕——弯弯曲曲
刁尖触掐——奸刁刻薄
弹眼落睛——非常醒目
万人嘲嫌——令人讨厌
尖头把戏——尖钻、自私
趁汤落水——顺便，乘机
抓抓煞煞——挑逗、惹事
下代勿秀——下代不出息
缸空甏空——什么都没有
脱头落攀——办事不落实
私弊夹账——夹带私心办事
吊儿郎荡——办事马马虎虎
荡发荡发——走路不紧不慢
犟头白脑——不听话、犟脾气
恶行倒状——品行庸俗，难看

死样怪气——有气无力的样子
钻天打洞——到处钻营谋好处
空言胡果——只说空话不做实事
踢脚扳手——到处乱堆，碍手碍脚
贼特兮兮——鬼鬼祟祟或油腔滑调
路远八只脚——离得很远
狮子大开口——要求过高
板板六十四——办事一本正经
断链条活猻——坐立不安的人
拼死吃河豚——敢于冒险，不怕死
拆空老寿星——哀叹事情没有办成
哭出乌拉——哭丧着脸的样子
汗毛凛凛——惊吓、恐惧的状态
偷来人生——做事鲁莽、冒失之人
俏拳落臂——准备大干一场的姿势
瞎缠三官经——瞎胡闹
拆穿西洋镜——揭穿真相
浑身勿搭架——毫不相干
眼睛地牌式——吓呆时的神态
灰毛卜落拓——夜间黑暗无光
叉勒前八尺——不该抢在前面说话
鸡毛当令箭——用上司的话压别人

□过□念念——用于加重多、少、大、小、甜、咸、香、臭、高、低、好、坏、冷、热等语气，如“好过好念念”，意思是好得无法形容

第二节　谚　语

一、农业谚语

人要暖，麦要寒
小满秧田立夏花
大伏勿热，五谷不结
秋前不搁稻，秋后喊懊恼
麦要胎里富，稻怕老来穷
寒露无青稻，霜降一齐倒
寸麦不怕尺水，尺麦怕寸水
人在家里热得跳，稻在田里哈哈笑
腊里晒得沟底白，开春莎草也变麦
小满三朝喊割麦
夏至莳秧中行里
一丈不通，万丈无功
雨打秧田泥，秧苗出不齐
麦秀风来摆，稻秀雨来淋
种田呒垩壤，赛过弄白相
白露白迷迷，秋分稻秀（穗）齐
夏至田里拔棵草，秋里可以吃个饱
养得三年蚀本猪，田里壮得不得知

二、气象谚语

夏雨隔田头
东南风，雨祖宗
蚯蚓叫，有雨到
蚂蚁搬家要落雨
黄梅天，十八变
白露身不露
西南风，着夜静
蜘蛛结网兆天晴
夏至无雨三伏热
雾露清，晒死人

迷露开，晒得呆
三朝迷露（雾）刮西风
清明断雪，谷雨断霜
田鸡（青蛙）叫，大雨到
虹高日头低，早晚披蓑衣
久雨喜鹊叫，隔日好天到
夜里知了叫，明天气温高
春天小孩脸，一日变三变
雷响当头顶，顷刻大雨淋
一落一根钉，日夜落勿停
小暑一声雷，倒转黄梅头
太阳现一现，三天勿见面
日打洞，明朝晒得背皮痛
蚊子叮得凶，雨在三天中
初三夜里月绊，落雨落到月半
早晨日头红，勿是雨来便是风
一夜春霜九夜雨，三朝春霜九日晴
东风送湿西风干，南风送暖北风寒
燕子高飞晴天报，燕子低飞雨将到
头九暖，二九寒，三九冻煞老黄牛
春雾雨，夏雾热，秋雾凉，冬雾雪
东鲎日出西鲎雨，南鲎出来落大雨
雪后冷，晴天长
蚂蚁挡道，雨在今朝
小满日头，晒开石头
久雨麻雀叫，天气必晴好
日落云里走，雨在半夜后
雨中知了叫，报告晴来到
闷热见飞虫，雷雨来必凶
烟囱不出烟，必定要阴天
一落一个泡，落过就天好
冬前不结冰，冬后冻煞人
天上缸爿云，明朝晒死人
日出胭脂红，无雨便是风
日没胭脂红，无雨也有风
早上喜鹊叫，天气必定好
小暑勿见日头，大暑晒开石头
蚂蚁造桥，水缸还潮，大雨来到
一场秋雨一场寒，十场秋雨穿棉袄
猫吃青草雨要到，狗吃青草天气好
蜻蜓结群绕天空，不过三日雨蒙蒙
天上云层鱼鳞斑，明日晒谷不用翻
黄昏消云天不好，半夜消云换天好
上昼（指上午）薄薄云，下昼晒煞人

三、物候谚语

春雨贵如油
麦勿踏，春勿发
河水宽，井水满
人冷盖被，麦冷盖泥
麦熟要抢，稻熟要养
开水不响，响水不开
吃着青蚕豆，一日忙一日
小满的日头，后娘的拳头
人勤地出宝，人懒地出草
清明热得早，早稻产量高
冬雪一条被，春雪一把刀
若要麦，沟底白
西风响，蟹脚痒
冬天麦苗，越踏越好
六月不热，五谷不结
稗草勿拔，水稻勿发
冰冻三尺，非一日之寒
种子年年选，产量节节高
小暑一声雷，颠倒做黄梅
一年红花草，三年田脚好
麦熟过条桥，早点磨镰刀
冬耕冻一冬，松土又治虫

旱九水三春，菜麦烂脱根
春粪一勺，勿及腊粪一滴
三年勿选种，产量要落空
稻发芽缺只角，麦发芽独剩壳
干净冬至邋遢年，邋遢冬至干净年
棉花不整枝，只长空架子
千浇万浇，勿及腊里一浇
清明种玉米，小满种山芋
麦怕清明连绵雨，稻怕寒露一朝霜

四、其他谚语

百步呒轻担
猫多不捉虫（鼠）
乡邻好，够金宝
得着风，就扯篷
穿新鞋，走老路
话到拉里是拉里
带累乡邻吃麦粥
一人做事一人当
瞎猫拖着死老鼠
象牙筷上扳雀丝
浪子回头金不换
上梁不正下梁歪
马屁拍勒马脚上
会捉老鼠猫勿叫
老鼠不存隔宿食
灯草勿能当拐杖
老大多了要翻船
芦席浪爬到地浪
瘦死的骆驼比马大
越困越懒，越吃越馋
债多不愁，虱多不痒
省吃俭用，一世勿穷
说嘴郎中呒没好药卖
借少还多，下趟还来拖拖
金窝银窝，不及家里狗窝
平时肯帮人，急时有人帮
不听老人言，一世苦黄连
好狗不咬鸡，好男不打妻
拚死吃河豚
三句不离本行
大勿算，小牵钻
桥归桥，路归路
万宝全书缺只角
夹忙头里膀牵筋
三亩竹园一只芽
心急（心慌）吃不得热粥
白笔画在白墙上
瘌头伲子自家好
刀切豆腐两面光
瓦爿亦有翻身日
大勿当心小勿管
蛳螺壳里做道场
坐吃山空海会干
人老珠黄勿值钱
吃趟苦头学趟乖
癞蛤蟆想吃天鹅肉
猪困长肉，人困卖屋
爹有娘有，不及自有
有借有还，再借不难
树高千丈，叶落归根
讨饭三年，做官呒心相
十样八样，勿及蛳螺炖酱
十网九网空，一网卜咙通
勿怕勿识货，就怕货比货
船头上相骂，船艄上白话
人勤生百巧，人懒百病到

少吃多滋味，多吃少滋味
少时积点钱，老来日子甜
白天诈折脚，夜里追勿着
借多还少，下趟不要来缠绕
只要嘴不停，哪怕南京到北京
冷粥冷饭好吃，冷言冷语难受
牛吃稻柴鸭吃谷，各人头上各有福
吃勿穷，着勿穷，勿会打算一世穷
村里出个好嫂嫂，一巷姑娘全学好
勿干勿净生百病，干干净净一身轻
快快活活长寿命，气气恼恼会得病
家鸡打得团团转，野鸡一吵着天飞
勤人嫌日短，懒人望夜长
一只碗不响，两只碗叮当
天无一直雨，人无一世穷
叫人勿蚀本，只要舌头滚一滚
人勿动要生病，刀不用要生锈
吃了人家嘴软，拿了人家手软
看人挑担勿吃力，自己挑担笃笃歇
大吃大喝图眼前，省吃俭用万万年
前人种树后人凉，前人种花后人香
说说笑笑散散心，勿说勿笑要生病
有滴露水有棵草，各人头上有爿天
鸭吃砻糠鸡吃谷，各人自有各人福

第三节　歇后语

隔年蚊子——老口
出头椽子——先烂
蛇吃鳗鲤——屏煞
脚踏扶梯——步步高
雾里摇船——看不清
猫哭老鼠——假慈悲
兔子尾巴——长不了
芝麻开花——节节高
八仙过海——各显神通
麻子抹粉——蚀煞老本
王婆卖瓜——自卖自夸
宜兴夜壶——独出一张嘴
开眼跳河里——作死
聋子的耳朵——摆样
死人额骨头——推勿动
窜条钓白鱼——占便宜
枯庙里旗杆——独一根
肉骨头敲鼓——昏咚咚
圈里黄牛——独大
瞎子耥稻——拉倒
蚂蚁咳嗽——小台（痰）
逃走鳗鲤——臂膊粗
鸭吃砻糠——空欢喜
新箍马桶——三日香
大象屁股——推勿动
小囡吃饼——拣大搬（拿）
狗捉老鼠——多管闲事
老鼠过街——人人喊打
丈二和尚——摸不着头脑
棺材里伸手——死要
豁嘴吃鼻涕——顺路
饭锅里炖蛋——白捞
大姑娘上轿——头一回
麻袋里背钉——自戳出
热锅上蚂蚁——团团转
江西人钉碗——自顾自

脚底下抹油——溜得快
毛家市烟火——逐节放
擀面杖吹火——一窍不通
瞎子吃馄饨——心里有数
脱裤子放屁——多此一举
小和尚念经——有口无心
香伙赶和尚——喧宾夺主
癞痢头撑伞——无法无天
癞痢头儿子——自家独好
肉包子打狗——有去无回
猢狲戴帽子——像煞有介事
飞机上吊蟹——悬空八只脚
六十岁学鼓手——气短
脚炉盖当眼镜——看穿
猪鼻孔里插葱——装象
背心上拉胡琴——挨不着
急水里格桩头——摆不定
床底下放鹞子——飞勿起
叫花子唱山歌——穷开心
弄堂里拔木头——直来直去
打肿脸充胖子——死要面子
戴着热帽亲嘴——大勿碰头
老和尚敲木鱼——记记实笃笃
关云长卖豆腐——人硬货不硬
叫花子打难民——穷人欺穷人
额角头上搁扁担——头挑
临时上轿穿耳朵——仓促
强盗碰着贼爷爷——一路货
黄鼠狼给鸡拜年——勿怀好意
两个哑子困在一横头——旡啥话头

月亮里点灯——空挂名
灯草当拐杖——靠勿住
船头上跑马——走投无路
泥菩萨过江——自身难保
老婆鸡生疮——毛里有病
老和尚念经——千篇一律
风箱里老鼠——两头受气
鸡蛋碰石头——自不量力
小葱拌豆腐——一清二白
姜太公钓鱼——愿者上钩
哑子吃黄连——有苦说不出
王小二过年——一年不如一年
狗跟粪缸罚咒——没用
老虎嘴里拔牙——作死
阎罗王的阿爹——老几(鬼)
石头上掼乌龟——硬碰硬
牯牛身上拔毛——不在乎
叫花子吃死蟹——只只好
高射炮打蚊子——大材小用
城头上出棺材——远兜远转
老婆婆吃豆腐——有嚼旡嚼
慢(后)娘拳头——早晚一顿
顶着石臼做戏——吃力不讨好
猪八戒照镜子——里外不是人
白笔画在白墙上——白说
三只指头捏田螺——稳拿
一跤跌在青云里——交好运
螺蛳壳里做道场——轧闹猛
粪缸(坑)里的石头——又臭又硬
也线头(针)对金刚钻——针锋相对

第十八篇 人物

本篇分人物传记、人物简介、人物表录等3章收录人物。本志人事变动止于2003年8月，但考虑到人物任职情况和所获职称、荣誉等的完整性，故本篇记述人物时限延至2017年。

第一章　人物传记

本章立传鹿河镇（籍）已故人物6人，其中，古代人物2人，现代人物4人，中国人民解放军副团职及以上干部2人，国民党军队少将1人，文艺界名人、国务院特殊津贴获得者1人。以下立传人物以卒年为序排列。

秦藩（生卒不详）　明代鹿河人，字良翰。明成化十一年（1475）乙未科进士，任浦江知县。清道光十年（1830）施若霖撰《璜泾志稿》载其亡故原因云：因失宦官刘瑾意罢官，瑾诛事甫白，寻卒，年仅三十。秦罢官回乡，曾作诗自叹："酒史茶经未易删，清秋官舍正消闲。为言何处莼鲈美，家住沧江玉影山。"又说秦藩因母死奔丧，于途中病故。其墓在镇西北葫芦浜近侧。

孙梦逵（1706—1763）　江苏昭文人（昭文即常熟县，孙梦逵为泗洲乡人，泗洲乡时属昭文县，1952年划入太仓鹿河），字庄九，号中伯。清乾隆壬戌（1742）进士，官至内阁中书，后升迁宗人府主事。其故居在鹿河小东街。乾隆年间江水泛滥成灾，孙梦逵奏请拨款筑塘岸，奏本上有"洪潮高达丈二"等语，帝问何知潮高丈二，孙梦逵随口答"七尺圩岸五尺蒿，蓬蒿头上浪滔滔"。乾隆即准奏拨款。筑江堤、御洪水、保民众、护庄稼、夺丰收是深得民心之举，农民都欣喜若狂，踊跃参加。沿江四、三、五、八图（图为当时的行政区划名称）的农民因承担筑堤劳务，不再参加开河疏浚劳务，故流传"四三五八图，永世不挑河"的俗语。

又《东张镇志》载：乾隆年间，治内泗洲乡人孙殿九（孙庄九之误，庄九是孙梦逵的字）任职京城，官至尚书，归里省亲，适逢秋汛怒潮。时任太仓知州的宋楚望贤能有为，颇有声望，有天访孙，两人即商讨治水事宜，倡议沿海筑堤，捍御潮患。遂上奏皇上，奏折上写道："秋风怒潮，丈二之高，声若惊雷，势如山倒，沃野千里，浊浪滔滔，人为鱼鳖，幸存嗷嗷，欲策宁宇，筑堤挡潮，恳求龙恩，准奏赐诏。"户部尚书曾以海潮怎能丈量、丈二高度依据何在质询。孙梦逵机智地说：七尺圩岸五尺蒿，蒿草头上浪滔滔，不是潮高丈二吗？户部无言以对，只好面奏皇上批准筑堤。孙梦逵回来后发动民工亲临工地，修筑皇岸（海塘），五月始竣。从此，太仓、常熟沿江地区幸免秋汛大潮之害。

孙梦逵死于权奸谗言。一日乾隆皇帝上朝问及长江水一日几潮（潮汐）。孙回答一日两潮。权奸进谗言：万岁爷一日才一朝，孙说江水一日两潮，是孙心地不正。皇帝为此动怒，下旨杀害孙梦逵。其他官员慑于帝威不敢有异议，以致众口一词说孙梦逵口祸遭戮。后权奸失势，冤案得到昭雪，孙梦逵恢复名誉，被赐予厚葬，将无首之尸配上金头、戴上缨帽下葬。为防盗墓，共筑七十二座孙墓，其中七十一座为疑冢空穴。墓地有两处，一处在王秀孙桥村，孙桥地名因孙墓而得；另一处在鹿河原轮窑基附近，孙墓均用大石构筑，俗称"石坑坟"。

朱行（1928—2003） 原名周铭华，四川省达县军分区政治部主任。出生于一个小业主家庭。从小受父母熏陶，喜爱文艺，爱听京戏。11岁去方家桥拜师，当学徒期间常到茶馆听戏、听书。民国33年（1944）春，经地下党介绍，去常熟参加新四军，组织上派他化装成小开来往于常熟太仓之间送信。在太仓认识太仓第一任县长浦太福。之后，组织上又送朱行过江去抗大（中国人民抗日军政大学）学习。朱行在江北参加战地服务团工作，专门负责新四军干部家属的生活安置。抗日战争胜利后，朱行被编到华东野战军，在高炮团任俱乐部主任。淮海战役中，每到一地，俱乐部就为当地群众演出自编自演节目。中华人民共和国成立后，朱行参加抗美援朝战争，任73师俱乐部主任，负责全师官兵的文化学习和娱乐活动。在朝鲜期间，常与朝鲜人民军歌舞团一起联欢演出。1954年，朱行受到朝鲜金日成主席和我国杨勇司令员的亲切接见。从朝鲜回国后，朱行被中央军委抽调进西藏军区文化部，任文化科长（副师级）。1965年，全面负责八一电影制片厂进藏拍摄电影《农奴》相关工作。在拍摄条件极其艰苦的情况下，朱行与摄制组人员同吃同住，拍摄期间做了大量工作，影片中的小强巴就是朱行邀请来的藏族群众。该片完成后，朱行受到总政治部的嘉奖。电影《农奴》摄制结束后，朱行全面负责军区文工团工作。他2次参加西藏军区在北京办的学习班，2次受到毛主席接见。他创作的作品在《高原战士报》和《解放军报》上发表，并被《解放军报》评为三等奖。1971年，朱行被调到四川省达县军分区，任政治部主任，直到1984年离休。

曹津生（1919—2005） 国民党军队少将军衔。就读于鹿河小学、太仓中学，毕业后考入国民政府空军航校，成为中国自己培养的第10期飞行员。抗日战争期间，在成都、昆明、陆良等地参加对日作战行动，历任少尉飞行员、中尉飞行员。2005年12月14日在台北病故。

张振环（1929—2011） 又名张春泉，中国人民解放军空军飞行员，副团职干部（技术九级）。1936—1950年，先后在鹿河小学（私塾）、常熟县补习班、太仓县中、苏州工业专科学校读书。1951年1—8月，在浙江笕桥空军第六预科总队一大队四中队学习。1951年9月至1952年9月，担任空军司令部管理处供应科科员。1952年10月至1953年4月，为空军第六航校七大队一中队飞行学员。1953年5—11月，为空军第六航校一团二大队飞行员。1953年12月至1954年6月，为空军第六航校二团四大队飞行员。任飞行员期间安全飞行2000余小时，多次完成急难险重任务。1954年7月至1981年6月，任空军第六航校后勤部机场营房科工程师（建筑）。1956年12月30日，被空军司令部、政治部记个人三等功一次。1959年4月，加入中国共产党。在营房科工作期间，多次受到部队嘉奖。1981年6月退休（在河北保定市第一干休所）。2011年7月7日，因病去世。

周黎明（1923—2015） 舞蹈艺术家，享受国务院特殊津贴。儿时在鹿河小学读书，后到常熟布店当学徒。民国34年（1945）参加新四军，打过仗，并参加部队文艺演出。1955年，筹建江苏省歌舞团。1956年，创作舞蹈《段龙》参加全国文艺会演。同年，导演舞剧《送瘟神》。后又编导、创作、参演《青春》《东郭先生》《红色少年》等。1956年，被任命为江苏省歌舞团副团长。1960年，当选江苏省文联常委、省舞蹈艺术研究会副会长。1956—1966年，先后接待苏联红旗歌舞团、英国蓝伯特芭蕾舞团、日本松山芭蕾舞团、印尼民间舞蹈团、朝鲜歌舞团等海外演出团体。1980年，当选中国舞蹈家协会常务理事，同年，当选为江苏省舞蹈家协会主席。1985年，在江苏省第五届舞代会上连任主席，在全国舞代会上当选中国舞协主席团成员，在南京被聘为江苏省国际文化交流中心理事。1985年开始编写《江苏民间舞蹈集成》，任主编。1987年，《中国民族民间舞蹈集成》（江苏卷）获中国民族民间舞蹈集成编辑部通过，于1988年由中国舞蹈出版社出版，并受到文化部表彰。周黎明还与人合作，编有《舞蹈纪程》《中国舞蹈论文集》《吴晓邦谈艺录》。1993年开始，享受国务院特殊津贴。1997年，获文化部嘉奖。1988年开始，享受厅局级干部生活待遇，1993年正式离休。离休后被聘任为江苏省文艺系列高级职称评委会委员，省"五个一工程"评奖委员会委员。

第二章　人物简介

本章简介鹿河镇（籍）人物14人，其中军界副团职及以上干部6人，国家机关和地方行政、经济管理部门副处职及以上干部5人，国务院特殊津贴获得者1人，全国劳动模范2人。

本章所录人物的所在村名、社区名仍用2002年时的名称，后面括注的原村名为1999年并村前的村名。以下简介人物以出生年月排列。

陆石生　1933年7月生，鹿河镇新鹿社区人，中国人民解放军海军大校军衔。1950年12月，在璜泾棉织中学读书时响应祖国“抗美援朝、保家卫国”号召，应征入伍，参加中国人民解放军海军。1952年初，为北海舰队高射炮兵第二团六连战士，在参加入朝作战突击训练中荣立二等功。后留守保卫青岛，在二团司令部任作战训练参谋10余年，多次立功受奖。1964年7月起，先后在海军政治部《人民海军》报社任编辑、副主编、主编（处长）。1965年8月6日，因采访报道战斗英雄麦贤德事迹，荣立三等功。1985年4月，在《当代中国海军》编辑部任编辑（副师职）。先后参与编纂《当代中国海军》《近代中国海军》和《中国人民解放军军兵种历史丛书——海军史》等书籍，并再次荣立三等功。1988—1990年，参与修编《中国人民解放军第二野战军战史》，该书获得第五届中国图书一等奖，陆石生在内的全体修编人员受到邓小平亲切接见。1988年，授海军大校军衔。1996年退休。

孙锦华　1936年11月生，鹿河镇新鹿社区人，经济管理教授，享受国务院特殊津贴。1956年加入中国共产党。1962年7月，北京铁道学院（现为北京交通大学）铁道经济专业毕业后留院工作，后任北京交通大学经济信息教研室主任、经济系主任。注册会计师、注册税务师。精通法语、英语、俄语等3国语言。先后带过10余位硕士研究生。1989—1990年，作为国家高级访问学者被派往法国巴黎第九大学考察管理信息系统教学与科研，并考察法国高速铁路等。撰写著作8部，发表论文10余篇，完成科研课题9个，从教、著书获众多奖项，其中，《审计技术计算机化研究》成果被铁道部采用，获国家教委颁发的全国高等学校人文社会科学研究优秀成果二等奖，《铁路经济效益审计》获铁道部科学技术进步四等奖，《2000年中国铁路应用计算机展望》获铁道部优秀论文三等奖，《关于理论成本几个问题的探讨》被纳入财政部会计论文集。获评“八五”优秀科技工作者。

曹浩　1940年6月生，鹿河镇新鹿社区人，太仓市政协原副主席、侨联原主席。1957年9月参加工作，历任鹿河小学教师，鹿河农业中学教师、教导主任。1962年6月，任鹿河卫生院会计、药剂员，璜泾地区中心制剂室主管、药剂师。1986年1月，任太仓县第二届侨联副主席。1987年4月起任政协太仓县（市）第七、八、九、十届委员会副主席，政协苏州市第七、八、九届委员会委员，政协苏州市第十届常委，政协江苏省第七届委员会委员，太仓县第九届人大代表。1987年8月，任中国民建太仓县（市）支部、总支部主任，民建苏州市委员会第九、十届委员，民建江苏省委员会第四、五届委员会委员，中国民建第六次代表大会代表。1988年11月起任太仓县（市）侨联第三、四、五届主席，1998年12月任侨联名誉主席。1990年，兼任太仓台胞台属联谊会第一届名誉会长，第二、三、四、五届顾问。2003年1月退休，任太仓市侨联顾问、第四届太仓市政协联谊会副会长。2007—2015年任第五、六届太仓诗词协会会长。

邱如林　1945年10月生，鹿河镇东影村（原东泾村）人，少将军衔。1960年由璜泾中学选送至中国人民解放军张家口外国语学院就读。1962年毕业后分配在当时的解放军总参谋部某部工作，历任技术员、参谋、参谋组长、副处长、副局长、局长等职。1993年任总参谋部某部副部长。1995年，被授予少将军衔。2000年升任某部部长，正军职。多次获评部队先进工作者，获部队三等功2次。

高小华　1948年2月生，鹿河镇长洲村（原长城村）人，太仓市人大常委会原副主任。1964—1966年，在太仓县农业技术学校读书。1966—1976年，在鹿河公社长城大队任农技员、革委会副主任、大队党支部副书记。1977—1990年，在鹿河公社（乡）先后任党委副书记、革委会副主任、乡长、党委书记。1990—1993年，任太仓县牌楼乡党委书记、人大主席。1993—2001年，任太仓市城建局局长、党委书记，市建委主任、党委书记。1999年，被省绿化委评为省国土绿化先进个人。1999—2001年，获太仓市委、市政府记三等功3次。2000年，被建设部评为全国优秀建委主任，被苏州市委、市政府评为苏州市十佳人民满意公仆，并享受苏州市劳模待遇。2001—2008年，任太仓市政协副主席、市人大常委会副主任。2008年2月退休。

顾振华　1952年6月生，鹿河镇长新村（原长沙村）人，全国劳模，高级经济师。1975—1992年，先后任太仓服装厂车间主任、副厂长、厂长。1992—1996年，任江苏雅鹿集团董事长、总经理。1996—2002年，任上海华源企业发展股份有限公司董事、党委副书记、总经理。2002年至今，任江苏新雅鹿集团有限公司董事长兼总经理，兼任太仓市纺织服装协会会长，太仓市、苏州市工商联副会长，省服装协会副会长，省工商联执委，中国服装协会常务理事，江苏省政协委员。在顾振华的带领下，雅鹿集团不断发展壮大，企业从初期的单项服装生产厂发展为集研发、生产、销售、自营进出口贸易于一体的综合型集团，在服装、地产、金融、矿业、石化、化纤等领域取得显著业绩。顾振华曾获省优秀共产党员、省优秀党务工作者、全国纺织工业劳模、全国优秀乡镇企业家、全国五一劳动奖章、全国劳动模范、第四届非公有制经济人士优秀中国特色社会主义事业建设者等荣誉。

包锦球　1953年4月生，鹿河镇新明村（原新幸村）人，大校军衔。1969年12月应征入伍。1970年5月至1972年7月，在中共中央编译局执行“支左”任务。1974年1月至1988年8月，在陆军某司令部作训处任测绘员、参谋、副处长、处长。其间，4次荣立三等功。1988年9月至1989年7月，在中国人民解放军国防大学学习。1990年9月至1998年8月，调装甲兵坦克师工作，任装甲步兵团团长、师参谋长、副师长。曾率领部队完成全军装甲兵夜训试点和装甲兵数字化部队试验任务，受到当时的总参谋部通报表彰，荣立三等功，并被评为全军科技练兵先进个人。1996年，被中央军委授予大校军衔。1998年9月至1999年3月，根据中央军委命令执行出国培训任务，在俄罗斯总参军事学院高级进修班学习。1999年5—12月，到当时的北京军区朱日和训练基地，任全军科技练兵观摩活动专家组组长。2000年12月至2002年6月，任河北省军区承德军分区司令员，中共承德市委常委。2002年7月至2005年5月，任河北陆军预备役步兵师师长兼河北省军区副参谋长。2001年，当选河北省第十届人大代表。2005年6月退役，转业到江苏省政府研究室任副主任。

张绍良　1954年9月生，鹿河镇新海村（原滨海村）人，部队技术5级、文职3级（正师）。1972年12月入伍，1975—1978年进入第二军医大学军医系学习，1983—1986年进入第一军医大学军医进修班学习。毕业后，到122医院任内科主治医师；1994年，到101医院任心内科副主任医师；1995年，任干部病房副主任。2001年，被评为文职3级；2009年，获评主任医师、技术5级。2010年退休后被返聘，继续在医院工作，主要从事内科临床医学工作，曾为炮九师医院安装埋藏式心脏起搏器1例，成为原南京军区部队范围内第一位能在师级医院安装心脏起搏器的专家。在各种省级以上杂志发表论文73篇，曾任《国外医学心血管疾病分册》第四、五届编委 、《国际心血管病杂志》第一届编委，《中华现代医院管理杂志》常务编委，与他人合编专著《经食道心房调搏术》。获步兵第3师科技一等奖1项，获军队科技进步三等奖1项，获无锡市人民政府自然科学三等奖1项，被第二军医大学评为优秀带教，多次获评优秀共产党员、先进工作者。

夏林祥　1956年9月生，鹿河镇东影村（原玉影村）人，太仓市人大常委会原副主任、党组副书记。1976年8月，任鹿河公社党委委员、团委书记；1980年3月，任公社党委委员、革委会副主任。1981年9月，在江苏工学院农机管理专业学习。1984年7月，任太仓县委办公室政策调研组组长；同年9月，任老闸乡党委副书记；1985年3月，任老闸乡党委副书记、乡长；1987年3月，任老闸乡党委副书记、经联会主任。1988年2月，任太仓县（市）体改办（委）副主任。1994年3月，任太仓市政府办公室副主任（1992年8月至1994年12月，在中央党校函授学院经济管理专业本科班学习）。1997年1月，任太仓市委办公室副主任、研究室主任（1997年9月至1999年6月，在苏州大学文学院文艺学专业研究生课程进修班学习）；1998年2月，任太仓市委办公室主任；2002年11月，任太仓市委常委、办公室主任；2003年4月，任太仓市委常委、秘书长、办公室主任；2006年6月，任太仓市委常委、市委政法委书记；2011年1月，任太仓市委常委、市委政法委书记、市人大常委会副主任；2011年7月，任太仓市人大常委会副主任、党组副书记。为太仓市第十、十一、十二次党代会代表，太仓市第十四、十五届人大代表。2016年10月退休。2011年5月被中共江苏省委、江苏省人民政府表彰为2006—2010年全省社会治安综合治理先进工作者。

夏锦良　1961年10月生，鹿河镇东影村（原玉影村）人。兴业证券股份有限公司党委委员、副总裁、首席风险官。1983年毕业于江西财经学院财政金融系，获经济学学士学位。1987年毕业于上海财经大学财政金融系，获经济学硕士学位。先后在江西财经大学、苏州大学财经学院从事教学工作7年。1994年2月起，先后在江西瑞奇期货经纪有限公司苏州业务部、江苏东华期货经纪有限公司上海营业部、兴业证券股份有限公司上海金陵东路营业部、兴业证券股份有限公司资产管理部、哈尔滨哈里投资股份有限公司、兴业证券股份有限公司风险管理部和合规法务部及合规与风险管理部等单位工作，任总经理或副总经理。2015年12月起，任兴业证券股份有限公司合规总监。2017年6月起，任兴业证券股份有限公司党委委员 、副总裁、首席风险官。

工作期间，出版著作1本，作为主编、副主编参编著作5本，在国内刊物发表学术论文和译文近30

篇共计67万字。1991年，出版的著作《公债经济学》（中国财经出版社出版，全国财经院校通用教材）获评江苏省第三次财政科学研究成果三等奖。1992年，被江苏省教委评为优秀青年骨干教师。在兴业证券工作期间，获得优秀经理奖、最佳总经理奖、兴业证券兴证奖（兴业证券最高奖）等奖项。

高玉良　1962年11月生，鹿河镇新海村（原滨海村）人，教授、博士生导师，为全军电子对抗雷达领域著名专家、空军专家。1980年11月入伍，1985年加入中国共产党，现任空军预警学院电子对抗雷达研究中心主任、信息对抗系电子对抗实验室主任，兼任空军院校高新技术研究中心主任、军队科技进步奖评审委员会委员、军内科研项目立项评审委员会委员。2008年受国务院表彰并享受国务院特殊津贴，同年，受中国人民解放军四总部（总参谋部、总政治部、总后勤部、总装备部）表彰，获军队育才系列最高奖项全军军队院校育才奖。2009年，作为武器装备领域专家，被四总部表彰为全军爱军精武标兵，同年，受聘为空军级专家。2011年，被表彰为“十一五”空军装备科研工作先进个人，被《空军报》评为2011年空军年度人物。2015年，因对军队装备事业等做出突出贡献，受四总部表彰，获军队科技最高荣誉军队杰出专业技术人才奖。荣立二等功1次、三等功2次。当选空军第十一次、十二次党代会代表。

张怡英　女，1964年7月生，鹿河镇飞鹿村（原鹿南村）人，全国劳动模范。1980—1997年，先后在鹿河针织厂、鹿河西服厂、雅鹿绣品厂工作，任绣品厂副厂长。1997—2008年，任雅鹿集团有限公司副总经理；2009—2016年，任雅鹿控股股份有限公司副总经理；2016年至今，任雅鹿控股股份有限公司董事长，长期分管公司的生产及新产品的研发、设计工作。2006年，获全国纺织工业劳动模范称号；2008年，获中华全国总工会授予的全国五一劳动奖章；2010年，获评全国劳动模范。

何振良　1967年11月生，鹿河镇长洲村（原泗洲村）人，外交部亚洲司参赞。1984年7月毕业于璜泾中学（高中），同年，考入北京外国语学院学习。1988年7月毕业于北京外国语学院日语专业，进入北京外交人员服务局工作。1996—2000年，在中华人民共和国驻日本国大使馆工作，历任三等秘书、二等秘书。2001—2007年，进入外交部亚洲司工作，历任二等秘书、一等秘书、日本处副处长等职。2005年，获北京大学国际关系学院法学硕士学位。2008—2011年，任外交部处理日本遗弃在华化学武器问题办公室副主任（参赞衔）。2011—2014年，任外交部亚洲司参赞、外交部处理日本遗弃在华化学武器问题办公室主任。2015—2016年，任中华人民共和国驻日本国大使馆公使衔参赞、使馆新闻发言人。2016年7月至今，任中华人民共和国驻福冈总领事。

邱卫国　1976年4月生，鹿河镇东影村（原东泾村）人，大校军衔。1995年毕业于沙溪中学（高中），同年，考入南京航空航天大学飞行器设计专业学习。1999年毕业，获工学学士学位，同年，进入南京航空航天大学航空宇航学院计算机辅助飞行器设计专业攻读研究生。2005年，获工学博士学位，毕业后到中国人民解放军某部队参加工作。2010年，立三等功1次。2015年，获研究员技术职称。2016年，被授予专业技术大校军衔。工作期间，先后负责、参加国家863计划和部队科研项目10余项，带领团队获得技术成果一等奖1项，科技进步二等奖2项、三等奖1项。带头研制的装备和系列软件受到部队认可。

第三章 人物表录

本章列表收录2017年及以前原鹿河镇（籍）地方行政副处级、正科职干部7人，副高级及以上知识分子8人，江苏省、苏州市、大仓市劳动模范17人。鉴于2003年8月鹿河镇撤销建制镇，并入璜泾镇，故本章列表表题所涉镇名用“原鹿河镇”表述。

表 18-1 2017 年及以前原鹿河镇（籍）副处级、正科职干部名录

姓名	性别	出生年月	工作单位及职务
陆春林	男	1936.3	鹿河乡党委书记，沙溪乡党委书记
陆敏琪	男	1949.2	老闸镇党委书记，城厢镇党委副书记、人大主席
夏锦良	男	1958.1	浮桥镇党委书记，市总工会党组书记、副主席
邵惠锋	男	1960.5	太仓港经济开发区港区管委会副主任、农村工作局局长
毛耀良	男	1964.11	昆山市委政法委副书记，昆山市农委党委书记，昆山市政协常委、社会事业委主任
楼浩平	男	1965.5	太仓市委组织部副部长，太仓市社保局局长
袁志强	男	1966.6	太仓市安监局局长

注：表中夏锦良为原鹿河镇新海村人。因本篇第二章人物简介中有同名同姓夏锦良，故加注说明。

表 18-2 2017 年及以前原鹿河镇（籍）副高级及以上知识分子名录

姓名	性别	出生年月	学科（专业）	职务职称	工作单位（获评时）
徐惠忠	男	1941.2	语文	中学高级教师	鹿河中学
林耀明	男	1954.11	数学	中学高级教师	璜泾中学
高　敏	男	1958.10	机械工程	高级经济师	无锡市发改委
高红勤	女	1959.12	中医	主任中医师	太仓市中医院
楼培德	男	1962.1	通信技术	大学教授	北京邮电大学
王耀琪	男	1962.12	数学	中学高级教师	璜泾中学
田文学	男	1963.7	数学	中学高级教师	璜泾中学
李耀文	男	1963.8	工程机械	高级工程师	美国OFS公司

注：此表中学高级教师，仅收录在鹿河中学及并镇后在璜泾中学任教时获评的鹿河籍教师。

表 18-3 2017 年及以前原鹿河镇（含外来管理人员）省市级劳动模范名录

姓名	性别	出生年月	荣誉称号	授予年份	工作单位（获评时）
高　龙	男	1929.3	江苏省劳模	1965	归庄镇政府
顾渭渔	男	1932.3	江苏省劳模	1980	鹿河供销社
高协丰	男	1935.11	江苏省劳模	1980	鹿河长城村

续表

姓名	性别	出生年月	荣誉称号	授予年份	工作单位（获评时）
朱铭源	男	1947.2	江苏省劳模	1982	太仓市机械总厂
张金元	男	1953.5	江苏省劳模	2006	鹿河农技站
顾迎化	女	1979.11	享受省级	2011	雅鹿集团有限公司
魏志红	男	1957.1	苏州市劳模	2012	江苏申久化纤有限公司
吴惠芳	女	1962.12	苏州市劳模	2012	璜泾镇雅鹿村
包洪兴	男	1958.4	太仓市劳模	2004	雅鹿集团有限公司
周庆亚	女	1963.5	太仓市劳模	2007	雅鹿集团有限公司
周雪芳	男	1969.1	太仓市劳模	2007	江苏申久化纤有限公司
高国球	男	1957.8	太仓市劳模	2010	璜泾镇农业技术服务站
孙惠琴	女	1964.11	太仓市劳模	2010	苏州勤益化纤纺织制品有限公司
周洪英	女	1968.1	太仓市劳模	2013	江苏长乐纤维科技有限公司
陆洪昌	男	1966.11	太仓市劳模	2016	太仓市鹿杨蔬果生产专业合作社
刘亚东	男	1969.10	太仓市劳模	2016	江苏申久化纤有限公司
陈慧媛	女	1982.12	太仓市劳模	2016	华伦皮塑（苏州）有限公司

附录

在漫长的岁月中，鹿河境内留下了许多值得探索的文化现象和奇闻逸事。为传承历史文化，一批热衷于文史搜集整理的退休干部、退休教师，写下了许多文史资料。本附录选择他们撰写的文章，分民间传说、文化拾遗、往事回眸、留住乡忆等4个部分予以录入。

1974—1979年，在鹿河与璜泾交界处，曾办有太仓知青驻场生产生活的长江林场。知青驻场6年，虽时间不长，但在林场磨炼的经历给他们的人生留下了深刻烙印。事隔40余年，当年风华正茂、现已步入老年行列的知青，回首往事，感慨万千，写下了许多回忆文稿。为留存长江林场的历史，传承当年知青艰苦奋斗的创业精神，附录中专门录入《知青时期的长江林场（1974—1979）》一文及有关知青创作的诗稿，以飨读者。

一、民间传说

（一）关公暗助百姓消灾降福

鹿河民间特别信奉关公（关羽），此俗由来已久，说来也有几分传奇色彩。本文先从鹿河有一块“关爷地”的传闻说起。

在鹿河原长沙村境内，有块称“关爷地”的田块，这块几十平方米的土地，土壤呈暗红色，庄稼长不好。据祖辈传说，这地方原是三国时期蜀汉名将关羽被杀害的地方，土壤呈暗红色是关羽流血所致。东吴孙权部下吕蒙、陆逊用骄兵之计，使关羽败走麦城。关羽被擒后宁死不屈，惨遭杀害。关羽生性刚直，武艺高强，疾恶如仇，惠施黎民，故鹿河百姓对关羽之死深表痛惜，特别是附近村民，对关羽被杀害的这块“关爷地”倍加保护，从不去乱垦乱挖，直到如今仍有这块土地的痕迹。

相传，关羽被杀害后，他的阴魂常常在鹿河显圣，帮助百姓消灾降福，“关爷地”四周的好多人家就从没染上瘟疫。在鹿河镇东市梢，有条磨刀桥（1958年被拆除），桥一侧的石头上有较明显的磨刀痕迹数处，相传即是关公在此桥石上磨他的青龙偃月刀，桥也因此得名。民间认为，关公在这里磨快了刀，专杀那些祸害百姓的瘟神。农历五月十三关老爷生日那天下的雨，就是关公磨刀泼的磨刀水，下雨就是关老爷已经把刀磨快了，瘟神将被斩除，百姓将平安健康。不下雨就说明关公没有磨刀，百姓就会担心瘟神作祟。

鹿河境内有许多专门供奉关羽的庙宇，如关帝庙、关王庙、关王阁等，其他如草庵、崇福道院、牌河庙等也塑有关羽神像。这些庙宇平时香火很盛，善男信女络绎不绝。农历五月十三关公诞辰日前后，一些地方人士还请京戏班子到鹿河演几天“关爷戏”，以表示对关老爷的崇敬，祈求关老爷保佑一方平安。演戏期间把关老爷的神像也抬到戏场里看戏。“关爷戏”一般要演3天，看戏不用买票，费用由地方热心人士捐助，作为向神灵许的愿，所以群众称“关爷戏”为“愿戏”。据说演戏时不能演关公败阵的戏，不然戏台会坍塌。

鹿河民间尊敬推崇关公，不但供奉关老爷的庙宇多，而且带“关”字的名字也不少，百姓企盼自己的孩子能够无病无灾，健康成长，就把孩子寄名给关老爷，由此起名叫张关、李关、关明、关福、关昌、关元、关英等。有的人叫出了名，寄名就叫成大名。如今，鹿河年长者中仍有不少以“关”字命名的。由此可见，鹿河民间一直有信奉关老爷的诚意。（高龙稿）

（二）玉影山及其地名的传说

鹿河地处长江口冲积平原，境内没有山，连个土丘也很难找到，可谓一马平川，但令人不解的是，玉影山地名却很早见诸史籍。明成化乙未科（1475）进士、鹿河人秦藩，回乡时曾留下一首七绝，诗曰：“酒史茶经未易删，清秋官舍正消闲。为言何处莼鲈美，家住沧江玉影山。”如今，鹿河境内已见不到此山，但人们还常常把玉影山挂在嘴边。那么，何来玉影山及其地名呢？

民间相传，三国东吴时期鹿河有个女子，名唤徐玉印，是官居仆射（高级武官）的徐真的孙女。

徐玉印从小受家庭影响，颇有为国效劳的志向。她婚后跟随丈夫到东北为军营挑选良马。在一次运马途中，丈夫不幸被盗贼杀害，但她没有畏缩，续干夫业。当时，东吴首领孙权为建立骑兵队伍抵抗曹操入侵，亲自到徐玉印处挑选战马。徐玉印在东北选了很多龙驹宝马，运回后分文不收，献给孙权组建骑兵队。徐玉印帮助孙权壮大了骑兵队伍，孙权帮助徐玉印报了杀夫之仇。由此，两人产生感情。相传，孙权十分爱慕徐玉印，并多次托人求亲，最终娶徐玉印为二房。徐玉印跟随孙权，在军营中出谋划策，助孙权打了不少胜仗。但后来由于宫廷争斗，徐玉印被废黜回家，几年后含恨而死。祖父徐真为此悲愤交加，不久也去世，他临终前嘱咐，将徐氏宅院改建成庙宇（后来的圣像寺），庙址选于徐玉印墓傍。

徐玉印死后，人们钦佩她为国效劳，不忘到她墓地扫墓培土，日积月累，年复一年，以至坟墓越堆越高，像座小山。后来人们把徐玉印墓叫成了“玉影山”。这样，鹿河就有了玉影山及其地名了。实际上，玉影山是徐玉印的墓冢。至于“玉印”为何写成了“玉影”，民间有这样一说：徐玉印在人们心目中留下了好的印象，为了让这座小山留下徐玉印的影子，就将“玉印山”改写成了“玉影山”。但究竟何故，还有待深考！

20世纪50年代初，还能见到玉影山。山在鹿河镇东郊，高10余米，占地700平方米左右。50年代末，被夷为平地。

（高龙稿）

（三）杨海海与聚宝盆的故事

杨海海与聚宝盆的故事在鹿河民间广为流传。这则故事虽属虚构，但从另一个侧面反映了人们有着勤劳有收获、好人有好报的愿望。现予以简单记载。

从前，鹿河有一个人，名叫杨海海。他与母亲相依为命，靠捕捞维持生计，过着贫苦的生活。杨海海十分勤劳，天天出去捕鱼捉虾。有一天，他到海里（长江，江边人习惯称长江为“海”）去牵鱼（用网捕鱼），第一网牵起来，鱼未见到，却有一个破钵头，杨海海随即把它掷掉。可是，第二网和以后数网，都是这个破钵头。于是，他把这只破钵头拿回家，当狗食钵用。

用了这个狗食钵后，一连几天，钵里的狗食都未动。杨海海以为狗不要吃，并没去多想。一天，有个平子（专为女人修面的人）为他母亲修面，那天是雨天，平子撑了一把雨伞，到杨海海家后将雨伞竖在狗钵里。平子修面完工后走了，杨海海发现狗钵里的雨伞平子没有拿走，就连忙拿了伞追上去还给她，结果他看见平子手里也有一把伞，两把伞一模一样。回到家里，只见狗食钵里又有了一把伞。于是，杨海海试把铜钿放入钵里，拿掉后，一会儿又有了，他又将银子放入钵里，也是拿掉后又有了，始终拿不完。这时，杨海海才知晓：这是个“聚宝盆”。从此，杨家财源滚滚，富甲一方，杨家成了江南富户。

（高龙稿）

二、文化拾遗

（一）鹿河民俗摆祭桌

中华人民共和国成立前，鹿河镇每年都要在农历正月二十举行一个以祭祀火神为主的盛典，相传火神为祝融，故称“祭祝”。又因祭祀时要摆放不少祭桌，“祝”与“桌”同音，所以群众也称摆祭桌。据说，这一祭祀民俗只在鹿河小镇流传。

这一民俗始于何时？据我父亲讲，民国15年（1926）他到鹿河学生意时问的八九十岁的老人也答不上来，只讲是老祖宗传下来的。后当地道院里有扶乩（太仓俗称“开沙盘”）者称始于明代。那时倭寇出没于长江，不时上岸掳掠，杀人放火，镇上百姓为保一方平安，特举行祭祀活动，祈求神仙保佑，免降火灾等大难。其实扶乩本身就是迷信，扶乩者说“祭祝”始于明代只是推测，并不靠谱。

鹿河镇旧有4条街，摆祭桌日期和规格都不一样。西街、中弄、北弄3条街摆祭桌要拣农历正月里的非“火日”，且只搞一天，祭桌供品比较简单，宫灯也不挂，当天就结束。唯独最热闹的东街不忌“火日”，每年正月二十摆祭桌，风雨无阻，而且从正月十五就开始，连续数天，祭桌供品花样多、规格高，祭祀仪式庄重热烈，颇能吸引群众眼球。

那几天，整条东街摆满祭桌。由东向西看去，头道祭桌供着全猪、全羊（宰后去毛的囫囵猪、羊）、原甏黄酒。接着是一座居于街道正中的甘蔗牌楼，牌楼虽是以大的红皮甘蔗为主要材料，通过竹签插、铅丝扎而搭成的，但做工相当精细。梁柱、窗格、屋檐、栏杆都刀刻加工，雕成龙凤、鸟兽、祥云，栏杆上还镶嵌着用南瓜、白萝卜雕成的图案花板，黄若金、白如玉，整座牌楼气势恢宏，巧夺天工。街两旁店铺前排列放满各种供品的祭桌。有陈列猪头三牲、立鸡立鸭斋供，间隔各种花卉盆景，珠子串成的龙、凤、“马八骏”，还有雄鹰、狐狸、松鼠等动物标本。有一种叫“水看”的盆景，是用南瓜、青白萝卜雕成八结、如意、定胜等“暗八仙”图样，浇上清水装入盆内的，看似简单，但雕刻功夫使人佩服。那个时候，没有冷藏条件，供品中夏、秋季才有的西瓜、桃子、葡萄、黄瓜、茄子、辣椒、刀豆等蔬果，大家也视为珍奇。斋菜是从南北货店借来的，如山珍有驼峰、熊掌，海味有鱼翅、海参。碗菜无非是荤素斋筵、茶食水果、干湿蜜饯。街道两侧檐下张挂绣花彩色布幔，布幔下悬挂明谷宫灯，排须飘拂，十分庄重，夜晚点上蜡烛，直至深夜才灭。

东大街底十字弄口设有佛台，斋供的是“火烈大帝”（祝融），还有49个神仙作陪（都是用纸马代替塑像）。这50个神仙纸马要从正月半斋起，直到正月二十，佛台上天天焚香点烛，摆满供品，香烟缭绕。佛台前设有鼓手台，鼓手们有坐有立，终日丝竹和奏，曲牌吟唱，吹吹打打，此起彼伏，十分热闹。

“祭祝”到正月二十下午6时左右“送佛”后结束。在镇南鱼池沿广场焚化50个神仙纸马和大量的“元宝”“帛纸”（冥币），意即将神仙连同百姓孝敬的“钱粮”一起送上天庭，让神仙“得人钱财，予人消灾”，保佑人间平安。此时鼓乐齐鸣、鞭炮连声。“送佛”仪式要延续半小时之久。晚上，由经办者邀有关人员赴宴聚餐，待酒足饭饱之后进行抓阄，确定下年摆祭桌的经办者。

摆祭桌期间，鹿河镇上外地商贩和走江湖者云集，“卖拳头”“活猢要把戏”“西洋镜”“小热昏”“变戏法”等都有，做小买卖的江北小船把镇上的鱼池挤得水泄不通。四乡八路群众都来参观欣赏珍稀新奇的祭桌供品，开开眼界，顺便逛逛节日市场。整个镇上人山人海，热闹非凡，饮食店和茶食铺等商家无不利市十倍。这一民俗活动在沦陷时期一度中止，抗日战争胜利后恢复。1949年以后，鹿河又连续2年举行摆祭桌活动，1951年后始停。（夏肇中稿）

（二）亲历鹿河走盛灯

笔者小时候，农户习惯在元宵节买盏“状元灯”，点上蜡烛挂在树上，谓之“牵高灯”。还有放双（翅）蝴蝶鸢（风筝），鸢线上挂上十多盏小灯笼，称“牵鸢灯”。我们小孩玩的是兔子灯。有些年，村里也掉（舞）龙灯，后来又有要滚灯。掉龙灯、要滚灯的来自多个村，都是争强好胜的年轻人，有一年赌气相约，分东西两局走盛灯，比赛别苗头。

所谓走盛灯，就是举行大规模的游行灯会。灯会中展示各式各样精美的彩灯，有人执的称步行灯彩，安装在方桌上用人抬的称台阁彩灯。还有京昆剧折子戏中的人物，步行的称步行戏名，站坐在桌子上用人抬的称台阁戏名。前者都由成人扮演，后者则由幼童扮演。灯会中还夹杂着江南丝竹等民乐表演。

笔者最记得的是抗日战争胜利后第二年元宵节的那次走盛灯。那时我七岁，被选为台阁戏名的扮戏对象，扮的是《萧何追韩信》中的萧何，与我搭档扮韩信的是同龄人、璜泾的顾某某，他是鹿河老药店主王寿成的外孙。因是亲身经历，故记忆犹新。记得灯会前，我们儿童早早吃了晚饭，集中到一个地方，有人为我们化妆，穿上小戏衣，戴上小戏帽。因我扮演的是萧何，还挂上假白胡子（髯口）。我和扮演韩信的顾某某站在经过美化处理的桌子（台阁）上，被要求做一个急匆匆骑马赶路（手执马鞭）的戏剧动作，关照在围观群众多时才做，途中就随便了。同时走灯时间长了，怕我们肚子饿，大人还给我们准备了小吃。我记得父母给我准备的是煮熟的荸荠。途中无人观看时，我就摘下假白胡子吃上几个。

因为笔者是台阁演员，加上年龄小，对这次走盛灯的全貌不太清楚，而我父亲作为观众，倒比较了解。他在《回忆录》中记述比较全面。其中讲到，考虑到走盛灯是临时性的，鹿河所制作的彩灯全部用薄亮有韧性的纸糊，大中型的灯点蜡烛，小型的灯点猪板油，微型的灯用电珠、干电池。

步行灯彩有“四妹钓鱼”“四妹扑蝶”“四妹放鸢”，这些灯彩都安有机关，有执灯人牵黑丝线操纵，鱼儿头尾皆动，蝴蝶翩翩起舞，鸢子上下翻飞，活灵活现。《小尼姑下山》更夺人眼球：一个小女孩扮小尼姑，胸前巧妙地装上假僧头，后背装上假尼姑脚，表演一个年轻和尚背着一个俏尼姑，以真头假脚、假头真脚化妆成2个人。

灯彩台阁都悬牌示意。像《鹰雄图》台阁，台上老松树上一只雄鹰展开翅膀，朝着树下一块石头上站着的公鸡虎视眈眈，公鸡也不示弱，怒目以对。像《三羊开泰》台阁，台上升起半轮红日，朝霞万道，三只犄角各异的山羊并肩朝着太阳。有个装置活动机关的台阁叫《犀牛赶水》，台上牛与车盘均在旋转，车轴戽板在翻动，实际台侧有人在摇动机关。再有叫《胭脂虎》的台阁，台上伏着一只斑斓猛虎，虎侧站着一个美貌女郎，玉手抚摸着虎颈，像个驯虎女郎。还见一个满台雪景的叫《踏雪寻梅》的台阁，梅树和寻梅人伞上以及地上都安着白花衣，夜间看去一片银装，梅树和伞骨上系了电珠，一闪一闪地发光。一个《月宫得宝》的台阁，台上装着月宫灯彩，嫦娥手中捧着的灯彩玉兔，活泼得像要挣脱嫦娥的手往下跳，真是巧夺天工。戏名台阁都是京昆剧所演的一些折子戏，什么《吕布戏貂蝉》《狸猫换太子》《萧何追韩信》《太白醉酒》等。

父亲在回忆录中还写到，走盛灯过街串村，每到村口都有迎接的人，名曰接灯。他们雇来吹鼓手，并准备了爆竹。灯队走到接灯处须排列整齐，缓步行走。此时接灯人大放爆竹，吹鼓手吹着唢呐，从头灯起一直吹到尾灯走过，从不停歇。

经办走盛灯的人员相当辛苦，他们除前期准备外，走灯期间每夜走什么灯、抬什么台阁、走什么路线，都要事先计划，隔天安排，还要配备抬台阁的、掮旗打伞的、维持秩序的、途中供给蜡烛灯火的等等勤杂人员。几个晚上下来，经办人员眼睛红肿，喉咙沙哑。

鹿河这次走盛灯大约三个晚上，灯彩夜夜翻新，戏名天天不同，吸引了四乡八镇群众纷纷前来观灯，镇上闹猛程度空前。走灯经费由富户、商家分摊。这次走盛灯以后，鹿河没有再搞过。

（夏肇中稿）

（三）鹿河镇上的崇福道院

我13岁（1926）到鹿河学生意，后在鹿河成家立业，对鹿河的过去较熟悉。鹿河集镇虽不大，但中华人民共和国成立前庙宇不少，庵、堂、寺、院、庙俱全。庵有草庵，在北弄桥堍；堂有三元堂，在七家村东，后有一对母子自称神仙附身，假此装神弄鬼敛钱，改称大仙堂；寺有圣像寺，在镇东郊，寺内有泥土叠成的玉影山，又叫望海墩，登山可见长江；院有崇福道院，在市西元宝泾畔；庙有城隍庙，在中弄底。我到鹿河时草庵已没有尼姑；三元堂也没有观主；圣像寺仅剩三间房，没有和尚；城隍庙早已变成小学，城隍老爷连同皂隶塑像都搬到草庵去了；唯有崇福道院香火旺盛。

崇福道院又名祖师道院，常熟县东张的白艾堂道院和沙营庙都归其管辖，建于何时不详。道院占地数亩，三面环水，风景优美，建筑高大宏伟，甬道两侧树木参天。山门里供着一尊三眼王灵官塑像，赤发红须，怒目圆睁，左手执鞭，右手掐诀，脚踏风火轮，威严之态令人生畏。

跨入庭院，见分列两棵银杏古树，大可合抱，枝繁叶茂，高与云齐。

两边侧厢，西首是耀生师（在院道士）的诊所；东首叫牵磨房，供着一些小神像。

走过庭院天井步入正殿，两边木架上置有巨大的钟与鼓。那只铁钟，传说是海里氽来的，撞击时会发出“懊恼来”的回响，其实并非如此，只是以讹传讹。正殿后来由镇上冯某等人改作关岳阁，两边分别供着关帝（关羽）和岳帅（岳飞）塑像，一个红脸，一个白脸，关平、周仓和岳云、张宪分别立于关羽和岳飞两侧护卫。关羽忠义诚信，岳飞精忠报国，均为后人所敬仰，故香火很旺。

后殿供奉的是玉皇大帝和三清神像，令人诧异的是还有一尊千手观音像，神佛同聚一堂，共享人间香火。

道院正殿东首有几间偏房和一个小天井。天井虽小，但奇花异草，曲径通幽，别有洞天。偏房内曾设萃真坛，供奉济公佛像，并置砂盘扶乩，为人“指点迷津”。

崇福道院出家道士颇多。据传该院当家法师有大房、二房，各收徒弟继承，故道士众。当时，我只知徐裕明法师，其法名徐大兴。他多才多艺，是个全能的，在做道场、打公醮等道教法事活动中，诵经、念咒、跳舞、画符、掐诀、步罡、踏斗什么的样样在行，哪个环节缺人，他都能顶上去，且认认真真一丝不苟，因此受到大家赞誉，在正乙道士中声望很高，不足之处是鼻音略嗡。

他的得意门生叫吴耀生，法名吴养性，分管沙营庙，善于针灸推拿，为群众治病。徐大兴年迈告退后，由吴养性继承衣钵。

崇福道院由于树木高大且多，炎夏酷暑十分阴凉，除善男信女去烧香外，镇上群众常去乘凉歇息。同时，道院庭院较大，镇里几次请来草台戏班在里边演戏。中华人民共和国成立前一年，鹿河小学校长易人，原校长不甘，借道院成立民办小学，带出部分师生在道院的厢房、偏房内上课，直到两校合并搬回原址。

至今，崇福道院已荡然无存，仅留下一棵银杏，作为历史的见证。另一棵银杏在1955年被伐掉，当时还出了伤亡事故。因为伐大树必须先锯掉旁枝，由修树匠孙某上树操作，为保安全，其先将自己缚在另一旁枝上，不料被锯的旁枝断后猛撞其胸部，孙某因缚着身躯动弹不得无法躲避，就这样断送了性命。有迷信者说，古树有神灵，动它不得。但是，最后那棵银杏树还是被伐倒，也没有什么怪异事发生。

崇福道院这一鹿河镇上的古迹没有被保存下来，实在令人惋惜不已。（夏晓稿）

（四）童年的乐趣——“壁铜板”

“壁铜板”是我们儿时的一种游戏。那时候，村里的一群小孩闲着没有事，往往就玩“壁铜板”。铜板是古代传承下来的一种钱币，用铜片铸成，直径2~3厘米，正面饰有龙纹，背面有制作的年代。如光绪年间，就铸有“光绪”两字。那时我们到父亲或爷爷那里，总能要到这种铜板作为玩具。

“壁铜板”怎么个玩法呢？在四邻中找一家砖砌的用石灰粉刷的外墙，因为这样的外墙壁比较平整光滑。参加人数至少2人，最合适是3人。在墙壁前各人随便找好自己的定位，右手拿着铜板，按事先定好的顺序，用力把铜板往墙上扔，铜板撞墙后会反弹出来，反弹离墙最远的为优势者，但这还不能定谁输谁赢。接下来，优势者左脚站在自己这个铜板位置，右手拾起铜板，同时右脚可以向前跨一步，但左脚绝对不能动，然后向劣势者的铜板位置瞄准丢去。这时候可能会出现四种情况：丢上去的铜板离劣势者铜板位置很远，两者之间的距离远远超过大拇指和食指张开的最大尺度，这就意味着优势者一无所获；若两块铜板距离等于或小于大拇指与食指张开的最大距离，则优势者赢，可得三等奖；如果丢上的铜板正好碰上劣势者铜板，但优势者的铜板又滚得很远了，可得二等奖；最高奖就是优势者的铜板丢上去正好重叠于劣势者铜板上。那时候小孩子能有什么奖品呢？平时收集的香烟壳，或者刮几个鼻子，就是胜利者最大的快乐。我们就这样玩着，直到太阳下山，炊烟四起，家人叫喊时才散去。随着时光的流逝，我也不知不觉地度过了儿童时代。（王钊昌稿）

三、往事回眸

（一）路

我们小时候，乡间的路是弯弯的，窄窄的，只能容一个人行走，可谓羊肠小道。稍大一点的路，可两个人并排行走的，叫官路。通向集镇、三四尺宽度的路，俗称“大官路”。

记得1956年，我们鹿河8位同学考取了太仓县一中。那时鹿河到县城没有公路，乘轮船去太仓，也只璜泾有航班，鹿河没有。那时，我们10余次往返于太仓与鹿河之间，靠的是两只脚行走。走一次得花6~7个小时，脚上磨起蚕豆瓣大的血泡也照样走。

土路很难走，不但狭窄、弯曲，而且路面不平坦。一下雨，路面烂、软，很滑，一不小心就跌跤。雨后的羊肠小道，高低不平，活像核桃壳，俗称“核桃路”。那时候，人们雨天均穿钉鞋走路。钉鞋的鞋面用土布做成，鞋底要用数十层土布合成，还要钉上几十颗铁帽子钉，然后涂上桐油，晾干后钉鞋鞋面很硬，但不浸水。雨天着钉鞋走路不湿脚、不摔跤，一步一个脚印。

20世纪70年代初，我在新泾中学任教，从家到学校要步行1个小时，走的是弯弯曲曲的泥路。晴天还好，遇到刮风下雨，脚穿钉鞋，手撑黄布伞，顶着风，裤子都被淋湿。就这样，风里来，雨里去，“南征北战”十余载。

记得有一次，我去常熟东张联系工作，去时天气尚好，我骑自行车上路，回来时半路下雨，自行车两个车轮沾满了烂泥，不能转动，无法骑行，只好掮着自行车步行。外面下雨，里面流汗，一路上掮掮歇歇、歇歇掮掮，艰难行走。第一次穿的新皮鞋变成了泥鞋子，新裤子成了泥裤子。天黑时候，才回到学校。

看看现在，回顾过去，变化之大，真是天壤之别，现在有高速公路、高速铁路、地铁轻轨……村村通公路，户户有汽车，交通四通八达，发展日新月异。赶上了一个崭新的时代，真是幸福。

（陆俊良稿）

（二）行灶

灶是人们生活中必不可少的炊事用具。中华人民共和国成立前，穷人家烧饭，用烂泥加稻草搅成的泥涂灶；家境稍好的人家用单眼灶或双眼灶；富裕人家烧的是三眼灶（放一个铁锅子叫一眼）；不定居户和船上生活的人用的是又一种灶——行灶。把一个敞口的小缸开一个口子，放上一个锅子，就成行灶，可以搬来搬去。一般的行灶用陶砂烧制而成，颜色为火黄色。行灶烧饭在露天，因外面有风，很难引火，又因柴湿，常常烧不着，使用行灶烟气多，烧灶人往往被呛得睁不开眼。

记得1962年8月的一天，队长派我和另2位社员到太仓西郊装粪，船上就用行灶烧饭。粪装满后，一边摇船，一边烧饭，行灶灶膛内火花少，烧不旺，就用“火通”吹，到直塘才烧好一锅饭，估计用了2个小时。同年9月，到阳澄湖卷草积肥，一天到晚泡在水里，用两根篾竹竿卷棉条草，装在船舱内，运回生产队，堆在泥潭里做草塘泥作肥料。烧饭也用行灶，但阳澄湖水面风大，直冲行灶内，点不着火，就把行灶搬到船舱内，火点着了，可烟呛得人睁不开眼，眼泪鼻水流下来，结果中饭没烧成，大家饿了一顿。到晚上风小一点，才好不容易烧成一锅饭让大家吃上。

回忆过去烧行灶，看看现在用煤气灶，真是天差地别。科技在发展，生活在变好，社会在前进，梦想在实现。

（陆俊良稿）

（三）灯与火

20世纪70年代中期，农村才通电有电灯。我们小时候，开始点的是油盏头：在一个小盆子内倒上一点菜油，搁在约20厘米高的支架上，把一两根灯草浸在盆内菜油里，一头露在外面，点燃后，有极微弱的光。唐朝文学家韩愈在《进学解》中写道："焚膏油以继晷，恒兀兀以穷年。"说的大概就是这一灯如豆的油盏。

后来进步了，晚上点洋油灯。说洋油，其实是煤油，因为是进口的，所以称洋油。最简易的煤油灯是自制的，其主体是一个高10~15厘米、直径3~4厘米的玻璃小瓶子。瓶内装些煤油，圆形的金属瓶盖上开一个孔，直径约0.5厘米，垂直通一根圆柱形的金属管子，一头向下，插入瓶中，一头向上，露出瓶外，管内穿一根相当粗细的纱线条。纱线条浸着煤油，点着后产生微弱的光。这种简易的煤油灯，只能在室内用，移到室外，遇到风，灯就熄了。条件好一点的人家用从商店里购买的煤油灯，灯分三部分：上为大肚子贮油器，中为捏手，下为直径约10厘米的底盘。铜皮做成的龙头与贮油器的大肚子口相旋。中心扁管内旋一根灯绳，一头伸入煤油，一头向上，有螺丝可将蘸油的灯绳上下拧动，以调节灯火的大小。玻璃灯罩套在外面，由龙头的四只向上的脚管住灯罩。这煤油灯比油盏头自然要亮一些。比古代勤学之士的凿壁借光、囊萤映雪不知要好上几十倍。但比起现在的电灯，那简直是小巫见大巫。

现在夜间外出，驾驶的汽车、摩托车、电瓶车都有车灯。以前连手电筒也没有。外出用什么照明呢？我们孩时见大人用灯笼。所谓灯笼，是纸糊的篾器，形状有椭圆形、圆柱形等。底部一根横档，中心钉一个钉，钉尖向上，以插蜡烛。上端用绳子拴在竹竿上，竹竿的另一头由人捏着。哪家遇到红白喜事，则灯笼高挂。所谓张灯结彩，这个灯就是指灯笼。

火哪里来？我们小时候见到大人用石刀打火，两石相撞产生火星，火星燃着煝头，用嘴巴对着煝头轻轻吹气，火就燃旺了。所谓煝头，就是用黄色的类似学生写大楷的那种纸卷成的长条。成语"电光石火"中的"石火"，就是石片与石片不断撞击所产生的火。可要打出火来，既费时，又费力，相当麻烦。有了火柴，取火就容易得多了。那时它不叫火柴，叫洋煝头。这是因为这玩意儿，中国不会制造，要向外国进口。现在也有火柴，价格很是便宜，是我国自己制造的，不用再进口了。现在取火，很多人不再用火柴，用打火机更方便。

社会在不断进步，人民生活水平在不断提高。许多过去生活中常用的东西被新的东西替代，渐渐被人们遗忘。今天，我重新拾起被遗忘的旧东西，写成回忆文章，展示我们在社会生活中的部分足迹，不无意义。回忆过去，可以让我们珍惜今天，更可以展望未来。

（龚国澄稿）

四、留住乡忆

（一）鹿河老街鱼池海

鹿河镇南有条老街叫鱼池海，紧靠一个十来亩水面的鱼池。原来那里在镇背后，只有靠西有条混堂弄延伸出单边小街道，其余是沿湖一块较大的公共场地。20世纪60年代开始，那里陆续建房开店，至80年代，逐渐形成“匚”形街道，变为小镇上最为热闹的地方。

鱼池曾是小镇“母亲湖”

在使用自来水之前的漫长岁月里，这个辗转通长江活水的鱼池，是镇上最大的公共水源。那时候，河道污染少，附近老虎灶、茶馆、饭店等店家和居民的用水都从鱼池里汲取。人们洗洗涮涮也在鱼池里进行。为此，湖边建有几座条石大水桥供人们使用。

鱼池海又是避暑消夏的好去处。那时候，没有电扇、空调，大热天人们就在湖边寻个阴凉处避避暑，或到湖中游泳降降温。鱼池边那爿茶馆兼书场的水阁凉亭，因为常能吹到清凉的湖风，故经常顾客盈门。晚饭后，鱼池海又成了附近居民乘凉的好地方，男女老幼掮竹榻、掇凳子蜂拥而至，直至夜深才回家睡觉。

昔日偏僻的鹿河交通闭塞，不通公路，客运、货运全靠蜿蜒曲折的河道里来往的船只。鱼池海靠紧市中心，水面又较大，理所当然成为船码头，经常停泊着南来北往的船只。当年，那种开船前吹“海波螺”的机器脚划船让小镇的居民惊奇了一阵。后来，进港时会使湖水先退后涌的轮船开来，又让在水桥上洗涮的小镇居民不是氽掉盆桶，就是浸湿鞋袜裤管，引来惊叫和哄笑声一片。

20世纪50年代前，每年春节，鱼池海里都会停满来做小买卖的外地连家船和演马戏、草台班戏的戏班船。那些来“赶节场”的连家船大多是苏北来的，船很小，船棚紧贴水面，人一走动船就左右摇晃。

农业集体化时，每到粮棉上市季节，鱼池海和附近的河道又会停靠不少农村生产队的船只。从木船到水泥船，到后来的挂桨船，来时满载卖给国家的粮食和棉花，走时带回购买的化肥、饲料等生产资料。那时候，鱼池海里船只停泊得水泄不通，中午时分，饮食店里顾客盈门。

春节常现“清明上河图”

昔日鹿河春节期间有摆祭桌的民俗，那是祈祷火神免灾保佑的祭祀盛典，举办时间从正月半到正月二十，故鹿河的春节非常热闹。因鱼池海有块较大的公共场地，临时集市都安置在这里。那时候，前来鹿河跑码头做买卖的人特别多，有流动商贩，有民间艺人，有游医药贩等，三教九流，各显神通。他们或搭棚摆柜设立店铺，或掮台掇凳安置临时摊点，或挑骆驼担流动见缝插针，整个鱼池海摊点星罗棋布，一直延伸到很远的地方。

商贩以卖炒货、小食品、糖果居多。如江北长生果（花生）、葵花子、削光荸荠、海棠糕、方糖、棒糖等。这类食品现在看是再平常不过了，但在当时，一来当地没有，二来现做现卖，小镇人只感到新鲜。

商贩中卖玩具的也不少。玩具有胡琴、空竹、纸卷蛇、“花脸脸”、风筝、风转转，木刀枪宝剑、泥叫蛙、万花筒等等。这些玩具色彩鲜艳，大红大绿，多数系商贩自产自销。由于价格低廉，在洋玩具未出现在农村时，颇受小镇儿童的欢迎。

有供看西洋镜和无声电影的。西洋镜，一个特制的木柜，外面有几个观看孔，经营者边唱着小调边击打小锵钹以招揽生意。放映无声电影是搭一个密封的棚，里面有银幕，外面有好多观看孔，记得大多是西洋哑剧之类的搞笑动作片。那时候，农村闭塞，文化生活非常贫乏，大家对西洋镜、无声电影等感到新奇，都会去尝试一下。

民间艺人有做面人的、吹糖人的、做棕榈小动物的。他们将作为工作台的担子在路边一放，很多小孩就会围上观看。只见他们用灵巧的双手，将五颜六色的面团、糖团和翠绿的棕榈叶，或捏捏揉揉、剪剪贴贴，或吹吹弄弄，或编编穿穿，就制作成活灵活现的面人、糖人或小动物。尤其是吹糖人，既能玩，又能吃，颇受小朋友欢迎。

吸引人的还有“小热昏”卖梨膏糖。他们两人一档，敲着镗锣又说又唱，内容风趣诙谐，表情动作夸张滑稽，常引得群众捧腹大笑。“跑马撮戏法”（马戏）也挺吸引人。表演的节目主要是杂技、马术、戏法（魔术）。印象最深的“三上吊”（空中飞人）：将小女孩演员的发辫同高架上悬下的绳子缠绕在一起，然后把小演员吊在高空，来回晃荡，表演多种惊险动作，真是“一发千钧”，让观众为演员安危捏一把汗。

游医药贩有“卖拳头”的伤科，他们表演武术、硬气功，兼看伤，卖自制的伤膏药；有推着装了草药、动物犄角之类药材的车子，撑着一顶大布伞的“野郎中”。

在此期间，不仅镇上的居民、乡下的农民，毗邻的四乡八镇的群众都会赶来，观看鹿河摆祭桌的盛况，顺便到鱼池海游逛购物。那时候，鱼池海真可谓人山人海，人声鼎沸，其热闹场面，可与宋画《清明上河图》上的画面媲美。

发展渐成环湖商业圈

遵循江南水乡集镇市中心临水之处商业必然发达的规律，环湖商业圈也逐渐在鱼池海形成。鹿河菜市场原来在市中心十字弄口有“肉砧墩”（肉店）和“鱼囡子”（鱼摊），沿街摆放着一长串卖蔬菜的担子。20世纪50年代中期成立了食品站，鲜肉、水产供应门市部迁移到了鱼池海，菜贩们也搬往鱼池海，那里成了小镇新的露天菜市场。到了20世纪70年代，镇上填塞了鱼池一段，就地盖了个玻璃钢棚，荤素菜摊全部进棚交易（后来又东迁至新区），鱼池海告别了露天菜市场的历史。

昔日，鱼池海作为“市背后”，商店并不多，除了两家茶馆（兼书场）、一家酒饭店和一家老虎灶外，西侧傍河有爿木行，东侧河边有个酒作坊，其余是成片的农田。20世纪60年代后，粮食部门、供销社看到那里依湖傍水，面积较大，运输方便，有利于贮放粮食、棉花、化肥等大宗物资，于是分别征地，大兴土木，先后将粮食供应站、粮库、棉花收购站、土产废品收购站和农资商店等从已不适合业务发展需要的旧址，搬迁至鱼池东侧。与此同时，合作商店在渔池海空地北侧建起了新网点，把在老街经营的饮食合作商店、茶水合作商店等都迁移出来，山地货商店（兼营水果）扩大了门市部营业场所。1976年后，茶馆翻建成楼房，上面专设书场。乡里的文化中心、电影院等也相继在那里建造开业。粮食部门又在鱼池边盖了大楼，开了商店，供销社则将糖烟酒等商店也搬到了鱼池海。

由于镇上老街的商业网点向鱼池海靠拢，在90年代鹿河整个商业街区向东市新区发展之前的相当长一段时期内，鱼池海成了小镇的商业中心，从早上到傍晚，熙熙攘攘，非常热闹。

90年代起，商业中心逐渐东移，新建的街道上网点鳞次栉比，商品琳琅满目，市场十分繁荣。最早的老街早已变成居民区，鱼池海则成为西市梢一段相对偏僻的街道，鱼池里也因公路的四通八达而少了船只。鱼池海车水马龙、人流如潮的喧闹场面，已成为老鹿河人的记忆。（夏肇中稿）

（二）鹿河小吃“陈脆梅”

鹿河集镇很小，但商家供应的点心小吃倒不少。先父夏晓在回忆录中写道：“解放前，鹿河镇上休闲小吃、糕点、酒面，得到当地人赞誉的有陈德甫的脆梅，出名‘陈脆’。还有楼永二的盐跌扁豆，赵爱生的油余臭豆腐干，马松公公的汤山芋，王生娘子的粢饭糕，汤春的甜板糕，王才标的炉烘香脆饼，俞天保的浇切糖，陈允朋的红烧猪头肉，周南山的拌小肉，王老四的十年头陈绍酒，崔义恒的陈大糟，周祥的黄酒酸醋等。”那时候小镇有点名气的小食品不讲究店号品牌，只以店主命名。上述食品笔者幼年时有的尝过，还有印象，例如“陈脆”，有的没有吃过，或者虽吃过但因年代久远，忘了。

上面提到的“陈脆”，是一种糖脆梅，为蜜饯果脯类小吃。因为其色同鲜果青翠欲滴，肉质脆嫩爽口，甜、酸、香具备，形、色、味俱佳，食后开胃生津，令人回味无穷，故深受当地群众欢迎，尤其受嗜食甜品的小孩子们的青睐。至于陈德甫是本地人还是客居鹿河的外乡人，长什么模样，其制作糖脆梅所需的原材料——青梅果子是自家果树上生的还是到外地采购来的，笔者那时年幼，距今70多年，一点印象也没有了。《太仓县志》称，太仓历史上民间就有果梅种植，以家庭散种为主，不乏名品，清王昶著《直隶太仓州志》载有“果之属梅，有消梅、鹤顶红、金刚拳诸佳种”。无独有偶，毗邻鹿河的璜泾镇上，昔日也有青梅果脯蜜饯，其名“何德利糖脆梅”，又称“糖雪梅”，也是青酸甜脆，能开胃生津，生意颇佳。

鹿河“陈脆梅”笔者幼时虽然吃过，但如何制作没有见过，不得而知。据有关资料，糖脆梅制作流程的第一步是选料，选用七八成熟、尚未变软的鲜果；第二步是硬化处理，通过表面针刺捌眼，浸泡在食盐等制成的浸液中，使果实保持脆度；第三步是透糖，即将经硬化处理的果子浸泡在以白糖为主配制的糖液中，经几次加热、浓缩浸渍，使梅果内部糖液浓度逐渐与外部糖液浓度相等，梅果外形由收缩到膨胀如初；第四步是干燥，把梅果从糖液中捞出，滴干糖液，在六十多度温度下进行干燥，要求含水量占三成左右；最后一步是包装。鹿河陈德甫脆梅也好，璜泾何德利脆梅也罢，估计其制作方法同上述工艺流程大同小异。

如今市场空前繁荣，各类蜜饯果脯琳琅满目，应有尽有，顾客根据口味喜好，随时可以选购各种蜜饯果脯品尝。昔日备受青睐的糖青梅虽然依旧存在，但已不再独领风骚。（夏肇中稿）

（三）芦苇编织在鹿河

芦苇用处较多：青叶子可以包粽子，芦根可入药，成熟的秆茎可以用来加工晒花帘、建筑帘和芦席。昔日，农村住草房的贫苦农户还用芦苇秆茎制成“芦编墙”代替砖头作墙壁，制成“仰编”代替屋面下的幕板砖，制成“床编”代替棕绷。

晒花帘是昔日农家必备的用具，一般农户至少有一二顶，甚至更多。制作芦帘，鹿河地区称“押帘子”，因技术要求不太高，故不少农民都会操作。建筑帘主要用于房屋建筑的屋面下，其加工工序与晒花帘相同，但材料要求低。芦席主要用于遮盖露天保管物资和造房建棚，编织工艺较复杂，会此技术的农户较少。

芦苇在太仓境内河塘边、沟渠边和长江边都能见到，至今仍有，不过都是零星野生的。20世纪60年代，县江堤绿化管理部门为绿化长江滩地，增加经济收入，利用鹿河长江段江滩种植芦苇成功。至60年代后期，芦苇已连绵成林，面积很大。笔者老家长城大队和长江大队在长江滩涂地区的芦苇林绵延数公里，密密匝匝，郁郁葱葱，颇为壮观。1968年开始，县供销社与县江堤绿化管理部门合作，由绿化管理部门组织民工收割芦苇，供销社负责收购芦苇供应给集体编织厂和沿江农民，用以加工晒花帘、建筑帘和芦席。供销社再收购制成品供应市场。

自供销社参与芦苇和芦苇制品经营后，全县芦苇编织业一度飞速发展，红红火火。鹿河地区尤盛，不仅开办了集体性质的新泾编织厂，把制作芦帘和芦席作为主要生产项目之一，而且广大农户，尤其是沿江农户，把制作芦帘和芦席作为重要的家庭副业。那时候正值“文化大革命”时期，农民发展家庭副业受到种种限制，编织芦帘、芦席因是直接卖给国家（供销社），属受鼓励的“合法”家庭副业，受到群众青睐，要求购买芦苇的人特多。但是，由于芦苇货源毕竟有限，僧多粥少，故出现抢购俏销现象。

销售芦苇季节是在冬天。那时候，江滩上堆着一垛垛收割下的芦苇，像一座座小山包；设在长城大队江堤边的县绿化管理处的几间小房子内外人头攒动，挤得水泄不通，大家争着购买芦苇。但是，买到芦苇并非易事。那个时期搞计划经济，芦苇首先供应编织厂，因为他们是集体单位，货源要保障，他们买去了芦苇的“大头”。当时，全县有鹿河公社、璜泾公社前进大队、城郊公社的三个编织厂，这些厂生产柳条编织品，也生产芦苇编织品。销售开始后，这些厂都派专人前来开票和提货。沿江紧靠芦荡的大队也有少量分配计划，因为当年种植芦苇和每年收割芦苇都要依靠他们组织群众去参与。大队将芦苇分配到生产队，生产队再分配到农户。

购买芦苇靠批条的也不少。有的确实是困难户需要特殊照顾，公社就开出证明；有的则靠拉关系搞来批条。搞不到批条的群众，有的不厌其烦整天蹲在开票处与销售负责人软缠硬磨，终于买到了少量芦苇，但有不少群众拥挤了好久结果失望而归。

那几天，从长江边往鹿河必经的大路上，整天都是运输芦苇的车流人群，有的用扁担肩挑，有的用拖车装运，有的用自行车装运，各显神通。由于人来车往，土路上满是散落的枯芦叶、芦花和尘土，别有一番景象。

全县供销社收购晒花帘最多年是1980年，共收购53700顶；建筑帘收购最多年为1972年，共收购54000顶；芦席收购最多年为1973年，共收购119000张。这些产品大多供应给县内生产队、有关单位和群众，有的销往外地，如晒花帘多数销往产棉地区。

70年代中期后，因长江南岸江滩被江水侵蚀，鹿河江滩芦苇逐年减少，至80年代初期，供销社停止收购。

（夏肇中稿）

（四）鹿河几句歇后语的由来

我国地域辽阔，民间语言中的歇后语，除了公众熟悉、已成为书面语的那些外，还有不少地方性特强的口头语中的歇后语。这类歇后语只为当地群众所知道并运用，其他地方对其是“丈二和尚——摸不着头脑”。鹿河地区流传的几句歇后语就是这样，不要说外地人对此“摸黑隆冬”，就是当地有些年轻人也对其出典知之甚少。其实，这几句歇后语出于几个故事。

1.大明瘌子——屈天冤枉

这句歇后语是关于一个杀人凶犯被捕后老喊冤枉，妄图抵赖逃脱惩罚的故事。命案发生在清光绪年间昭文县（现常熟市）东张镇的横塘市，小镇上有个姓柯的老板开有一爿鲜腊店，该店雇用的屠夫柯大明（绰号大明瘌子）看中柯老板小女二花，但二花爱的是店里的年轻学徒夏丰丰。柯大明单相思，由嫉妒生歹心，在某夜闯入二花房里，凶残地将情敌夏丰丰杀死，并威胁二花不准吐露真情，否则要杀死她，走时将夏丰丰尸体装进麻袋抛入河中。不久，夏丰丰尸体被当地罱泥的农民发现，报案至吴市白茆巡检司衙门。地方官未认真侦查，只令柯老板补偿苦主家若干银两，命案不了了之。对此，群众愤愤不平，议论纷纷，被害人娘舅怒而越级告状至昭文县衙门。知县迫于民众公愤，下乡开棺验尸，并传讯柯老板父女，二花讲出真情，凶手柯大明被缉拿归案，后被判处斩首（见《东张乡志》）。据传，县官在公堂审讯柯大明时，柯百般狡辩，矢口抵赖，一直高喊“屈天冤枉”，妄图逃避惩罚。但终因人证、物证俱在，最后只得认罪伏法。后来就有了“大明瘌子——屈天冤枉”这句歇后语，不过这“屈天冤枉”是反话，有讽刺取笑之意。由于鹿河与东张乡横塘市毗邻，且有两个村本属常熟县东张乡，故这句歇后语也在鹿河流传开来。

2.某五娘子石团柱——空场面

“石”是鹿河方言“煮”的意思；团柱是弹棉花时用来拨弹弓弦的木制工具，手榴弹状。这句歇后语讲的是一位家贫女子死要面子装阔出洋相的故事。

传说民国时当地有贫民某五妻虚荣心强，虽然家徒四壁，穷得叮当响，但喜欢在人前摆摆样子，装装场面。一次，有亲戚到她家，她家中荤腥菜肴全无，无法招待。她怕说了实话丢面子，于是急中生智，假装客气地要留亲戚吃饭，背着亲戚将团柱放入锅中，添水烧火“石”得锅中发出“噗噜、噗噜”的响声，对亲戚慌说是在“石”咸肉。亲戚开始当真，后觉得怎么只听见响声，闻不到煮咸肉的香味，就产生怀疑，趁她走开之机偷偷揭开锅盖，才见庐山真面目。那亲戚知趣，没有拆穿“西洋镜”，推脱有急事不在此吃饭了，赶紧离开，免得穿帮后使对方难堪。不过，此事后来还是被传开来，变成民间一大笑料，由此产生了“某五娘子石团柱——空场面”这句歇后语。

3.踢脚敲铜锣——凑人头

这句歇后语，讲的是吹鼓手缺人，拉门外汉凑数的故事。

鹿河地区过去居民办婚丧事都要请吹鼓手，办喜事时吹鼓手称“小唱”。这些吹鼓手大多世袭，还兼理发，且有固定“门图”（经营对象户范围）。吹鼓手出门做生意，根据民间规矩，本家要求去几个人就去几个人，去少了一来生活做不转（人手不够的意思），二来对本家难交代。有时“门图”内同时有几家居民红白事“轧日”（即挤在同一天），吹鼓手忙不过来，但又不想让“门图”外的吹鼓手抢生意，就协商分成几帮（小组），每帮请一两个熟人临时帮忙凑人头。这些帮忙人是门外汉，怎么办？吹鼓手自有办法：在鼓手台那里，让帮忙人坐在吹鼓手旁边，安排他们敲铜锣、敲锵钹，待奏乐需要敲一下锣或钹时，同凳的吹鼓手就用脚踢一下帮忙人，帮忙人得到信号，就敲一下锣或钹。整个乐曲听起来衔接得天衣无缝。除了懂行的群众外，一般人根本不知道这个班子里有一两个"南郭处士"在滥竽充数混饭吃。即使有人知道，但碍于情面，也很少当场点破。由此，民间流传开"踢脚敲铜锣——凑人头"这句歇后语。不过，这种凑人头的做法，有时也会闹笑话。传说有次某吹鼓手班子临时请来凑人头的一个外行朋友，开始时，在同凳的鼓手"踢脚指挥"下有条不紊地敲锣，不料后来鼓手台的台底下钻入一条狗，那狗坐在地上翘起一条大腿在颈处"刷刷刷"地挠痒痒，狗腿刚好碰在外行朋友脚上，外行朋友感觉"信号"连连，以为奏乐需要，就"急急风"似的"堂堂堂"连敲大锣，将整个乐曲节奏搞得"稀里呼罗"一团糟，鼓手们个个惊得目瞪口呆。此时，那狗吓得赶紧钻出台肚，夹着尾巴逃之夭夭。众人了解原委后哄堂大笑。

4.某某三赌铜钿——六（屡）教不改

鹿河有个文化不高的嗜赌之徒某某三，一个北方干部教育他戒赌，并警告他屡教不改是犯罪，要判刑。某某三对普通话一知半解，常常缠隔戗，这次把"屡教不改"误当"六次不改"，以为赌六次才会判刑，赌博不到六次不会吃官司，于是变本加厉继续狂赌，后来真的被逮了去，在高墙里待了几年。鹿河民间因此多了一条这样的歇后语："某某三赌铜钿——六（屡）教不改。"

5.野人掼稻——早完早歇

所谓"野人"并非神农界原始森林中要找的未开化的人，而是昔日鹿河人对外地人乃至外国人的一种叫法，没有贬义。野人掼稻，是雇请外地人帮忙水稻脱粒。外地人中有些是毗邻常熟县纯棉区的农民，稻区脱粒时他们已农闲，来鹿河帮忙掼稻好增加收入。因为外地人一般当天就要赶回自己的家中，路比较远，因此在帮雇主掼稻过程中分秒必争，抓紧时间劳作，很少休息，尽一切可能提前完成当天的脱粒任务，争取早结束早歇工回家。后来就有了"野人掼稻——早完早歇"这句歇后语，并引申用于所有工作，意思是只要抓紧，当天任务早完成，就可以早下班、早休息。现在在鹿河地区使用这句歇后语的频率还很高，几乎人人会讲。

6.扳罾起水——人要跑哉

扳罾是昔日农村捕鱼的一种传统网具，网衣方方的，用四支竹竿作十字形架系牢，再配上撑竿、绳子，下在河里牵（捕捞）鱼。若一个时辰牵不到鱼，渔民就要将扳罾从水中牵起来，拔出撑竿换个地方重新下网或干脆回家。因此，扳罾起水就意味着马上要走人离开，故后来产生了"扳罾起水——人要跑哉"这句歇后语。由于扳罾牵鱼早已淘汰，这句歇后语现在几乎没有人说了。（夏肇中稿）

五、知青时期的长江林场(1974—1979)

(一)创办概况

创办缘由 20世纪70年代中期,全国性的知识青年上山乡下运动已近尾声,但尚未停止。而以往直接安排知识青年到农村生产队插队落户的模式已难以为继,如何解决大量青年人的就业就成为各地亟待解决的棘手问题。当时的太仓尚以农业经济为主,工业基础比较薄弱,规模稍大的工厂可谓屈指可数,商贸企业也是数量少、规模小。出于安置本县城厢、沙溪、浏河三大镇的初高中毕业生的主要目的,经中共太仓县委、县革命委员会研究决定,1974年10月,太仓县长江林场正式成立,隶属于太仓县海塘水闸绿化管理所。长江林场地处太仓北部原璜泾公社与鹿河公社交界处的钱泾口南北两侧,东北方向与鹿河公社滨海大队相邻,西南方向与璜泾公社五大队相邻,北与上海崇明岛隔江相望。这是一片由长江边芦苇浅滩围垦而成的狭长地带,分别筑有内外2条江堤,江堤总长4900米,内江堤内侧为生活区,内江堤与外江堤之间的区域为生产区,故名长江林场,其全称为太仓县海塘水闸绿化管理所长江林场。

初建时期 长江林场建立之初,仅有干部职工10余人,大多来自县海塘水闸绿化管理所,也有几位是林场周边的农村生产队干部。筹建工作的总负责人是县海塘水闸绿化管理所党支部(1975年12月升格为党总支)书记兼革命委员会主任王吉增,具体负责人是长江林场党支部书记兼革命委员会主任张炳浩(由时思公社主持工作的党委副书记转任)和副书记周金元(由新湖公社党委委员转任)。随着筹建工作的逐渐推进,县又派来自教育系统的戴培基任林场党支部副书记兼革命委员会副主任。初建时期的长江林场走过了艰苦的“五大步,即平地建房、围堤保滩、开荒造地、迎接知青、投入生产。先是在江堤内侧规划建设了占地100余亩的生活区,陆续建造了5幢楼房(共计159间,水泥地面)、1个兼作大礼堂的饭堂(夯土地面)、1块水泥篮球场、60间饲养棚、若干简易库房和工场间及老虎灶等等。1974年冬,在县水利局的统一指挥下,来自鹿河、璜泾、王秀3个公社的劳动力开始了长江林场的围堤工程,经过近2个月的艰苦劳动,围筑起了钱泾口南侧的外江堤,属于璜泾地界;1975年冬,又在钱泾口北边建筑了另一条外江堤,属于鹿河地界。长江林场围堤之初实际上是芦苇丛生、河道纵横的大片湿地。经过陆续开荒造地,芦苇荒滩渐成林地、农田。全场总面积1285亩,其中可耕地653亩,水面154亩,江堤坡115亩,房屋及生活区103亩,芦苇滩、路、渠260亩。

接收知青 1975年是长江林场知青集中到来之年。3月7日和11月14日,长江林场共接收了来自城厢、沙溪、浏河3镇的初、高中毕业生478人。林场的宿舍楼是分批建造的,其中3月的一批知青共120人,到场时,2幢宿舍楼才刚刚竣工,甚至脚手架还来不及拆掉。11月的另一批知青共358人,到场时,另外3幢宿舍楼还未建好,因此每个宿舍都是高低床加竹榻统铺,且没有盥洗沐浴设施,近20平方米的宿舍一般住10个人左右,局促拥挤,日常生活比较艰苦。特别是林场地处长江边,潮水时有涨落,甚至海水倒灌,井水常浑浊,生活用水常发生困难。另外,林场无浴室,知青

劳动后无法洗澡，成为一大困扰。至1976年下半年，县财政投入4000元建造8吨水塔一座。县财政还计划投入7000元建造总面积为160平方米的锅炉房和浴室，却因故没有建成。长江林场性质为全民所有制的国营单位，是太仓规模最大的农业场圃，借鉴当时流行的生产建设兵团模式，下辖5个连队、1个直属排，各连队总共下辖15个排46个班。

独立建制　1976年8月，长江林场独立建制，由太仓县海塘水闸绿化管理所长江林场更名为太仓县长江林场。独立建制后的长江林场党总支直属太仓县委领导，上级行政主管部门是县多种经营管理局。当月，长江林场党总支和革命委员会即着手谋划长江林场的发展大计，经认真研究，数易其稿，至10月正式拟定了《长江林场规划》，设想立足于林场现有的人、财、物资源，精打细算，把包括江堤外滩地和堤坡全部利用起来，逐步发展生产。据该《规划》显示，当时长江林场总人数有519名，其中知青485名、国家工作人员5名、老职工3名、亦工亦农14名、土地工12名。有党员26名，团员154名。

（二）组织机构

党政机构　长江林场建立之初，隶属于太仓县海塘水闸绿化管理所，设党支部和革命委员会，张炳浩任党支部书记、革命委员会主任，周金元任党支部副书记、革命委员会副主任。1976年8月6日，根据中共太仓县委太发干〔1976〕字第42号文件精神，建立中共太仓县长江林场总支部委员会，将原太仓县海塘水闸绿化管理所长江林场革命委员会改为太仓县长江林场革命委员会。奚菊芬（知青）被提拔为长江林场党总支副书记兼革命委员会副主任；张炳浩、周金元任党总支副书记、革命委员会副主任。长江林场革命委员会由11人组成，除奚菊芬、张炳浩、周金元外，另有副主任戴培基，还有委员7人：赵锦萍（知青、团总支书记）、刘肖平（知青、赤脚医生）、陈惠清（会计）、张先和（会计）、王炳炎（党支部副书记）、张志芳（党支部副书记）、黄凤彬（党支部副书记）。同年10月，盛忠林、唐雪昌、倪瑞昌任长江林场党总支委员。1977年2月，张炳浩因临近退休调离长江林场。1977年4月，长江林场主要领导调整，县海塘水闸绿化管理所党总支书记兼革命委员会主任王吉增接替另有任用的奚菊芬，出任长江林场党总支书记兼革命委员会主任，直至1979年8月调任太仓县委统战部部长。1977年5月，奚菊芬正式调离长江林场；6月，经太仓县委研究，并报苏州地委批准，任共青团太仓县委书记。1977年8月，王吉增、周金元、赵锦萍（知青）、唐雪昌、盛忠林、王竟清、朱振球、徐亦（知青）、倪寿昌等9人组成长江林场党总支委员会。1977年9月，长江林场革命委员会副主任戴培基调任太仓县文教局副局长。1978年5月，岳王公社副主任王庭南调任长江林场党总支委员、副场长。1979年8月，县交通局副局长戴志超调任长江林场党总支副书记兼场长，主持长江林场日常工作。

长江林场独立建制后，下辖5个党支部。1976年10月，接太仓县委组织部《关于长江林场成立连队党支部和干部任职的通知》，各连队党支部书记暂缺，各设1名党支部副书记，均由亦工亦农的原农村生产大队党员干部担任，并兼任各连队指导员。具体为盛三男、张志芳、周耀明、王炳炎、黄凤彬分别任一连、二连、三连、四连、五连党支部副书记兼指导员。

1977年8月，长江林场党总支向中共太仓县委组织部发出《长江林场关于加强连队组织建设的报告》。该《报告》指出："由于我场工农业生产的不断发展，原有的建制已很不适应发展的需要。目前，我场下设五个连队、一个直属排，设立五个党支部。由于原有党员人数较少，全场28名党员，分在各支部，平均每个支部4~5名党员，有少数党员干部家务事分心，工作不得力，连队党支部形不成一个拳头，因此，连队党支部坚强战斗堡垒的效能未能很好发挥。"鉴于此，长江林场进行了一次较大的组织建制调整，把原来的五个连队、一个直属排改组成四个连队，林场党总支下设四个党支部。各党支部书记、副书记名单如下：第一党支部书记赵锦萍，副书记盛三男、唐雪昌；第二党支部书记徐亦，副书记张志芳、周耀明；第三党支部书记王竞清，副书记倪寿昌、黄凤彬；第四党支部书记朱振秋，副书记王炳炎、马继昌。

共青团　长江林场初建时，建立团支部，隶属于县海塘水闸绿化管理所团总支。1976年9月19日，根据中共太仓县委太发干〔1976〕字第42号文件关于建立中共太仓县长江林场总支部委员会的精神，长江林场团组织也相应做出调整，不再隶属于县海塘水闸绿化管理所团总支，单独建立共青团长江林场总支部委员会，团组织干部全部由知青担任，赵锦萍任团总支书记，杨开田、蔡丽英任团总支副书记。下设6个团支部，共有团员155人。1978年7月，长江林场调整为4个团支部。一连团支部书记陶翔，副书记张剑英、吕京春；二连团支部书记丁芸，副书记王建辉、周颂；三连团支部书记宋建萍，副书记周迅由；四连团支部书记王佳平，副书记朱薇圆、顾雁冰。1978年12月，金云明任长江林场团总支书记。长江林场团组织历年来开展了一系列活动，如成立学雷锋小组、开展义务劳动、开展学习竞赛、组织纪念五四运动文艺演出等，吸收了一些知青加入团组织。

妇代会　1976年1月26日，长江林场第一次妇女代表大会召开，奚菊芬（知青）任妇女主任。1978年12月，董卫萍（知青）任长江林场妇女主任、白春（知青）任副主任。各连队建立妇代小组，开展各项活动。当年的长江林场《接班人》油印小报庆祝三八国际劳动妇女节专版刊出女知青的诗歌和短文，反映了林场"铁姑娘""半边天"的豪迈和激情。

民兵营　刘耀（知青）先后任副营长、营长。根据"劳武结合、训练为战"的原则，设立一个武器弹药库，先后多次举行民兵军政训练，学习政治和军事常识，进行武装操练和实弹射击演习。1977年初，长江林场民兵营武装连成立，其中包括女子排，并再次举行军政训练，大家积极性高涨，不怕苦与累，起早摸黑、严格训练，纷纷写决心书，表示要争当训练尖兵、生产模范。此次军政训练结束之后，正逢林场大搞水利基本建设，开挖围场河、修通大小沟渠，工程土方量多达2万立方米。这些武装民兵争挑重担，发挥了生产中的突击队作用。

（三）生产劳动

生产概况　全场在场部统一领导下，由各连队组织生产活动。其中一、二、三连为农林连，主要从事农林生产；四连为工业连，下属有3个编织排和服装厂1个排，后期又办了布厂、香精加工场（林场自产薄荷提炼香精）；五连为副业连，主要负责养殖猪、羊、鸡、鸭、鱼，种植蔬菜；还有直属排，主要由食堂、医务室、老虎灶、小店、仓库等后勤部门以及机耕班、科研组组成。一些季节性、突击性的工作由场部统一部署，按需抽调各连队人员参与，如三夏大忙、秋冬割、运芦苇等大体上是整个林场全员参与。由于长江林场系安置知青的新建单位，上级部门给予较多政策性支持，财政拨款购置了中型拖拉机2台、手扶拖拉机1台、割晒机2台、挂机船2艘，还有远程喷雾机和农用水泵若干，农业机械化程度相对较高，这些农机大多由机耕班操作。

由于当时尚在计划经济时代，各地农业生产强调“以粮为纲”，因此长江林场虽然称为林场，却并不单纯植树造林。当时确定了“以林为主，多种经营，全面发展，以短养长，长短结合”的方针，提出了“五年规划，三年实现”的目标任务，即向“一千个人、一千头猪羊、一千只家禽、一千担鲜鱼、三百亩果树、一百五十亩林、五十亩学农基地”进军，有计划、有步骤地办一些加工厂。通过努力，林场呈现“林木茂盛，瓜果满园、金黄稻谷、雪白棉花、猪羊满圈、鸡鸭成群、鲜鱼满塘、交通便捷、楼上楼下、电灯电话、机声隆隆、各业兴旺”的欣欣向荣景象。

长江林场职工的主体是刚刚走出校门的知青，普遍缺乏农业生产经验，故抽调了一些林场周边生产大队的农村干部和富有农业生产经验的老农充实各连队，对知青进行传帮带。同时下派多名专业技术人员和老师傅进行相关业务指导。通过大家的共同努力，长江林场的生产经营取得了一些成绩。一是根据“因地制宜、适地适树”的原则发展林业。长江林场是在芦苇荒滩上围垦而成的，土壤虽然比较肥沃，适合各类林木种植，但很多芦苇根系难以完全切断，芦芽铲除后新牙又时不时窜出地面，田间管理任务比较繁重。广大知青不辞辛劳，在荒芦苇滩上栽种了桃、梨、橘、苹果等各种果树，栽种了水杉、白杨、绿羽杉等林木，育出了冬青、刺槐、香椿等苗木，在长达千米的江堤上栽种了大量水杉，当时名曰“扎根树”，寓意知青将在此扎根，一辈子上山下乡干革命。而在大田的果树、林木间套种黄豆、三麦、花生、瓜果等经济作物。二是改造长江芦苇滩地，成功种植水稻100多亩，且取得亩产近1000斤的较好收成。三是种植蔬菜，基本做到自给自足。很长一段时间，林场知青的蔬菜要靠到璜泾或鹿河去买，蔬菜价格高、不新鲜，此举也会造成乡镇蔬菜供应紧张。为改变这一局面，林场知青拜师学艺，虚心请教，很快掌握蔬菜种植技术，黄瓜、冬瓜、青菜、包菜、小白菜、蚕豆、茄子、大头菜等，品种繁多，新鲜诱人。四是积极拓展生产项目，芦苇和柳条编织以及服装厂的生产正常开展，质量合格。1977年，在全县农业学大寨大会上，长江林场的代表发言，总结介绍了长江林场的生产经营情况，向各兄弟农场发出倡议并表态，得到上级部门和兄弟农场的肯定。

扭亏措施 由于种种原因，长江林场的生产经营连年亏损，以1976年为例，全年总收入9.47万元，收入来源主要有林业、副业、农业等，扣除生产成本，再加上管理费和工资，大约亏损3.9万元。又据长江林场申请县财政拨款的一份报告：1978年上半年度，长江林场生产收入3.58万元，生产费支出3.46万元，工资管理费支出8.78万元，总计亏损8.66万余元。县财贸办公室审核后同意暂拨4万元。为了扭转连年亏损局面，林场的领导班子集思广益、想方设法，做出了一定努力。如在一份《长江林场情况汇报》中客观分析亏损原因：“造成连年亏损的原因，主要是经营管理不善，生产‘大呼隆’，不讲生产成本核算，浪费无人管理。还有生产布局不合理、病虫害防治不力、技术措施跟不上等等。”1977年4月，出台了《长江林场关于加强经营管理的意见》，制定了比较详尽的各项规章制度和具体的扭亏措施。即：本场的核算体制，实行统一领导，场部核算两级管理，就是以连为基本单位，做到出勤有考核、用工有记载、消耗有定额、收支有计划。试行“四定”“三比”“一奖”。“四定”就是定人员、定产量（产值）、定成本、定盈亏。“三比”就是比思想、比干劲、

比贡献。“一奖”就是坚持开展社会主义劳动竞赛，定期进行总结，评比先进集体、先进个人，登光荣榜，发奖状，半年初评，年终总评。为使“四定”“三比”“一奖”落到实处，还针对各连队的实际，提出了具体要求。如农林连队要根据场部下达的作物布局、品种，按计划保证完成总产量和人均年产值。又如四连的编织生产要以人定机，确定每个人每天的生产任务。同时要求全连年完成建筑帘3000顶、晒衣花帘6500顶，完成产值2.6万元；完成柳条农药箱3200只，总产值6200元。再如机电设备运行，以人定机，定耗油量、定维修保养金额、定生产作业任务。还有锄头、镰刀、铁铲、扁担之类的小农具每人1套，由个人保管，全年维修费用实行包干，予以控制。各连队配备物品保管员和经济核算员，并规定了岗位职责，详细记载种子、肥料、饲料、燃料、配件、产品、产量、产值、销售、收入等各项数据。切实提高林场机耕设备的利用率，机耕班农忙务农，农闲跑运输，增加经济收入。此外，林场还组织知青劳务输出100余人，到太仓罐头食品厂参加季节性蘑菇罐头生产，以增加林场劳务收入。凡此种种，一定程度上起到了开源节流的作用。

割运芦苇　鹿河、璜泾一带的长江江滩历经成百上千年的冲积，淤泥覆盖，土壤比较肥沃，十分适宜芦苇生长。20世纪60年代起，太仓海塘水闸绿化管理部门为绿化长江滩地，增加经济收入，同时利用大片芦苇抵挡江水大潮的侵袭，在绵延数千米的江滩上组织大规模的芦苇种植。至长江林场初建时，芦苇已经连绵成林，放眼望去，遮天蔽日，一望无垠。芦苇浑身是宝，颇有经济价值。芦叶、芦花、芦茎、芦根、芦笋均可入药，鲜嫩的芦苇叶包裹的粽子清香四溢。而当年最主要的用途是利用成熟的芦苇秆茎制作晒棉花的帘子（棉花帘）或房顶帘子（建筑帘）以及芦席。由于长江林场的长江滩地盛产芦苇，出售芦苇秆（鹿河、璜泾一带称之为芦头）和加工制作芦苇帘子成了当时林场最主要的收入来源，因此收割、运输芦苇是林场知青几乎全员参与的季节性重要工作。秋冬之时，正是芦苇收获的季节，也是冷空气频频来袭的季节。长江芦苇滩地的气温比太仓城里要明显低几度，有时最低温度接近零下10摄氏度。知青迎着呼啸的寒风，卷起裤脚，拿起镰刀，破冰投入割、运芦苇的劳动。割芦苇即当时所说的“斫芦头”；运芦苇即当时所说的“掮芦头”。林场的芦苇长势特别好，大多高大硕壮，不易割，割倒的芦苇捆扎后沉重，由知青用肩扛的方式运至江堤上，再用车运到指定场地。割剩下的芦苇根十分尖锐，经常刺破知青的长筒套鞋，使冰冷的江水灌进鞋中。因此，割、运芦苇都是十分艰苦的劳动。

芦柳编织　芦苇和柳条编织是四连最重要、用工最多的生产项目，也是长江林场最大的收入来源。作为一项传统手工技艺，芦苇编织种类繁多，有的工艺相当复杂。林场的芦苇编织仅选择了技术要求相对不高的编织帘子，分建筑帘、晒花帘2种，俗称“压帘子”。苇帘的编织分为晾晒、选料、分类、编织几个步骤。芦苇收割打捆经自然晾干后，逐根精挑细选，剥除芦壳等杂物。洁净光滑、粗壮笔直的芦苇用于编织晒花帘，品质较差的芦苇用于编织建筑帘。其工艺是备好芦苇秆、细竹竿、细麻绳；搭一个编织架子，即先在地上打下2根木竖桩，再将1根横竹竿固定在2根木竖桩上。编织时以几根细麻绳为经，芦苇秆为纬，通过麻绳互相交织勒紧，将一根根芦苇秆和几根细竹竿串联成一定长度的帘子。建筑帘主要用于房屋的屋面下，其编织工序与晒花帘相同。编织帘子的麻绳都是手工搓成，效率比较低，所以专设1个由十几位知青组成的经绳班。帘子编织后的最后一道工序是“铡帘子”，使之成为两边都整齐划一的成品。其工序是在毛竹竿架子上，2个人配合，

一人拖拉帘子，一人用铡刀铡除两头。20世纪60年代，太仓从扬中县引进了杞柳种，在鹿河、璜泾一带种植，因此长江林场杞柳条资源比较丰富，适合开展柳条包装箱编织。林场主要生产大蒜包装箱和农药包装箱。其工序是秋天收割，放入河中，待来年春天捞起，剥除腐烂的表皮，晾晒备用。其关键是底部与四帮采用经纬编和挑、压、绞等工艺固定纬条，再进行边沿编织。成品的最后一道工序是硫黄熏蒸，使得柳条包装箱外观白亮，不易蛀蚀。林场所生产的帘子、柳条包装箱都由林场的挂机船运至太仓订货单位。此外，也少量编织一些技术要求较高的工艺篮。

服装厂　1976年，长江林场服装厂成立，隶属四连，设在现成的办公楼内。由40多名女知青任缝纫工、多名男知青任机修工。有缝纫机30台、拷边机2台、电剪刀1把，县有关部门选派2名服装厂老师傅进行技术指导，主要承接太仓县中百公司来料加工业务，制作田径裤。此外，还自产袖套、饭担头（围裙）、披肩帽（主要用于肩扛芦苇）等劳保用品以满足林场知青生产劳动所需。

长江布厂　1978年开始筹建，隶属四连，定名为太仓县长江布厂，系与周边生产大队联办，总投资34万元，其中长江林场投资18万元（由县财政安排），占股份七分之二。征用鹿河公社滨海大队第三生产队土地4.9亩，安排该生产队5人进布厂工作。根据县计划委员会的批复，建造织布车间500平方米，车库、机修房100平方米。由县工业一局将原摇纱厂的16台布机划拨林场，计划先行投产。另外，由太仓布厂转让140锭筒子车1台、布机30台。县派纺织专业大学毕业生周作平担任技术员。负责人为邵建中。随着生产设备陆续到位，林场还派出40多位知青赴太仓布厂学习。正当投产之际，由于知青陆续离场返城，该厂面临操作工短缺困难，故吸收了林场周边鹿河、璜泾的一些农村劳动力，主要生产纱布、包装布。

修建钱泾水闸　钱泾西起原王秀镇，流经当时的璜泾、鹿河两镇区域，且是璜泾、鹿河的界河，全长约8.8千米，原本弯曲，宽窄不一，由西向东注入长江。长江林场位于钱泾口，被钱泾一分为二，即有河南（属璜泾地界）、河北（属鹿河地界）2块围垦的长江滩地。1976年冬，太仓县政府组织大量民工拓浚钱泾。1977年3月，钱泾水闸开工，林场知青参加了该工程建设，至6月竣工。水闸系净孔6米节制闸，门顶高7米，底高0.5米，采用油压启闭直升门，造价18万元。

江堤抢险　长江江堤历来饱受台风暴雨洪水的威胁。1975年冬，从钱泾口起至新泾口为止，新围江堤已成为十分危险的地段，特别是新泾外口一段长200米左右的江堤，历经潮汛冲刷，已经多处坍塌，最阔坍塌处有6米左右，出现严重险情。为此，1976年2月初，长江林场向上级部门发出紧急报告，要求及时组织抢修。谚曰“初三潮，十八水”，至当年3月18日，恰为农历二月十八。据《接班人》第6期记载：“清晨，气候骤变，北风呼啸，江潮猛涨。风助浪威，浪长风势，新泾口外新筑的大堤塌方了！”一旦江堤决口，后果不堪设想。在这十分危急时刻，林场领导立即发出抢险号召，全场知青迅速行动起来，在年近花甲的张炳浩书记的带领下争先恐后奔赴出险江堤。时而风狂雨骤，时而雪珠落下，道路泥泞，步步难行，许多知青跌倒了又爬起来继续前行。当时没有抢险机械，全靠肩扛手抬，大家垒石块、抬泥土、打木桩、抛芦苇，经过10多个小时的奋力抢险，终于排除险情。但此后林场江堤仍屡屡出现不同程度的险情，如1978年2月，长江林场在给县革命委员会的《关于钱泾口至老鸭棚地段江堤出现险工的紧急报告》记载：“本场钱泾口至老鸭棚地段江堤，因潮水冲刷，前两年抛石保滩无效，目前已出现长达700米的险工地段。”上级政府对此十分重视。至1978年5月，长江林场接到太仓县革命委员会《关于下达钱泾口南岸海塘工程的通知》："根据县海塘管理工作检查暴露的问题和长江林场的报告，钱泾口南岸海塘出现严重险情，经报省水利局批准，为确保今年海塘安度汛期，决定实施钱泾口南岸海塘工程。" 长江林场在该通知后，立即会同有关单位组织施工，如期按质完成了此工程。此外，林场还抽调知青建立了工程队，主要承担长江岸堤的抛石块护堤工作。即涨潮时，运输船在江堤近处卸下几百斤重的石块，待退潮时，由知青人工扛到江堤下，用以阻挡潮水冲刷江堤。该工作劳动强度很大。

科研组　长江林场比较重视农林科研，专门设立科研组，由10余人组成，主要职责：一是研究和指导林场的蔬菜耕种和各类养殖；二是引进优良品种，进行果木栽培；三是进行气象、地震观测，为县气象、地震部门提供第一手资料。1976年，科研组曾担负全县柑橘科学普查，经初选、复选，综合打分评定出太仓县10棵优质柑橘。又借助上海、苏州、宁波等地农林科技单位的成熟经验，在林场引进、培育桃、橘、梨、苹果等多种果木。1976年12月至1977年底，科研组苗圃先后培植川楝、悬铃木、香椿、水杉、池杉、法国冬青、女贞、刺槐、葡萄等数十种，积极摸索经济林木在全县的推广落地。1976年7月28日唐山大地震后，各地高度重视地震测报工作，太仓县成立了地震办公室，并分设6个地震观测点。长江林场即为其中之一。县气象、地震部门在林场安装了地电、地磁、地倾斜、三用仪等设备，由知青组成的林场地震测报站挂牌设立。科研组有关人员通力合作，始终坚持每天观测地磁10多次，坚持观测零点值，其他观测10次以上，从而保证了观测资料的准确、及时、连续、可靠。此外，还开展了各种形式的地震知识科普工作，1978年底，长江林场地震测报站在太仓县第三次地震群测群报工作经验交流会上获评先进集体，知青曹元元、蒋红育被评为先进个人。1979年7月9日18时57分，溧阳县境内发生6级地震，震中距太仓180公里，太仓有震感。震前长江林场测报站及时做出了预报。

（四）知青管理

长江林场属于国营农场性质，知青全部拿固定工资，故而是"吃大锅饭"的机制。尽管广大知青的主流思想是积极向上的，兢兢业业埋头苦干者大有人在，涌现了不少先进标兵，但是也有一些知青或思想单纯、缺乏吃苦耐劳的精神，或人在林场心在城里。一段时间里，干多干少、干好干坏在经济上一个样，出工不出力的懒散现象也确实存在；更有甚者，年少气盛、情绪冲动，一怒之下动手打架，造成不良影响。如何有效管理、教育、引导知青是个十分棘手的问题。

生活状况　长江林场是特殊时期的产物，所有知青来自太仓本地，有的原本就是熟悉的同学，都是刚刚离开校园、离开父母的年轻人，家庭背景各有不同，其中不少知青稚气未脱而又血气方刚。初来乍到时，兴奋中夹杂着惆怅，在失去了新鲜感后，对于如何适应林场生活，不少知青感到迷惘；过了一段时间，又瞻念个人前途，产生了新的困惑。林场地处当时比较偏僻的长江之滨，距太仓城区30多公里，交通条件也有点不便。知青一般一个多月回家一次，需要徒步45分钟左右至太（仓）鹿（河）公路的友谊桥小车站，当时班次较少，而知青则大多喜欢结伴乘车回家，故往往十分拥挤。单程至太仓汽车票为0.75元。林场的生活条件比较艰苦，住宿拥挤，且无盥洗设施，夏天时男知青大多用井水冲洗身体或在林场的河里游泳代替洗澡，秋冬时只能到老虎灶泡一瓶开水洗漱。女知青的日常生活更是不便。虽然有食堂，但菜肴品种少，以素为主，红烧肉最受知青青睐，却难得一见，又总是供不应求，需凭肉票限量购买，所以就切成薄薄的片状，被知青戏称为“的确良”肉；阳春时节，气温增高，雨水增多，非常适宜野生菌和野菜的生长，知青纷纷到大田里采摘野蘑菇，回到宿舍支起煤油炉，享受舌尖上的美味，却全然不知道可能的中毒风险。起初，知青用餐的碗筷取之于食堂，一些知青吃过饭后随手一放，并不洗清，碗筷浪费现象严重。很快，林场订购了人手一套的搪瓷餐具，编号后个人保管使用，杜绝了碗筷的浪费。林场设有简陋的医务室，只有少量简单的医疗器械，配置了一些常用药。曾担任赤脚医生的知青有5人，接受县医院或医训班的短期培训后即上岗。一旦出现急诊，只能用拖拉机甚至肩抬手杠送璜泾或鹿河镇卫生院治疗。知青的业余生活比较单调，由于脱离了父母的管束，许多男知青沾染上了抽烟喝酒的习惯，甚至有个别知青由于年少无知和江湖义气打架斗殴。每月一发工资，不少知青徒步一个多小时，去璜泾或鹿河镇上大快朵颐，平时林场旁边生产队里的茶馆也常常坐满了林场知青，抽烟、打牌、聊天。当然，也有不少知青养成了良好的读书和体育锻炼习惯。遇到停电的日子，有的知青甚至在煤油灯下挑灯夜读。特别是恢复高考的信息传来，知青读书复习蔚然成风。长江林场的一些来自农村的干部、老农为人淳朴、厚道，对于知青比较关心，在生活方面予以照顾。特别是长江林场的张炳浩书记，年近花甲，冬天常常腰系一根稻草绳在田间地头身先士卒、埋头苦干，对知青和蔼可亲，想方设法改善知青的生活条件，得到知青的广泛认同和好评。

劳动工资　当时，全国实行学徒工制和八级工资制，工资标准按地区有一定差异。太仓学徒工通常三年期满，学徒工资第一年13元、第二年15元、第三年18元。而长江林场作为国营单位，知青列入农工系列，与一般企业单位比较，工资待遇享受一定优惠。工作第一年工资15元，一年期满后经考核转正定为农工一级，工资23元，两年期满经考核可升级至农工二级，工资28元。个别原为海塘水闸绿化管理所的林场知青，由于工龄较长且各方面表现良好，离场时已经提高到农工三级，工资33元。知青的转正定级、升级需要履行规范的手续。如1975年11月插场知青358名，在一年劳动锻炼期满后，于1976年11月经个人总结，小组、连队评议，林场党总支审查，报上级主管部门批准，按期定级的345人，月工资23元，因病、事假实际劳动时间未满2年者，以及少数考核不合格者，则延期调级。实施规范的劳动工资制度有助于调动广大知青的积极性，对于个别现实表现欠佳的知青也起到了教育警示作用。

文体活动　针对长江林场知青业余生活比较单调的实际，林场领导为了正面引导知青，丰富知青的业余生活，采取了一些措施。如：成立了男女篮球队、文艺宣传队；向上级申请购买了一台当时尚为少见的电视机，放在礼堂供知青观看；添置了一些文体用品，举行各种文体活动。1976年上半年，举行了男子篮球、象棋、各连队的男女拔河比赛。林场男女篮球队与璜泾中学男女篮球队进行友谊比赛。1978年1月，林场有9名知青入选太仓代表队，参加苏州地区首届知青篮球比赛。林场文艺宣传队则到附近生产队举行了多次演出。此外，还编印了《接班人》小报。该小报于1976年1月25日创刊，8开套色油印，由长江林场政宣组负责编辑，各连均推举了通讯员，共出版25期。其创刊词云：“《接班人》既要有坚定正确的政治方向，又要生动活泼，丰富多彩，短小精悍，战斗性强，为广大群众所喜闻乐见。”主要内容为反映林场知青生产、生活情况的短小通讯、小

评论、诗歌等，文字风格有着明显的年代的特色，具有一定的史料价值。不少知青踊跃供稿，既初显写作才华，又养成了写作的兴趣爱好。

培养骨干　根据长江林场知青占比极高的特点，太仓县委在林场领导班子的配备上就颇有一番苦心。林场的主要领导是资历颇深、经验丰富的老干部，还专门抽调来自教育系统的负责人担任场部领导。各连队的主要领导最初均抽调林场附近的生产大队干部担任。长江林场的领导班子十分重视知青骨干的培养工作，经过一段时间的传帮带和知青自身的艰苦锻炼，一批知青脱颖而出，陆续走上场部、连队领导岗位，班、排两级的领导则全部由知青担任。提拔知青担任领导是长江林场的一大特色，主要是借以激励知青，发挥知青引导知青、知青管理知青的作用。如第一批来到林场的奚菊芬、赵锦萍先后担任林场党总支副书记。曾担任过连长的有董卫萍、徐亦、陈丽娟、邓岗、陈卫、杨卫、张剑英、陈凯平等，担任过副连长的有杨开田、朱薇圆、孙远敏、周迅由、顾雁冰、张卫东、刘耀、陶翔、于宁妮、宋建萍、王建辉、王建荣、倪加良、丁芸、高向红等。前后三任场部文书亦由知青担任，分别是刘军、肖力、邢军。另外，在1976至1979年的3年多时间里陆续吸收了20多名知青加入中国共产党。还有许多知青加入了共青团组织。

评比先进　长江林场的领导比较重视知青的教育引导，经常研究讨论此项工作。其中评比先进成为常态化工作，旨在弘扬正气，激励知青。全场围绕建设大寨林场的工作目标，每年开展比、学、赶、帮、超的劳动竞赛，评比表彰先进连、排、班和先进个人。如1978年4月，隆重召开长江林场高速度发展生产誓师大会，会期2天，党总支副书记周金元做工作报告，各连负责人做大会发言，表决心、谈规划，还进行了分组讨论，并进行了先进表彰，其中一连被授予固定奖旗，三连被授予流动红旗。个人奖分三级，由连队代表上台领取，一级奖热水瓶1个、背包1个，二级奖脸盆1个，三级奖背包1个。最后由林场党总支书记、革命委员会主任王吉增做大会总结。同年8月，又开展了评比先进集体、先进个人的活动，共评出先进个人87人。到1979年，随着大批知青陆续离场回城，留场等待上调通知的知青难免人心浮动。林场领导因势利导，又开展了“人在林场一天，做好主人一天、做好工作一天”的评比活动。

（五）知青离场

长江林场的知青绝大多数是1974、1975届初、高中毕业生，经过一年左右的劳动锻炼，思想渐趋成熟，个人命运也随着1976年10月粉碎“四人帮”而发生改变。1977年初，各地上山下乡政策开始出现微调，长江林场已有个别知青因“家庭身边无子女”，按政策照顾回城，另行分配工作。同时，每年均有知青参军入伍。1977年10月21号，《人民日报》刊登了恢复高考的消息，高考制度改革的春风吹醒了长江林场许多知青的大学梦。在欣喜振奋中，大家纷纷拿起久违的书本，一边留在林场继续劳动，一边投入复习迎考之中。也有一些知青回家或参加高考补习班。由于高考停止10年之久（其间几年仅有推荐的工农兵大学生“上大学”），1977、1978、1979年的高考考生数量庞大，先举行预考，再进行正式高考，录取率极低，长江林场知青中有30多人脱颖而出，分别考取各高等院校、中等专业学校或技校。1978年10月，全国知识青年上山下乡工作会议决定停止上山下乡运动并妥善安置知青的回城和就业问题。1978年12月，党的十一届三中全会胜利召开，标志着我国进入改革开放和社会主义现代化建设的新时期。在此背景下，通过各种途径离场回城的林场知青越来越多。据1979年10月17日的《长江林场情况汇报》记载，知青参军、上学、招工、顶替等陆续迁出198人，现有知青292人，知青人数占全场总人数的86%。之后，由于林场人数逐渐减少，相应组织结构上收缩为4个排，到1979年底，出现知青离场回城高潮，尚未离场的知青已所剩无几。至此，长江林场虽然存续，但已由知青过渡到新的人员结构。至2004年，经太仓市经济体制改革办公室批复，同意长江林场改革方案，撤销长江林场，人员按政策实行分流安置，资产由太仓市农林局负责清算和处理。

知青在长江林场生活的时间有长有短，但相比“老三届”（1966、1967、1968届毕业的初、高中学生）知青，则短了许多，离场时大多才20刚出头。几年的林场经历给知青的人生打上了深刻烙印，一方面学业有所荒废，另一方面经历了劳动磨炼，增强了工作和生活的耐受力、适应性、进取心。40多年来，这些从长江林场走出来的知青分布在各行各业，大多数在各自的工作岗位上兢兢业业，奉献社会，过着平凡朴实的生活。其中一些知青走上了各级领导岗位，如知青奚菊芬，曾当选共青团中央委员，后担任江苏省检验检疫局副巡视员、太仓局党组书记兼局长。知青朱薇圆曾任太仓市委统战部部长、太仓市政协副主席。还有许多知青成为高级专业技术人员，如知青顾宗江，公派留学法国获博士学位，学成回国，成为苏州大学免疫学专业博士生导师，入选江苏省“333”人才工程培养对象，主持和参与多项国家和省部级科研项目，多次获得省部科技进步一等奖。又如知青李明，公派美国访问学者，苏州大学教授，以双语词典学为主要研究方向，曾任苏州大学外语学院副院长。再如知青于宁妮，赴美国访问学者，教授级高级工程师，曾任上海张江药谷公共服务平台有限公司总经理，当选为上海市生物工程学会副理事长。其中最值得一提的是知青张卫东，在林场曾担任三连副连长，1977年考入北京航空学院，1982年大学毕业后就长期从事航天事业，从参加长征三号项目开始，先后担任长征四号、长征五号副总设计师等，是中国航天科技集团公司科技委运载器总体技术专业组副组长。2015年9月20日，张卫东作为长征六号系列运载火箭总设计师、总指挥，主持了长征六号运载火箭点火升空，成功将20颗卫星发射升空，并准确送入预定轨道，开创了亚洲一箭多星发射的新纪录，由此开辟了我国运载火箭的新纪元，有效验证了我国在大推力、高可靠性、高适应性、低成本、无毒无污染运载火箭领域的关键技术突破，对我国运载火箭后续发展具有里程碑意义。当年11月，长征六号运载火箭摘得第17届中国国际工业博览会的最高荣誉——特别荣誉奖。2016年，张卫东荣获全国五一劳动奖状。中央电视台等各大媒体对长征六号成功首飞做了大量报道，太仓广电总台也曾播放专题片《张卫东：从太仓走出去的航天英才》。

六、林场吟记

难忘林场(七律)

林场一梦各西东，欢聚总先谒远公。
芦荡何曾孤月静，蓬门岂待万缘空。
飞鸿振翅知难返，落叶恋根思不穷。
命里多情多感慨，那堪两鬓起秋风。

(作者：刘军，长江林场知青)

我的林场

我的林场在长江边上
平展的江滩，堤岸长长
那年，栽下的绿树还未成荫
堤下，是鱼儿成群的内河港

第一次在长江里游泳
正赶上涨潮的时光
急湍的潮水载不动啊
那些初生牛犊的胆量

挥臂击水，刹那间
远处的堤闸轻晃
侧身呼吸，视野里
是岸边青叶深深的芦荡

倦庸的，无力的，西沉的太阳
年轻的，赤裸的，结实的胸膛
远去的巨轮逐渐成为黑点
我们久久地伫立，凝望

记忆难道会残缺不全
就像这破败不堪的门窗
清澈的小河已覆满衰草

我们已有战友进了天堂
我们一次次踏足寻访
我们一次次把你装进了梦乡

无论你的内心是感伤，还是激昂
无论你的脚步是蹒跚，还是铿锵
无论你的性格是沉稳内敛，还是热情奔放
无论你的感受是青春无悔，还是青春的费荒

擦不掉的人生烙印啊
林场人是否依然气宇轩昂
远去的青春岁月啊
林场人的集体记忆永远济济一堂

（作者：凌微年，长江林场知青）

编后记

鹿河镇原是太仓北部地区的一个建制镇，在2003年太仓市实施区划调整中并入璜泾镇，现为璜泾镇的一个管理区。2014年，太仓市委办、市政府办部署新一轮乡镇志编纂工作，并要求新一轮编志除编好建制镇镇志外，还须一并完成撤并镇镇志的编纂任务。为此，璜泾镇于2015年5月8日召开镇志编纂工作动员会，正式启动该项工作。2019年初，镇编志办在完成《璜泾镇志（1994—2013）》编纂任务后，紧接着投入《鹿河镇志》的编纂工作，经2年时间的努力，《鹿河镇志》于2020年12月脱稿，不久将通过终审定稿，成书出版。

《鹿河镇志》记述史情不定上限，尽量追溯至事物发端，下限止于2002年，部分内容酌情下延。限于过去存史资料缺乏，本志略古详今，主要记述中华人民共和国成立后鹿河自然、经济、政治、文化、社会、人民生活等方面的历史与现状。全志分18篇，有70章226节327目，共86.1万字。在编纂过程中，为提高编志质量，编志人员注重自身学习，从研读有关志书中琢磨志书写作方法，把握体例要求。广泛收集资料，先后查阅各类资料上千份，从中摘录有关内容为编志所用。走访有关老领导、老同志上百人，进行现场采访，听取意见，以求内容完善，资料翔实。运用各种通信手段，联系采访人次不计其数，许多史情得以考证，收到填漏、补缺、纠错之效。经反复修改完善，完成第一稿，及时送交市史志办审阅，然后根据审阅意见，调整章节、补充内容、规范行文，形成第二稿。后又广泛征求意见，再次进行修改，最终于2020年12月形成第三稿，交付终审。

《鹿河镇志》编纂工作得到了社会各方面的关心和支持。太仓市史志办领导、业务科长和有关人员为编写《鹿河镇志》自始至终给予悉心指导。许多热心史志事业、熟悉鹿河地情的一些老领导、老同志表现出对修志工作的极大关心。鹿河机关干部江永明、高祖根、陆志远等同志于1983年编写的《鹿河地方志》资料为《鹿河镇志》提供参考，退休教师黄匡曾参与《鹿河镇志》编写前期的资料收集工作，退休老干部高龙、吕永林提供了由他们采编的众多文史资料，退休教师邵振基、周耀林、褚惠清等同志曾对《鹿河镇志》初稿提出了很好的修改意见，鹿河籍文学爱好者、在太仓供销系统退休的老干部夏肇中还对《鹿河镇志》补充了相关内容。这一切的一切，都为《鹿河镇志》顺利脱稿创造了有利条件。在这里，谨向为《鹿河镇志》编纂出版做出不懈努力和贡献的各单位、各部门以及社会各界人士表示衷心的感谢！

记述当地史情的地方志，是一个地方一个历史时代的真实反映。在编志过程中，尽管我们做了很大努力，力求完整记述，但由于志书内容时间跨度大，收集的资料有限，又因时间紧、人员少，再加上我们水平有限，志书中谬误、疏漏和不尽人意之处在所难免，诚请各位领导、各方专家和广大读者批评指正。

璜泾镇编志办公室

2020年12月